664 Bibliografía

670 Índice

356 Alemania *Bernd Evers, Jürgen Zimmer*

Walther **Rivius** o **Ryff** 358 | Joseph **Furttenbach el Viejo** 374 | Abraham **Leuthner von Grundt** 388 | Paulus **Decker** 402 | Johann Bernhard **Fischer von Erlach** 416 | Friedrich **Weinbrenner** 424 | Karl Friedrich **Schinkel** 434 | Leo **von Klenze** 442 | Christian Carl Josias **Bunsen**, Johann Gottfried **Gutensohn** y Johann Michael **Knapp** 454 | Heinrich **Hübsch** 468 | Gottfried **Semper** 474 | Friedrich **Hoffstadt** 484 | Carl Alexander **Heideloff** 494 | Georg Gottlob **Ungewitter** 502

512 El siglo XX *Gilbert Lupfer, Jürgen Paul, Paul Sigel*

Ebenezer **Howard** 514 | Adolf **Loos** 520 | Tony **Garnier** 528 | Bruno **Taut** 540 | **Le Corbusier** 552 | Henry-Russell **Hitchcock** y Philip **Johnson** 562 | Walter **Gropius** 570 | Frank Lloyd **Wright** 580 | Paul **Schmitthenner** 588 | **Consejo de Ministros de la RDA** 602 | **Archigram** 610 | Kisho **Kurokawa** 614 | Aldo **Rossi** 620 | Robert **Venturi**, Denise **Scott Brown** y Steven **Izenour** 632 | Charles A. **Jencks** 646 | Rem **Koolhaas** 654

Prólogo

BERND EVERS

La obra *De architectura libri decem* (*Los diez libros sobre arquitectura*) es el tratado de arquitectura más antiguo que se conserva y el único de tiempos precristianos que ha llegado completo hasta nosotros. No solo trasmite conocimientos sobre la arquitectura de la Antigüedad clásica y sobre sus principios, sino que también constituye la base para todos los debates teóricos que se vienen manteniendo desde el Renacimiento. El tratado fue escrito, probablemente, durante el segundo o tercer decenio antes de Cristo; está dedicado al emperador Augusto y fue obra de un ingeniero militar, que se encontraba al servicio del ejército romano y que es conocido con el nombre de *gentile* Vitruvio.

Aunque la tradición de Vitruvio se mantuvo viva en numerosos manuscritos de la Edad Media, para la práctica arquitectónica poseyó tan solo una importancia marginal. Únicamente tras la nueva apropiación del texto de Vitruvio por parte de los humanistas y después de que *Los diez libros sobre arquitectura* fueran reconocidos como modélicos y declarados normativos para la arquitectura por Leon Battista Alberti, los órdenes clásicos de las columnas se consideraron obligatorios. El tratado de arquitectura de Vitruvio se convirtió en el libro de teoría arquitectónica de mayor trascendencia de la Edad Moderna. Arquitectos como Sebastiano Serlio, Iacomo Barozzi da Vignola o Andrea Palladio sistematizaron la doctrina de Vitruvio y la prepararon para ser aprendida y aplicada, en sus ediciones ilustradas. De este modo, con el estudio de Vitruvio la teoría de la arquitectura se constituyó en una forma autónoma de la teoría del arte. Entre las numerosas ediciones ilustradas de Vitruvio, la editada por Daniele Barbaro en 1556 está considerada la más minuciosa en cuanto a crítica de texto y la más ponderada. Convirtió la definición de Vitruvio *architectura est scientia* («La arquitectura es una ciencia») en la pauta para sus comentarios y asentó las matemáticas en la base de la arquitectura, para hacerla partícipe de la verdad. Según Daniele Barbaro, el arte y la arquitectura son actividades intelectuales, meditadas racionalmente, que no se basan en un principio sensitivo. Como la ciencia y el intelecto están sometidos a la verdad absoluta, la dignidad y la grandeza de la arquitectura dependen de su participación en las disciplinas científicas.

Desde Alberti, los objetivos de una buena arquitectura se describían con la tríada de Vitruvio: toda obra arquitectónica había de ser firme, útil y bella a la vez. Vitruvio, el patriarca de todos los teóricos de la arquitectura, distingue en esta *firmitas*, *utilitas* y *venustas*. La *firmitas* se refiere a todas las cuestiones técnicas de la construcción, tales como la elección del lugar, los materiales y cimientos; la *utilitas*, a la finalidad de las construcciones, y *venustas*, a la belleza arquitectónica. La idea vitruviana de la belleza arquitectónica comprende la teoría de los órdenes de las columnas, las proporciones y las reglas del *decorum*, según el cual se atribuían a los distintos dioses determinadas formas: a Marte, Minerva y Hércules, templos dóricos; a Venus, Flora, Proserpina y a las ninfas de los manantiales, templos corintios; a Juno, Diana y Baco, templos de estilo jónico.

Este triple objetivo de la arquitectura –firmeza, utilidad y belleza– se mantuvo hasta aproximadamente el año 1800. Solo después de esta fecha comenzó a disolverse el canon de Vitruvio y empezó a desintegrarse la unidad clásica de estilo. Hasta mediados del siglo XVIII las construcciones se describen siguiendo una teoría arquitectónica relacionada con el proyecto del arquitecto. El todo y las partes de la arquitectura estaban dirigidos a las categorías del vitruvianismo; su relación dependía de los criterios de firmeza, utilidad y belleza. La descripción verbal servía de ayuda para estudiar los planos, que ya de por sí eran más ilustrativos y precisos para su uso práctico. Desde 1750, aproximadamente, se desarrollan nuevos métodos de descripción arquitectónica y de la visión histórica de la arquitectura. En el momento en que las categorías del vitruvianismo perdieron obligatoriedad, también la descripción arquitectónica abandonó su papel subordinado. A partir de ahora, la atención se dirigirá más a la historicidad de los edificios; se discutía especialmente la utilidad de la arquitectura y sobre todo la imitación de la Antigüedad como «objeto». Esta visión, orientada más a las cualidades formales de una obra arquitectónica, en la que no entran en consideración los ricos elementos asociativos de la arquitectura, se anunciaba ya en Georg Andreas Böckler, cuando escribía en su *Baumeisterin Palla*, en 1698: «La belleza procede de una forma bien proporcionada y bella, cuando todo el edificio se corresponde correctamente y concuerda con sus partes, y estas entre sí. El edificio debe considerarse como un cuerpo íntegro y bien hecho, en el que cada parte se relaciona con las otras y en el que todas las partes han de ser necesariamente requeridas».

Junto a los numerosos debates sobre la teoría de los estilos, en el siglo XIX adquieren una importancia decisiva las carpetas y colecciones de modelos, que proporcionan una visión representativa del repertorio arquitectónico. Publicaciones en forma de carpetas, en las que el arquitecto presenta sus proyectos y obras construidas, forman parte del estándar de cada arquitecto y desempeñan funciones publicitarias en la opinión pública. Proporcionan instrucciones para la práctica, son manuales tanto para estudiantes como para arquitectos y para los artesanos autónomos. El material ilustrativo de la actividad arquitectónica para el público se complementaba por regla general con comentarios teóricos de especialistas. Después de la discusión sobre los estilos que domina el siglo XIX, en la Modernidad se integran en la arquitectura cada vez más criterios técnicos y sociales, es decir, extraestéticos.

Debido al amplio número de fuentes referentes a la teoría de la arquitectura que existen desde el Renacimiento, el tomo presente solo puede ofrecer una panorámica, si bien esta tiene en cuenta las posiciones de estética arquitectónica más importantes en algunos países. Los textos de los tratados de arquitectura poseen en muchos casos únicamente una función explicativa de las ilustraciones. Por este motivo, el libro está profusamente ilustrado; estas ilustraciones forman una especie de atlas gráfico de la teoría de la arquitectura.

Muchas de las fuentes se encuentran en la colección de grabados ornamentales de la Biblioteca de Arte de los Museos Nacionales de Berlín; en los últimos decenios ha conseguido compensar en gran parte las dolorosas pérdidas sufridas durante la guerra. El objetivo del libro no es solo presentar la amplia variedad de los debates en torno a la estética y las teorías arquitectónicas, sino también animar a una investigación más profunda en el campo de la arquitectura.

Introducción

CHRISTOF THOENES

¿Por qué escriben los arquitectos y sobre qué escriben? ¿Qué es un tratado de arquitectura, qué es la teoría de la arquitectura? Hay tantas respuestas a estas preguntas como tratados: toda una biblioteca. Nuestro tomo se divide por naciones (lenguas) y épocas. Una introducción solo puede intentar una división por puntos de vista materiales y formales y esbozar un sistema de categorías, en el que los diferentes títulos se pudieran «clasificar» objetivamente. Pero con eso no se habría hecho otra cosa que reagrupar las materias tratadas de otro modo. Por ello, aquí vamos a seguir otra vía: vamos a preguntar por los orígenes del tratado e intentar averiguar algo sobre los motivos que desde hace quinientos años han hecho, y siguen haciendo, que los arquitectos empuñen la pluma.

ARQUITECTURA Y LITERATURA

El padre del tratado moderno de arquitectura, Leon Battista Alberti, no solo escribió sobre arquitectura. Su obra sobre teoría del arte más temprana trata de la pintura, *De pictura*; una posterior, *De statua*, está dedicada a la escultura. Desde un principio, el arte renacentista fue acompañado por obras teóricas. Como motivo principal se ha considerado la emancipación del artista: de artesano a intelectual, que quiere participar en el círculo de literatos, poetas y eruditos de la corte. Pero en el caso del arquitecto, esto únicamente se puede decir con restricciones. Su arte era más de carácter planificador y dispositivo que artesano; no llevaba la mancha del trabajo físico, por lo que lo podían ejercer miembros de la nobleza e incluso gobernantes. No había que «pasar por todos los grados» para aprenderla: esto lo tenían en común la arquitectura y la literatura. Alberti, un estudioso y amante de los libros que no tenía formación artesanal, comenzó a interesarse por el arte a los 30 años, una edad en la que apenas habría podido llegar a ser un buen escultor o pintor; pero se convirtió en arquitecto, y en uno de los más grandes de su época. Por el contrario, el número de artistas plásticos que también se dedicaban a la literatura tampoco era amplio entonces, a diferencia de los arquitectos que escribían (de algunos que no escribieron se hablará más tarde). A la arquitectura quedó restringido –Vitruvio en la Antigüedad, Sebastiano Serlio o Paulus Decker en la Edad Moderna– el tipo del escritor-artista cuya obra literaria supera claramente a la práctica. Pero también algunos arquitectos que tuvieron éxito en la práctica y que fueron incluso extraordinarios –como Vignola o Palladio– deben la posición que ocupan en la historia de la arquitectura no menos a sus libros que a sus construcciones.

Los arquitectos no construyen ellos mismos sus casas. Para ver realizadas sus ideas dependen, por un lado, de los trabajadores y, por otro, de los constructores que aportan el dinero y que, en inscripciones y documentos, aparecen como los verdaderos autores de las obras. El arquitecto ha de comunicarse con unos y otros. Hay que explicar el proyecto; se han de fundamentar las decisiones que exigen aportación financiera y discutir las objeciones: el proyecto se desarrolla mediante el diálogo. Detrás del cliente está el público, en cuyo mundo se va a situar la obra y que ha de comprender qué ha hecho el arquitecto y por qué lo ha hecho así y no de otro modo. Para todo esto se exige la capacidad de articular verbalmente las materias arquitectónicas, para que las puedan entender también los que no son especialistas. Pinturas o esculturas «hablan» por sí mismas, remiten a las materias que están representadas en ellas; de las obras arquitectónicas no se puede decir lo mismo. Una columna es una columna: no dice para qué está ahí y sobre lo que posiblemente se ha querido expresar con ella, más allá de su función como elemento arquitectónico. Por esto, los arquitectos –de Vitruvio y sus hoy desconocidos antecesores a Frank Lloyd Wright y Daniel Libeskind– no solo han construido, sino también escrito. No es que al principio hubiera sido la palabra; siempre fueron las construcciones –el coro de la catedral de San Denis, la Vieja Sacristía de Brunelleschi, la Faguswerk de Gropius– y no los manifiestos donde salieron a la luz las nuevas ideas arquitectónicas. Pero los textos hacen posible entenderlas.

EL HUMANISMO

Quien lee tratados de arquitectura se topa con un nombre que anda permanentemente en boca de todos –o casi todos– los autores modernos: Vitruvio, el autor del único libro de texto de arquitectura que se ha conservado de la Antigüedad. A la luz de lo que hoy sabemos sobre la arquitectura de la Antigüedad, *De architectura libri decem* (*Los diez libros sobre arquitectura*) de Vitruvio parece una obra más bien marginal; sin embargo, ejerció una influencia casi mágica sobre los arquitectos renacentistas. Esta influencia se basaba, por un lado, en el profundo respeto que experimentaba una cultura humanista por el libro y en general por toda forma de palabra escrita auténtica; por otro lado, se debía al hecho de que era un libro de texto. Esto significaba que con él se podía aprender no solo lo que es una arquitectura buena y correcta, sino también que los antiguos consideraron la arquitectura como una materia que podía aprenderse teóricamente. Los arquitectos podían y debían escribir; su arte precisaba y podía expresarse con palabras. Este era el mensaje que el Renacimiento quería oír.

Los humanistas italianos no descubrieron a Vitruvio. Se encontraron nuevos manuscritos, pero el texto en sí ya era conocido; también en la Edad Media fue copiado y estudiado; en un caso incluso fue primitivamente ilustrado. Pero esto se desarrollaba en el mundo de los monasterios y sus escritorios, no en los talleres de los arquitectos. Los textos (*litterae*) eran una cosa; la construcción (*ars meccanica*), otra. Esa diferenciación es la que abolieron los humanistas del Renacimiento. Pasar del estudio de los textos al de las cosas, comprender a Vitruvio y ponerlo en contacto con los restos arquitectónicos que se conocían de la Antigüedad; hacerse una idea de la arquitectura clásica y llevarla a la práctica: esto era nuevo. El éxito obtenido al hacerlo puede considerarse como uno de los grandes logros de la Edad Moderna. Su resultado fue, en primer lugar, una crítica de Vitruvio. Alberti, el primero y durante mucho tiempo el único que realmente entendió el texto de Vitruvio, no lo editó ni lo tradujo o comentó; apenas lo citó. Lo que hizo fue escribir sus propios «Diez libros» para sustituir a Vitruvio, para que las enseñanzas de este pudieran utilizarse en el presente.

MESS
B

Sin embargo, en esto no quedó todo. Los libros de arquitectura más importantes de los siguientes decenios –hasta la aparición de *Regole generali* de Serlio (1537)– no fueron tratados, sino ediciones y traducciones de Vitruvio; las ediciones comentadas como las de Cesariano, Philandrier y Barbaro adquirieron carácter de tratado. En esto se reveló la problemática de la cultura humanística: el recurso a las fuentes de la tradición (*ad fontes*), surgido de la crítica por la deformación medieval, llevaba consigo el peligro de fijar el pensamiento en lo antiguo, en lo históricamente superado. Así, durante mucho tiempo la teoría arquitectónica fue absorbida por la tarea, en último término insoluble, de interpretar un texto antiguo, y además contradictorio, como moderno «código de la arquitectura». El jesuita Antonio Possevino (*Bibliotheca selecta*, Roma, 1593) alzó su voz para criticarlo: las reglas de la Antigüedad, dice, no pueden servir ya como fuente directa de inspiración; su comprensión ha de ser histórica; es decir, han de adaptarse (en el sentido de Alberti) a las necesidades presentes. Frente a esta opinión, sobre todo los autores protestantes insistían en la interpretación literal del texto de Vitruvio. Solo con el progreso de la ciencia arqueológica, que reintegró a Vitruvio a su contexto histórico, liberó la reflexión arquitectónica de la camisa de fuerza que le había impuesto el vitruvianismo.

EL RENACIMIENTO

Una mirada al mapa arquitectónico de la Europa del siglo xv revela la competencia entre dos sistemas formales: uno gótico, que se había ido formando a lo largo de siglos y que dominaba los países del continente, con sus variantes locales y nacionales, y uno arcaizante, que denominamos «Renacimiento». Surge este en la Toscana, se impone a lo largo del siglo en toda la península italiana y –como se sabe hoy– conquistará también los territorios situados más allá de los Alpes. De la mano de este proceso van la aparición y la difusión del tratado de arquitectura. ¿Mera coincidencia? Si no es así, ¿cómo están relacionados esos dos fenómenos entre sí?

La respuesta es evidente: el nuevo estilo arquitectónico exigía una nueva técnica de mediación de los conocimientos. El gótico estaba enraizado en la práctica de su tiempo; los talleres y las obras actuaban también como centros de formación profesional, en los que se trasmitían oralmente, de una generación a la siguiente, las habilidades y los conocimientos –de la construcción a la realización de un detalle decorativo–; de este modo, el sistema se perfeccionaba orgánicamente, como un proceso de crecimiento cuyas fases se suceden siguiendo casi las leyes naturales (pregótico, gótico pleno, tardogótico). Por el contrario, la idea de una vuelta a la Antigüedad surgía de las cabezas de artistas que –como Brunelleschi– no eran arquitectos o de literatos que habían leído a los autores antiguos, y por eso criticaban el gusto moderno. En otras palabras: era una idea que no procedía de la práctica, sino que tenía que imponerse contra esta; además, precisaba de la definición, del argumento, del lenguaje y, en último término, de la escritura.

Esto significaba más que un cambio del medio. Para el arquitecto renacentista, el trabajo con los textos se convirtió en una parte imprescindible de su actividad profesional. Un literato como

Dibujante desconocido, 2ª mitad del siglo xv, retrato de Leon Battista Alberti
Este dibujo fue dado a conocer por Cecil Grayson en 1954; se encuentra en la portada de un manuscrito del tratado *Tranquillità dell'Animo* de Alberti. Según fuentes coetáneas, Alberti gustaba de hacer bocetos de autorretratos y de retratos de sus amigos.
Roma, Bibliotheca Nazionale, Fondo Vittorio Emanuele, cod. 738

Alberti podía convertirse en arquitecto; pero también un «iliterato» como Francesco di Giorgio –formado como pintor, escultor, arquitecto e ingeniero– tenía que pelearse con Vitruvio; era, como él mismo dice, como aprender a hablar de nuevo («retrovare quasi come di novo la forza di parlare»). Esto le llevó a crear su propia producción literaria, no (o no solo) porque así mejoraba su posición en la corte, sino porque el trato con la palabra afectaba al núcleo de su propio trabajo. Escribiendo intentó cerciorarse de lo que hacía trabajando como arquitecto; la formación de un estilo, de un nuevo canon de formas *all'antica* se llevó a cabo en el plano de la reflexión lingüística.

Sus propios contemporáneos consideraban el trabajo del arquitecto como análogo al del filólogo: los restos de la arquitectura clásica debían estudiarse como los textos; había que atribuir unos fragmentos a otros, reconstruir lo perdido y reconocer el original tras los añadidos posteriores y las deformaciones. La historia del lenguaje proporcionaba los modelos para comprender los estilos: el ocaso de la arquitectura en la Edad Media se correspondía con la decadencia del latín clásico, que los humanistas intentaban reparar. Según Filarete, el mérito de Brunelleschi era haber devuelto la arquitectura italiana a la altura de la época de Cicerón y de Virgilio; Serlio comparó las construcciones del Renacimiento pleno romano con el lenguaje de César y Cicerón. Aretino explica la variedad de los órdenes clásicos de las columnas con la de los idiomas clásicos. El criterio de un buen estilo es el dominio de las reglas gramaticales; lo bello es «correcto», lo feo, «incorrecto».

El sistema de categorías de la nueva doctrina se esperaba encontrar en Vitruvio; con su ayuda se «leían» los monumentos antiguos. Se produjo así una paradoja extraña: los principales pasajes para la descripción del aparato formal clásico se encuentran en los libros III y IV de Vitruvio, que están dedicados a la construcción de templos; sus instrucciones se refieren a estructuras tridimensionales y autoportantes. Sin embargo, ya en la época de Vitruvio los romanos comenzaron a emplear las elementos de distribución de los templos fundamentalmente como elementos decorativos. Los elementos de sostén del *tabularium* o de los teatros constaban de pilares, muros y abovedamientos; la tectónica proyectada de cargas y sostenes de las columnas y del entablamento era pura ficción. Con todo, estos eran los monumentos que tuvieron ante su vista los arquitectos del Renacimiento; a partir de ellos se desarrolló el «muro de órdenes de columnas» (Hans Sedlmayer) de la arquitectura moderna. De este modo, las instrucciones para la construcción de Vitruvio se redujeron a meras reglas para las proporciones correctas de sistemas de planta, y para estas los teóricos elaboraron instrucciones cada vez más sutiles. Por el contrario, la dimensionalización de los elementos de sostén de la construcción seguía corriendo a cargo de la experiencia práctica; de esta surgió en el siglo XVIII la estática científica, mientras que la arquitectura académica quedaba reducida a la estética de las proporciones.

El cisma entre construcción y decoración, cuerpo de la construcción y revestimiento (que desde la Edad Media implicaba la práctica arquitectónica en Italia) se convirtió en un tema de crítica: íntimamente unido a él iba a cuestionar la sociedad estamental del Antiguo Régimen, una relación que nos ocupará más adelante. Utiliza preferentemente argumentos moral-racionalistas: se acusa a la tectónica ficticia de los órdenes de falaz y farisaica; al muro de órdenes de columnas del Renacimiento se opone el ideal del templo griego. Las columnas han de estar exentas, deben hacer realmente la fuerza de sostén que se expresa con su forma; el ocio es el padre de todos los vicios. Ahora bien, también el sistema portante griego contiene un principio de falsedad: las columnas y el entablamento no son formas «naturales» propias de la construcción en piedra, sino que proceden de la construcción en madera, cuya estática es muy distinta. Por esto, el franciscano Carlo Lodoli criticó ya antes de 1730 los órdenes de columnas en piedra, a los que calificó de error e incluso de un delito (*difetto/delitto*). De este modo se terminaba el consenso que había dado unidad a la teoría europea de la arquitectura desde Alberti: el seguimiento de la Antigüedad clásica. En tratados franceses, la búsqueda de formas constructivas «sinceras» se remonta a comienzos del siglo XVIII; se encontraron en las catedrales góticas, los monumentos antirrenacentistas por excelencia. Aquí se encuentran las raíces del posterior neogótico, cuyos episodios romántico-reaccionarios no deben hacer perder de vista su núcleo progresista: este estilo tenía como objetivo superar la contradicción entre construcción y decoración. Fue el espíritu de racionalidad técnica el que animó a Georg Gottlob Ungewitter, en su *Lehrbuch der gotischen Konstruktionen* (*Manual de construcciones góticas*, 1859–1864), a hacer derivar de la arquitectura religiosa todo el universo de formas: de la bóveda al detalle de la tracería; Viollet-le-Duc declaró que la aplicación de las formas grecorromanas era incompatible con los principios de una sociedad moderna. Con todo, la arquitectura basada en los órdenes de columnas encontró un intercesor en Jacob Burckhardt, cuya *Geschichte der Renaissance* (*Historia del Renacimiento*), aparecida en 1868, es en realidad una sistemática de la arquitectura renacentista italiana; el autor creía firmemente en su validez permanente. La cuestión planteada en 1828 por Heinrich Hübsch, *¿En qué estilo hemos de construir?*, no se podía responder ya en el plano teórico.

CULTURA CORTESANA Y CULTURA URBANA

Una cuestión debatida era a quién se destinaban los tratados de arquitectura: ¿fueron escritos para arquitectos?, ¿para constructores?, ¿para legos en la materia, pero interesados por esta? Todas esas respuestas son correctas, o más bien la respuesta acertada radica en la combinación de todos esos aspectos, pues precisamente esa era la función social de los tratados: establecer un nuevo plano de comunicación entre arquitectos, constructores y público. El lugar en que se desarrollaba esta comunicación era la corte, ese «lugar de trasbordo de la sociedad» (Martin Warnke), en el que los intereses y los deseos del gobernante, de la nobleza y de la clase media burguesa urbana chocaban unos con otros. No es casualidad que los tres grandes tratados de arquitectura del Prerrenacimiento se escribieran en cortes nobles italianas: Alberti, que vivía en Roma desde 1443, dedicó su libro al papa Nicolás V, con quien estaba unido por la amistad desde sus tiempos de estudiante; los dos manuscritos distintos del tratado de Filarete están dedicados al duque milanés Francesco Sforza y a Pedro de Médicis; los tratados de Francesco di Giorgio se escribieron en las cortes de Urbino y de Nápoles.

En condición de autores de tratados, los arquitectos buscaron asimilarse a la cultura estamental literario-anticuaria reinante en las cortes; por otro lado, de los nobles y señores de alta cuna se esperaba que se interesaran por problemas arquitectónicos e incluso supieran presentarse como conocedores de la materia. Las dos partes dependían la una de la otra: el señor disponía de los fondos necesarios para construir; el arquitecto, de la capacidad de transformarlos en símbolos de prestigio. Su estrategia preferida era apelar a los deseos de gloria de los nobles. Solo la suntuosidad y la grandeza de sus construcciones aseguraron la memoria de los dominadores de la Antigüedad; así, el soberano no puede hacer nada mejor que invertir en arquitectura monumental. Para la «interacción» entre los constructores y los arquitectos, cuya necesidad gustan de subrayar los arquitectos actuales (Frank Gehry: «Los clientes son importantes, son el combustible, son la energía para mi trabajo»), Filarete acuñó la siguiente metáfora: llama al cliente (con evidente adulación) el padre del proyecto; al arquitecto, quien por así decir lo lleva en su seno y lo da a luz, la madre.

A la cultura cortesana del Renacimiento debe la moderna teoría de la arquitectura su forma literaria, el tratado. Pero los autores de los tratados tempranos procedían del estamento burgués —Alberti y Filarete, de Florencia; Francesco di Giorgio, de Siena—, aspecto no sin importancia para comprender los contenidos. En Florencia, la reflexión sobre las cuestiones del arte y de la arquitectura tenía tradición; cuando Alberti, que había crecido en el destierro, puso pie en su ciudad natal, hacia 1430, encontró un clima de alto nivel intelectual. De Niccolò Niccoli, humanista y amigo de Brunelleschi, se dice –ya en 1413– que creía poder deducir las leyes de la arquitectura de las ruinas clásicas («de architectura rationes explicare credatur»). La municipalidad de Siena declaró la teoría arquitectónica cuestión de interés público: cerró un contrato con Baldassare Peruzzi, que obligaba a este a «enseñar su arte a todo aquel que lo solicitara». En un esbozo de tratado, del que se ha conservado el manuscrito, Peruzzi se proponía dejar de lado todo el lastre erudito y escribir de forma sencilla y compresible a todo el mundo. Aquí se rompe el círculo cortesano; los autores se dirigen a lectores urbano-burgueses. Su teoría la debía comprender el pueblo llano (*ogni mediocre*), según escribe Peruzzi a su discípulo y amigo Sebastiano Serlio; se dirigió de Roma a Venecia, donde solicitó del Senado protección de derechos de autor para una serie de calcografías, que darían a conocer el nuevo estilo romano de construcción en la Serenísima, un proyecto que Pietro Aretino apoyó con entusiasmo. El gran tratado de arquitectura de Serlio sigue un amplio programa didáctico; no se dirige solo a arquitectos, sino también a «los numerosos nobles que no trabajan en este arte, pero que entienden de él no menos que los mejores maestros» («molti Gentil'homini de la nobilita, che pur non si dilettano, man sano di quell'arte quanto i migliori maestri»). Vignola acometió el intento de escribir un tratado dirigido exclusivamente a especialistas, con su *Regola delli cinque ordini d'architettura*; para sorpresa del autor, la obra –compuesta principalmente de reproducciones de gran formato– gustó también a numerosos *signori*, que querían orientarse con el menor esfuerzo posible sobre los *ordini* que estaban de moda.

De este modo, el círculo de los lectores y usuarios de los tratados siguió siendo mixto: arquitectos y diletantes distinguidos, sociedad burguesa y cortesana, aun cuando, como parece, el interés de amplias capas de la población creció a lo largo del tiempo y se puede observar una cierta democratización de los procesos de comunicación. Lo que se conservó hasta el final del siglo XVIII fue el marco político-económico de la sociedad estamental: ningún autor de un tratado dejó escapar la oportunidad de dedicar su obra al señor natural o a una personalidad cercana a este, de la que esperaba recibir si no comprensión para su trabajo, sí al menos ayuda para promocionarse.

LA IMPRENTA

Los tratados de arquitectura son libros, con los que el arquitecto se presenta a la opinión pública. Mientras que la teoría arquitectónica de la Edad Media quedaba codificada en la obra y se trasmitía en los talleres de construcción como un «secreto» graduado de arriba abajo, el tratado tiene un efecto amplio, llega a lectores de todas las capas sociales, dentro y fuera de la especialidad. Todo lo que Alberti llegó a saber sobre cuestiones de la construcción, de la proporción, de la formas de la Antigüedad, lo escribió en un tratado y todos pueden leerlo.

El mejor arma en la lucha por la «publicación» de los conocimientos guardados por las jerarquías de la sociedad feudal fue, como es sabido, la imprenta. Su invención coincidió temporalmente con la aparición del tratado de arquitectura. Sin embargo, no debe considerarse esta coincidencia como una relación causal: los tratados «cortesanos» del siglo XV se escribieron en manuscritos y circulaban en copias; su público era restringido, sus lectores eran privilegiados. Hasta 1485 –solo 13 años después de la muerte de Alberti– no se publicó *De re aedificatoria* en forma de libro, por un impresor alemán en Florencia; sin duda, el autor habría consentido en hacerlo; pero no contaba con ello: en su texto se ruega a los copistas que reproduzcan las cifras en letra, para evitar los errores al copiar.

Los juicios de los contemporáneos en relación con el logro de Gutenberg son controvertidos; sin embargo, nadie niega un mérito del maestro: redujo los gastos de la elaboración de libros. Los

Claude Perrault (1613-1688)
Alegoría de la arquitectura
Esta hoja de guarda ilustra cómo Francia continúa la arquitectura clásica con la gloria de su nueva arquitectura –el arco de triunfo para Luis XIV y la fachada oriental del Louvre de Perrault–. *De:* Lcs dix livres d'architecture de Vitruve, corrigez et traduits nouvellement en François, *París, 1684*

textos impresos podían ser más fiables, más fáciles de leer, más bellos que los manuscritos… o no; pero en cualquier caso una cosa es cierta: eran más baratos. «Y por esto –escribe hacia 1470 Nicolaus Perotus– espero que pronto se publiquen tantos libros que en el futuro ningún pobre ni indigente tenga que renunciar a una obra». La revolución de Gutenberg consistió en que el saber podía circular libremente como las demás mercancías.

Este fenómeno no dejó de tener consecuencias para la imagen profesional del arquitecto. En condición de autor de un libro dirigido a un público anónimo, experimentó por fin –como mucho antes que él los artistas plásticos– el poder liberador del mercado. Su obra literaria le pertenece a él solo; independientemente del cliente, pero también de los problemas de la puesta en práctica, dejó sus ideas a la libre discusión, presentó (en los tratados ilustrados del siglo XVI) su propia obra. Al mismo tiempo cambió la posición de la arquitectura en el sistema cultural de la sociedad: se convirtió en objeto de interés público, no solo en condición de realidad económico-técnica, sino también de cara a sus aspectos formales y artísticos. Lo que Serlio trata en sus libros son las *maniere* de la arquitectura, los estilos, formas y tipos arquitectónicos, no su sustancia material. Quien ha leído a Serlio no puede construir… pero puede participar en las conversaciones sobre arquitectura, puede decidir qué es conforme o contrario a las reglas, correcto o incorrecto, bueno o malo. La arquitectura se convirtió en un elemento de la cultura general, de la formación, de la convención; de este modo, la competencia para juzgar se trasladó de quienes participan materialmente en la arquitectura –los constructores y los arquitectos– a la sociedad global, a la sociedad de los lectores; nosotros la llamaríamos la «sociedad de la información».

La alianza con la imprenta fomentó la emancipación del arquitecto hasta convertirse en un artista autónomo, que «se labra un nombre» como autor. Pero ese proceso no se desarrolló sin conflictos; a las calamidades del servicio al señor noble –que continuaba e incluso cobró una mayor importancia al reforzarse el poder señorial en el siglo XVI– vino a añadirse la dependencia de editores, libreros y mecenas. Como se sabe, esta dependencia ensombreció la vida de Gutenberg y persiguió hasta el final de su difícil vida a un escritor tan fructífero como Serlio. Los libros de Serlio se publicaron sucesivamente en Venecia, París, Lyon y Fráncfort; todavía en su vida aparecieron traducciones en Amberes y Toledo, más tarde en Ámsterdam, Basilea, Londres, etc. Vasari se queja de que la «codicia de los editores» («ingordigia degli stampatori») arruinara algunas obras importantes. Arquitectos como Labacco y Vignola invirtieron su propio patrimonio y sacaron al mercado sus libros imprimiéndolos ellos mismos. Ricos no se hicieron: el éxito editorial de *Regola delli cinque ordini* de Vignola se debe en gran parte a las reimpresiones, contra las que durante mucho tiempo no hubo ninguna protección eficaz.

LA ILUSTRACIÓN

Quien habla de la imprenta en el contexto de los tratados de arquitectura ha de añadir un segundo concepto: el de la impresión de ilustraciones. Realmente, las ilustraciones son un elemento indispensable de todo tratado sobre arquitectura. La gran excepción se encuentra, una vez más, al principio: Alberti renunció expresamente a ilustraciones, confiando en su latín y en su arte de escribir. Un ejemplo de tratado de arquitectura no ilustrado lo dio Vitruvio, pero su texto contiene pasajes que hacen pensar en que originariamente estaba acompañado por ilustraciones. Su ausencia causó muchas preocupaciones a los arquitectos renacentistas y dio origen a conjeturas como la de Antonio da Sangallo: según este, Vitruvio entregó su manuscrito al emperador Augusto, pero se quedó con los dibujos, para que los *architetti ignoranti* de la corte imperial no llegaran a poseer sus secretos. La verdadera razón era, naturalmente, que el manuscrito original se perdió pronto y las ilustraciones se fueron deformando cada vez más a lo largo del proceso de copia, hasta que por último se perdieron. Alberti probablemente conocía el dilema; quizá conociera también pasajes de Plinio el Viejo y Galeno, quienes por esa misma razón se muestran contrarios a las ilustraciones en textos científicos. Filarete y Francesco di Giorgio acompañaron sus tratados manuscritos de bocetos, pero su calidad despierta poca confianza y plantea problemas de atribución. La primera impresión del tratado de Alberti no llevaba ilustraciones.

La técnica de la ilustración gráfica es anterior a la tipografía con letras móviles. Desde comienzos del siglo XV se encuentran estampas sobre papel, elaboradas con patrones de madera o planchas metálicas para producir imágenes votivas, hojas volanderas, naipes y otra mercancía de fabricación en masa. Las artes gráficas se convirtieron pronto en un género artístico distinto de la pintura. Con los caracteres de imprenta podía combinarse fácilmente un método de impresión en relieve como la xilografía. Surgieron así los primeros libros ilustrados, entre los que se encuentran tesoros tales como *Hypnerotomachia Poliphili*, editado en Venecia por Manutius en 1499. En 1511 apareció la edición, realizada por Fra Giocondo, de Vitruvio *cum figuris*: el texto va acompañado por 140 xilografías (irrelevantes, desde el punto de vista artístico); como el mismo título dice, se trataba de facilitar la comprensión de Vitruvio y su lectura (*ut iam legi et intelligi possit*). Diez años más tarde se publicó la traducción de Vitruvio por Cesare Cesariano, obra profusamente ilustrada y que fue explotada por Durantino y Caporali, en Alemania por Walther Rivius (o Ryff). El primer tratado moderno de arquitectura que buscó, y encontró, sus lectores en el mercado del libro fue el de Sebastiano Serlio. En este se invierte la relación entre escritura e ilustraciones: Serlio editó una colección de figuras con textos que las comentaban; y a esto se debió su éxito. El efecto divulgativo de la imprenta comenzó, por tanto, en el mismo momento en que la verbalización de la teoría arquitectónica había superado ya su culmen, cuando la imagen había pasado a ocupar un puesto junto a la letra. En 1550 por fin se dotó con ilustraciones el tratado de Alberti y se tradujo al italiano. No obstante, con ello no se consiguió dar actualidad a un texto que tenía ya cien años de antigüedad.

Las ilustraciones de Serlio, realizadas por artesanos moldeadores anónimos partiendo de materiales dispares, mostraron los límites de la técnica de la xilografía o el grabado en madera. Que esos límites podían ampliarse lo demostraron más tarde las exquisitas xilografías de gran formato de los tratados de Philibert de l'Orme, Palladio y Barbaro. Sin embargo, un número cada vez mayor de autores se pasaron a la calcografía, al grabado en cobre, que permitía contornos más precisos y un moldeado con más matices. En este caso, el texto —montado con grandes caracteres— no se ilustraba; las figuras formaban un apartado propio, en forma de láminas. Ejemplos tempranos de este nuevo tipo de libro son el *Livre extraordinaire de l'architecture* (Lyon, 1551) de Serlio y los *Livres d'architecture* de Jacques Androuet du Cerceau (1559 y 1561) y, en Roma, el *Libro appartenente all'architettura* (1552) de Antonio Labacco. Diez años más tarde publicó Vignola sus *Regola delli cinque ordini d'architettura*, formadas solo por calcografías; incluso las dos páginas solo con texto están grabadas en cobre. Aquí, la técnica del grabado en metal demuestra su superioridad: las figuras poseen una perfección ingenieril; hasta los más pequeños detalles están hechos a compás. En los posteriores tratados se emplearon ambas técnicas, en parte separadas, en parte juntas, como es el caso de *L'Idea della architettura universale* de Vincenzo Scamozzi (1615). Desde el siglo XVII, la calcografía fue el medio más extendido, hasta que pasaron a ocupar su puesto nuevos métodos de reproducción como la litografía, el grabado sobre acero y el fotograbado.

El papel de la ilustración en el proceso de la civilización posee una importancia comparable con el de la imprenta, aunque no siempre se vio así. A nosotros, la aparición de las técnicas que posibilitaron las reproducciones se nos presenta como un primer impulso de esa cultura visual que hoy en día afecta a ámbitos cada vez mayores de la existencia. En el mundo de finales de la Edad Media, un mundo que se iba haciendo cada vez más complejo, las imágenes —en su condición tanto de fuentes de información como de medios no verbales de comunicación– adquirieron rápidamente una gran importancia. Las xilografías, las calcografías y los libros ilustrados daban a conocer el mundo, además de proporcionar conocimientos sobre ciertas materias; quien los adquiría ampliaba su horizonte sin necesidad de moverse del lugar donde vivía. Un hito en esta evolución fue la *Crónica Universal* de Hartmann Schedel, impresa en Núremberg en 1493; sus vistas de ciudades –algunas realistas, otras fantásticas–, grabadas en madera siguiendo modelos de pintores de Núremberg, desplegaban un panorama del mundo entonces conocido (hasta Tierra Santa). Un efecto similar causó también el libro de Serlio sobre la arquitectura de la Roma clásica, publicado en 1540 como tercer tomo de su tratado: quien no estaba en condiciones de hacer un viaje a Roma podía ver los edificios famosos, conocidos hasta entonces solo de oídas.

El lenguaje de las imágenes abría nuevas perspectivas también a los arquitectos. Con la publicación de proyectos, en tratados o en forma de láminas gráficas sueltas, la imprenta se transformó en un instrumento de la planificación. La cúpula de San Pedro sería distinta a la que conocemos, si Serlio no hubiera reproducido el proyecto de Bramante, influyendo así sobre los de sus sucesores. Después de la muerte de Antonio da Sangallo, sus partidarios dieron a conocer su maqueta para San Pedro en una serie de grabados, para polemizar contra el proyecto de nueva planta de Miguel Ángel. Sin preocuparse de los problemas de la realización, el autor de un tratado puede mostrar lo que sería posible, y en su opinión también deseable, construir. La aportación original de Serlio fue una especie de «arquitectura virtual», cuyos elementos pioneros solo hoy comenzamos a apreciar como se merecen. Para él, la arquitectura se convierte en la función del medio en el que la publica. Que se trata de algo más que un camino lateral de la evolución lo muestra la figura de Andrea Palladio, en cuya obra la creatividad artística y la presentación publicitaria se complementan de modo ideal, e incluso tienden a convertirse en una unidad: un genio de la comunicación, como arquitecto y como autor de libros, y, no por azar, el arquitecto italiano de su época de mayor éxito y de mayor influencia sobre sus sucesores.

¿Cómo ilustran la arquitectura los tratados? Una obra arquitectónica tiene tres dimensiones, mientras que la página de un libro –como el tablero de dibujo de los arquitectos– solo dos. Es decir, el problema es tan antiguo como la arquitectura misma; pero solo el Renacimiento –de nuevo al enfrentarse a Vitruvio– lo trató teóricamente y convirtió en un criterio de calidad el hecho de que también el dibujo arquitectónio fuera de comoprensión general. Los croquis góticos contienen instrucciones técnicas; para ilustrar estas se requiere una formación específica: estaban pensadas para las personas «de la construcción» y no para el mercado. Los arquitectos renacentistas se formaron midiendo y copiando edificios antiguos; su objetivo era reproducirlos como se mostraban a la vista, siguiendo las leyes ópticas, lo cual predestinaba sus dibujos a la reproducción. Enfrentándose a Vitruvio, Alberti formuló su teoría de la reproducción: solo la reproducción ortogonal, limitada a dos dimensiones, está en condiciones de reproducir el objeto a escala; su figura tridimensional se desprende de la combinación de varios croquis de esas características. Esto no excluía el uso de perspectivas (las *scaenographiae* de Vitruvio), pero las reducía al rango de ilustraciones auxiliares. Para responder a los requerimientos encontrados de reproducción a escala y plasticidad, los autores de tratados como Serlio o Labacco mezclaban las dos formas de reproducción; teóricos más estrictos como Vignola, Palladio o Scamozzi se limitaron a la proyección ortogonal y desarrollaron métodos sutiles para reproducir adecuadamente formas espaciales

Andrea Pozzo (1642–1709)
Alegoría de las artes. Las artes contribuyen a la gloria del emperador Leopoldo I.
De: Perspectiva pictorum et architectorum, *Roma, 1693*

y corporales complejas; arquitectos técnicamente hábiles como Philibert de l'Orme o Martino Ferrabosco probaron métodos de geometría descriptiva, mucho antes de que esta se convirtiera en una disciplina matemática. Para ello les supuso una gran ayuda la formación en teoría de la perspectiva, que desde Serlio formaba parte de los programas de tratados de arquitectura; para autores barrocos como Caramuel y Guarini adquirió una relevancia central; para Andrea Pozzo es más importante que la arquitectura misma. Simultáneamente se siguió empleando la *veduta*, el dibujo a mano alzada de carácter pictórico-ilustrativo, que en el siglo XIX desemboca en la fotografía de arquitectura, que se recogió en los tratados (o en sus formas modernas). Su historia como medio de representación para la arquitectura está aún por escribir.

LOS ÓRDENES DE LAS COLUMNAS

Los tratados de arquitectura, de los renacentistas a los posmodernos, tratan de columnas. Para Alberti, la columna es «el ornamento más bello de los edificios» («in tota re aedificatoria primarum certe ornamentum in columnis est»), no en el sentido de un aditivo decorativo, sino como elemento central de la estética arquitectónica. Por esto resultaba preocupante el hecho de que en los edificios clásicos aparecieran columnas de diferentes órdenes. Vitruvio lo explicaba en el contexto de los estilos de los templos griegos y de sus diferentes sistemas de proporciones, pero ya Plinio –y después de él Isidoro de Sevilla– habla de columnas dóricas, jónicas y corintias como objetos autónomos, casi como productos naturales (Plinio lo hace en el capítulo sobre minerales), y así se trasmitieron por toda la Edad Media. Alberti recurrió a Vitruvio y destiló de sus descripciones un sistema de clasificación para las variantes de capiteles, entablamentos y basas. Desde entonces, el estudio empírico de los monumentos, documentado en los dibujos de los arquitectos, fue acompañado por los esfuerzos de los teóricos para conseguir una sistemática cada vez más unificada de los «órdenes». Este concepto se convirtió en un término técnico en Vignola, y eso fue más que un proceso lingüístico: en los grabados de las *Regola delli cinque ordini*, los órdenes (como las columnas en Plinio) se han emancipado y figuran como elementos autónomos. De un modo temiblemente abstracto, y temiblemente concreto a la vez, en ellas se encuentra la quintaesencia de toda la arquitectura clásica. Su criterio es la capacidad de reproducción; de este modo, el tratado ilustrado y reproducido en la imprenta se convierte en un «original»: no presenta ejemplos, sino que suministra el producto terminado.

En forma de los órdenes de las columnas, la arquitectura renacentista se hizo transportable, en particular a los países septentrionales, que no contaban con restos clásicos «auténticos». El arquitecto Hans Blum de Zúrich compara los órdenes con la gramática, que tiene que haber aprendido quien quiera hablar en latín. En su *Quinque columnarum exacta descriptio* de 1550, trata el «arte de las cinco columnas» como si fuera un nuevo secreto de los constructores; su sistema de proporciones es inteligente, pero complicado; sus xilografías –que se basan en Serlio– muestran los órdenes rodeados de un enrejado de líneas geométricas, que a veces recuerda alzados góticos. De este modo, en los libros holandeses y alemanes de la época posterior, la ornamentación manierista-barroca se impuso sobre el canon de Vignola. No obstante, este siguió siendo la norma vinculante. «El Vignola» se difundió por todos los países europeos; Pedro el Grande lo hizo traducir al ruso. Los órdenes de columnas correctamente aplicados se convirtieron en una característica del progreso civilizador; al igual que los buenos modales en la mesa –en el ámbito de la vida diaria–, garantizaban la superación de lo bárbaro en la arquitectura. El término «orden», que Serlio y Vignola emplearon exclusivamente para clasificar, adquirió un significado político-social: el orden en la arquitectura era símbolo del orden en la sociedad. Para los teóricos franceses del siglo XVII, la doctrina sobre la columna se convirtió prácticamente en una doctrina sobre el Estado. Con paralelismos cada vez más detallados entre las autoridades, de Vitruvio a Vignola, se buscaba avanzar hasta la norma absoluta, independiente de todas las contingencias históricas. Colbert, el omnipotente ministro de Luis XIV, encargó a Antoine Desgodets una nueva medición de los monumentos romanos; al mismo tiempo animó a Claude Perrault a traducir de nuevo a Vitruvio. Tras estas actividades estaba el proyecto de un neoclasicismo de fundamento racional, como había previsto Rafael con su plano de Roma: todos los edificios antiguos de Roma, hasta el Arco de Constantino, seguían la misma *ragione*, y esta la instituyó Vitruvio para siempre.

Que el dogma de los órdenes de las columnas en la Europa de la Era Moderna despertaría resistencia era de esperar. Sin embargo, se sorprendieron, incluso Alberti, al oír alabar «los numerosos capiteles antiguos que divergen de la regla y que han sido trabajados con gran habilidad por maestros que buscaban soluciones innovadoras» («numerus capitulorum dissimilium passim offenditur, quae magna cura exquisita diligentia effecta sunt ab his, qui rebus novis inveniendis studuerint»). La aplicación del canon de Vitruvio no era, por tanto, una obligación para él; de hecho, en sus edificios prefirió formas que —como él mismo dice— «no contaban con la aprobación de los doctos» («sed ea doctis non probantur»). Más tarde, arquitectos como Miguel Ángel o Borromini concibieron nuevas formas sin justificarlo teóricamente. En el punto de mira de los ataques de los teóricos se encontraba el número de órdenes, fijado en cinco en el Renacimiento y encarnizadamente defendido por los tratadistas todavía en el siglo XVII. Para Vitruvio, al comienzo solo existían columnas masculinas (dóricas) y femeninas (jónicas); con la introducción del capitel de acanto por el escultor corintio Calímaco se añadió un tercer orden, al que se dio el calificativo de «virgen». Los nombres usuales de los estilos los tomó Vitruvio de las tribus griegas que los habían producido; en Italia se produjo un cuarto estilo, el etrusco, y más tarde el capitel compuesto. Esta afirmación animó a arquitectos no italianos a lanzar órdenes nacionales: uno español (Sagredo, 1526), uno francés (De l'Orme, 1567), uno alemán (Sturm, 1696) y uno británico (Evelyn, 1781). Teóricos de la Contrarreforma (Villalpando, Possevino) opusieron a la Antigüedad pagana el templo de Salomón: sus columnas giradas fueron declaradas como orden salomónico. Caramuel habla ya de once órdenes, entre los que se encuentra uno gótico; según Guarini se pueden inventar cuantos se desee. De este modo perdieron su obligatoriedad. El ilustrado Michele de Frémin considera los órdenes, en 1702, como la parte menos interesante de la arquitectura. Según Isaac Ware (1765) se pueden dejar de lado y, sin embargo, hacer buena arquitectura.

TEORÍA ARQUITECTÓNICA Y UTOPÍA SOCIAL

Más que las otras artes, la arquitectura está estrechamente ligada al proceso político de la sociedad, al ejercicio del poder. Los arquitectos actúan políticamente, lo quieran —y reflexionen sobre ello— o no; incluso las decisiones puramente formales que toman solemos denominarlas con metáforas de la esfera social como superioridad y subordinación, carga y sostén, individuación, disposición en fila y agrupación, libertad y vinculación. Como los sistemas políticos, los estilos de construcción se basan en un consenso básico, con el se puede estar o no de acuerdo, que se puede defender o cuestionar. Así, los tratados reflejan en todas sus páginas elementos político-sociales, también cuando no se hace referencia expresa a ellos.

Con el Renacimiento, Italia formuló un nuevo consenso arquitectónico básico, que sustituyó al medieval-gótico o, al norte de los Alpes, al menos lo relegó a un segundo plano. En los tratados tempranos se aportan argumentos para este consenso; de este modo, el arquitecto escritor aparece como un hombre racional que está en condiciones de reflexionar sobre su materia, de organizarla para poder dominarla; y esto no solo en relación con su oficio, sino también con el Estado, la política y la sociedad. Este es el papel en el que se ve por ejemplo Filarete y que recomienda a los príncipes para los que escribe: con la nueva arquitectura traza también el marco social en el que puede desenvolverse. Si se quiere, se trata de un impulso humanista-ilustrado; pero esto no ha de malentenderse en el sentido de una crítica al sistema de poder. Los arquitectos quieren construir de un modo tan magnífico como sea posible; por tanto, sienten simpatía por los poderosos que les permiten hacerlo, como muestran claramente las digresiones históricas que aparecen en los tratados renacentistas: la arquitectura monumental se presenta allí donde un gobernante dispone lo más ilimitadamente posible sobre las riquezas, como en el Viejo Oriente, en Egipto, en el Imperio romano. Alberti, al menos, distingue entre el tirano que somete la voluntad popular y el dominador bueno y justo, que ejerce su poder, «como un cargo concedido por la generalidad» («imperium quasi concessum magistratum»). Pero ya en la primera utopía social elaborada por los tratados, la Sforzinda de Filarete, se trata el tema de un modo alarmantemente directo: el soberano gobierna de modo absoluto sobre sus súbditos como sobre ejércitos de esclavos que, con disciplina militar, han de construir su sede residencial. Los teóricos de épocas posteriores estudiaron intensamente las doctrinas políticas de Platón y Aristóteles y desarrollaron una amplia gama de modelos sociales: desde una monarquía ilustrada condescendiente con las expectativas burguesas hasta las comunas de los socialistas franceses del siglo XIX. Todas estas teorías se basan en el orden como principio: en su condición de órgano planificador del poder político –independientemente de cómo se legitime este–, el arquitecto prescribía a los habitantes de su ciudad y Estado ideales cómo habían de vivir. Solo hacia 1900 aparecieron en Europa movimientos de reforma que apostaban por la espontaneidad del individuo y que querían probar formas «orgánicas», libres de autoridad, de convivencia humana. En Estados Unidos, el dinamismo de la libre economía fue suficiente para que todas las ideas de orden jerárquico parecieran obsoletas. En sus obras escritas, Frank Lloyd Wright intentó bosquejar algo así como la teoría arquitectónica de una «sociedad abierta».

Los arquitectos son artistas; su medio es la fantasía. Pero mientras que el pintor finge nuevos mundos, el arquitecto injiere en el existente, impone nuevas realidades. Efectivamente, cada proyecto arquitectónico contiene algo así como un núcleo utópico: niega lo que es en favor de algo que será o que debería ser. Sin embargo, el proyecto de futuro tiene que coexistir con la realidad actual, tropieza con límites, tanto temporales como espaciales. El planificador trata de ampliar esos límites, pasando de la construcción individual al complejo de edificios, configuración del espacio, arte de la jardinería, urbanística, sistemas sociales y proyectos universales. No obstante, cuanto más se abra el horizonte de los planes, tanto más lejano será el futuro de su realización; en último término, la resistencia de la materia se torna demasiado poderosa y el proyecto se torna irreal. Este es el punto en el que la fantasía del arquitecto da el salto a Utopía («en ningún lugar»). La pluma vuela fácilmente por el papel, como el lápiz por la hoja de dibujo; perspectivas, maquetas y últimamente simulaciones por ordenador eliminan los molestos hechos. De este modo, el pensamiento y la planificación utópicas se convierten en elementos fijos de los tratados. Pero en primer lugar no se dirigen al futuro, sino al pasado, pues la sociedad de la vieja Europa busca lo nuevo en forma de una *aurea aetas* primigenia, en cuya vuelta se confía. Por tanto, las utopías más maravillosas de

Iacomo Barozzi da Vignola (1507–1573)
En la portada del tratado de arquitectura de Vignola aparece el autor, demostrando su *Regola* con un compás; se ilustra así que su regla ha de sustituir al estudio de las ruinas romanas, que decoraban las portadas de los tratados antiguos.
De: Regola delli cinque ordini d'architettura, *Roma, 1562*

REGOLA DELLI CINQVE
ORDINI D' ARCHITETTVRA
DI M·IACOMO BAROZZIO
DA VIGNOLA·

los tratados presentan edificios de la Antigüedad, ya sea de la era imperial romana (Francesco di Giorgio), ya sea del templo de Salomón (Villalpando); incluso los proyectos de palacios, rayanos en lo utópico, de finales del absolutismo palidecen ante la «arqueología del sueño» de Piranesi, como la denominó Norbert Miller. Solo con la Revolución francesa aparecen utopías arquitectónicas y sociales sin relación con la historia, como la de Boulée y Ledoux. Fueron arquitectos del siglo XX como Le Corbusier, Sant'Elia y Bruno Taut los que convirtieron la arquitectura del futuro en tema de sus tratados.

TEORÍA Y ANTITEORÍA

El convencimiento de que lo que hay de bueno y correcto en la arquitectura se puede y debe fundamentar teóricamente, no lo compartieron todos en la época de los grandes tratados. Tres de los principales arquitectos de esa era no escribieron, por diversas razones. Brunelleschi aparece, en la retrospectiva, como una especie de teórico *ante litteram*: debió de tener un concepto claro de lo que actualmente denominamos «orden de las columnas», pero no consideró que existiera motivo suficiente para escribirlo y explicarlo a los lectores. Bramante, que poseía una buena formación literaria y que sin duda estaba familiarizado con los tratados de su tiempo, prefirió demostrar su doctrina en la obra construida; obras como el *tempietto* o la escalera del Belvedere vaticano se pueden «leer» como comentarios a Vitruvio en piedra. El gran mudo entre los arquitectos del Cinquecento, Miguel Ángel, probablemente no creyó en la posibilidad de traducir en lenguaje las materias arquitectónicas. Como Bramante, habló a través de sus obras construidas, pero no como teórico, sino como artista, en concreto como escultor. En una carta comentó un proyecto propio con pocas palabras y claramente con repugnancia: «Quien no domina la figura y la anatomía humanas no lo puede comprender» («Chi non è stato o non è buon maestro i figure e masimo di notomia non se ne puo intendere»).

Como hemos visto, la transición a la impresión con reproducciones de figuras llevaba inherente un impulso de enemistad frente a la teoría: el autor del tratado prefiere mostrar lo que piensa en lugar de hablar de ello. Es posible que la arquitectura se pueda aprender, pero no solo con libros; incluso Alberti alienta a sus lectores a que estudien no solo los textos, sino también los monumentos, de los que se puede aprender tanto como *ex optimis professoribus*. Serlio se ahorra análisis teóricos remitiendo a las figuras: «Il resto si vede». Labacco dice que observar ejemplos produce más fruto y ocupa menos tiempo que leer. Para Vignola, leer solo es un «fastidio»; su «regola» –no teórica, sino práctica– se puede comprender únicamente con sus láminas. Pero también Palladio, en sí muy accesible a las reflexiones teóricas, promete a sus lectores que evitará explicaciones aburridas.

Si en esas citas –que podrían prolongarse fácilmente– se perciben las pullas de las personas prácticas contra el literato que produce demasiadas palabras, dos siglos más tarde son precisamente los literatos los que se convierten en portaestandartes de la crítica de la teoría. La revolución a la que prestan expresión es la del sentimiento contra la razón, la de la vida contra la teoría gris. Conocemos el tono por el escrito de juventud de Goethe, *Sobre el arte constructivo alemán*: «Más dañino que los ejemplos son, para el genio, los principios»; las impresiones artísticas se pueden «saborear y disfrutar de ellas»; los secretos de las proporciones arquitectónicas se pueden «sentir», pero no explicar; quien tiene «la cabeza llena de conocimientos generales de buen gusto» está ciego para la verdadera esencia de la arquitectura. La polémica es nueva y embriagadora; pero el problema no lo era, pues la dicotomía entre «principio» y «genio», entre la norma estética y la individualidad creadora afecta al núcleo de la teoría del arte, por lo que naturalmente fue discutida por esta, con aspectos teóricos cambiantes, que no podemos seguir aquí. Por ello sorprende aún más la claridad con la que, al comienzo de nuestra historia, Antonio di Tuccio Manetti, humanista florentino y biógrafo de Brunelleschi, formula el dilema de toda la teoría de la arquitectura: «Si hubo autores clásicos que, como en nuestros días Baptista degli Alberti, enseñaron teoría arquitectónica, solo pudo tratarse de principios generales; pues las invenciones que hace un maestro las suele deber en gran parte a lo que le ha dado la naturaleza y a su propio esfuerzo».

Leon Battista Alberti 28
Antonio Averlino, llamado Filarete 34
Sebastiano Serlio 46
Iacomo Barozzi da Vignola 58
Andrea Palladio 70
Vincenzo Scamozzi 84
Guarino Guarini 94
Andrea Pozzo 106
Giovanni Battista Piranesi 120
Francesco Milizia y
Giovanni Battista Cipriani 134

Italia

Leon Battista Alberti (1404–1472)
De re aedificatoria libri decem

MANUSCRITO 1442–1452. EL VATICANO, BIBLIOTECA APOSTOLICA VATICANA

Los diez libros de arquitectura

Leon Battista Alberti, cuyo *De re aedificatoria libri decem* constituye la teoría de la arquitectura más importante en el comienzo de los tiempos modernos, no era arquitecto de formación, y menos aún cantero o carpintero, sino un simple humanista. Nacido en el seno de una adinerada familia florentina, viene al mundo en 1404 en pleno exilio genovés y se cría en Venecia. Recibe su formación humanista en latín, retórica antigua, filosofía y poética como alumno de Gasparino Barzizza (hacia 1360–hacia 1431), uno de los principales estudiosos de Cicerón de su época, más concretamente en el instituto de Padua. Luego estudia en la famosa universidad de Bolonia, donde sigue primero los cursos de filología, retórica y filosofía, antes de que una crisis nerviosa le obligue a restringir su campo de estudio al derecho canónico y civil, las matemáticas y la física. Entra al servicio del Papa en calidad de abreviador de las cartas apostólicas y secretario de la cancillería pontificia y ocupará ese cargo hasta la pérdida de su oficio.

En una obra escrita que aborda casi todos los grandes temas de la época, tres textos ocupan un lugar especial: el pequeño libro *De pictura/Della pittura* (*De la pintura*) de 1435 en latín y traducido al italiano en 1436, el opúsculo *De statua* (*De la escultura*) escrito en 1438 y el *De re aedificatoria*, un tratado sobre el arte de construir en el que trabaja de 1442 a 1452. En estas tres obras, Alberti reflexiona sobre las tres artes que no estaban clasificadas entre las *artes liberales*. Al convertirlas en temas de ponencias autónomas, las colocaba en pie de igualdad con las artes liberales: geometría, música, poética o retórica.

Un hecho interesante es que la actividad del escritor Alberti disminuye a medida que se implica cada vez más como consejero en materia arquitectónica hasta ser considerado un arquitecto de pleno derecho. La pasión de Alberti por la arquitectura debió de manifestarse muy temprano, como lo demuestra la dedicatoria de *Della pittura* de 1436 al arquitecto Brunelleschi (1377–1446). En 1447, mientras ya está trabajando en el *De re aedificatoria*, su compañero de estudios y amigo Tomaso Parentuccelli da Sarzana es elegido Papa con el nombre de Nicolás V (pontif. 1447–1455). Al parecer, invitó a Alberti a que participara desde el principio en las complejas reflexiones sobre la restauración de San Pedro, que amenazaba ruina, así como en los proyectos de reforma del área del Vaticano. Sin duda también a iniciativa del Papa se encomienda a Alberti en 1450 la transformación de la iglesia sepucral de Malatesta en Rímini en un nuevo «templo». Desde esta época y hasta su muerte en 1472, paralelamente a sus actividades en la curia, Alberti también desarrollará una

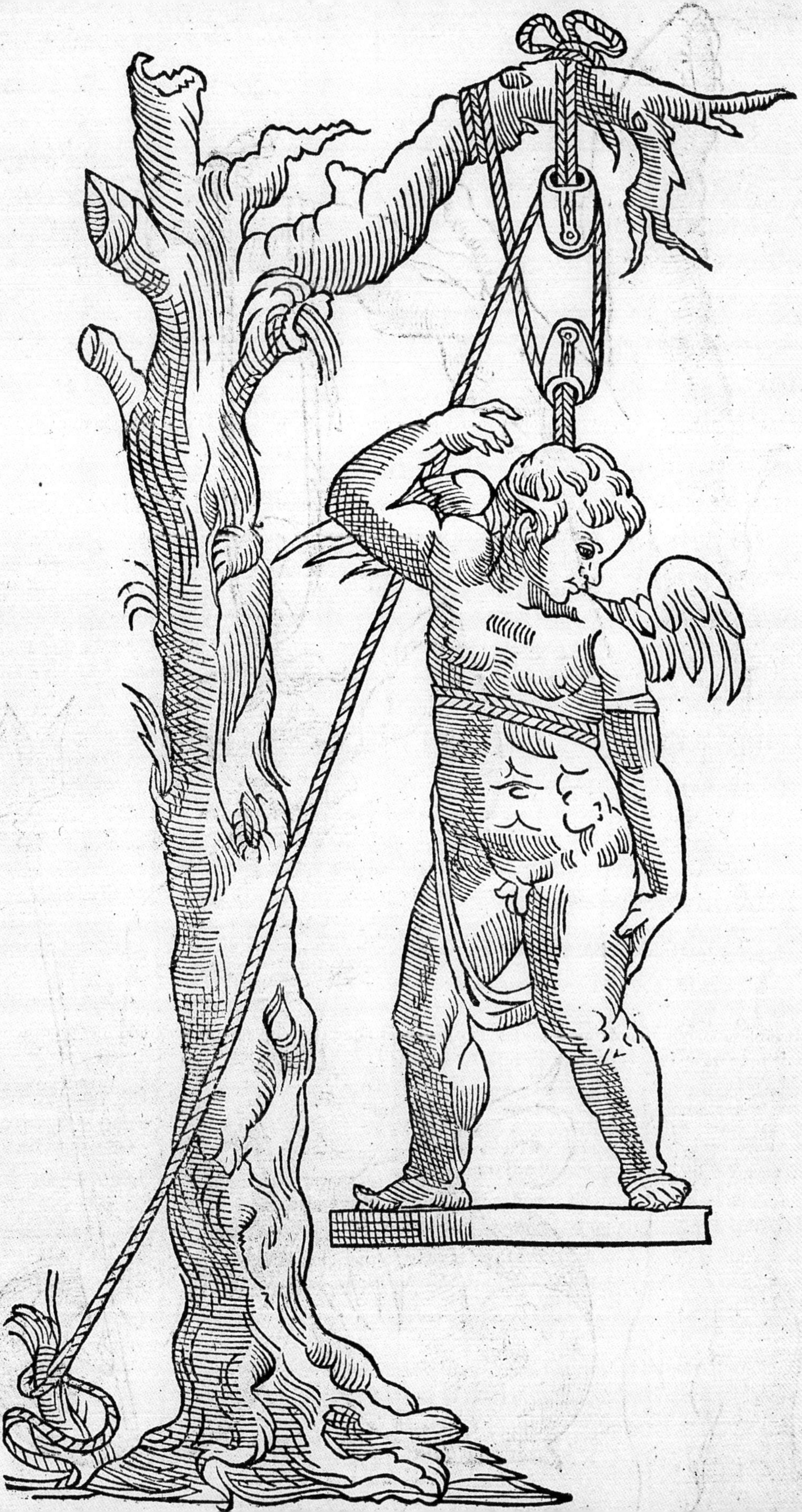

importante actividad como arquitecto, en particular al servicio de la familia Rucellai en Florencia (fachada de la iglesia Santa Maria Novella, palacio y capilla fúnebre de los Rucellai) o de los duques de Gonzaga en Mantua (San Sebastiano, Sant'Andrea). Este recorrido atípico que lleva a Alberti a abandonar poco a poco su faceta de autor para convertirse progresivamente en arquitecto a partir de 1450 puede explicarse por el ideal de Cicerón del antiguo *perfectus orator*, el perfecto orador, secundado por Alberti. En la Antigüedad, la alta formación moral, filosófica y retórica del orador beneficiaba sobremanera a la *res publica*, la cosa pública, así como a la república en el sentido de una cotidianidad jurídica y política. Sin embargo, el orador Alberti se veía ante el dilema de ser considerado el Cicerón de su época sin tener la menor posibilidad de ser útil al servicio del bien común, como había sido el caso de su maestro. En respuesta a ese dilema, todo hace indicar que Alberti consideraba la arquitectura como una actividad eminentemente política, pues la entendía como conservadora y creadora de cultura capaz de ofrecer *de facto* seguridad y protección a la comunidad de la ciudad (*civitas*), lo cual constituye una condición necesaria para su desarrollo cultural y social. En el tratado *De re aedificatoria* que entrega a Nicolás V en 1452, Alberti expone el conjunto de sus reflexiones sobre el papel del arquitecto y la función de una arquitectura que quiere ser algo más que un simple amontonamiento de piedras.

Es probable que Alberti desarrollara la idea de un tratado de arquitectura en el marco de las eruditas conversaciones acerca del antiguo tratado de Vitruvio en el círculo de amigos humanistas y de la culta nobleza de la corte de Lionello d'Este en Ferrara. En un primer momento, pensaría seguramente en redactar un comentario para acompañar ese complejo texto, del que solo existían versiones fragmentadas y que empleaba un vocabulario especializado procedente del griego. Pero, como escribe Alberti, no solo el tratado de Vitruvio sino también la destrucción de las ruinas antiguas y el mal gusto de sus contemporáneos bajo la influencia de la arquitectura gótica le llevan a concebir una obra similar de mejor calidad, mejor organizada y apoyada en una argumentación más rigurosa.

Desde un punto de vista meramente formal, Alberti divide su obra en diez libros, tal y como había hecho Vitruvio en *De architectura decem libri* (*Los diez libros de arquitectura*). También se inspira en Vitruvio para los criterios de análisis según la solidez, la utilidad y la belleza (*firmitas*, *utilitas* y *venustas*). Sin embargo, en lo que al contenido se refiere, organiza su tratado de otra manera: en el primer libro, titulado *lineamenta*, trata las partes constitutivas de todo edificio que afectan a la utilidad, por lo que estos elementos han de figurar en el origen de toda reflexión sobre la arquitectura. Estas partes son el entorno, el terreno, la planta, los muros de carga, el tejado y los vanos (*regio, area, partitio, paries, tectum, apertio*). El segundo libro, titulado *materia*, es un tratado sobre los materiales. El tercero, *opus*, se erige en un tratado de construcción donde Alberti aborda los aspectos referidos a la solidez (*firmitas*) del edificio. Los libros IV, *universorum opus* (obras generales), y V, *singulorum opus* (obras singulares), se centran en la teoría de los edificios comunes y especiales y abordan la vertiente de la utilidad (*utilitas*). Los libros VI a IX, o sea, *ornamentum, sacrorum ornamentum, publici profani ornamentum* y *privati ornamentum*, forman un conjunto que Alberti reúne bajo el rasgo de la belleza (*venustas*). La palabra «ornamento» aplicada a las edificaciones sagradas, a los edificios públicos y profanos y a las construccciones privadas solo describe de manera imperfecta el contenido de estos libros. Para una mejor comprensión, conviene recurrir —como hizo Alberti— a las metáforas de la retórica antigua, donde el ornamento del discurso se compara con la ropa que viste el cuerpo desnudo o, más exactamente, con la carne que constituye por sí sola el cuerpo vivo alrededor de los huesos muertos. Así pues, solo en la segunda mitad del tratado Alberti aborda el cuerpo completo, el bello cuerpo de la arquitectura, y únicamente en esa parte se refiere el autor a la arquitectura como a «un arte bello». El décimo y último libro, *operum instauratio* (restauración de las obras), supone el final de sus reflexiones. Alberti trata aquí las técnicas de conservación de los edificios ya en pie.

Las ideas de Alberti sobre la belleza en la arquitectura se sitúan bajo el signo del *decorum*, el decoro. Se pueden distinguir dos dimensiones en esta materia, una ética y social y otra formal y estética. En la medida en que Alberti siempre parte de la *civitas*, de la estructura social que enmarca la ciudad, toda arquitectura debe ordenarse según unos criterios que puedan reducirse a su aspecto social. De ahí una jerarquía donde los edificios religiosos ocupan la categoría más alta –situándose los templos en la cima seguidos por las murallas de la ciudad, las basílicas y las tumbas– y merecen la mayor *dignitas* (dignidad) y, por tanto, las mayores riquezas y la mayor abundancia de *ornamenta.* Alberti describe todo ello en el libro VII. En un rango menos elevado, «medio», se hallan después las obras públicas como las calles, plazas, puentes, bibliotecas, escuelas, hospitales, gimnasios, etc., cuya dignidad debe someterse a la de las construcciones sagradas. En el último puesto del escalafón se sitúan finalmente las construcciones privadas: casas urbanas, villas y jardines de las afueras de la ciudad. El templo, la medida de todo, proporciona el fondo de elementos arquitectónicos que pueden emplearse de manera adecuada en los demás edificios, por ejemplo los distintos tipos de columnas y sus elementos. Este minucioso análisis termina con una lista –casi un glosario– de formas de cornisas conocidas por Alberti. La manera en que todos estos elementos singulares son dispuestos para componer un todo coherente capaz de formar parte de lo bello y proporcionar una influencia ennoblecedora es una vez más una cuestión que afecta al decoro. Pero se trata aquí de un decoro que Alberti llama *cocinnitas.* Esto se define, por un lado, por unas leyes según las cuales los elementos arquitectónicos pueden disponerse según un número, una proporción y un ritmo justos para componer un cuerpo arquitectural repleto de belleza. Por otro lado, la *cocinnitas* también describe la aptitud particular del espectador para reconocer como tal la belleza de un edificio, sin que necesariamente tenga que conocer sus causas racionales; resulta suficiente con conmoverse por su belleza.

En términos de proyecto intelectual, *De re aedificatoria* seguirá siendo el conjunto de reflexiones teóricas sobre la arquitectura más ambicioso, incluso más allá del Quattrocento. Algo no solo constatable por elegir el latín como idioma del texto sino también por renunciar a toda ilustración visual. Antes de la primera edición en forma de libro impreso en 1485, la obra solo había sido leída y entendida seguramente en círculos humanistas y académicos. Pero incluso en estos ámbitos casi nadie pudo conseguir un ejemplar antes de la década de 1480. A partir de 1483, aparecen unos ejemplares de lujo para potenciales maestros de obra como Federico da Montefeltro (1422–1482), duque de Urbino, o el rey de Hungría

Matías Corvino (reinado 1458–1490). Es difícil saber en qué medida y de qué manera los arquitectos entendieron el elitista tratado de Alberti, conocido por arquitectos a su vez autores de tratados, como Filarete (hacia 1400–1465) o Francesco di Giorgio Martini (1439–1501). Sabemos por otra parte que un *scarpellino* anónimo –un maestro de obras– tomó prestado este libro precioso de la biblioteca de la corte de Ferrara. No sabemos por supuesto lo que consiguió o esperó extraer de su lectura. Fuera lo que fuere, la asimilación de la obra se vio ampliamente facilitada por una segunda traducción realizada por Cosimo Bartoli en 1565 que ofrecía al fin un texto acompañado por ilustraciones.

VB

Ilust. p. 29
Ilustración del funcionamiento de un polipasto
Extracto de la primera edición ilustrada: L'Architettura di Leon Battista Alberti, tradotta in lingua Fiorentina da Cosimo Bartoli Gentil' huomo, *Florencia, 1550, pp. 130/131. Grabado sobre madera*

Perspectiva de un paisaje con diques de contención y acueductos para el abastecimiento de agua de la ciudad
Para ilustrar el capítulo de Alberti «De las cisternas, conjunto de su uso y su utilidad», la edición francesa muestra una ciudad en un paisaje accidentado, con sus diques de contención y sus acueductos. *Extracto de:* L'Architecture et art de bien bastir du seigneur Leon Baptiste Albert, *París, 1553, p. 214. Grabado sobre madera*

Antonio Averlino, llamado Filarete (hacia 1400 – hacia 1465)
Codex Magliabechianus II, I, 140

MANUSCRITO HACIA 1461–1464. FLORENCIA, BIBLIOTECA NAZIONALE

A diferencia de *De re aedificatoria libri decem* (*Los diez libros de arquitectura*) de Leon Battista Alberti, redactado en latín y exento de toda ilustración, Antonio Averlino, posterior cronológicamente a Alberti, escribió su tratado en lengua «vulgar» (italiano) y lo ilustró con un rico material iconográfico. Averlino, que se calificaba a sí mismo como «amigo de la virtud» (*filareti*), no ignoraba que no le llegaba ni a la suela de los zapatos a Alberti en el plano intelectual. Pero aun así la ambición por escribir sobre las «maneras, medidas y proporciones para edificar» («modi e misure e proporzioni d'edificare») procedía de su experiencia práctica. Así pues, confiesa que, al ser un hombre inculto, no escribe como si quisiera ajustar su texto a las reglas de la retórica –en eso cita directamente un tópico de la modestia ya empleado por Vitruvio–, y que no podría compararse de hecho a ese autor. Aun así, escribe, no deja de ser un artista experimentado que conoce la práctica del dibujo, la construcción y la escultura, y bajo esa premisa pretende instruir a aquellos que tienen dudas acerca de los fundamentos teóricos del arte de edificar. De hecho remite al lector culto a sus predecesores latinistas Vitruvio y Alberti no sin una cierta dosis de atrevimiento y orgullo.

Nacido en 1400 en Florencia, Filarete se formó como orfebre y broncista seguramente en el taller de Lorenzo Ghiberti (1381–1455). No se le puede atribuir ninguna obra de esa época en concreto. En la historia del arte, Filarete solo figura por la segunda parte de su vida, transcurrida en Roma de 1433 a 1448 aproximadamente. Allí realiza en 1445 su obra maestra como escultor, la puerta de bronce de San Pedro del Vaticano, encargada por el papa Eugenio IV (pontif. 1431–1447) y que todavía puede admirarse hoy en día. A consecuencia del robo de unas reliquias, Filarete debe abandonar Roma a finales de 1440 y solo reaparece en 1451 en calidad de ingeniero y arquitecto al servicio de Francisco Sforza (1401–1466), duque de Milán. Hasta 1465, Milán parece haber sido su principal centro de actividad. De 1456 a 1465, pergeña allí su construcción más importante, el Ospedale Maggiore, y trabaja en un tratado de arquitectura, seguramente de 1461 a 1464. La pista de Antonio Averlino se pierde después de 1465.

Se desconoce el motivo que pudo llevar a Averlino a emprender la redacción de un tratado de arquitectura. Todo parece indicar que quiso utilizarlo para darse a conocer ante los poderosos comanditarios y, más sencillamente, para postularse como arquitecto. Esta hipótesis se apoya principalmente en las distintas versiones del tratado que se han conservado en lengua vulgar y que están dedicadas a Francisco Sforza y Pedro de Médicis (1429–1484) respectivamente. Como era frecuente primauera state autonno & uerno :

Inteso tutto glipiacque & andato pdentro su plescale & entrato nelle sale & p
le camere & andato ptutto lecompartitioni uolle pinsino alla sommita salire
& quando fu su uidde lacappella fatta & hordinata contutte quelle cose che
sirichiede Volse uedere illuogho ancora doue lagniusdeo era & poi disopra a
lacapanna ancora uolse uedere & disse chemolto glipiaceua ogni cosa & doma
domi quanto era grossa lapalla & quella fighura dibronzo dissi chelapalla
a cinqi braccia diuano & lafigura e alta dodici braccia elpie della palla tre
ba Et che uuole che inquel luogho sotto della cappella stia continuamente uno
affare laguardia & tenere hordinato quello chefacesse dibisognio & che pquello
che allui bisogniaua plo suo mangiare hordinarli cheplo uacuo delpozzo segli
tirasse su con una corda con ingegnio cheppresto siturasse su & cosi fu hordinato
poi ueduti tutti quelli luoghi & lacque chedigrado ingrado andauano giu:
ple mura molto glipiacquono. & cosi conmun cherano su plagrossezza delmu
ro hordinati & cosi ancora altri luoghi necessarij adouergli habitare & cosi
disotto nefondamenti uolle uedere & cosi leuie sterranee che andauano alle
torri delle porte & insino auna desse andato & poi ueduta quella dentro
domandomi setutte laltre erano inquel termine cosi fatte, rispuosi disi allora
disse glipiaceuano & montamo disopra aessa & poi discesi & uscimo plasua
entrata della sommita delle mura andamo uedendo tutto & cosi discesi p
esse & ritornamo nella torre & poi alsecondo ponte leuatoio entramo nel
quadro doue erano leporte cioe disopra delportico & andamo uedendo le
sale & camere & anticamere & tutti quelli luoghi disopra & poi disotto al
pian terreno ilportico cucine & dispenso & cancellaria & insomma tutto uol
se uedere & ueduto disse cheogni cosa glipiacena Ma cheuorria pogni modo:
uedere fatte quelle due entrate :

Signiore come uidissi cheuoleuo disegniarne una secondo che ame paresse chest
esse bene & che fusse bella siche io uelo disegniata qui accio chelapossiate intende
re bene. Si madami antendere lemisure & anche come tu lauuoi comportire:
Il compartimento che io fo acquesto sie che io parto incinque parti queste quaranta
braccia & duna diqueste parti fo laporta laquale e otto braccia largha & dodici
alta & laltre due parti dila & diqua dalla porta sinepiglio una decantoni &
sportola infuori lameta dessa & poi dellaltre due parti lascio tralaporta & que
lle decanti chesono rileuate dalmuro diritto quattro braccia. Siche miuengho aris
trignere pquesta ragione otto braccia, delle quaranta meneresta trenta due qua
dre Insu questo Io fo uno tondo dibraccia uenti otto di diametro & auanzami due
braccia dimuro atorno & fo alto uenti otto braccia & poi glifo disopra un qua
dro dibraccia uenti quattro alto & due grosso & disopra unaltro in octo angoli
dibraccia quattro pdiamitro & alto dodici & laparte disotto fo indue archi di
otto braccia diuano luno & tre muri uno nelmezzo traluno archo & laltro di
braccia otto grosso ciascheduno diquesti muri & inmodo chepquesta grossezza de

Vna delle quattro entrate delcastello lequali sono tutte inquesta forma en el siglo xv, no se ha conservado el manuscrito autógrafo de Filarete. Sin embargo, quedan tres copias, así como un arquetipo copiado directamente del original. Se hace así la distinción entre el grupo llamado «Sforza» (*Codex Trivulzianus*, Milán; *Codex Palatinus*, Florencia), vinculado al tratado dedicado a Francisco Sforza, y el grupo llamado «Médicis» (*Codex Magliabechianus*, Florencia; *Codex Valencianus*, Valencia), siendo el *Codex Magliabechianus* el ejemplar copiado para Pedro de Médicis. A este conjunto de manuscritos del Quattrocento se añaden varios más del siglo xv al xvii. Todos tienen su origen en la traducción latina que realizó Antonio Bonfini para el rey de Hungría Matías Corvino (reino 1458–1490).

Como ocurrió con Alberti, un vistazo a la lista de los famosos dueños de un ejemplar del tratado de Filarete pone de manifiesto que los lectores se circunscribían ante todo al mundo académico. Pero su obra pudo llegar perfectamente al conocimiento de algunos compañeros de Filarete. Así sabemos que en Milán Leonardo da Vinci (1452–1519) o Donato Bramante (hacia 1444–1514) tuvieron acceso al tratado y que lo leyeron, al igual que Giorgio Vasari (1511–1574) en Florencia. Por otra parte, en el tratado *Idea dell'architettura universale* (*Idea de la arquitectura universal*, 1615), el arquitecto Scamozzi (1548–1616) afirma que posee un ejemplar.

Al contrario de *De re aedificatoria* de Alberti, el *Libro architettonico* de Filarete no llegó a imprimirse nunca. Habrá que esperar hasta finales del siglo xix para que aparezca una edición parcial y a 1972 para ver la edición íntegra del tratado acompañado de sus ilustraciones. Tanto para las ediciones modernas como para los manuscritos conservados, hay que tener en cuenta que el texto de Filarete solo aparece de manera incompleta y está sembrado de lagunas y rupturas, repeticiones y errores. En realidad, parece que Filarete nunca llevó a cabo la redacción definitiva de su tratado, por lo que no sabemos con certeza si la difusión de las copias se hizo con su aprobación o no, o solo tras su muerte.

A diferencia del tratado de Alberti, el de Filarete no se apoya en el modelo antiguo de Vitruvio, ni en la construcción ni en el modo de exposición. En lugar de los diez libros de Vitruvio y Alberti, Filarete escribió 25 de distintos tamaños. Solo los libros 1 a 21 tratan del arte de construir y constituyen, por tanto, el *Libro architettonico*, el tratado de arquitectura propiamente dicho. En los libros 22 a 24, Filarete se dedica exclusivamente al dibujo y la pintura, mientras que el volumen 25 ofrece un elogio del mecenazgo de los Médicis.

A pesar de la falta de sistemática en la organización general del tratado, el análisis de los libros 1 a 21, donde algunas partes relacionadas por su temática han sido separadas arbitrariamente, permite distinguir tres ejes principales: en los libros 1 y 2, Filarete plantea el núcleo de su teoría de la arquitectura; en los libros 3 a 11, se dedica después a la planificación y construcción de Sforzinda, su ciudad ideal; en los libros 12 a 21, para concluir, describe los edificios antiguos, reales o ficticios. El modo de exposición que elige para su teoría no es el estilo sobrio propio de un manual sino una forma dialogada y el género literario de la novela. En una larga entrevista con un príncipe y comanditario inmensamente rico, donde reconocemos enseguida a Francisco Sforza, y luego, a partir del libro 7 en unos epígrafes pedagógicos destinados al hijo de tal príncipe, donde se reconoce fácilmente a Galeazzo Sforza (1444–1476), el arquitecto expone el proyecto de Averliano, una ciudad ideal a la que llamará Sforzinda una vez construida. Hasta el libro 14, la novela prosigue con el desarrollo, la elección del emplazamiento geográfico adecuado, la elaboración de la planta octogonal con calles radiadas, la construcción de las fortificaciones, con sus puertas profusamente decoradas, y la enumeración de los distintos edificios. Por el alto concepto que tiene de sí mismo, no resulta irrelevante advertir que, al llamarlo Averliano, Filarete no duda en vincular su proyecto artístico –el trazado de la ciudad ideal– con su nombre. Así se deslinda el valor del proyecto como tal de la ejecución concreta, del resultado, llamado Sforzinda, que hace referencia al comanditario. A partir del libro 14, Filarete introduce un segundo nivel en la narración. Durante las obras de excavación del puerto de Sforzinda, los obreros descubren un *Codex aureum*, un libro de oro. Este trata de Plusiápolis, una ciudad ideal, esta vez antigua, cuyos edificios fueron construidos por el legendario arquitecto Onitoan Notirenflo (Antonio Florentino, alias Antonio Averlino) para el legendario rey Zogalia, tras quien se esconde nada menos que Galeazzo Sforza. La ciudad sirve de pretexto a Filarete para llevar a cabo una reproducción ficticia de edificios reales de la Antigüedad.

En el tratado de Filarete, los aspectos que atañen directamente a la teoría de la arquitectura son fundamentalmente las ideas expuestas en la introducción acerca de la cabaña primitiva y el carácter de la columna (*qualità*). Filarete retoma la historia de la génesis de una casa, tratada tanto por Vitruvio como por Alberti, la desarrolla bajo una interpretación cristiana y la ilustra por primera vez con imágenes. Según esta historia, tras ser expulsado del Paraíso, Adán necesita buscar refugio. Primero sus manos unidas en oración sobre su cabeza le ofrecen abrigo. Pero en una fase posterior unas vigas son dispuestas entre las primeras ramas de cuatro árboles para servir de base a los muros y el techo. Esta cabaña primitiva se halla en el origen de toda arquitectura evolucionada. Las horcaduras, los pilares angulares elegidos por Adán, ya se calculaban, en efecto, en función de las medidas del cuerpo humano. Lo mismo ocurre con la columna, cuyo capitel recuerda la horcajadura arcaica, y por tanto la cabeza humana que fija la medida, el módulo.

Según el concepto de Filarete, se distinguen cinco medidas humanas. Por su traducción en la columna, Filarete se detiene en tres medidas, o más bien en tres *qualità*, asociadas a los términos griegos dórico, jónico y corintio. Al igual que hiciera Alberti con anterioridad, Filarete reproduce los términos de Vitruvio. Sin embargo, desarrolla su explicación mediante una estrategia totalmente independiente e incluso completamente opuesta. La *qualità* de la columna descrita como dórica corresponde a nueve módulos, la columna corintia, «mediana», a ocho módulos, y la jónica, «pequeña», a siete módulos. Según el mito explicativo y cristiano que preconiza Filarete, la columna con la *qualità* dórica representa el tipo de columna más antiguo e importante, en la medida en que las proporciones físicas de Adán –y por tanto de Dios mismo– le sirvieron de modelo. En un plano formal, la idea de Filarete acerca de la columna dórica no tiene nada en común con la *Dorica* descrita por Vitruvio: corresponde en realidad a una variante compuesta. Pero en cuanto al sentido, Filarete invierte la jerarquía vitruviana de los tipos de columnas. En la medida en que la jerarquía social y sus clases se reflejan en una superposición de órdenes, la columna jónica, de rango inferior, asume la función de soportar toda la carga del edificio, mientras que la columna dórica, o «columna de Adán», pletórica de nobleza, está libre de toda carga y soporta la solemne coronación de toda arquitectura.

VB

Ilust. p. 35
Castillo fortificado
Uno de los cuatro accesos principales a la fortaleza principesca, coronado por estatuas ecuestres. *Fol. 42 r*

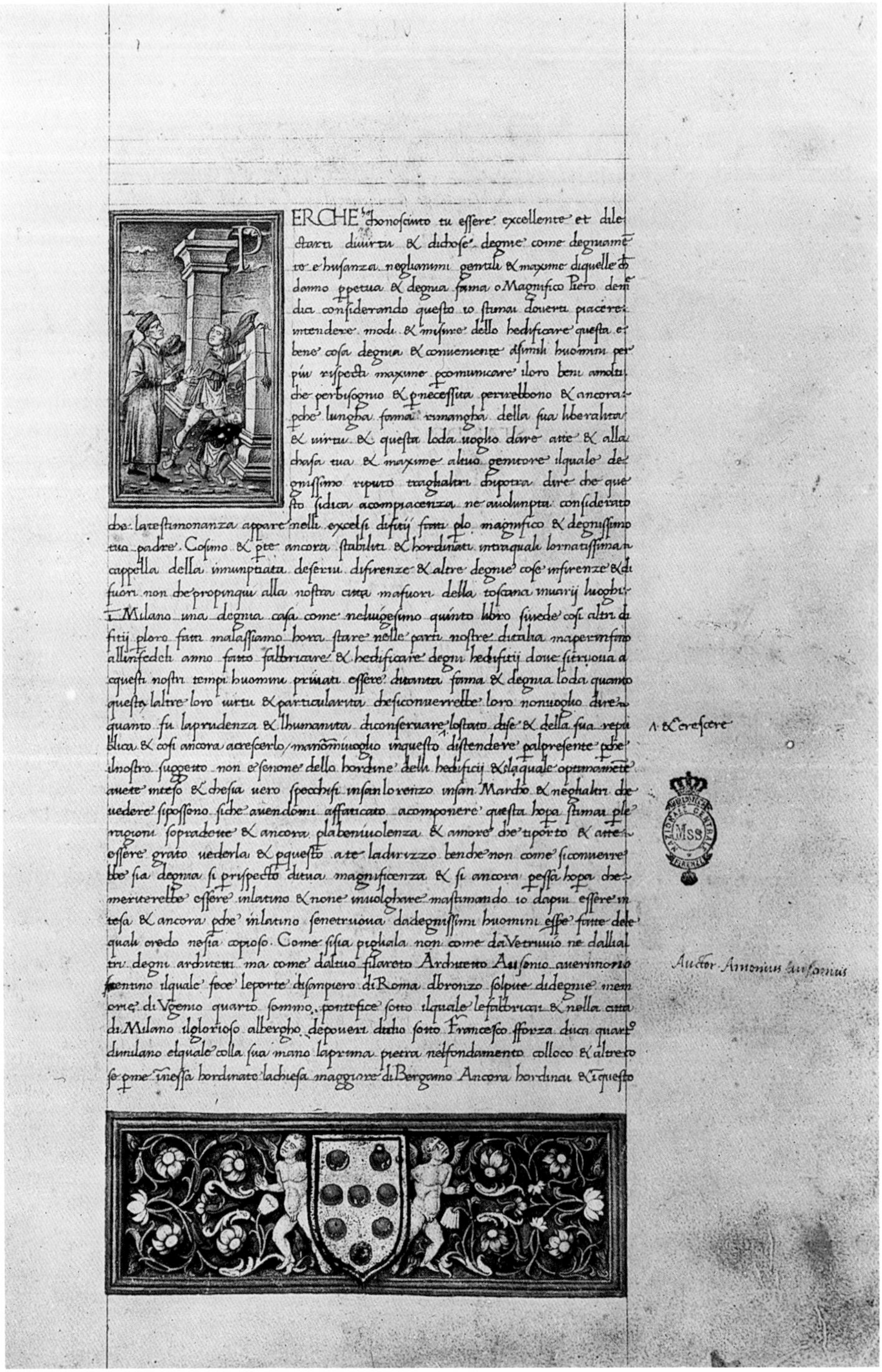

Letra capitular que muestra al arquitecto en una obra y el escudo de los Médicis
Fol. 1 r

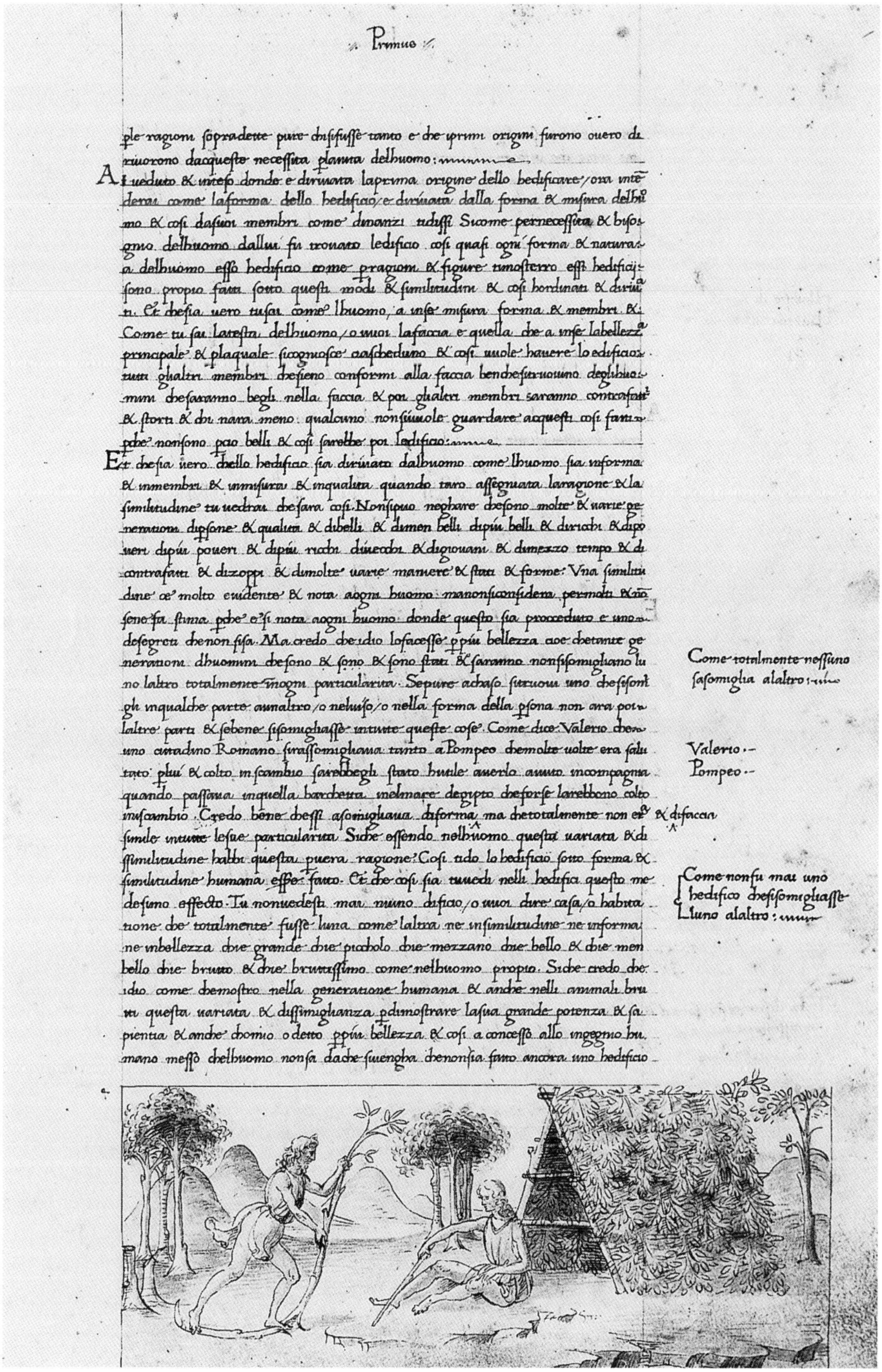

Primus

ple ragioni sopradette pure chesifusse tanto e che iprimi origini furono ouero di
riuorono dacqueste necessita planima delhuomo:
Ai veduto & inteso donde e diriuata laprima origine dello hedificare/ora inte
derai come laforma dello hedificio/e diriuata dalla forma & misura delhuo
mo & cosi dasuoi membri come dinanzi tidissi Sicome pernecessita & biso
gnio delhuomo dallui fu trouato ledificio cosi quasi ogni forma & natura
a delhuomo esso hedificio come praggioni & figure timosterro essi hedificij
sono propio fatti sotto questi modi & similitudini & cosi hordinati & diriua
ti. Et chesia uero tusai come lhuomo, a inse misura forma & membri &
Come tu sai latesta delhuomo/o uuoi lafaccia e quella che a inse labellezza
principale & plaquale sicognosce ciascheduno & cosi uuole hauere lo edificio
tutti ghaltri membri chesieno conformi alla faccia benchesitruouino deglihuo
mini chesaranno begli nella faccia & poi ghaltri membri saranno contrafatti
& storti & chi nara meno qualcuno nonsiuuole guardare acquesti cosi fatti
pche nonsono pero belli & cosi sarebbe poi ledificio:
Et chesia uero chello hedificio sia diriuato dalhuomo come lhuomo sia informa
& inmembri & inmisura & inqualita quando taro assegnata laragione & la
similitudine tu uedrai chesara cosi. Nonsipuo neghare chesono molte & uarie ge
nerationi dipsone & qualita & dibelli & dimen belli dipiu belli & diricchi & dipo
ueri dipiu poueri & dipiu ricchi diuecchi & digiouani & dimezzo tempo & di
contrafatti & dizoppi & dimolte uarie maniere & stati & forme: Vna similitu
dine ce molto euidente & nota aogni huomo manonsiconsidera permolti & no
sene fa stima pche e si nota aogni huomo donde questo sia proceduto e uno
desegreti chenon sisa. Ma credo cheidio lofacesse ppiu bellezza cioe chetante ge
nerationi dhuomini chesono & sono & sono stati & saranno nonsisomigliano lu
no laltro totalmente inogni particularita. Sepure achaso sitruoui uno chesisomi
gli inqualche parte aunaltro/o neluiso/o nella forma della psona non ara poi
laltre parti & sebene sisomighasse intutte queste cose. Come dice Valerio che
uno cittadino Romano sirassomighaua tanto a Pompeo chemolte uolte era salu
tato piu & colto inscambio sarebbegli stato hutile auerlo auuto incompagnia
quando passaua inquella barchetta nelmare degipto cheforse larebbono colto
inscambio. Credo bene chessi asomighaua diforma ma chetotalmente non era & difaccia
simile intutte lesue particularita Siche essendo nelhuomo questa uariata & di
ssimilitudine habbi questa puera ragione. Cosi tido lo hedificio sotto forma &
similitudine humana esser fatto. Et che cosi sia tuuedi nelli hedifici questo me
desimo effecto. Tu nonuedesti mai niuno dificio/o uuoi dire casa/o habita
tione che totalmente fusse luna come laltra ne insimilitudine ne informa
ne inbellezza chie grande chie picholo chie mezzano chie bello & chie men
bello chie brutto & chie bruttissimo come nelhuomo propio. Siche credo che
idio come chemostro nella generatione humana & anche nelli animali bru
ti questa uariata & dissimighanza pdimostrare lasua grande potenza & sa
pientia & anche chomio odetto ppiu bellezza & cosi a concesso allo ingegnio hu
mano messo chelhuomo nonsa dache siuengha chenonsia fatto ancora uno hedificio

Come totalmente nessuno sasomiglia alaltro:

Valerio.–
Pompeo.–

Come nonfu mai uno hedifico chesisomigliasse Luno alaltro:

Adán construyendo la cabaña primitiva
Fol. 5 r

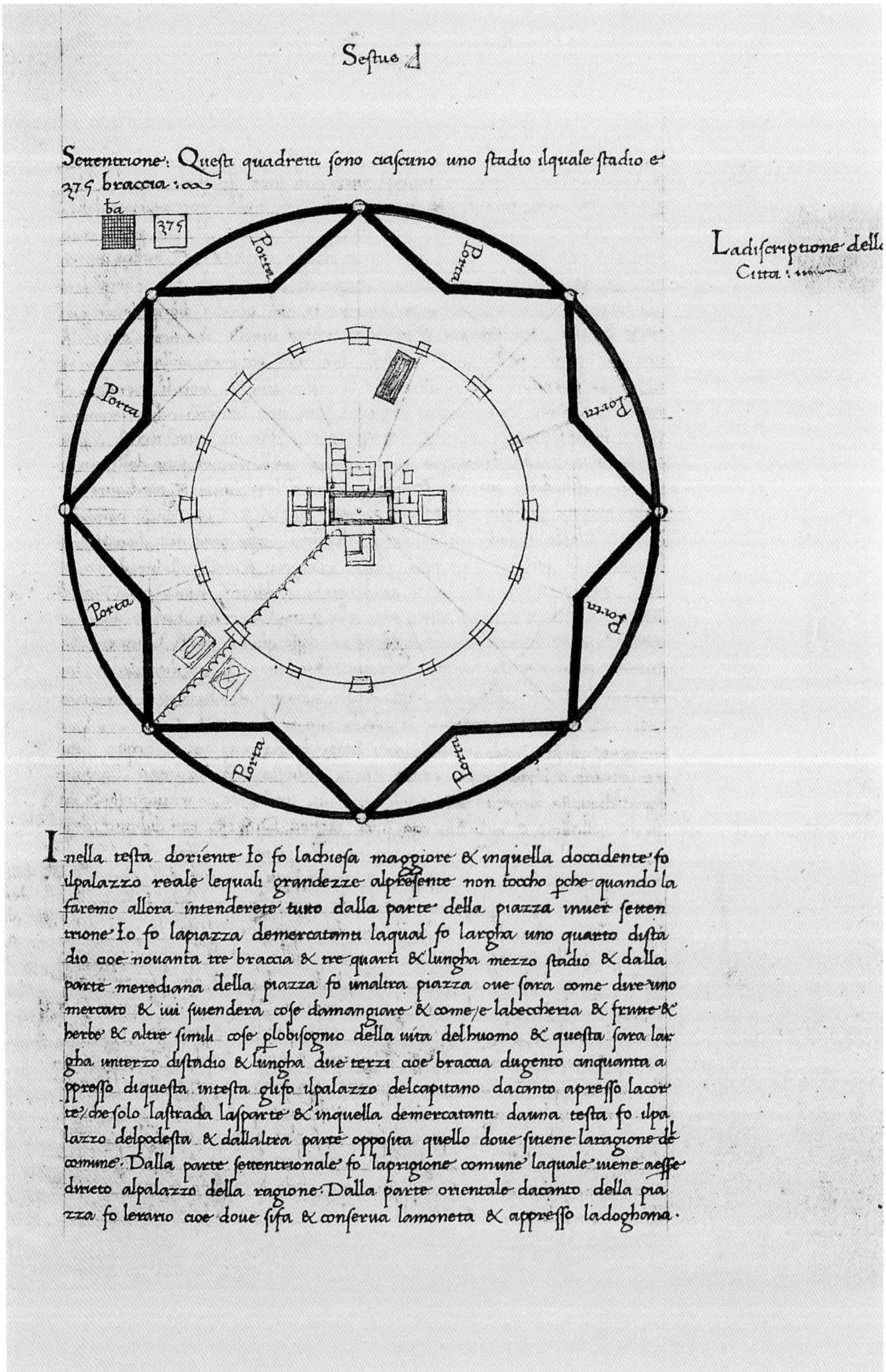

Plano ideal de Sforzinda
Las fortificaciones en forma de estrella se inscriben dentro de un círculo.
Fol. 43 r

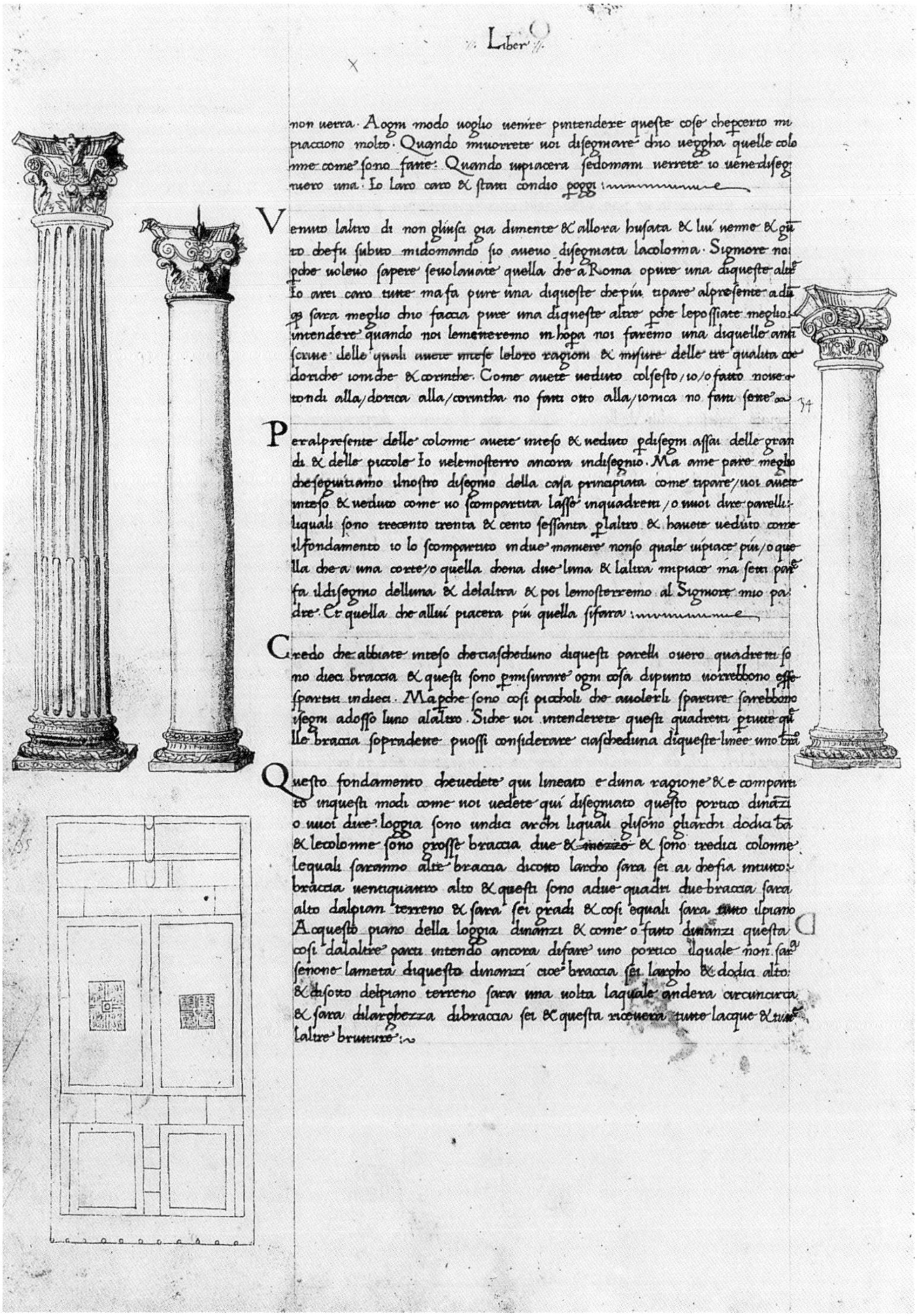

Liber

non uerra. A ogni modo voglio venire per intendere queste cose che per certo mi
piacciono molto. Quando miuorrete voi disegnare chio veggha quelle colo
nne come sono fatte: Quando vi piacera sedomani verrete io vene diseg
nero una. Io laro caro & statti condio poggi:

Venuto laltro di non gli usci gia di mente & allora husata & lui venne & gia
to che fu subito mi domando sio aveuo disegnata la colonna. Signore no:
perche voleuo sapere se volavate quella che a Roma oppure una di queste altre
Io arei caro tutte ma fa pure una di queste che piu tipare al presente adu
que sara meglio chio faccia pure una di queste altre perche le possiate meglio
intendere quando noi le meteremo in hopa noi faremo una di quelle anti
che delle quali avete inteso le loro ragioni & misure delle tre qualita cioe
doriche ioniche & corinthe. Come avete veduto colsesto / io / o fatto nove a
tondi alla / dorica alla / corinthia no fatti otto alla / ionica no fatti sette

Peralpresente delle colonne avete inteso & veduto per disegni assai delle gran
di & delle piccole Io velemosterro ancora in disegnio. Ma a me pare meglio
che seguitiamo il nostro disegnio della casa principiata come ti pare / voi avete
inteso & veduto come io o scompartita lasso in quadretti / o voi dire parelli:
liquali sono trecento trenta & cento sessanta per laltro & havete veduto come
il fondamento io lo scompartito in due maniere non so quale vi piace piu / o que
lla che a una corte / o quella che na due luna & laltra mi piace ma sevi pare
fa il disegnio delluna & delaltra & poi le mosterremo al Signore mio pa
dre. Et quella che allui piacera piu quella si fara:

Credo che abbiate inteso che ciascheduno di questi parelli overo quadretti so
no dieci braccia & questi sono per misurare ogni cosa di punto vorrebbono esse
re spartiti in dieci. Ma perche sono cosi picholi che avolerli spartire sarebbono
i segni adosso luno alaltro. Siche voi intenderete questi quadretti per tutte que
lle braccia sopradette puossi considerare ciascheduna di queste linee uno bra

Questo fondamento che vedete qui lineato e duna ragione & e composti
to in questi modi come voi vedete qui disegniato questo portico dinanzi
o vuoi dire: loggia sono undici archi liquali gli sono gli archi dodici bra
& le colonne sono grosse braccia due & mezzo & sono tredici colonne
lequali saranno alte braccia dicotto larcho sara sei cioe che fia in tutto:
braccia ventiquattro alto & questi sono a due quadri due braccia sara
alto dal piano terreno & sara sei gradi & cosi equali sara tutto il piano
A questo piano della loggia dinanzi & come o fatto dinanzi questa
cosi dalaltre parti intendo ancora di fare uno portico il quale non sara
se non e la meta di questo dinanzi cioe braccia sei largho & dodici alto:
& disotto del piano terreno sara una volta laquale andera circumcirca
& sara di larghezza di braccia sei & questa ricevera tutte lacque & tutte
laltre bruture:

Orden de las columnas
Las *qualità* de las columnas según Filarete: dórico, corintio, jónico.
Abajo izquierda: planta del palacio principesco. *Fol. 57 v*

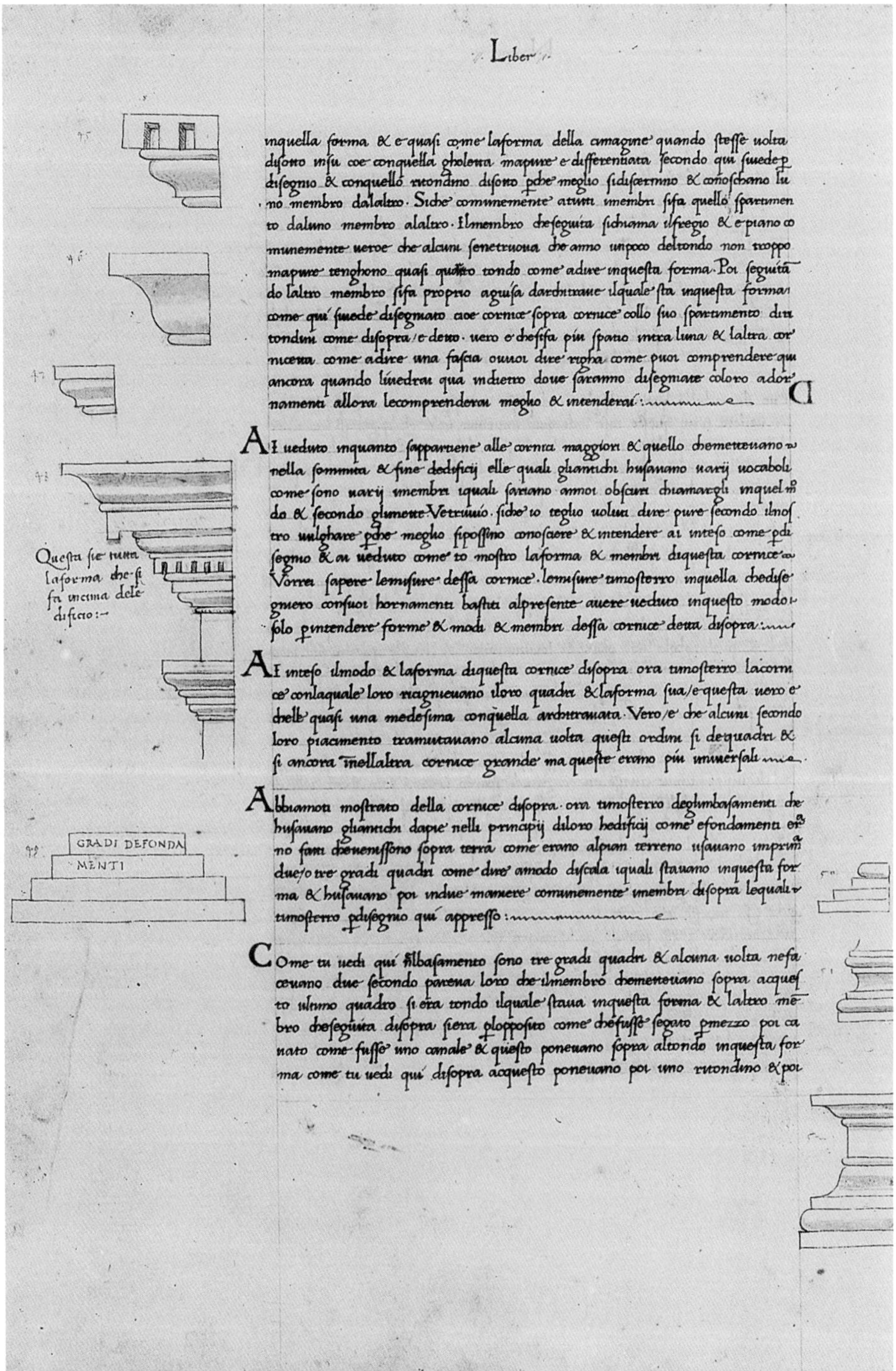

Perfiles de entablamentos y basas de columnas
Fol. 63 v

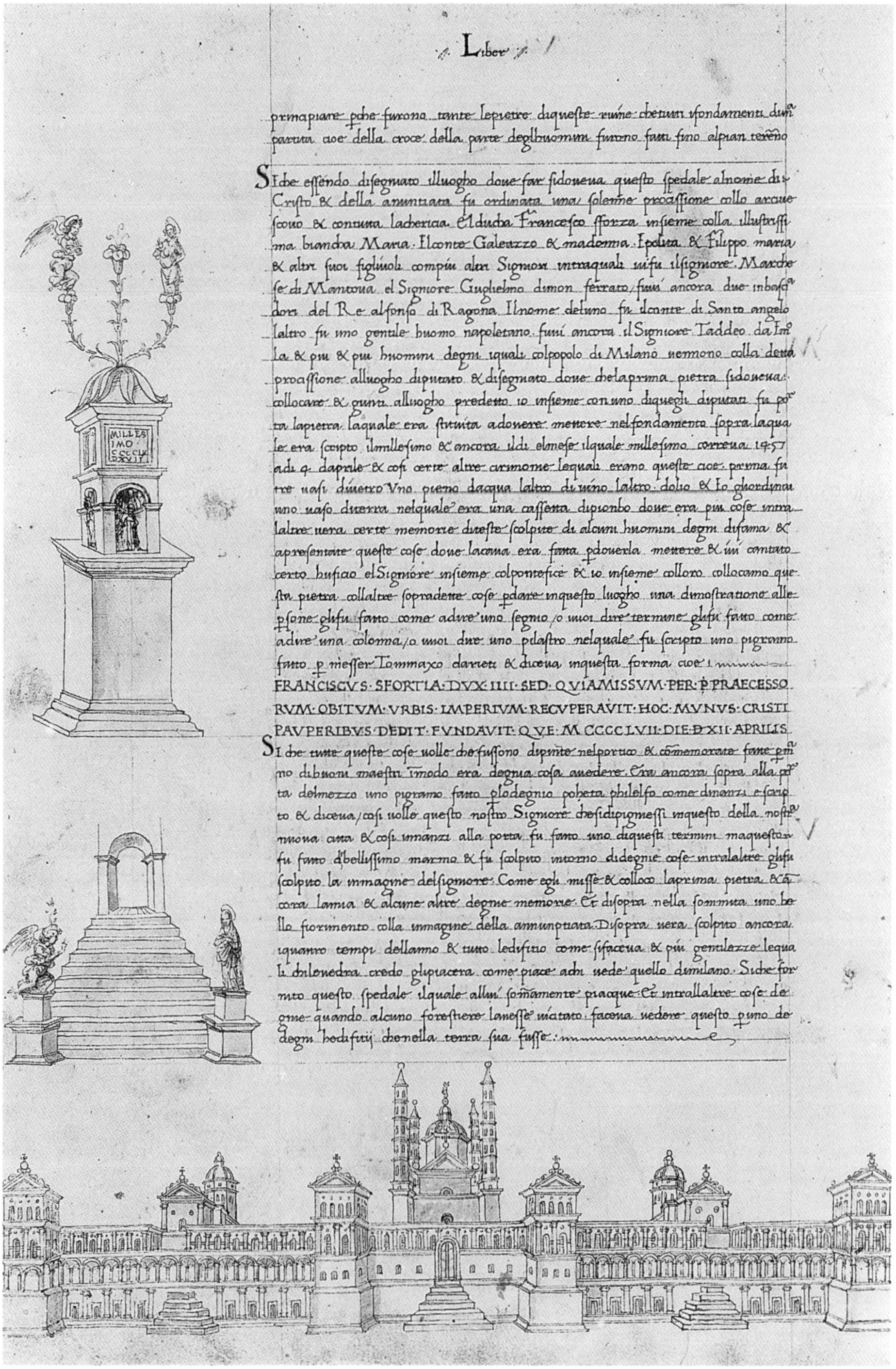

Hospital de Sforzinda
Vista general del hospital de Sforzinda y Anunciación frente a la entrada y la primera piedra. *Fol. 83 v*

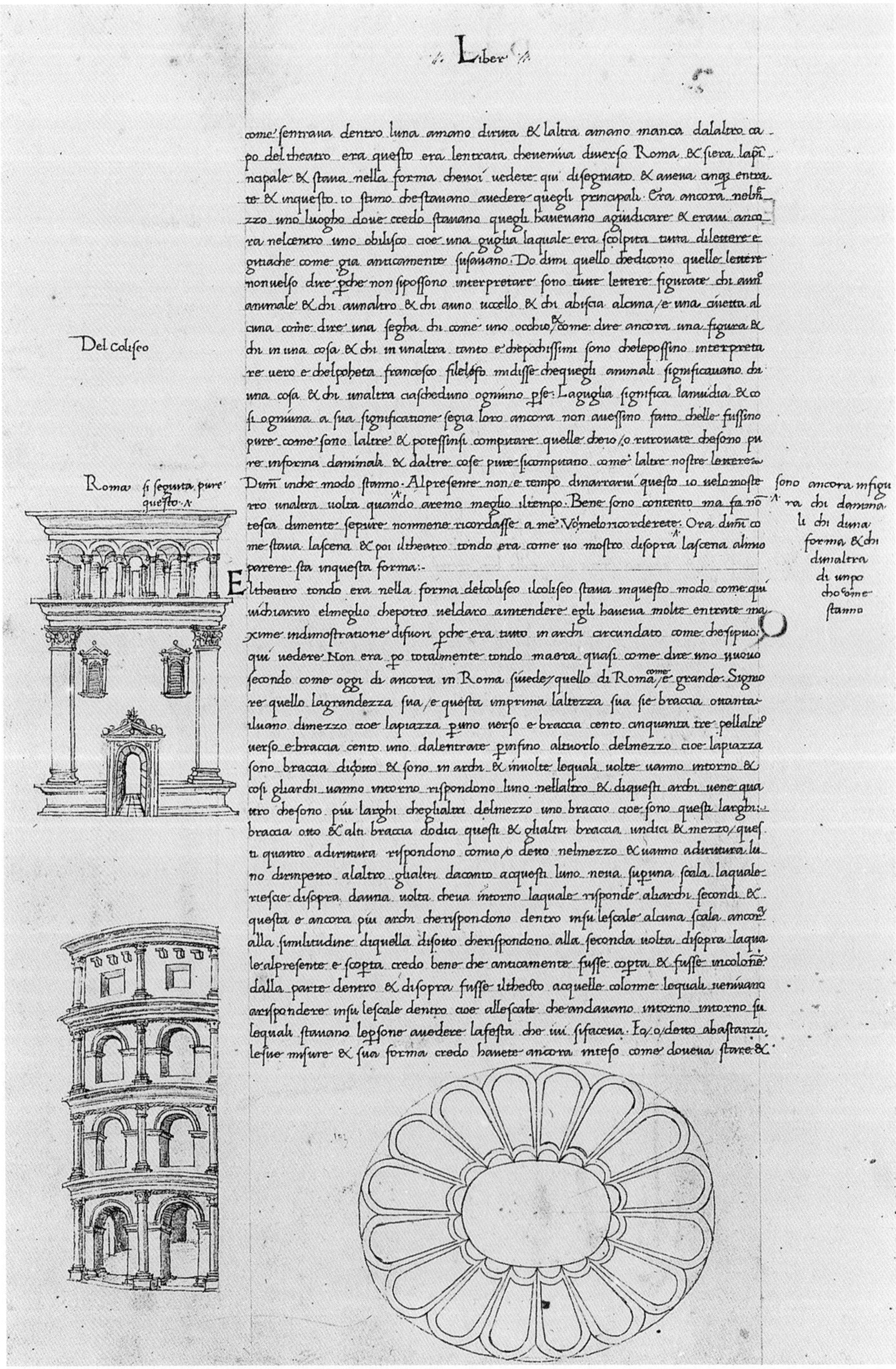

Entrada de un teatro antiguo; alzado y planta del Coliseo
Fol. 87 v

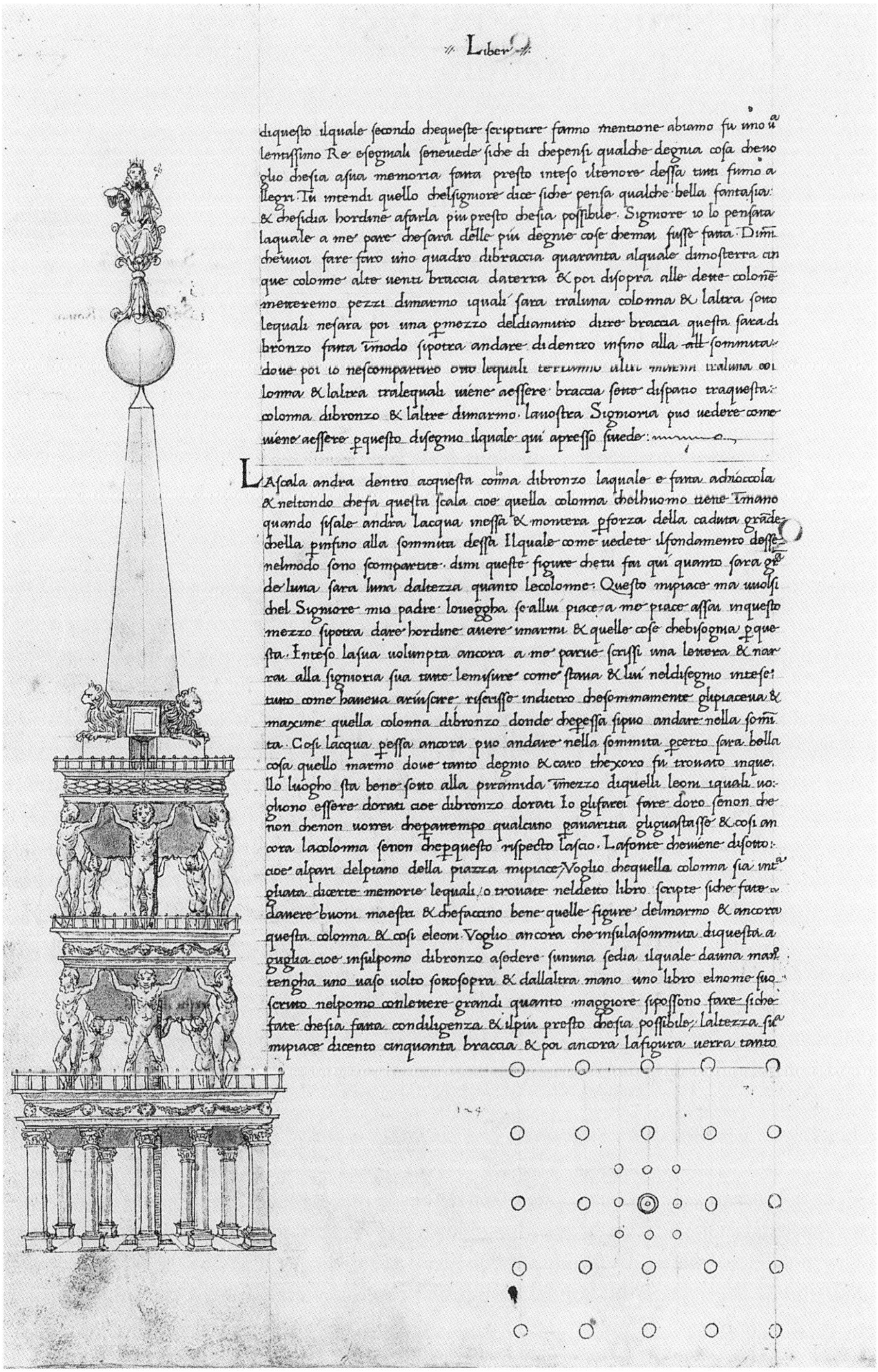

Alzado y planta del monumento al rey Zogalia (Galeazzo Sforza) en Plusiápolis. *Fol. 102 v*

Sebastiano Serlio (1475–1553/55)
Tutte l'opere d'architettura et prospettiva

VENECIA, 1619

Todas las obras de arquitectura y perspectiva

Sebastiano Serlio, pintor y arquitecto natural de Bolonia, no dejó ningún tratado acabado. El conjunto de sus nueve obras sobre el arte de edificar se publicó con intermitencias a partir de 1517, en desorden, parte en Venecia, parte en París y parte en Lyon. En 1575, tras la muerte de Serlio, el marchante de arte Jacopo Strada publicó el libro VII en Fráncfort del Meno. Los libros VI y VIII solo han visto la luz recientemente. La edición más famosa fue impresa en Venecia en 1619. Su título, *Tutte l'opere d'architettura et prospettiva*, sugiere que los libros están completos, pero la obra solo abarca los libros I a V, VII y el *Extraordinario libro* (libro adicional), a veces denominado erróneamente como el libro VI. El tratado, cuya redacción duró un largo tiempo, no lleva un título general impuesto por el autor. Los investigadores se limitan, por tanto, a referirse a él con el breve epígrafe de *Architettura.* A pesar de estas circunstancias, la obra conoció un éxito inmenso, en buena parte porque el autor fue testigo directo del Alto Renacimiento romano a partir de 1514. Por tanto, escribe en calidad de iniciado acerca de los grandes proyectos contemporáneos de Bramante, Rafael y de su propio maestro, Baldassare Peruzzi, unos arquitectos a quienes debe por cierto su sólido conocimiento del arte antiguo. Tras el saqueo de Roma en 1527, Serlio se trasladó a Venecia. La publicación de los libros IV (1537) y III (1540) contribuyó sobremanera a extender en el norte de Italia una comprensión detallada de la arquitectura antigua y de la arquitectura romana moderna de inspiración antigua.

Las *Regole generali di architettura sopra le cinque maniere degli edifici* (*Reglas generales de arquitectura sobre los cinco estilos de edificios*), que forman el corpus del libro VI de 1537, tratan los órdenes de las columnas, a los que Serlio había dedicado una serie de grabados impresos a partir de 1528 en Venecia. La sinopsis con la que abre el libro IV y que refleja los distintos tipos de columnas se inspira probablemente en el *Vitruvio* publicado por Cesariano en 1521. Independientemente de su conocimiento de Vitruvio, Serlio también había estudiado los estilos de las columnas apoyándose en las ruinas romanas y aspiraba, por ello, a una sistemática más clara. Para él, los órdenes griegos dórico, jónico y corintio, así como los órdenes toscano y compuesto, es decir, los dos órdenes italianos, se diferencian claramente por la altura y llevan pedestales diferentes. La altura de las columnas se expresa con múltiplos enteros del diámetro inferior de la columna. El orden, con una altura de seis veces el diámetro inferior de la columna, es menos alto que el cercano orden dórico, que mide siete veces ese diámetro. En este punto, Serlio se desmarca incluso a sabiendas de Vitruvio

(libro III, 3 y 7), que no exigía una diferencia de altura entre dos órdenes. Este pensamiento sistemático también aparece en la segunda sinopsis de Serlio, que muestra una columna aislada y tres modos (*modi*) de unión entre la columna y la pared o entre la columna y la pilastra.

El libro III de 1540, *Il terzo libro nel quale si figurano e descrivono le antichità di Roma e le altri che sono in Italia e sopra Italia* (*El tercer libro, donde se representan y describen las antigüedades de Roma y las otras antigüedades que se hallan en Italia y fuera de Italia*), es el primer compendio impreso en lengua popular que contiene unos grabados sobre madera donde se muestran los grandes edificios antiguos de Roma e Italia. También incluye algunos proyectos de Bramante, Rafael y Peruzzi. Entre las obras contemporáneas, destaca en primer lugar San Pedro de Roma, pero Serlio reproduce también un proyecto para la villa Madama en Roma. El tratado de Serlio, con sus abundantes ilustraciones, ofrecía perspectivas totalmente nuevas al lector para el estudio de la arquitectura y del arte antiguo. Las ilustraciones cobran ya la misma importancia que el texto. La portada del libro III, que muestra una ruina formada por pilastras y arcos, recurre también al sentido de la vista. La inscripción que figura en la cornisa superior de esta arquitectura llama la atención del lector y le exhorta a meditar el mensaje mientras contempla las páginas siguientes: «Incluso sus ruinas nos muestran lo que fue Roma antaño» («Roma quanta fuit ipsa ruina docet»). La representación de la arquitectura no se había empleado nunca antes de Serlio como medio informativo dirigido a un público. Así pues, el terreno quedaba abonado para tratados posteriores como los *Quattro libri* de Palladio (1570). Serlio fue acusado de plagio por haberse inspirado en algunos trabajos de Peruzzi, lo que impidió que se valorara justamente su contribución real. Sus libros ilustrados vulgarizaron el debate sobre los problemas arqueológicos y los proyectos arquitectónicos, que hasta entonces eran patrimonio exclusivo del hermético mundo de los arquitectos romanos.

El libro III está dedicado a Francisco I (reino 1515–1547), que llevó a Serlio a Francia para trabajar en Fontainebleau hasta 1547. Después, Serlio pasó los últimos años de su vida en Lyon, donde se dedicó fundamentalmente al estudio teórico. Las otras partes de *Architettura* tratan de geometría y perspectiva, de iglesias y arquitectura doméstica de la casa de campo en el palacio real.

Serlio cuenta con relativamente pocas obras en su haber. El bonito castillo de Ancy-le-Franc en Borgoña (a partir de 1541) constituye su principal obra. En el libro II sobre perspectiva, editado por primera vez en París en 1545, presenta el teatro de madera que instaló en 1539 durante su época veneciana, en la corte del palacio Porto Colleoni en Vicenza. La planta se combina con una perspectiva del escenario y muestra la convergencia de las líneas hacia un punto de fuga imaginario. La construcción de teatros marcó un hito importante para Serlio; en 1519 en Roma procedió junto a Peruzzi al levantamiento del teatro de Marcelo. El libro III incluye una reproducción de esta edificación, así como de otros teatros, como el anfiteatro romano de Pula (Croacia). La sección transversal de las filas de las gradas y el perfil de una cornisa ganan en plasticidad y legibilidad gracias a una representación en perspectiva y a un tratamiento de las sombras. Cuando se publica el libro III, los arquitectos ya no consideran como algo moderno el modo de representación pictórico. Rafael (1483–1520), Antonio da Sangallo el Joven (1484–1546) y Peruzzi (1481–1536) ya habían empleado la proyección ortogonal que insertaba los límites y las estructuras interiores de un alzado dentro de un sistema rigurosamente ortogonal. Con este modo de representación se evitaban los escorzos imprescindibles de la perspectiva y se restituían con gran precisión las medidas y proporciones de las distintas partes de la construcción. Por supuesto Serlio no ignoraba los límites de este modo de representación. Para dar una imagen lo más realista posible de la arquitectura, incluso para un ojo avisado, proporciona siempre a sus alzados algunos elementos de perspectiva. En la sección transversal de la rotonda del Panteón de Roma, la línea de base y la cornisa del nicho principal y mediano se han redondeado en perspectiva, mientras que los edículos vecinos son representados de una manera plana en el sentido de una proyección ortogonal. Serlio enriquecía donde le parecía oportuno la proyección ortogonal de manera coherente, como lo demuestra la vista de la fachada de dos niveles del libro II cuya planta superior muestra la famosa ventana tripartita con un arco rebajado que se apoya en unas columnas y unos finos vanos laterales. A este motivo, que ya había utilizado Bramante, se le llama «serliana» o «ventana palladiana». Y de hecho también adorna la basílica de Palladio en Vicenza. Pero Serlio y Palladio también desarrollaron dibujos similares en otros terrenos. La planta de la villa del libro VII (1575) de Serlio, con la concavidad de la parte central, puede compararse a la que Palladio diseñó hacia 1542 para la villa Pisani en Bagnolo (Londres, colección Royal Institute of British Architects, XVII/17).

CJ

Ilust. p. 47
Representación del vano llamado «serliano»
Fachada (proyección ortogonal) que muestra el vano serliano (también llamado «vano palladiano») utilizado por Palladio en los vanos del piso superior de la basílica de Vicenza. *Libro IV, p. XXXII. Grabado sobre madera*

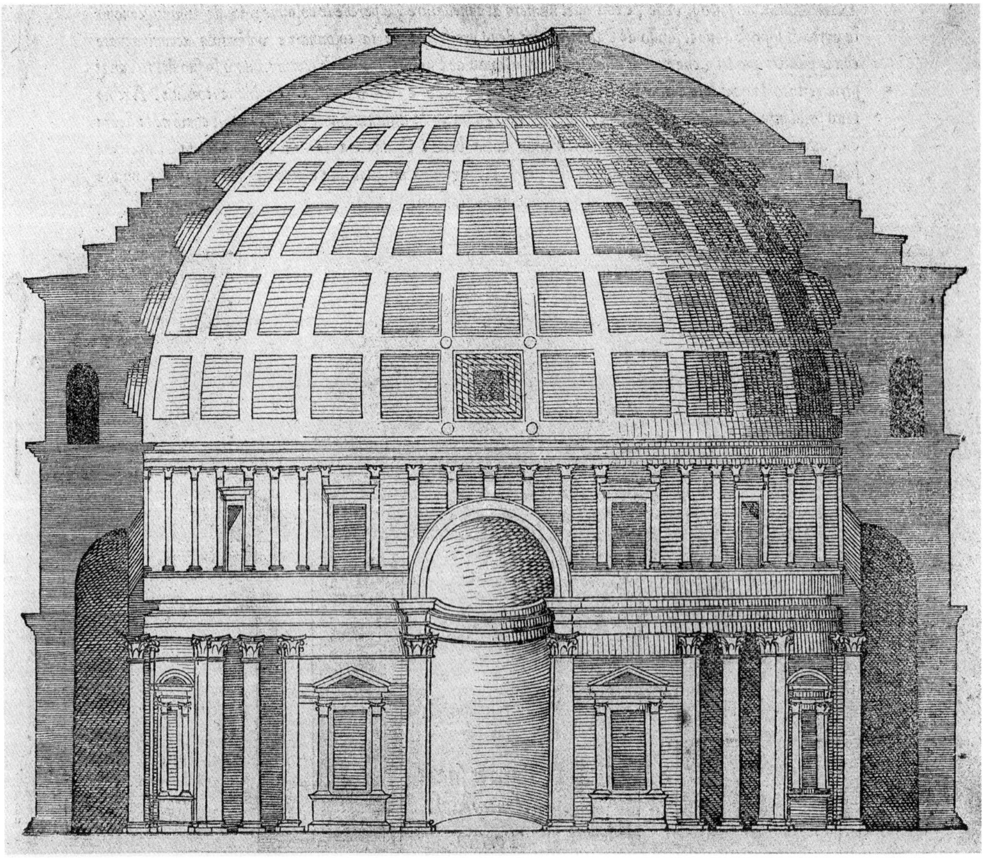

Panteón
Sección de la rotonda del panteón de Roma con una representación en perspectiva del nicho central. *Libro III, p. IX. Grabado sobre madera*

Templo de San Pietro in Montorio (Roma) de Bramante
Libro III, p. XLIII. Grabado sobre madera

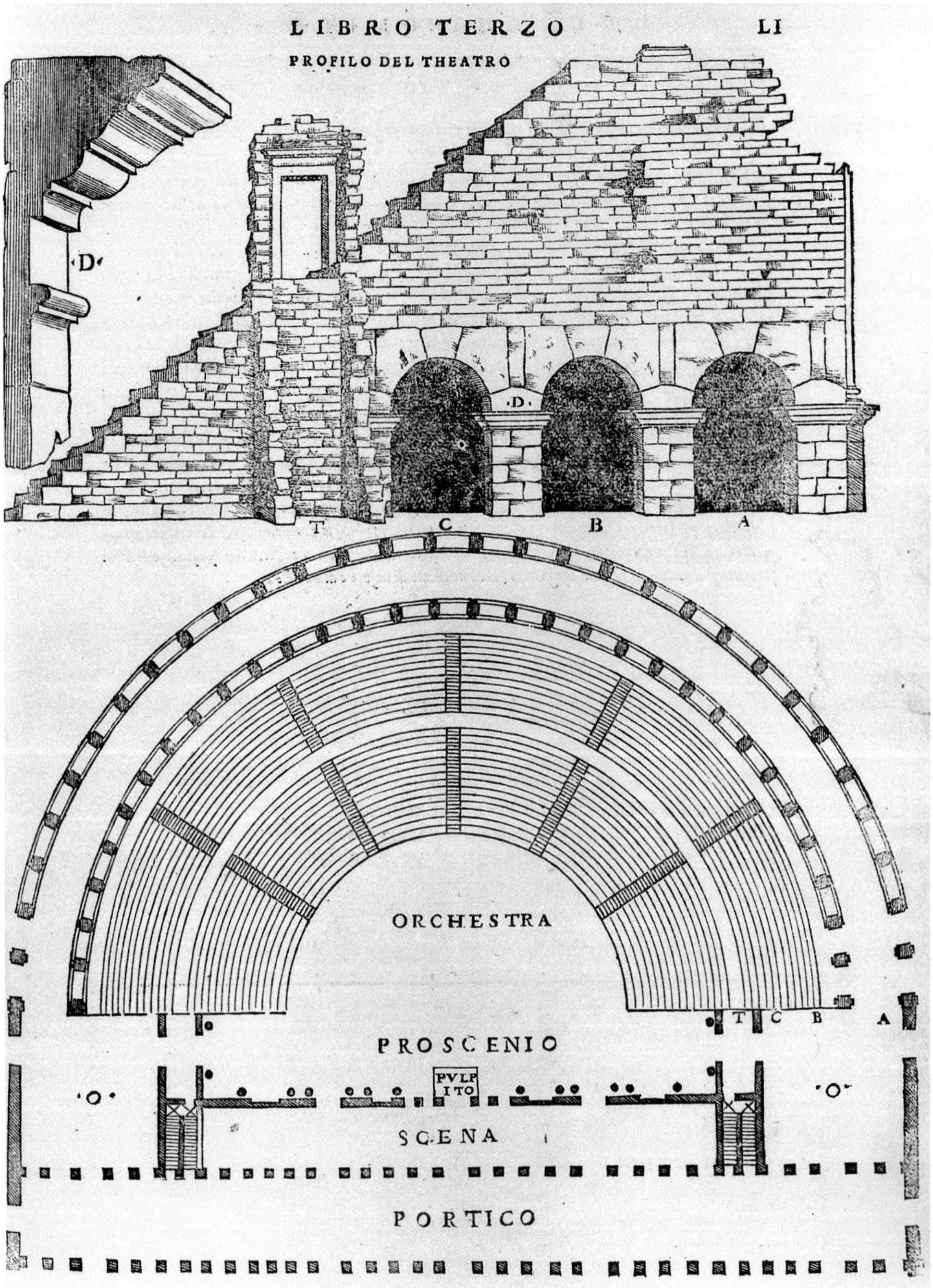

El teatro de Pola
Planta y sección en perspectiva del teatro romano de Pola; arriba izquierda: detalle de una cornisa. *Libro III, p. LI. Grabado sobre madera*

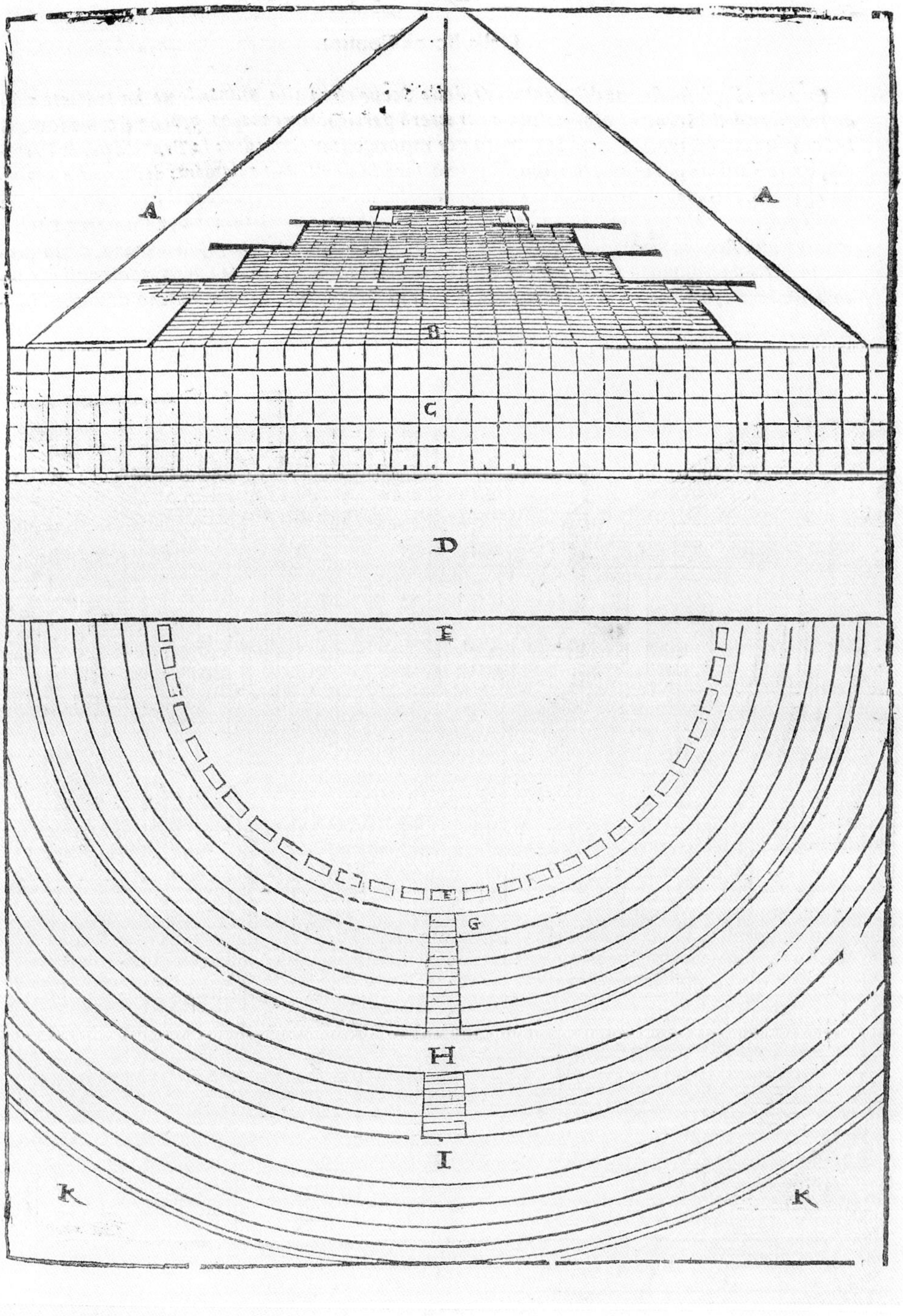

Planta de un teatro
El teatro del Palazzo Porto Colleoni en Vicenza (1539), con una planta (abajo) y una perspectiva esquemática del escenario (arriba). *Libro II, p. XLV. Grabado sobre madera*

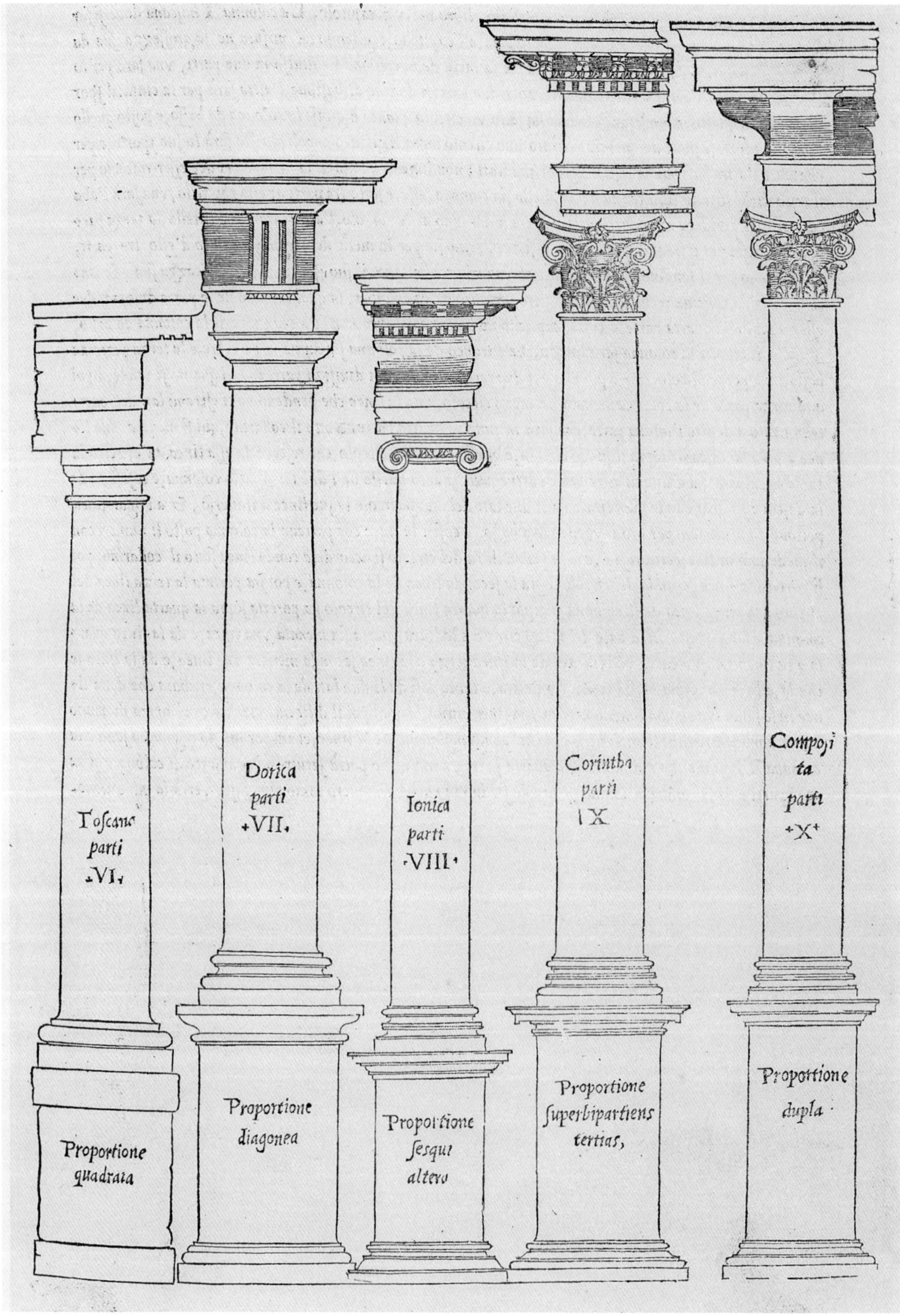

Órdenes de columnas
Cinco órdenes de columnas y sus respectivas proporciones; de izquierda a derecha: toscano, dórico, jónico, corintio y compuesto. *Libro IV, p. III. Grabado sobre madera*

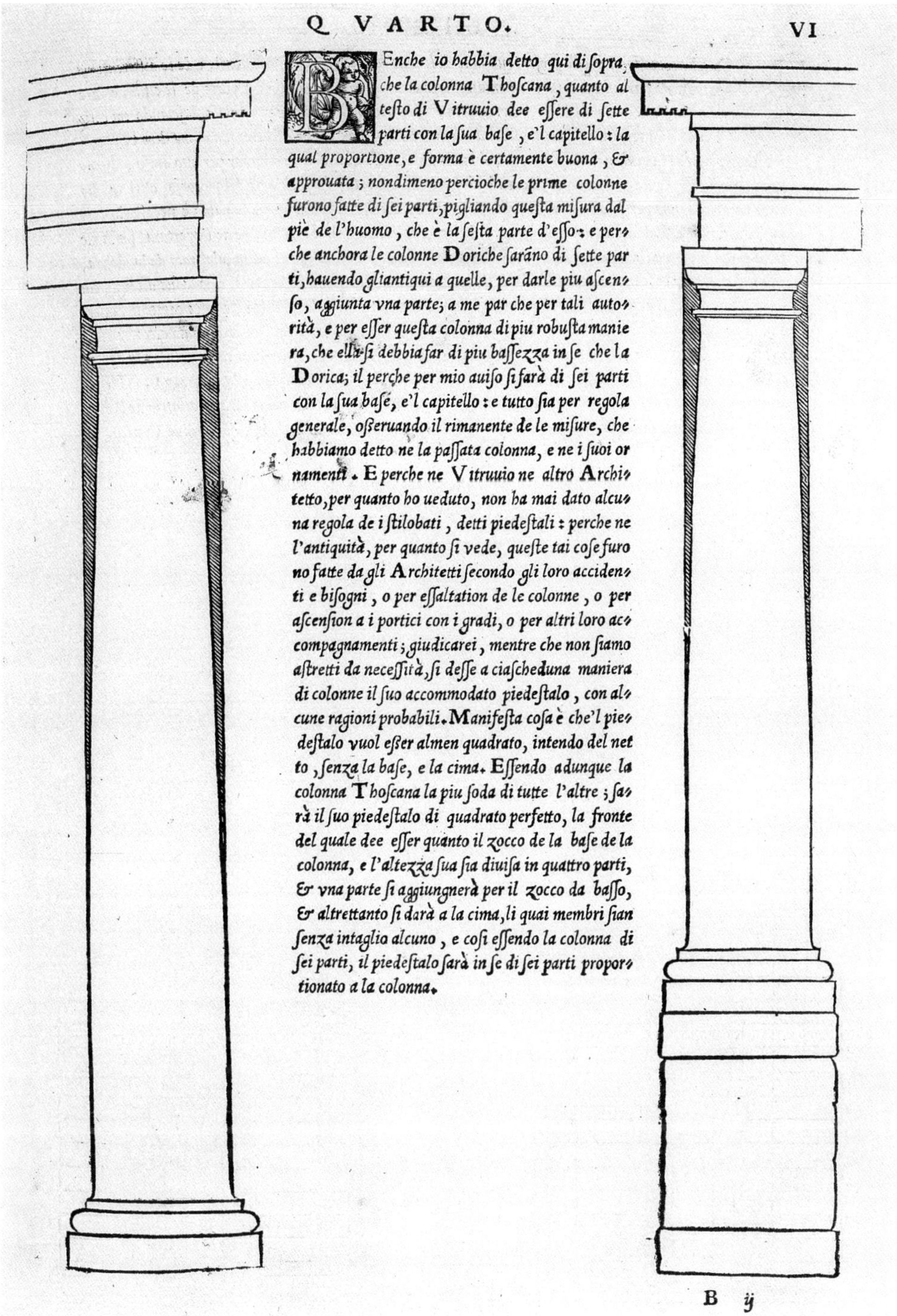

QVARTO. VI

BEnche io habbia detto qui di ſopra, che la colonna Thoſcana, quanto al teſto di Vitruuio dee eſſere di ſette parti con la ſua baſe, e'l capitello: la qual proportione, e forma è certamente buona, & approuata; nondimeno percioche le prime colonne furono fatte di ſei parti, pigliando queſta miſura dal piè de l'huomo, che è la ſeſta parte d'eſſo: e perche anchora le colonne Doriche ſarãno di ſette parti, hauendo gliantiqui a quelle, per darle piu aſcenſo, aggiunta vna parte; a me par che per tali autorità, e per eſſer queſta colonna di piu robuſta maniera, che ella ſi debbia far di piu baſſezza in ſe che la Dorica; il perche per mio auiſo ſi farà di ſei parti con la ſua baſe, e'l capitello: e tutto ſia per regola generale, oſſeruando il rimanente de le miſure, che habbiamo detto ne la paſſata colonna, e ne i ſuoi ornamenti. E perche ne Vitruuio ne altro Architetto, per quanto ho ueduto, non ha mai dato alcuna regola de i ſtilobati, detti piedeſtali: perche ne l'antiquità, per quanto ſi vede, queſte tai coſe furono fatte da gli Architetti ſecondo gli loro accidenti e biſogni, o per eſſaltation de le colonne, o per aſcenſion a i portici con i gradi, o per altri loro accompagnamenti; giudicarei, mentre che non ſiamo aſtretti da neceſſità, ſi deſſe a ciaſcheduna maniera di colonne il ſuo accommodato piedeſtalo, con alcune ragioni probabili. Manifeſta coſa è che'l piedeſtalo vuol eſſer almen quadrato, intendo del netto, ſenza la baſe, e la cima. Eſſendo adunque la colonna Thoſcana la piu ſoda di tutte l'altre; ſarà il ſuo piedeſtalo di quadrato perfetto, la fronte del quale dee eſſer quanto il zocco de la baſe de la colonna, e l'altezza ſua ſia diuiſa in quattro parti, & vna parte ſi aggiungnerà per il zocco da baſſo, & altrettanto ſi darà a la cima, li quai membri ſian ſenza intaglio alcuno, e coſi eſſendo la colonna di ſei parti, il piedeſtalo ſarà in ſe di ſei parti proportionato a la colonna.

B ij

El orden toscano
Dibujos del orden toscano con y sin pedestal; la sombra indica dónde se rebaja la columna.
Libro IV, p. VI. Grabado sobre madera

La columna y su emplazamiento
Columna aislada (A) y tres modos (*modi*) de unión entre la columna aislada o la media columna y la pared (B a D). *Libro IV, p. LXVI. Grabado sobre madera*

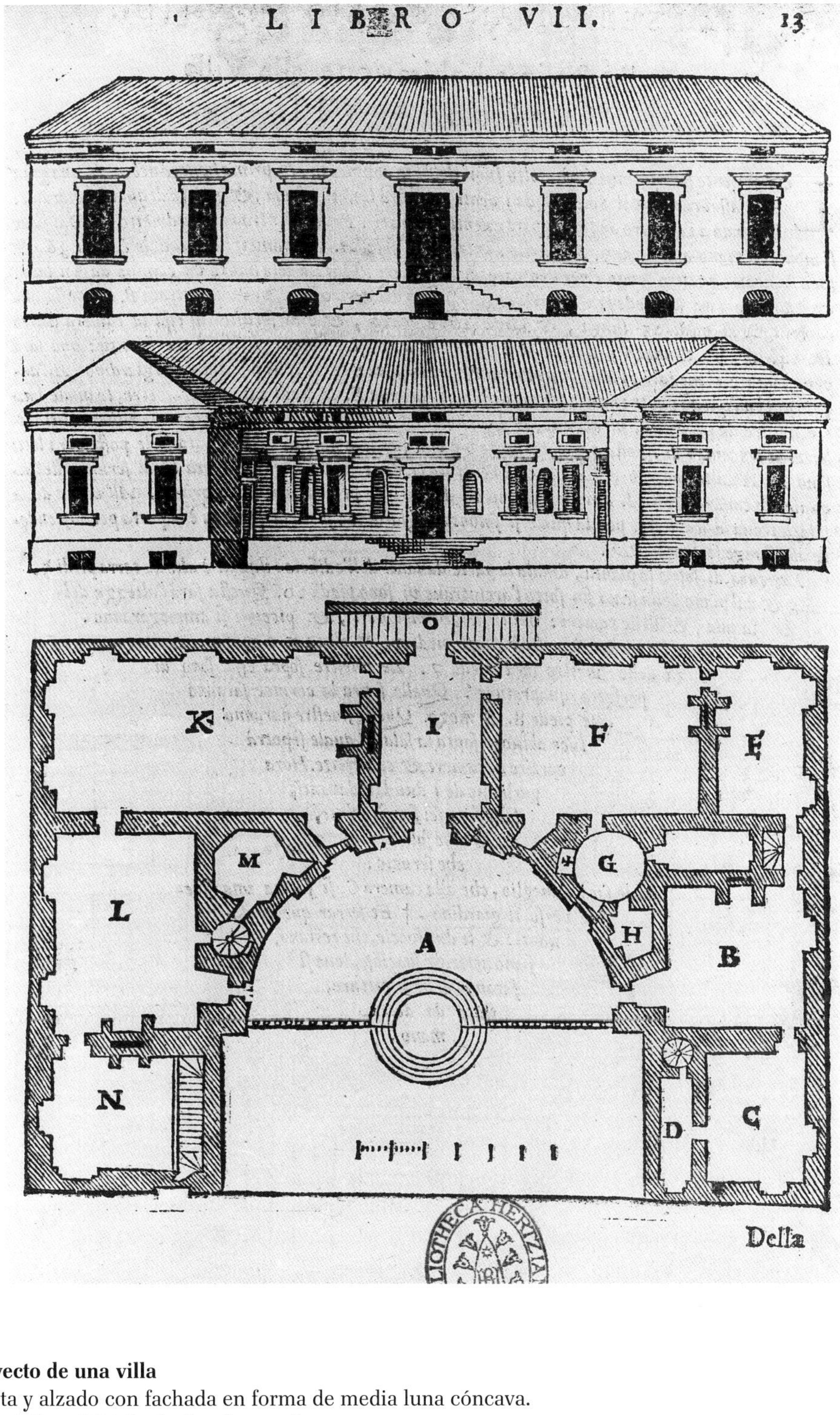

Proyecto de una villa
Planta y alzado con fachada en forma de media luna cóncava.
Libro VII, p. XIII. Grabado sobre madera

Iacomo Barozzi da Vignola (1507–1573)
Regola delli cinque ordini d'architettura

ROMA, 1562

Regla de los cinco órdenes arquitectónicos. París, 1747

Con más de 250 ediciones, *Regola delli cinque ordini d'architettura* de Iacomo Barozzi da Vignola es sin duda uno de los manuales de arquitectura más leídos. Nunca se podrá apreciar bastante la influencia de este libro sobre la teoría y práctica de la arquitectura de los tiempos modernos. Se trata más de un conjunto de directrices para una construcción correcta que de una regla estricta sobre medidas. Contribuyó al nacimiento de una teoría de la arquitectura elaborada para aplicaciones prácticas y dio cauce de manera casi profética a la necesidad de representatividad monumental del barroco. Sin embargo, el carácter de la obra, con un fuerte predominio de las ilustraciones, un texto sucinto y, finalmente, un tema limitado a la teoría de las columnas, suscitó al principio cierta confusión entre los investigadores. A Christof Thoenes se debe el mérito de haber logrado exponer de manera convincente la compleja peripecia editorial de la obra y las intenciones del autor.

La *Regola* del arquitecto Iacomo Barozzi, natural de Vignola, se diferencia ya de sus precursores por la forma. Se compone de una serie de grabados distribuidos en un conjunto de 32 planchas de cobre, acompañados por unos comentarios sumarios, ya que la ilustración prima notablemente sobre el texto. El único al que se le ha prestado algo de atención es a una breve introducción que se dirige primero a los compañeros ignorantes en el tema pero que interesará posteriormente a los lectores del mundo académico. La obra está dedicada al cardenal Alejandro Farnesio (1520–1589), para quien Vignola hizo la reforma desde 1558 del palacio de verano de Caprarola. Los escudos y las divisas del frontispicio rinden homenaje al comanditario, mecenas de Vignola durante muchos años. La portada muestra al autor con el atributo de su oficio, el compás, en un edículo muy poco clásico. El orgulloso retrato del arquitecto y la ausencia de la referencia habitual a la autoridad de la arquitectura romana ya dejan entrever el principio de un giro decisivo en la historia del manual de arquitectura. El eje central del manual ya no es el estudio de los monumentos antiguos sino su interpretación y transmisión por el artista erudito. Así deben comprenderse las dos figuras de los nichos que enmarcan el retrato y que remiten a la teoría y práctica de la arquitectura a la vez que se someten a la fuerte presencia personal del arquitecto.

El cuerpo del libro de muestras (en ausencia del componente literario, no se puede hablar de tratado propiamente dicho) expone los cinco órdenes canónicos de la arquitectura desde Serlio: toscano, dórico, jónico, corintio y compuesto. Clasifica a su vez el análisis de cada orden en cinco secciones: columnata, arcada, arcada sobre pedestales, formas particulares del pedestal y la basa,

y formas particulares del capitel y el entablamento. La obra concluye con unos casos particulares pertenecientes a los órdenes dórico y compuesto, un goterón, unos pórticos de Caprarola y de la Cancillería, así como una chimenea del palacio Farnesio de Roma. Estos ejemplos, en su calidad de proyectos personales del autor, eran destinados quizás a una futura edición ampliada de la *Regola*.

Ciertamente, el sistema de Vignola no se limita a los elementos de cada orden, que se presentan como una recopilación de motivos. En efecto, el autor busca desarrollar un canon universal de proporciones que también resulte inteligible para las mentes mediocres (*mediocri ingegni*). Las teorías de las proporciones de sus predecesores carecían de una buena aplicabilidad práctica. La regla extraída del estudio de la arquitectura antigua, que afirmaba que la altura de la columna de cada orden se definía por su relación con el diámetro del fuste, llevaba irremediablemente al fracaso a todo aquel que la pusiera en práctica, puesto que el conjunto de la construcción dependía de un detalle. Además, tomar en cuenta el entablamento y el pedestal multiplicaba la complejidad de los cálculos. La sucesión de proporciones conducía a menudo a unas cifras irracionales, como la proporción de 1 sobre 2 de la que hablaban Alberti y Serlio, y complicaba sobremanera la definición de medidas justas. Vignola tuvo la genial idea de invertir la manera de calcular las proporciones partiendo de la dimensión total de la construcción. Vignola generaliza los resultados que obtiene de forma empírica y define una relación de proporciones para el pedestal, la columna y el entablamento de 4:12:3 con relación al conjunto. La altura total del orden está formada, por tanto, por 19 o 15 secciones sin el pedestal. Para diferenciar los órdenes según la columna, hay que definir el diámetro de la columna y, por tanto, su relación de proporciones dentro de cada orden. Esta relación se calcula en fracciones de la altura de la columna y Vignola fija el denominador en 14 para el orden toscano, en 16 para el dórico, en 18 para el jónico y en 20 para los órdenes corintio y compuesto. Una vez realizada esta división, se conoce el «módulo», es decir, el radio inferior de la columna, y este se convierte en algo determinante para todas las partes del edificio, como el entablamento y el pedestal. Para ahorrar al técnico tantos y tan complejos cálculos, Vignola proporciona unas cifras claves que permiten un cálculo rápido de los diferentes elementos (tabla).

La segunda «revolución» que provoca Vignola en la relación entre la teoría de la arquitectura y la construcción de edificios reside en haber elevado el módulo a rango de medida absoluta, independientemente de los sistemas de medidas regionales: *braccia* (braza), *piedi* (pies) o *palmi* (palmas). Vignola establece un esquema de cálculo universal que puede trasladarse con facilidad a las respectivas medidas de una obra. Gran parte del éxito de *Regola* se debe sin duda a esta simplificación. El hecho de que Vignola accediera a pasar por alto algunas irregularidades técnicas con el fin de determinar las proporciones demuestra también el aspecto extremadamente pragmático de su enfoque.

Habría resultado más fácil resumir las formas y proporciones de los cinco órdenes en una óptica de conjunto, sobre todo porque Vignola se mostraba muy sensible al aspecto pedagógico de su ponencia. Pero curiosamente renunció a ello. Como lo muestra Thoenes, la tabla correspondiente es un añadido posterior; la insertó en 1572 en una copia de *Regola* donde sustituyó el privilegio papal otorgado por Pío IV. A pesar de los numerosos errores e incoherencias, esta hoja, que se apoya en el dibujo de Serlio en su obra *Regole generali di architettura sopra le cinque maniere delle edifici* (*Reglas generales sobre los cinco órdenes de los edificios*) de 1537, tuvo una enorme repercusión. Se añadió a todas las ediciones posteriores, pero contribuyó de esa manera a la incomprensión de la teoría de Vignola. Hasta una época reciente, se reprochaba a Vignola el que hubiera encorsetado demasiado el arte de edificar, algo que él no pretendía. Al contrario, quería simplificar en un sistema coherente las «reglas del arte», a menudo contradictorias, que se practicaban en su época y convertirlas en algo fácil de poner en práctica. Tampoco él consideró su teoría como una obligación: en efecto, pocas obras suyas respetan las directrices de *Regola*.

No era casual el interés de Vignola por las cuestiones de orden teórico. Probablemente ya desde su época de formación como pintor en Bolonia inició el estudio minucioso de las teorías de la perspectiva, lo que se tradujo al final en su segundo libro, póstumo esta vez, *Le due regole della prospettiva prattica* (*Las dos reglas de la perspectiva aplicada*) de 1573. Como miembro de la academia vitruviana, estudió la arquitectura romana y sus leyes antes de empezar como arquitecto en Bolonia y Fontainebleau hasta alcanzar fama mundial gracias a obras como S. Andrea in Via Flaminia, Gesù e S. Anna di Palafrenieri en Roma, la transformación de la fortaleza de Caprarola en una villa, así como el palacio Farnesio en Piacenza.

BB

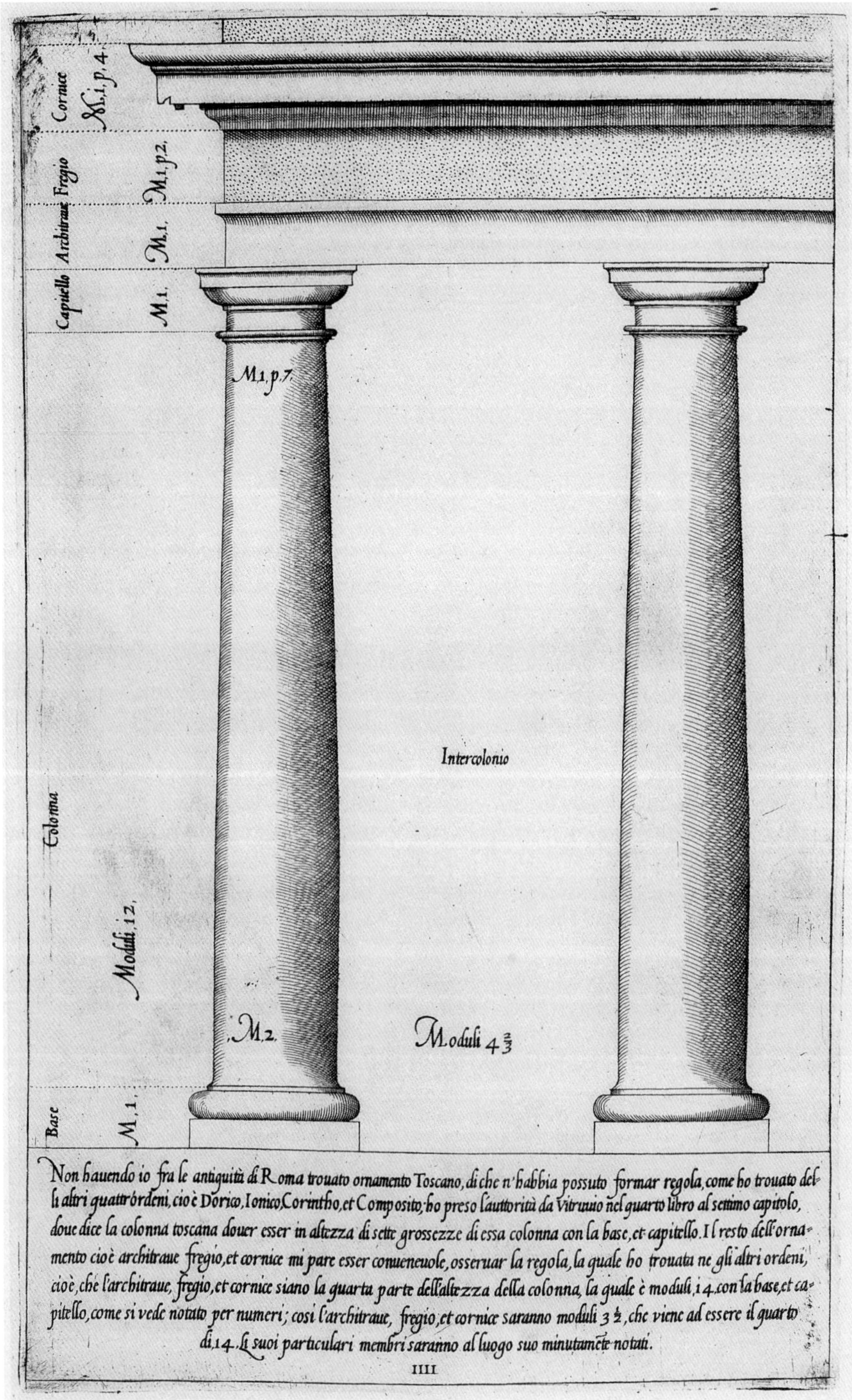

Columna de orden toscano
Lám. IV. Grabado al aguafuerte

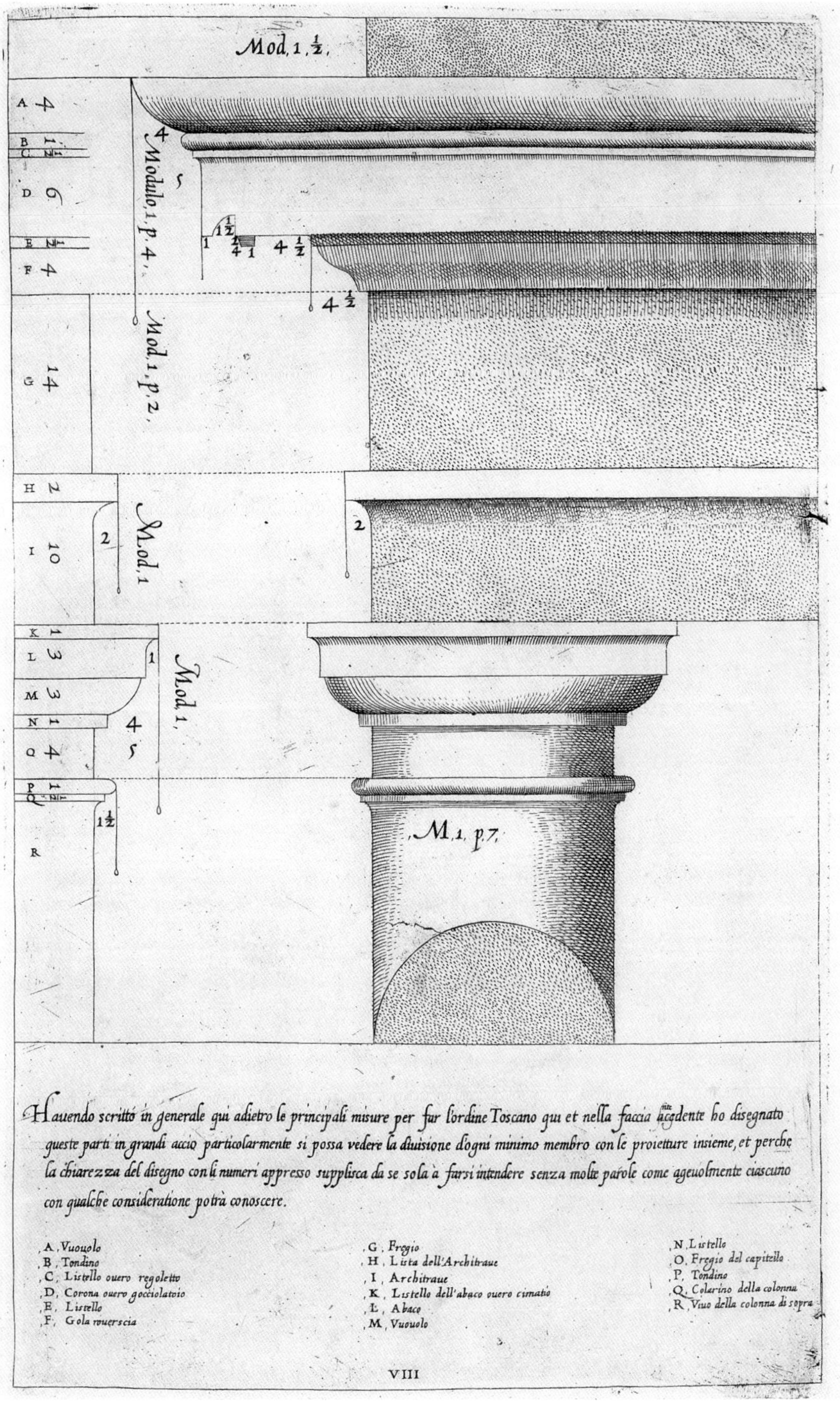

Entablamento y capitel de orden toscano con la especificación del módulo
Lám. VIII. Grabado al aguafuerte

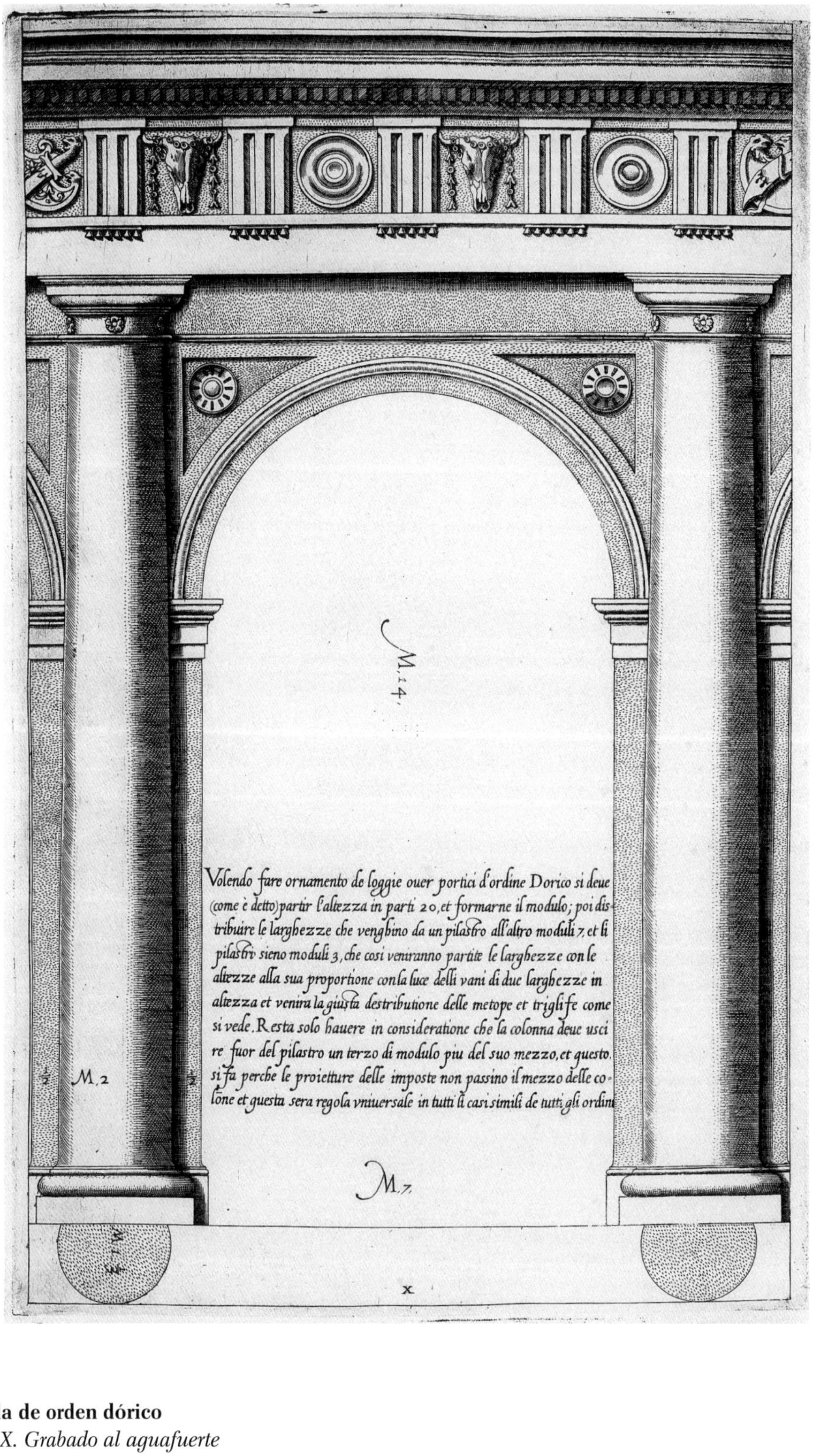

Arcada de orden dórico
Lám. X. Grabado al aguafuerte

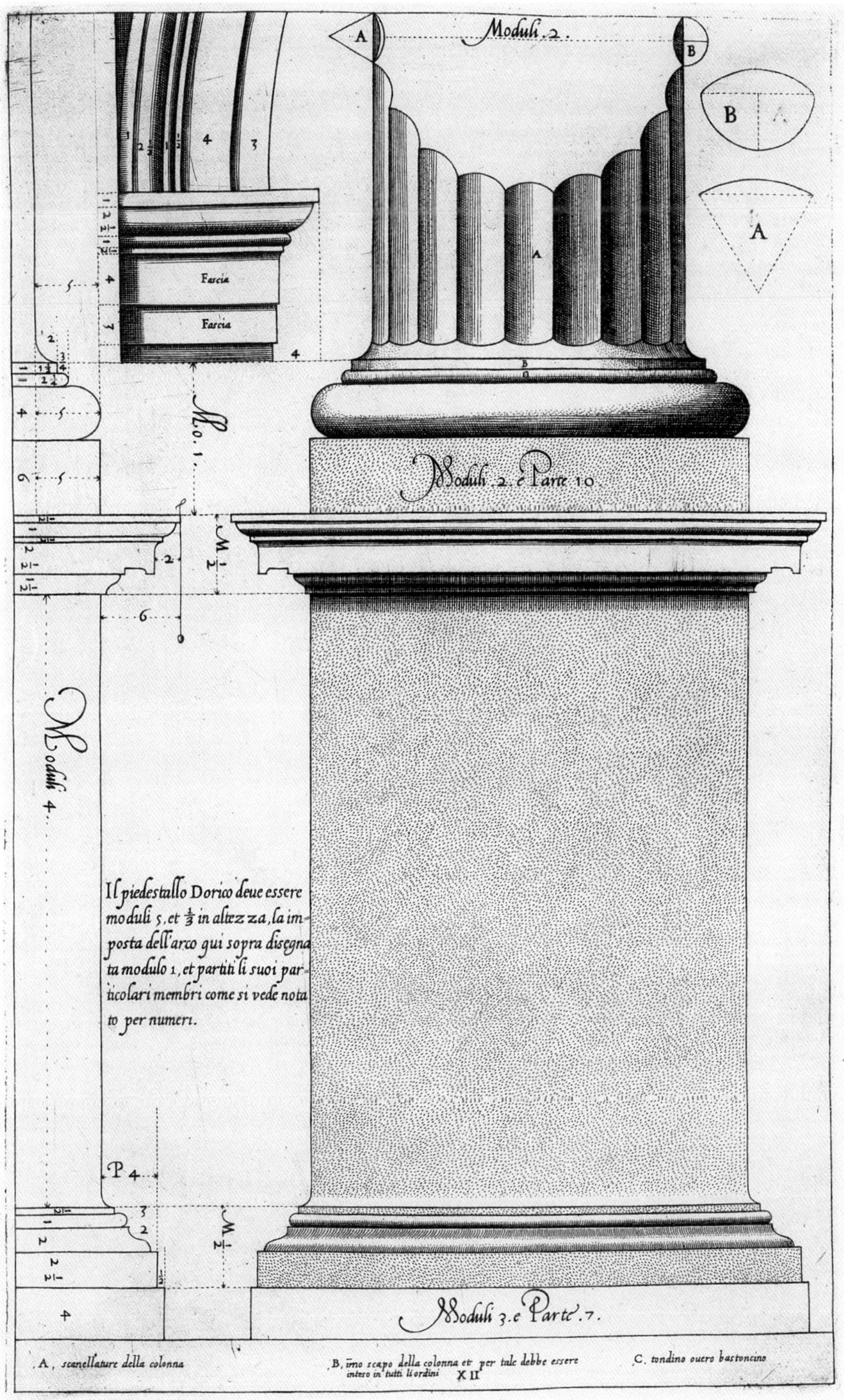

Pedestal de orden dórico con especificación del módulo
Lám. XII. Grabado al aguafuerte

Columnata de orden jónico
Lám. XV. Grabado al aguafuerte

Entablamento y capitel de orden jónico con especificación del módulo
Lám. XVIIII. Grabado al aguafuerte

Arcada de orden corintio

Lám. XXIII. Grabado al aguafuerte

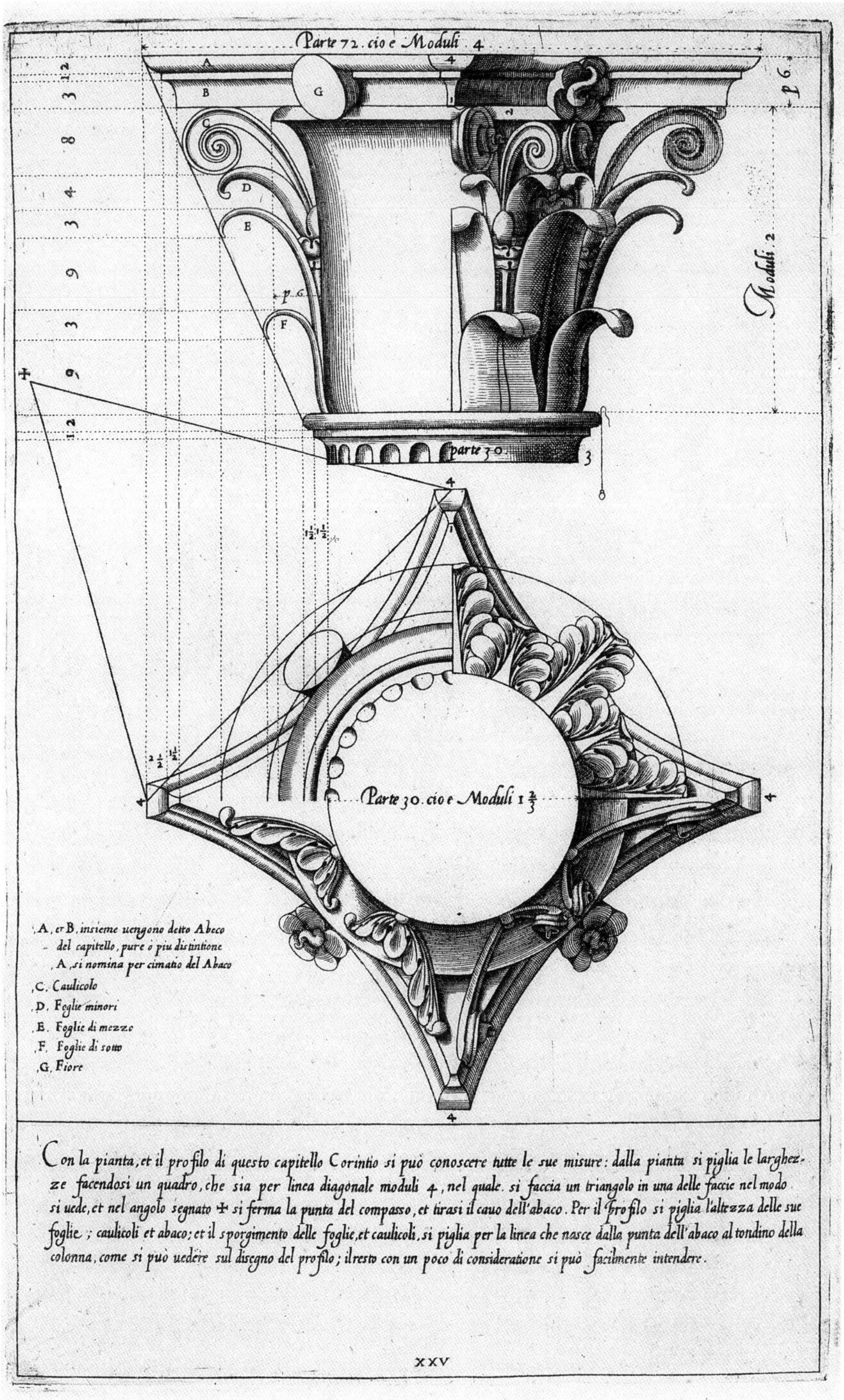

Construcción del capitel corintio con especificación del módulo
Lám. XXV. Grabado al aguafuerte

Andrea Palladio (1508–1580)
I quattro libri dell'architettura

VENECIA, 1570

Los cuatro libros de arquitectura

Durante la época en que Andrea Palladio ilustra el *Vitruvio* de Barbaro, madura el proyecto de un tratado de arquitectura de su propia cosecha. Natural de Padua, el arquitecto destacó como autor ya desde 1554, año de su último viaje a Roma, que emprendió junto a Barbaro. En esta época se edita su guía de monumentos antiguos de la ciudad eterna, *La antichità di Roma*, así como una descripción de las iglesias romanas, *Descritione de le chiese, stationi, indulgenze* (*Descripción de las iglesias, estaciones e indulgencias*).

Palladio pensaba realizar en un principio un tratado de arquitectura más amplio que los fragmentarios *Quattro libri* publicados en 1570 en Venecia por Domenicho de Franceschi. Pero eso no disminuyó lo más mínimo la repercusión e importancia de la obra, que contribuyó de manera decisiva a la fama del autor, y cuya relevancia también ayudó a fundar lo que se llamaría después el «palladianismo», es decir, un clasicismo de inspiración palladiana que sobrevivió al arquitecto en el mundo entero.

La obra de referencia *Quattro libri* nació en unas condiciones especialmente favorables. Durante muchos años, Palladio aprendió el arte de edificar como cantero en el taller Pedemuro en Vicenza. Esta experiencia influiría sobremanera en su conocimiento de los materiales y la construcción. A partir de la década de 1530, quedará marcado por su relación con los humanistas del norte de Italia versados en arquitectura: Giangiorgio Trissino (1478–1550) dio a Andrea di Pietro della Gondola su nombre de artista programático –sin duda haciendo referencia a Palas Atenea– y le introdujo en la lectura de Vitruvio; Alvise Cornaro (1484–1566), cuyo «excelente juicio artístico» elogia Palladio en su tratado (libro I, 28), origina un nuevo auge de la arquitectura en Padua. Para terminar, Daniele Barbaro fue el tercero de los grandes humanistas del norte de Italia que allanaron el camino de Palladio como comanditarios y grandes expertos en la teoría de la arquitectura.

Palladio afinó aún más su competencia en el campo teórico de la arquitectura gracias a sus estancias en Roma y sus detalladas investigaciones arqueológicas, que se tradujeron en unos dibujos de arquitectura y en los grabados sobre madera de los *Quattro libri*. Como representante tardío de los grandes teóricos de la arquitectura italiana, pudo beneficiarse de las obras y la experiencia de un siglo de reflexión teórica del Renacimiento. La lectura del complejo tratado fundador de Leon Battista Alberti, fechado a mediados del siglo xv, se había simplificado desde 1565 gracias a la traducción al italiano de la obra, una traducción acompañada además por ilustraciones. Junto a

Vitruvio, Palladio reconoció en Alberti (1404–1472) la autoridad de referencia en materia arquitectónica. Serlio (1475–1553/55), al que Palladio conoció seguramente en Vicenza, publicó ya en 1537 y 1540 los libros III y IV de su *Architettura* con un importante número de grabados de gran calidad que mostraban edificios antiguos. La obra de Serlio puede ser considerada realmente como la precursora de los *Quattro libri* por la importancia que tenían las ilustraciones respecto al texto. Aunque Palladio también se vale del efecto sugerente de las ilustraciones, emplea su material icónico según unas normas más rigurosas que Serlio. Sus ilustraciones de edificios aparecen invariablemente en la forma de planta, alzado y sección. El alzado y la sección se establecen en proyección ortogonal, es decir, sin la perspectiva, cuyos escorzos impiden una lectura detallada de la relación de las proporciones. Para concluir, cabe subrayar que Palladio, arquitecto muy solicitado y autor de numerosos palacios, villas, puentes y edificios religiosos desde 1540, podía sacar conclusiones de una larga e intensa vida laboral.

Palladio ilustra su tratado con numerosos proyectos personales, con un orgullo que ningún otro arquitecto había mostrado anteriormente. Coloca «su catálogo», sin la más mínima duda, al mismo nivel que los edificios antiguos, lo que responde a su credo de recuperar los principios probados de la manera antigua y de concederles un valor universal en su propia obra. Entre las obras de la época moderna, solo menciona el *tempietto* romano de Bramante (libro IV, 17). Serlio reproduce también esta construcción de planta circular como una obra comparable a las de la Antigüedad. Palladio idealizó sus propias construcciones en los grabados de su tratado. Completa en sus ilustraciones los palacios y las villas, aunque la mayoría quedó inacabada, y los somete a veces a una representación axial más rigurosa de lo que permitían las condiciones específicas del terreno. Deja entrever algunas descripciones en unos programas elaborados de manera retroactiva. Así pues, Palladio afirma que el palacio Iseppo de' Porti en Vicenza, cuya fachada formada por un basamento que sirve de zócalo a un primer nivel decorado con columnas está emparentada con los palacios romanos del Renacimiento, sigue la distribución de las casas griegas, con una parte delantera, un patio interior y una casa de invitados en la parte trasera (libro II, 3). Pero la idea de la casa antigua aparece en el origen del diseño del convento de la Caridad de Venecia, del que muestra la sucesión de habitaciones (libro II, 6). Luego Palladio reconstruye la planta de base y la sección longitudinal de la antigua casa romana.

Las salas con cuatro columnas de inspiración antigua, ilustradas en el libro II, 9, y que corresponden a la descripción de la *tetrastyla* de Vitruvio (VI, 3), ocupan un lugar importante en los proyectos personales de Palladio. Cuatro columnas aisladas, colocadas en las cuatro esquinas de un cuadrado dentro de un espacio, soportan la carga del techo o de la bóveda. Palladio las utiliza en particular en la villa Pisani de Montagnana y en la villa Cornaro. No solo destaca el carácter eminentemente antiguo de la fachada principal de la villa Badoer –con columnas y un frontón– que empezó en 1556 en Fratta Polesine (libro II, 14), al compararla con la recreación de una fachada de casa antigua presentada por Palladio y Barbaro en el comentario de Vitruvio: en la reproducción del alzado de la villa antigua (libro II, 6), Palladio señala el pórtico con columnas coronado con un frontón como un motivo primordial de la tradición arquitectónica de la Antigüedad romana.

El libro III, 19 del tratado de Palladio está dedicado a la basílica del foro romano. A diferencia del *Vitruvio* de Barbaro, el interior de la basílica de los *Quattro libri* muestra unas columnatas a lo largo de los laterales mayores y del lateral menor detrás de la entrada. Palladio afirma incluso que le parece muy posible la existencia de columnas a lo largo del lateral menor opuesto a la entrada. Pero las omite aquí para destacar mejor un gran nicho en forma de media luna. Por tanto, una consideración estética le lleva a apartarse del modelo antiguo que por otra parte tanto admira. Y en el libro III, 20, al representar su propia basílica vicentina con arcadas en dos niveles que circundan el núcleo medieval de la construcción, busca privilegiar una vez más la independencia en la forma de construcción de los tiempos modernos, a pesar de su gran admiración por el arte antiguo. En efecto, mientras que las basílicas antiguas siempre constan de columnatas (pórticos) en el interior del edificio, las basílicas «modernas», como las llama Palladio, no presentan columnas de forma visible o, en todo caso, solo en el exterior, hacia la plaza.

En cuanto a la organización, presentación, coherencia y argumentación, los *Quattro libri* de Andrea Palladio fundaron las normas que seguirán siendo válidas para todos los manuales de arquitectura de épocas posteriores.

CJ

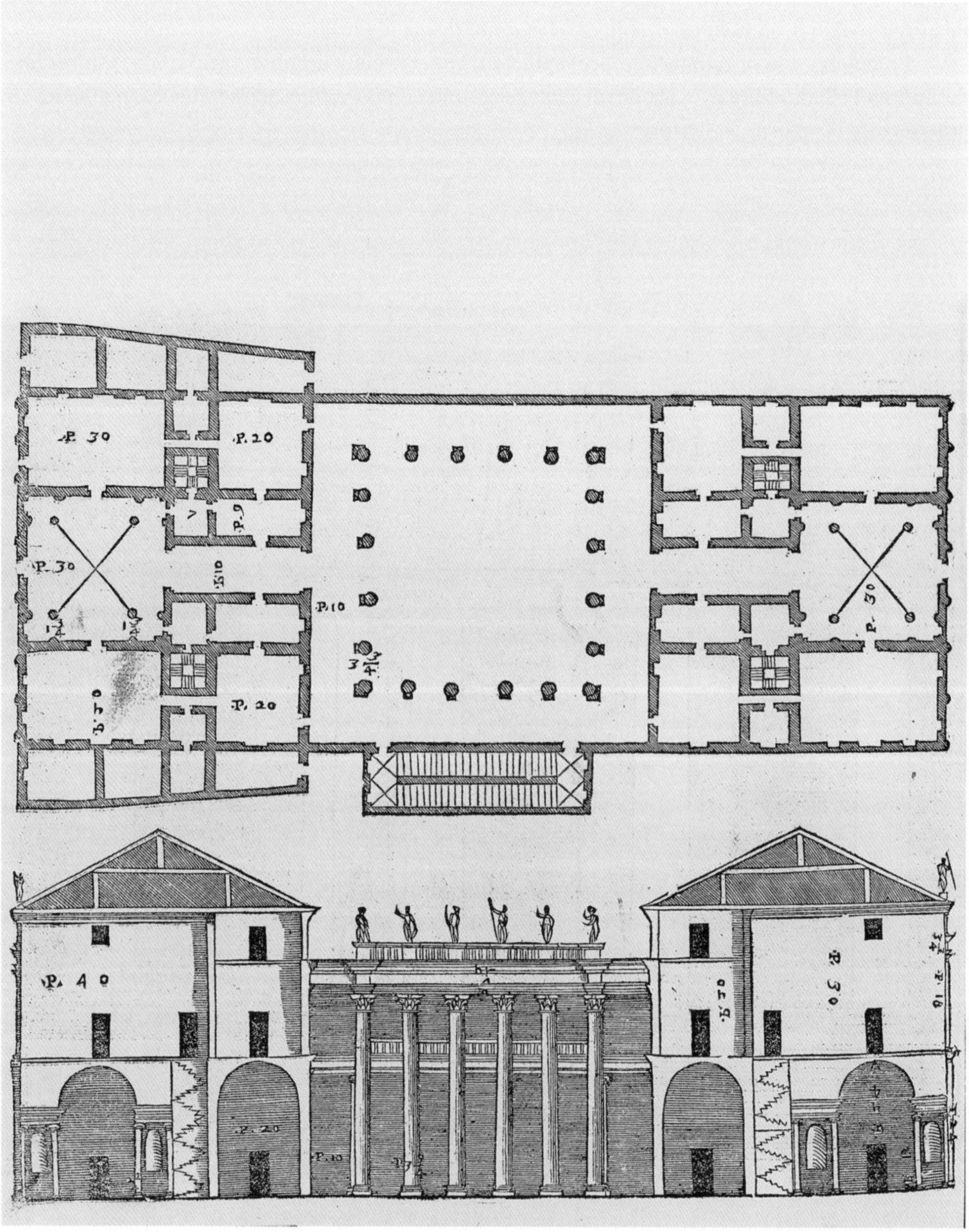

Palazzo Iseppo Porti en Vicenza
Planta y sección longitudinal.
Libro II, 3. Grabado sobre madera

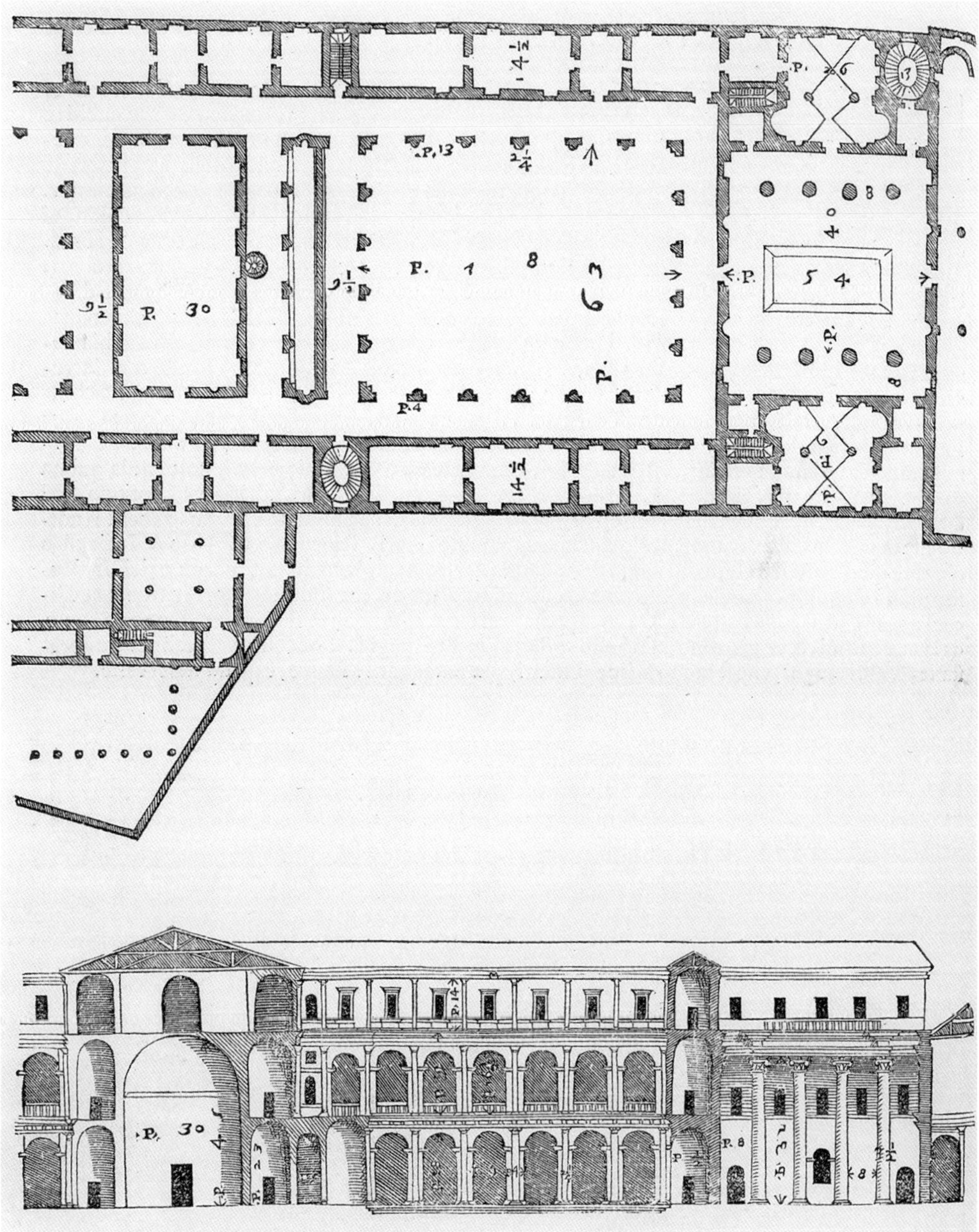

Convento de la Caridad en Venecia
Planta y sección longitudinal según la antigua casa romana.
Libro II, 6. Grabado sobre madera

34 LIBRO

A, Atrio.
B, Tablino.
C, Periſtilio.
D, Saloti Corinthij.
E, Saloti di quattro colonne.
F, Baſilica.
G, Luoghi per la Eſtate.
H, Stanze.
k, Librarie.

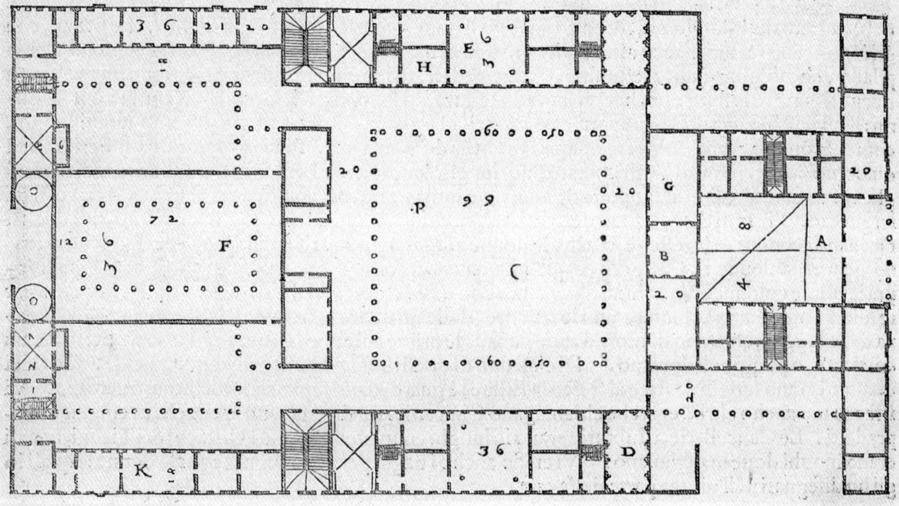

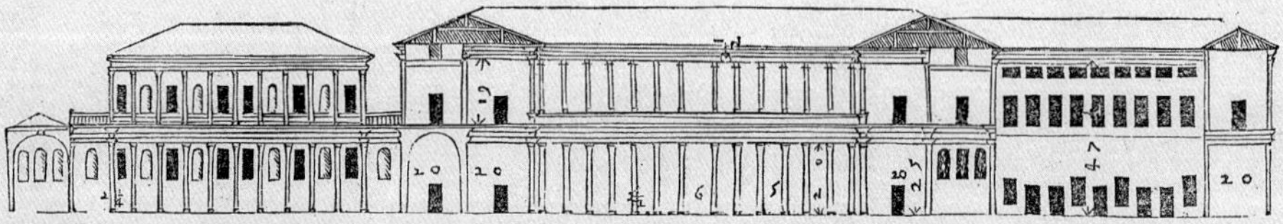

IL DISEGNO che ſegue è di queſto iſteſſo Atrio in forma maggiore.

D, Atrio.
E, Feneſtre che danno lume all'Atrio.
F, Porta del Tablino.
G, Tablino.
H, Portico del Cortile.
I, Loggia auanti l'Atrio.
k, Cortile.
L, Stanze intorno all'Atrio.
M, Loggie.
N, Traue limitare, ouer fregio dell'Atrio.
O, Parte delle Sale Corinthie.
P, Luoco diſcoperto ſopra il quale uiene il lume nell'Atrio.

DELLE

Recreación de una casa romana antigua (planta y sección longitudinal)
Libro II, 7. Grabado sobre madera

Recreación de la *tetrastyla* antigua (planta y alzado)
Libro II, 9. Grabado sobre madera

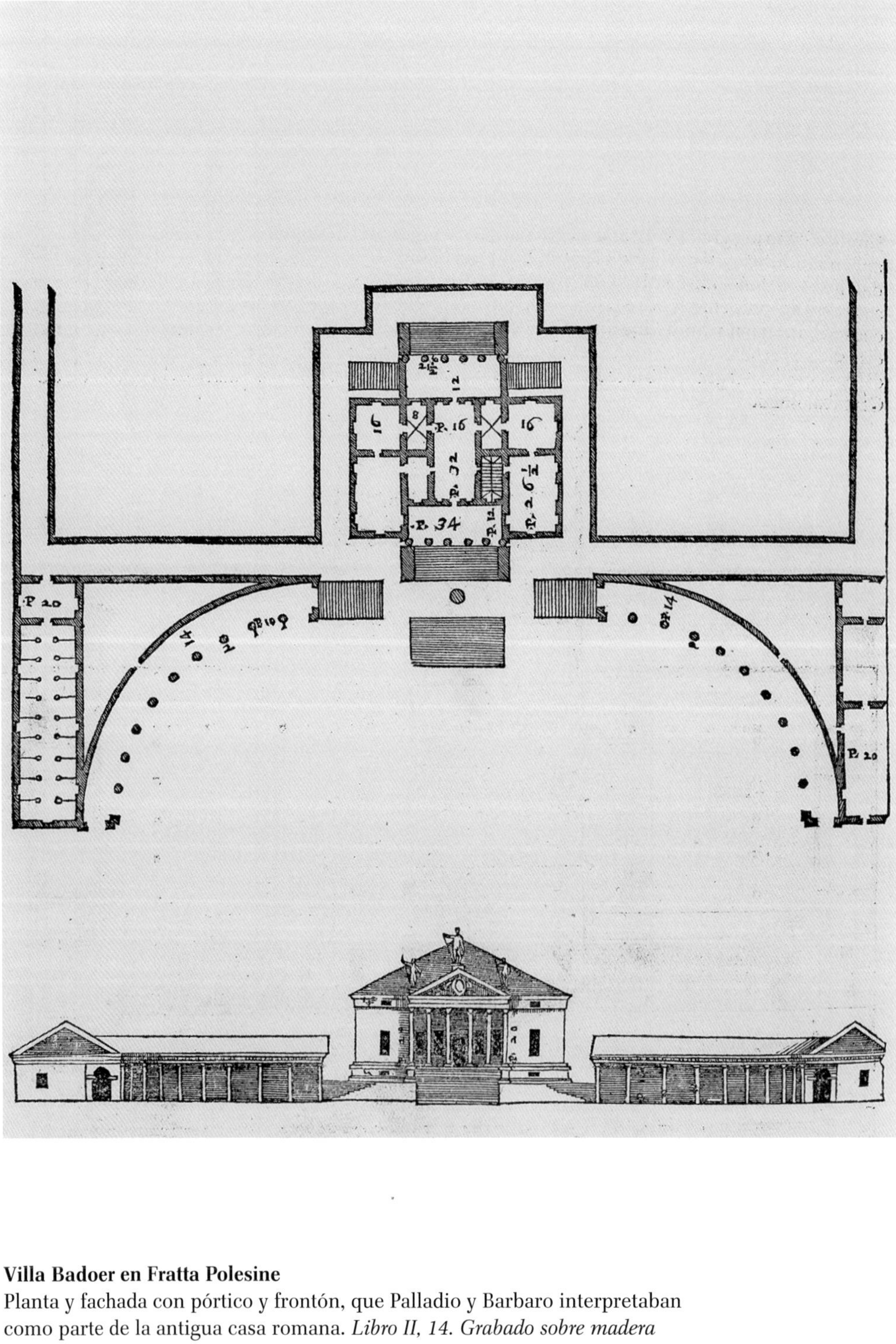

Villa Badoer en Fratta Polesine
Planta y fachada con pórtico y frontón, que Palladio y Barbaro interpretaban como parte de la antigua casa romana. *Libro II, 14. Grabado sobre madera*

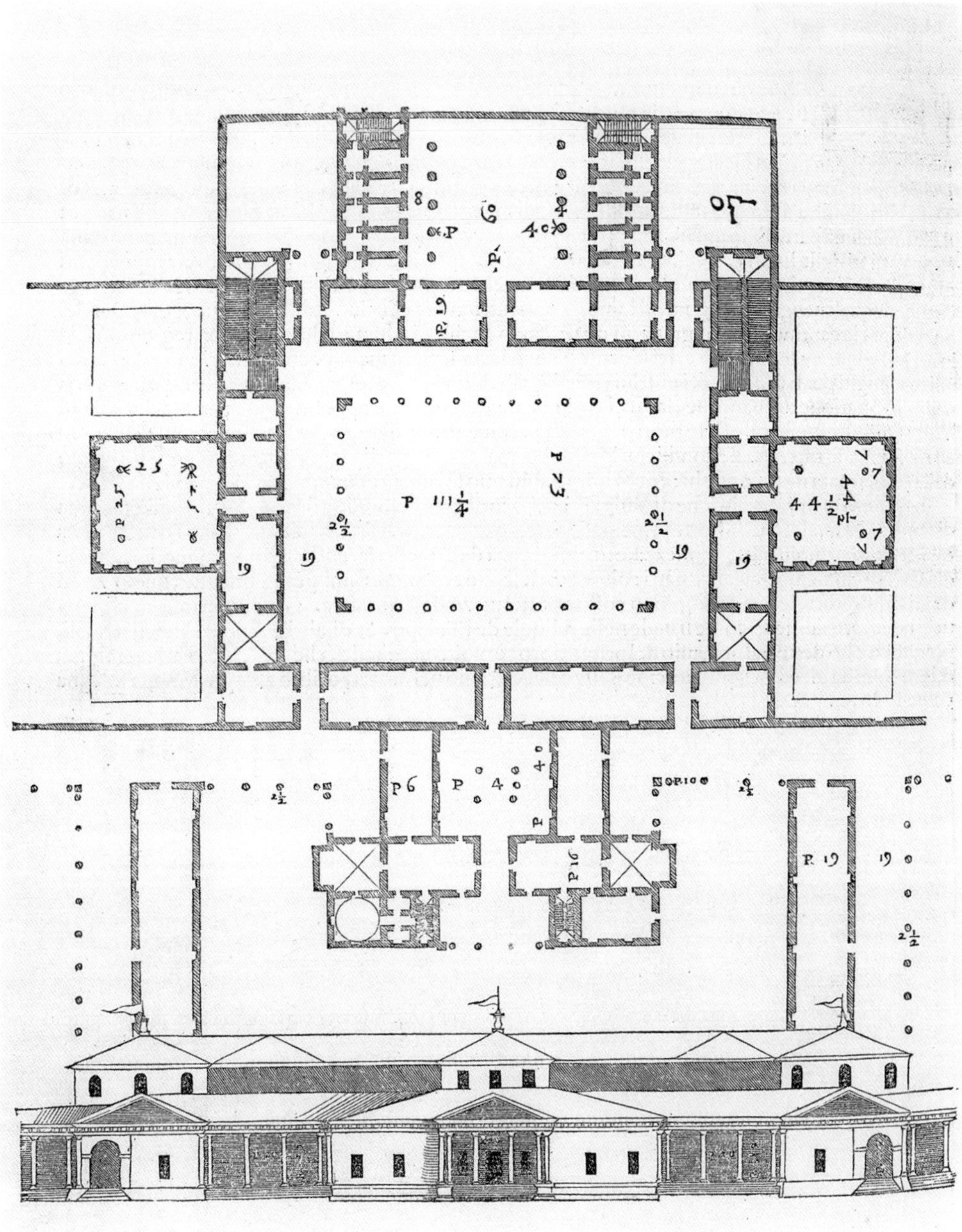

Reproducción de una villa antigua
Planta y alzado; fachada con pórtico con columnas y frontón triangular.
Libro II, 16. Grabado sobre madera

Alzado de la basílica de Vicenza

Un estudio detallado de la basílica nos muestra un nivel inferior de orden dórico, otro superior de orden jónico y medallones figurados en las mochetas de la arcada. *Libro III, Grabado sobre madera*

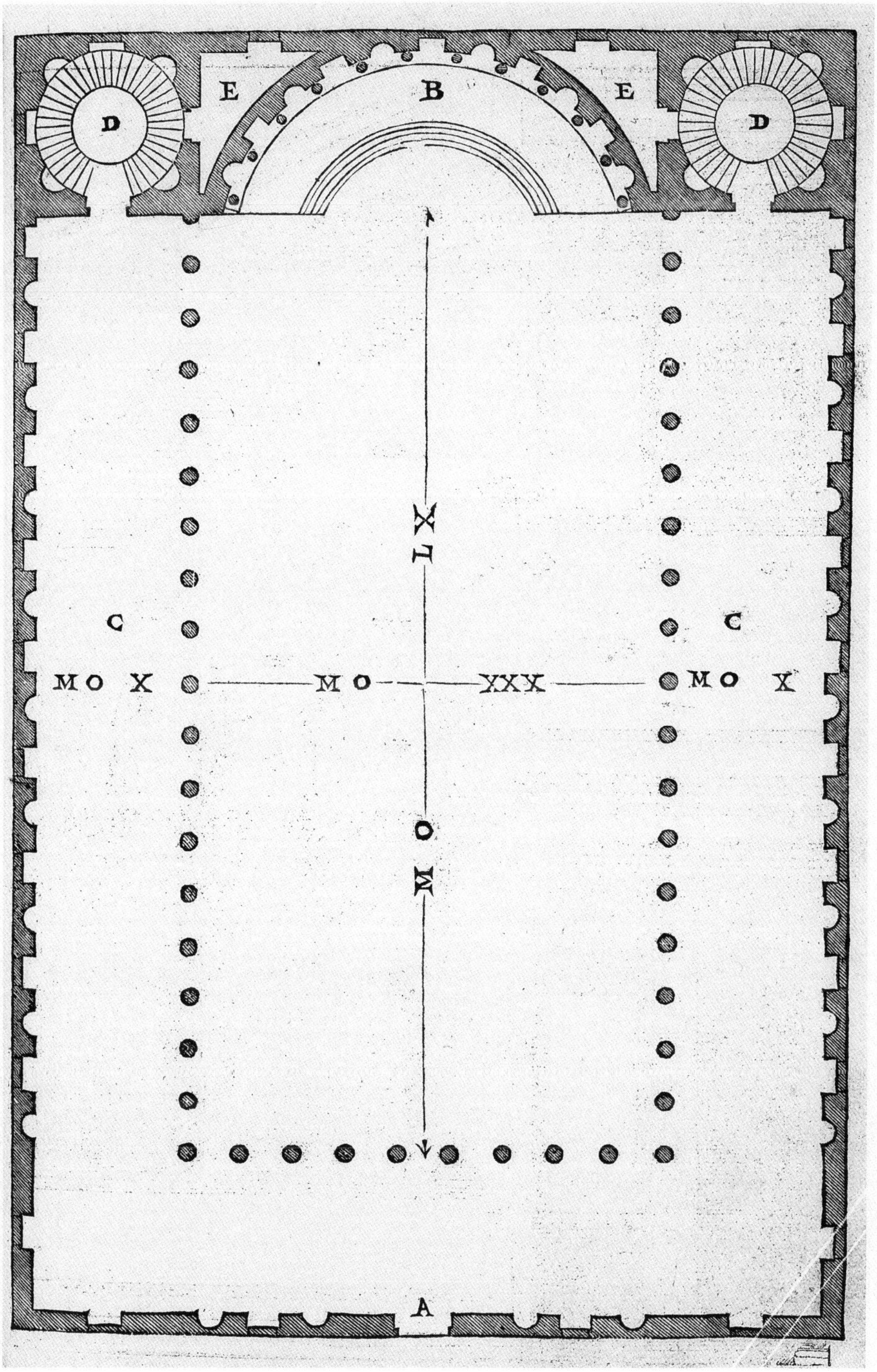

Planta de basílica
Reproducción de la antigua basílica del Foro con filas de columnas a lo largo del lateral de la entrada y un gran nicho (B) en el lado opuesto. *Libro III, 19. Grabado sobre madera*

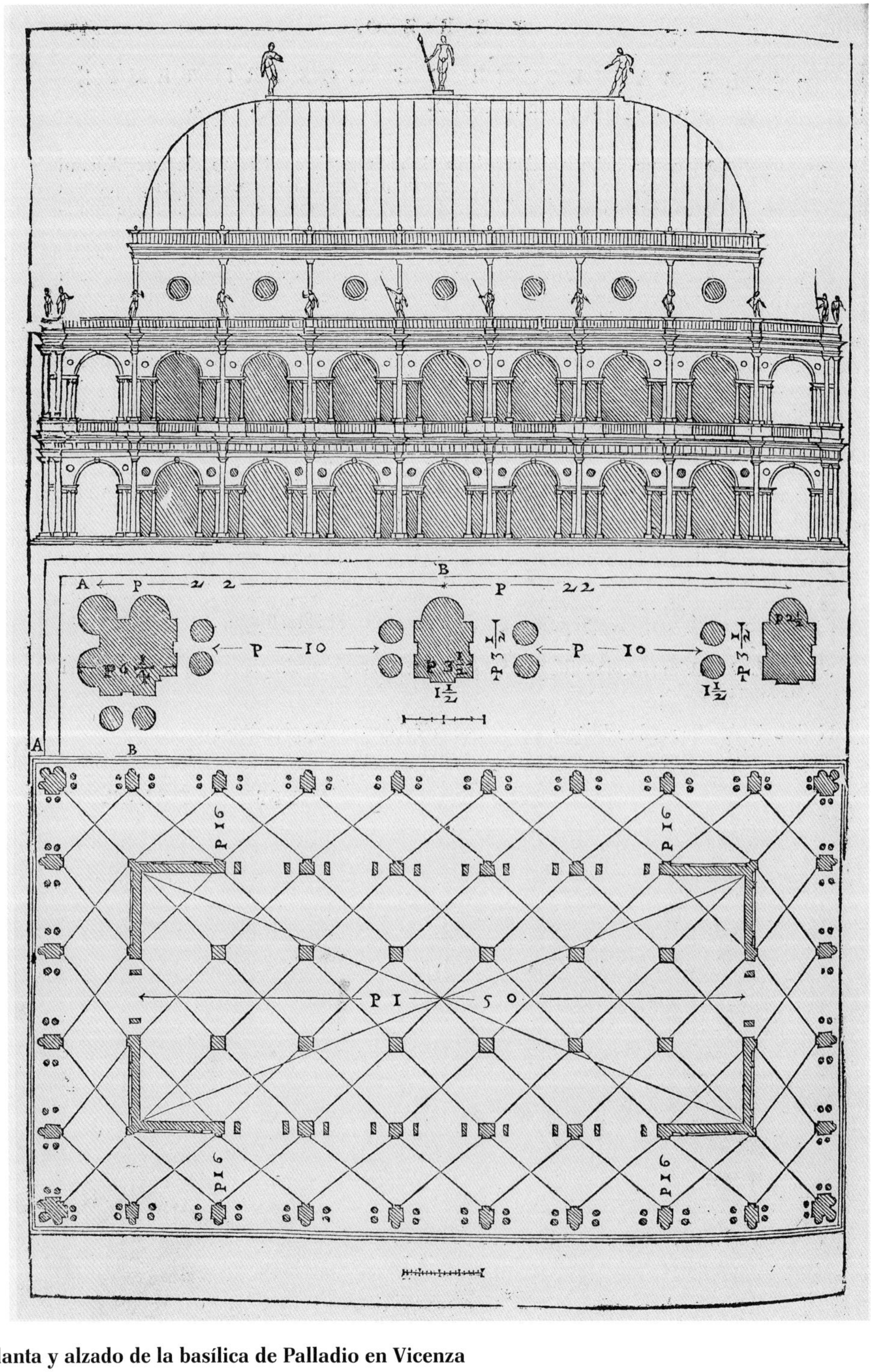

Planta y alzado de la basílica de Palladio en Vicenza
Unas pequeñas aberturas laterales enmarcan unos arcos de medio punto soportados por unas columnas aisladas, conocidas como «serlianas» o «motivo palladiano».
Libro III, 20. Grabado sobre madera

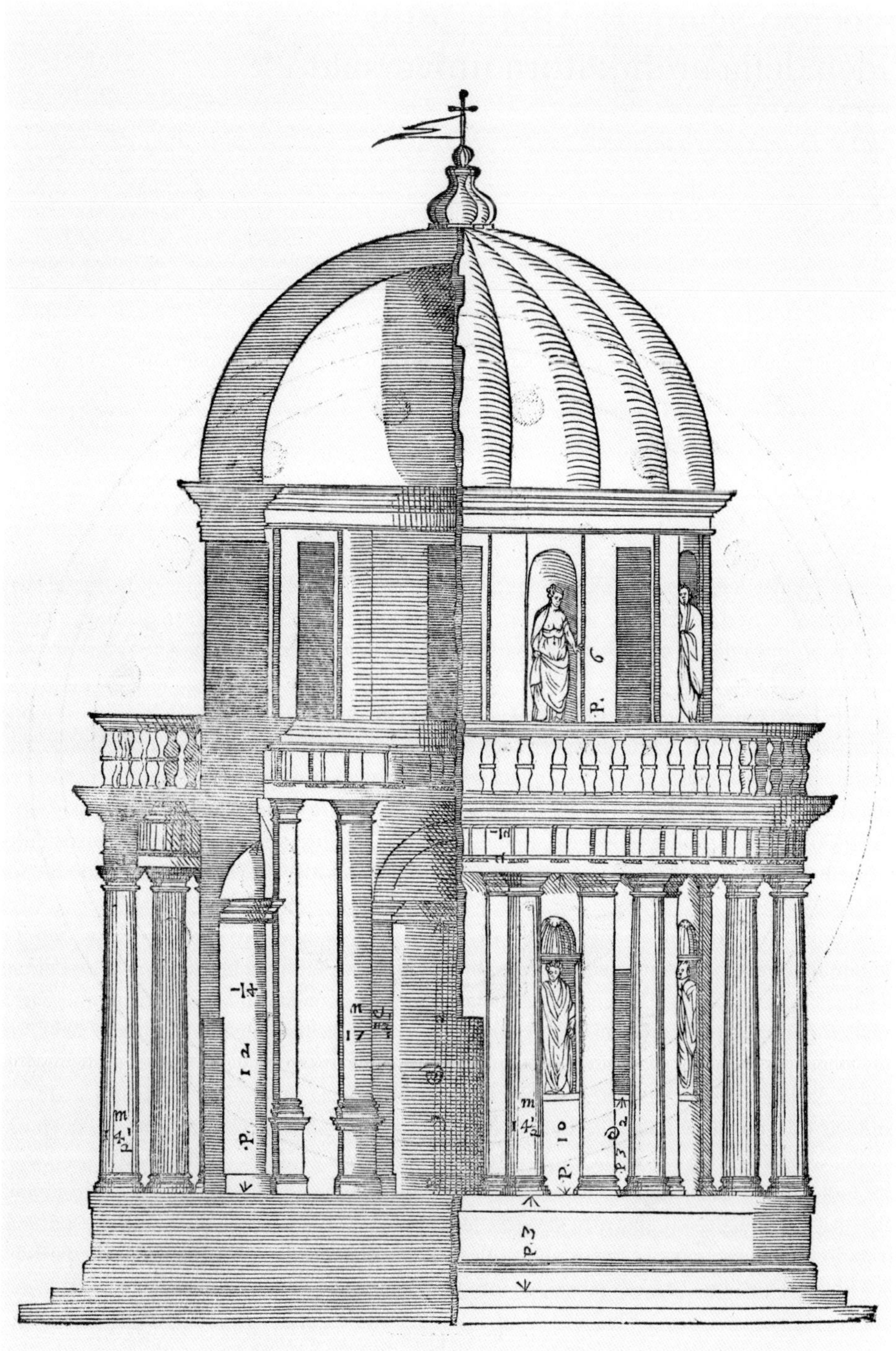

El *Tempietto* de Bramante de San Pietro in Montorio en Roma
Libro IV, 17. Grabado sobre madera

Vincenzo Scamozzi (1548–1616)
L'idea della architettura universale

VENECIA, 1615
La idea de la arquitectura universal

Vincenzo Scamozzi fue uno de los grandes arquitectos de la región veneciana en la transición del Renacimiento tardío al barroco. Su tratado, publicado en 1615, tuvo una gran difusión y su libro sobre los órdenes de las columnas, en particular, se convirtió en una obra de referencia en el siglo XVII.

Vincenzo adquiere sus primeras experiencias prácticas junto a su padre, un carpintero, constructor y arquitecto. También aprende junto a él los fundamentos de la agrimensura. En los años siguientes, profundiza sus conocimientos técnicos mediante amplios estudios llevados a cabo de manera autodidacta. Además de los tratados de arquitectura italianos de los siglos XV y XVI, lee a los autores griegos, sobre todo a Aristóteles, Platón y Euclides, así como a numerosos autores latinos como Plinio y Cicerón. También estudia a fondo, más allá de Vitruvio, el tratado de Serlio (1475–1553/55).

Scamozzi mantuvo numerosos contactos con la clase dominante veneciana como arquitecto de la familia Pisani. Su estancia en Roma le abre de manera definitiva las puertas de los comanditarios de la aristocracia. En 1582, consigue ganar en Venecia, con la ayuda de Marcantonio Barbaro, que había sido amigo de Contarini y protector de Palladio, la licitación para el proyecto de la Procuratie Nuove, las Nuevas Procuradurías, el encargo más importante de su carrera en términos de volumen de construcción. Scamozzi realiza en el proyecto de la catedral de Salzburgo (1604–1607) la síntesis de su estudio de S. Giorgio Maggiore, la mayor construcción religiosa veneciana de Palladio, y de los recuerdos de la arquitectura de columnas y nichos de Bramante, que conocía sobre todo por el análisis teórico de Serlio. Lo más destacable de esta síntesis es la influencia de la construcción religiosa prebarroca de Vignola en Roma. Todas estas inspiraciones despuntan en el tratado, que podría considerarse una prolongación de su actividad como arquitecto. Publica en los libros II y III una serie de proyectos que, o no llegaron a llevarse a cabo, o se realizaron con modificaciones.

L'idea della architettura universale constituye el último tratado de arquitectura del Renacimiento. La arquitectura aún se percibe como una ciencia universal que engloba todos los aspectos de la sociedad. Esta reivindicación procede del concepto neoplatónico de un cosmos creado por Dios y ordenado según sus leyes matemáticas y geométricas. El concepto mental de la idea se sitúa, en una posición de instancia mediadora, entre los principios abstractos que rigen la génesis del

Cornice
42 min
5
45 min
Fregio
35
Architraue
min
Modulo
1 1/4

proyecto y el diseño y la ejecución práctica de la obra. Scamozzi comparte con Vitruvio y Alberti (1404–1472) el concepto de que un sistema homogéneo de relación matemática debe fijar la armonía entre todas las partes de un edificio. Para los teóricos del Renacimiento, el modelo de este sistema residía en la naturaleza, en especial en la imagen del cuerpo humano perfecto –creado a imagen y semejanza de Dios– y sus proporciones. El edificio debía ser también la expresión de ese orden cósmico. Seis libros de esta fundamental obra teórica de Scamozzi, inicialmente dividida en doce volúmenes y luego reducida a diez, se publicaron en un primer momento en 1615 en Venecia. Tras la muerte de Scamozzi, el material de los últimos cuatro libros se dispersó. Algunas ilustraciones reaparecieron más tarde en la traducción holandesa del tratado (Ámsterdam, 1661) y en una edición francesa (Leyde, 1713). Según sus propias indicaciones, Scamozzi dedicó 25 años de su vida a la redacción del tratado.

Mientras que el libro I trata de la arquitectura como ciencia y de la formación del arquitecto, el libro II analiza las condiciones geográficas y topográficas de la construcción. El libro III se refiere a la construcción de edificios privados y el libro IV a la construcción de edificios administrativos. En el libro VI, Scamozzi expone su doctrina acerca de los órdenes arquitectónicos. Los libros VII, VIII y IX se centran en los materiales de construcción, las fases de la construcción y los acabados y adornos, mientras que el libro X trata de las modificaciones y la restauración de los edificios antiguos. La organización del tema en diez libros remite a los tratados de Vitruvio y Alberti, pero Scamozzi sigue ante todo a Vitruvio en la definición de nociones estéticas.

El libro I tiene por objeto definir la arquitectura como ciencia y reafirmar así el papel del arquitecto más allá del de simple jefe de obras. En la medida en que el arquitecto «contempla en su mente los aspectos matemáticos y los hechos de la naturaleza en su esencia», se equipara al matemático o al filósofo. En ese contexto, Scamozzi se apoya también en la diferencia establecida en el canon de formación de la Edad Media entre las *artes liberales* y las *artes mechanicae*. El lenguaje de Scamozzi, las numerosas repeticiones y el amplio repertorio de citas forman el medio estilístico para ennoblecer el texto que emplea el autor a la hora de defender su tesis.

El libro II incluye, entre otras cosas, el proyecto de una famosa ciudad ideal que debe considerarse como el proyecto de Scamozzi para Palma Nova. En esta ciudad ideal, cuyo proyecto sirve de pretexto a unas consideraciones sobre la arquitectura militar, advertimos la dimensión sociopolítica del enfoque universalista de Scamozzi. La arquitectura teatral es otro tema central. Scamozzi pone fin al debate del Renacimiento sobre esta cuestión, originada a partir del *Vitruvio* de Barbaro y que Serlio se había encargado de resaltar. Su compromiso como teórico de la arquitectura teatral corresponde a su importancia como arquitecto de escenarios y teatros. Lo ilustran muy bien el acabado del teatro Olimpico de Palladio en Vicenza (1584/85) y su propio teatro Ducale en Sabbionetta cerca de Mantua (1588–1590).

Los libros IV, IX y X no llegaron a publicarse nunca. El libro VI, que comprende la doctrina de Scamozzi sobre los órdenes arquitectónicos, resulta, por tanto, aún más importante. Expone aquí los órdenes arquitectónicos y sus elementos mediante el texto y la imagen, en un estilo de manual, según una organización sistemática sin igual del conjunto y los detalles. Partiendo de Serlio, Scamozzi es el primero en emplear el término *ordine* para designar los cinco géneros de la teoría clásica de la arquitectura. No solo exige que la medida y la forma se sometan al principio regulador del orden arquitectónico sino también todas las partes del edificio, incluidos los espacios interiores. Scamozzi dio ejemplo de ello con el palacio Trissino.

Scamozzi insiste en que deben reinar el orden y la *ragione*, la razón, en todas las partes de la construcción, incluso el decorado, lo que le valió la reputación de arquitecto prebarroco de tendencia clásica. En ese sentido, su obra sirvió de punto de partida en la región veneciana de la primera mitad del siglo XVII para el desarrollo del *stilo severo* (estilo severo) clásico-palladiano y su influencia también se dejó notar en el siglo XVIII en el neopalladianismo inglés, cuyo origen se sitúa en la relación entre Inigo Jones y Scamozzi tras el viaje a Italia emprendido por el arquitecto inglés en el séquito de Thomas Howard, segundo conde de Arundel. Pero la mayor influencia ejercida por Scamozzi sigue siendo la doctrina de los órdenes arquitectónicos expuestos en el libro VI del tratado, una doctrina difundida también a partir de 1657 en una versión corta. El libro VI se publicó en holandés en 1640, en alemán en 1665, en inglés en 1669 y, para terminar, en francés en 1685, en el contexto de la reforma de la arquitectura francesa de François Blondel.

AG

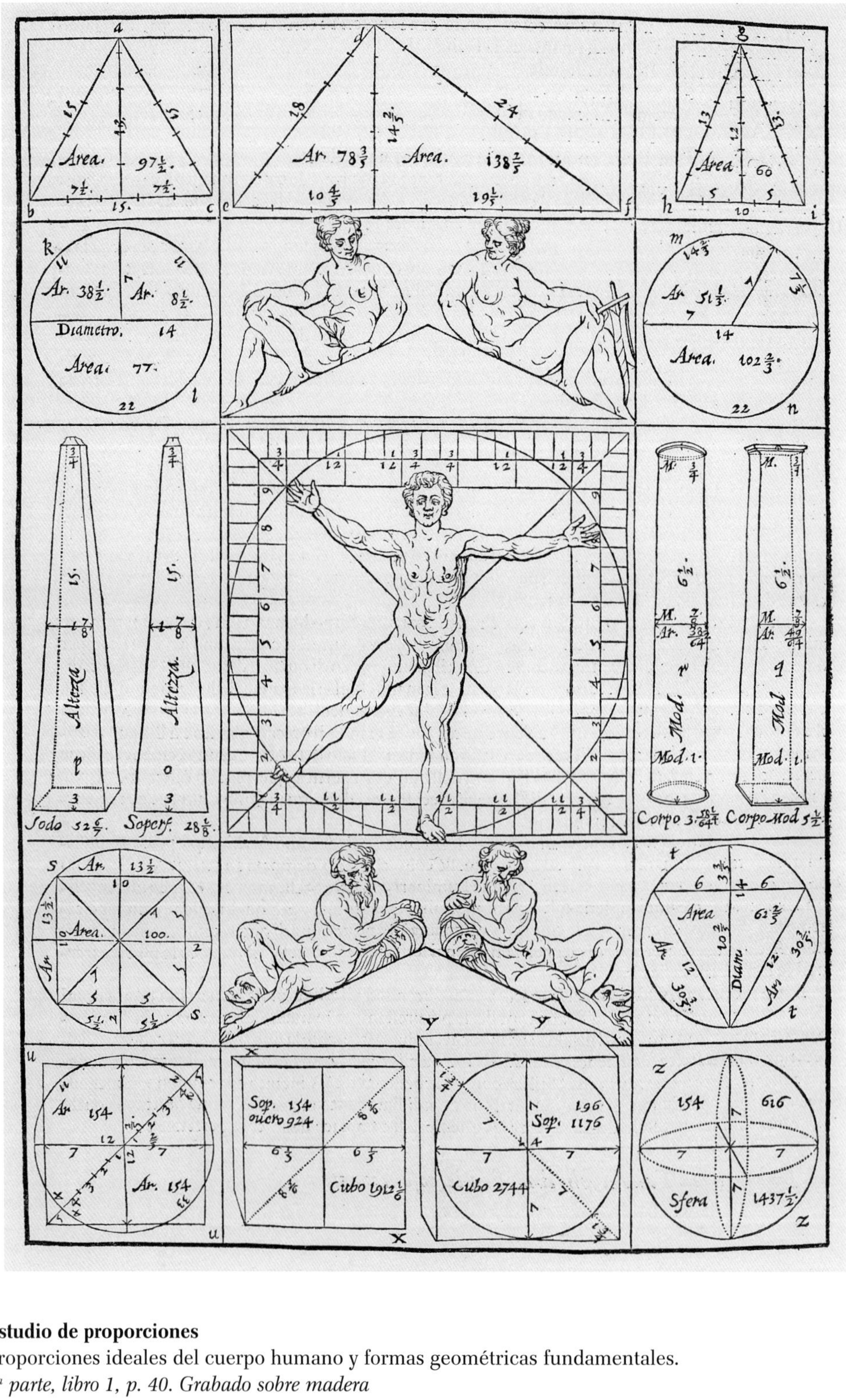

Estudio de proporciones
Proporciones ideales del cuerpo humano y formas geométricas fundamentales.
1ª parte, libro 1, p. 40. Grabado sobre madera

Proyecto de ciudad ideal
Podría tratarse del plano para Palma Nova (1593–1598).
1ª parte, libro 2, pp. 166/167. Grabado sobre madera

Órdenes de columnas
Los cinco órdenes arquitectónicos; de izquierda a derecha: toscano, dórico, jónico, corintio y compuesto. *2ª parte, libro 6, p. 6. Grabado sobre madera*

Adornos arquitectónicos de orden dórico
2ª parte, libro VI, p. 84. Grabado sobre madera

Pórtico con columnas de orden corintio
2ª parte, libro 6, p. 124. Grabado sobre madera

Pórtico con arcadas de orden corintio
2ª parte, libro 6, p. 127. Grabado sobre madera

Guarino Guarini (1624–1683)

Disegni di architettura civile ed ecclesiastica

TURÍN, 1686

Proyectos de arquitectura civil y religiosa

Architettura civile

2 VOLS., TURÍN, 1737

Arquitectura civil

El padre teatino Guarino Guarini asimiló en el tratado *Architettura civile* influencias recibidas primero en Roma y luego en París de 1662 a 1664. Fue un conciliador de las teorías de la arquitectura italiana y francesa de su época. Mientras que en la Italia del siglo XVII la teoría de la arquitectura se limita a la tradición fundada por Vitruvio y Alberti, en Francia se abre en la misma época a los últimos avances de la filosofía y las ciencias naturales. Guarini formula en la primera página del tratado de manera programática la siguiente idea: «La arquitectura tiene derecho a corregir las reglas de la Antigüedad e inventarse otras nuevas». Esta sentencia expresa todo el orgullo del barroco, del que Guarino Guarini fue el teórico italiano.

En el contexto de la teoría italiana de la arquitectura, la modernidad del tratado de Guarini queda patente sobre todo por la importancia concedida a las matemáticas. Siguiendo los pasos de la filosofía racionalista de Descartes (1596–1650), Guarini entiende las matemáticas como la forma más pura del pensamiento racional. Sus disposiciones críticas y racionalistas le permiten cuestionar y desarrollar la literatura teórica anterior sin estar sujeto a ideas preconcebidas, lo que concluye en una revalorización sin prejuicios del gótico que abre paso a una notable acogida de este estilo por parte de los teóricos italianos del siglo XVIII. Guarini no aboga sin embargo por la ausencia de reglas ni por la arbitrariedad. No tiene la más mínima duda de que debe mantenerse el canon de reglas de la arquitectura antigua, exigiendo al arquitecto un buen conocimiento de ella, como marco de referencia.

Guarini concede gran importancia a la experiencia práctica del arquitecto y a su sentido de las proporciones. Además parte de la base de que el sentido de la belleza y de las proporciones procede del gusto, que está sometido a su vez a una evolución histórica ligada a factores regionales. Lo que se ha dado en llamar el «relativismo estético» es incompatible con la idea de validez intemporal de la doctrina de las proporciones de la Antigüedad. Para Guarini, estas reglas fijas son sustituidas por unas normas flexibles que permiten al arquitecto modificar el canon de las reglas y formas dentro de unos límites establecidos por la norma convencional, que fija su expresión en el juicio estético del espectador culto.

El novicio de la orden de los teatinos fue enviado a Roma desde Módena, su ciudad natal, con 15 años. En Roma estudia en la rica biblioteca de la orden y descubre la arquitectura del alto barroco romano. Empieza entonces su carrera de arquitecto con las obras de construcción de

VESTIGIVM
S. LAVRENTII
TAVRINI

San Vicenzo, la iglesia de la orden en Módena. Guarini construyó, más allá de Módena y Messina, edificios en Verona, Vicenza, Praga, París y Lisboa. La mayoría de ellos vienen reproducidos en el tratado. Pero desarrolla lo esencial de su actividad como arquitecto en Turín, una capital francófila en pleno auge. Guarini construye allí la iglesia de San Lorenzo de los Teatinos (a partir de 1666) y la Capella della Santa Sindone (a partir de 1668), erigida para la importante reliquia de la sábana santa de Turín. En el diseño de estos edificios que mezclan las influencias del barroco romano con los principios arquitectónicos del gótico francés, Guarini opta por unos planos geométricos complejos y unas estructuras arquitecturales ocultas, que le permiten ampliar el efecto de perspectiva de las cúpulas mediante unos ingeniosos efectos de luz, entre otras cosas.

A pesar del gran valor del tratado, la influencia del teórico Guarini fue limitada ya que su tratado se encontraba inacabado en el momento de su muerte en 1683. Tres años después, se edita en Turín una recopilación de láminas titulada *Disegni di architettura civile ed ecclesiastica* a iniciativa de los teatinos. Comprende 44 plantas y alzados que dan a conocer en toda Europa la arquitectura de Guarini. Su obra consigue la mayor repercusión al norte de los Alpes, en Austria y Bohemia, gracias a su asimilación por arquitectos como Johann Fischer von Erlach (1656–1723) y Christoph Dientzenhofer (1655–1722), así como Balthasar Neumann (1687–1753). El texto teórico, redactado de 1679 a 1683, solo se publicó en Turín en 1737 con el título *Architettura civile*, en una edición retocada desde el punto de visto lingüístico pero fiel al pensamiento de Guarini. Además de las 44 reproducciones de la edición de 1686, *Architettura civile* incluía 35 láminas adicionales. El colegio de los teatinos de Turín intervino de nuevo como editor y también impulsó que la publicación fuera dirigida por el arquitecto piamontés Bernardo Antonio Vittone (1702–1770).

Architettura civile se divide en cinco partes, llamadas «tratados», subdivididas a su vez en capítulos y observaciones. Las principales propuestas teóricas y programáticas se centran en los tres primeros capítulos. El objetivo de la arquitectura, tal y como la define Guarini, consiste en proporcionar un hábitat ordenado y cómodo, en lo que hace referencia a Vitruvio. Guarini hace una clara distinción en la tarea del arquitecto entre el proyecto y la ejecución, como había hecho Alberti anteriormente. El trabajo del arquitecto reside en el proyecto (*idea*, *disegno*); por ello no trata en *Architettura civile* los problemas derivados de la ejecución de la obra. En cambio, Guarini proporciona en el capítulo I, 4 una minuciosa descripción de las herramientas del arquitecto: pluma, tinta, lápiz de plomo, regla y compás. Guarini solo mantiene cuatro de las seis categorías enunciadas por Vitruvio y las interpreta como «cualidades» del proyecto: *firmitas*, *eurythmia*, *simmetria* y *distribuzione*. La *eurythmia* corresponde al ornamento; la *simmetria*, a la proporción. Se entiende *distribuzione* en el sentido de la teoría francesa de la arquitectura, o sea, como una buena distribución de las habitaciones según su función, lo que genera la *comodità*. La comodidad, la finalidad última de la arquitectura, no puede prescindir de la belleza, *venustas*, que se consigue mediante el equilibrio de las proporciones. La definición más importante para comprender la estética de Guarini se encuentra en el capítulo I, 3, donde se puede leer: «Aunque la arquitectura depende de las matemáticas, no deja de ser un arte de seducción cuyo propósito no consiste en desbaratar la mente por unos motivos solo relacionados con la razón». Guarini deja claro en el tratado III que no busca una aplicación literal de las reglas sino el efecto de la arquitectura en el espectador al citar un gran número de casos donde el arquitecto debe rectificar las reglas de la arquitectura para preservar la apariencia de las proporciones necesarias. El tratado I analiza además de manera detallada la geometría fundamental. El tratado II se centra en la *iconografia*, es decir, en problemas de geometría relacionados con la ejecución de la planta. El tratado III estudia la *ortografia elevata*, el concepto de alzado según las leyes de la simetría. La descripción de los órdenes arquitectónicos ocupa un lugar preponderante. Guarini solo reconoce tres estilos: dórico, jónico y corintio. Y cita tres subgrupos para cada uno de ellos, a la vez que resume en un sistema las distintas proporciones otorgadas a cada uno por los autores de anteriores tratados. En la medida en que Guarini acepta todas las combinaciones entre estos tres órdenes, le resulta imposible definir una combinación concreta que configuraría el orden compuesto. Guarini integra también en su sistemática las columnas salomónicas y las estatuas-columnas, así como un orden llamado «gótico», que divide a su vez en tres subgrupos. El tratado IV se dedica a la *ortografia gettata*, que corresponde en gran parte a las proyecciones horizontales y verticales. Guarini se interesa en el tratado V por la geodesia, ciencia de la agrimensura de la tierra, y más en concreto por la división de las superficies planas y su transformación en superficies equivalentes de otra forma geométrica. Resulta difícil discernir aquí la aplicación práctica para el arquitecto. Guarini parece justificarse, de hecho, cuando remite, en la introducción de esta parte, al problema con el que se enfrenta el arquitecto en el caso de que el comanditario de la obra deba resarcir con un terreno equivalente a un vecino cuya propiedad hubiera sido invadida por la construcción. La geometría es para Guarini una herramienta que puede ayudar al arquitecto en su proyecto. Elogia, por otra parte, la autonomía de la estructura lógica de las matemáticas porque responde a su deseo de «racionalidad» en la elaboración del proyecto.

AG

ARCHITETTURA
CIVILE
DEL
PADRE D. GUARINO
GUARINI
CHERICO REGOLARE
OPERA POSTUMA
DEDICATA
A SUA SACRA REALE
MAESTÀ.

IN TORINO, M.DCC.XXXVII.

Appresso Gianfrancesco Mairesse all' Insegna
di Santa Teresa di GESU'.

Tabernáculo
Planta y vista del tabernáculo para el altar mayor de la iglesia San Nicolò de Verona.
Lám. 22. Grabado sobre cobre de Guarino Guarini

Proporciones y ornamentos de orden dórico
Tratado III, lám. 5. Grabado sobre cobre de Guarino Guarini

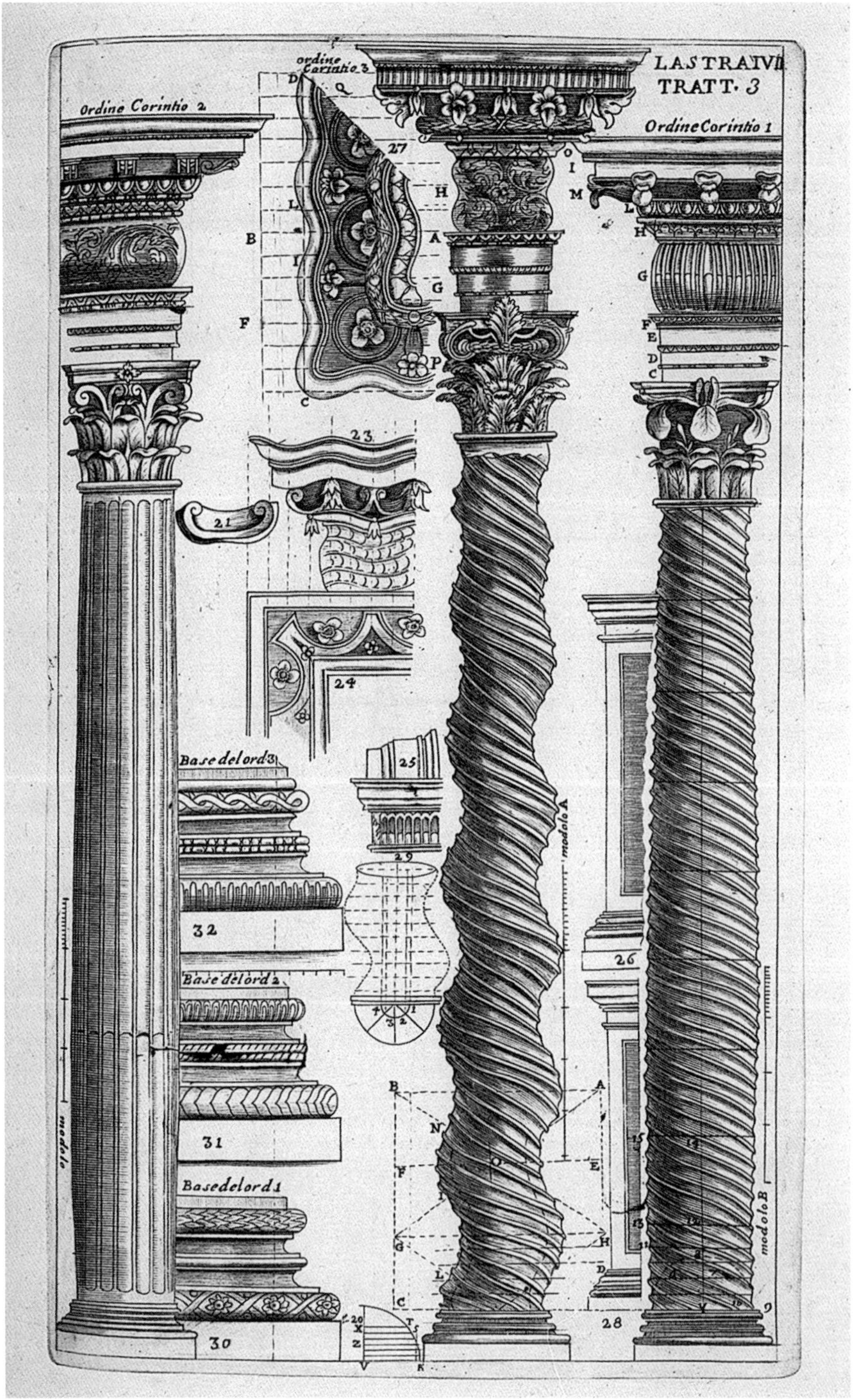

Proporciones y ornamentos de orden corintio
Tratado III, lám. 7. Grabado sobre cobre de Guarino Guarini

Los órdenes «gótico» y «cariatídico»
Tratado III, lám. 11. Grabado sobre cobre de Guarino Guarini

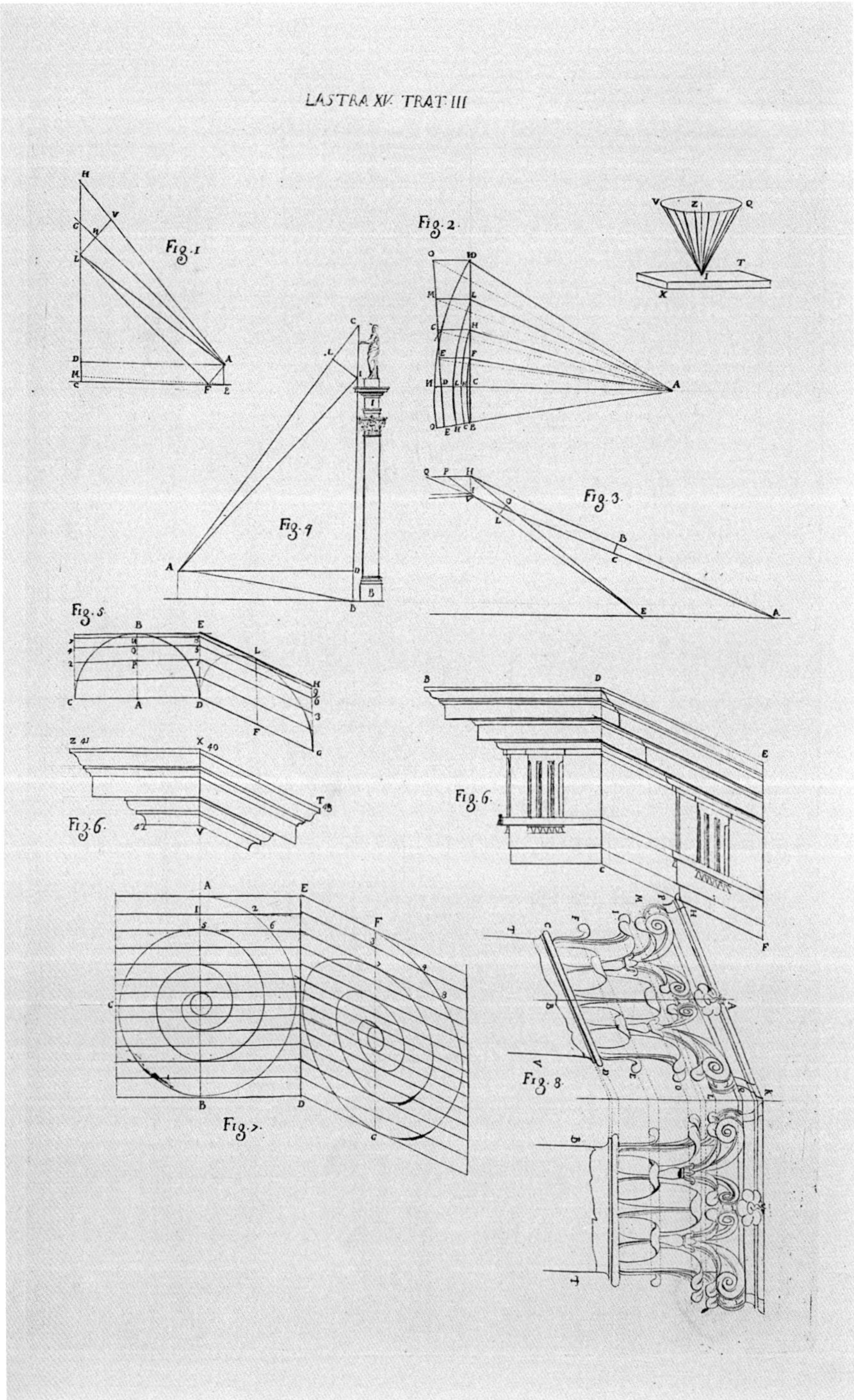

Corrección óptica de los órdenes
y la arquitectura en planta inclinada
Tratado III, lám. 15. Grabado sobre cobre de Guarino Guarini

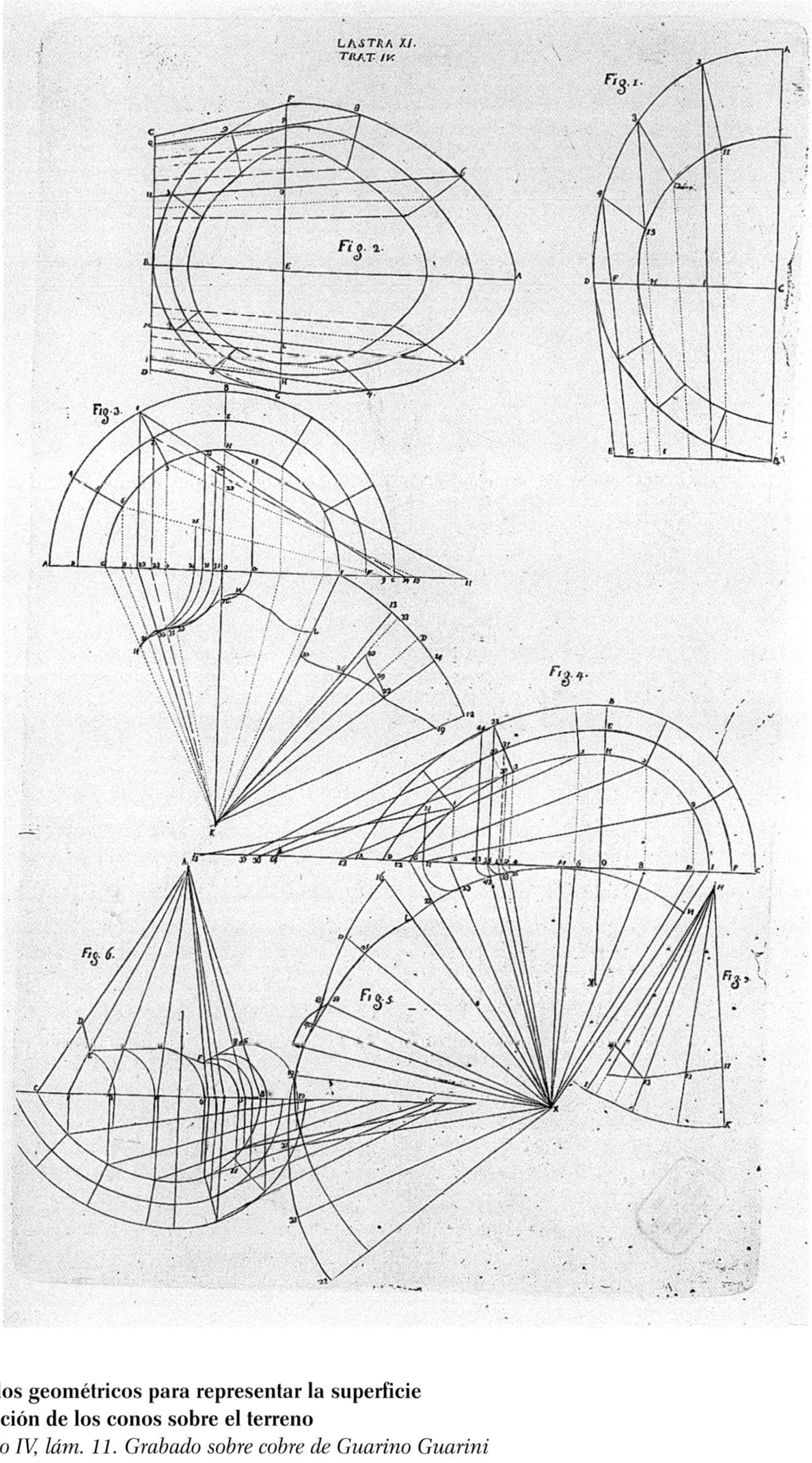

Métodos geométricos para representar la superficie de sección de los conos sobre el terreno
Tratado IV, lám. 11. Grabado sobre cobre de Guarino Guarini

Planta de San Lorenzo en Turín (1666)
Lám. 4. Grabado sobre cobre de Guarino Guarini

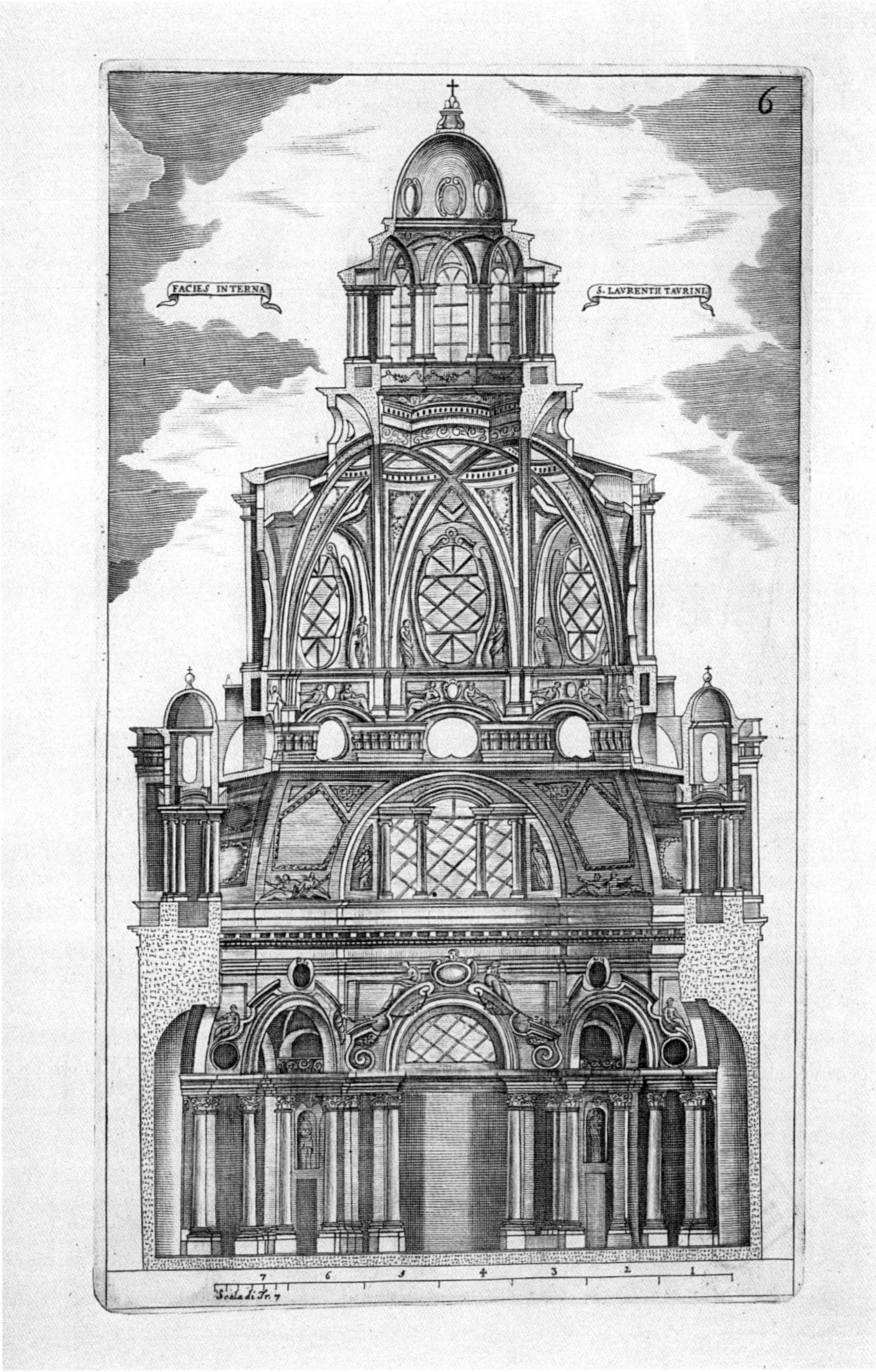

Sección de San Lorenzo en Turín (1666)
Lám. 6. Grabado sobre cobre de Guarino Guarini

Andrea Pozzo (1642–1709)
Perspectiva pictorum et architectorum

2 VOLS., ROMA, 1693, 1700

La perspectiva propia de los pintores y arquitectos

El tratado *Perspectiva pictorum et architectorum* del padre jesuita Andrea Pozzo obtuvo un enorme éxito y figura entre los principales escritos del barroco sobre arquitectura, aunque a primera vista parece más bien un manual de pintura que de arquitectura. Pero la singularidad de su enfoque teórico reside justamente en la manera en que Pozzo utiliza la perspectiva geométrica para integrar la arquitectura efímera en el espacio real. Como arquitecto, Pozzo recibió la influencia del barroco romano, cuyo repertorio enriqueció con nuevos inventos formales. A los 23 años, Pozzo ingresa como hermano lego en la Compañía de Jesús de Milán, tras recibir una formación de pintor en su ciudad natal de Trento. A partir de 1684, Pozzo trabaja en San Ignazio, la colegiata romana de la Compañía de Jesús, y empieza por pintar la cúpula en trampantojo sobre un lienzo de 18 metros de diámetro. Luego realiza su obra más famosa, el fresco del techo de la nave principal (1688–1694). El punto de fuga en esta arquitectura fingida y construida en perspectiva central, que parece duplicar la altura de la iglesia, representa la gloria de san Ignacio de Loyola y la actividad misionera de la Compañía. Realiza de 1685 a 1701 la decoración arquitectónica y pictórica del coro de Sant'Ignazio, así como el altar de San Luis Gonzaga (1697–1699). En 1695, recibe el encargo más deseado de la época en Roma: el sepulcro de san Ignacio en el lateral izquierdo de la iglesia del Gesù. Pozzo fue un arquitecto y un pintor muy solicitado pero pocas veces obtuvo la autorización para abandonar Roma. Fue autorizado en 1703 a petición del emperador Leopoldo I y viajó a Viena, donde murió en 1709.

Los dos volúmenes del tratado empiezan con una dedicatoria seguida de un breve prólogo «Al lector» (*Ad lectorem*) y un índice, y comportan una serie de 101 y 116 grabados respectivamente, con unas explicaciones anejas en latín e italiano. La mayoría de los grabados son de Vincenzo Mariotti, un alumno de Pozzo. El tomo I está dedicado al emperador Leopoldo I (reinado 1658–1705) y el tomo II, a su hijo José I (1705–1711).Tras las portadas en latín e italiano, cada volumen contiene otra representación alegórica referente al estudio de la arquitectura. Un segundo prefacio, *Monita ad Tyrones* («Aviso para principiantes») introduce el primer tomo y explica la construcción gradual del tratado, que se presenta, por tanto, como un manual. El tomo I empieza con unos ejercicios sencillos enfocados a la representación en perspectiva del cuadrado. A estos les siguen unos ejercicios que se apoyan en diferentes elementos de los estilos arquitectónicos y grupos de piedras estructurados, y después algunos proyectos de Pozzo para los altares y los decorados de los teatros.

Las últimas láminas están dedicadas al fresco del techo de la nave principal de Sant'Ignazio, que solo se desveló en julio de 1694, aproximadamente dos años después de la redacción del primer tomo, y cuya construcción en perspectiva constituye el objeto didáctico y teórico del primer tomo. El volumen II da por sentados los conocimientos del primer tomo. Incluye unos complejos ejercicios de construcción así como proyectos para altares e iglesias.

El descubrimiento de la perspectiva está muy ligado a la corriente humanista del siglo XV. Los humanistas la utilizaron para reordenar el mundo y someterlo al control de la razón. La pintura juega un papel primordial a este respecto. Siguiendo la tradición humanista, Pozzo pretendía elevar la teoría de la perspectiva a categoría de ciencia, sin renunciar por ello a su relación con la práctica artística. A diferencia del teórico y escenógrafo Ferdinando Galli Bibiena (1657–1743), que trabaja con vistas diagonales con dos puntos de fuga y representaciones fragmentarias, Pozzo aboga por el mantenimiento categórico de la perspectiva central y de la vista frontal, donde el punto de vista coincide con el punto de fuga, así como por el mantenimiento de la representación del sujeto íntegro dentro del espacio pictórico. Sin embargo, cabe señalar que Pozzo no utiliza la perspectiva para crear una ilusión de la realidad. Al contrario, su propósito es poner la perspectiva al servicio de una visión tridimensional iluminada por su reproducción. La perspectiva para Pozzo es, por tanto, un método científico, algo que pone de manifiesto en el tratado al explicar minuciosamente la construcción de la perspectiva del techo de Sant'Ignazio en cada fase de la misma. La exigencia de una comprensión directa del método por parte del espectador, que debe asegurar la certeza de un conocimiento auténtico, encuentra su núcleo ideológico en el punto de vista de la perspectiva central. El punto de vista del espectador se convierte en una fuente de conocimiento. Desde este punto de vista, el punto de fuga de la arquitectura efímera de Sant'Ignazio se funde con el centro iconográfico de la representación alegórica; asimismo el espacio real de la iglesia se funde en una unidad con el espacio sobrenatural de la pintura del techo. Este enfoque teórico del tratado se debe en gran parte a la pertenencia de Pozzo a la Compañía de Jesús. Pozzo formula su tesis en una sola frase del prólogo del primer tomo: «Y ahora, lector, empieza tu trabajo para el regocijo de la mente y con el objeto de conducir todas las líneas de tus pensamientos hacia el auténtico punto de vista que es la gloria de Dios». Pozzo revela el fundamento metafísico de su teoría con esta identificación metafórica entre el punto de convergencia de la perspectiva y Dios, fuente de todo conocimiento y finalidad de toda aspiración humana.

En el siglo XVI, las matemáticas alcanzan el primer puesto entre las ciencias, a la vez que conservan su carácter de ciencia práctica y aplicada a la resolución de los problemas en los campos de la mecánica, óptica, astronomía y artes plásticas. El destacado comentario sobre Euclides *Euclidis elementorum libri XV* (1574), que elaboró Christoph Clavius (1537–1612), un erudito de Bamberg que contribuyó de manera decisiva a fraguar la enseñanza en los colegios jesuitas, supuso una contribución fundamental de los jesuitas a la geometría. *Perspectiva pictorum et architectorum* nació seguramente como obra didáctica en relación con la actividad docente de Pozzo en el taller que dirigía en el colegio de los jesuitas en Roma.

En el primer tomo, Pozzo representa, en nada menos que 43 láminas organizadas como una propedéutica, los órdenes dóricos, jónicos y corintios como los tres estilos canónicos de la arquitectura. Para ello se apoya en la definición de Vignola (1507–1573). Solo considera dignos de mención dos ejemplos referentes a los tipos de construcción: Sant'Ignazio de Roma y San Fedele, la iglesia milanesa de la Compañía. En el tomo II, Pozzo presenta además sus propios proyectos arquitectónicos. Asimismo no solo muestra los altares de las iglesias jesuitas romanas del Gesù y de Sant'Ignazio, tal y como fueron realizados, sino también unas variantes y una serie de interesantes proyectos que se quedaron en el tintero. Una «iglesia redonda», un tramo de escaleras perteneciente a los modelos de escaleras españolas de Roma y sus propuestas para una fachada de San Giovanni in Laterano han tenido, más que cualquier otro proyecto de Pozzo, una influencia perdurable en generaciones enteras de arquitectos. Destaca en sus proyectos la influencia del barroco romano, en especial de Carlo Rainaldi (1611–1691), Carlo Fontana (1638–1714) y Francesco Borromini (1599–1667). Evoca a Borromini en el contexto de un «altar caprichoso» (*altare cappricioso*), un invento curioso de Pozzo, donde las cuatro columnas del baldaquino se encorvan primero hacia dentro en el tercio inferior antes de alargarse hacia arriba. Pozzo las llama «columnas sentadas» (*columne sedenti*). Para Pozzo, un manejo tan creativo de las formas arquitectónicas, basado en el modelo barroco, no contradice el canon tradicional de las reglas de la arquitectura, pues Pozzo cita sobre todo a Vitruvio y Vignola a este respecto.

El tratado de Pozzo conoció varias ediciones en el siglo XVIII y alcanzó una gran difusión, favorecida por la estructura centralizada de una orden jesuita con ramificaciones mundiales. Las primeras traducciones al francés y alemán se publicaron en 1700; en 1707, el tratado se reeditó en Londres con un texto bilingüe en latín e inglés y luego, en 1708, en Bruselas en latín y flamenco. En 1737, el jesuita Giuseppe Castiglione tradujo el tratado al chino.

AG

PERSPECTIVA
PICTORUM
ET
ARCHITECTORUM
ANDREÆ PUTEI
E SOCIETATE JESU.
PARS PRIMA.
In quâ docetur modus expeditiſſimus delineandi opticè omnia quę pertinent ad Architecturam.

R O M Æ. M.DC.XCIII.
Typis Joannis Jacobi Komarek Bohemi apud S. Angelum Cuſtodem.
SUPERIORUM PERMISSU.

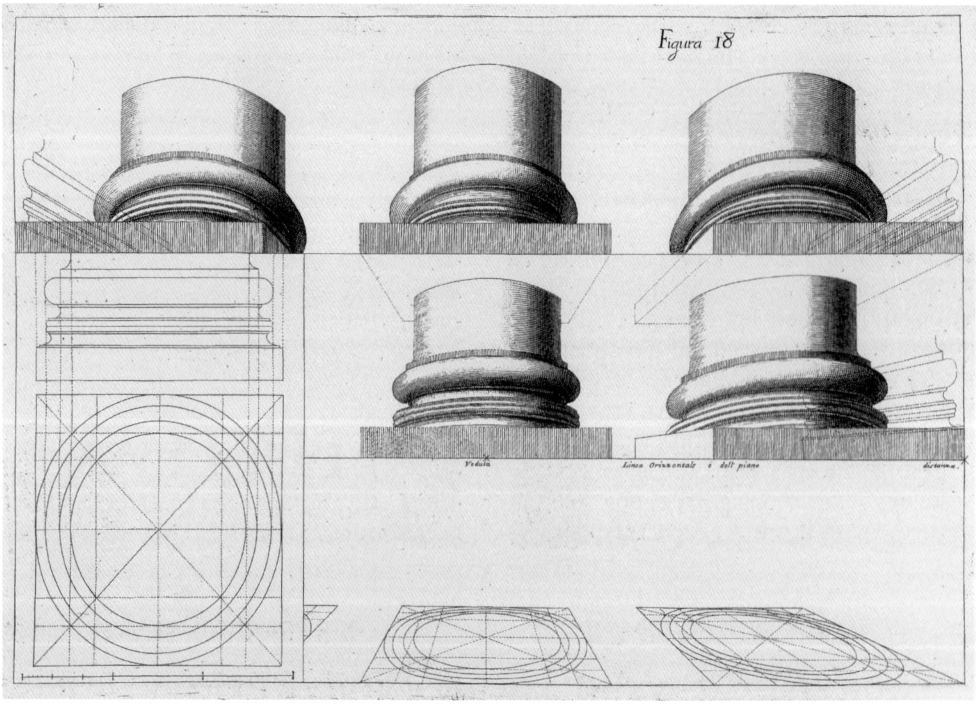

Estudios de perspectiva sobre una basa de columna de orden jónico
T. I, fig. 18. Grabado sobre cobre

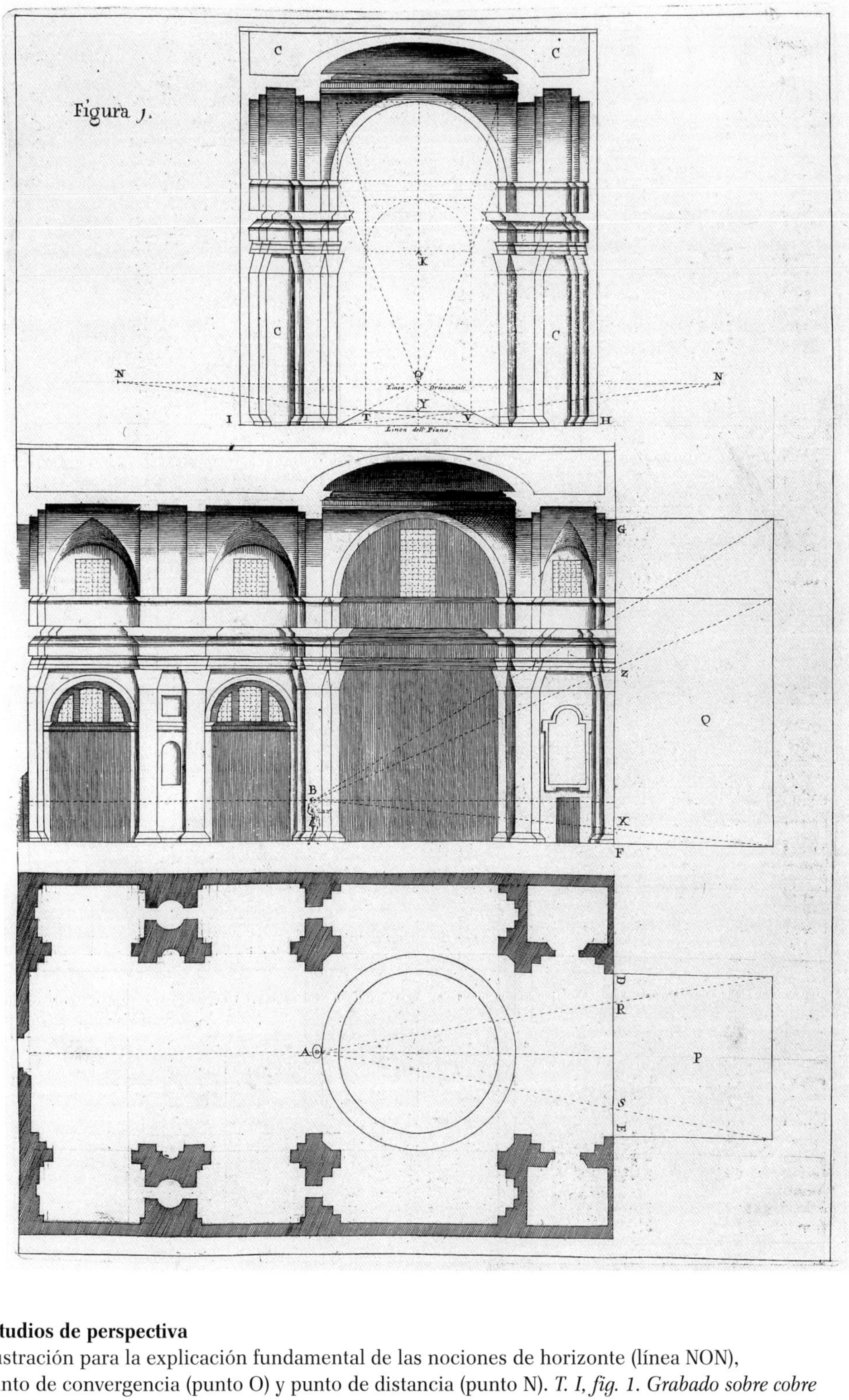

Estudios de perspectiva
Ilustración para la explicación fundamental de las nociones de horizonte (línea NON), punto de convergencia (punto O) y punto de distancia (punto N). *T. I, fig. 1. Grabado sobre cobre*

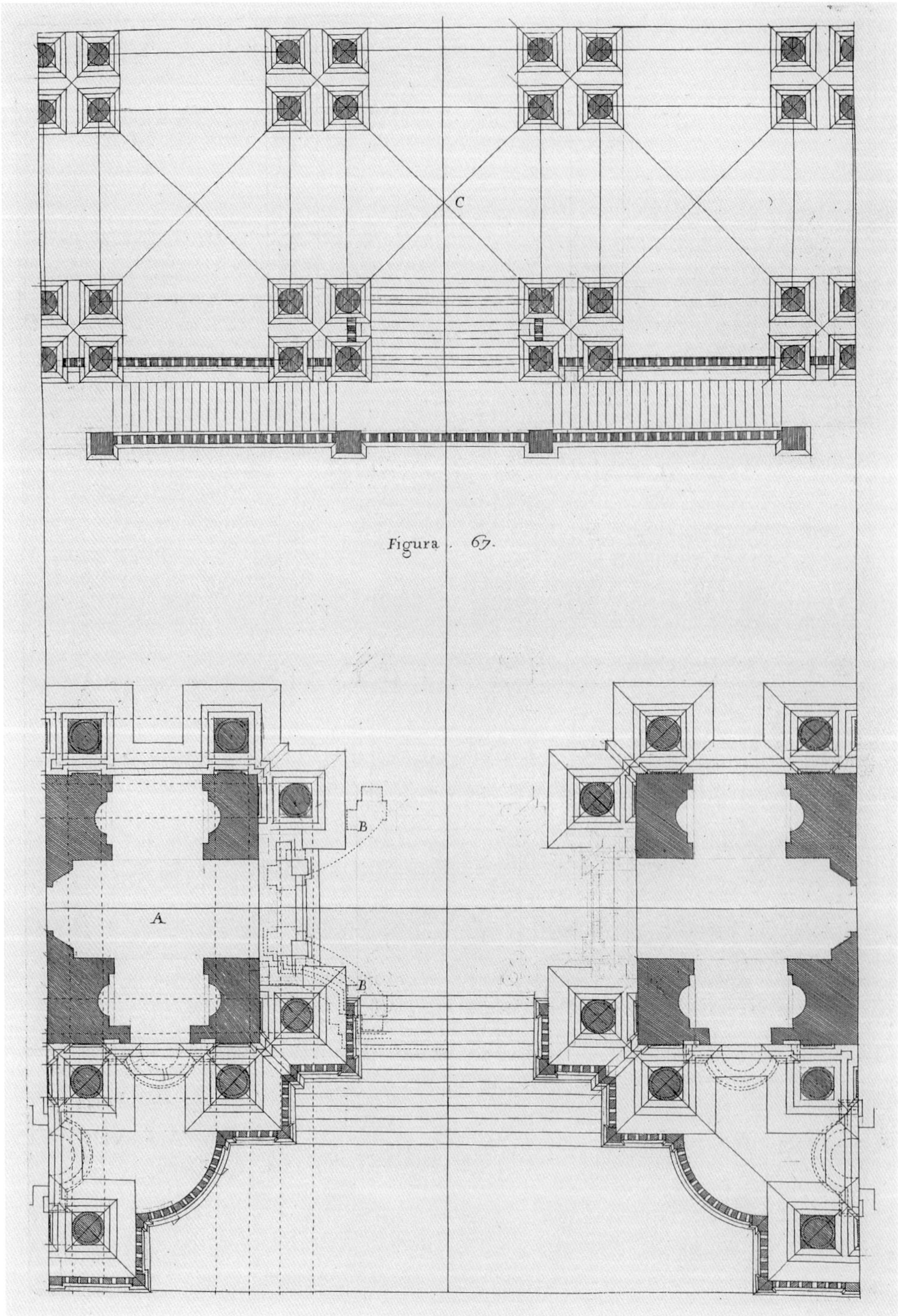

Planta
Primera fase de la construcción del proyecto de arquitectura efímera representado en la página 116. *T. I, fig. 67. Grabado sobre cobre*

Alzado en perspectiva
Cuarta fase de la construcción del proyecto de arquitectura efímera representado en la página 116. *T. I, fig. 70. Grabado sobre cobre*

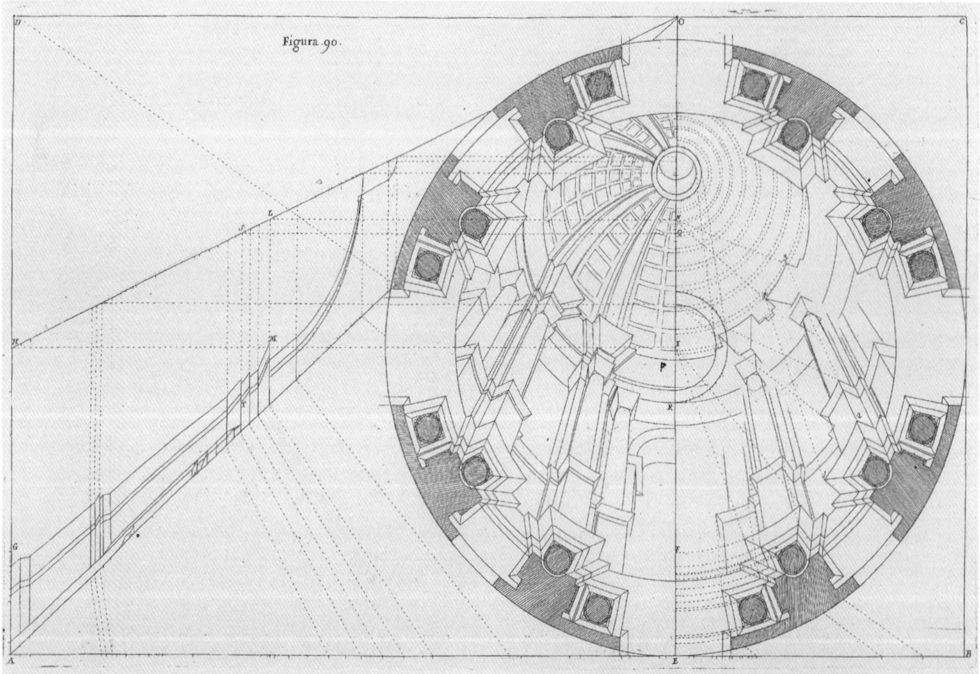

Cúpula en trampantojo para la iglesia de Sant'Ignazio de Roma
Diseño de la perspectiva de la cúpula; proyecto de 1685, con esquema de ejecución (izquierda), línea de horizonte (CD), punto de convergencia (O) y punto de distancia (D).
T. II, fig. 90. Grabado sobre cobre

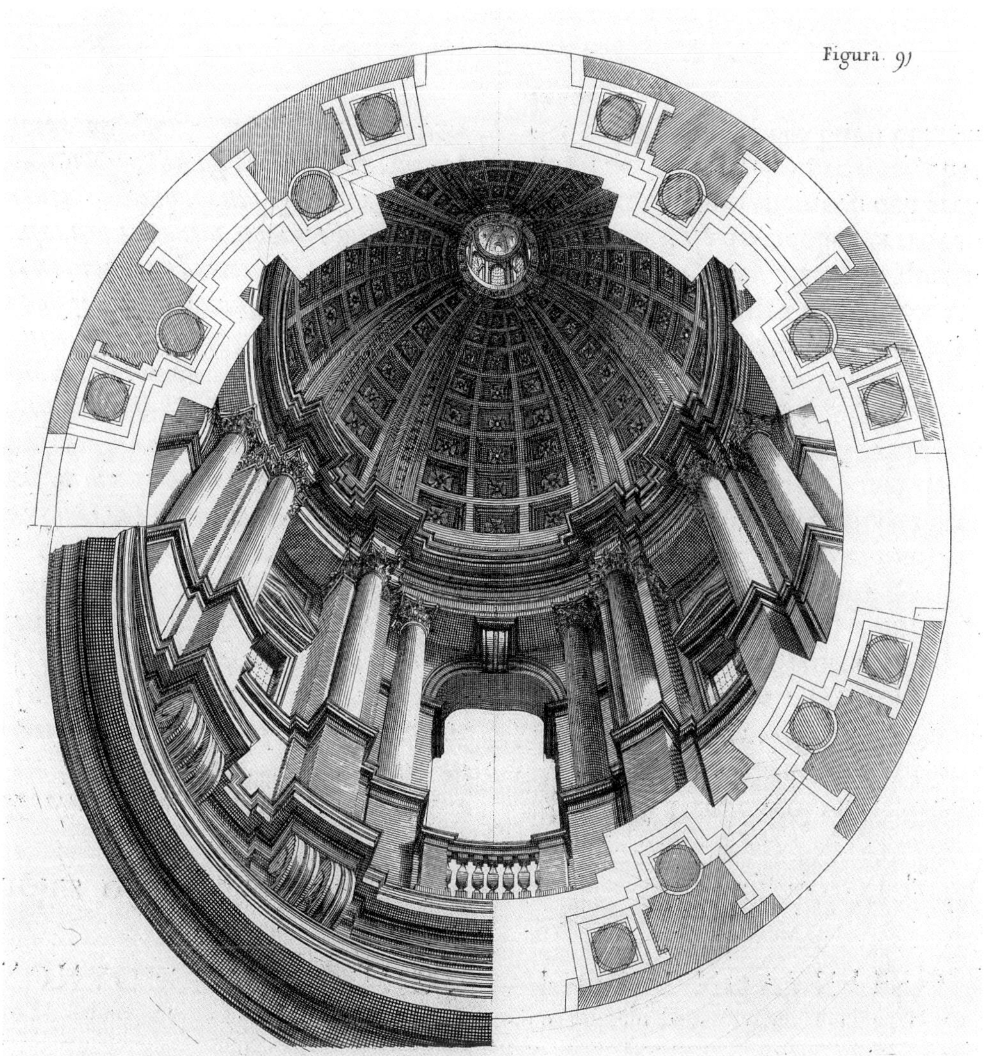

Cúpula en trampantojo para la iglesia de Sant'Ignazio de Roma
Vista en perspectiva de la cúpula en trampantojo desvelada en julio de 1694.
T. II, fig. 91. Grabado sobre cobre

Arquitectura efímera del altar mayor del Gesù en Roma
Pozzo diseñó esta decoración para la oración de cuarenta horas de 1685. Describió este proyecto como una maqueta a escala natural.
T. I, fig. 71. Grabado sobre cobre

Proyecto para la decoración del coro de Sant'Ignazio en Roma
La pintura sobre lienzo se expuso en la iglesia antes de la realización de una variante de 1685 a 1701. *T. II, fig. 81. Grabado sobre cobre*

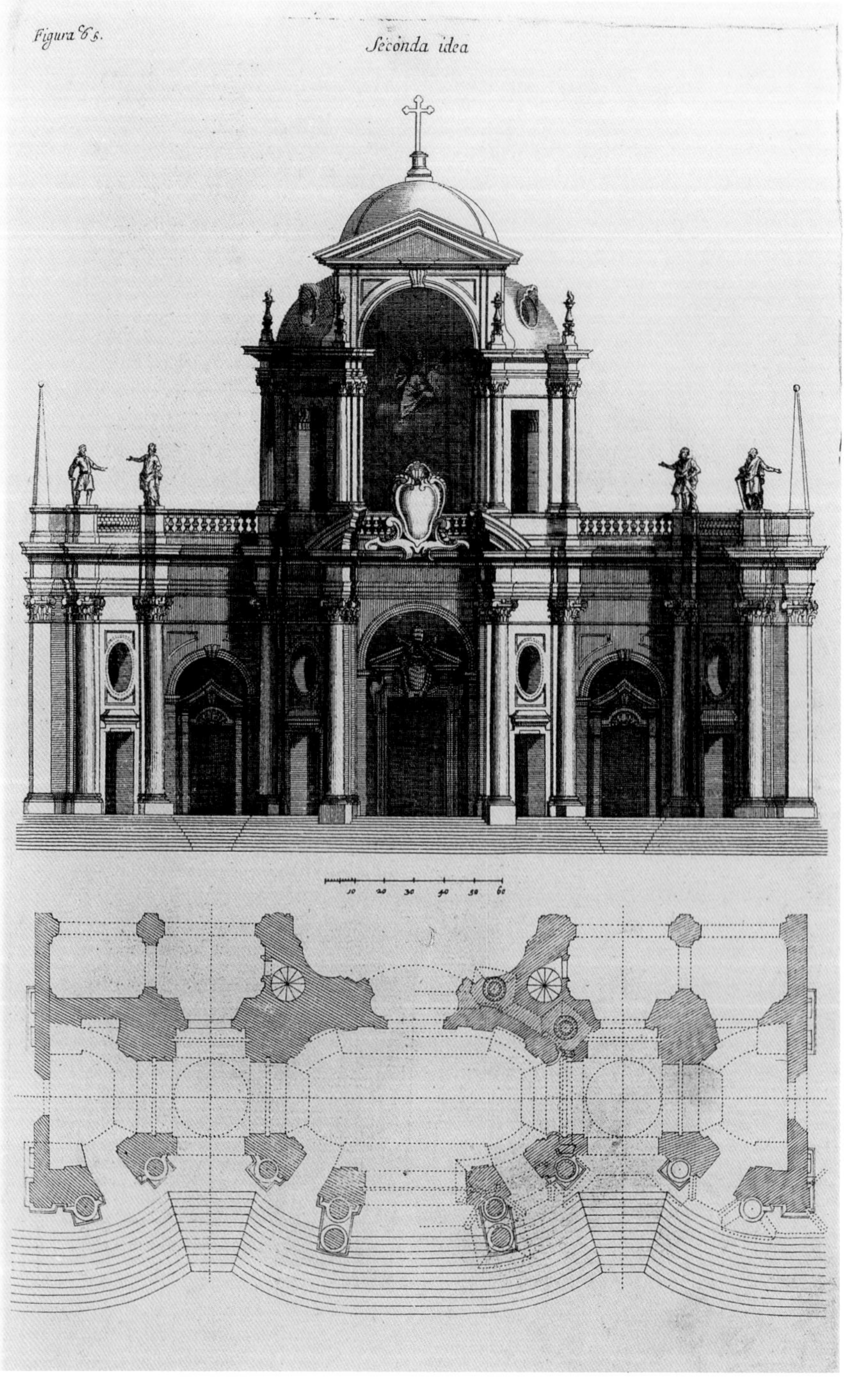

San Giovanni in Laterano en Roma
Segundo proyecto para la fachada de la iglesia: planta y alzado.
T. II, fig. 85. Grabado sobre cobre

Altar con «columnas sentadas» – *Altare capriccioso*
T. II, fig. 75. Grabado sobre cobre

Giovanni Battista Piranesi (1720–1778)
Della magnificenza ed architettura de' Romani

ROMA, 1761

De la magnificencia y arquitectura de los romanos

Giovanni Battista Piranesi figura entre los principales vedutistas y aguafuertistas y fue autor de unos 700 dibujos y más de mil grabados para la imprenta. Su técnica maestra se caracterizaba por una gran velocidad de ejecución y una extraordinaria polivalencia. Entre sus obras, *Invenzioni caprici di carceri*, 1749/50 (*Proyectos de prisiones caprichosas*), publicada en 1761 en una versión retocada y ampliada bajo el título *Carceri d'invenzione* (*Prisiones imaginarias* o, sencillamente, *Prisiones*), conserva su relevancia hasta el siglo XX. En concreto las obras del pionero del cine Serguei Eisenstein (1898–1948), el autor dramático y plástico Peter Weiss (1916–1982), los escritores Magnus Enzensberger (1929) y Erich Fried (1921–1988), así como de numerosos autores de cómics franceses, se inspiran en *Carceri*.

Pero la obra de Piranesi abarca ámbitos mucho más amplios que el mero grabado. Piranesi trabaja como restaurador y diseñador de arquitectura efímera, de decorados para celebraciones y teatros; además fabrica y distribuye por toda Europa chimeneas donde ha incorporado antigüedades. Aunque pocos de sus proyectos se llevaron a cabo, Piranesi se consideraba a sí mismo como un arquitecto. A fin de cuentas, sus múltiples actividades tienen como denominador común su interés por la arqueología.

Piranesi recibe su primera formación como arquitecto en Venecia, junto a su tío Matteo Lucchesi, que le instruye en el estilo del neopalladianismo veneciano. Se inicia después como aprendiz de la mano de Giovanni Antonio Scalfurotto (hacia 1700–1764), conocido por el carácter ecléctico de su arquitectura. Junto a Carlo Zucchi aprende la escenografía y la perspectiva según la escuela de los Galli Bibiena, así como las técnicas de grabado sobre cobre y al aguafuerte. Inspirado por el libro de 1741 *Delle antiquità di Rimini* (*De las antigüedades de Rímini*), de Tommaso Temanza (1705–1789), Piranesi se interesa muy pronto por los etruscos y la Antigüedad romana. Asimismo asiste a las clases del filósofo rigorista ilustrado Carlo Lodoli (1690–1761), que le marcan de manera indeleble. En el otoño de 1740, a la edad de 20 años, Piranesi ingresa en la corte del nuevo papa Benito XIV (pontif. 1740–1758) como miembro del séquito del embajador de Venecia. En Roma, perfecciona su técnica en el taller del famoso grabador sobre cobre Giuseppe Vasi (1710–1782), al que ayuda en la reproducción de *vedutas*, muy solicitadas por los visitantes de Roma, que las compran como recuerdo. Desde principios del siglo XVIII, Roma se había ido convirtiendo en el destino preferido de los viajeros pudientes y cultos que visitaban los grandes centros culturales de

A
K
E
H
G
F
I
C
D
C
D

Europa con motivo de su «gran gira». Esto trajo consigo la apertura y mundialización de la atmósfera intelectual de la ciudad, de la que se benefició Piranesi, entre otros. Viajó a Nápoles, donde siguió con sumo interés las excavaciones de Herculano iniciadas en 1738. Después de una breve estancia en Venecia en 1743, se instala definitivamente en Roma en 1747. Un año más tarde, publica *Antichità Romane de' tempi della Repubblica e de' primi Imperatori* (*Las antigüedades romanas en tiempos de la República y de los primeros emperadores*), una primera serie de *vedutas* realizadas de su propio puño y letra, y empieza a trabajar en la creación sistemática de sus famosas *Vedute di Roma*, 1748–1778 (*Vistas de Roma*), para las que elige por primera vez el formato grande. En 1761, abre su propio taller, con lo que se convierte en el más grande creador de *vedutas* romanas, sobrepasando las fronteras de Italia. Ingresa ese mismo año en la Academia de San Lucas; en 1767 recibe el título de *Cavaliere*.

La llegada a Roma de Joachim Winckelmann (1717–1768) en 1755 despierta una fuerte polémica acerca de la importancia de los griegos para el arte de los romanos, en la que Piranesi participa de manera muy activa. Winckelmann idealizaba Grecia, a la que consideraba como la patria de la libertad y un modelo de grandeza y sencillez. Piranesi ve cuestionada su convicción sobre la unicidad y ejemplaridad de la Antigüedad romana. Responde con una serie de escritos polémicos, entre los que figuran los más célebres: *Della magnificenza ed architettura de' Romani* (*De la magnificencia y arquitectura de los romanos*, 1761) y la recopilación de textos *Osservazioni sopra la lettre de M. Mariette aux auteurs de la Gazette littéraire de l'Europe* (*Observaciones a la carta de M. Mariette a los autores de la gaceta literaria de Europa*, 1765).

Della magnificenza ed architettura de' Romani es el escrito teórico más importante de Piranesi. El texto se divide en 117 capítulos y se extiende a lo largo de 196 páginas, a las que se añaden un anexo de 29 aguafuertes de gran formato y un índice detallado que abarca tanto el texto como las ilustraciones. El libro está dedicado al papa veneciano Clemente XIII Rezonico (pontif. 1758–1769), protector de Piranesi y cuyo retrato precede al texto. Piranesi se posiciona ante todo, en un estilo muy polémico, contra la tesis de la primacía del arte griego y rebate en concreto los escritos de Allan Ramsay, *Dialogue of Taste* (*Diálogo sobre el gusto*, 1754) y del francés Julien-David Le Roy, *Les ruines des plus beaux monuments de la Grèce* (*Las ruinas de los más bellos monumentos de Grecia*, 1758). Retoma punto por punto las tesis de estos dos autores e intenta refutarlas apoyándose en la prioridad histórica y artística de los etruscos y presentando a los romanos como los herederos de los etruscos. Para Piranesi, partiendo de la rigurosa funcionalidad del arte egipcio, los etruscos y los romanos habrían alcanzado un arte muy apegado a la decoración, pero funcional, mientras que los griegos habrían transformado la funcionalidad original en mero ornamento. Esta postura permite a Piranesi rendir homenaje no solo a las postuladas monumentalidad y austeridad de la arquitectura etrusca sino también al arte lleno de inventiva del Bajo Imperio. Piranesi fundamenta sus tesis en la historiografía romana y cita a Tito Livio, Cicerón, Tácito, Varrón y a muchos más. Por otra parte, se basa en las obras de grandes etruscólogos como Mario Guarnacci, Antonio Francesco Gori y Giovanni Battista Passeri. La virulencia con la que Piranesi defiende a los etruscos hunde sus raíces en la dimensión política y cultural de la polémica. Al igual que Alemania, Italia se divide en el siglo XVIII en un gran número de estados dominados por naciones extranjeras. Con este telón de fondo, numerosos etruscólogos italianos cifraban en las raíces etruscorromanas de su cultura el fermento de una identidad nacional italiana. Unos coetáneos ilustrados llegaron a la conclusión de la necesidad de libertad política y de independencia territorial de Italia.

Piranesi podía basarse en sus propias excavaciones en relación con las arquitecturas etruscas y romanas. A principios de la década de 1750, se volcó hacia la arqueología y se interesó en especial por los materiales y las técnicas de construcción de los romanos y por la topografía de la Roma antigua. La Society of Antiquaries de Londres otorgó el título de miembro de honor en 1757 a la principal obra grabada de esta época, *Le antichità di Roma* (*Las antigüedades romanas*, 1756), cuyos 250 grabados pueden considerarse como una antología del patrimonio arquitectónico de la Antigüedad. Las reproducciones que aparecen en las planchas del anexo de *Della magnificenza* también son minuciosas y detalladas. Una parte de las ilustraciones representa obras del arte etrusco y del arte romano que Piranesi considera ejemplares; otras, en cambio, pretenden ser el paradigma de la decadencia de los griegos. Estas ilustraciones tienen cabida en ese controvertido contexto. Piranesi comparte con sus detractores dos convicciones esenciales: por una parte, a su juicio también el arte incontestable de la Antigüedad sigue siendo la referencia y, por otra parte, el orden y la razón son los fundamentos de las artes. Estas dos convicciones encuentran su cauce en la autoridad normativa que Piranesi aprecia en Vitruvio. Piranesi establece los criterios con los que juzga *falso* o *vero* (falso o verdadero) una construcción del pasado o de su época a partir de los escritos del autor del tratado antiguo y de las enseñanzas del riguroso funcionalista Lodoli.

El pensamiento teórico de Piranesi no fue estático en absoluto. Piranesi poseía esa dialéctica del pensamiento de la Ilustración, fruto del conflicto entre la razón y el sentimiento, entre la búsqueda de un nuevo orden racional y el entusiasmo prerromántico que siente por el libre genio creador del artista. Así las cosas, se explica el cambio que inicia en sus *Osservazioni* de 1765, donde Piranesi responde a las críticas formuladas por el autor francés Pierre-Jean Mariette (1694–1774) en su estudio de *Della magnificenza ed architettura de' Romani*. Al final de una discusión entre un maestro y su alumno, asistimos a la derrota del alumno que defiende las tesis rigoristas y racionalistas de Lodoli. Piranesi defiende, mediante la voz del maestro, a los etruscos y destaca su imaginación creadora antes de concluir con la proclamación del derecho a una libertad creadora que también es el atributo del artista moderno. La postura del teórico, así modificada, coincide con la del artista Piranesi, quien proponía la creación de un nuevo estilo moderno, fraguado en la combinación ecléctica de todas las formas arquitectónicas de la Antigüedad. La conquista de este nuevo punto de vista teórico le permitió integrar también en sus obras tardías algunos elementos del arte egipcio.

AG

Basas de columnas
Comparación entre las basas de columnas de la arquitectura romana y griega sacadas del libro de Julien-David Le Roy. *Lám. 11. Grabado sobre cobre de Piranesi*

...UTS DE LA GRECE
296. Tab. XI.
In æde S.S. Nerei, et Achillei.
Ex Le-Royo part. 2.
In villa Emi Card. Alexandri Albani extra Portam Salariam.
In frente januæ domus Mastrotiæ in area S. Hieronymi de Charitate
In vinea PP. SS. Dominici et Sixti prope ædem SS. Nerei & Achillei.
In vinea S. Ioannis ante Portam Latinam
Piranesi F.

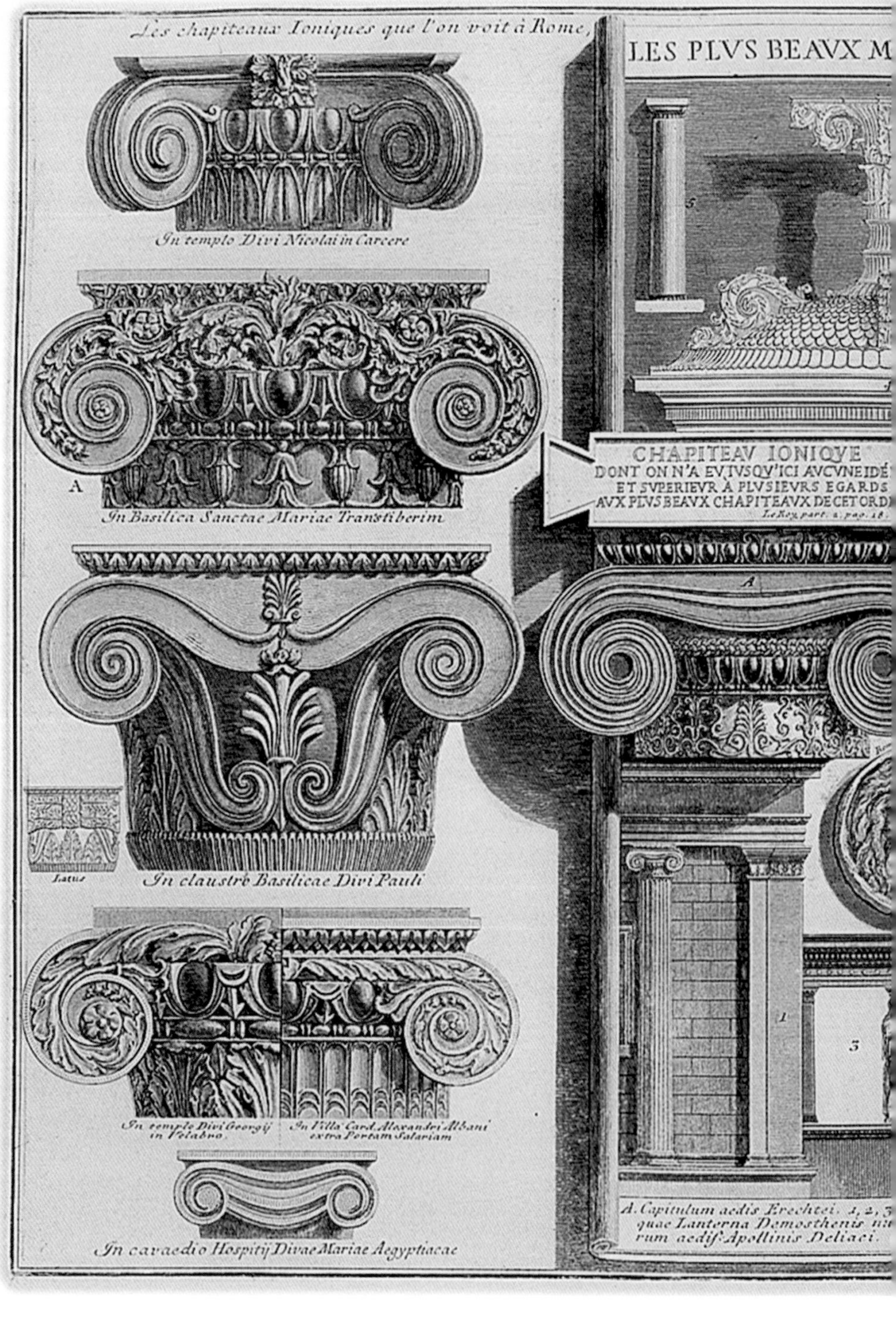

Detalles arquitectónicos
Ejemplos de la diversidad de las formas en la arquitectura de la Antigüedad romana.
Lám. 19. Grabado sobre cobre de Piranesi

TS DE LA GRECE
paroissent pauvres et defectueux. Le Roy part. 2.
Tab. XX
308
In templo Divi Sabbae
In templo S. Mariae Transtiberim
Dans les ruines du Temple de Cérès à Eleusis. Le Roy d. part. 2.
In templo Sancti Ioannis ante Portam Latinam
In templo Divi Sabbae
Latus Capituli A.
In atrio Basilicae Divi Clementis
ejusdem aedis. 4. Aedicula,
Genus columnarum dorica:
cium, quod notatur num. 3.
Piranesi F.

Detalles arquitectónicos
Ejemplos de la diversidad de las formas en la arquitectura de la Antigüedad romana.
Lám. 19. Grabado sobre cobre de Piranesi

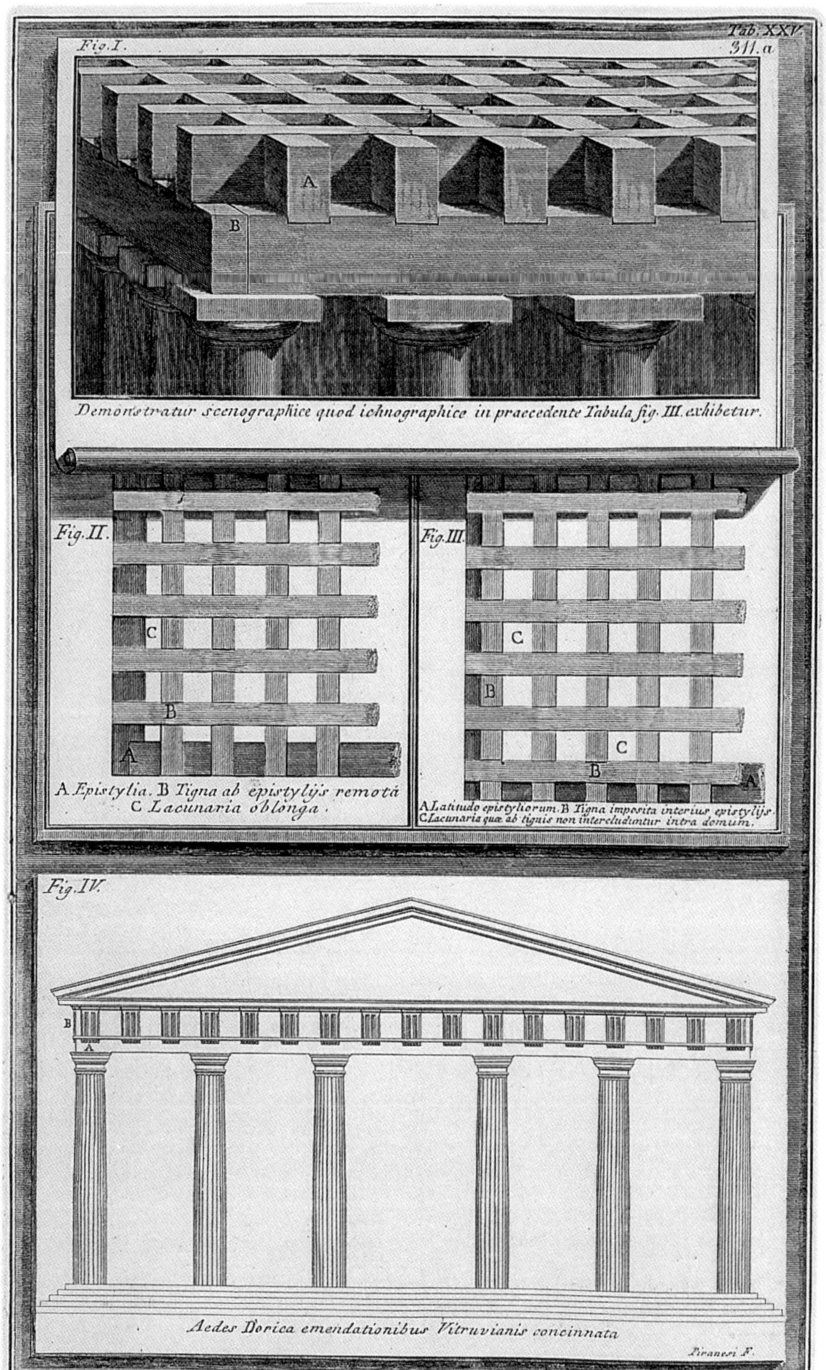

Ilustraciones sobre la techumbre y alzado
del frontón de un templo dórico según Vitruvio
Lám. 25. Grabado sobre cobre de Piranesi

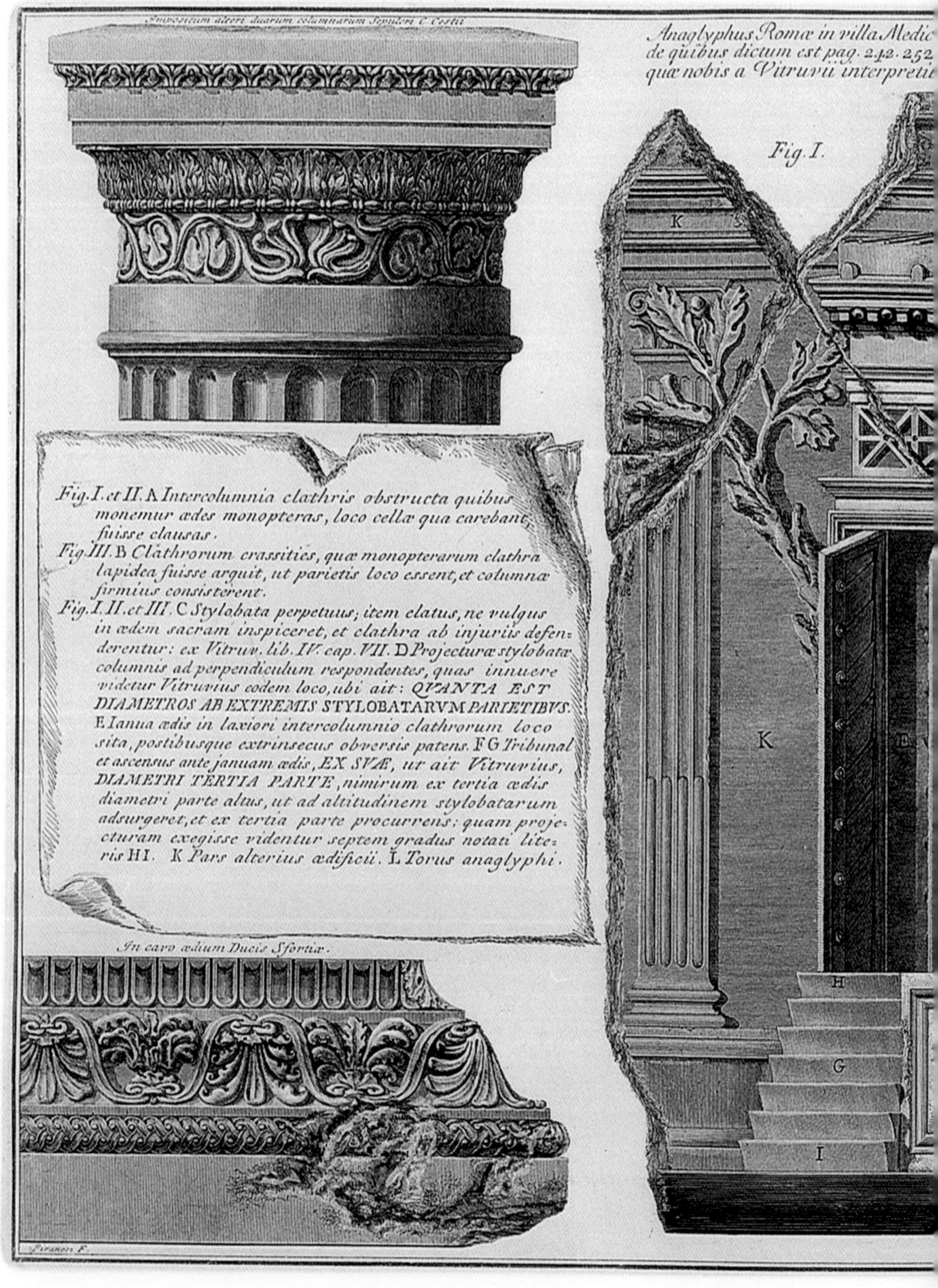

Plantas y detalles de un templo redondo de la Antigüedad romana
Lám. 38. Grabado sobre cobre de Piranesi

a antiquæ ædis, ex quo monopteras,
diversas ab iis fuisse deprehendimus,
ur, quæque ostenduntur fig. IIII.
In hortis Marchionis del Bufalo. 321 Tab. XXXVIII.
Fig. IIII.
Ex Barbaro.
Ex Iocundo.
Ex Perraultio.
Ex Galiano.
Fig. II.
Fig. III.
In hortis Marchionis del Bufalo.

Sección del canal de drenaje del lago Alba
Lám. 30. Grabado sobre cobre de Piranesi

Lacus Albani
315 Tab. XXX.
Fig. II.
Fig. II. Scenographia frontis epistomii. A Conceptaculum. B Vestigia arcus antiquae cataractae conceptaculi. C Clathrum lapidibus pertusis, qua exciderunt, suffectum. D Pons piscinae lacus oram canali dissectam coniungens. E Pars antiqua parietum epistomii. F Pars recens. G Ianua epistomii. H Mons Albanus.
Fig. I. Sectio scenographica epistomii specus Emissarii lacus Albani, cujus meminit Livius Libro V. Decad. I. A Ripa lacus. B Vestigia arcus cataractae, qua aqua antiquitus transibat in conceptaculum. C Conceptaculum. D Transitus aquae per lapidum foramina in canalem. F Ripa canalis. F. Cataracta recenter apposita ad augendam vel minuendam emittendae aquae libram. G Altitudo alvei specus repleti ruderibus et materia ab aquis temere invecta usque ad H. I Superficies aquae fluentis in specum. K Mons Albanus.

Francesco Milizia (1725–1798)
Principj di architettura civile
2 VOLS., FINAL 1781

Principios de arquitectura civil

Giovanni Battista Cipriani (1766–1839)
Indice delle figure relative ai Principi di architettura civile
ROMA, 1800

Compendio de las ilustraciones relacionadas con los principios de arquitectura civil

Principj di architettura civile de Francesco Milizia constituye la mayor contribución del neoclasicismo a la teoría de la arquitectura. Con nada menos que seis ediciones en el siglo XIX, el tratado debe ante todo su enorme repercusión a una amplia difusión. Su éxito también se debe en gran medida a la organización sistemática del tema y a la claridad con la que Milizia defiende una «arquitectura filosófica» ilustrada, influida por la idea de la belleza ideal.

Tras los primeros estudios en Padua, Roma y Nápoles, Milizia viaja una temporada a Francia. Solo tras instalarse en Roma poco después de 1761, empieza a interesarse por la arquitectura y su teoría. Es admitido en el círculo de artistas y literatos reunidos alrededor de José Nicolás de Azara, marqués de Nibbiano, mecenas y diplomático español destacado en la corte del papa Clemente XIII (pontif. 1758–1769) a partir de 1765. Fernando IV (1759–1825), rey de Nápoles y de las Dos Sicilias, le nombra, en una fecha indeterminada, superintendente de las obras de los Farnesio en el seno de la Iglesia. Todo parece indicar que esta tarea fuera el pretexto para su actividad como crítico. Publica en 1768 *Le vite de' piu celebri architetti d'ogni nazione e d'ogni tempo* (*Vidas de los arquitectos más famosos de todas las naciones y de todos los tiempos*). Publica posteriormente *Principj di architettura civile* en 1781, la segunda obra más importante del autor. Poco después, Milizia dimite de su cargo de superintendente para poder dedicarse totalmente a la escritura. En 1787, publica su última gran obra, *Dizionario delle belle arti del disegno* (*Diccionario de las bellas artes gráficas*), cuyo formato recibe la influencia de *L'encyclopédie* (*La enciclopedia*, 1751–1772) de Diderot y D'Alembert y donde el autor expone sus opiniones en la forma sistemática de un manual de referencia.

La primera edición de *Principj di architettura civile* se publicó en 1781 y la segunda en 1785 en Bassano (Venecia). Más tarde, Giovanni Battista Cipriani completó el tratado y le añadió un libro de láminas independiente titulado *Índice delle figure relative ai Principi di architettura civile* que contenía 35 grabados y un índice. En 1832, se incorporó un comentario del profesor de arquitectura milanés Giovanni Antolini (1754–1842), *Osservazioni ed agguinte ai Principi di architettura civile di F. Milizia* (*Observaciones y complementos a los principios de arquitectura civil de F. Milizia*, 1817), a una nueva edición ilustrada. Antolini modificó esta edición en 1847 y 1853, y esta se reeditó por última vez en 1875. El tratado también forma parte de las obras completas en nueve volúmenes, impresas de 1826 a 1828 en Bolonia.

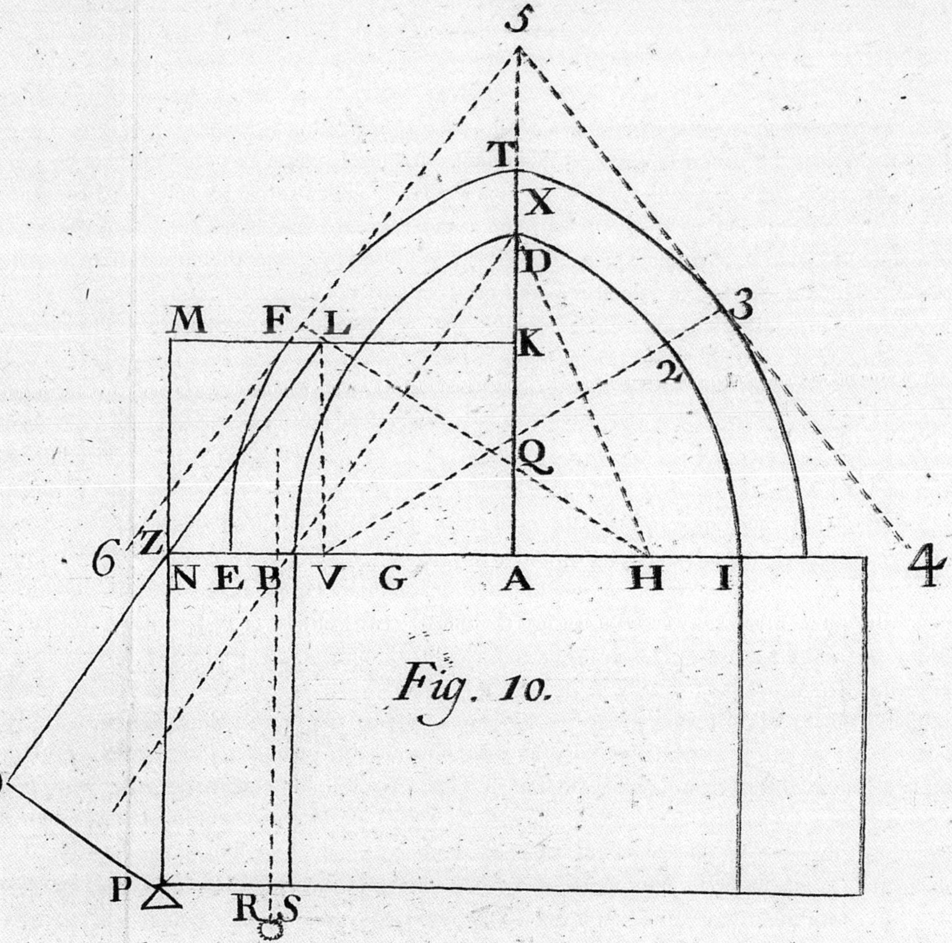

Fig. 10.

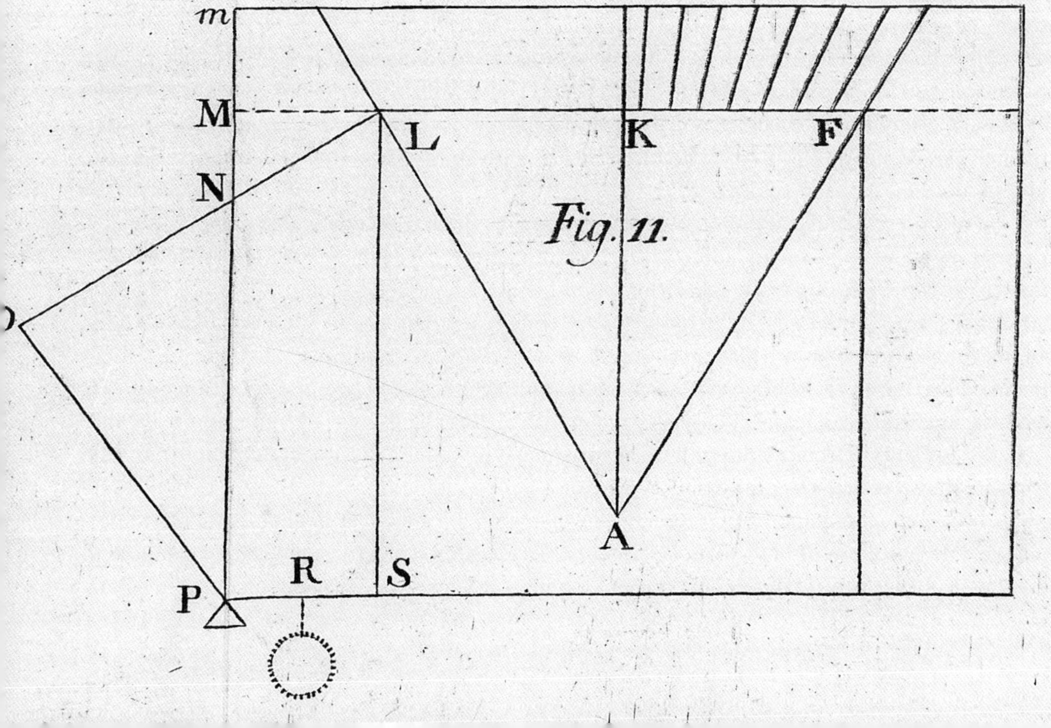

Fig. 11.

Milizia organiza su teoría en tres partes correspondientes a las categorías vitruvianas de *firmitas*, *utilitas* y *venustas* (solidez, utilidad, belleza), pero las trata en orden inverso, de manera que *belleza* precede a *comodità* y a *solidità*. Para Milizia, la belleza en arquitectura se basa en unos conceptos que también provienen de Vitruvio, a saber: *ornato*, *simmetria*, *euritmia* y *convenienza* (ornamento, simetría, euritmia y conveniencia). Con el término *ornato* Milizia se refiere a los órdenes de columnas, que limita a los tres estilos griegos: dórico, jónico y corintio. Milizia no clasifica los órdenes arquitectónicos en la categoría del ornamento, pero los considera elementos esenciales de la obra en sí, como hizo Scamozzi (1548–1616). La noción de *simmetria* define la concordancia entre el conjunto y las partes que resulta de la armonía de las proporciones. A diferencia de Vitruvio, concibe la *euritmia* en el sentido de la simetría axial moderna y asociada a los conceptos de *unità* y *varietà*, con el fin de evitar la uniformidad. *Convenienza* corresponde a la adecuada elección del decorado según la función del edificio. En el proceso de elaboración del proyecto, la razón rige la interacción de estos cuatro conceptos, que los principios de *necessità* y *funzionalità* definen. Milizia remite con la *convenienza* a la arquitectura depurada y libre de todo ornamento de los acueductos romanos, hermosos solo por su funcionalidad. Por otra parte, Milizia exige para la construcción de prisiones una arquitectura «hablante» cuyos modos de construcción y ornamento deben por sí solos expresar el horror que representa la exclusión de la sociedad. Milizia trata con el término *comodità* las formas y la disposición de los distintos tipos de edificios, así como su implantación en el contexto urbanístico. La ciudad organizada por un plano, donde se refleja el orden de la sociedad ilustrada, de la razón y del bien común, representa para Milizia la cúspide de la creación arquitectural. También analiza minuciosamente la construcción de instituciones pedagógicas, edificios administrativos, hospitales y otras instituciones de utilidad pública. El autor examina la distribución interna de los edificios y el emplazamiento de los distintos espacios. El libro dedicado a la *solidità* trata de los materiales y las técnicas de construcción.

El estilo de Milizia, una combinación de elementos polémicos y didácticos, muestra su intención de mejorar el nivel de la arquitectura de su época, que somete, por tanto, a una crítica constante. A la vez que explica su teoría apoyándose en numerosos ejemplos extraídos de todas las épocas de la historia de la arquitectura, Milizia no solo arremete contra los arquitectos del alto barroco y barroco tardío, sino que también critica a Palladio e incluso algunas obras antiguas cuando no se corresponden con su ideal clásico de una arquitectura basada en la razón y regida por la funcionalidad. Fundamenta esta idea en testimonios tradicionales de la arquitectura griega y, sobre todo, en los principios «naturales» inherentes a ella. Milizia se erige así contra la autoridad del ejemplo con que el Renacimiento y el barroco justificaron a menudo las formas constructivas y ornamentales de su arquitectura: «Si las obras de la arquitectura antigua tuvieran valor de ejemplo, todos los defectos estarían autorizados».

Su actitud crítica hacia la Antigüedad permite a menudo a Milizia emitir una opinión desfavorable, aunque con reservas, sobre la arquitectura gótica, cuyos pilares alargados tendrían su origen, según él, en los bosques del Norte. Según Milizia, la imitación siempre es imitación de la naturaleza. Pero, a diferencia de la pintura y la escultura, en las que el autor basa su teoría de la imitación (apoyándose ante todo en Giovanni Pietro Bellori), la arquitectura no tiene un modelo directo en la naturaleza. El origen de la creación arquitectónica se remonta a la cabaña primitiva edificada a partir de elementos naturales y mejorada y desarrollada con el tiempo para responder a las crecientes necesidades culturales de la comunidad humana. El proyecto del arquitecto debe adaptarse, hasta en los menores detalles, a la vocación del edificio y corresponder al modelo de una naturaleza mejorada por una razonable elección y organización, es decir, en otros términos, al modelo de una naturaleza ideal, la *bella natura*. La elección y organización están sometidas al buen gusto, que permite captar el detalle en su unicidad y medirlo mediante una norma válida.

Milizia explica que fueron justamente los griegos quienes, entre todos los pueblos, lograron inventar esta norma intemporal y, por tanto, convertirse en los fundadores de una arquitectura concebida como una «ciencia» y regida por la idea de progreso, como preconizaba Milizia, porque se alcanzó la libertad política en Grecia antes que en cualquier otra parte y porque el desarrollo comercial y cultural resultante consiguió crear las condiciones necesarias para las realizaciones artísticas superiores. Además, un clima favorable también contribuyó a ello.

Milizia intenta hacer una síntesis sistemática de las distintas tendencias de la teoría clásica del arte de los siglos XVII y XVIII en su teoría de la arquitectura. Ya se había desarrollado ese concepto de buen gusto, que está en el centro de su edificio teórico, en la teoría literaria y artística francesa de finales del siglo XVII. Antes de Milizia, el padre franciscano Carlo Lodoli (1690–1761) formuló de una manera mucho más radical la exigencia de una arquitectura racionalista y funcionalista. El *Essai sur l'architecture* (*Ensayo de arquitectura*, 1753) del jesuita Marc-Antoine Laugier (1713–1769), quien formuló también la exigencia de una «arquitectura filosófica» que debiera apoyarse en la cabaña primitiva de los griegos, tuvo especial relevancia para Milizia. Asimismo, la idea de una arquitectura «hablante» también prefigura las obras de Lodoli y Laugier.

Milizia muestra una notable sintonía de opinión con dos personalidades del círculo formado alrededor del caballero de Azara: Anton Raffael Mengs (1728–1779), que ya encarnaba el ideal clásico de la pintura en *Riflessione sulla bellezza e sul gusto della pittura* (*Reflexiones sobre la belleza y el gusto en pintura*, 1762), y Winckelmann, que definió la «noble sencillez» y la «grandeza silenciosa» como los principios estéticos de la escultura griega. Milizia comparte con Winckelmann sobre todo el concepto de una evolución del arte y la historia vinculada a la evolución de la política y la civilización, que había alcanzado un apogeo nunca igualado en la Atenas de Pericles: «Como creadores libres y originales, [los griegos] crearon [sus obras] con el genio. Nosotros, tímidos inventores, creamos con las reglas». Milizia exigió la fundación de academias donde se enseñaran las reglas de una «arquitectura filosófica».

AG

PRINCIPJ

DI

ARCHITETTURA

CIVILE.

TOMO PRIMO.

BASSANO

A' SPESE REMONDINI DI VENEZIA.

MDCCLXXXV.

Ilust. p. 135
Bocetos de construcciones de arcos
Ilustraciones para el libro dedicado a la solidez en arquitectura, arco mistral o arco gótico y techo plano o arco con dintel. *Extracto de:* Principj di architettura civile. *Ed. Bassano, 1785, figs. 10 y 11. Grabado sobre cobre*

Distintos elementos de orden dórico
Ornamento del orden dórico: ejemplos del teatro de Marcello (P) y varios arquitectos. Milizia se pronuncia en contra de los modelos antiguos (C, D, E, F) y a favor de las proporciones modernas (G). *1ª parte, lám. 4. Grabado sobre cobre de G. B. Cipriani*

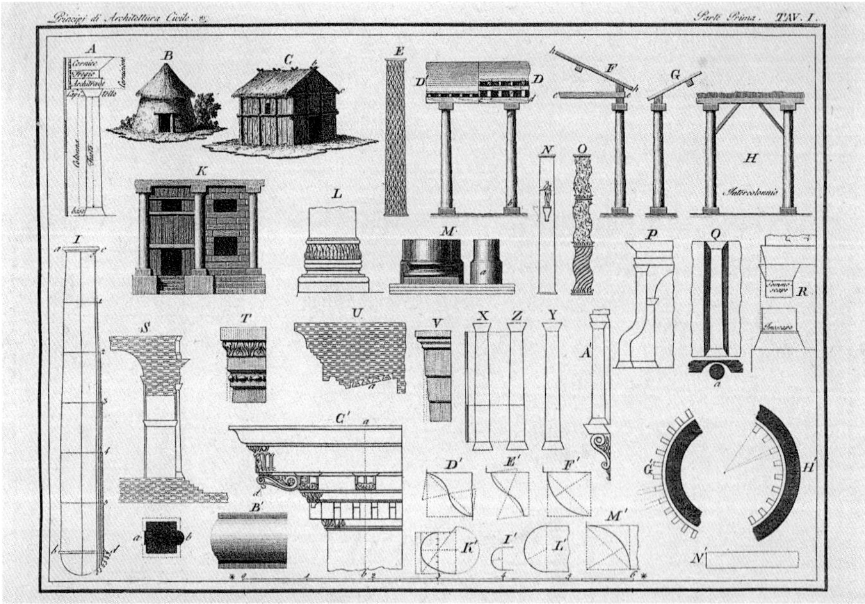

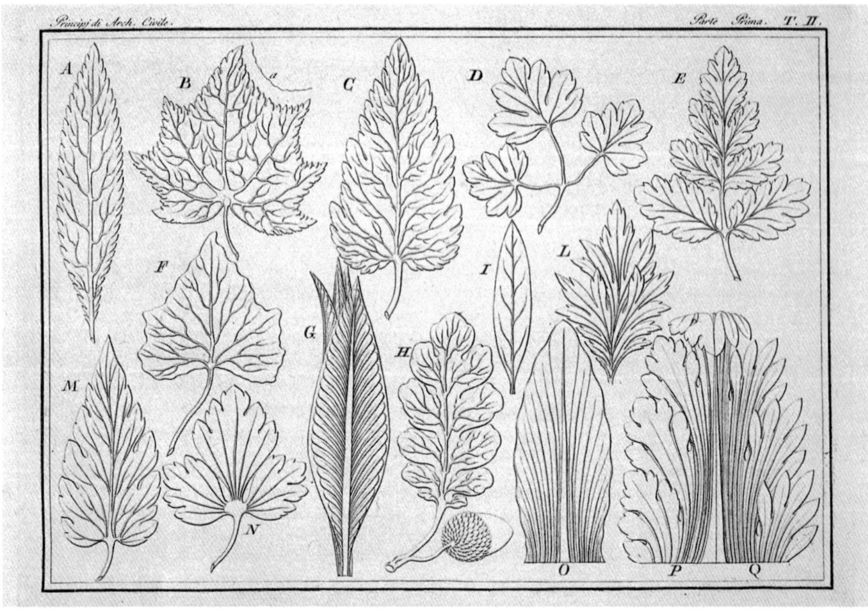

Dos arquitecturas de cabañas; varios tipos de columnas y elementos de entablamentos
Partiendo de las ideas de Lodoli sobre la evolución de la arquitectura a partir de la cabaña primitiva de los griegos (A, B), Milizia explica la función de las columnas y sus partes y muestra ejemplos de su uso «incorrecto». *1ª parte, lám. 1. Grabado sobre cobre de G. B. Cipriani*

Formas de hojas
La decoración del capitel de orden corintio. Milizia invita al arquitecto en su libro sobre la belleza en arquitectura a recrear capiteles imitando la naturaleza según el tipo de proyecto. *1ª parte, lám. 2. Grabado sobre cobre de G. B. Cipriani*

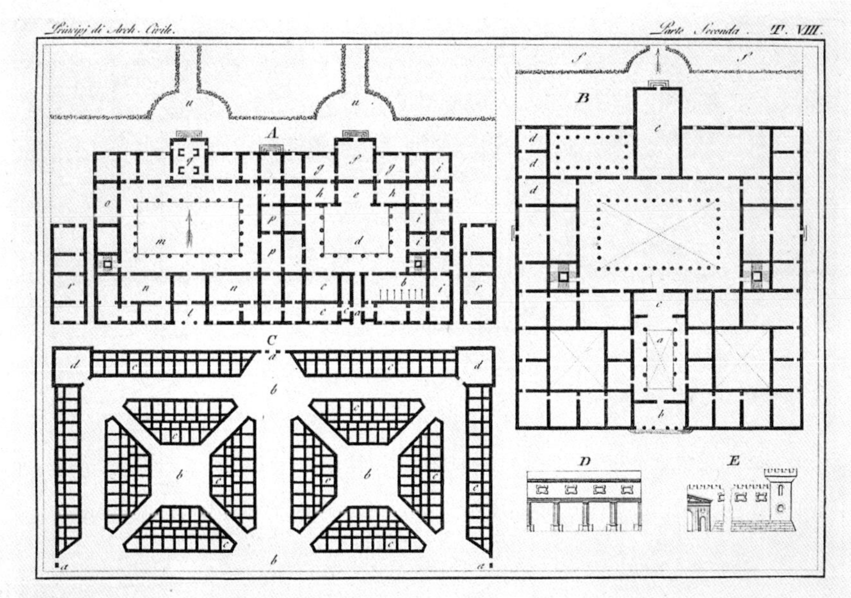

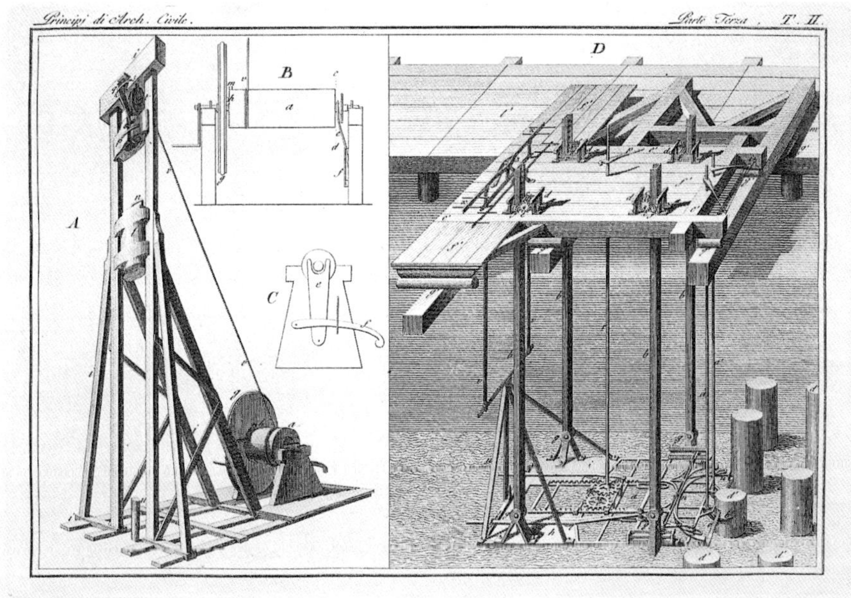

Representación esquemática en planta de las casas griegas y romanas antiguas; dos alzados del mercado de Verona
Ilustraciones que acompañan al libro sobre la comodidad en arquitectura: las casas griega (A) y romana (B). El mercado de Verona como ejemplo de una arquitectura de interés público (C, D, E). *2ª parte, lám. 8. Grabado sobre cobre de G. B. Cipriani*

Dos máquinas de obra
Ilustraciones que acompañan al libro sobre la solidez en arquitectura: la cimentación por pilotes. Una máquina para hincar los pilotes en el suelo (A) y otra para serrar el sobrante de los pilotes hincados bajo el agua (B). *3ª parte, lám. 2. Grabado sobre cobre de G. B. Cipriani*

Formas de arcos y bóvedas, balaustradas, plantas y fachadas,
en especial de la Chiesa del Redentore de Venecia
La arquitectura del arco (A, B, I, K, L), la ejecución de arcadas superpuestas (F, F')
y la utilización de columnas en las arquitecturas de proyección oblicua (Q).
1ª parte, lám. 10. Grabado sobre cobre de G. B. Cipriani

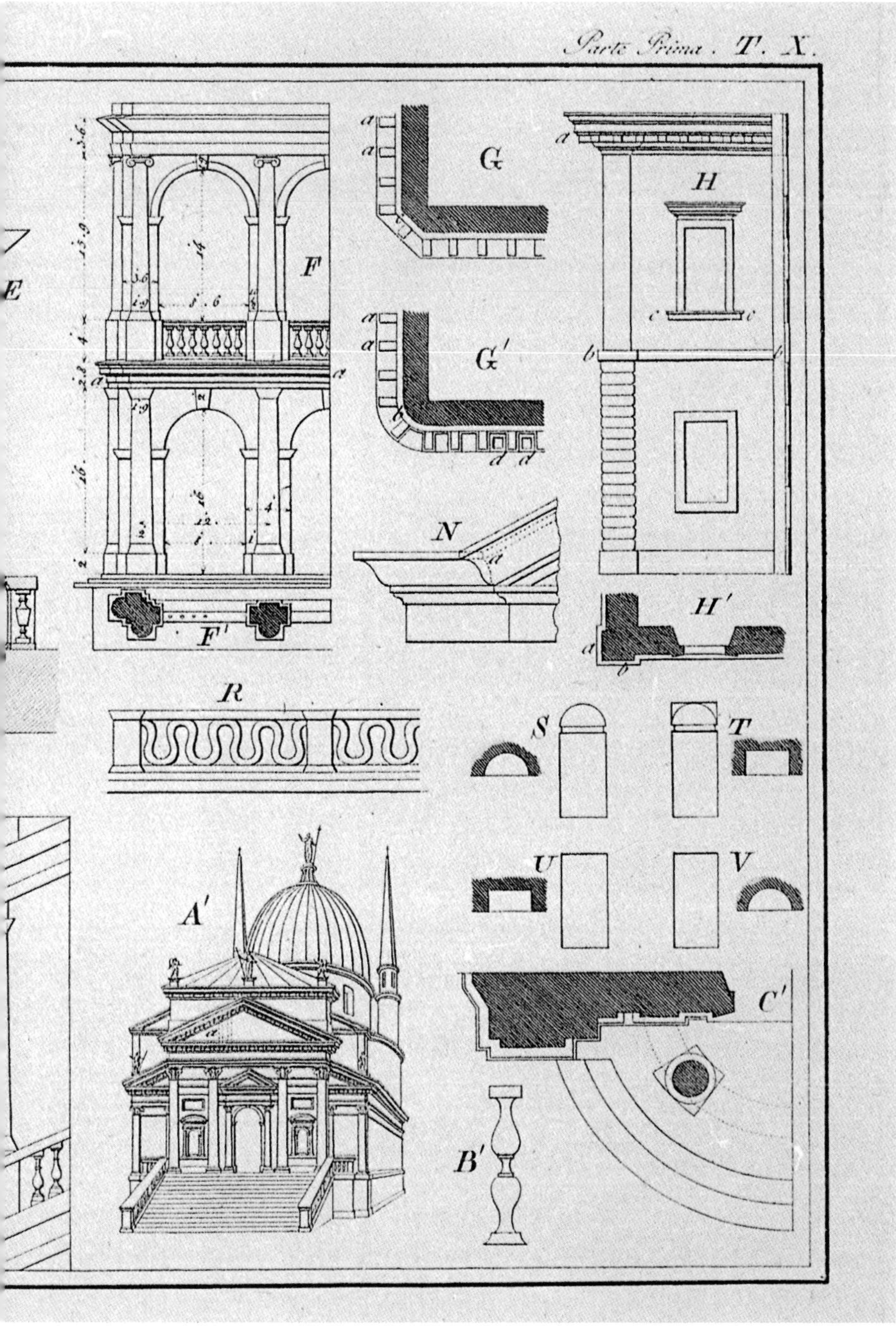
Parte Prima . T. X.
F
F'
G
G'
H
H'
N
R
S
T
U
V
A'
B'
C'

Villard de Honnecourt 146
Philibert de l'Orme 156
Pierre Le Muet 166
Claude Perrault 180
François Blondel 190
Jacques-François Blondel 196
Marie-Joseph Peyre 220
Claude-Nicolas Ledoux 228
Jean-Nicolas-Louis Durand 240
Jean-Baptiste Rondelet y
Guillaume Abel Blouet 254
Eugène Emmanuel Viollet-le-Duc 262

Francia

Villard de Honnecourt (hacia 1210–1240)
Codex, ms. Fr. 19093

HACIA 1230. PARÍS, BIBLIOTHÈQUE NATIONALE
Libro de ornamentos y motivos

Resulta difícil situar exactamente en la historia de la arquitectura a Villard de Honnecourt (Ulardus de Hunecort, Vilars o Wilars de Honecort), dibujante de oficio hacia 1230 y quizás también maestro de obras. Se plantea en efecto una cuestión esencial: ¿existía en la Edad Media una verdadera teoría estética de la arquitectura, donde Villard tuviera cabida? No había aún una teoría sistemática, coherente, como la entendemos hoy, pero la obra de Villard deja entrever los primeros balbuceos.

El artista alcanzó la posteridad gracias a su cuaderno de esbozos, donde figura su nombre varias veces. Las reseñas de las planchas están escritas en francés, pero en un francés antiguo lleno de consonantes del dialecto picardo, lo que parece indicar que era natural de Honnecourt, cerca de Cambrai. También se puede deducir del texto introductorio y de las indicaciones manuscritas, así como de los modelos de algunos dibujos y su factura, que Villard desempeñó su actividad entre 1220 y 1235, que viajó mucho y a veces muy lejos: a Cambrai, Vaucelles, Reims, Laon, Chartres, Lausanne y hasta Hungría. Sus dibujos remiten a una larga tradición italiana: la del libro de muestras de ornamentos en donde los artistas o estamperos medievales se inspiraban para realizar sus propias obras decorativas o figuradas. Los dibujos del cuaderno, ocres, son de una calidad excepcional: tras una primera delimitación lineal con lápiz y punta metálica, los esbozos definitivos están dibujados con pluma; algunos han sido repasados y uno incluso realizado a la aguada de bistre. El manuscrito (160 × 250 milímetros aprox.) llegó mutilado a nuestras manos, ya que contenía en su origen 46 hojas de pergamino; hoy solo cuenta con 23. Se compone de varias categorías de dibujos: figuraciones animales y humanas, pero sobre todo aparatos militares, objetos litúrgicos, vistas y planos de edificios, herramientas para la construcción y, finalmente, indicaciones referentes al diseño y la realización de un proyecto arquitectónico. Los dibujos están tomados, bien del natural, bien de un modelo y, a primera vista, sin orden sistemático. Pero, aunque no lo parezca, Villard procedió de forma metódica, dado que los esbozos están organizados por capítulos parcialmente temáticos y agrupados, y acompañados de pies de ilustración descriptivos y didácticos. Es evidente que el orden de los folios y la precisión de las reseñas se ajustan ante todo a su interés por las cuestiones técnicas y arquitectónicas. La ambición didáctica de semejante composición queda patente en las partes dedicadas a la *portraiture*, la pintura de figuras, y a la *jométrie*, la geometría. Reproduce los trazados geométricos destinados a facilitar la elaboración de dibujos de figuras o un gran número de modos de esbozar y «recetas» técnicas de construcción en

forma de dibujos sumarios y explícitos. Aunque los métodos representados son conformes a la práctica de los constructores del Medievo, las informaciones proporcionadas por las láminas y los pies de ilustración resultan tan rudimentarias que cuesta ver hoy día el interés práctico de estas figuras con fines pedagógicos. Los dibujos arquitectónicos propiamente dichos muestran la gran variedad de métodos de representación. Villard nos ofrece la planta y una vista concisa de la torre de la fachada occidental de la catedral de Laon. Seleccionó el rosetón de la fachada oeste de la catedral de Chartres y el rosetón del lado sur de la catedral de Lausanne, aunque esta presente notables diferencias con la realidad. Las plantas de Villard se basan, o bien en unos trazados minuciosos, como es el caso de las catedrales de Cambrai y Meaux, o bien en la especulación y la imaginación. Así lo demuestran la planta de una iglesia cisterciense y la de un coro de doble deambulatorio, elaboradas por Villard y un tal Pierre de Corbie *inter se disputando*, es decir, discutiendo, lo que confirma de hecho dos pies de ilustración. Villard se interesa ante todo por la catedral de Reims; los dibujos son excepcionales por su gran número y calidad: además de los alzados interiores y exteriores de la nave central y las concisas vistas interiores y exteriores de una capilla radiante, a las que dedica una página entera, Villard ilustra otros detalles arquitectónicos como los contrafuertes, las plantas de los pilares, la tracería e incluso la sección de las piedras de las ventanas. Villard cuida tanto el detalle que incluye también algunas juntas. A pesar de su preocupación por que fueran exactos, los esbozos muestran a veces lagunas o defectos; así pues, no podemos interpretarlos como dibujos técnicos destinados a ser ejecutados.

Durante mucho tiempo, la profusión de detalles y la amplitud de descripciones hicieron pensar que Villard de Honnecourt era arquitecto y que había elaborado una especie de enciclopedia para su logia masónica. Este modelo de interpretación, resultado al fin y al cabo de una visión romántica de la obra medieval, no es del todo exacto, dadas las lagunas y los errores que invalidan los dibujos técnicos. El cuaderno atañe esencialmente a la tradición de la miniatura y del libro de muestras por su gran calidad artística. ¿Trabajó Villard en estrecha colaboración con un técnico de la construcción para los esbozos de arquitectura? Solo podemos afirmar que los dibujos arquitectónicos coinciden cronológica y geográficamente con el nacimiento del dibujo técnico. Los primeros ejemplos de dibujo técnico sobre piedra y pergamino proceden del norte de Île-de-France y están fechados a principios del siglo XIII (Soissons y Châlons-sur-Marne, hacia 1220; Palimpsesto de Reims, a mediados del siglo XIII). Pero resulta aún más significativo que el interés de Villard por las novedades formales y técnicas del gótico siga tan de cerca el enorme auge que conoce la arquitectura en el norte de Champaña y Picardía. Es probable que se intensificara en esa misma época la difusión de las ideas sobre la arquitectura, tanto de cuestiones técnicas y prácticas como relacionadas con la calidad estética de los edificios. Villard subraya varias veces, por ejemplo, la belleza de la opción elegida para la torre de la catedral de Laon o el vano de la catedral de Reims. Además, su constante preocupación por encajar sus dibujos arquitectónicos en la idea de geometría figura entre los primeros ensayos que intentan sistematizar el juicio del arquitecto en el terreno conceptual y difundirlo para el mayor número de interesados posible gracias al dibujo en hojas separadas. Aunque sus comentarios resultan a menudo esquemáticos o enigmáticos, Villard puede considerarse como un importante precursor del tratado de arquitectura moderno, siempre y cuando se haga patente la necesidad de discutir sobre el concepto de calidad arquitectónica, de la forma que sea. Y ese era sin duda el caso: Villard se enorgullece en su tratado de haber «inventado» con Pierre de Corbie un plano imaginario. El *ratiocinatio* imaginativo, es decir, el razonamiento imaginativo (lo que Vitruvio llama «la actividad intelectual del maestro de obras»), despunta aquí en unas formulaciones conceptuales que presuponen una competencia técnica y artesanal. Esta relación constituye ciertamente la clave de toda teoría arquitectural. En este contexto, no es de extrañar que poco tiempo después, hacia mediados del siglo XIII, la obra enciclopédica de Vincent de

Beauvais reafirmara la arquitectura como una disciplina autónoma y compleja; esta reafirmación, inédita hasta entonces, coincide, y no es casual, con el redescubrimiento de la obra de Vitruvio. Sin embargo, los ensayos de sistematización de Villard –y seguramente otros cuantos olvidados entretanto– no tuvieron cabida en los sistemas de organización del mundo de los intelectuales, porque eran demasiado imprecisos y procedían de la práctica del dibujo y la construcción. Para ello habría sido necesario que todos los protagonistas de un proyecto arquitectónico poseyeran una cultura de debate que no existía aún en aquella época y que solo nació en el siglo xv al sur de los Alpes.

CF

Dos plantas de coros
La planta inferior es un trazado exacto del coro de la catedral de Meaux; la superior, supuestamente dibujada junto a Pierre de Corbie, es una planta imaginaria. *Fol. 15 r. Pluma sobre pergamino*

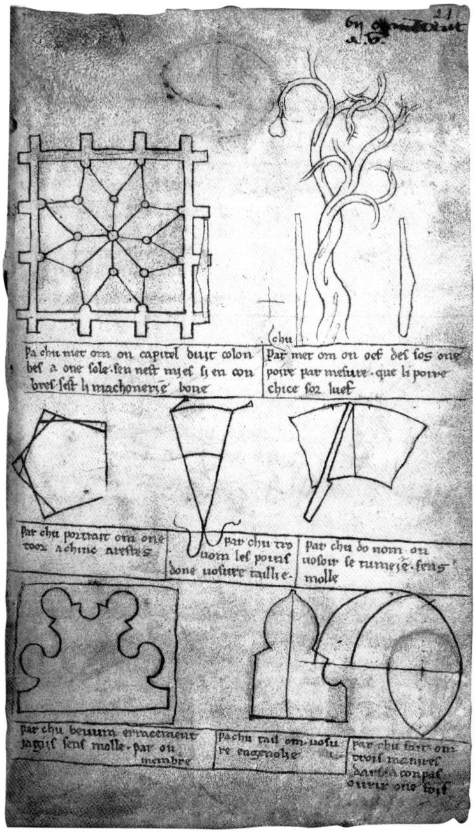

Varios métodos de construcción
Distinguimos, entre otros, el biselado del chaflán del techo de una torre, la construcción de una clave pinjante y la medición de una altura. *Fol. 21 r. Pluma sobre pergamino*

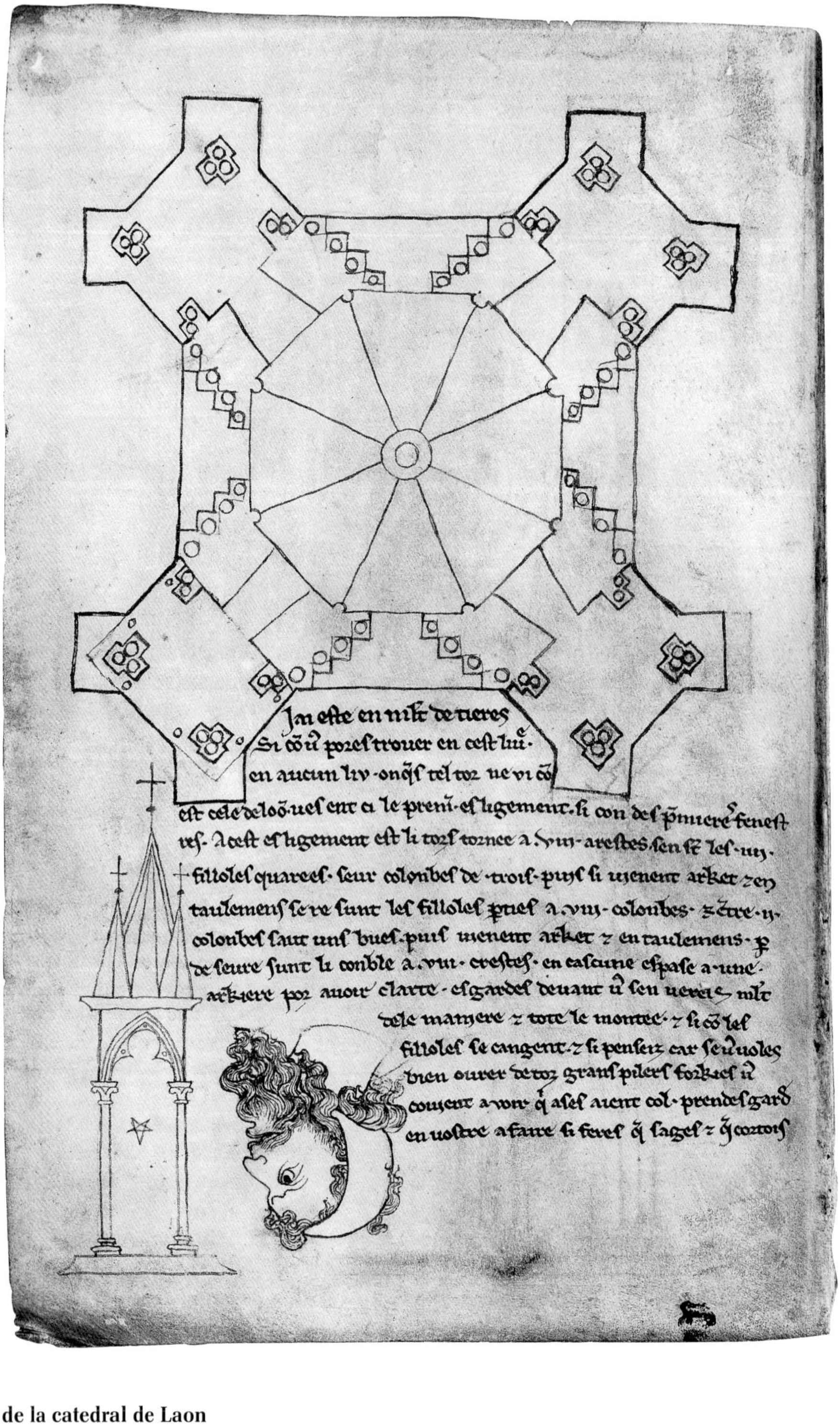

Torre de la catedral de Laon
Planta de uno de los niveles de la torre.
Fol. 9 v. Pluma sobre pergamino

Vista de la torre de la catedral de Laon
Villard no escatima elogios respecto a la torre, la más increíble que se haya visto jamás.
Fol. 10 r. Pluma sobre pergamino

Vista interior de una de las capillas radiantes de la catedral de Reims
Fol. 30 v. Pluma sobre pergamino

Vista exterior de una de las capillas radiantes de la catedral de Reims
Villard ha reproducido muy bien la curvatura de la parte inferior y la forma poligonal del vano.
Fol. 31 r. Pluma sobre pergamino

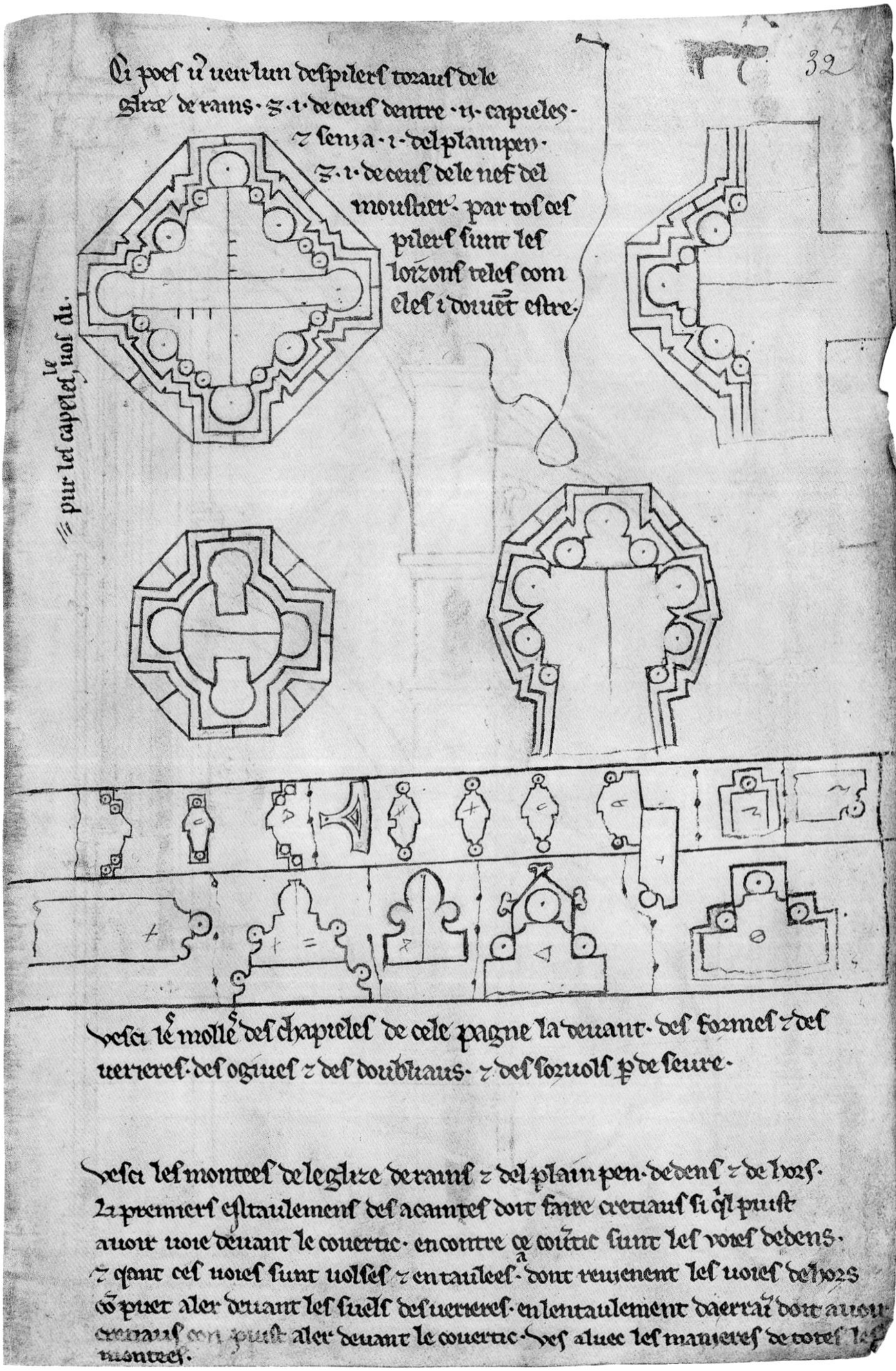

Detalles de la catedral de Reims
El dibujo de los tipos de pilares y de las piedras de la jamba resulta de una gran precisión.
Fol. 32 r. Pluma sobre pergamino

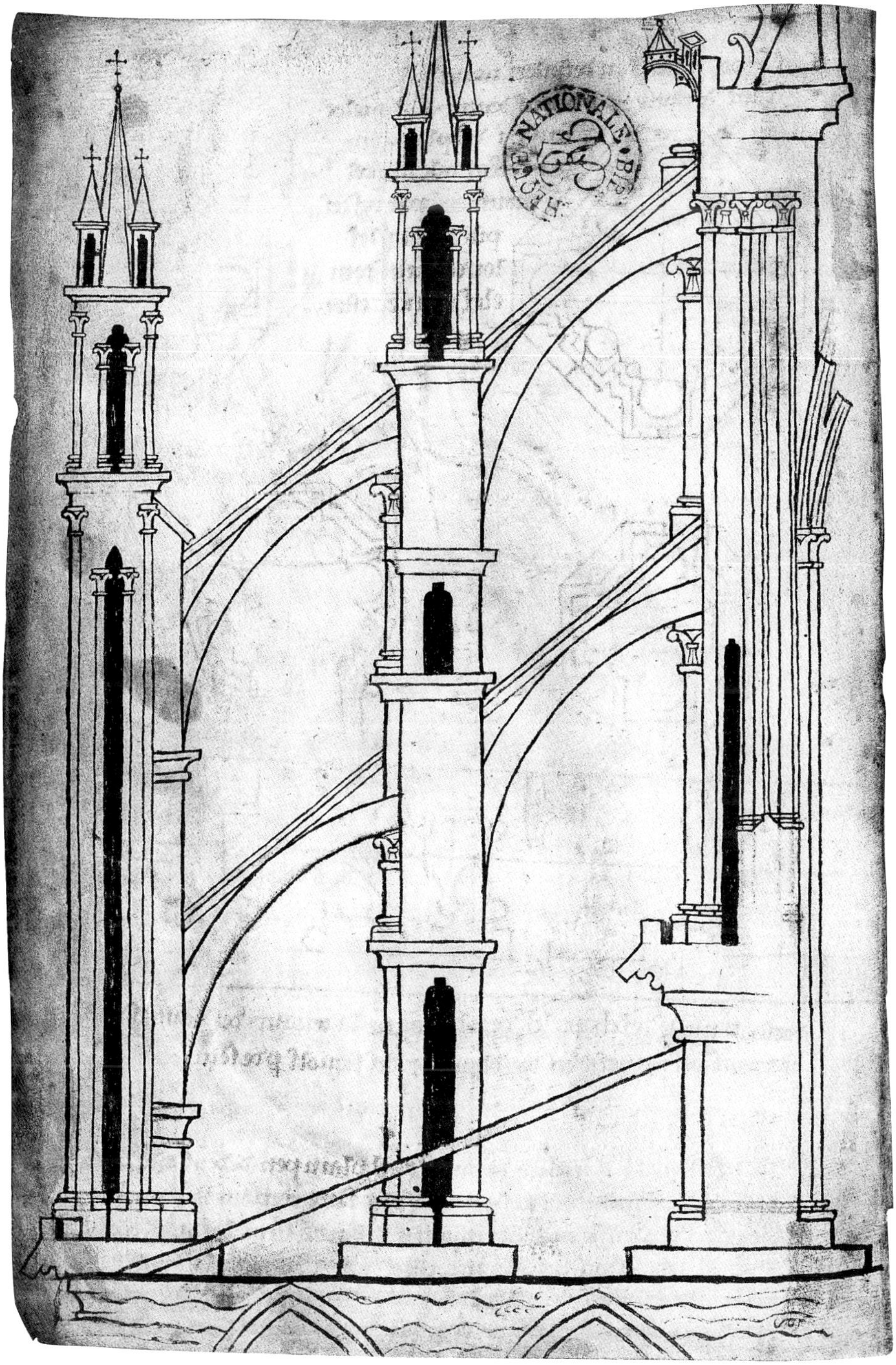

Arbotantes de la catedral de Reims
A diferencia de otros dibujos de la catedral, la restitución de las proporciones es inexacta. Los vanos, por ejemplo, son demasiado alargados. *Fol. 32 v. Pluma sobre pergamino*

Philibert de l'Orme (1514–1570)

Nouvelles inventions pour bien bastir et a petits fraiz

PARÍS, 1561

Nuevos inventos para construir bien y a bajo coste

Le premier tome de l'architecture

PARÍS, 1567

Primer tomo de arquitectura

Philibert de l'Orme no solo fue arquitecto sino también autor de varios tratados y desempeñó el cargo de arquitecto ordenador general de los edificios reales. Le debemos, al igual que a Pierre Lescot (hacia 1500/15–1578) y Jean Bullant (hacia 1515–1578), la creación de lo que podría llamarse un «estilo francés», basado en una libre adaptación de los modelos renacentistas italianos. De l'Orme nació en Lyon y era hijo de un albañil acomodado; permaneció en Roma de 1533 a 1536, donde estudió la arquitectura de la Antigüedad y del Renacimiento. Le encargan en 1541 la construcción del castillo de Saint-Maur al este de París. Realiza una obra sin precedentes en Francia ya que trata el castillo como una villa italiana: la disposición de la planta es regular, los tradicionales pabellones angulares desaparecen, las fachadas que dan al patio están apuntaladas con columnas y pilastras y los cuerpos del edificio de una planta llevan una cubierta plana. De l'Orme entra al servicio del nuevo rey Enrique II (Saint-Léger, Fontainebleau, Vincennes); el castillo de Anet, en el Eure-et-Loir, destinado a Diana de Poitiers es su mayor obra en los años 1547–1555.

De l'Orme cae en desgracia tras la muerte de Enrique II (1559) y es reemplazado por Primaticcio (1504–1570) como arquitecto real. Se dedica entonces a la elaboración de sus dos tratados de arquitectura. Recupera los favores reales en 1563 y trabaja para la reina Catalina de Médicis (1519–1589), para quien empieza la construcción del palacio de las Tullerías (destruido posteriormente).

De l'Orme desarrolló su actividad esencialmente en el marco de la arquitectura real. Reserva unas líneas algo despectivas para las «gentes tan poco avisadas que al instante perciben algo singular en la casa del Rey, como algún hermoso jardín, alguna bella chimenea u otro elemento, que enseguida quieren representarlo en su morada e imitar al Rey». De hecho, el título completo del tratado, *Nouvelles inventions pour bien bastir et a petits fraiz*, ya deja entrever su sentido de la conveniencia, que pone también de manifiesto en su casa de la calle de la Ceriseraie. Para De l'Orme, consiste en «un edificio con gracia y sin gastos excesivos», construido «sin la menor columna ni el menor pilar», como corresponde a toda casa burguesa. Incluso solo se concibe la integración de la primera planta como una alternativa no desarrollada. Su manera de situar el cuerpo del edificio entre el patio y el jardín sentará cátedra ya que sigue vigente hoy día en la construcción de casas urbanas.

E
A
B
D
D
A
B
E
F
C

Publicado en 1561, *Nouvelles inventions* es el primer tratado francés sobre la práctica de la construcción. A pesar del plural del título, este libro, bastante conciso a fin de cuentas (57 folios y 34 grabados sobre madera), solo aborda una cuestión: la estructura de madera ligera, que inventó De l'Orme. Este sistema de armazón ligero evita el uso de grandes vigas y permite largos tramos, así como complejas bóvedas. Como puede apreciarse en el motivo de la clave pinjante y la presentación de los nervios sustentantes (y los luquetes que faltan por colocar), De l'Orme intenta conciliar los métodos de construcción de la Edad Media con un concepto moderno de la arquitectura.

Seis años después de *Nouvelles inventions*, publica *Premier tome de l'architecture*, muy distinto al primer tratado ya que resulta más teórico y busca abarcar la totalidad de la arquitectura. De l'Orme repite la mayoría de los temas vitruvianos, pero apoyándose siempre en su conocimiento como constructor. El libro *Premier tome*, con 205 grabados sobre madera, cuenta con más ilustraciones que las anteriores ediciones de Vitruvio; sin embargo, la ilustración resulta menos abundante de lo que parece debido al lugar preponderante que ocupan los textos (282 folios impresos por ambas caras). El libro I trata de las relaciones entre el comanditario y el arquitecto, de la elección del emplazamiento de la obra y de los problemas subsiguientes como el clima y los materiales. El libro II analiza los principios de geometría, los trazados del terreno y las obras relacionadas con los cimientos. En los libro III y IV, De l'Orme aborda un problema esencial: el labrado de piedras (estereometría). El libro III está dedicado más especialmente al labrado y al ensamble de las piedras, y el libro IV, a las formas más complejas como bóvedas, arcos y escaleras. Los órdenes arquitectónicos están repartidos entre los libros V y VII. El autor intercala numerosos esbozos personales de su estancia en Roma entre las ilustraciones, sin que podamos determinar siempre los modelos: dórico, toscano y jónico en el libro V, corintio en el libro VI y compuesto y el orden francés, elaborado por De l'Orme, en el libro VII. El libro VIII se centra en las puertas, los marcos de las puertas y los bastidores de las ventanas y el libro X, en las chimeneas.

Merece la pena resaltar tres aspectos característicos del tratado. El primero se refiere a la estereometría, abordada en los libros III y IV. De l'Orme se aleja de los modelos italianos y hace una demostración de una aplicación analítica de la geometría y la perspectiva, desarrollada en Italia, a la tradición medieval francesa del arte del trazado. Numerosos esbozos técnicos demuestran cómo se puede definir de antemano la forma de cada piedra y cómo se puede cortar según el sitio que vaya a ocupar, mediante algunos cálculos concretos, sea cual sea el tipo de edificio. Para ello, es preciso realizar una disociación conceptual de los edificios en armazones de carga y paredes maestras, como ya sugería el grabado sobre la estructura. Esta técnica alcanza la perfección en el castillo de Anet: De l'Orme «colgó» un pequeño gabinete con trompa de paredes curvas en un rincón del edificio en la fachada que da al jardín, una atrevida solución a la que dedica de hecho varios grabados. Una de las planchas, que muestra una vista exterior del gabinete, revela, sin embargo, las dificultades planteadas a la hora de representar sobre madera formas arquitectónicas tan sofisticadas.

El segundo aspecto importante aparece en el libro VII, dedicado a los órdenes arquitectónicos. De l'Orme evoca una nueva creación, un sexto orden que califica como «francés». Según él, Francia debía de poseer un orden con su propio nombre dado que los cinco órdenes principales llevan los nombres de los países que los crearon. La exigencia formulada por De l'Orme resulta tanto más interesante ya que constituye a la vez una solución a un problema técnico. Puesto que solo pueden extraerse bloques de piedra de pequeñas dimensiones de las canteras francesas, el arquitecto debe renunciar a las columnas de fuste monolítico. De l'Orme responde a este problema con una solución ingeniosa y elegante a la vez: fabricar fustes desde tambores ensamblados y anillados para ocultar las juntas. Así pues, aparece como el precursor del debate sobre el orden francés que dará una vuelta de tuerca más áspera después de 1677. Es cierto que no creó realmente un orden nuevo. Solo se limitó a aplicar una solución inédita a los órdenes existentes. De l'Orme quiso sacar provecho sin duda de las condiciones desfavorables, adaptando el orden al contexto, lo mismo que hiciera para los materiales: optó por la arenisca por ser un material más natural que el mármol en Francia. Sin embargo, no desdeñó este último o al menos cuando así lo permitían los proyectos arquitectónicos o los comanditarios, ni tampoco rechazó los modelos antiguos e italianos para los anillos ornamentales.

El último aspecto interesante de la obra reside en la evidente vocación de De l'Orme por las representaciones alegóricas de su oficio y de sí mismo. Salta a la vista ya en la portada: la estereometría aparece mediante unos poliedros en las distintas caras y Mercurio, protector de la ciencia y de los artistas, ocupa el lugar principal. De l'Orme inserta al final del prólogo del libro III una escena emblemática, también bajo la égida de Mercurio, sobre cómo el hijo de un labrador de piedras, elevado al rango de hombre de Iglesia, sale de la oscura cueva de la Edad Media y de la ignorancia y se lleva la palma del Renacimiento con un compás en la mano. La obra termina con una doble página alegórica que contrapone el buen arquitecto al malo.

Como deja entrever el título, De l'Orme tenía previsto publicar un segundo tomo que hubiera tratado de la «divina proporción», así como de la arquitectura doméstica, del hábitat para «mayores y pequeños», como lo expresa él mismo. Esta idea sigue el planteamiento del libro VI del tratado de Serlio; es posible que fuera en respuesta al primer libro del tratado de Jacques Androuet du Cerveau (hacia 1521–hacia 1586), publicado en 1559. Sea como fuere, este segundo volumen nunca salió a la luz, tal vez por falta de tiempo (los encargos reales le tenían totalmente absorbido al final de su vida).

JK

Ilust. p. 157
Sistema de bóveda
De l'Orme hace aquí una demostración de la estructura de madera ligera, de la que es inventor. *Extracto de:* Nouvelles inventions, *2ª edición, París, 1576, p. 44. Grabado sobre madera*

Alegoría del arquitecto
La primera de las alegorías muestra al arquitecto saliendo de la oscura cueva de la Edad Media para recibir la palma de los nuevos tiempos.
2ª edición, París, 1568, fol. 51 v. Grabado sobre madera

Principio del orden compuesto
El grabado describe minuciosamente el orden compuesto,
pero sin mencionar las medidas.
2ª edición, París, 1568, fol. 204 v. Grabado sobre madera

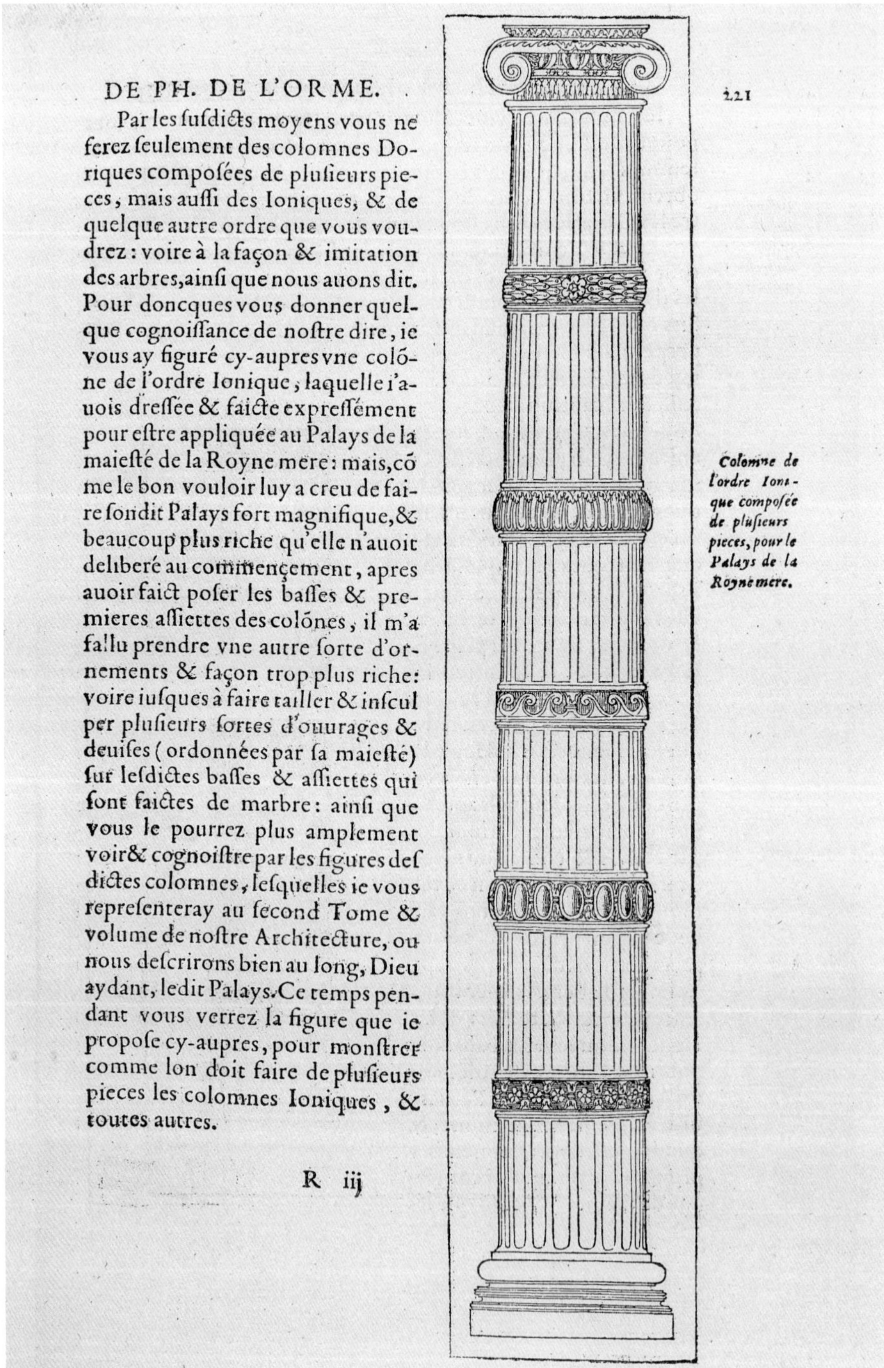

DE PH. DE L'ORME. 221

Par les ſuſdicts moyens vous ne ferez ſeulement des colomnes Doriques compoſées de pluſieurs pieces, mais auſſi des Ioniques, & de quelque autre ordre que vous voudrez: voire à la façon & imitation des arbres, ainſi que nous auons dit. Pour doncques vous donner quelque cognoiſſance de noſtre dire, ie vous ay figuré cy-aupres vne colõne de l'ordre Ionique, laquelle i'auois dreſſée & faicte expreſſément pour eſtre appliquée au Palays de la maieſté de la Royne mere: mais, cõme le bon vouloir luy a creu de faire ſondit Palays fort magnifique, & beaucoup plus riche qu'elle n'auoit deliberé au commencement, apres auoir faict poſer les baſſes & premieres aſſiettes des colõnes, il m'a fallu prendre vne autre ſorte d'ornements & façon trop plus riche: voire iuſques à faire tailler & inſculper pluſieurs ſortes d'ouurages & deuiſes (ordonnées par ſa maieſté) ſur leſdictes baſſes & aſſiettes qui ſont faictes de marbre: ainſi que vous le pourrez plus amplement voir & cognoiſtre par les figures deſdictes colomnes, leſquelles ie vous repreſenteray au ſecond Tome & volume de noſtre Architecture, ou nous deſcrirons bien au long, Dieu aydant, ledit Palays. Ce temps pendant vous verrez la figure que ie propoſe cy-aupres, pour monſtrer comme lon doit faire de pluſieurs pieces les colomnes Ioniques, & toutes autres.

Colomne de l'ordre Ionique compoſée de pluſieurs pieces, pour le Palays de la Royne mere.

R iij

Columna de orden francés
La ilustración describe la columna del orden francés elaborado por De l'Orme para el palacio de las Tullerías. Los anillos decorativos sirven para ocultar las juntas entre los tambores. *2ª edición, París, 1568, fol. 221 r. Grabado sobre madera*

Casa de Philibert de l'Orme
Alrededor de 1555, De l'Orme edificó cerca de la Bastilla una casa de 16 metros de ancho. La entrada y la escalera se encontraban bajo las arcadas del ala izquierda.
2ª edición, París, 1568, fol. 253 v. Grabado sobre madera

Alegoría del mal arquitecto
Philibert de l'Orme concluye su tratado con dos alegorías del arquitecto. El mal arquitecto, ciego y manco, deambula por un paisaje desolado cuyo único elemento consiste en un castillo medieval como telón de fondo. 2ª *edición, París, 1568, fol. 328. Grabado sobre madera*

Alegoría del buen arquitecto
El buen arquitecto se halla en un frondoso jardín rodeado de edificios antiguos y renacentistas; posee varias manos y trasmite su ciencia a la juventud.
2ª edición, París, 1568, fol. 329. Grabado sobre madera

Pierre Le Muet (1591–1669)

Maniere de bien bastir pour touttes sortes des personnes

PARÍS, 1623

Maneras de construir correctamente para todo tipo de personas

Augmentation de nouveaux bastiments faits en France

PARÍS, 1647

Aumento del número de nuevos edificios construidos en Francia

La obra *Maniere de bien bastir pour touttes sortes de personnes* (*Maneras de construir correctamente para todo tipo de personas*), de Pierre Le Muet, publicada en 1623, es un manual técnico de construcción de casas urbanas para «todo el mundo». El título evidencia el enfoque de Le Muet: este retoma y desarrolla una idea de Serlio, en el libro VI de su tratado (*Tutti li gradi degli homini*), que ya habían recuperado De l'Orme (*Pour les grands et les petits*) en 1567 y sobre todo Jacques Androuet du Cerceau (*Soit de petit, moyen ou grand estat*) en 1559. Sin embargo, a diferencia de este último, no aborda la construcción palaciega y solo presenta modelos de hoteles particulares y castillos rurales en *Augmentation de nouveaux bastiments faits en France*, publicado en 1647.

Pierre Le Muet nació en Dijon en el seno de una «importante familia de alcurnia». En 1616, realiza un modelo en relieve del palacio de Luxemburgo, cuya construcción había encargado en 1615 la reina María de Médicis (1573–1642), viuda de Enrique IV, a Salomon de Brosse (1571–1626). Gracias a su puesto como ayudante de De Brosse, Le Muet tiene a su alcance importantes publicaciones: las de Jacques Androuet du Cerceau, abuelo de De Brosse, y seguramente también el manuscrito sin publicar de Serlio sobre casas urbanas (el famoso libro VI). Ingeniero militar del Rey y supervisor de las fortificaciones de Picardía desde 1617, se interesa a la vez por los problemas de la construcción privada y emprende estudios sobre esta cuestión, y su *Maniere de bien bastir* supone, de alguna manera, una conclusión provisional. A partir de los años treinta, empieza a trabajar como arquitecto y construye hoteles particulares en París. La mayoría de sus comanditarios provienen de la alta administración financiera; tres de ellos le encargan, de hecho, la construcción o rehabilitación de sus castillos. Su obra principal en París es el hotel de Avaux. En 1655–1666, dirige la obra de Val-de-Grâce, el convento-palacio que manda levantar la regente Ana de Austria (1601–1666), viuda de Luis XIII, donde tiene de nuevo la oportunidad de plasmar sus propias ideas, concretamente en la cúpula y el pabellón de la Reina.

En *Maniere de bien bastir*, Le Muet recapitula los principios y las técnicas en uso de la época para las estancias privadas y los sistematiza en modelos de hábitat urbano. Por ello, su tratado constituye una fuente de información capital sobre la arquitectura doméstica bajo el reinado de los dos primeros Borbones de Francia, Enrique IV (reinado 1589–1610) y Luis XIII (reinado 1610–1643), una arquitectura todavía muy anclada en el siglo XVI. *Maniere de bien bastir* seguirá siendo una guía para muchos arquitectos hasta 1680 aproximadamente. La obra, dedicada a Luis XIII, está

formada por 113 páginas y empieza por un «breve discurso de lo que debe ser observado». Le Muet resume los principios arquitectónicos según Vitruvio y defiende «duración, amplitud o comodidad, armoniosa ordenación, salud de los aposentos». No le parece necesario representar los órdenes antiguos porque, por una parte, no juegan ningún papel relevante en el tratado y, por otra parte, ya publicó una traducción de *Regola delli cinque ordini* de Vignola (1631) y del libro I de *Quattro libri* de Palladio (1645).

En la parte principal de la obra, dedicada a los modelos de Le Muet, las explicaciones descriptivas de autor desconocido se sitúan a cada lado de las ilustraciones. Los breves comentarios solo indican medidas, con el fin de facilitar el cálculo del precio para cerrar el contrato con el albañil. Las indicaciones sobre el grosor de los muros, la altura de las habitaciones y el ancho de los pasillos corresponden a las costumbres de la época; no se aborda ningún aspecto artístico. La primera casa representada por Le Muet es minúscula, con una sola habitación por planta, y resulta tan estrecha que solo hay espacio para una cama y una chimenea. Le Muet presenta después unos modelos organizados según un orden progresivo, desde la parcela edificable más pequeña a la mayor, para que el programa de la distribución se vaya enriqueciendo primero con gabinetes, luego con habitaciones y, finalmente, con un pequeño patio. Le Muet también ofrece diversas ordenaciones interiores para cuatro parcelas. La segunda distribución de la sexta parcela, cuyas dimensiones alcanzan los 30 × 58 pies, corresponde a una vivienda burguesa media. El modelo de la séptima parcela posee además un pequeño patio interior con un ala lateral y un jardín en la parte trasera: este tipo de vivienda corresponde a la elegida por Philibert de l'Orme en 1555 para su propio hogar. En la novena parcela (57 × 120 pies), el modelo propuesto alcanza el tamaño de un pequeño hotel particular. Cabe señalar que el hotel Tubeuf, construido por Le Muet en 1643, resulta mucho más espacioso que el modelo correspondiente dibujado 20 años antes. Por primera vez, la idea de una habitación reservada a las comidas se ve plasmada en el «pequeño comedor». De hecho, Le Muet lo destaca como una auténtica novedad en sus comentarios explicativos sobre uno de sus castillos y el hotel de Avaux. El modelo de la duodécima parcela ya no pertenece a la categoría de las «viviendas individuales adosadas». Se trata de una casa independiente, cuya planta se inspira en Du Cerceau y Serlio. La ordenación del alzado tampoco supone ninguna novedad. Las columnas y pilastras escasean; la articulación de las fachadas procede de hileras de ventanas y la de los cercos, de rústicas molduras verticales. Ese tipo de fachada, muy de moda en el siglo XVI, será abandonado progresivamente después. Incluso Le Muet la abandonará más tarde. Las últimas 13 páginas del tratado se centran en la estructura y se fundamentan en un ejemplo de casa de entramado de madera y varios ejemplos de armadura de cubiertas.

La recopilación de hábitats de Le Muet es una guía de técnicas de construcción. El autor evitó todas las irregularidades a la hora de elaborarla y sistematizó la gradación de las parcelas en función del plano parcelario de la ciudad. Cabe situar este enfoque clasificador, también desarrollado por otro autor, Roland Fréart, dentro del movimiento general de racionalización, especialmente del poder y la economía, que afecta a toda Francia en esos años y al que la fundación de la Real Academia da un empujón adicional en el ámbito de la arquitectura en 1671.

Le Muet publica en 1647 *Augmentation de nouveaux bastiments faits en France*, como anexo a la reedición de *Maniere de bien bastir*. Aquí prevalece una idea absolutamente novedosa: Le Muet presenta seis de sus obras edificadas mediante 31 grabados sobre cobre de Jean Marot (1619–1679) y sin ninguna reseña explicativa. Ningún arquitecto francés había publicado antes una recopilación de láminas semejante. Le Muet se vale de tres pequeños hoteles parisinos, de los que dos se ajustan a los modelos de *Maniere de bien bastir*, y tres castillos, de los que dos no son más que remodelaciones de castillos ya existentes. Desaparece la perspectiva a vuelo de pájaro, que tanto gustaba a Du Cerceau. Tampoco aparecen plantas de terrenos o jardines. El libro se abre y se cierra con grabados del hotel de Avaux, iniciado en 1644, una de las obras más ambiciosas de Le Muet: se trata de un vasto hotel con un patio adicional y aposentos espaciosos y lujosos. Los muros del patio llevan pilastras estriadas de orden colosal, un motivo de los más sofisticados que utilizó poco antes Louis Le Vau (1612–1670) para decorar el hotel Lambert en la isla Saint-Louis, pero que solo subsistirá en la arquitectura real en la siguiente generación. Además de la fachada principal, el grabado muestra una sección del ala lateral, con la decoración de las paredes y la chimenea. La habitación de la planta baja consiste en un comedor, de nuevo muy detallado. La habitación del primer piso con un techo abovedado y artesonado forma parte de una galería de planta octogonal que se extiende casi a lo largo de toda la vivienda. La puerta cochera diseñada por Le Muet –una combinación de grandes pilastras y pequeñas columnas– también resulta refinada y suntuosa. Esta incursión en lo grandioso nos desvela una nueva faceta del talento de Le Muet. Sin embargo, parece que no complació en nada al cliente puesto que los órdenes fueron sustituidos por una decoración más austera, una concha plana moldeada. El hotel de Avaux es un modelo muy elaborado en cuanto a la distribución y decoración arquitectónica. Y Le Muet propone precisamente este ejemplo de residencia aristocrática poco antes de la llegada al trono de Luis XIV.

JK

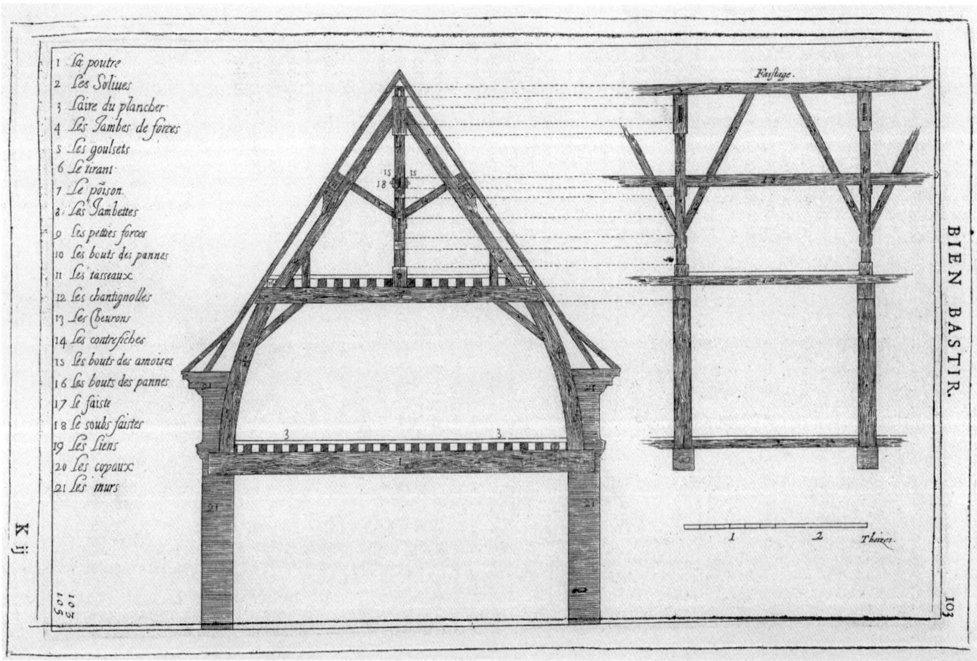

Armadura de una cubierta
Le Muet introduce el capítulo sobre la construcción de armaduras de cubiertas con la sección y la vista de este método, empleado desde principios del siglo XVII. *P. 103*

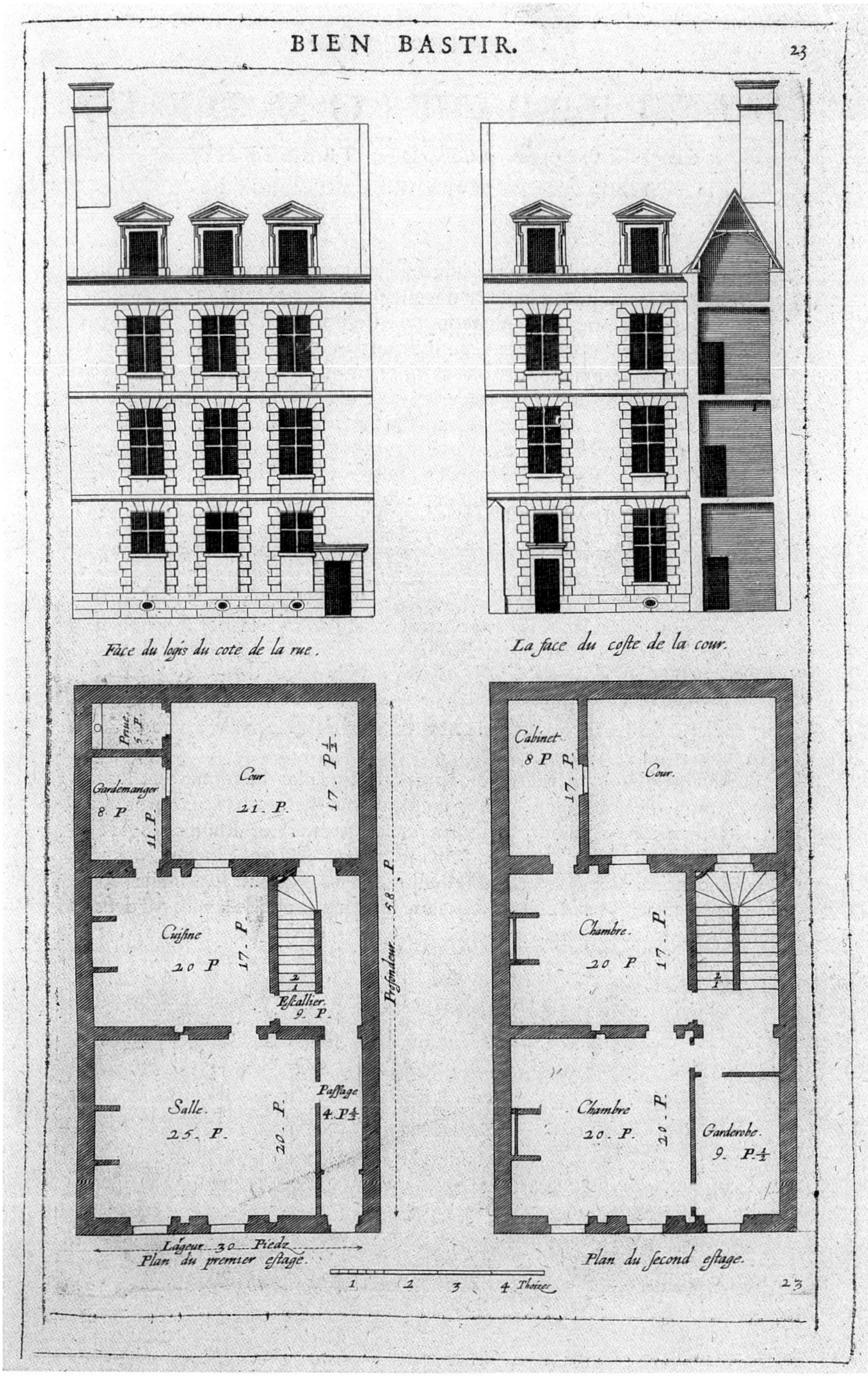

Alzado y planta de una casa adosada
La segunda «distribución» de la sexta parcela es de estilo burgués. También se impuso en Inglaterra este tipo de vivienda, con dos habitaciones por planta. *P. 23*

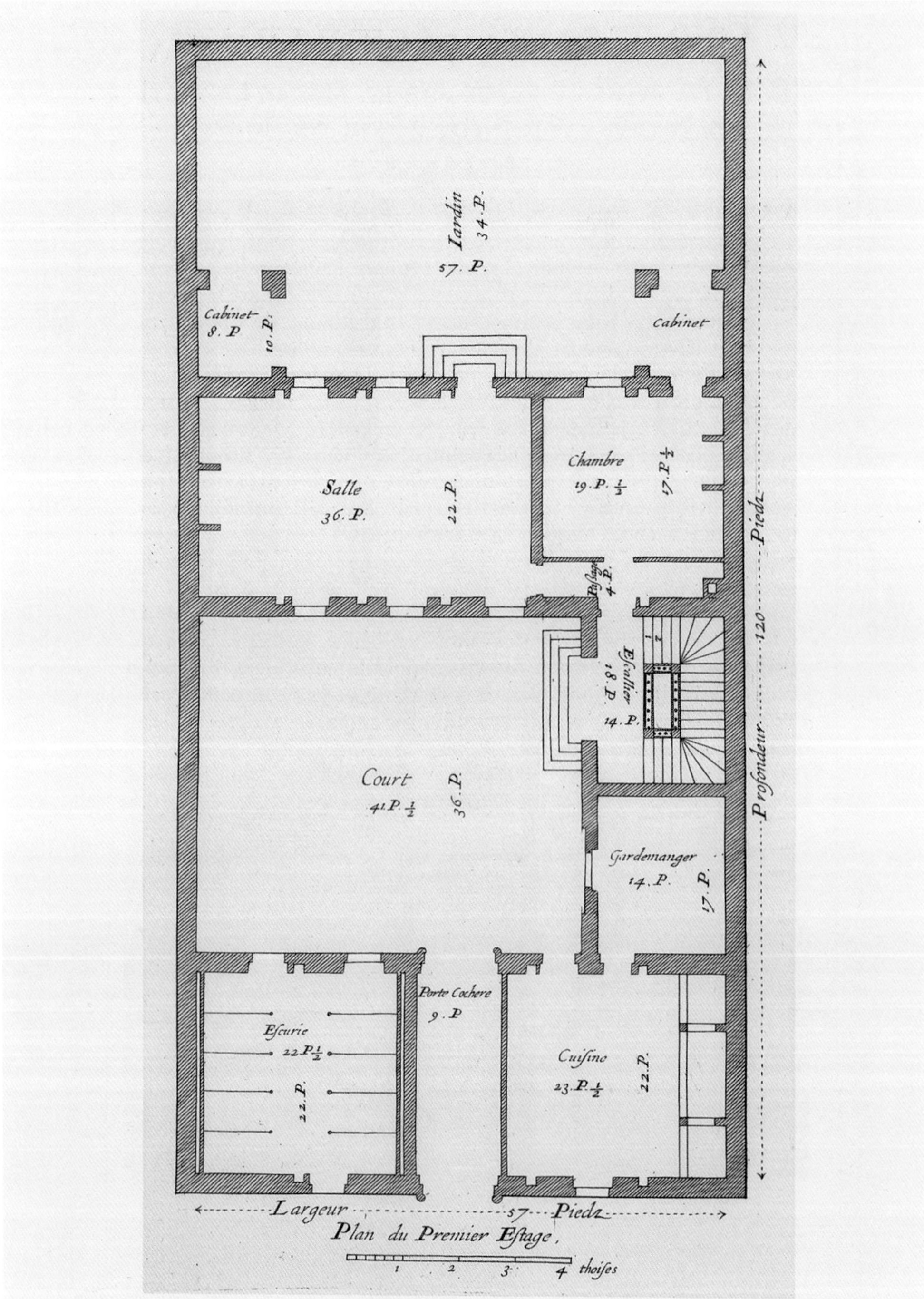

Planta de una casa adosada
La cuarta «distribución» de la novena parcela corresponde a un hotel particular mediano. La pequeña puerta a la izquierda da acceso a las cuadras. *P. 65*

Alzado de la fachada de una casa adosada
La entrada se encuentra en medio de la fachada orientada a la calle, lo que no ocurre con las viviendas más pequeñas; los órdenes aparecen por primera vez en el tratado, aquí en forma de pilastras dóricas. *P. 69*

Alzado y planta de la puerta del hotel de Avaux
Este suntuoso proyecto de puerta cochera para el hotel de Avaux, que nunca se llevó a cabo, es el primero de una serie de proyectos personales que presenta Le Muet en 1647. *Lám. 1. Grabado sobre cobre de Jean Marot*

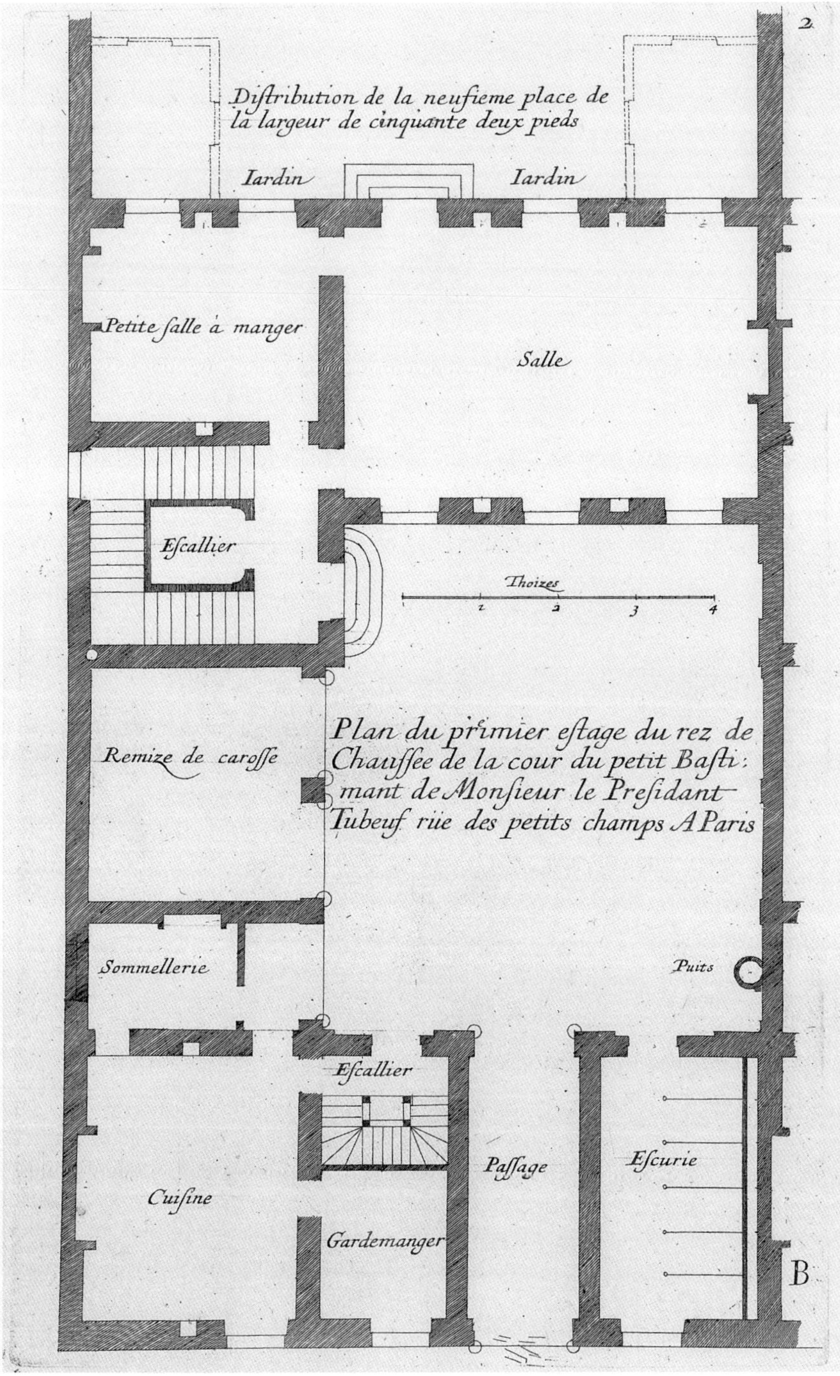

Planta del hotel Tubeuf
El hotel Tubeuf (1643, destruido) está basado en el modelo de la novena parcela, pero Le Muet enriquece la distribución por motivos de comodidad, muy valorados en Francia. *Lám. 2. Grabado sobre cobre de Jean Marot*

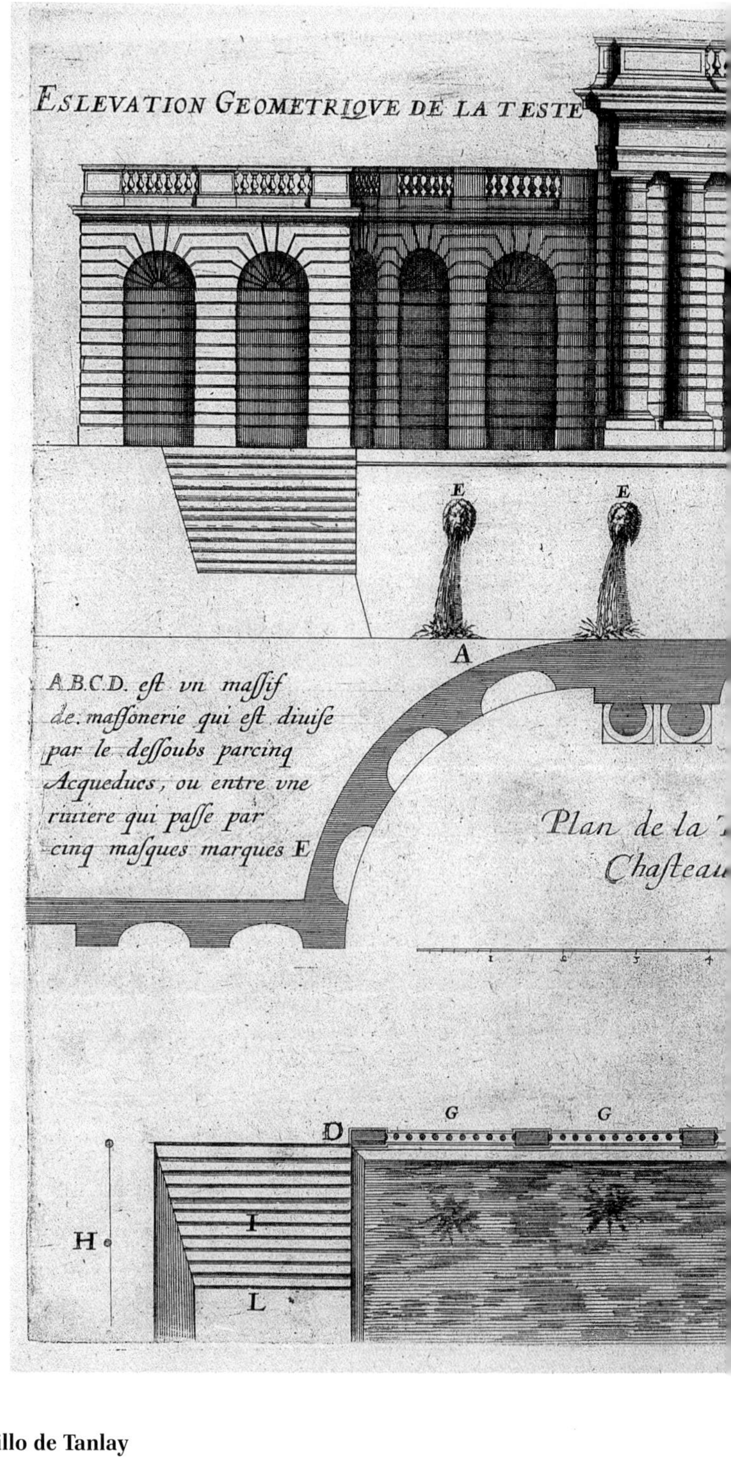

Arca de agua en el jardín del castillo de Tanlay
Fachada como cabecera de un canal en el jardín del castillo de Tanlay en Borgoña. De las cinco máscaras brota el agua que alimenta el canal que fluye por debajo.
Lám. 21. Grabado sobre cobre de Jean Marot

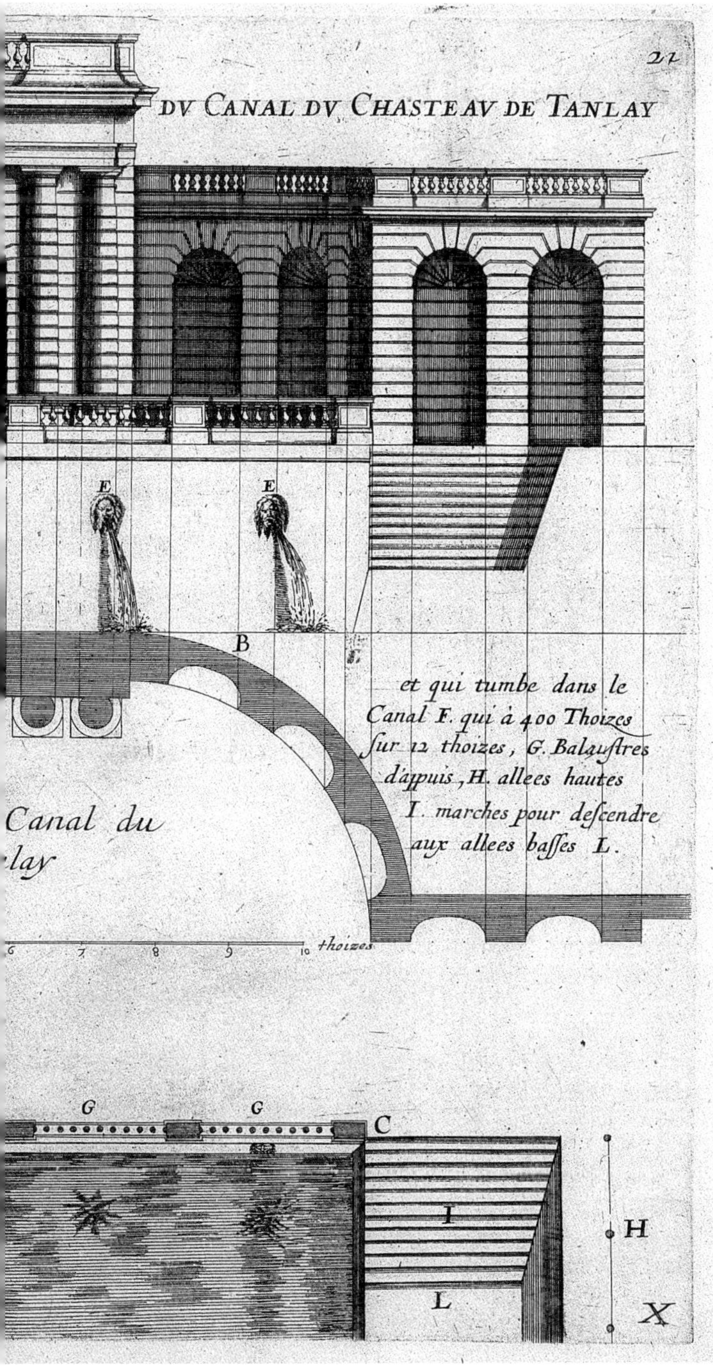
22
DV CANAL DV CHASTEAV DE TANLAY
E
E
B
et qui tumbe dans le
Canal F. qui a 400 Thoizes
sur 12 thoizes, G. Balaustres
d'appuis, H. allees hautes
I. marches pour descendre
aux allees basses L.
Canal du
lay
6
7
8
9
10 thoizes
G
G
C
I
L
H
X

Alzado y sección de la fachada del patio del hotel de Avaux
Vista del hotel de Avaux desde el patio y sección del cuerpo lateral, donde la construcción de la cubierta debía tener en cuenta el artesonado de la galería que se eleva más arriba en el armazón del tejado. *Lám. 29. Grabado sobre cobre de Jean Marot*

OSTEL DAVAVX A PARIS
6
Thoizes

Claude Perrault (1613–1688)

Les dix livres d'architecture de Vitruve, corrigez et traduits nouvellement en François

PARÍS, 1673

Los diez libros de arquitectura de Vitruvio, corregidos y traducidos de nuevo al francés

Ordonnance des cinq espèces de colonnes selon la méthode des anciens

PARÍS, 1683

Ordenación de los cinco tipos de columnas según el método de los antiguos

La creación de la Real Academia de Arquitectura en 1671 tuvo como principal objetivo la elaboración de una doctrina global de arquitectura que permitiera explicar la eclosión de la arquitectura francesa bajo Luis XIV (reinado 1643–1715) y, sobre todo, preservar la línea general y su tradición. El debate doctrinal giraba en torno al texto de Vitruvio, *Los diez libros de arquitectura*, único tratado de arquitectura de la Antigüedad que perduraría hasta esa fecha pero que debía ser analizado más a fondo debido a los puntos oscuros y enigmáticos todavía sin resolver. Claude Perrault recibe el encargo de una nueva traducción del texto de Vitruvio y un riguroso comentario del mismo a partir de 1666 aproximadamente. Pero el resultado no corresponde en absoluto con lo esperado por la Academia. En efecto, Perrault cuestiona el postulado según el cual la belleza de un edificio resulta de la exactitud de sus proporciones: según él, no existen reglas absolutas en materia de proporciones arquitectónicas y la definición de lo «bello» depende de todos y procede de un consenso general. Un concepto tan poco ortodoxo escandalizó y provocó una controversia que duraría largo tiempo. Esta se inscribe directamente en la *Querelle des anciens et des modernes* (*Querella de los antiguos y los modernos*), es decir, en el enfrentamiento entre los defensores del clasicismo y los del barroco, que también se extiende a la literatura y del que Charles Perrault, hermano de Claude, es uno de los protagonistas.

Claude Perrault nace en el seno de una familia de científicos, escritores y arquitectos de renombre. En sus comienzos estudia medicina y física. Ya en los años cincuenta, enseña fisiología y anatomía y, en 1666, se convierte en miembro de la Academia de las Ciencias. Perrault publica varios tratados de física y se convierte al mismo tiempo en uno de los mayores arquitectos del reinado de Luis XIV. Sus conocimientos en ciencias naturales le predestinan a diseñar el Observatorio de París, construido entre 1667 y 1669. También versado en la teoría arquitectónica, es nombrado director del comité para la elaboración de la fachada oriental del Louvre e ingresa en 1672 en la Academia de Arquitectura.

A

Su traducción comentada de Vitruvio, publicada en 1673 y reeditada en 1684, se abre con un frontispicio de enorme expresividad, obra de Sébastien Le Clerc, que aprovecha la oportunidad para hacer, de paso, un poco de publicidad para la obra edificada del autor. En el fondo, las columnatas del Louvre, todavía en obras, y un arco de triunfo monumental diseñado por Perrault y coronado por la estatua ecuestre de Luis XIV son buena prueba de la importante actividad arquitectural del Rey Sol. La alegoría de la arquitectura, representada en una especie de escenario en el primer término, explica los *Diez libros* vitruvianos que sostienen las personificaciones de la escultura, la geometría y la pintura. La arquitectura se dirige a la personificación de Francia, como potencia hegemónica del mundo, sentada en el trono, mientras que *Abundantia* (la abundancia) llama su atención sobre las obras construidas en el segundo término. Una ponencia sobre los motivos del esplendor de Francia en la dedicatoria precisará el aspecto sugerido aquí del florecimiento cultural. A semejanza del siglo de Augusto, la actividad conquistadora llevada a cabo en tiempos de guerra correspondería a una gran actividad arquitectónica en tiempos de paz. Pero Francia es el único país que posee una cultura pletórica de cultura, ciencia y buen gusto, y esta gran cultura también debe traducirse en bellos monumentos. Pero –y he aquí el tema clave del comentario y de las observaciones de Perrault sobre el texto de Vitruvio– ¿qué es la belleza arquitectónica? La belleza es ante todo criterio y suele percibirse como una «fantasía» subjetiva que depende de numerosos factores externos (la moda o el grado de educación, por ejemplo). Para actualizar las reglas racionales que insinúan la belleza, conviene proceder primero a un minucioso análisis filológico de Vitruvio, pero su texto resulta a menudo enigmático y su traducción desacertada en varios puntos. Aun así, Perrault no consigue establecer una definición exacta de las proporciones correctas, pero sí unas pautas selectivas para definir la belleza arquitectónica. Aunque hallamos proporciones absolutas en el cosmos y el cuerpo humano, no ocurre lo mismo en arquitectura. Lo que percibimos como bello en las proporciones de los miembros arquitectónicos no resulta obligatoriamente de la razón lógica o de una ley natural, sino de una aprobación general y de la costumbre. ¿Cómo explicar entonces que algunos detalles arquitectónicos claramente aberrantes sean considerados como bellos por los especialistas? Ni siquiera los arquitectos antiguos, tan venerados, proporcionaron las columnas según el modelo natural formado por el ser humano. Es un error tomar la anatomía humana como referencia para la basa, el fuste y el capitel de una columna, por no señalar que tanto el cuerpo humano como la columna son muy variables y que resulta imposible, por tanto, deducir de ellos proporciones ideales. Por consiguiente, si la percepción de la belleza se realiza según la exactitud de las proporciones, solo puede ser una noción relativa de la belleza, o «belleza arbitraria», según la expresión que emplea Perrault. En otros términos, lo bello es lo que gusta a la mayoría de los hombres que tienen gusto y educación, independientemente de cualquier ley de la naturaleza. Pero la «belleza arbitraria» tiene su corolario, un principio objetivo al que Perrault llama «belleza positiva». Reside en la finalidad utilitaria del edificio, es decir, en la solidez, salubridad y comodidad del mismo. Por tanto, toda evaluación debe tomar en cuenta la relación entre el destino del edificio y su decoración para lograr una verdadera valoración estética. Unas inmensas columnas erigidas delante de un edificio modesto jamás serán bellas, incluso aunque hubiesen respetado todas las reglas tradicionales de la proporcionalidad. Más tarde, en *Ordonnance* Perrault complementa estos criterios objetivos con una serie de cualidades generales, como la riqueza de los materiales, la precisión de la ejecución y la simetría, sin olvidarse de la «magnificencia del edificio».

Semejantes conclusiones resultan «escandalosas» y la reacción no se hace esperar. François Blondel (1675–1683) dedica la totalidad de su tratado *Cours d'architecture* (*Clases de arquitectura*) a rechazar las ideas de Perrault. Pero este último no tira la toalla y vuelve al ataque en su tratado sobre los órdenes, *Ordonnance des cinq espèces de colonnes selon la méthode des anciens*, publicado en 1683: no solo da más cuerpo a sus argumentos sino que arremete contra la campaña de medición de los monumentos romanos encargada a Antoine Desgodets. Para Perrault, resulta totalmente inútil dado que no se ha podido establecer ninguna ley obligatoria de proporciones a pesar de la precisión de esa evaluación. Así pues, no existiría ninguna norma al respecto y el sistema de medidas sumamente complejo y puntilloso prescrito por Blondel solo puede parecer absurdo. En cambio, Perrault propone para cada orden arquitectónico un conjunto de sencillos valores modulares, de números enteros, que representan de alguna manera los valores medios calculados a partir de los sistemas de medidas empleados hasta entonces. Dichos valores medios constituyen una especie de regla aproximada en la que pueden basarse los arquitectos contemporáneos, a semejanza de sus compañeros de la Antigüedad, y caer, por ello, en la pedantería esquemática.

CF

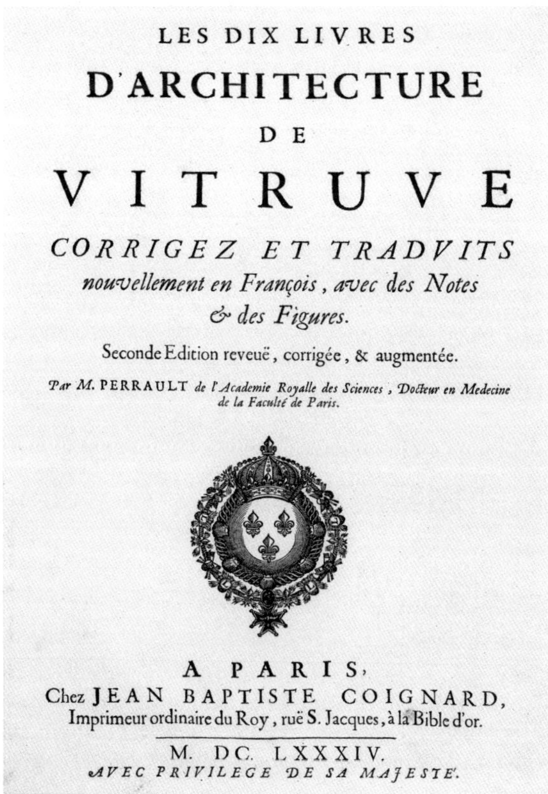
LES DIX LIVRES
D'ARCHITECTURE
DE
VITRUVE
CORRIGEZ ET TRADVITS nouvellement en François, avec des Notes & des Figures.
Seconde Edition reveuë, corrigée, & augmentée.
Par M. PERRAULT *de l'Academie Royalle des Sciences, Docteur en Medecine de la Faculté de Paris.*
A PARIS,
Chez JEAN BAPTISTE COIGNARD, Imprimeur ordinaire du Roy, ruë S. Jacques, à la Bible d'or.
M. DC. LXXXIV.
AVEC PRIVILEGE DE SA MAJESTE'.

Vista de la sala de las cariátides del Louvre
Las estatuas, realizadas en 1550/51, son una fiel reproducción de las cariátides del vestíbulo del Erecteion en la Acrópolis. *2ª edición, París, 1684, lám. 5. Grabado sobre cobre*

Reproducción del templo de Diana en Éfeso
Perrault logra aquí una magnífica reproducción de un díptero con una hilera de columnas jónicas, y no dóricas, como solía ser el caso.
2ª edición, París, 1684, lám. 13. Grabado sobre cobre

Esbozo del capitel corintio

Representación de un cuadro muy anecdótico de la génesis del capitel: una urna funeraria abandonada, atrapada en una planta de acanto salvaje en pleno crecimiento.

2ª edición, París, 1684, lám. 23. Grabado sobre cobre

Basa, capitel, entablamento y detalles del orden jónico
Las ilustraciones en las páginas 187-189 muestran las columnas de los órdenes jónicos, corintio y compuesto. Las láminas están compuestas de tal manera que se despliegan para poder ser vistas unas junto a otras y comparadas. *Lám. 4. Grabado sobre cobre de Chastillon*

Basa, capitel, entablamento y detalles del orden corintio
Lám. 5. Grabado sobre cobre de Chastillon

Basa, capitel, entablamento y detalles del orden compuesto
Lám. 6. Grabado sobre cobre de Chastillon

François Blondel (1618–1686)
Cours d'architecture
5 PARTES, PARÍS, 1675–1683
Clases de arquitectura

En la historia de la teoría arquitectónica, François Blondel es considerado el jefe de filas de la tendencia conservadora en la *Querelle des anciens et des modernes* (*Querella de los antiguos y los modernos*) que enfrentó a los representantes del clasicismo con los del barroco a finales del siglo XVII. Blondel pone toda la carne en el asador para demostrar que ya existía en la Antigüedad la idea de una arquitectura bella y armoniosa, regida por unos principios absolutos. No obstante, no debe caerse en una interpretación errónea: la búsqueda de un canon arquitectónico unívoco, emprendida en el marco de la Real Academia de Arquitectura recién creada, no se reduce a la simple consagración de las reglas antiguas, sino que también procede del redescubrimiento de la historia y de la riqueza de las soluciones arquitectónicas imaginadas en cada época.

Blondel nace en Ribémont en 1618 y fallece en París en 1686. Empieza su carrera en el ejército, donde seguramente recibe una formación de arquitecto. Primero trabaja como ingeniero militar encargado de las obras de construcción y, posteriormente, a partir de mediados de siglo, desempeña el cargo de preceptor junto a varios ministros, incluido Colbert; viajero empedernido, le encargan la construcción de fortificaciones en varios países europeos y en las Antillas. Colbert lo elige en 1671 para dirigir la Real Academia de Arquitectura que acaba de crear; tiene el cometido de elaborar una teoría arquitectónica que debe, por una parte, establecer normas vigentes y, por otra parte, actualizar los motivos de la hegemonía francesa, en concreto en el campo de la arquitectura. Para ello, lanzan en 1674 una campaña de medición y trazados de los monumentos antiguos bajo la dirección de Antoine Desgodets; los resultados se publican en 1667 y 1695 en unas colecciones de grabados sobre cobre muy detallados. Por otra parte, Claude Perrault (1613–1688) lleva a cabo una nueva traducción comentada de los *Diez libros de arquitectura* de Vitruvio, basada en un análisis filológico del texto. Pero Perrault llega a una conclusión inesperada: la belleza en arquitectura no procede de una norma absoluta sino de un consenso general de la comunidad. Roland Fréart de Chambray se

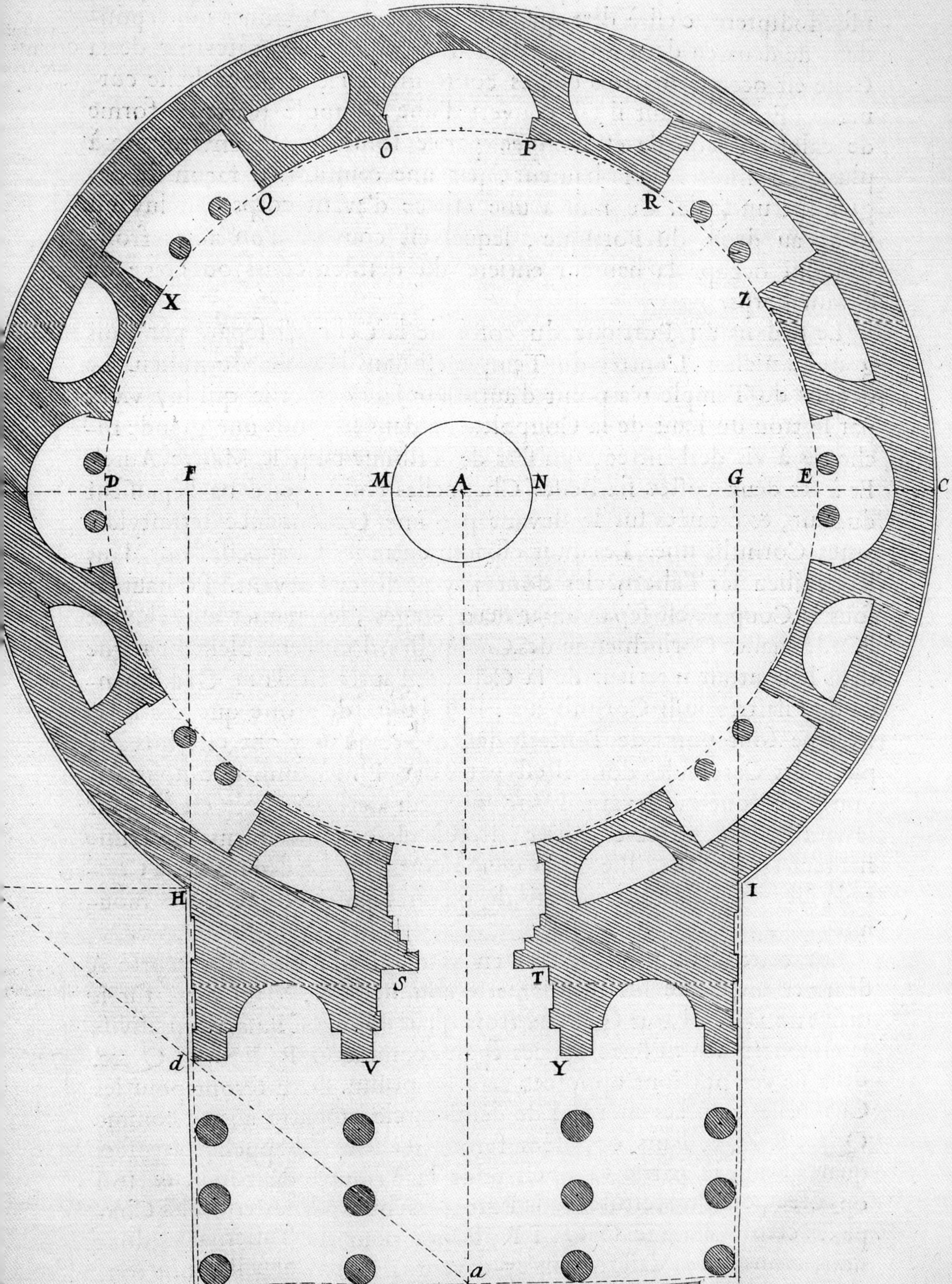
O
P
Q
R
X
Z
D
F
M
A
N
G
E
C
H
I
S
T
d
V
Y
a
K
L

opone claramente a esta postura «moderna y escandalosa» en su tratado de 1650, en el que se basa Blondel para sus clases de arquitectura. De 1675 a 1683, este publica su tesis en *Cours d'architecture* que se reedita en 1698. Para él, los órdenes que son autoridad tienen por origen los autores antiguos y los relaciona en una serie de números infinitos para conseguir unos sistemas de medidas válidos. Se las ingenia en varias ocasiones para desacreditar las ideas de Perrault al oponerle argumentos algo triviales o capciosos. Pero lo más importante para Blondel reside en su afán por mostrar un desarrollo a partir de un modelo original obtenido de la naturaleza: la cabaña primitiva, descrita por Vitruvio, que recrea en forma de una estructura compuesta por cuatro troncos de árboles y una cubierta de ramas. Solo razonando a partir de esta idea de una evolución es posible plantear el principio de la perfectibilidad de la arquitectura. Y solo ateniéndose a este principio es posible explicar clara y razonablemente la superioridad artística del siglo de Luis XIV (reinado 1643–1715), incluso sobre la Antigüedad. Los principios de imitación y depuración sirven a partir de ahora como fundamento para la evolución y evaluación de la arquitectura. Los primeros hombres imitaron y perfeccionaron la naturaleza cuando construyeron la cabaña primitiva; los griegos hicieron lo mismo para levantar sus templos. Sin embargo, aunque Blondel es muy respetuoso con lo antiguo, no lo es de forma incondicional. Al contrario, observa errores y divergencias entre los constructores antiguos. Ya en aquella época las viejas reglas estaban potencialmente amenazadas y eso justificaba para él que se codificaran cuanto antes. La consiguiente representación de los órdenes, demasiado minuciosa puesto que abarca todas las partes y proporciones, pertenece a una historia evolutiva que cae en decadencia en la Edad Media. Pero esta decadencia no es absoluta ya que Blondel logra encontrar hermosas proporciones en algunos edificios góticos. Sin embargo, los buenos principios recobran toda su vitalidad bajo Francisco I (reinado 1515–1547) y alcanzan finalmente un alto grado de perfección en el siglo de Luis XIV. Según el principio que afirma que incluso la Antigüedad siguió perfeccionando una arquitectura primitiva íntimamente ligada a la naturaleza, a la vez que la imitaba, los arquitectos contemporáneos tienen la obligación de no limitarse a una imitación superficial sino de continuar la obra de perfeccionamiento y refinamiento emprendida por sus antecesores. Así pues, resulta posible, o sencillamente necesaria, la creación de un orden francés, basado en el último orden creado, el compuesto, para esta nueva época de esplendor. A semejanza de los grandes imperios del mundo antiguo que tuvieron sus propios órdenes —los griegos con el dórico, jónico y corintio y los romanos con el compuesto—, Francia debía poseer un orden que empleara y perpetuara con sobriedad las viejas reglas, conforme al espíritu del concurso lanzado por Colbert en 1671 para la creación de un orden nacional.

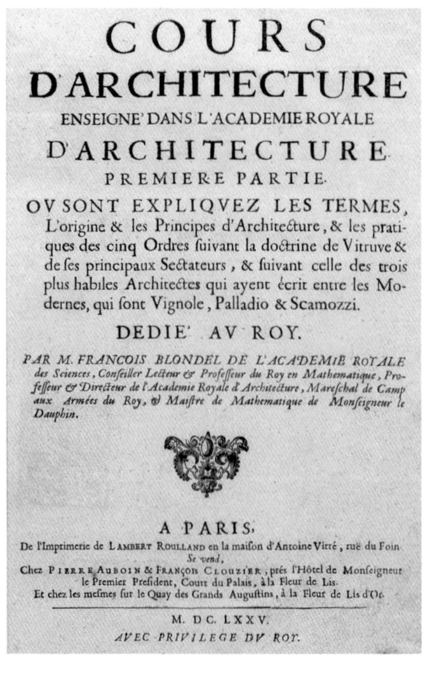
COURS
D'ARCHITECTURE
ENSEIGNE' DANS L'ACADEMIE ROYALE
D'ARCHITECTURE
PREMIERE PARTIE.
OV SONT EXPLIQVEZ LES TERMES,
L'origine & les Principes d'Architecture, & les pratiques des cinq Ordres suivant la doctrine de Vitruve & de ses principaux Sectateurs, & suivant celle des trois plus habiles Architectes qui ayent écrit entre les Modernes, qui sont Vignole, Palladio & Scamozzi.
DEDIE' AV ROY.
PAR M. FRANCOIS BLONDEL DE L'ACADEMIE ROYALE des Sciences, Conseiller Lecteur & Professeur du Roy en Mathematique, Professeur & Directeur de l'Academie Royale d'Architecture, Mareschal de Camp aux Armées du Roy, & Maistre de Mathematique de Monseigneur le Dauphin.
A PARIS,
De l'Imprimerie de LAMBERT ROULLAND en la maison d'Antoine Vitré, ruë du Foin
Se vend,
Chez PIERRE AUBOIN & FRANÇOIS CLOUZIER, prés l'Hôtel de Monseigneur le Premier President, Court du Palais, à la Fleur de Lis.
Et chez les mesmes sur le Quay des Grands Augustins, à la Fleur de Lis d'Or.
M. DC. LXXV.
AVEC PRIVILEGE DV ROY.

A pesar de la controversia que le enfrenta a sus adversarios sobre la belleza arquitectónica, Blondel coincide con ellos en un punto: la calidad arquitectónica también depende de la técnica de construcción y de la funcionalidad práctica. Reconocen así que la arquitectura debe responder a los nuevos imperativos de la construcción: desde el siglo XVII, se hace patente una evolución de las necesidades de ceremonial, así como una creciente exigencia por la comodidad de la vivienda y la representación, algo que se convertirá en una constante fundamental en los debates sobre arquitectura en la Francia del siglo XVIII. Incluso en cuanto a la estética arquitectónica, la postura «conservadora» de Blondel no dejará de tener sus consecuencias. Tanto para él como para el modernismo neoclásico francés del siglo XX, la conjunción de la autoridad de los principios antiguos con su depuración y actualización representa la fórmula ideal para renovar constantemente una tradición específicamente francesa. La teoría arquitectónica alemana de la década de 1700 aproximadamente, cuyos representantes son Nikolaus Goldmann (1611–1665), Leonhard Christoph Sturm (1669–1719) y Christian Wolff (1679–1754), también retoma la postura de Blondel con el fin de diseñar una estética arquitectónica absoluta, ligada a la formulación matemática.

CF

Ilust. p. 191
Planta del Panteón romano
Blondel destaca el carácter ejemplar del edificio: la planta es perfectamente regular y homogénea, las proporciones geométricas son armoniosas. *Parte V, p.750. Aguafuerte*

Origen de los capiteles
En una necrópolis antigua, un personaje dibuja los coronamientos de las estelas funerarias, modelos de los capiteles clásicos. *Frontispicio, parte II. Aguafuerte de Broebel*

Formas arquitectónicas, «cabaña primitiva» y orden dórico
Los mismos principios arquitectónicos rigen el mítico modelo primitivo de la arquitectura y los órdenes arquitectónicos modernos. *Parte I, lám. 1. Aguafuerte*

606 COURS D'ARCHITECTURE.

LIVRE XII CHAP. II. qu'ils êtoient trop vilains. La hauteur de l'entablement ſans le fronton eſt à peu prés la cinquiéme partie de toute l'Ordonnance.

Porte S.t Antoine.

Meſures des Ouvrages ajoutez.

Cecy poſé, voicy les meſures des Ouvrages que j'y ay fait ajouter. J'ay fait prendre de chaque côté, ſur le même alignement, une longueur égale à la moitié de la largeur entiere de la vieille Porte, que j'ay fait fonder & élever dans le foſſé de part & d'autre, auſſi bien que le Pont dormant de l'avenüe du côté du Fauxbourg; laquelle par ce moyen ſe trouve de neuf toiſes entre deux parapets, & qui s'élargiſſant pour faire face aux rües du Fauxbourg, donne un grand dégagement, & toute la facilité que l'on ſçauroit ſouhaiter pour le paſſage. Cette longueur ajoutée, comme je dis, de chaque côté de la vieille Porte étant diviſée en p. 3, donne p. 1 pour la largeur de la pile du coin, & p. 2 pour celle de l'ouverture de la baye avec ſes alettes, qui ont chacune $\frac{1}{11}$ de celle de la baye, c'eſt à dire que toute cette largeur étant diviſée en p. 13, il y a p. 1 pour chaque alette qui ſe trouve par ce moyen égale à celles de la vieille Porte, & p. 11 pour l'ouverture de la baye.

Diviſion de la largeur.

Proyecto del pórtico de San Antonio en París

El uso exclusivo del orden dórico sirve para traducir la capacidad de defenderse y la fuerza.

Parte IV, p. 606. Aguafuerte

Jacques-François Blondel (1705/08–1774)

Architecture françoise

4 VOLS., PARÍS, 1752–1756

Arquitectura francesa

Cours d'architecture ou Traité de la Décoration, Distribution & Construction des Bâtiments

Curso de arquitectura o Tratado de decoración, distribución y construcción de edificios

La obra teórica de Jacques-François Blondel, que ya se había impuesto en su momento como modelo de un concepto racionalista de la arquitectura, ejercerá una notable influencia sobre los arquitectos racionalistas franceses del siglo XX. La ambición didáctica de Blondel, tanto en su actividad práctica como teórica –de la que es buena prueba el título de su obra *Cours d'architecture ou Traité de la Décoration, Distribution & Construction des Bâtiments contenant les leçons données en 1750 & les années suivantes* (*Curso de arquitectura o Tratado de decoración, distribución y construcción de edificios que incluye las clases impartidas en 1750 y los años posteriores*)–, pertenece a una tradición que busca un sistema absoluto de normas basado en la racionalidad de la formación académica.

Nacido en 1705 o 1708, en Rouen o París, practica el grabado desde muy joven además de la arquitectura; ejecuta, por ejemplo, a partir de 1727, varias planchas de la obra *Architecture françoise* (*Arquitectura francesa*), publicada por el editor Pierre-Jean Mariette. Publica sus primeros escritos teóricos sobre arquitectura en 1737 y abre de 1739 a 1740 la «Escuela de las Artes», que pronto reconocerá la Real Academia de Arquitectura. Los cuatro volúmenes de *Architecture françoise ou Recueil des Plans, Elévations, Coupes et Profils des Eglises, Maisons royales, Palais, Hôtels et Edifices les plus considérables de París* (*Arquitectura francesa o Compendio de plantas, alzados, secciones y perfiles de las iglesias, casas reales, palacios, hoteles y los más notables edificios de París*), editados en formato grande entre 1752 y 1756, muestran los grandes edificios parisinos de los siglos XVII y XVIII y serán ampliados con los artículos que escribirá Blondel para la enciclopedia de Diderot y D'Alembert (1751–1772). Blondel ingresa en la Academia de Arquitectura en 1755 y empieza a recibir numerosos encargos. Entre otras cosas le piden la remodelación de la ciudad de Metz y la mejora de Estrasburgo, que sin embargo no consigue llevar a cabo totalmente. Aunque es nombrado profesor de la Academia en 1762, permanece fiel a su escuela, donde sigue enseñando y concibiendo los planos de grandes proyectos arquitectónicos, como por ejemplo para Moscú o Alemania. Los cuatro volúmenes de *Cours d'architecture*, una recopilación de sus ponencias, salen a la luz a partir de 1771 y su alumno Pierre Patte continuará su obra tras su muerte hasta la edición completa en 1777.

El tratado *Architecture françoise*, ilustrado con espléndidas planchas en volúmenes separados, es una segunda edición de la publicación de Jean Mariette fechada en 1727, pero ampliada con un historial de la arquitectura, la historia de la ciudad de París y una introducción a los principios

MAISON ET BUREAU DES
MARCHANDS DRAPIERS
A
D
D

fundamentales de la arquitectura. El libro *Cours d'architecture* retoma estas cuestiones con algunas digresiones y repeticiones. Blondel es muy consciente de la riqueza de las soluciones arquitectónicas que se han imaginado en cada época y en cada rincón del mundo. Por ello, definir qué es una buena arquitectura dependerá del buen gusto, una noción también difícil de establecer. Sin embargo, siempre debe prevalecer la búsqueda de una hermosa «ordenación» que corresponda a la finalidad del edificio: resulta de la armonía de todos los elementos, la conformidad a las leyes de la naturaleza; asimismo responde a las exigencias de la razón y gusta sin más. Pero para conseguir una calidad de esa naturaleza es preciso conocer las reglas correctas de la arquitectura y no seguir las modas pasajeras o la imaginación fantasiosa. Aunque Blondel también considera, por supuesto, que el ideal de belleza se halla en los modelos antiguos, no se trata, según él, de realizar una copia servil. Las condiciones históricas y geográficas de Francia no son las mismas que las de Grecia o Roma. Lo esencial es lograr que la apariencia de una arquitectura sea armoniosa con la construcción y sobre todo con la distribución interior, que debe ser cómoda, y con la función del edificio. La creación de una fachada no plantea ningún problema en sí; sin embargo, no resulta fácil dejar entrever el destino social y la distribución interior del edificio mediante la ordenación y el tratamiento decorativo de la fachada. El principio de «conveniencia», es decir, la relación entre el destino del edificio y el carácter que este expresa, permite conseguirlo. Entiende por «carácter» una cualidad expresiva que funciona de la misma manera que el lenguaje verbal y que puede poseer una variedad inusual. Así pues, hay caracteres enigmáticos y caracteres audaces, caracteres femeninos y caracteres superficiales. Una nueva cultura de la conversación, que pretende extender el redescubrimiento del alma humana también a la arquitectura, se pone aquí de manifiesto. La voluntad de conferir al perfil del entablamento unas cualidades expresivas fisonómicas es fruto de esta misma idea. En la obra de Boffrand, las cornisas dibujadas según Palladio, Scamozzi y Vignola presentan perfiles masculinos. Pero el sistema lingüístico del carácter también decide el valor artístico del proyecto, ya que la ordenación de los elementos arquitectónicos debe ser lo bastante armoniosa como para expresar una especie de «poesía muda». Entonces, y solo entonces, se cumple el más elevado criterio de calidad: una arquitectura de «estilo auténtico».

La exigencia, claramente expresada, que obliga a un tratamiento de los edificios con el vocabulario arquitectónico de los motivos respetuoso de las reglas de construcción basadas en la naturaleza, por tanto en la razón, exige la elaboración de un voluminoso catálogo de soluciones problemáticas y excesivas: pesado sobre ligero; columnas o pilastras elevadas en varios niveles o superpuestas alternativamente; disonancia entre pilastras y columnas sueltas; motivos de soporte que coinciden; frontón que rompe el entablamento; frontones acoplados los unos encima de los otros o los unos en los otros; segmentos de muros más estrechos que las ventanas; ventanas más anchas que altas. Tantas soluciones se contraponen a la claridad de una construcción razonablemente ordenada y cuyo prototipo consiste en un armazón cubierto por un techo con un aguilón protector. Pero Blondel sabe muy bien lo difícil que resulta atenerse permanentemente a este riguroso programa. Por eso el arquitecto necesita artificios para mantener la inteligibilidad de la exigencia de la construcción razonable. Para ello, es preciso hacer una distinción entre la «verdadera» arquitectura y una arquitectura «verosímil», a veces necesaria para conseguir algunos efectos de fachada, como equilibrar efectos ópticos, por ejemplo. El principio es el mismo aquí también: no deben seguirse las reglas de manera arbitraria; al contrario, lo que él llama el «razonamiento» del buen arquitecto se manifiesta en su capacidad para diseñar una arquitectura «verosímil» sin vulnerar los principios de la «verdadera» arquitectura. Blondel apela a una arquitectura de «noble sencillez» toda vez que la «conveniencia» requiere una limitación necesaria y adecuada.

Es evidente que las distintas exigencias requeridas por Blondel para una buena arquitectura no resultaban fáciles de llevar a cabo. Sin embargo, su ambición por alcanzar una perfecta unión entre la función, el uso y la decoración, basada en la razón y rápidamente perceptible como tal, explica por qué los arquitectos franceses del siglo XX, entre quienes figura Auguste Perret (1874–1954), el arquitecto del hormigón, verán en Blondel al primer teórico de la arquitectura neoclásica y una referencia. Blondel no solo fue el último teórico en reconocer la total validez de la sintaxis de las columnas clásicas y en recuperarla enfrentándose a la arquitectura «irracional» y extravagante del rococó, sino que también fue el último en erigir una gran teoría de la arquitectura antes de la caída del Antiguo Régimen. Los «buenos» modernistas franceses quisieron retomar su doctrina, saltándose voluntariamente el siglo XIX, e intentaron combinar las reglas clásicas que defendía con los nuevos materiales.

CF

Ilust. p. 197
Casa de los pañeros en París
Blondel critica la fachada, compuesta seguramente por Libéral Bruant hacia 1650, por su decoración recargada y sus ventanales demasiado grandes.
Tomo III, lám. 307. Grabado sobre cobre

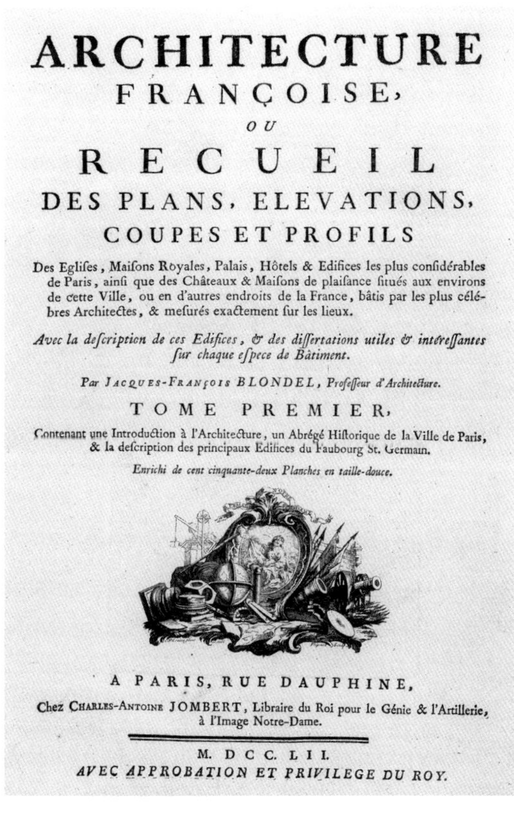

ARCHITECTURE
FRANÇOISE,
OU
RECUEIL
DES PLANS, ELEVATIONS,
COUPES ET PROFILS

Des Egliſes, Maiſons Royales, Palais, Hôtels & Edifices les plus conſidérables de Paris, ainſi que des Châteaux & Maiſons de plaiſance ſitués aux environs de cette Ville, ou en d'autres endroits de la France, bâtis par les plus célébres Architectes, & meſurés exactement ſur les lieux.

Avec la deſcription de ces Edifices, & des diſſertations utiles & intéreſſantes ſur chaque eſpece de Bâtiment.

Par JACQUES-FRANÇOIS BLONDEL, *Profeſſeur d'Architecture.*

TOME PREMIER,

Contenant une Introduction à l'Architecture, un Abrégé Hiſtorique de la Ville de Paris, & la deſcription des principaux Edifices du Faubourg St. Germain.

Enrichi de cent cinquante-deux Planches en taille-douce.

A PARIS, RUE DAUPHINE,
Chez CHARLES-ANTOINE JOMBERT, Libraire du Roi pour le Génie & l'Artillerie, à l'Image Notre-Dame.

M. D C C. L I I.
AVEC APPROBATION ET PRIVILEGE DU ROY.

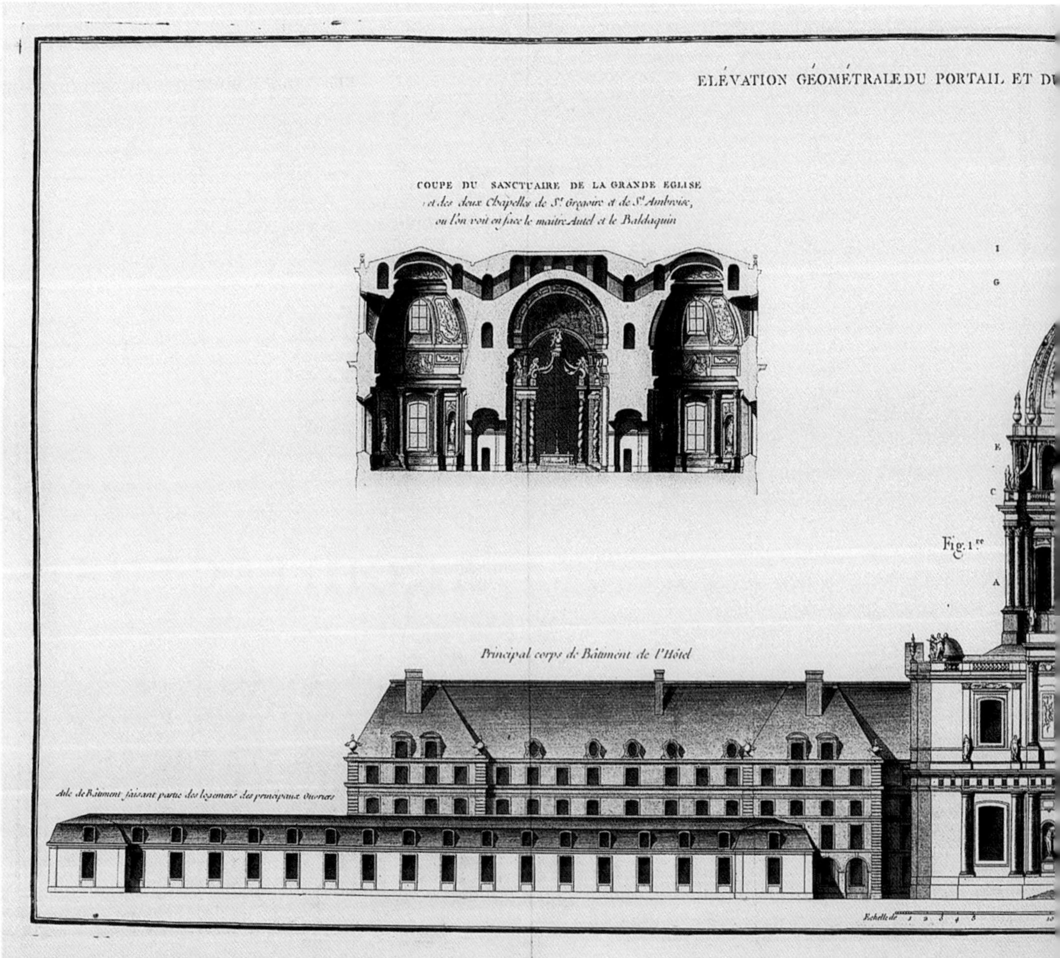

Fachada del domo de los Invalides de París
El edificio, con una cúpula monumental y levantado de 1680 a 1690, había sido destinado a albergar en principio la tumba de Luis XIV y las reliquias de san Luis (fallecido en 1270).
Tomo I, lám. 8. Grabado sobre cobre de Blondel

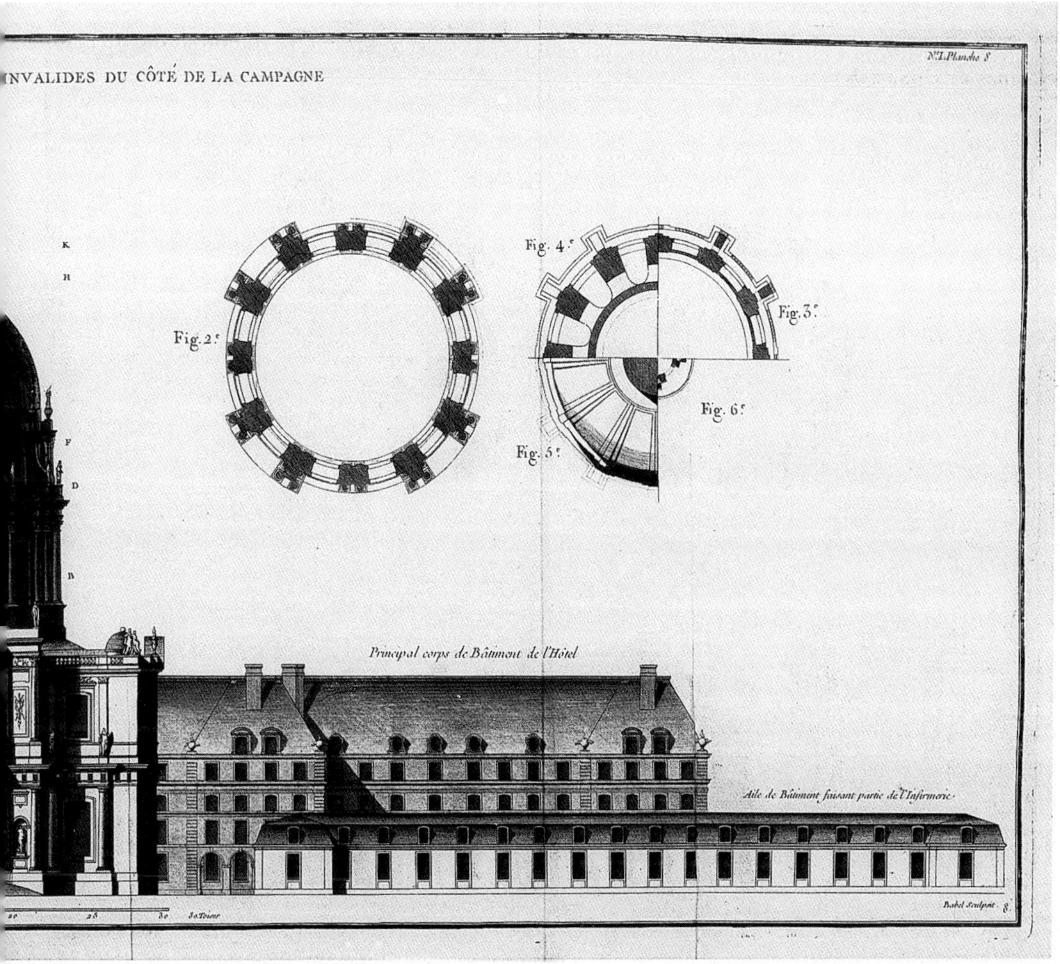
NVALIDES DU CÔTÉ DE LA CAMPAGNE
N.°I. Planche 8
Fig. 2.e
Fig. 4.e
Fig. 3.e
Fig. 6.e
Fig. 5.e
K
H
F
D
B
Principal corps de Bâtiment de l'Hôtel
Aile de Bâtiment faisant partie de l'Infirmerie
Babel Sculpsit.

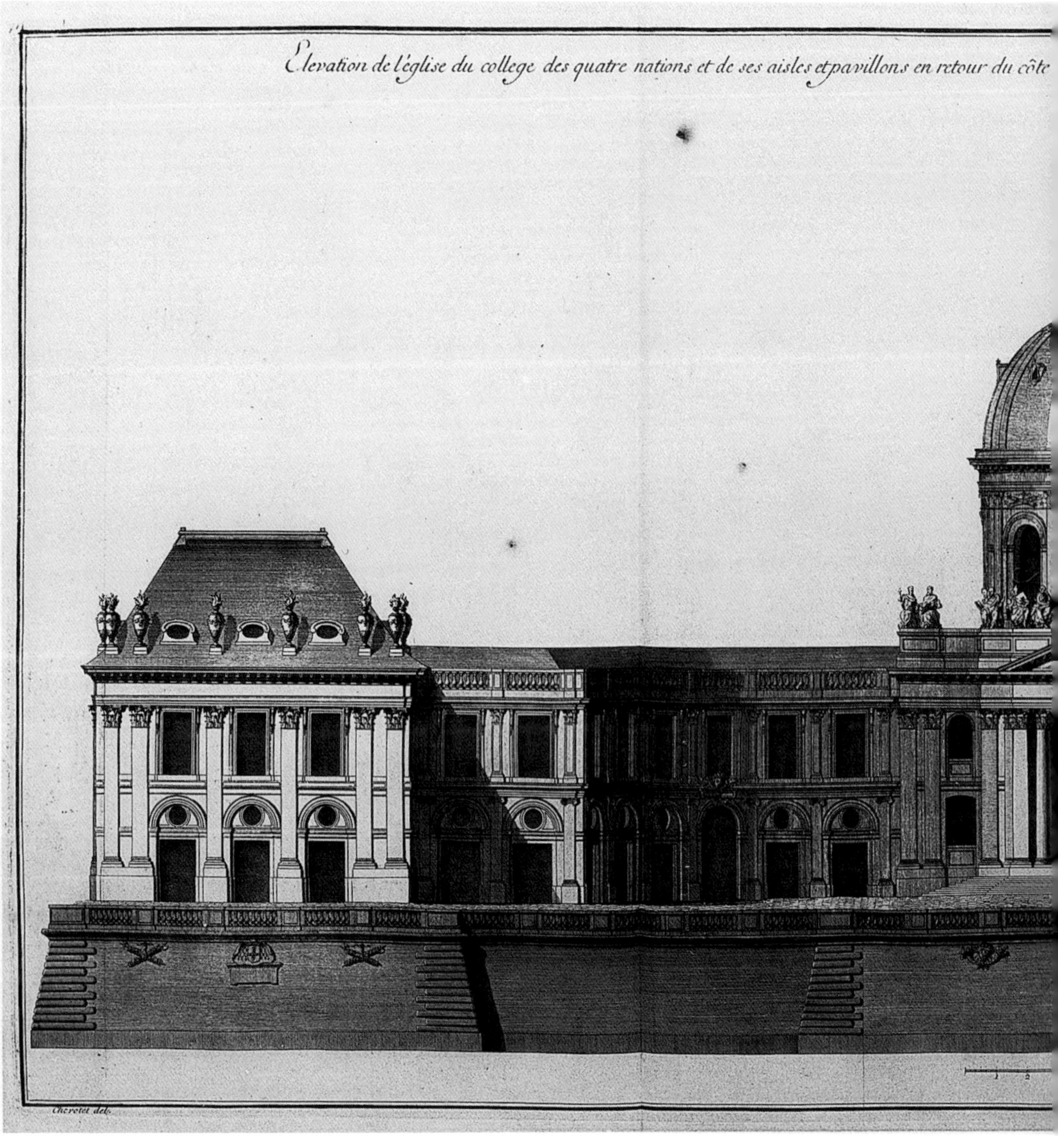

Fachada del patio del colegio de las Cuatro Naciones
Le Vau fue el encargado de construir el colegio (1663–1674), fundado por el cardenal Mazarino para becarios extranjeros. Hoy día alberga el Instituto de Francia.
Tomo II, lám. 156. Grabado sobre cobre de Blondel

LIV. III. N°. I. Pl. 4.
la fondation du Cardinal Mazarin et baties sur les desseins de Louis le Vau premier Architecte du Roi.
10 toises
156
Fr. Blondel sculp.

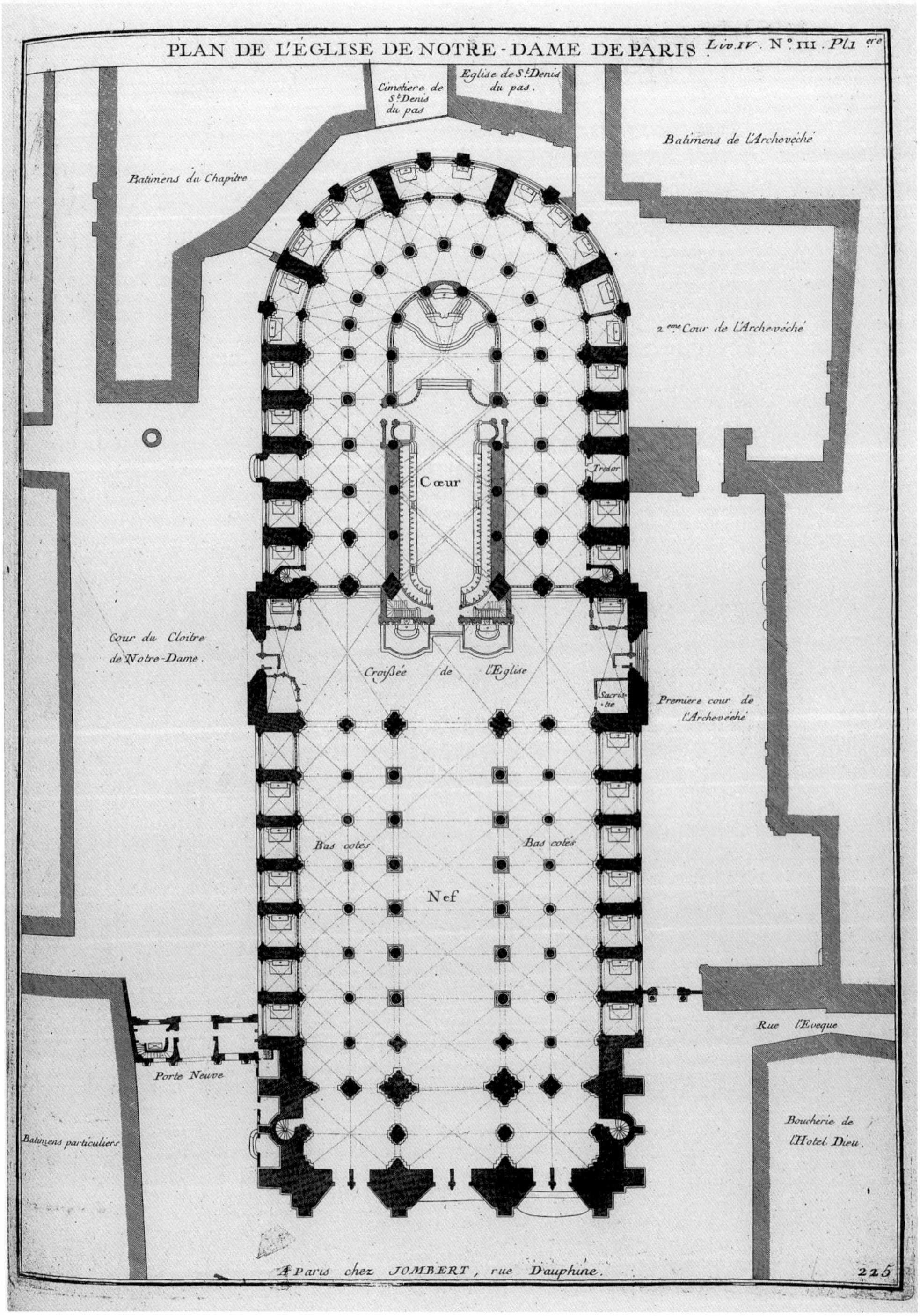

Planta de Notre-Dame de París
El esbozo de la principal iglesia gótica de la ciudad destaca por la amplitud de los detalles.
Tomo II, lám. 225. Grabado sobre cobre

Arco de triunfo para Luis XIV
El monumental arco de triunfo de Claude Perrault empezó a levantarse en 1670, continuó en forma de construcción de madera y yeso y fue desmontado en 1716. *Tomo II, lám. 262. Grabado sobre cobre*

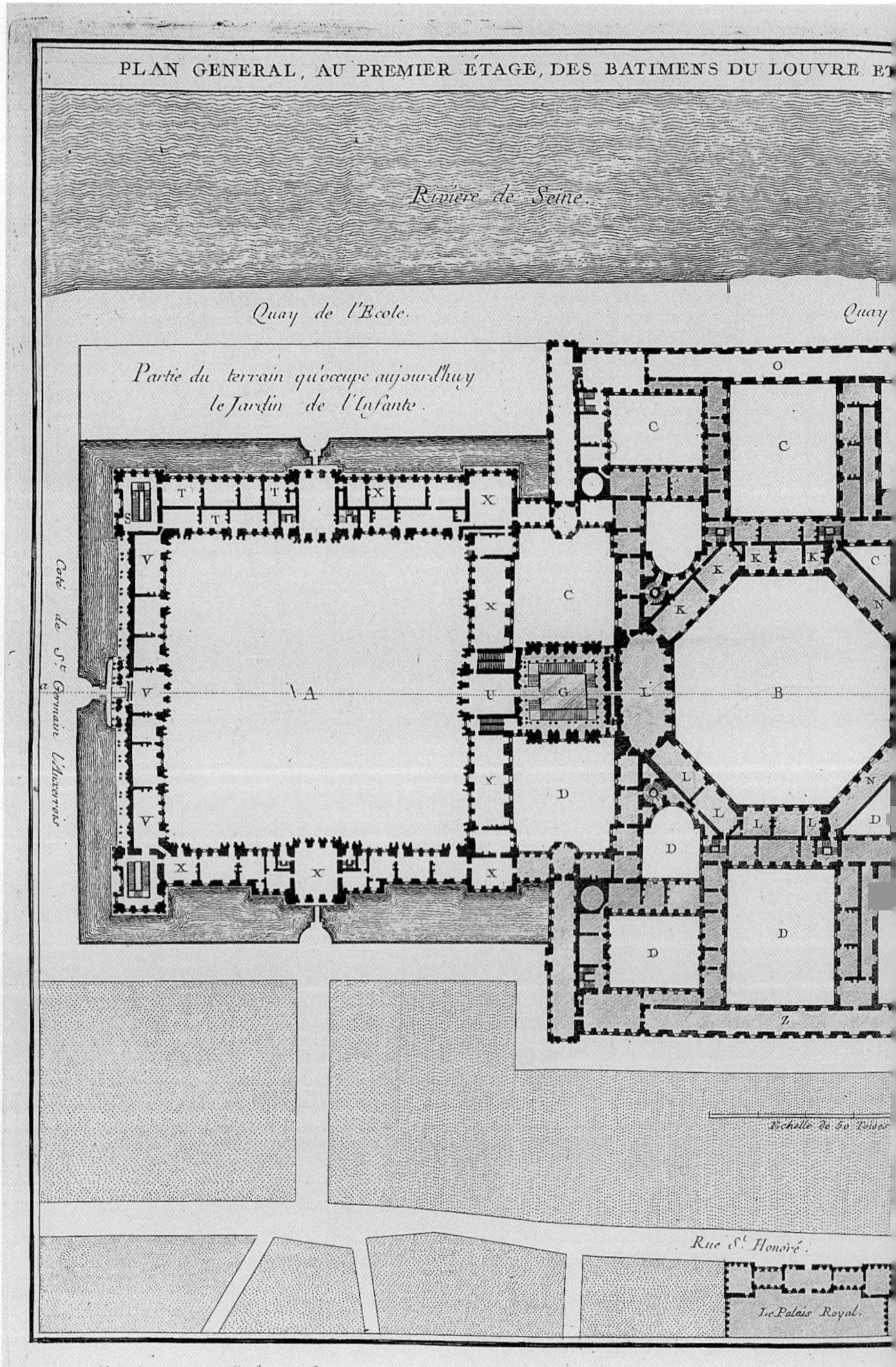

Planta para la ampliación del Louvre por Claude Perrault
El tratado de Blondel expone minuciosamente los proyectos que debían de unir las Tullerías (derecha) con el Louvre. *Tomo IV, lám. 442. Grabado sobre cobre*

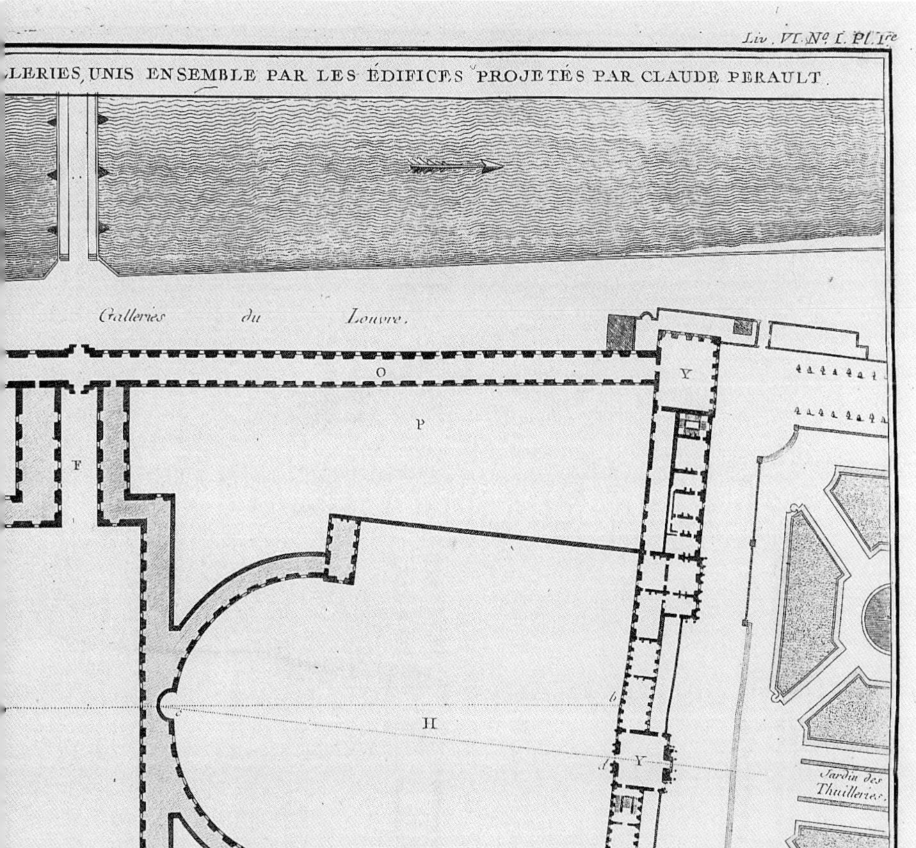
Liv. VI. No. I. Pl. 1re
LERIES, UNIS ENSEMBLE PAR LES ÉDIFICES PROJETÉS PAR CLAUDE PERAULT.
Galleries du Louvre.
O
Y
P
F
H
Y
Jardin des Thuilleries.
F
P
R
Z
Y
Rue de Richelieu.
442

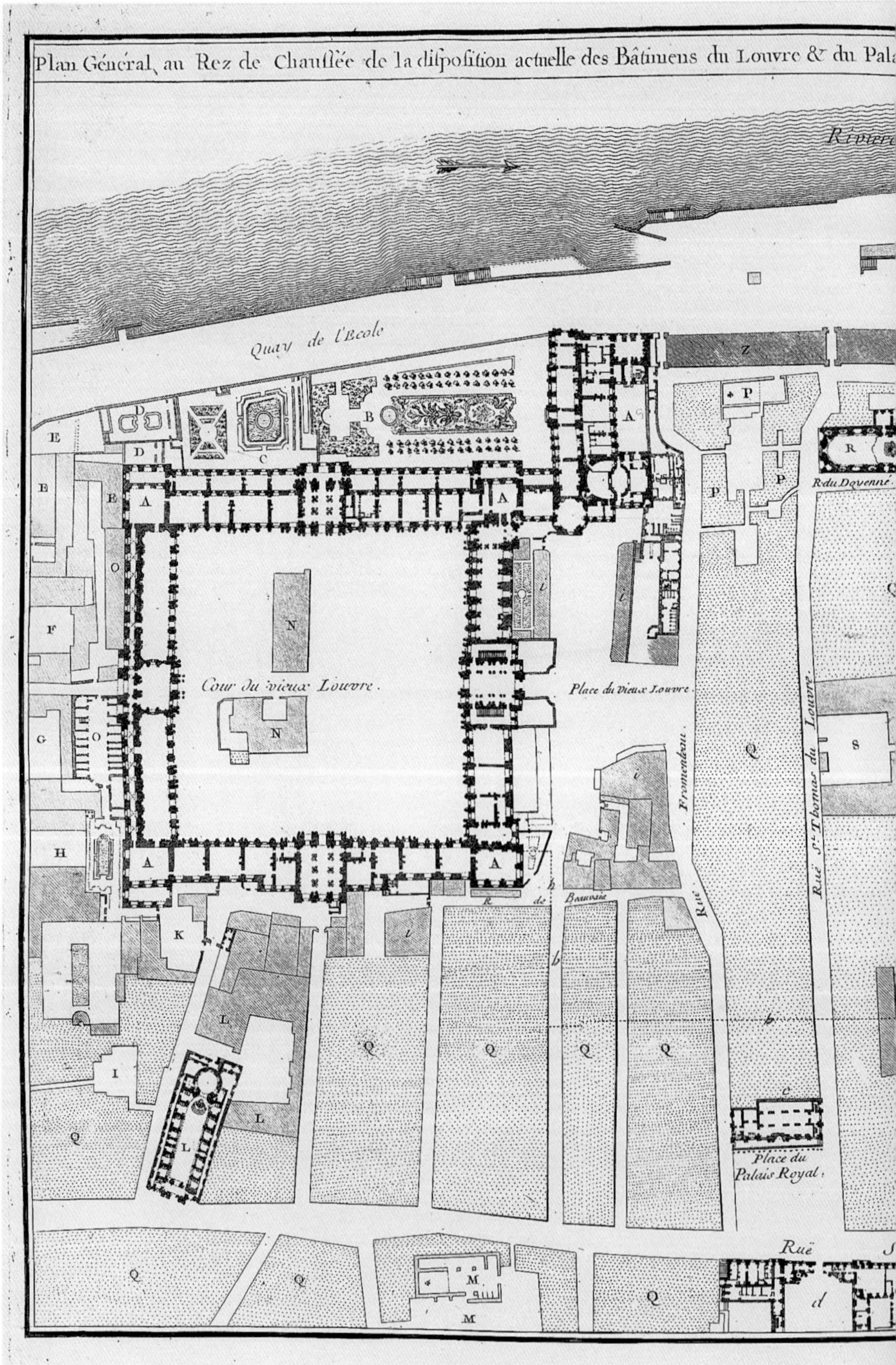

Barrio del Louvre y palacio de las Tullerías, segunda mitad del siglo XVIII
El grabado muestra la amplia articulación entre ambos castillos.
Tomo IV, lám. 445. Grabado sobre cobre

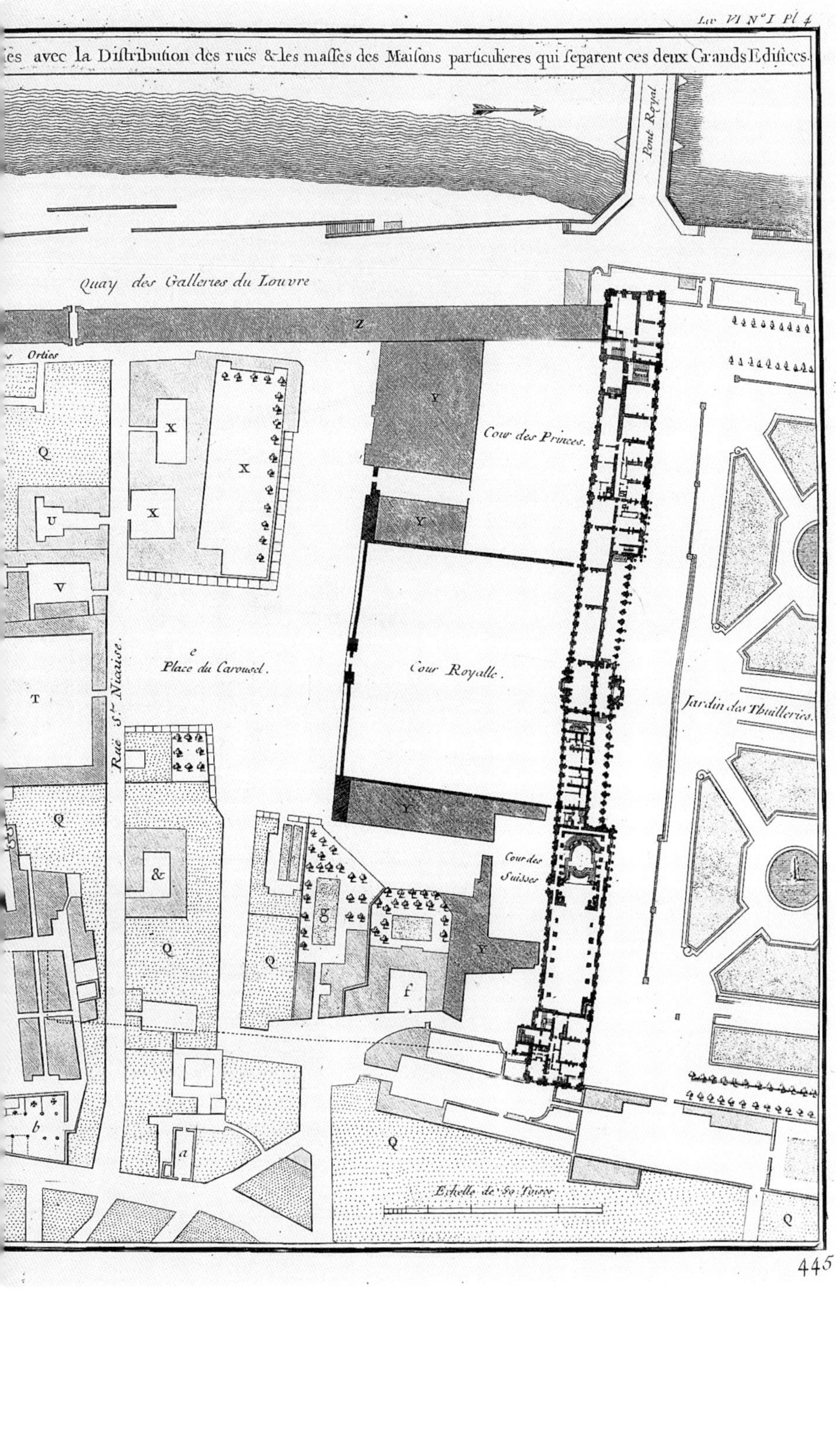
Liv. VI N.° I Pl. 4
...ées avec la Distribution des ruës & les masses des Maisons particulieres qui separent ces deux Grands Edifices.
Pont Royal
Quay des Galleries du Louvre
Cour des Princes.
Place du Carousel.
Ruë S.t Niaise.
Cour Royalle.
Jardin des Thuilleries.
Cour des Suisses
Echelle de 50 Toises
445

Fachada oriental del Louvre
Bernini también presentó varias propuestas para la fachada oriental del Louvre que provocaron acaloradas discusiones sobre una verdadera arquitectura francesa.
Tomo IV, lám. 449. Grabado sobre cobre

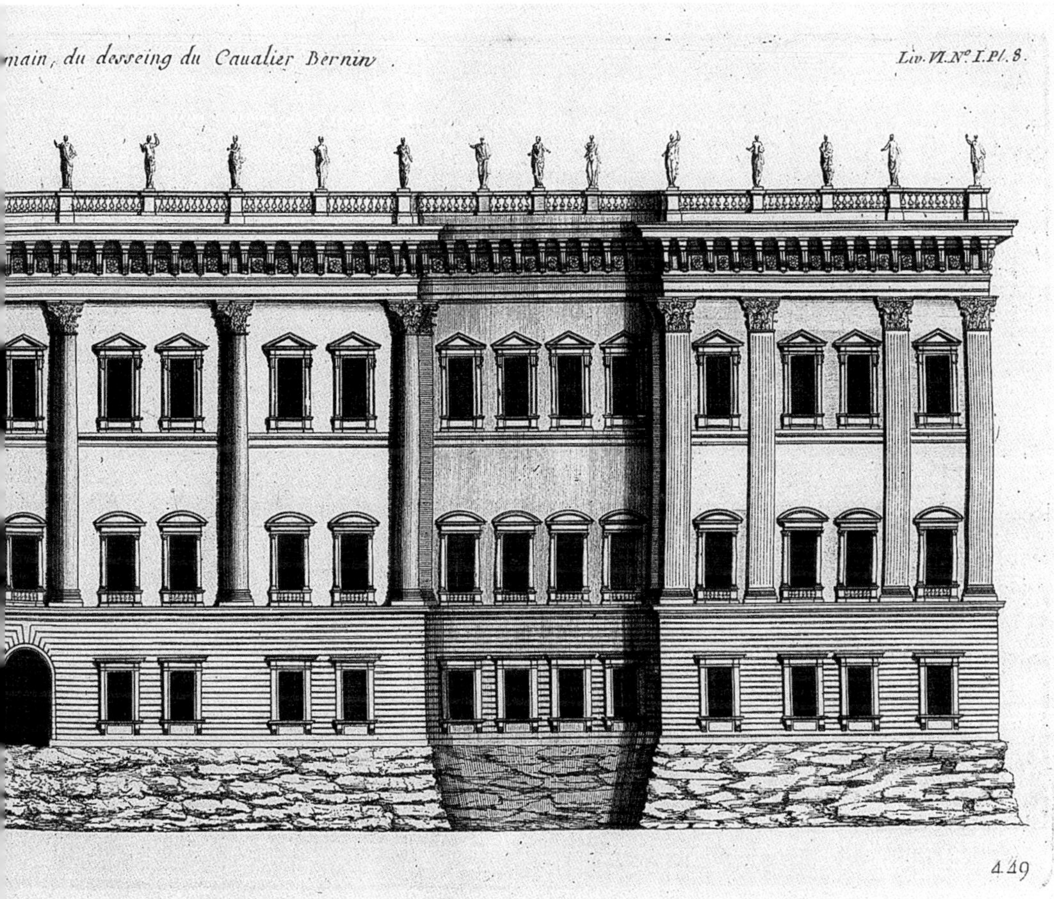

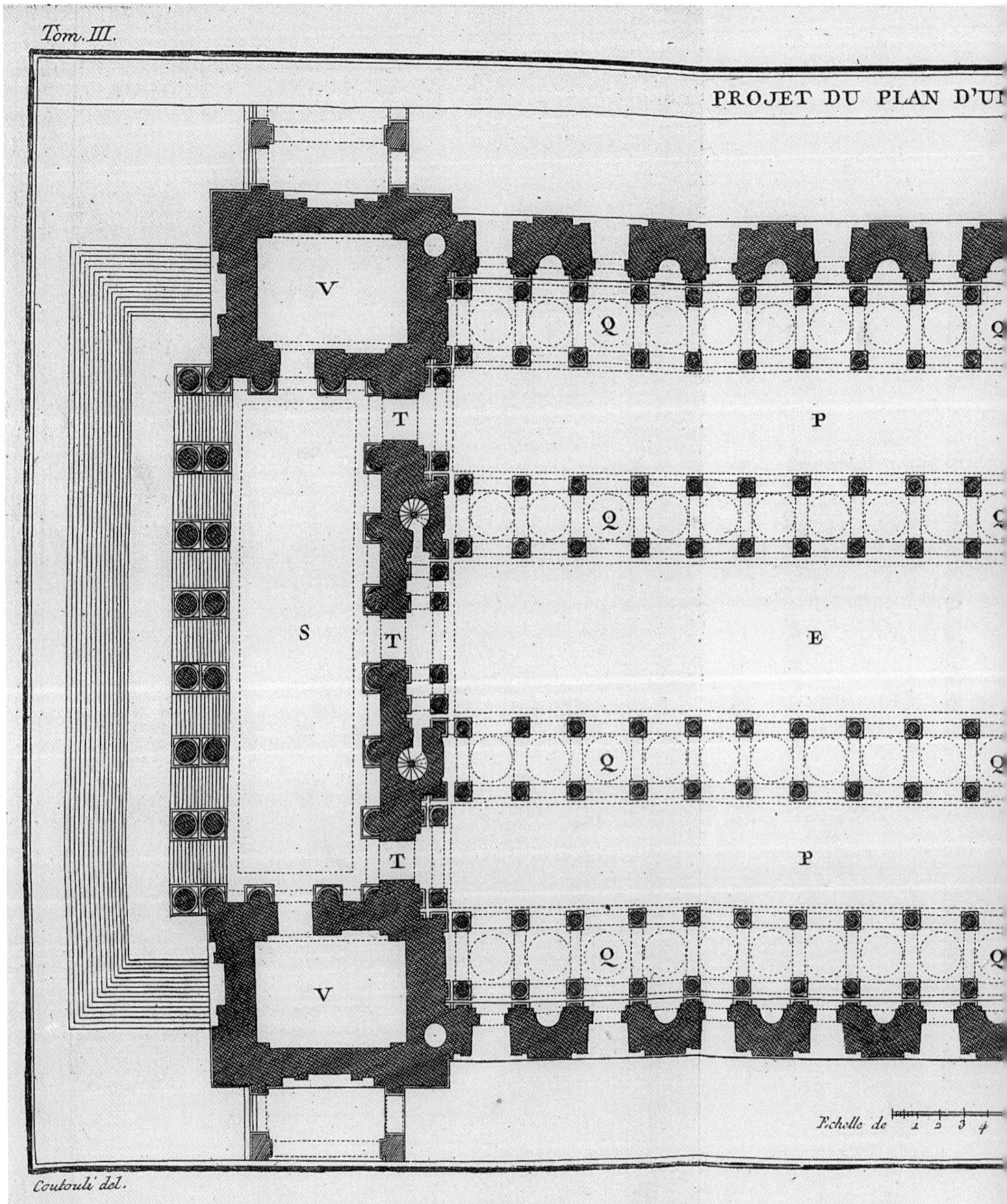

Proyecto de catedral ideal
La composición barroca para las masas da paso casi por completo a una ordenación clásica con el uso de columnas aisladas. *Tomo III, lám. LIII. Grabado sobre cobre de N. Ransonnette*

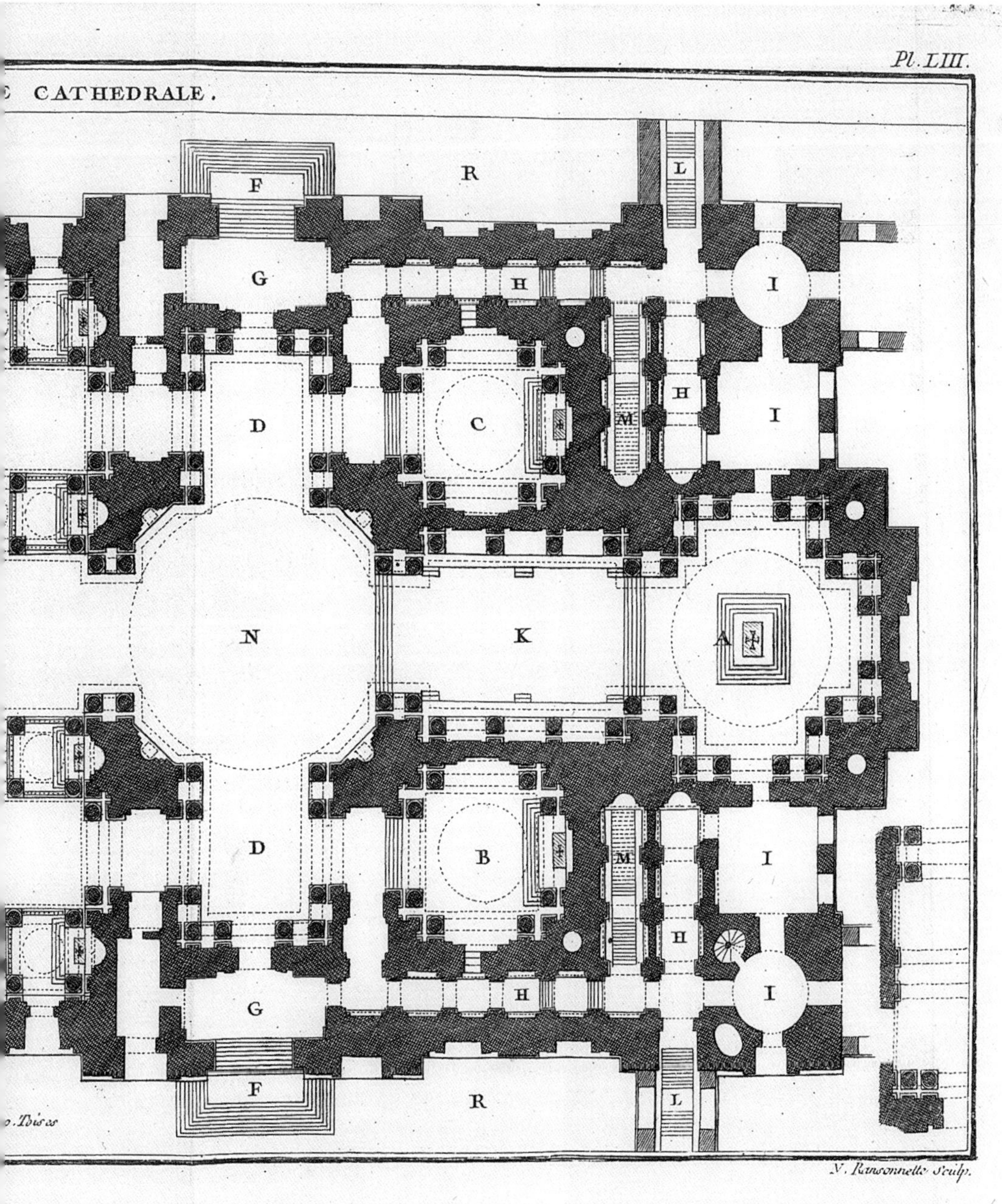
Pl. LIII.
CATHEDRALE.
F
R
L
G
H
I
D
C
M
N
K
A
B
.Toises
N. Ransonnette Sculp.

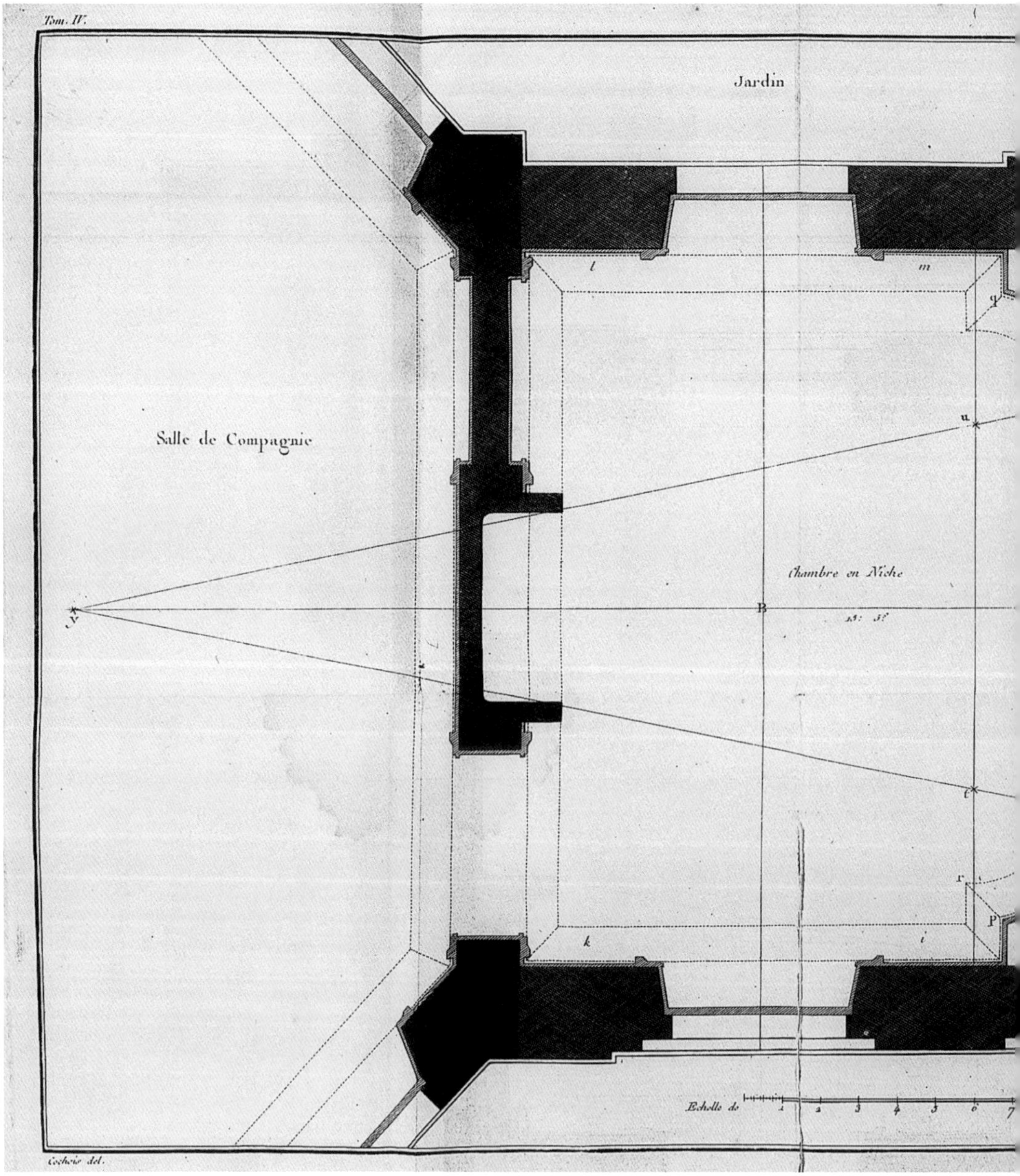

Detalle de una planta con la distribución de las habitaciones
A pesar de la irregularidad de la planta, incluso las habitaciones más pequeñas llaman la atención por su simetría y regularidad. *Tomo IV, lám. XLVIII. Grabado sobre cobre de N. Ransonnette*

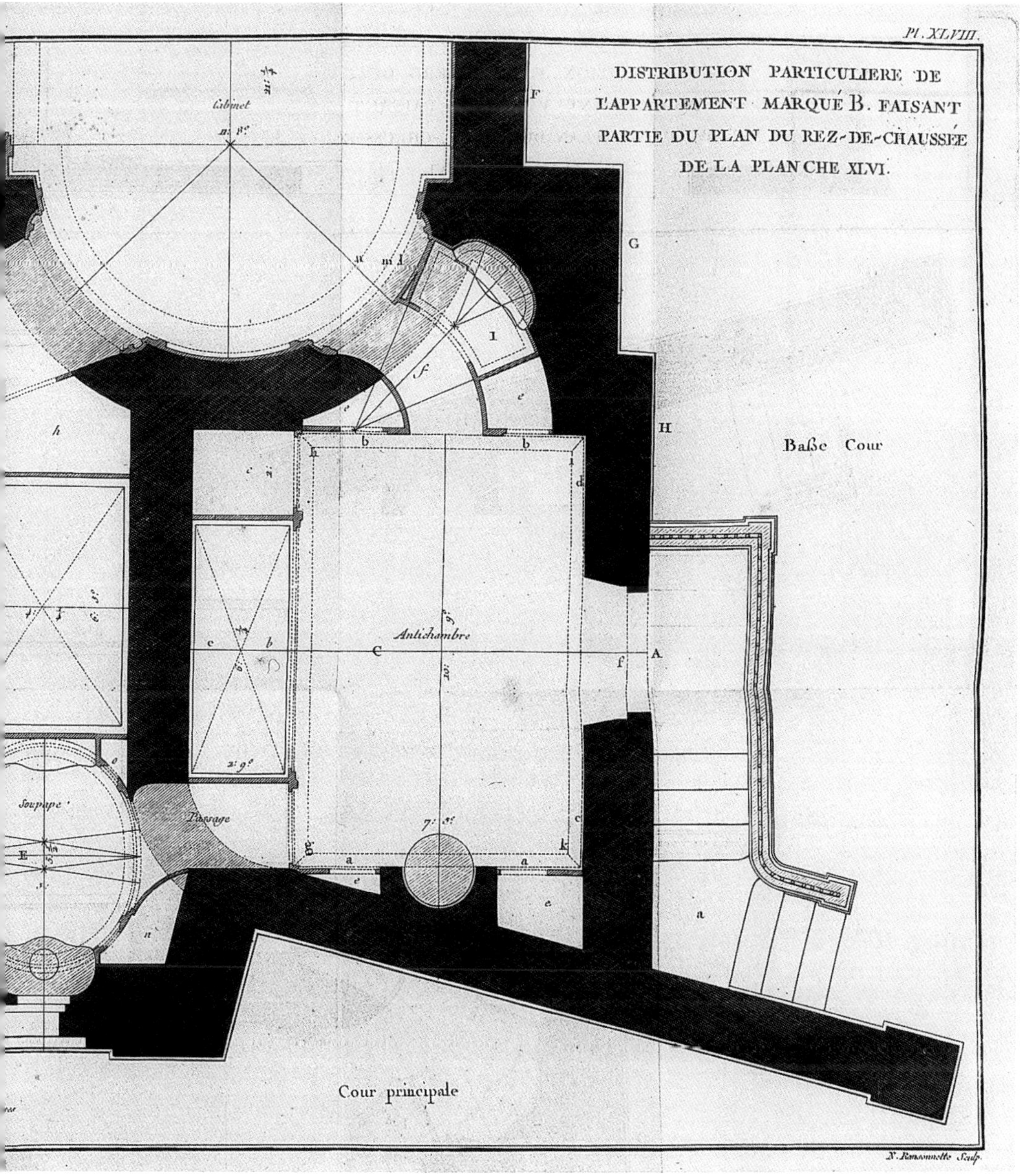
Pl. XLVIII.
DISTRIBUTION PARTICULIERE DE L'APPARTEMENT MARQUÉ B. FAISANT PARTIE DU PLAN DU REZ-DE-CHAUSSÉE DE LA PLANCHE XLVI.
Cabinet
Antichambre
Basse Cour
Soupape
Passage
Cour principale
N. Ransonnette Sculp.

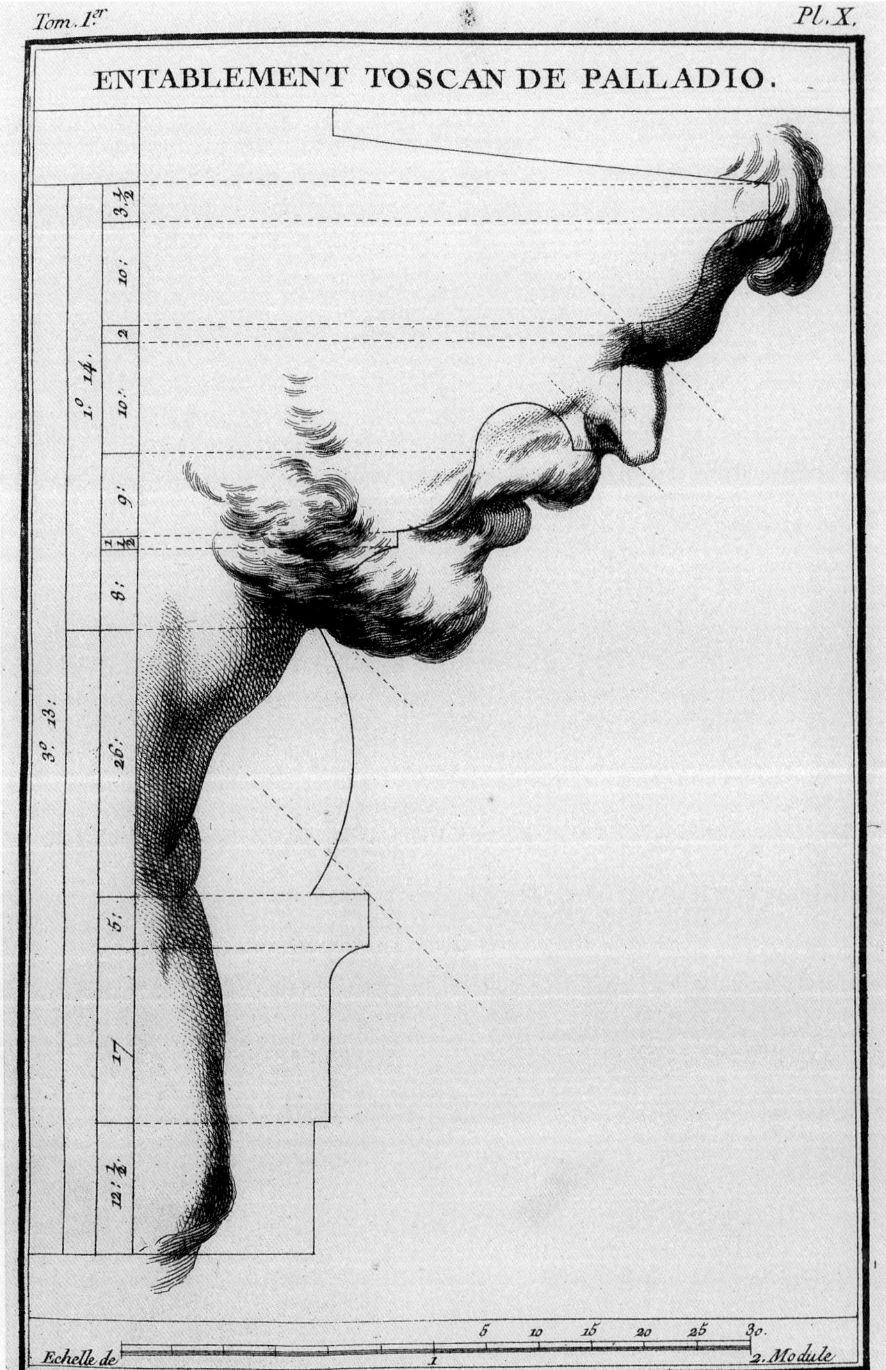

Superposición de un perfil de entablamento y un perfil humano
La arquitectura empieza a adoptar un carácter personal, por lo que el entablamento resulta tan expresivo como un rostro humano. *Tomo I, lám. X. Grabado sobre cobre de Le Roy*

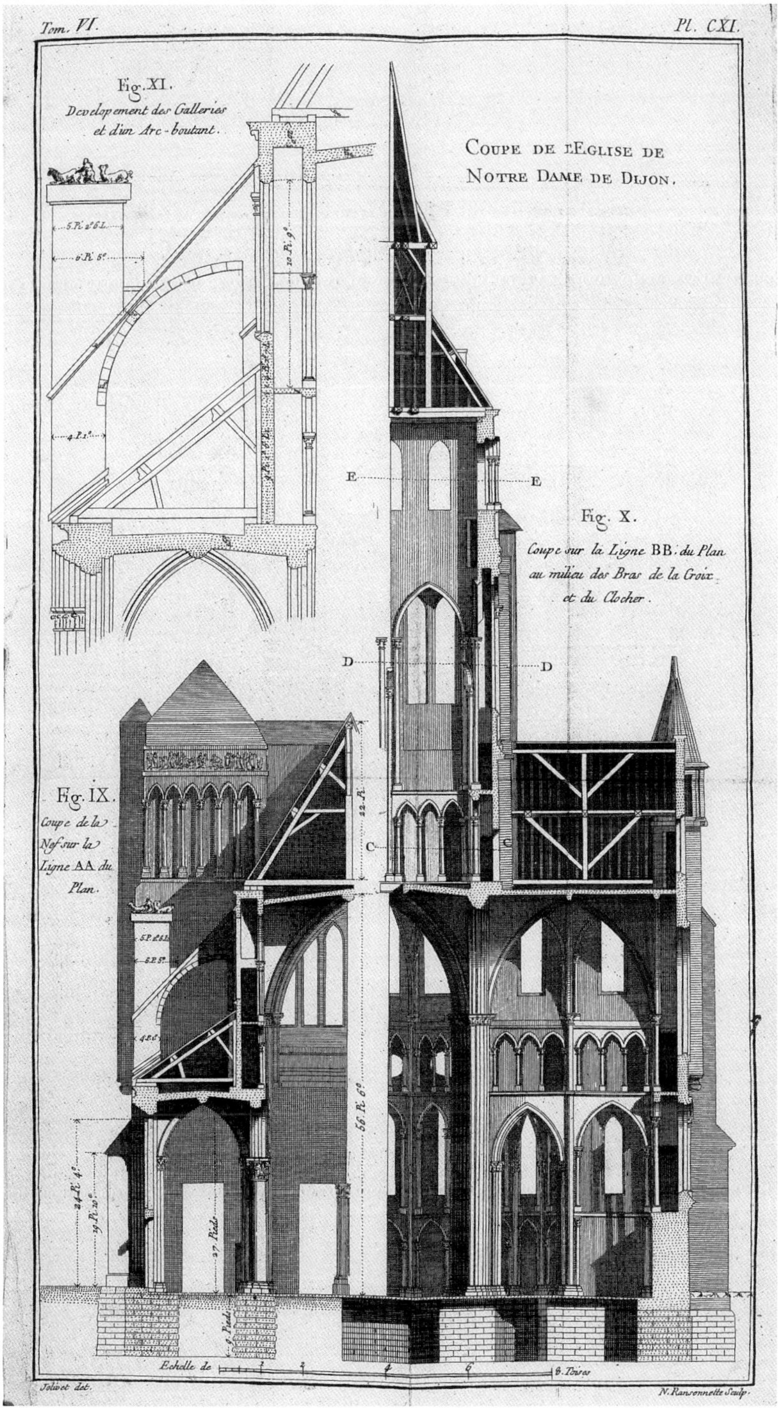

Sección transversal de Notre-Dame de Dijon

Tomo VI, lám. CX. Grabado sobre cobre de N. Ransonnette

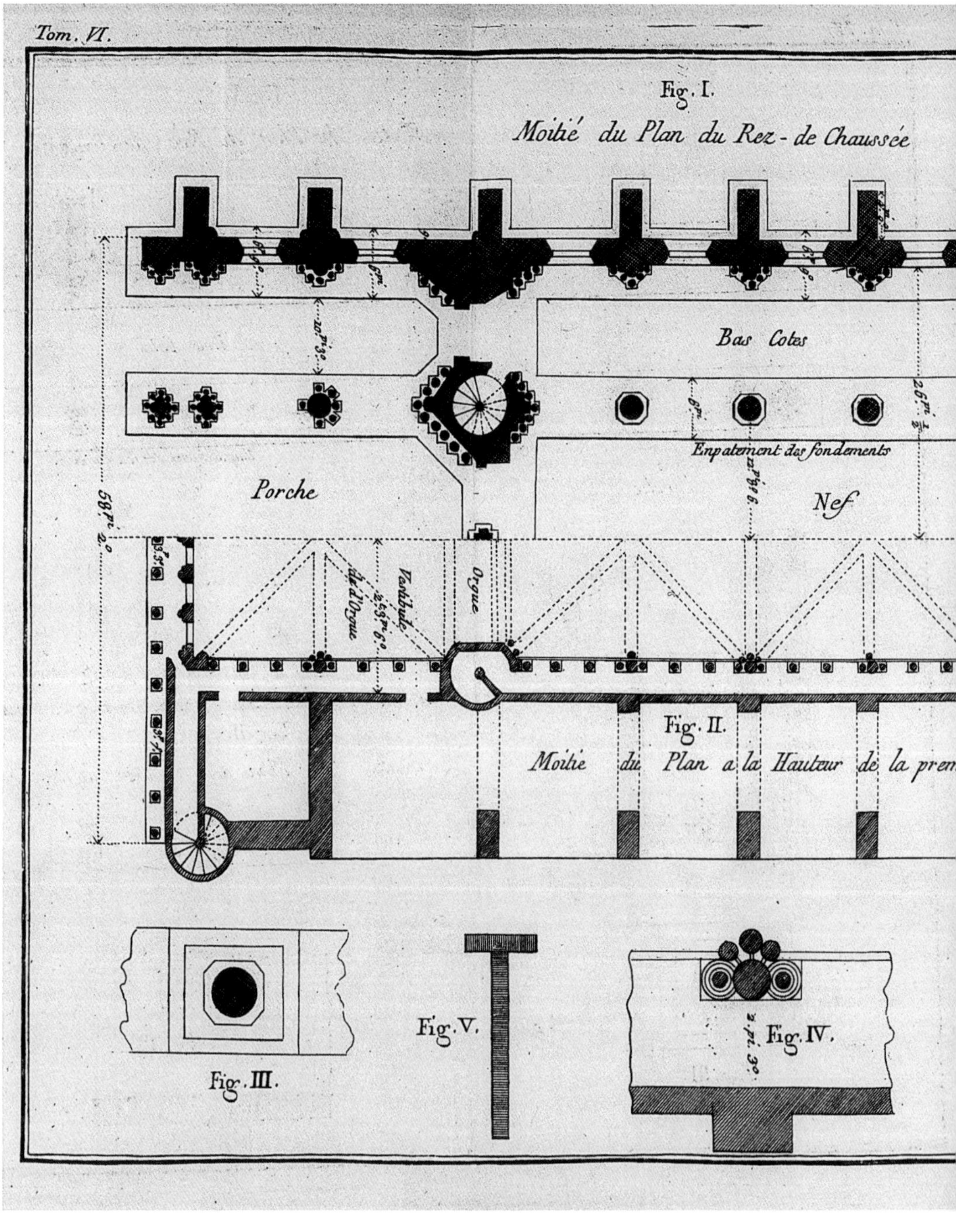

Planta de Notre-Dame de Dijon
El trazado del edificio gótico posee una precisión inusual para el siglo XVIII que incluye hasta detalles constructivos. *Tomo VI, lám. CXI. Grabado sobre cobre de N. Ransonnette*

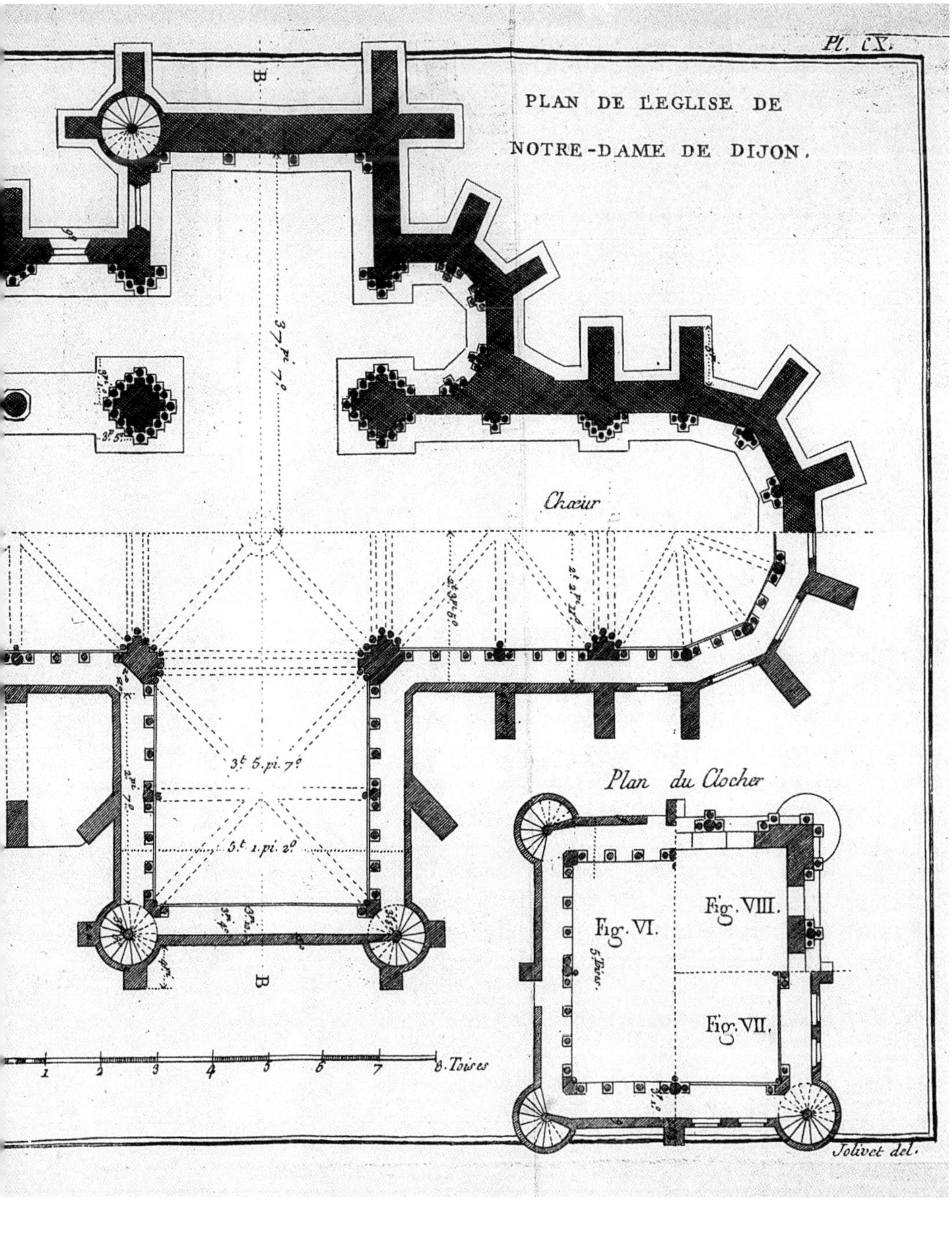
Pl. CX.
PLAN DE L'EGLISE DE
NOTRE-DAME DE DIJON.
Chœur
Plan du Clocher
Fig. VI.
Fig. VIII.
Fig. VII.
8. Toises
Jolivet del.

Marie-Joseph Peyre (1730–1785)
Œuvres d'architecture

PARÍS, 1765

Obras de arquitectura

Marie-Joseph Peyre es un arquitecto tan importante como Etienne-Louis Boullée (1728–1799) y Jean-Nicolas-Louis Durand (1760–1835): se sitúa en la línea de Blondel y su obra coadyuva de manera notable a la evolución de la teoría arquitectónica del final del siglo de la Ilustración. Asimismo deja su huella en la futura Escuela de Bellas Artes, cuya creación en el siglo XIX originará el esplendor internacional de los conceptos arquitectónicos franceses. Los proyectos de Peyre se caracterizan por su monumentalidad, su diseño simétrico, rigurosamente axial, y la gran sutileza de su composición; serán parte esencial de la enseñanza impartida en la mayor escuela de arquitectura de Francia hasta el siglo XX.

Nacido en París en 1730, alumno de Jacques-François Blondel (1705/08–1774), es galardonado con el premio de Roma otorgado por la Real Academia de Arquitectura. Durante su estancia en Roma, se dedica entre otras cosas a medir las termas de Diocleciano y Caracalla. Este proyecto, que somete luego a la Academia de San Lucas, está influenciado por las arquitecturas abovedadas complejas y por su descubrimiento de Piranesi (1720–1778) y sus arquitecturas imaginarias. Peyre presenta a este respecto un modelo de catedral episcopal, una inmensa iglesia circular con cuatro pórticos, rodeada por una amplia columna concéntrica, según el modelo realizado por Bernini para la plaza de San Pedro. A este peristilo se añaden dos inmensos conjuntos de cuatro alas, unos palacios destinados a los canónigos y al arzobispo. A su regreso a París en 1756, Peyre recibe el encargo de la dirección de los proyectos reales (palacio de Luxemburgo, Choisy-le-Roi). En 1765 publica 12 de sus proyectos ideales en su compendio *Oeuvres d'architecture*, reeditado en 1795. El teatro del Odéon (1769–1782), realizado con Charles De Wailly (1729–1798), es su principal obra edificada.

Su tratado consiste esencialmente en una recopilación gráfica de proyectos colosales y realizaciones más modestas, como diversas fuentes, presentados en grabados sobre cobre de gran

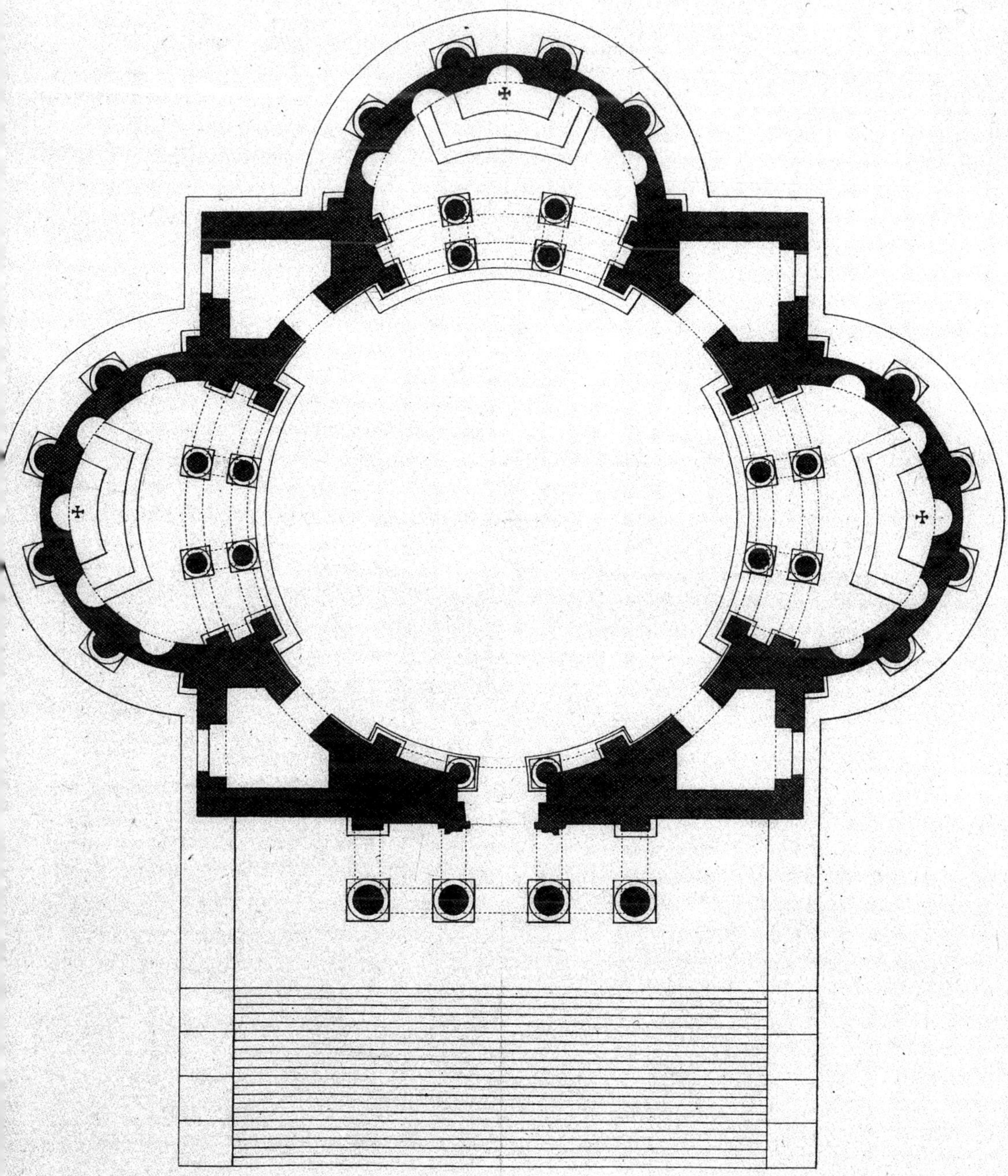

tamaño. Estos proyectos se caracterizan por el hecho de que las formas, derivadas de las construcciones abovedadas romanas y en círculo, se convierten en los medios primordiales de composición y creación espacial. Los nichos y los ábsides semicirculares, las exedras y los dispositivos circulares especialmente crean ejes dominantes coronados por cúpulas y acompañados por columnatas y pórticos acentuados. Peyre no cree que el uso de los órdenes arquitectónicos dependa de los principios esenciales de la Antigüedad griega y menos aún romana. La verdadera grandeza de la arquitectura procede de una correcta ordenación de «los llenos y los vanos». La arquitectura moderna debe tenerlo en cuenta si desea alcanzar lo sublime. También considera decisiva la impresión de conjunto del edificio, que solo un arquitecto genial puede diseñar con suficiente calidad como para producir un «carácter» coherente. La decoración no desempeña ningún papel determinante, pues acabaría por cansar la mirada. El objetivo de la obra arquitectónica no es crear sencillamente algo nuevo sino despertar fuertes emociones, como el espanto, el miedo, la deferencia, la ternura, la tranquilidad y la pasión. Para ello no basta con imitar a los antiguos, sino que es preciso superarlos, al igual que los nuevos tiempos superan los anteriores. Los templos se han convertido en iglesias parroquiales, transformadas a su vez en templos del Ser Supremo que necesitan espacio para una comunidad muy numerosa. Una obra de esa categoría debe basarse en un profundo conocimiento de la Antigüedad romana, donde la importancia de la «distribución» se había descuidado demasiado hasta entonces. La diversidad y el número de salas, a veces abovedadas e inmensas, a menudo circulares, distribuidas en un solo nivel, conforman el carácter dominante de esta arquitectura. Tal diversidad se prestaba a múltiples funciones: salas de reunión, museos, colecciones de esculturas o baños. Las salas estaban decoradas con materiales suntuosos, siempre distintos, y estaban provistas de una magnífica iluminación cenital.

El increíble número de edificios de este tipo que albergaba Roma –llegó a haber hasta 80 termas– evidencia la grandeza de la Antigüedad y da la medida de la época moderna. Por ello conviene retomar esa idea y construir grupos de salas inmensas, ampliamente iluminadas, en unos palacios a la fuerza de una sola planta y, por tanto, muy espaciosos. La impresión de solidez y vigor se conseguirá sobre todo gracias a una buena elección del intercolumnio. Debe rechazarse la arquitectura gótica en la medida en que su gracilidad solo genera un sentimiento de temor. Pero las proporciones de los detalles del orden, algo muy debatido en la época de Peyre, son en el fondo una cuestión secundaria.

A partir de esta teoría, Peyre diseña unos proyectos ideales que amplían las tareas constructivas ya conocidas entonces hasta lo sobredimensional a la vez que combinan

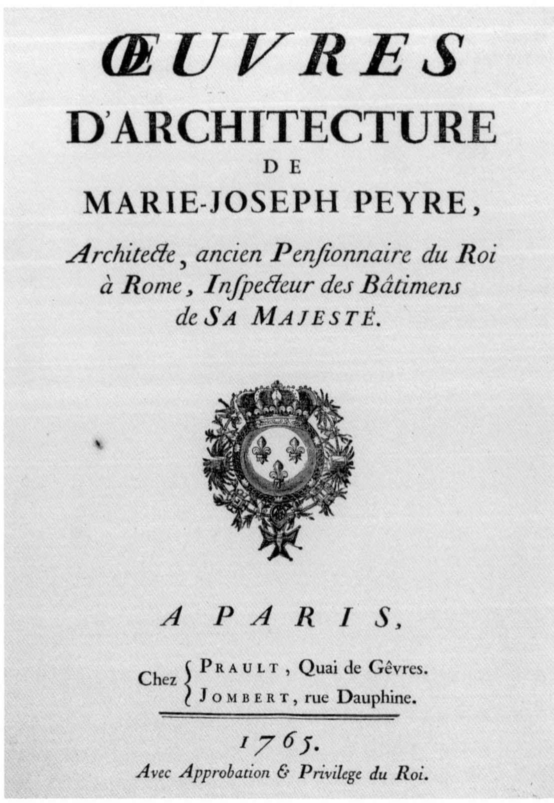
ŒUVRES
D'ARCHITECTURE
DE
MARIE-JOSEPH PEYRE,
Architecte, ancien Penſionnaire du Roi à Rome, Inſpecteur des Bâtimens de SA MAJESTÉ.

A PARIS,
Chez PRAULT, Quai de Gêvres.
JOMBERT, rue Dauphine.
1765.
Avec Approbation & Privilege du Roi.

modelos nobles sobre el terreno. El proyecto del colegio de las Cuatro Naciones, que debía presentar Le Vau (1612–1670) a la Academia, está basado en el cuádruplo: la instalación de planta cuadriculada lleva en sus cuatro costados unas fachadas profundamente cóncavas y rodeadas por un grupo de cuatro alas, de donde parten dos patios análogos a un hipódromo. La capilla sepulcral aparece como una mezcla desmedida del mausoleo de Cecilia Mettella de Roma y del Panteón. Finalmente, el proyecto de castillo es una inmensa síntesis de los castillos de Versalles y Wurzburgo. Las reseñas explicativas de Peyre sobre los diferentes proyectos resultan sorprendentemente lacónicas. Asimismo se preocupó poco de la funcionalidad de sus obras arquitectónicas, con esos innumerables patios y salas. Lo más importante era lograr un efecto óptico monumental; por ello fue integrado en el siglo siguiente en grandiosos proyectos de urbanismo y plazas.

CF

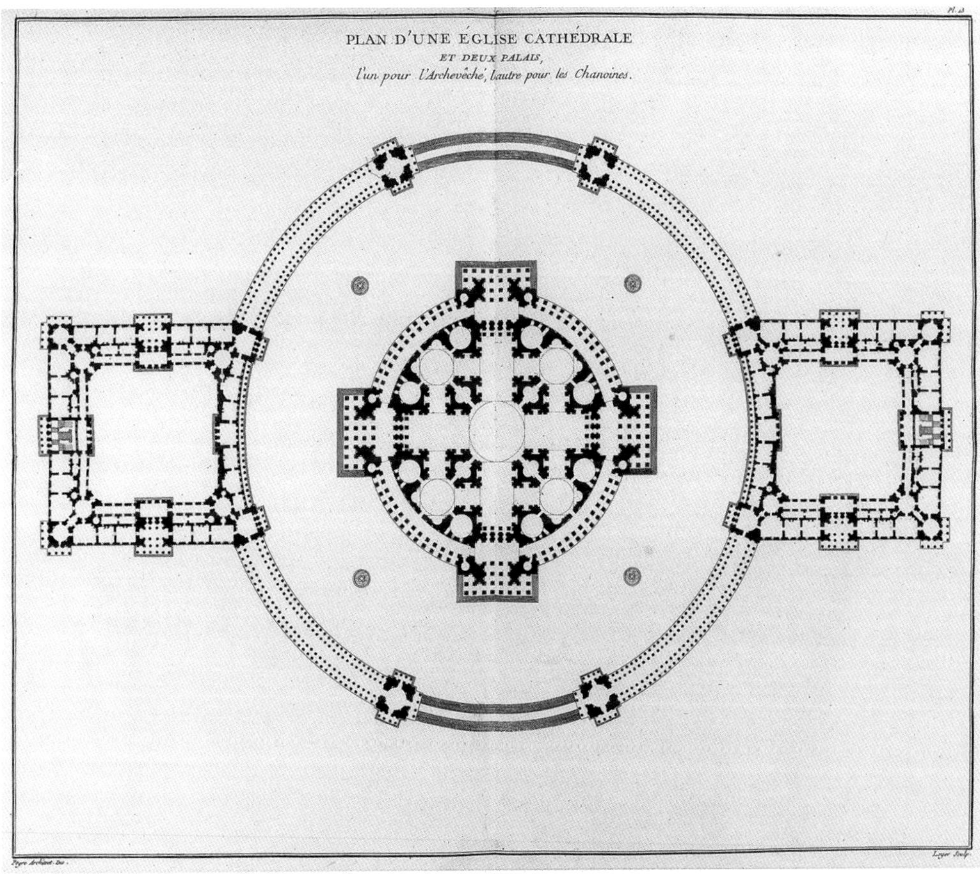

Ilust. p. 221
Planta de una capilla en rotonda
Para Peyre, este proyecto de capilla en rotonda sigue la tradición de los edificios barrocos de Roma, como Sant'Andrea, levantado por Vignola en via Flaminia, o Sant'Andrea al Quirinale de Bernini. *Lám. 11. Grabado sobre cobre de Loyer*

Planta de una iglesia catedral
El proyecto de iglesia catedral es un intento de regularizar San Pedro de Roma. El interior con planta de cruz se integra en una forma circular y regular, rodeada de columnas. *Lám. 13. Grabado sobre cobre de Loyer*

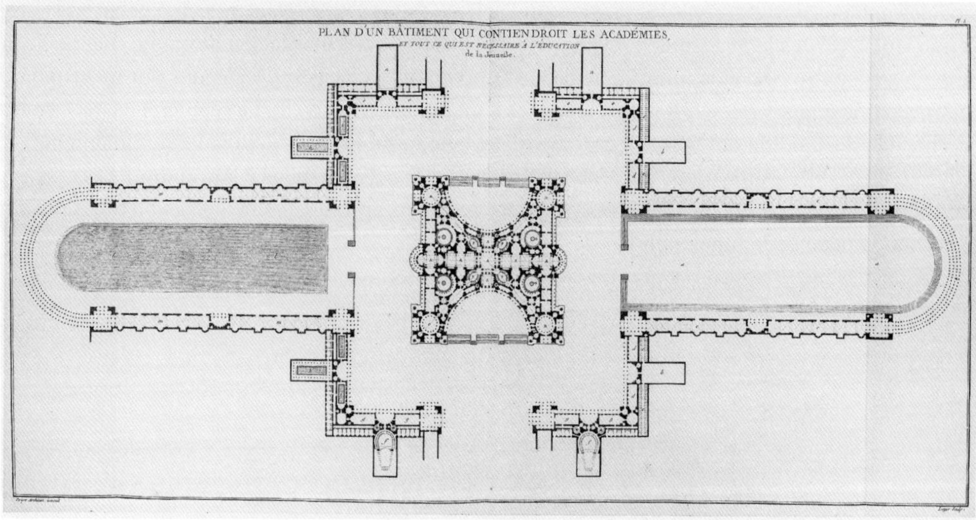

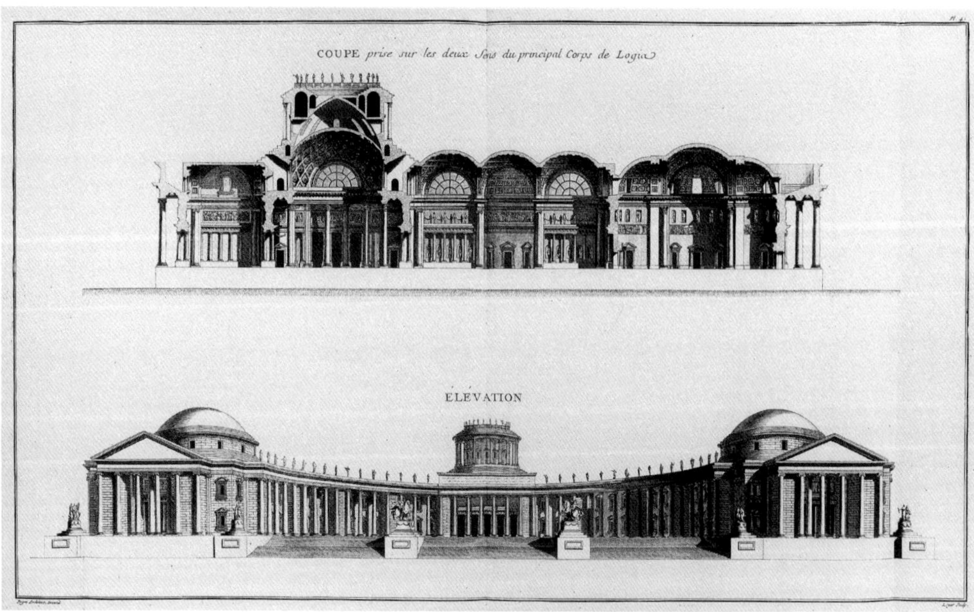

Planta de un edificio destinado a academia
Este gigantesco proyecto incluye salas de conferencias, bibliotecas, una academia de las artes, una escuela de baile, una academia militar y salas de armas, así como baños públicos e instalaciones para juegos de pelota.
Lám. 3. Grabado sobre cobre de Loyer

Alzado y sección del edificio
El interior del inmueble, cuya planta es perfectamente simétrica alrededor de dos ejes, está articulado mediante varias salas con cúpulas; el exterior, mediante interminables columnatas.
Lám. 4. Grabado sobre cobre de Loyer

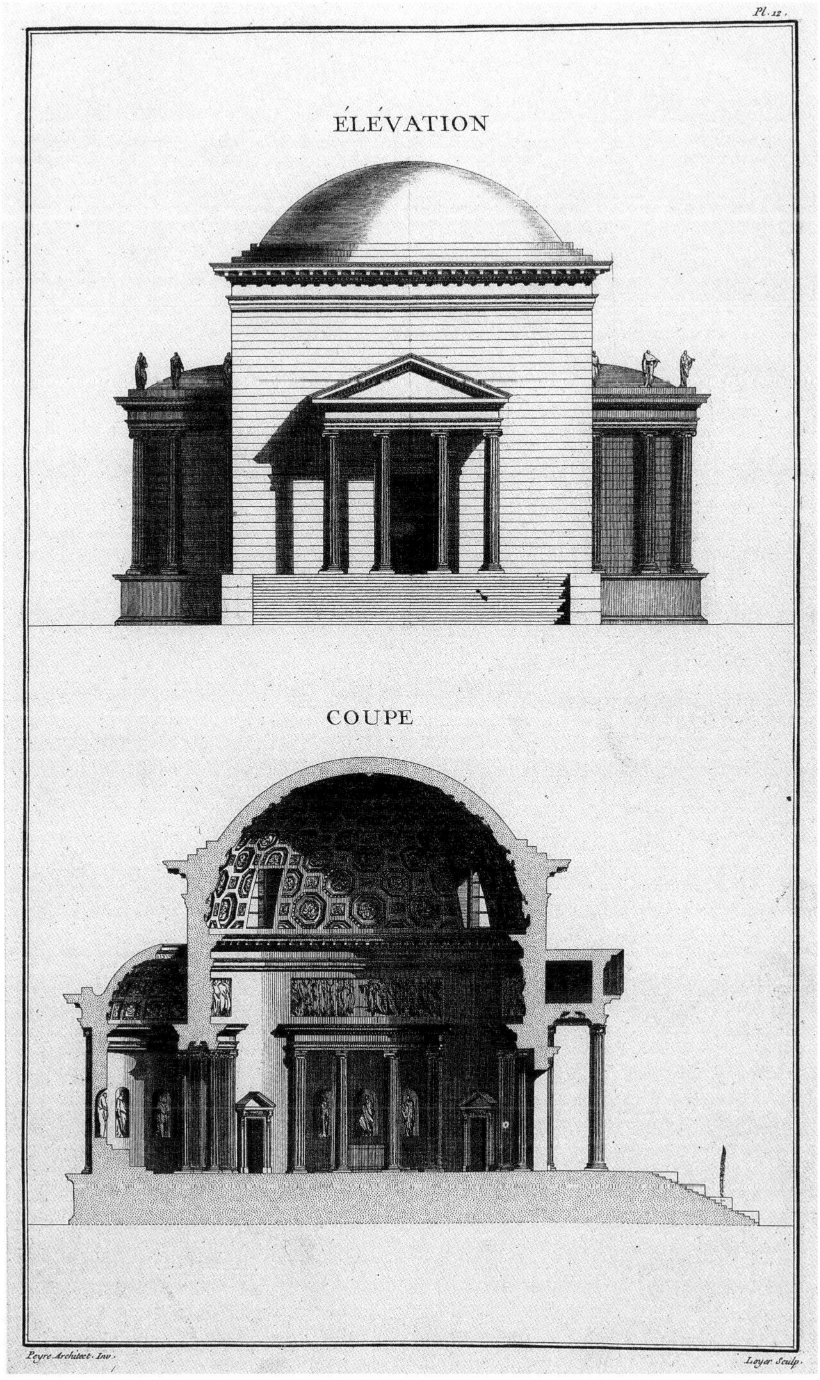

Alzado y sección de la capilla en rotonda
Las vistas interiores y exteriores de la capilla resaltan la adaptación francesa del arte romano: unas formas que encontramos en la iglesia del Val-de-Grâce suceden al artesonado. *Lám. 12. Grabado sobre cobre de Loyer*

Alzado de la iglesia catedral
El aspecto exterior también revela que Peyre quiso ampliar la columnata de la plaza de San Pedro de Bernini, imaginando un conjunto regular de colosales dimensiones.
Lám. 14. Grabado sobre cobre de Loyer

Pl. 14
ECTIVE

Claude-Nicolas Ledoux (1736–1806)

L'Architecture considérée sous le rapport de l'art, des mœurs et de la législation

PARÍS, 1804

La arquitectura tratada desde el arte, las costumbres y la legislación

A semejanza de otros grandes arquitectos de la época revolucionaria, como Etienne-Louis Boullée (1728–1799) y Jean-Baptiste Rondelet (1734–1829), Claude-Nicolas Ledoux estudió en la escuela de Jacques-François Blondel (1705/08–1774). Su brillante carrera empieza muy temprano: en 1771 es nombrado inspector de las salinas de Lorena y Franco Condado. Esta nueva responsabilidad influye sobremanera en la elaboración de su teoría ya que, alejado de París y de su actividad como arquitecto mundano encargado de obras grandiosas, esta le lleva a abordar más proyectos de ingeniería civil, explotación forestal, construcción de canales y cuestiones de organización y logística. A diferencia de lo que se ha escrito a veces, no se puede calificar a Ledoux, como tampoco a su compañero Boullée, de «arquitecto revolucionario». Buena prueba de ello es que por poco no fue guillotinado y que empezó a escribir su teoría mucho antes de 1789.

L'Architecture considérée sous le rapport de l'art, des moeurs et de la législation es un tratado de gran riqueza de texto e ilustraciones, pero se singulariza sobre todo por la originalidad y amplitud de sus conceptos. Aunque no es el primer tratado que intenta articular una nueva sociedad utópica de un modo estrictamente arquitectónico o darle una expresión arquitectónica, figura ciertamente entre los paradigmas más exigentes y ambiciosos de esa tradición que se manifestará vigorosamente en el siglo XX. Ledoux expone, en un lenguaje prolijo y lleno de énfasis, una visión universal de la arquitectura que ya no tiene barreras sociales sino que ambiciona estructurar la sociedad según sus diferentes esferas de actividad con monumentalidad y una enorme claridad arquitectónica. Este concepto se inspira a la vez en el «contrato social» de Jean-Jacques Rousseau y en la doctrina fisócrata nacida en la segunda mitad del siglo XVIII. Este último modelo de economía nacional plantea la idea de un circuito económico natural dentro de un sistema estatal acabado. Un intercambio constante dentro del cuerpo social, como ocurre con la circulación de la sangre dentro del cuerpo humano, garantiza permanentemente la producción, transformación y circulación de las mercancías. En el seno de este sistema, cada clase social, especialmente el campesinado, adquiere un significado propio. Para Ledoux, eso implica que las obras arquitectónicas dejan de reflejar la condición social de los dueños o usuarios y pasan a expresar las actividades artesanales y profesionales registradas allí, así como el contexto social. Por ello, el concepto de «arquitectura hablante» recibe una nueva función que ya no depende de la «conveniencia», es decir, de la conformidad con la jerarquía social, sino de la educación. Ledoux defiende esta tesis mediante el

Maison des Directeurs de la Loüe.

Vue Perspective

Coupe

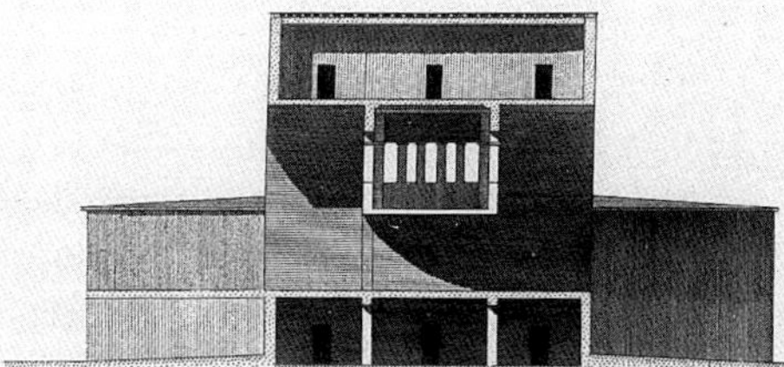

Elevation

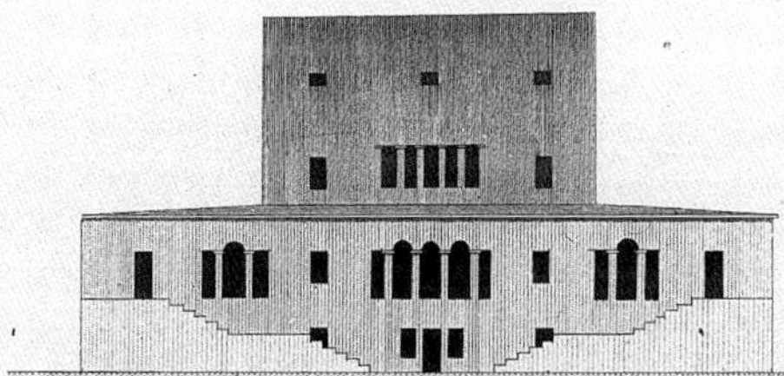

Second Etage

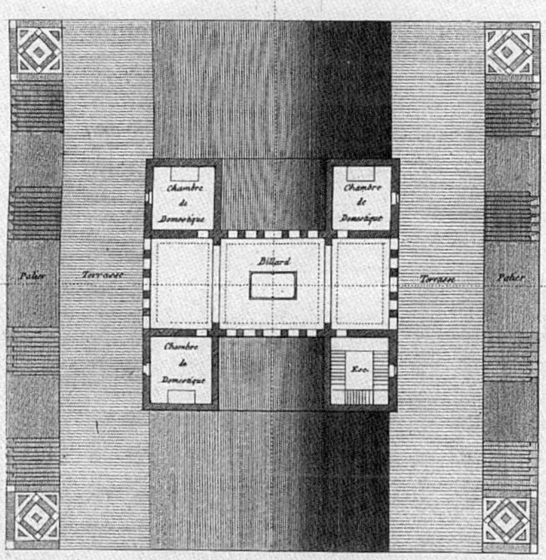

Troisieme Etage

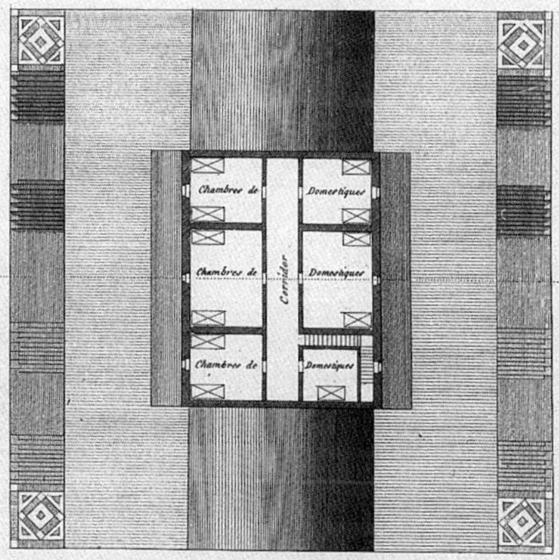

Premier Etage

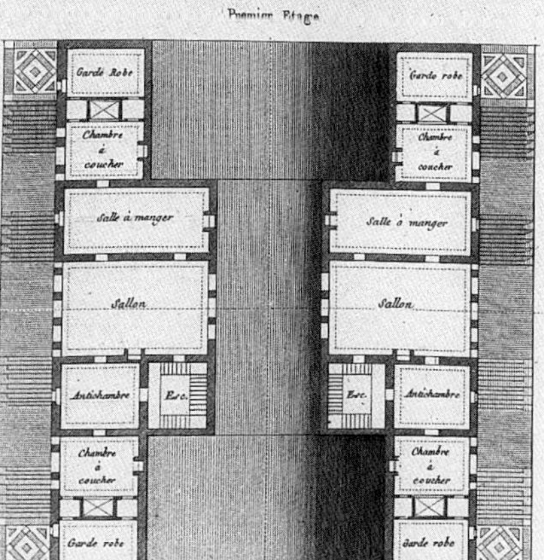

Rez-de-Chaussée

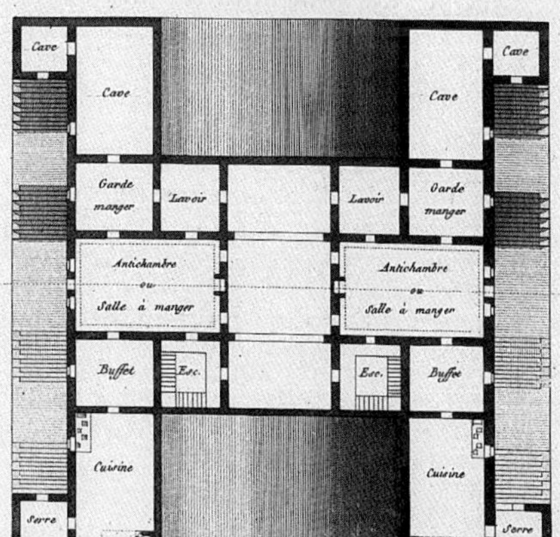

Echelle de 1 2 3 4 5 10 20 toises

Le Doux Architecte du Roi

Gravé par Van Maëlle et Maillet

proyecto de la ciudad de Chaux que desarrolla alrededor de la salina real de Arc-et-Senans en el Jura. Las fábricas y viviendas obreras, piedra angular de este proyecto, se llevan a cabo de 1774 a 1779. Pero, en el tratado, Chaux es mucho más que eso: es una ciudad ideal compleja. Las distintas categorías profesionales viven o utilizan de alguna manera unos monumentos que deben ser exponente, y con claridad, de la actividad de cada una de las mismas. Así pues, los obreros encargados de enarcar los toneles se alojan en inmensas viviendas con forma de rueda. La casa común del *Pacifere*, el pacificador, está adornada con haces de lictores que simbolizan la unidad. La casa del vigilante del río está atravesada por las aguas del río, después de que haya desviado su curso sin vacilaciones. En cuanto a la escuela, no hay nada más fácil que encontrar una forma simbólica adecuada. Ledoux imagina una planta cruciforme con una capilla en el centro: las asignaturas, cuya enseñanza se imparte en los brazos de la cruz, tienden hacia un mismo ideal representado por la capilla. Esta constituye a la vez un excelente punto para observar a los alumnos. El proyecto de casa de placer, con forma fálica, podría sorprender dada su función educativa y moralizadora: lejos de satisfacer sus deseos sexuales, el visitante sentirá repugnancia por lo que ocurre allí y alcanzará así una gran madurez moral.

En ese sistema, los órdenes arquitectónicos ya no figuran como atributos de las clases sociales. Ledoux utiliza sobre todo los órdenes primitivos, nacidos prácticamente de la naturaleza, como el dórico, para aportar un toque de nobleza a sus edificios. Por ejemplo, en la casa del director de la salina, el vestíbulo muestra unas columnas colosales, macizas, cuyos fustes presentan un almohadillado de gruesas placas cuadradas colocadas a intervalos regulares. Asimismo, la vertebración nacional de la sociedad por la arquitectura no admite ningún ornamento superfluo. Hasta las coronas de hojas del corintio resultan inútiles, incluso perjudiciales desde un punto de vista económico y político.

La profesión de fe de Ledoux a favor del respeto de los ciclos de la naturaleza incluye también una crítica hacia la ciudad, patente en sus grabados. Ledoux se inspira en las ideas de Rousseau de una comunidad humana natural que viva alejada de las ciudades destructoras y presenta todos sus proyectos en unos paisajes armoniosos, ligeramente sinuosos y livianos, entre una vegetación muy variada. El hombre cultiva y estructura este paraíso mediante la arquitectura. Desde luego, las viviendas de los obreros, ubicadas de manera concéntrica alrededor de la unidad de producción de la salina y la vivienda del director, quedan subordinadas, por su falta de decoración y su planta única, a la casa del director, hacia donde convergen todas las

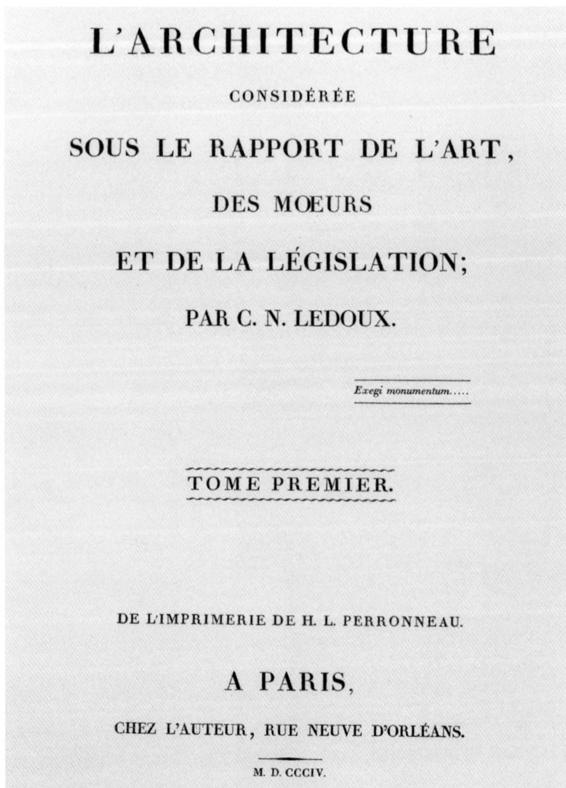
L'ARCHITECTURE
CONSIDÉRÉE
SOUS LE RAPPORT DE L'ART,
DES MŒURS
ET DE LA LÉGISLATION;
PAR C. N. LEDOUX.

Exegi monumentum.....

TOME PREMIER.

DE L'IMPRIMERIE DE H. L. PERRONNEAU.

A PARIS,
CHEZ L'AUTEUR, RUE NEUVE D'ORLÉANS.
M. D. CCCIV.

direcciones. No obstante, todas disponen de un pequeño jardín para su disfrute personal. En la década de 1800, ningún otro teórico salvo Ledoux expresó en términos tan radicales el concepto utilitario de la arquitectura: tiene por misión cumplir unas complejas funciones sociales y por ello determina el universo de la vida de manera francamente totalitaria. La arquitectura debe mostrar sin ambages la bondad y calidad de esta utopía cuyo auténtico creador es el arquitecto. Gracias a él, el «pobre» recibirá la gracia de la razón. Puede verse en la famosa ilustración *El refugio del pobre* a un hombre desnudo bajo un árbol aislado a orillas del mar; desde lo alto del Olimpo, las musas desean aliviar su destino de desheredado. Para Ledoux, el arquitecto figura entre los dioses que han de satisfacer las necesidades básicas del ser humano. A diferencia de la versión primitiva del *topos* vitruviano de la cabaña original, trasmitida después en múltiples formas, ya no se reconoce al pobre hombre primitivo el talento de construirse él solo su rudimentaria choza. Esta idea se abrirá camino. Por ejemplo, Le Corbusier (1887–1965) considerará que solo el arquitecto puede contrarrestar la revolución proletaria.

CF

Ilust. p. 229
Casa del vigilante de La Loue
El habitante se define por su oficio. Por ello la casa del vigilante debe tener la forma del desagüe de un canal. *Lám. 6. Grabado sobre cobre de Van Maëlle y Maillet*

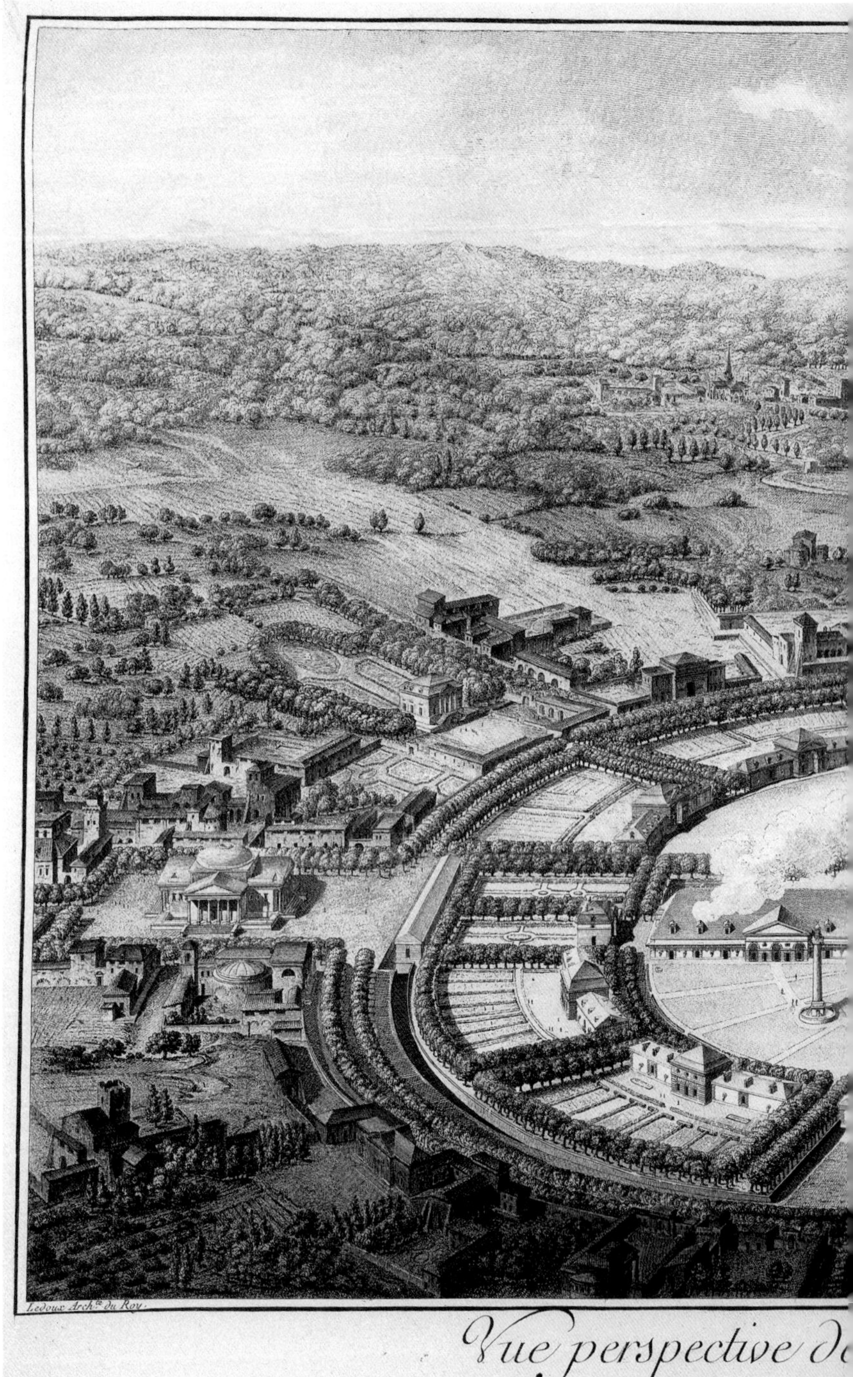

Vista general de la ciudad de Chaux
Los edificios de graduación y la casa del director componen el centro del complejo; las casas de los obreros se distribuyen alrededor en forma de estrella. *Lám. 15. Grabado sobre cobre*

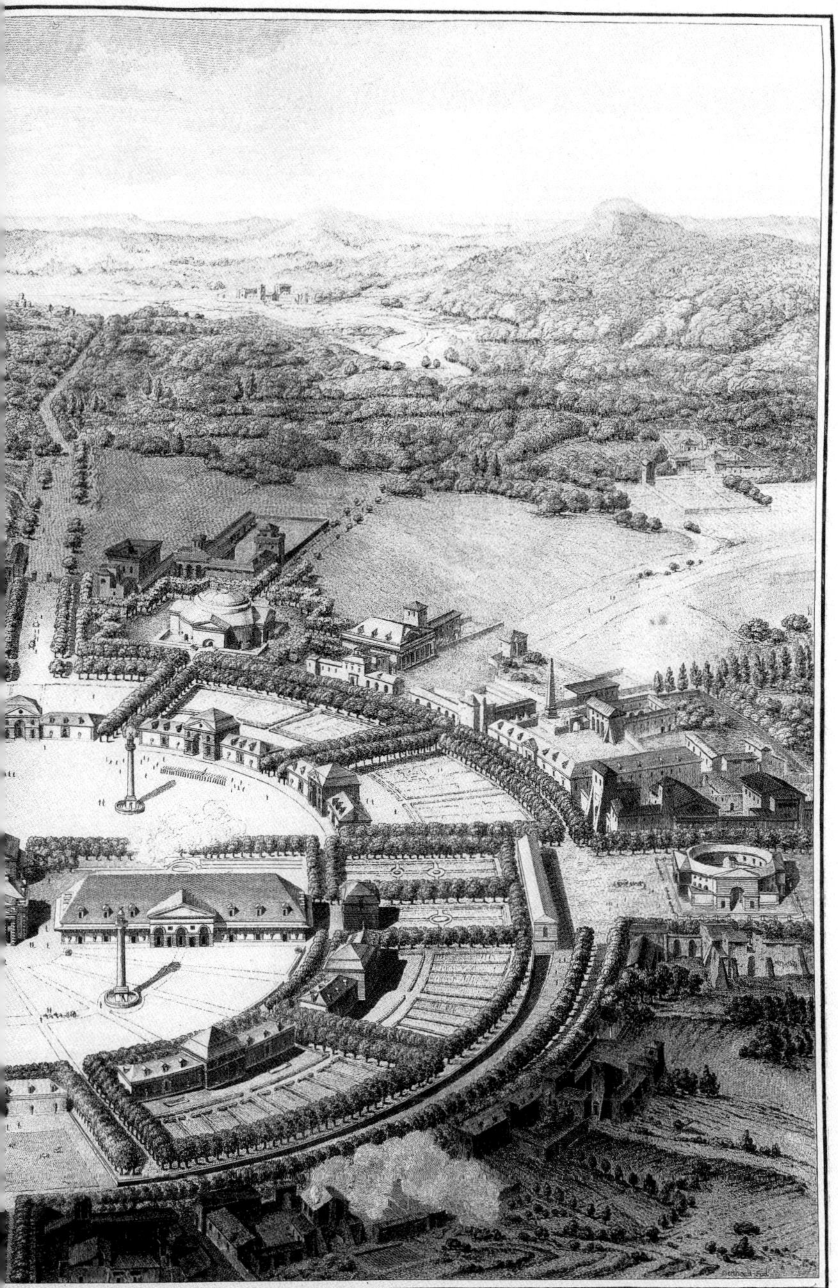

...ille de Chaux

La ciudad de Chaux, sección de la entrada a la salina y de la casa de los Bernier
Para poner de manifiesto la actividad de la ciudad, se ha diseñado la entrada de la salina como una cueva, de donde sale la salmuera. *Lám. 36. Grabado sobre cobre*

Coupe sur la Ligne AB. du Batiment des Berniers.

PL. 36

La ciudad de Chaux, proyecto de cementerio
La inmensa sala esférica que ocupa el centro de este edificio horriblemente oscuro debe sugerir la sensación de elevarse.
Lám. 99. Grabado sobre cobre de N. Ransonnette

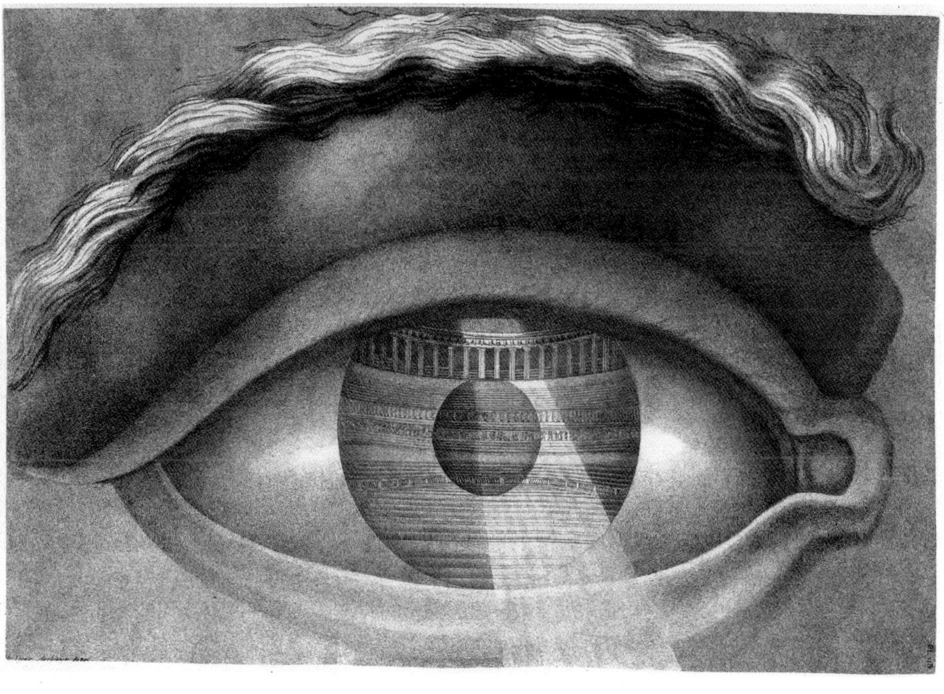

Vista desde el cosmos
Esta representación en apariencia irónica pretende ser una reflexión acerca de la inmensidad del cosmos, donde se integran la vida y la muerte. *Lám. 100. Grabado sobre cobre de Bovinet*

«Las gradas del teatro de Besançon se reflejan en un ojo»
La química que se produce entre el actor sometido a las miradas y el público que mira parece tener un sentido educativo. *Lám. 113. Mezzotinto*

Vista del escenario del teatro de Besançon
La embocadura del escenario tiene forma de arco de triunfo para acentuar la monumentalidad de los espectáculos escénicos. *Lám. 119. Grabado sobre cobre de Sellier*

PRISE SUR LA LARGEUR.

Pl. 119

Sellier Sculp.

Jean-Nicolas-Louis Durand (1760–1835)

Recueil et parallèle des édifices de tout genre anciens et modernes

PARÍS, 1800

Recopilación y analogía de todo tipo de edificios antiguos y modernos

Précis des leçons d'architecture

2 VOLS., PARÍS, 1802–1805

Compendio de lecciones de arquitectura

El tratado de arquitectura de Jean-Nicolas-Louis Durand, *Précis des leçons d'architecture*, reviste mucha importancia por su aspecto doctrinal, puesto que expone la idea de una estandarización o esquematización del proyecto arquitectónico. El libro *Recueil et parallèle des édifices de tout genre anciens et modernes*, editado poco antes, se diferencia mucho de su tratado ya que ofrece un amplio historial de la arquitectura mundial pasada; constituye una especie de «museo imaginario» y no aborda por tanto en absoluto los acontecimientos arquitectónicos de la época.

Nacido en París en 1760, Jean-Nicolas-Louis Durand es discípulo y ayudante de Etienne-Louis Boullée (1728–1799). Gracias a este último, muy pronto alcanza el éxito y se convierte en profesor de la Escuela Politécnica cuando esta se crea en 1796. La docencia seguirá siendo su actividad principal hasta 1833, dos años antes de su muerte. La obra *Précis des leçons* tiene vocación didáctica y consiste en una especie de recopilación de notas muy ilustradas, dedicada por completo a todos los aspectos del proyecto arquitectónico. Cuesta imaginarse mayor diferencia entre este trabajo y el libro *Cours d'architecture* (1771–1777) de Blondel, prolijo y poco sistemático. Para Durand, la «utilidad» social es la primera finalidad de la arquitectura. La «conveniencia» de todo edificio, así como la «economía» de la figura del proyecto y su construcción, deben estar sujetas a este principio. La «conveniencia» incluye la estabilidad, higiene y comodidad, mientras que la «economía» reúne la simetría, regularidad y sencillez. Por tanto, el principio de economía se refiere sobre todo a la eficiencia del proyecto, una planificación técnica clara y los métodos de ejecución. Este principio implica una reivindicación del arquitecto: debe tomar en cuenta el conjunto de una imaginaria sociedad igualitaria cuya cohesión solo puede lograrse mediante los beneficios que obtienen entre sí los miembros y los productos. La economía de producción arquitectónica figura ya entre los ingredientes esenciales. Para que funcione, Durand elabora un método de proyección totalmente sistematizado que fija una trama cuadrada como base para colocar los muros y los elementos de

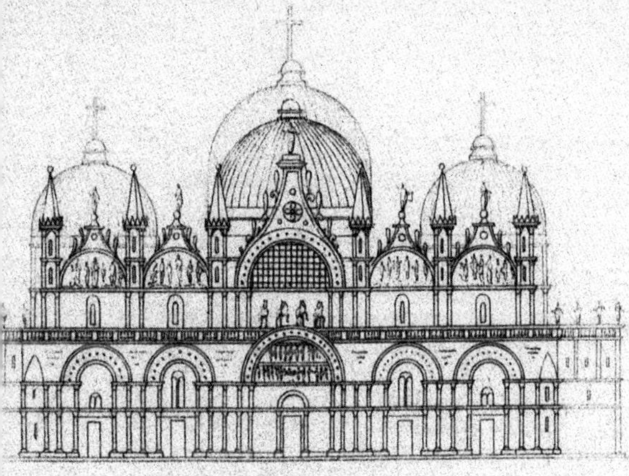

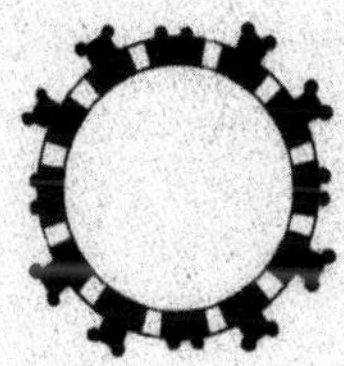

des Invalides

St. Marc de Venise bâtie sous Urséolo 1er vers l'an 977.

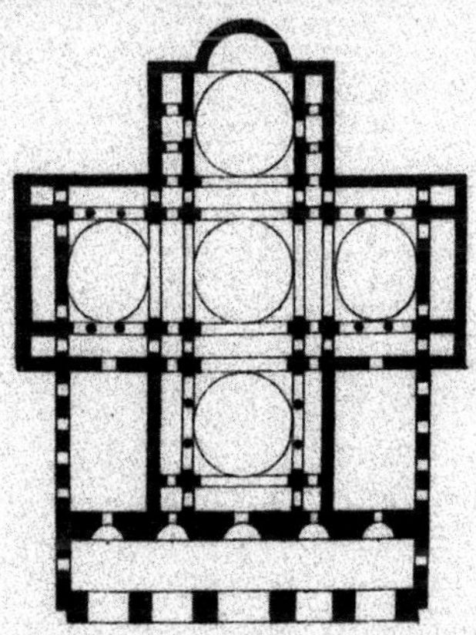

Invalides, bâti par Jules Hardouin Mansard en 1693.

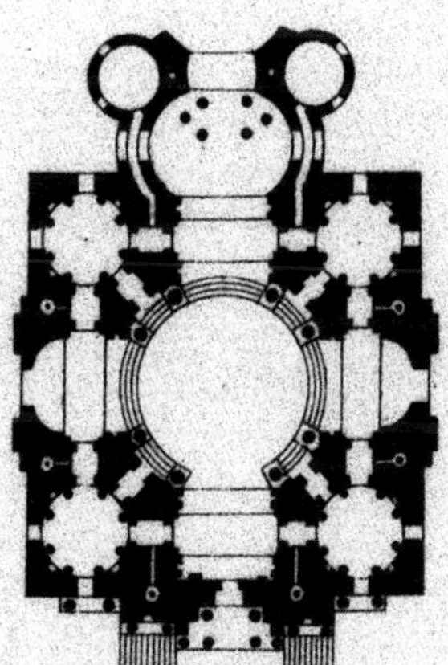

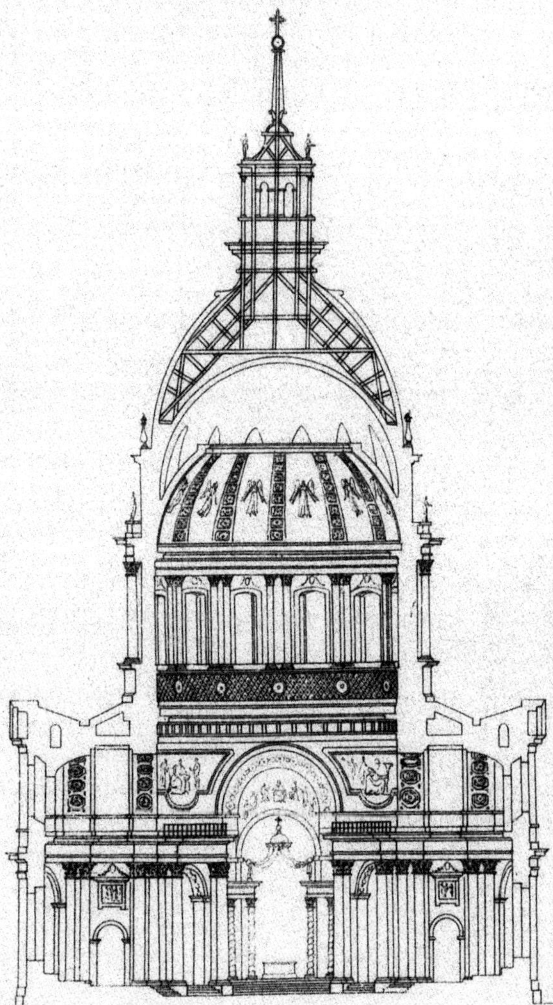

200 Mètres

carga, que pueden combinarse en ordenados ensamblajes, a semejanza de un juego de construcción. La dimensión del espacio axial fundamental puede variar, desde luego, según la función del programa, pero la trama de base siempre determina el sistema constructivo, que puede estar compuesto por muros, arcadas, cuerpos de los edificios, patios interiores, etc. Cualquier programa se vuelve fácil de proyectar y ejecutar gracias a las combinaciones horizontales y verticales de los distintos grupos constructivos. Durand utiliza permanentemente en sus clases la cuadrícula, que hizo una tímida aparición en arquitectura en el siglo XVIII y que dará origen al moderno papel milimetrado. La estandarización permite constituir sobre todo un fondo universal de «elementos» gracias a cuyas combinaciones se puede diseñar todo tipo de edificios. Además, resulta muy fácil poner en práctica este método y se puede llevar a cabo su enseñanza desde un punto de vista técnico mediante elementos prefabricados. Pero Durand no profundiza en el aspecto constructivo y técnico de sus proyectos; lo más importante para él son ante todo la economía y la racionalidad de los mismos. Las tradiciones arquitectónicas, los valores expresivos simbólicos o las condiciones del solar ya no juegan ningún papel y no se oponen al objetivo de una «utilidad» social que hace hincapié en el cumplimiento de una función elemental. Construir grandes edificios públicos, que tengan siempre una rigurosa simetría axial y generalmente estén organizados alrededor de varios patios, es la mejor forma para garantizar la utilidad social de la arquitectura. Pero, al principio de la formación del arquitecto, el estudio no supera la fase de interminables ejercicios abstractos sobre motivos arquitectónicos básicos como vestíbulos, arcadas, patios y salas. Solo al final del curso estos se desarrollan como tipos de construcción con específicas exigencias funcionales. Estos edificios monumentales requieren una instrumentación, que debe someterse, sin embargo, al criterio de economía. Por ello, aunque se preocupe por la estandarización, el método de Durand también considera la ordenación de los cinco estilos clásicos. Las proporciones resultaban de un complejo desarrollo histórico y un debate siempre recurrente. A partir de ahora, proceden del siguiente esquema matemático: el intercolumnio del toscano al corintio disminuye progresivamente en medio diámetro del fuste de las columnas, mientras que la altura de las columnas aumenta en un diámetro completo del fuste.

La obra *Recueil et parallèle des édifices*, publicada en 1800, consiste en un manual de motivos históricos, un auténtico «museo imaginario» de la arquitectura mundial. Durand plantea el contenido ya desde la portada; en el ribete, unas ilustraciones de las mayores creaciones de la arquitectura universal se intercalan con los emblemas de los distintos continentes. Esta imponente recopilación grabada no contradice en absoluto el compendio *Précis des leçons*, ya que consiste en un ingrediente adicional al discurso arquitectónico en vía de reesquematización. El método de proyección y la historia de la arquitectura se entrelazan aquí estrechamente, como ocurre con la teoría y la realización del proyecto en el libro *Précis des leçons*. En cuanto a la construcción histórica, esta conocerá un éxito extraordinario hasta finales del siglo XX gracias a la recopilación *Recueil*. Un índice de motivos y procedimientos de edificación facilita el acceso al cuadro sinóptico correspondiente. Todo se reduce a una misma escala y se representa en forma de plantas horizontales y/o alzados en unos grabados sobre cobre detallados que se limitan a dibujar unos nítidos contornos. Todas las obras arquitectónicas reciben un mismo tratamiento: desde los acueductos hasta los edificios turcos, desde los teatros hasta todas las formas imaginables de templos, desde los monumentos antiguos de Palmira hasta los innumerables decorados de tejados y capiteles. Por una parte, las obras se clasifican según unos criterios tipológicos, bajo la categoría, por ejemplo, de «edificios centrales abovedados» o «dispositivos de patios monumentales con peristilo», de tal manera que aparecen de inmediato las características de esas arquitecturas comparadas con otras soluciones parecidas. Por otra parte, cada edificio y cada reproducción están acompañados de una breve reseña que especifica el lugar, el nombre, a veces la fecha de construcción o el autor de la reproducción. Aunque los pies de ilustración parecen títulos gráficos, la compaginación de las planchas da un aspecto casi museístico a la obra. Evocan cuadros o paredes de exposición. A menudo la estructura se centra en el eje mediano con grandes reproducciones de famosos monumentos; a cada lado se disponen de forma simétrica los proyectos más modestos cuya presentación alterna plantas y alzados para crear un motivo armonioso. El principio de ordenación histórica es especialmente revelador en el capítulo sobre adornos arquitectónicos. Los capiteles ya no aparecen clasificados en el orden tradicional: toscano, dórico, jónico, sino según una cronología histórica, a partir de ejemplos arqueológicos de Egipto, Grecia y Roma. Aunque esta manera de proceder vuelve a concluir finalmente en la sucesión tradicional del dórico al corintio, el principio de ordenación principal no deja de ser por ello histórico y topográfico.

CF

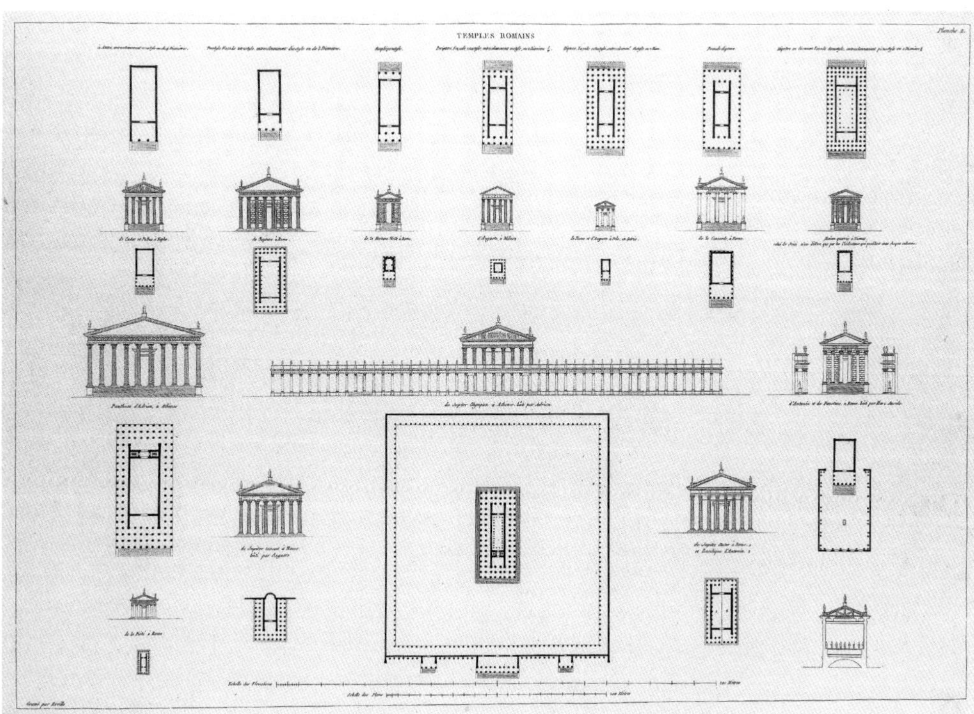

Cuadro sinóptico de templos romanos
En la franja superior figuran los tipos de templos mencionados por Vitruvio; en la fila inferior, los templos construidos realmente. *Lám. 2. Grabado sobre cobre de Reville*

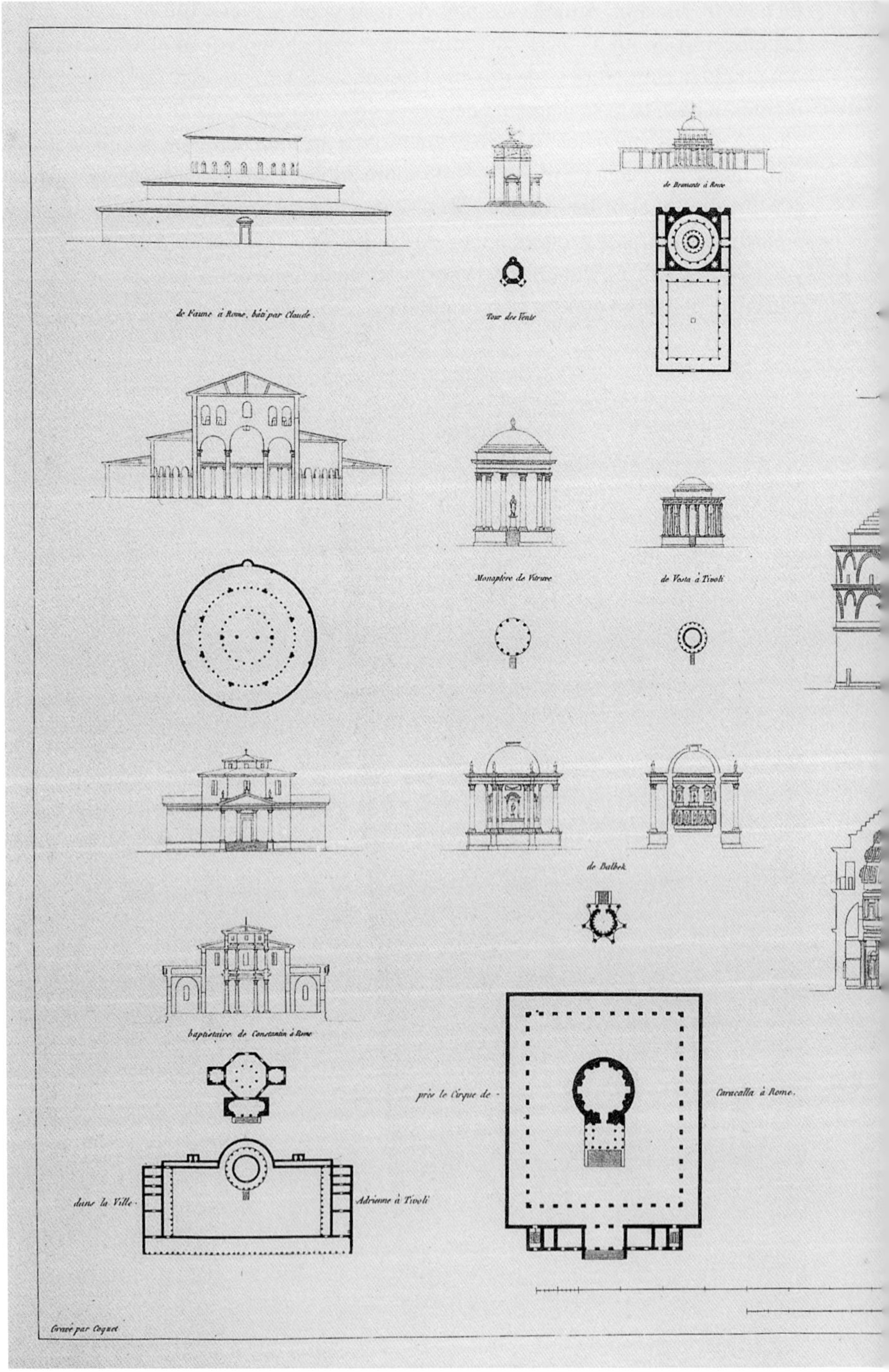

Cuadro sinóptico de templos redondos
Durand utiliza dos escalas de medidas: una mayor para las secciones y otra menor para las plantas. *Lám. 3. Grabado sobre cobre de Coquet*

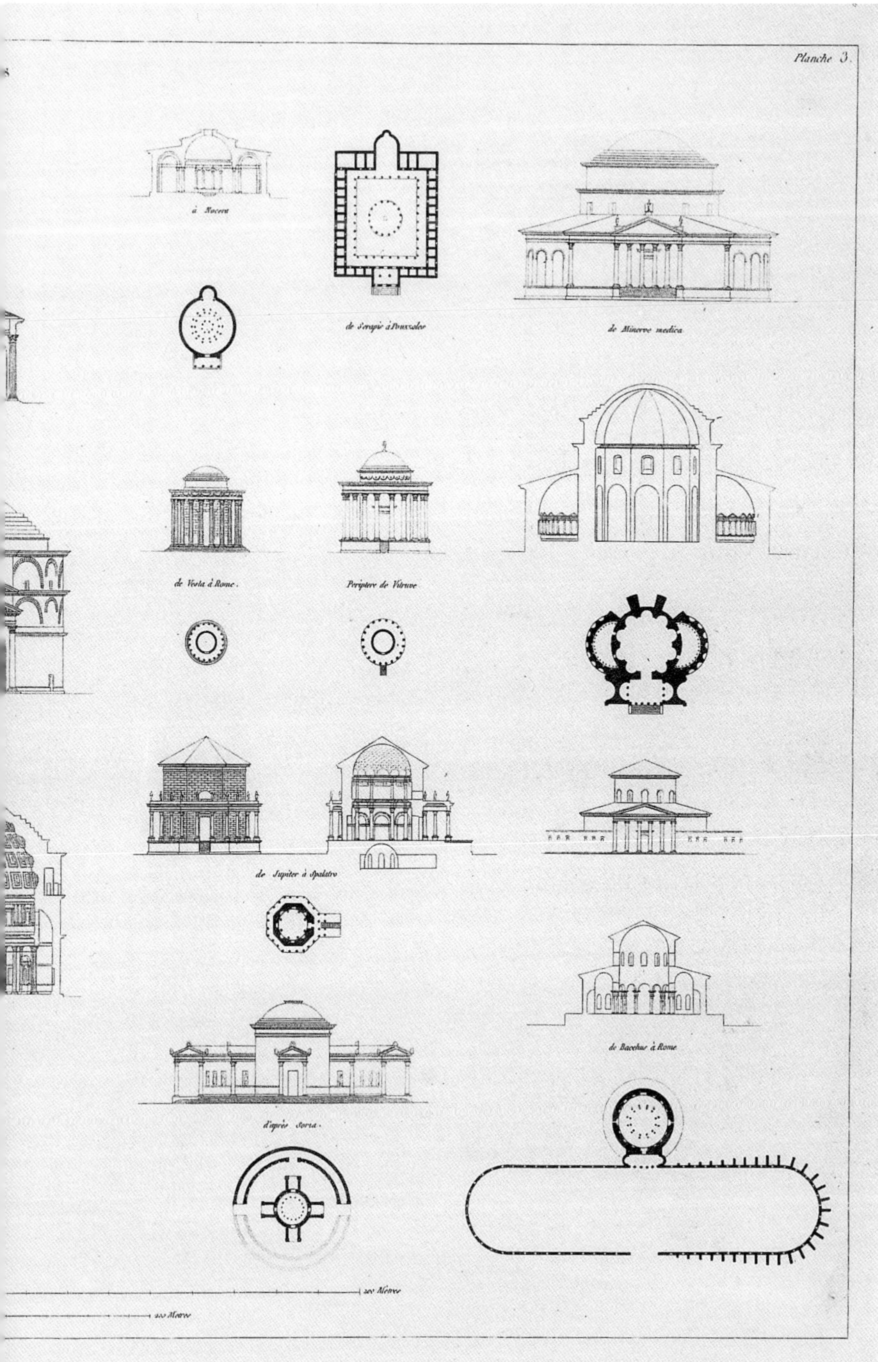
Planche 3.
à Nocera
de Serapis à Pouzzoles
de Minerve medica
de Vesta à Rome.
Periptere de Vitruve
de Jupiter à Spalatro
de Bacchus à Rome
d'après Soria.
200 Mètres
100 Mètres

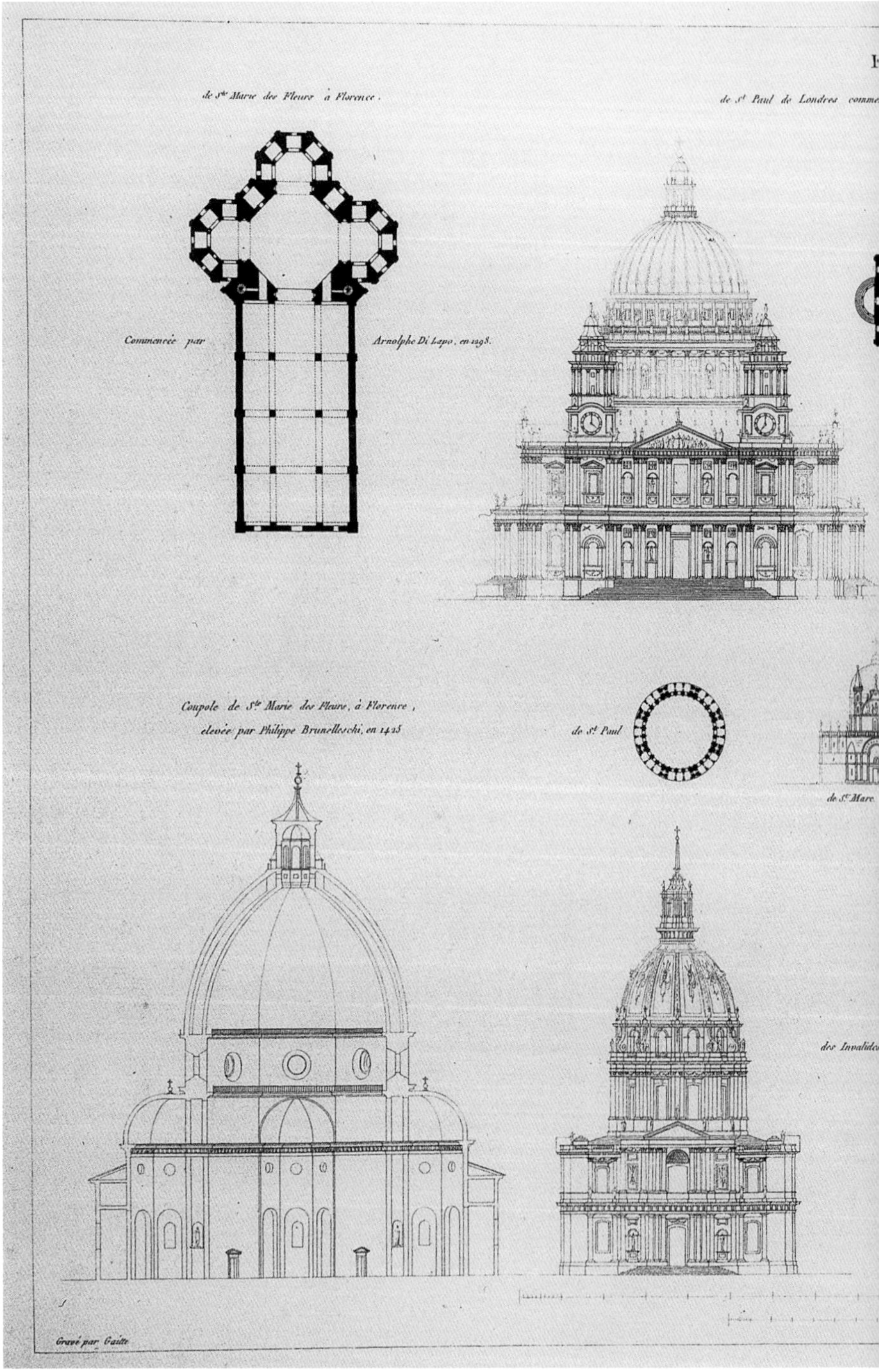

Cuadro sinóptico de los edificios con cúpula
Los principales edificios con cúpula de la arquitectura mundial son la catedral de Florencia, San Pablo en Londres, los Invalides en París, San Marcos en Venecia, Santa Sofía en Estambul y San Agustín en Roma. *Lám. 9. Grabado sobre cobre de Gaille*

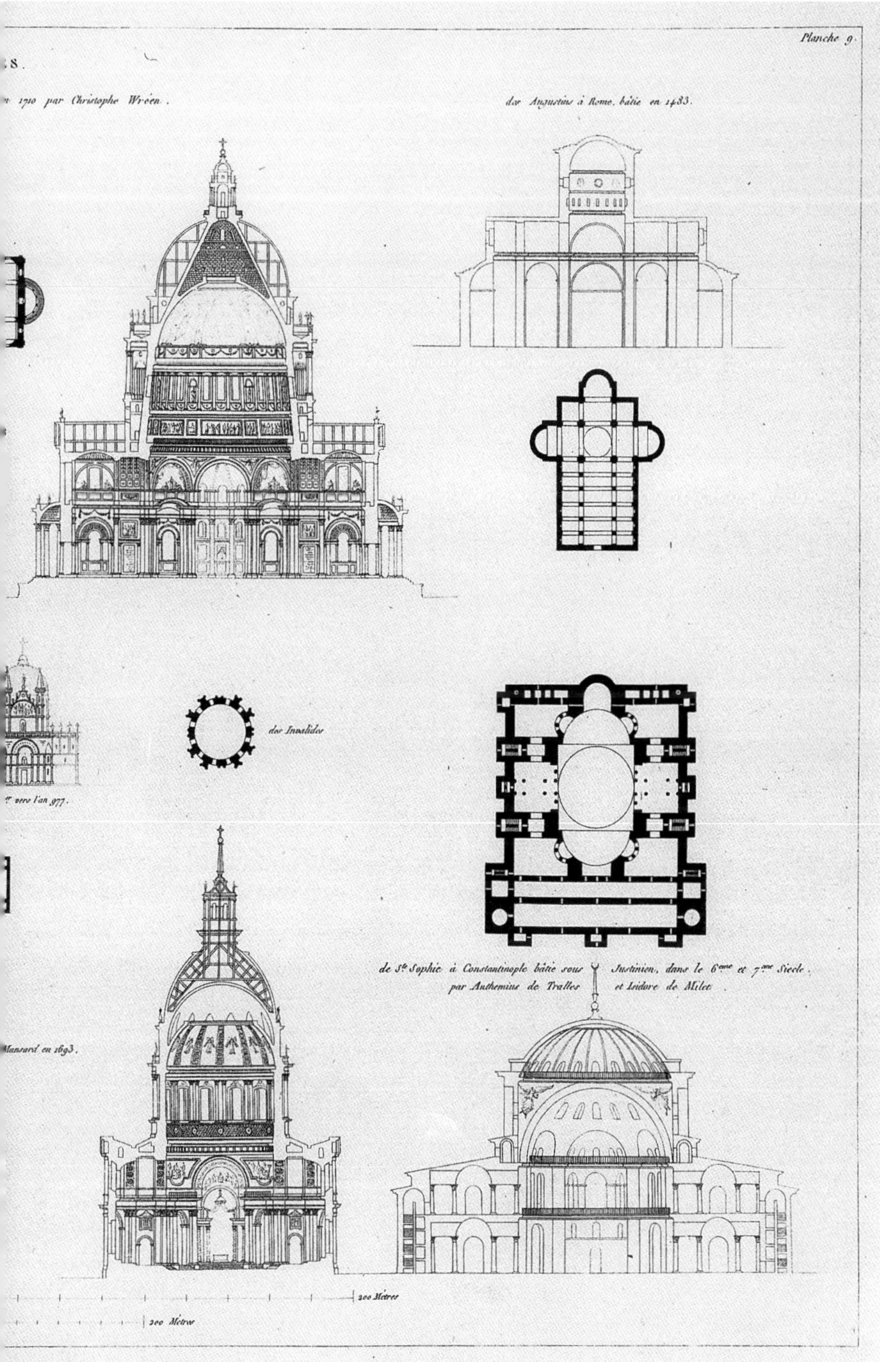

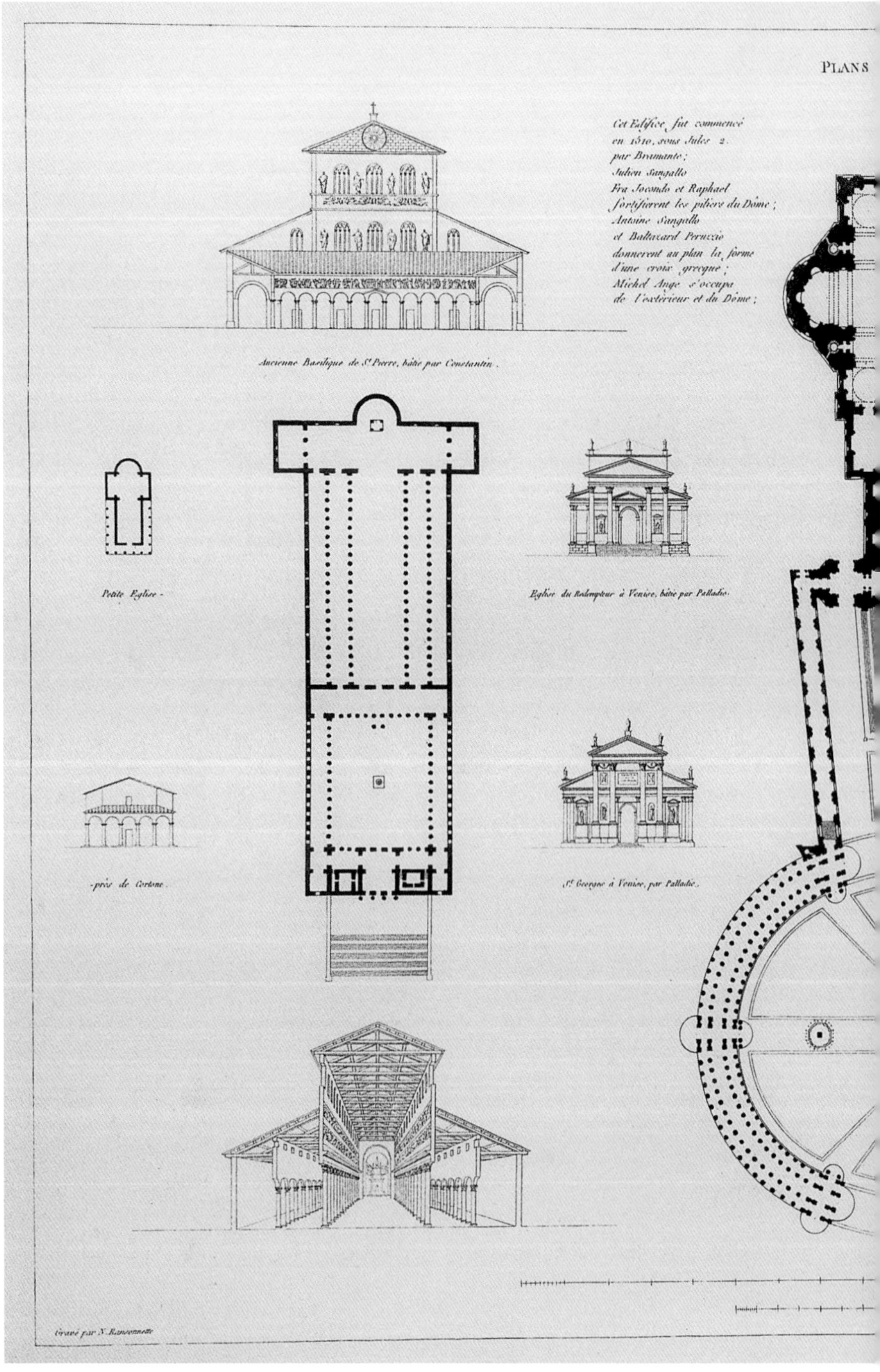

Proyectos de la nueva basílica de San Pedro de Roma
El cuadro muestra, además de la antigua basílica de San Pedro, uno de los proyectos de Bramante y Miguel Ángel respectivamente, así como la planta general que fue llevada a cabo.
Lám. 11. Grabado sobre cobre de N. Ransonnette

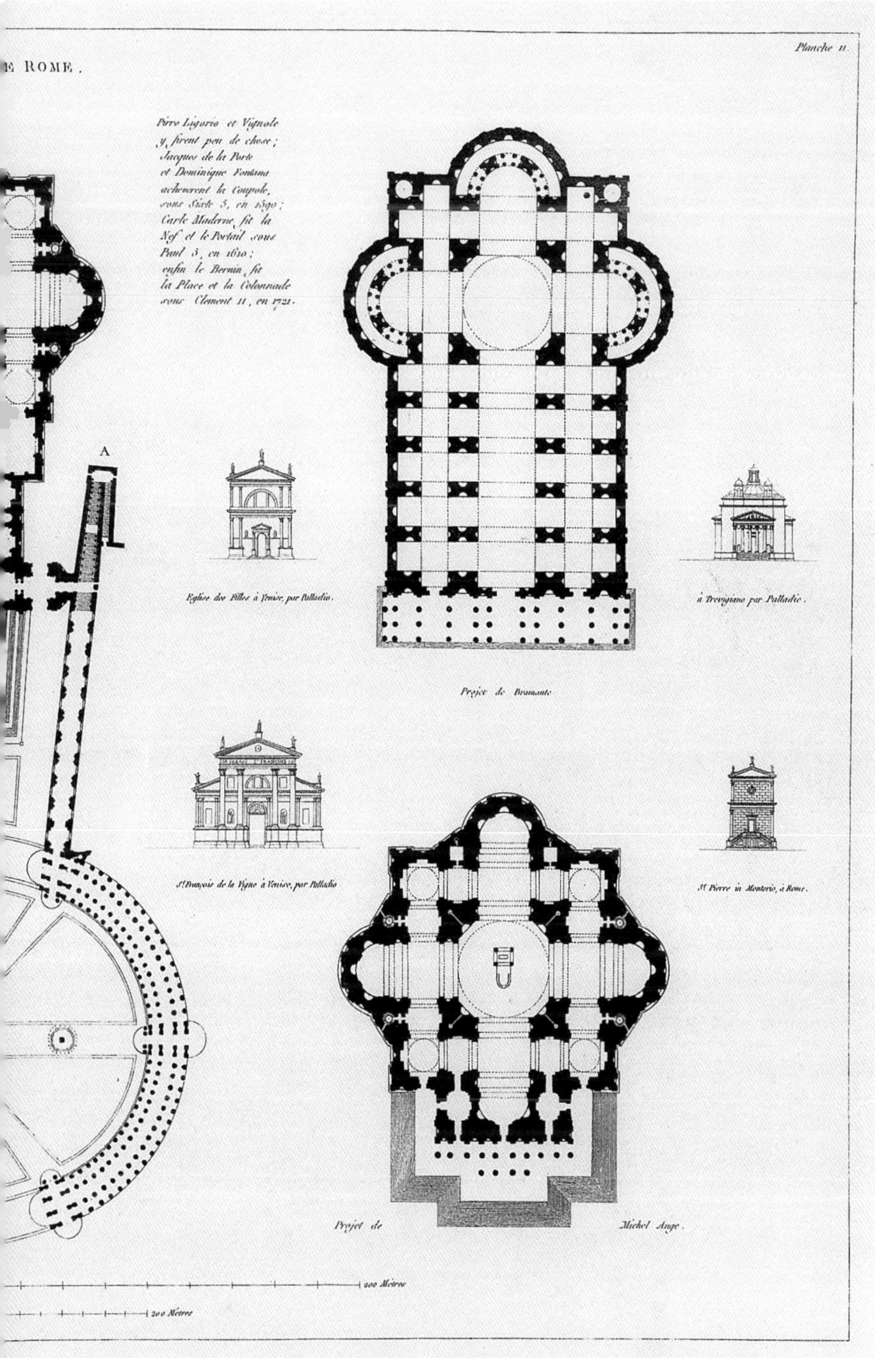
E ROME.
Planche 11.
Pirro Ligorio et Vignole
y firent peu de chose;
Jacques de la Porte
et Dominique Fontana
achevèrent la Coupole,
sous Sixte 5, en 1590;
Carle Maderne fit la
Nef et le Portail sous
Paul 5, en 1610;
enfin le Bernin fit
la Place et la Colonnade
sous Clement 11, en 1721.
A
Eglise des Filles à Venise, par Palladio.
à Trevigiano par Palladio.
Projet de Bramante
S.t François de la Vigne à Venise, par Palladio
S.t Pierre in Montorio, à Rome.
Projet de
Michel Ange.
200 Mètres
200 Mètres

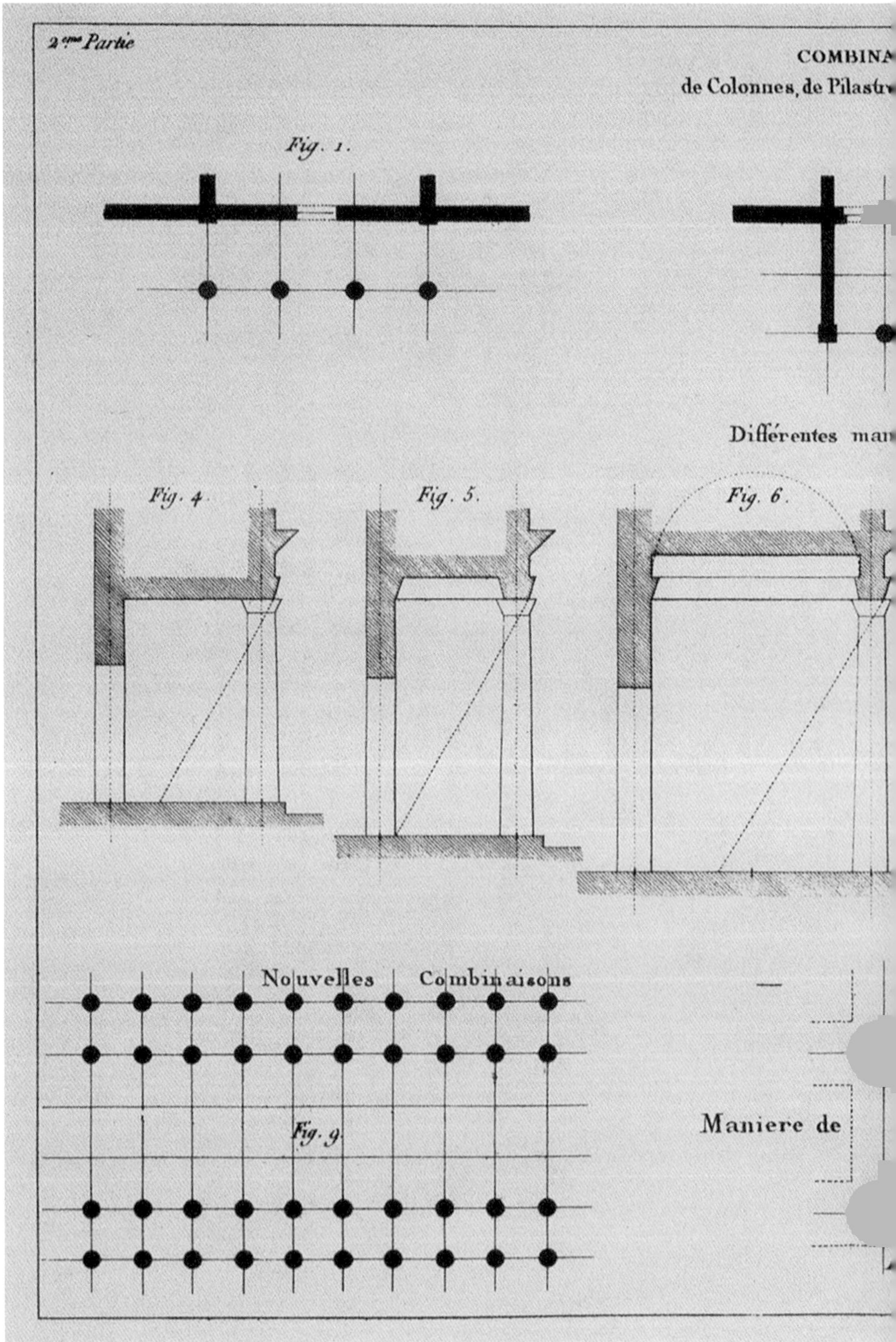

Acoplamientos horizontales de columnas, pilastras, puertas y ventanas
El riguroso esquematismo geométrico, que autoriza varios vestíbulos en una trama cuadrada preestablecida, queda patente aquí. *2ª edición, París, 1817–1819. Recopilación de láminas, lám. 1. Grabado sobre cobre de C. Normand*

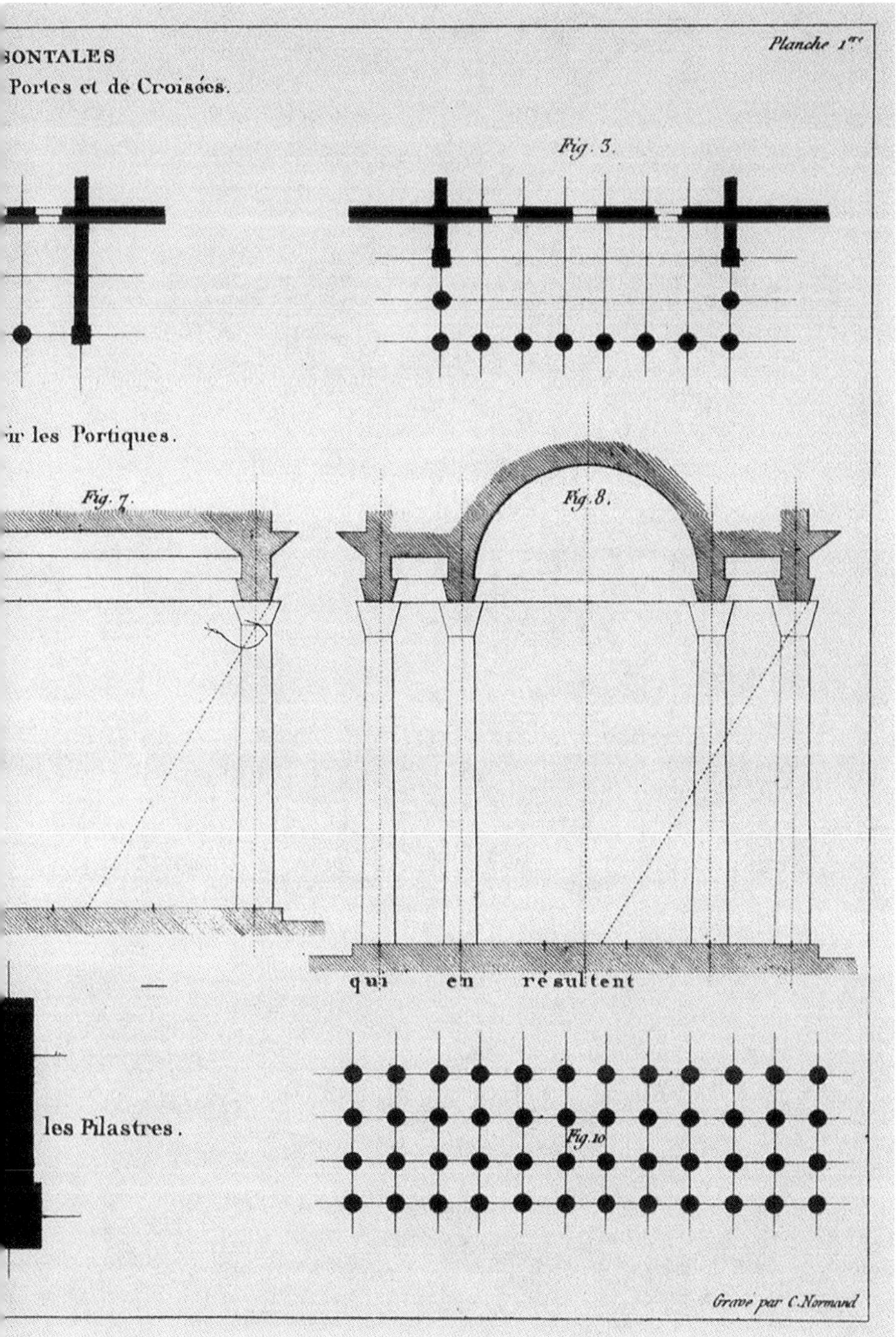
ONTALES
Planche 1re
Portes et de Croisées.
Fig. 3.
ir les Portiques.
Fig. 7.
Fig. 8.
qui en résultent
les Pilastres.
Fig. 10
Gravé par C. Normand

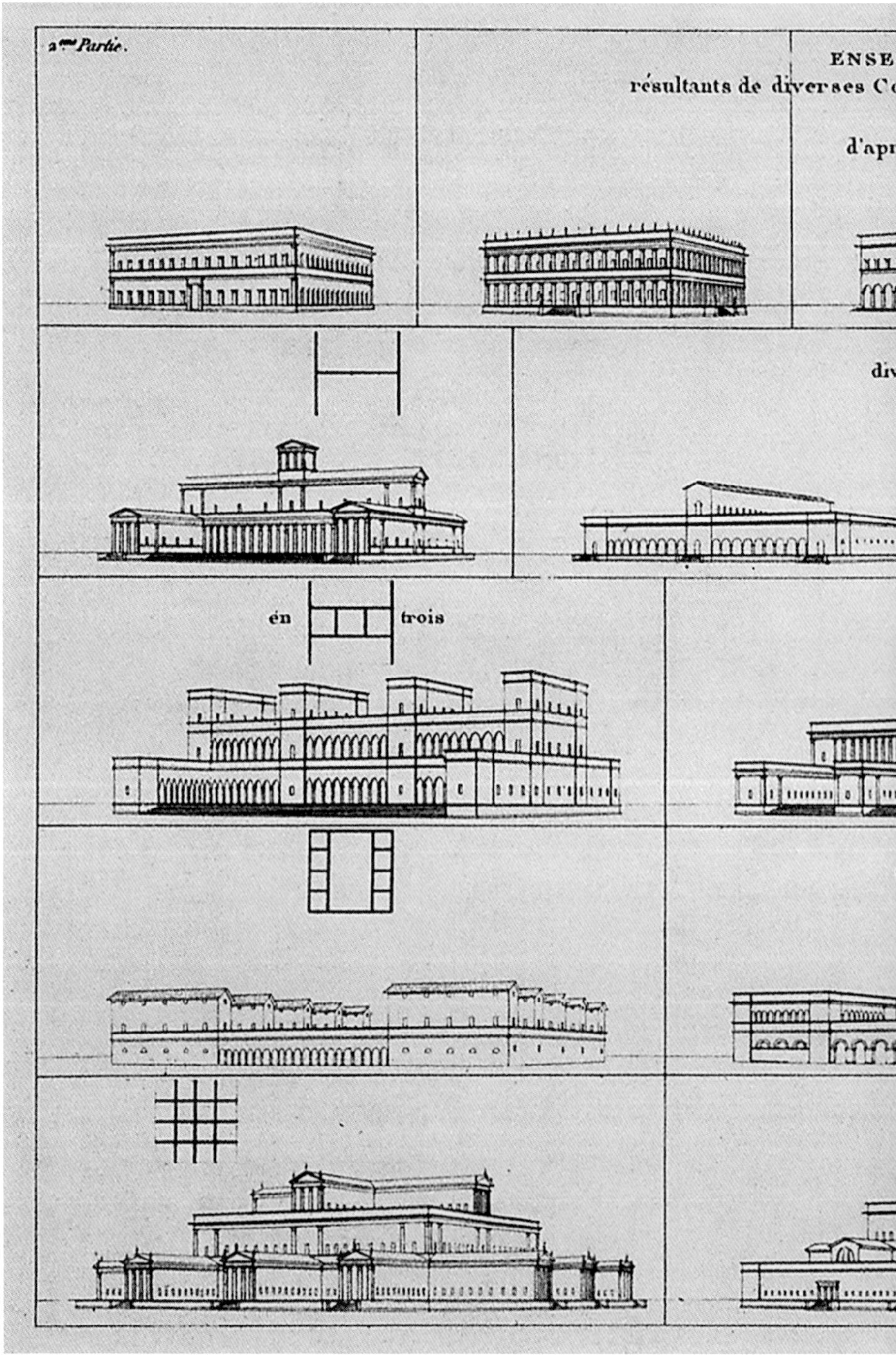

Distintos tipos de edificios diseñados desde una planta cuadrada
Las obras arquitectónicas no son fruto de su función sino de la división formal de un cuadrado. *2ª edición, París, 1817–1819. Recopilación de láminas, lám. 20. Grabado sobre cobre de C. Normand*

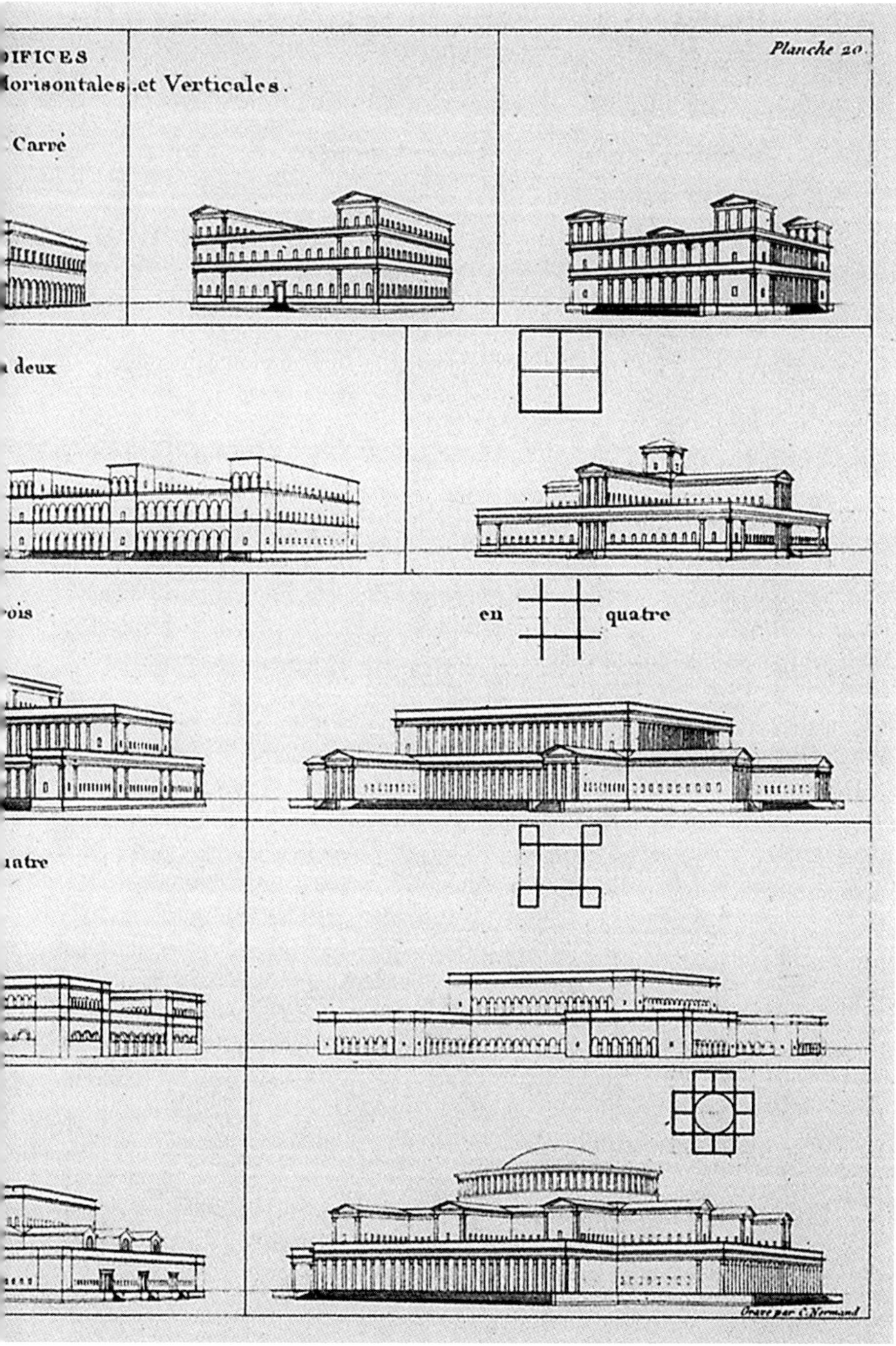

)IFICES
Horisontales ,et Verticales.
Planche 20.
Carré
deux
rois
en quatre
uatre
Gravé par C. Normand

Jean-Baptiste Rondelet (1743–1829)
Traité théorique et pratique de l'art de bâtir

7 VOLS., PARÍS, 1802–1817

Tratado teórico y práctico del arte de construir

Guillaume Abel Blouet (1795–1853)
Supplément

VOLÚMENES CON LÁMINAS, PARÍS, 1847

Suplemento

Nacido en Lyon en 1743, Jean-Bapiste Rondelet viaja a París para estudiar arquitectura de la mano de Jacques-François Blondel (1705/08–1774). Posteriormente, es alumno de Etienne-Louis Boullée (1728–1799). Como dibujante en el estudio de Soufflot, adquiere un profundo conocimiento técnico de la construcción de la iglesia de Sainte-Geneviève, el actual Panteón. Su ciencia de la estática y la estereotomía, aprendida primero cuando era ayudante de Jacques Germain Soufflot (1713–1780) y, a partir de 1806, por su cargo de maestro de obras de esta audaz construcción, resulta muy importante en numerosas ocasiones para rebatir las críticas sobre la seguridad estática del edificio, y en concreto de la cúpula. Tras la interrupción de las obras de 1783 a 1785, emprende un largo viaje por Italia. De regreso a París, pronto es considerado uno de los mejores constructores de su época y empieza a ser muy solicitado como experto. Rondelet es también uno de los principales organizadores de las escuelas de ingenieros fundadas tras la disolución de las academias en 1793. Ya en 1789, había reclamado la creación de estas instituciones. La Escuela Central de Obras Públicas nace en 1794 y en un primer momento se enseñan allí arquitectura e ingeniería civil. Pero unos años después, se convierte en Escuela Politécnica y se orienta por completo hacia las ciencias y las técnicas. La necesidad de técnicos de los ejércitos revolucionarios explica en gran medida la fundación de esta escuela. Nace con la idea de impartir una enseñanza técnica de unos métodos de construcción que puedan calcularse con precisión y aplicarse eficazmente; este conocimiento se profundiza posteriormente en establecimientos especializados en artillería, minas, puentes y calzadas o en la construcción naval. Entretanto, Rondelet es nombrado profesor de la Escuela de Arquitectura (1799), que se convierte en 1807 en la Escuela Imperial y Especial de Bellas Artes. Enseña estereometría y construcción en sus clases de arquitectura y, en 1815, es elegido miembro de la Academia de Bellas Artes. Muere en París en 1829.

Rondelet se expresó sobre los problemas de construcción en numerosos estudios y análisis. Pero su mayor obra, que conoció varias reediciones, sigue siendo *Traité théorique et pratique de l'art de bâtir*, que publica de 1802 a 1847 en cinco volúmenes, acompañados de una amplia recopilación de láminas. Plantea en la introducción que la arquitectura tiene como objetivo contribuir al progreso humano. La arquitectura no es una simple obra de ingeniería, o al menos esa no es su ambición. Debe responder a varias exigencias, de estabilidad, desde luego, pero también de «conveniencia» y «belleza»; de esa manera podrán construirse edificios seguros, cómodos y grandiosos,

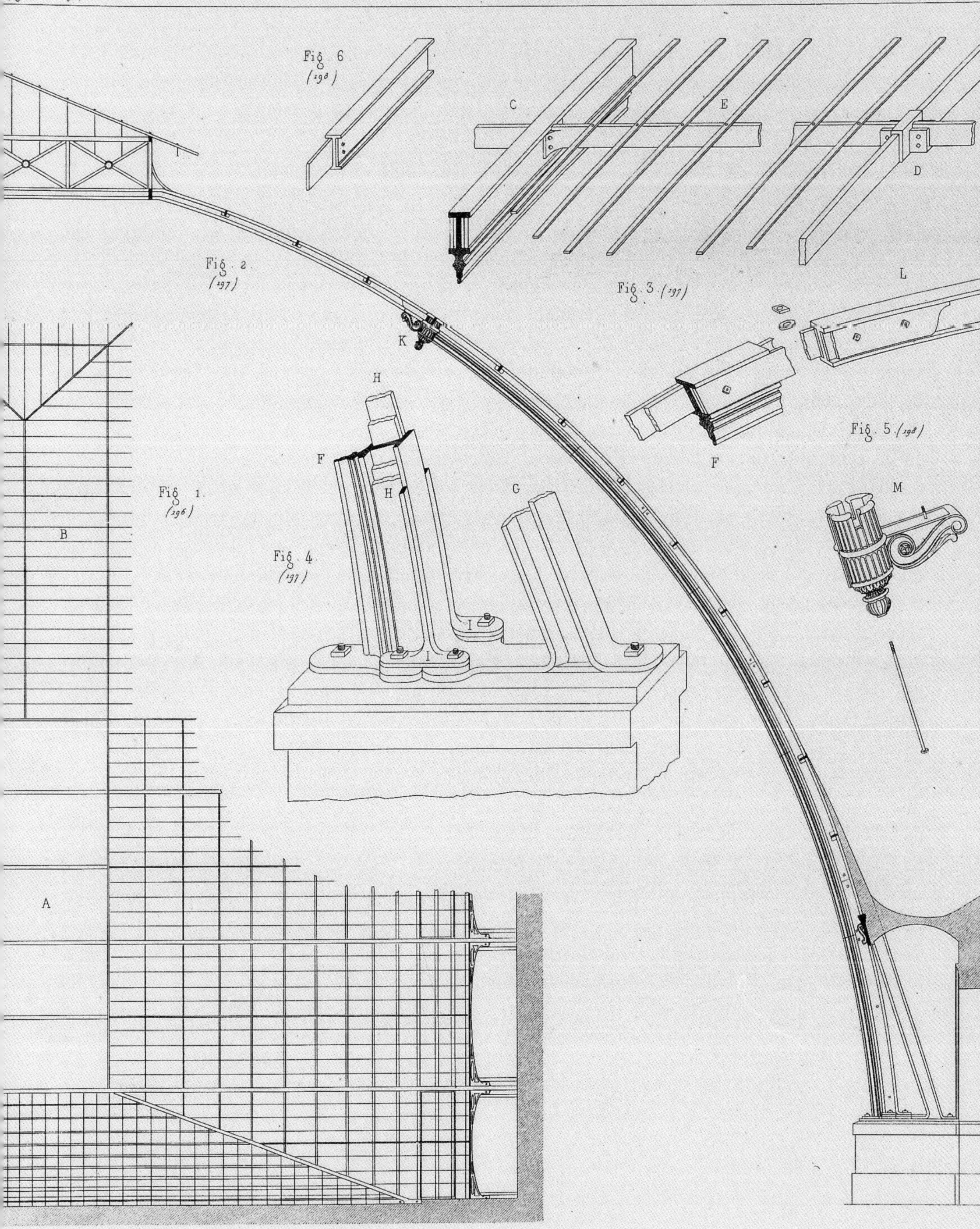

V. del

E. R.

SERRURERIE.

Combles.

que glorificarán a las ciudades. La Antigüedad ya conocía y aplicaba estos principios, pero desde el siglo XVI, cuando la mayoría de los constructores recibía una formación de pintor, se privilegiaba la decoración antes que las competencias técnicas. Por ello ahora cabe devolver a un primer plano el dominio de la construcción y las capacidades técnicas y teóricas. Rondelet se refiere con esto a la manipulación de los materiales (extracción, tratamiento, transporte), por una parte, y a los estudios de previsión acerca del comportamiento de la albañilería y los costes de construcción, por otra parte. Por ese motivo, el tratado no se detiene en recetas antiguas sino que presenta la suma de las experiencias técnicas del autor. Desde la nueva tendencia científica y técnica, la enseñanza de la arquitectura se divide entre la arquitectura militar, la construcción naval y la arquitectura civil, que solo incluye para Rondelet los grandes edificios y las obras públicas: templos, palacios, escuelas, teatros, arcos de triunfo, fuentes, canalizaciones, puentes, instalaciones portuarias, plazas y caminos. La parte más importante del tratado se centra en un minucioso estudio de los materiales: describe con sumo detalle el lugar de extracción, el tratamiento, el comportamiento de los materiales más diversos –piedra, ladrillo, cemento o tierra–, locales o extranjeros, y los clasifica en forma de cuadro. Expone el cálculo de la bóveda y la estructura con gran detalle. Por primera vez, la utilización del hierro como material de construcción es objeto de una descripción ilustrada con varios ejemplos, como el puente de Coalbrookdale, el puente de los Arts y el puente de Austerlitz. Rondelet ofrece además una indicaciones muy claras sobre el cálculo de los costes de construcción que debe realizarse a partir de entonces según el sistema métrico, que se había vuelto a introducir en 1795. Las medidas antropométricas ya no desempeñan ningún papel; por ello no es de extrañar que Rondelet no se pronuncie sobre la cuestión de los sistemas de proporción clásicos.

La obra de Rondelet, considerada a veces como el contrapunto técnico de la obra de Durand, se singulariza ante todo por la presentación que la sitúa entre el tratado a la vieja usanza y un nuevo género, el manual en varios volúmenes, que tiende a la sistematización. Aunque el libro de Rondelet se editó en cinco volúmenes, está estructurado rigurosa y sistemáticamente en siete tomos. Cada uno de ellos forma una unidad, aunque trate un solo tema: el tomo 1, la piedra; el tomo 2, el ladrillo y el cemento; el tomo 3, los aspectos técnicos de la construcción abovedada: el tomo 4, el diseño matemático. El tomo 5 analiza las cuestiones de infraestructura y movimiento tectónico y el tomo 6, la estructura. Solo el tomo 7 aborda varios temas: cubiertas, revestimiento de las paredes, verjas de forja; también estudia el hierro como nuevo material de construcción, pero Rondelet no podía dedicarle un tomo entero al no utilizarse en aquella época como tal.

CF

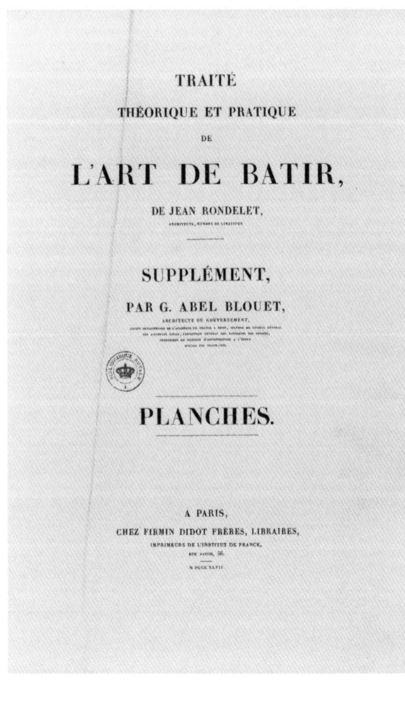
TRAITÉ

THÉORIQUE ET PRATIQUE

DE

L'ART DE BATIR,

DE JEAN RONDELET,

SUPPLÉMENT,

PAR G. ABEL BLOUET,

ARCHITECTE DU GOUVERNEMENT,

PLANCHES.

A PARIS,

CHEZ FIRMIN DIDOT FRÈRES, LIBRAIRES,

IMPRIMEURS DE L'INSTITUT DE FRANCE,

RUE JACOB, 56.

M DCCC XLVII

Ilust. p. 255
Elementos de una estructura de hierro
Los soportes con forma de T y las chapas de hierro, fijados por remaches, forman un armazón de una sorprendente transparencia y gracilidad. *Lám. LXXIX. Grabado sobre acero de H. Roux el Viejo*

Técnicas de albañilería antigua
El labrado de la piedra también resultaba determinante en las culturas antiguas para lograr una construcción hermosa y racional. *Lám. I. Grabado sobre acero de H. Roux el Viejo*

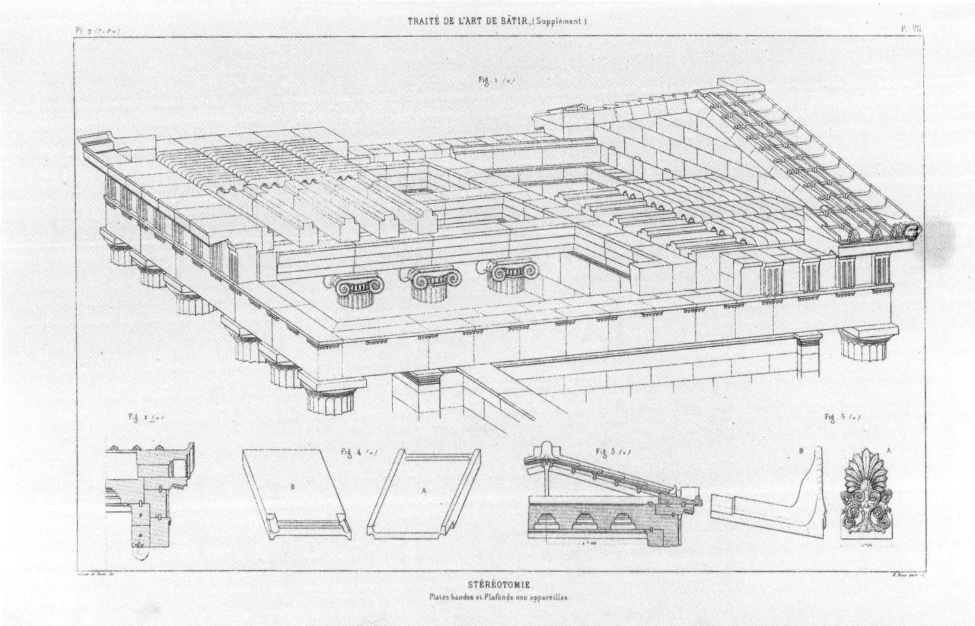

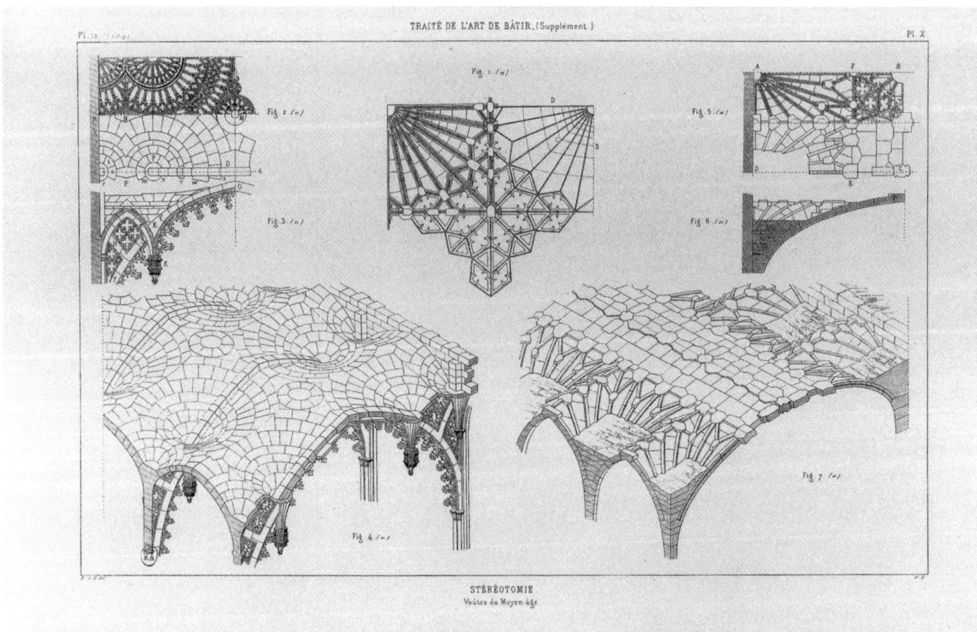

Sistema constructivo del templo griego
Blouet realiza aquí una reproducción literal de modelos extraídos de la obra de Karl Friedrich Schinkel *Vorbilder für Fabricanten.*
Lám. VII. Grabado sobre acero de H. Roux el Viejo

Bóvedas del gótico flamígero inglés
Se trata de mostrar aquí también que el labrado de las piedras y la mampostería son fundamentales en la construcción de las bóvedas. *Lám. X. Grabado sobre acero de H. Roux el Viejo*

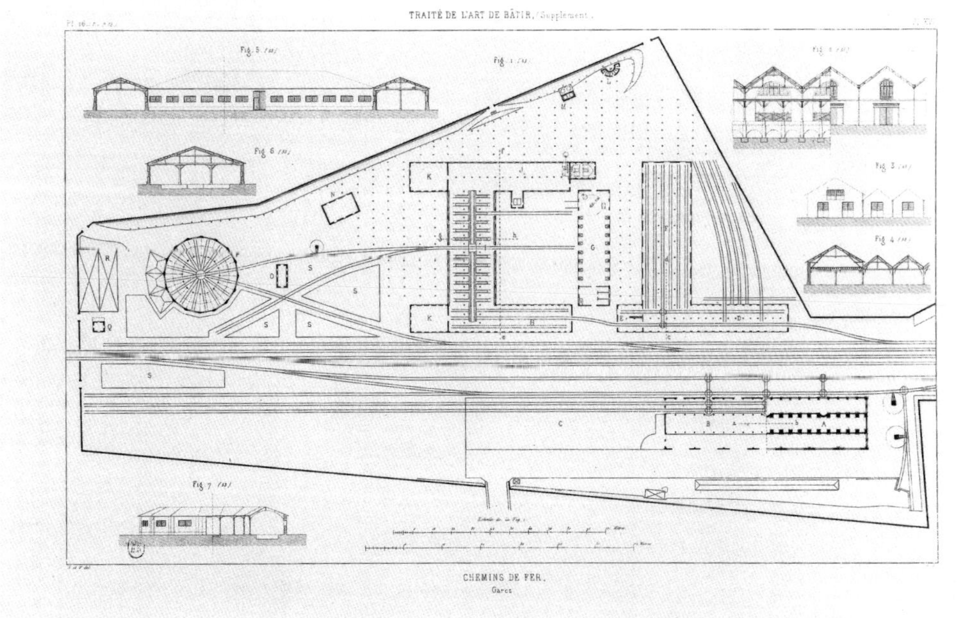

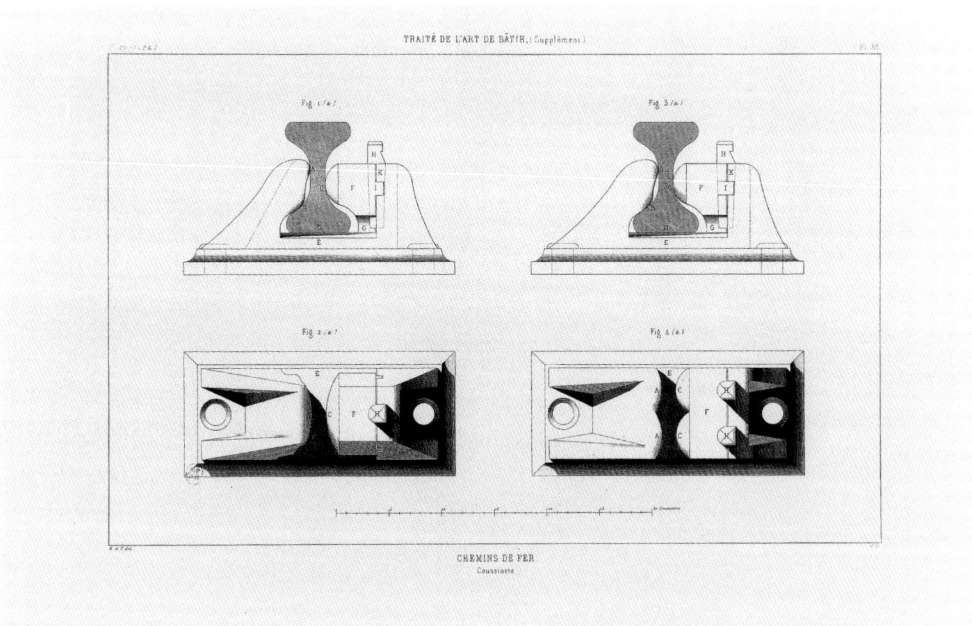

Vías férreas de una estación de mercancías
Representación de la primera estación de ferrocarril de París, la estación de Orléans, reemplazada hacia 1900 por la estación de Orsay (hoy el museo de Orsay). *Lám. XVI. Grabado sobre acero de H. Roux el* Viejo

Anclaje de raíles
La construcción de las vías férreas depende ya de la arquitectura, en un mismo plano que la albañilería o la estructura. *Lám. XX. Grabado sobre acero de H. Roux el Viejo*

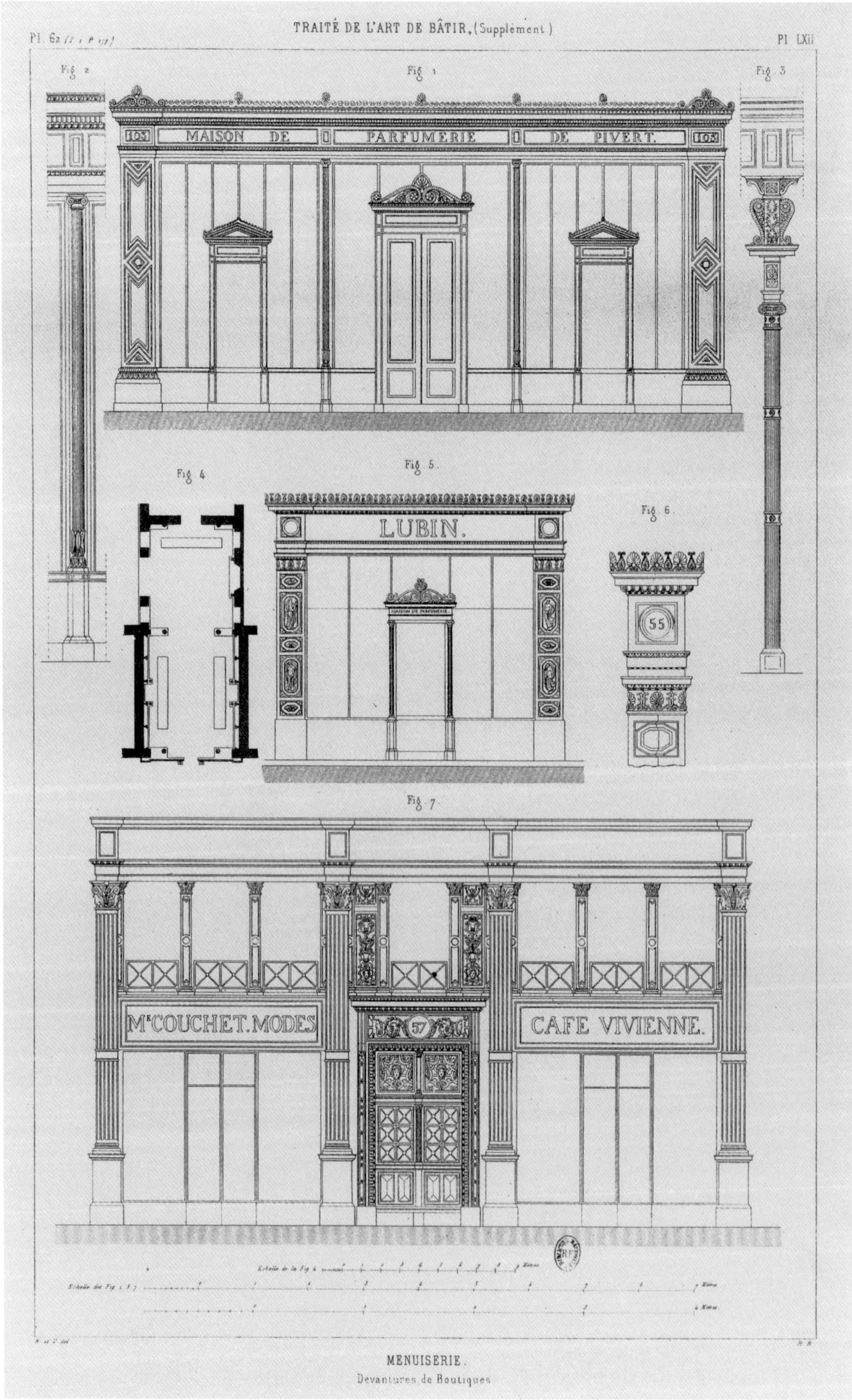

Estructuras metálicas para tiendas comerciales
En el capítulo «Cerrajería en la construcción», se describen distintos sistemas racionales de escaparates y estructuras metálicas para las fachadas de las tiendas.
Lám. LXII. Grabado sobre acero de H. Roux el Viejo

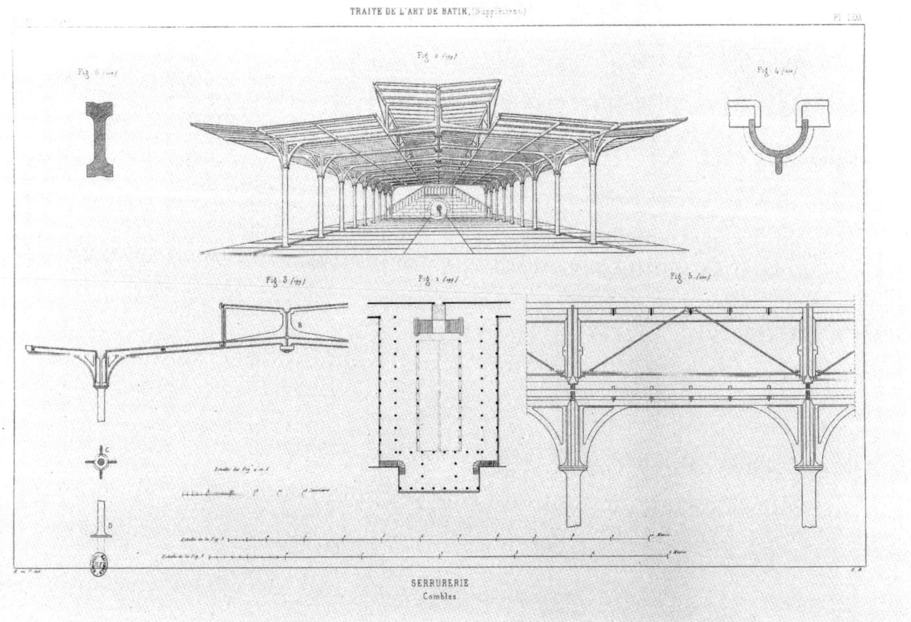

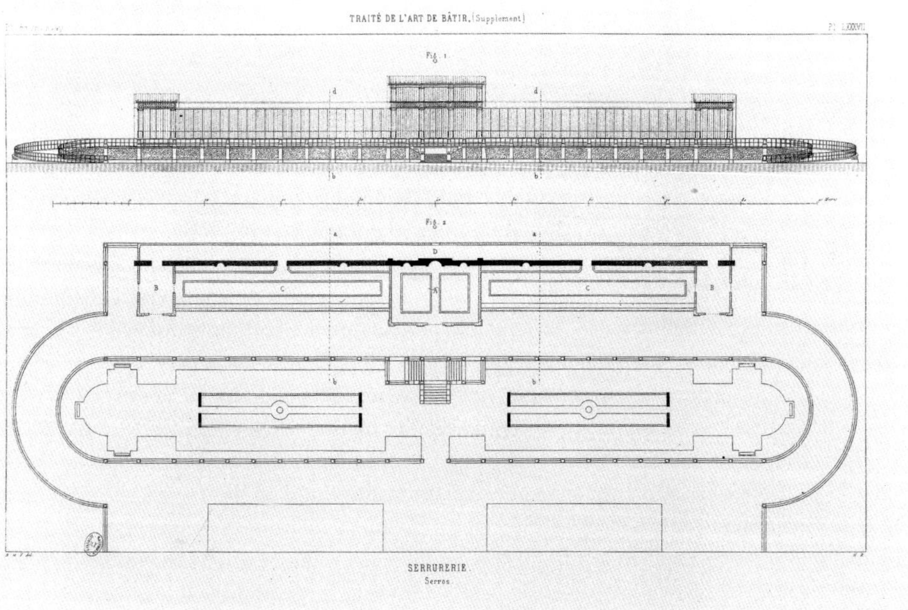

Mercado cubierto de Hungerford
En su época, la particularidad de esta estructura de hierro radicaba en los pilares salientes en forma de T, por lo que se pudo prescindir de un sistema portante exterior. *Lám. LXXX. Grabado sobre acero de H. Roux el Viejo*

Invernadero del Jardín Botánico de Rouen
Con sus tres pabellones y su mayestática subida, la estructura de hierro y cristal recuerda al palacio barroco. *Lám. LXXXVII. Grabado sobre acero de H. Roux el Viejo*

Eugène Emmanuel Viollet-le-Duc (1814–1879)

Dictionnaire raisonné de l'architecture française du XIe au XVIe siècle

10 VOLS., PARÍS, 1854–1868

Diccionario razonado de la arquitectura francesa del siglo XI al XVI

Entretiens sur l'architecture

2 VOLS., PARÍS, 1863–1872

Conversaciones sobre arquitectura

Nadie influyó tanto en la arquitectura del siglo XX como Viollet-le-Duc. El moderno concepto de construcción y función como únicos determinantes verdaderos de la arquitectura, es decir, fruto de análisis históricos, sociológicos y sobre todo tecnológicos, parece provenir directamente de los numerosos y voluminosos escritos del inmenso genio que era Viollet-le-Duc. La influencia de sus ideas queda patente sobre todo en el hecho de que la teoría arquitectónica ya no se presenta como un sistema estético especulativo sino como la conclusión de una investigación empírica y científica aparentemente intocable. Se entiende perfectamente, por tanto, que bajo este enfoque se analice cuidadosamente la arquitectura griega y sobre todo la medieval, puesto que la arquitectura moderna se definiría por la decoración, un revestimiento independiente de la estructura en sí y que en nada permitiría revelar a priori unas regularidades de tipo físico-científico.

Las circunstancias biográficas jugaron un papel esencial en la elaboración de la teoría de Viollet-le-Duc. Nace en 1814 en el seno de una familia muy culta de clase media. Eugène Emmanuel Viollet-le-Duc estudia junto a varios arquitectos y completa su formación con varios viajes a Francia e Italia. Ingresa muy pronto en la administración de obras civiles. En 1838 es nombrado ponente de esta administración, recientemente encargada del inventario y restauración del patrimonio medieval. Así empieza una carrera fulgurante de arquitecto restaurador. La Comisión de Monumentos Históricos le encarga numerosos proyectos de restauración de obras maestras de la arquitectura medieval, incluidas Notre-Dame de París, las catedrales de Amiens y Clermont-Ferrand, la basílica de Saint-Denis y la Madeleine de Vézelay, así como las murallas de Aviñón y Carcasona. En 1853 es nombrado inspector general de los edificios diocesanos. Valiéndose del inmenso conocimiento adquirido a lo largo de tantos trabajos y proyectos, escribe al mismo tiempo *Dictionnaire raisonné de l'architecture française du XIe au XVIe siècle*, una obra titánica cuya primera edición ve la luz entre 1854 y 1868. A diferencia de otros trabajos de la misma índole emprendidos anteriormente,

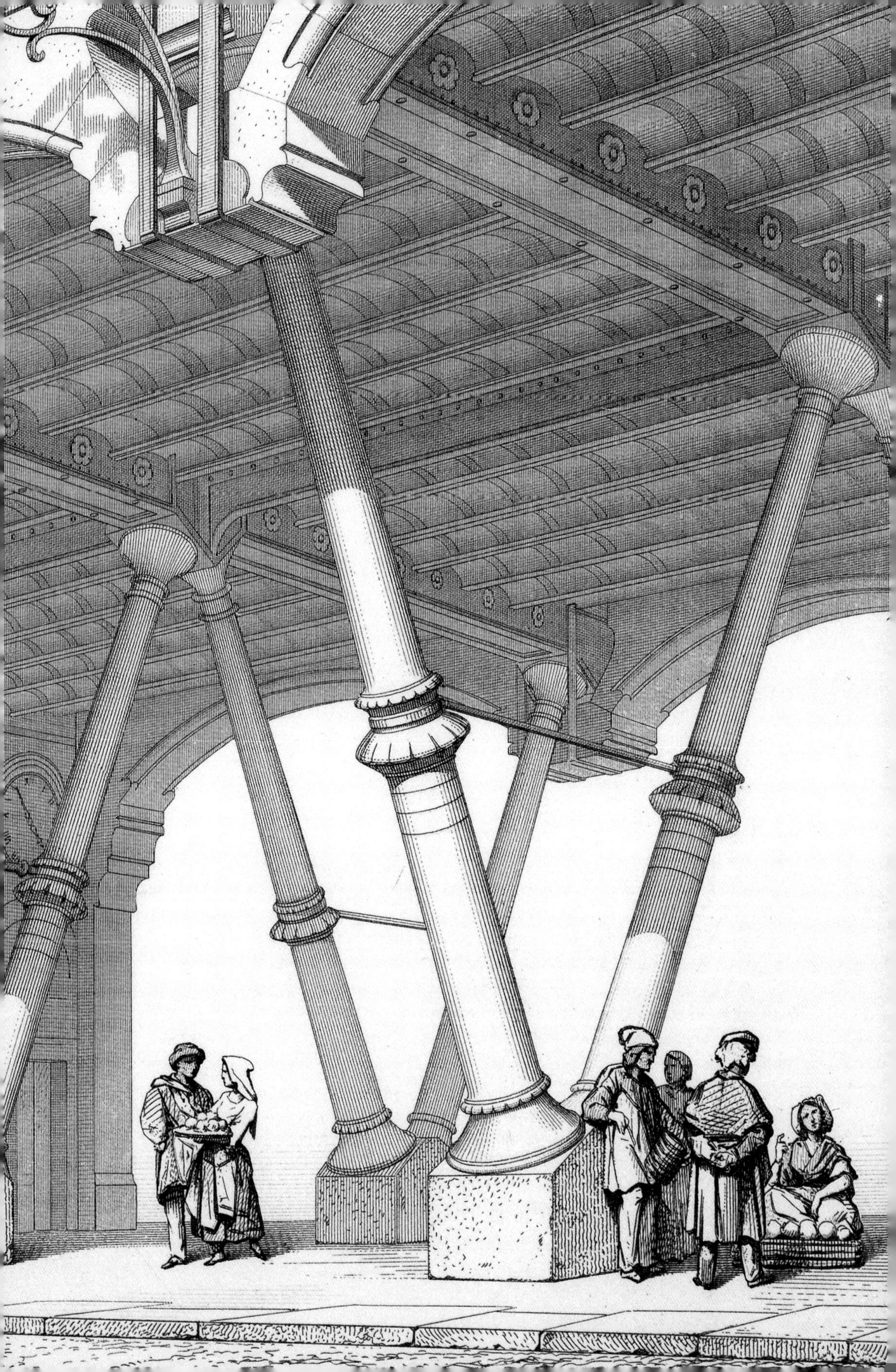

como el diccionario *Dictionnaire d'architecture* de Quatremère de Quincy, publicado en 1800, la obra de Viollet-le-Duc supone un repaso pormenorizado de una época histórica. Aunque desarrolla de forma explícita sus conceptos fundamentales sobre arquitectura en algunos importantes artículos como la «construcción», la «restauración» y el «estilo», sobre todo se expresa de manera implícita en numerosas entradas de su diccionario («catedral», «torreón», «ojiva», por ejemplo). En 1863 es nombrado profesor en la Escuela de Bellas Artes pero ha de retirarse un año más tarde debido a la violenta oposición que suscita su proyecto reformista de la formación de arquitectos. Precisamente a raíz de este proyecto académico nace el libro *Entretiens sur l'architecture*, publicado de 1863 a 1872. Viollet-le-Duc expone su sistema didáctico por épocas y temas arquitectónicos básicos. El enorme éxito de su doctrina se debe también a una serie de publicaciones didácticas y pedagógicas, así como a obras de iniciación y divulgación que publica en los últimos años de su vida: *Histoire d'une maison* (*Historia de una casa*, 1873) e *Histoire d'une ville et d'une cathédrale* (*Historia de una ciudad y una catedral*, 1878) repasan la historia y los problemas de la construcción en un estilo narrativo muy accesible.

La argumentación teórica y doctrinal de Viollet-le-Duc se basa ante todo en el profundo conocimiento de la edificación y técnica constructiva medieval adquirido en sus años de arquitecto restaurador. Los principios de métodos de construcción lógicos, eficientes y, por tanto, baratos que vieron la luz en el siglo XIII engendraron una arquitectura con estructura, cuya perfecta y más audaz expresión se ve reflejada en las grandes catedrales. Viollet-le-Duc adopta al mismo tiempo una postura anticlerical o, dicho de otra manera, laicista. Según él, hubo que esperar a que la cultura secular de las ciudades eliminara las reglas estáticas de la arquitectura monástica románica para que los burgueses se hiciesen cargo de grandes proyectos comunales. Los constructores geniales lograron así la libertad de trabajar conforme a la lógica y la razón, sin perder de vista las leyes naturales. Recurrir sistemáticamente a los principios de la razón y la lógica genera progreso, que se convierte en la idea cardinal de la buena arquitectura en todo sistema social emancipado. Esto es especialmente verdad para los métodos de construcción griego y gótico. Para Viollet-le-Duc, los factores que obstaculizan el progreso son el tradicionalismo formal, los sistemas de reglas de un academicismo caduco, las estructuras autoritarias, especialmente clericales y monárquicas. Elabora a partir de esta combinación de factores una historia universal no solo de la arquitectura sino también de las civilizaciones, que tienen su reflejo en los edificios. No obstante, el motor del progreso, que nada ha podido detener, también depende de la «raza»; Viollet-le-Duc se refiere con esto a algunas cualidades y facultades mentales propias de cada pueblo, así como a las condiciones generales, que dependen del clima y de los recursos en materiales de construcción. Además, el progreso también debe tener en cuenta los acontecimientos históricos y las premisas estéticas. No basta con seguir unas leyes naturales puramente constructivas y físicas para lograr una arquitectura ideal. También se debe dar respuesta a otros criterios como por ejemplo la resistencia a los asaltos en tiempos de guerra. Para terminar, también conviene conseguir algunas proporciones ideales. El clímax del progreso se alcanzó de verdad en la arquitectura con la estructura del gótico. Solo ella supo superar las estructuras teocráticas, resaltar la calidad de los materiales y expresar el genio de la nación francesa, feliz fusión de la raza aria y la galorromana; solo ella supo transformar las relaciones estáticas en una dinámica de equilibrio, en medio de tensiones. Gracias a esta cualidad propia, la arquitectura gótica merece la calificación de «estilo». Todos los objetos que cumplen con su función de una manera tan perfecta y acorde a las leyes naturales poseen esa cualidad suprema. Esto también es válido para un jarrón, por ejemplo, si está construido conforme a su función y su material, o para un barco de vapor o una locomotora. A la inversa, este concepto obliga a buscar una explicación técnica y constructiva «razonable» para cada detalle de la arquitectura gótica ideal, como se haría con una máquina.

No cabe la menor duda de que la teoría de Viollet-le-Duc supone una construcción compleja, minuciosa y que atañe a muchos más ámbitos del saber. Pero también encierra numerosas premisas y conclusiones refutables, a pesar de la exactitud de muchas de sus observaciones. Viollet-le-Duc abrió un camino fructífero hacia el modernismo al cuestionar los valores establecidos de la arquitectura de su época mediante una dicotomía radical: gótico frente a clásico, construcción frente a decoración, verdad frente a mentira, progreso frente a academicismo, técnica de ingeniería civil frente a arquitectura artística. Y en esta oposición bipolar reside justamente el potencial de reflexión y debate del movimiento moderno.

CF

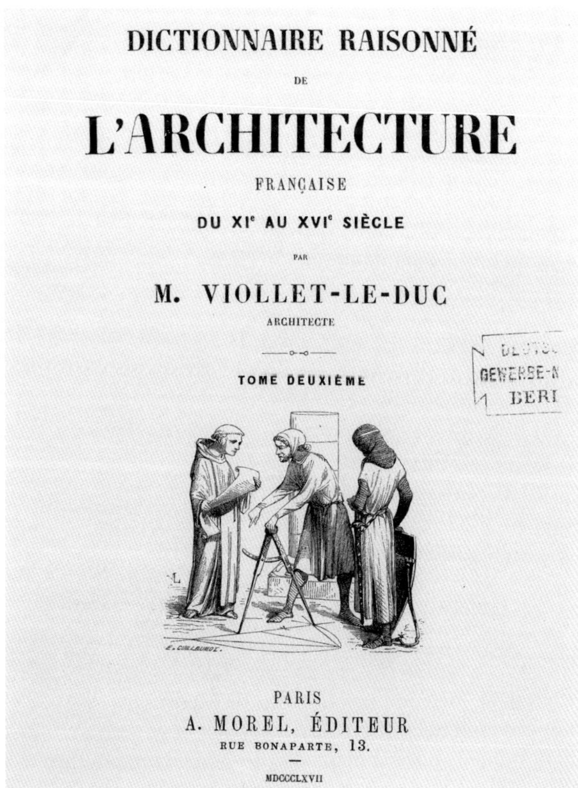
DICTIONNAIRE RAISONNÉ
DE
L'ARCHITECTURE
FRANÇAISE
DU XIe AU XVIe SIÈCLE
PAR
M. VIOLLET-LE-DUC
ARCHITECTE

TOME DEUXIÈME

PARIS
A. MOREL, ÉDITEUR
RUE BONAPARTE, 13.
MDCCCLXVII

Proyecto de mercado con bóvedas de hierro
El nuevo material que representa el hierro no solo permite arcos mucho más amplios que la bóveda de piedra, sino que también resulta mucho más barato.
Atlas, lám. XXVI. Grabado sobre acero de Sauvageot

La catedral ideal
Viollet-le-Duc se vale de su conocimiento de la «verdadera» arquitectura e imagina una iglesia ideal, síntesis de los grandes edificios del gótico flamígero. *Tomo II, p. 324. Grabado sobre madera*

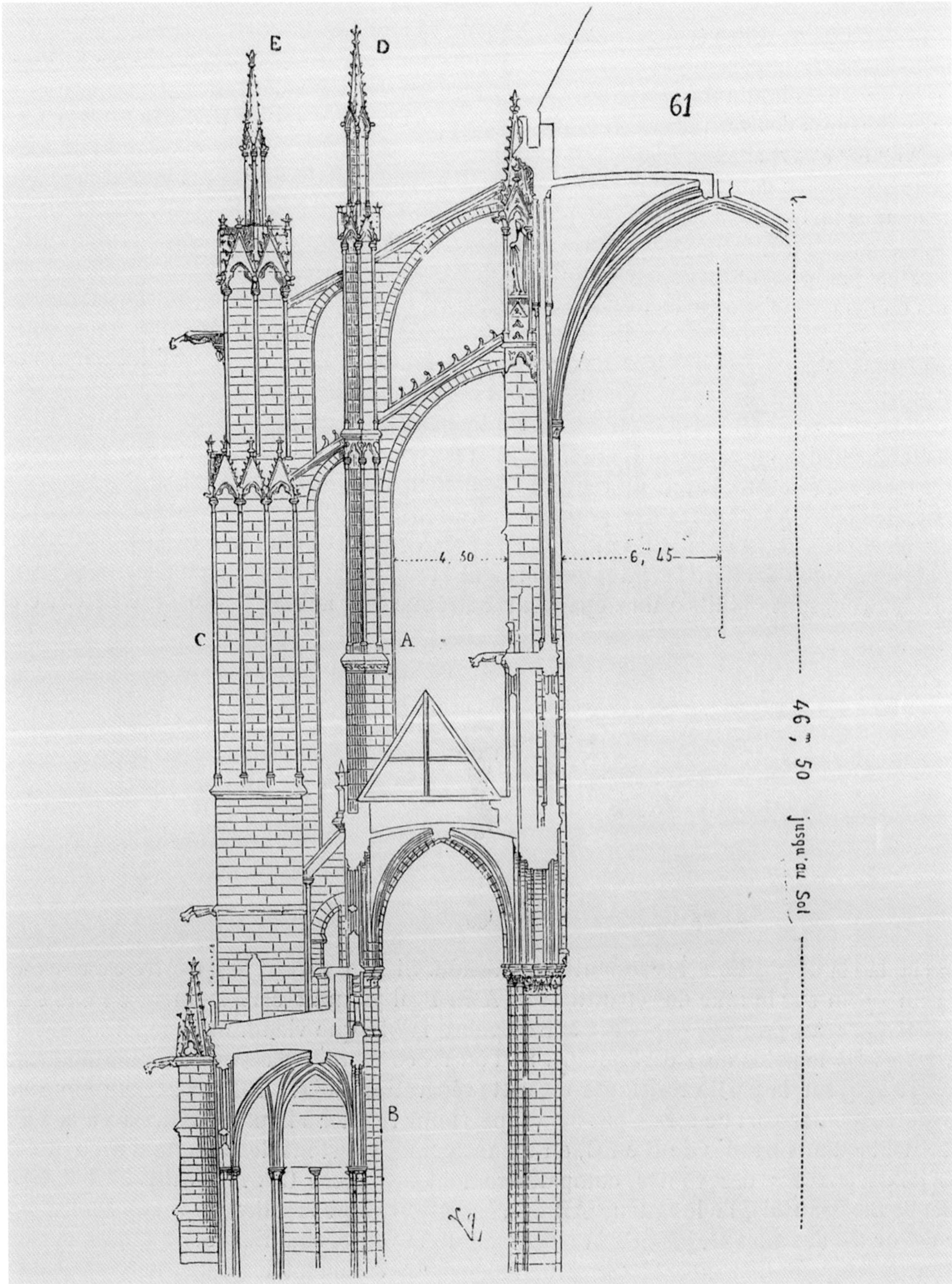

Sección transversal de la catedral de Beauvais
La construcción, ligera y audaz, no estaba exenta de defectos. Viollet-le-Duc pretende conocer los motivos de su desplome en 1284. *Tomo I, p. 70. Grabado sobre madera*

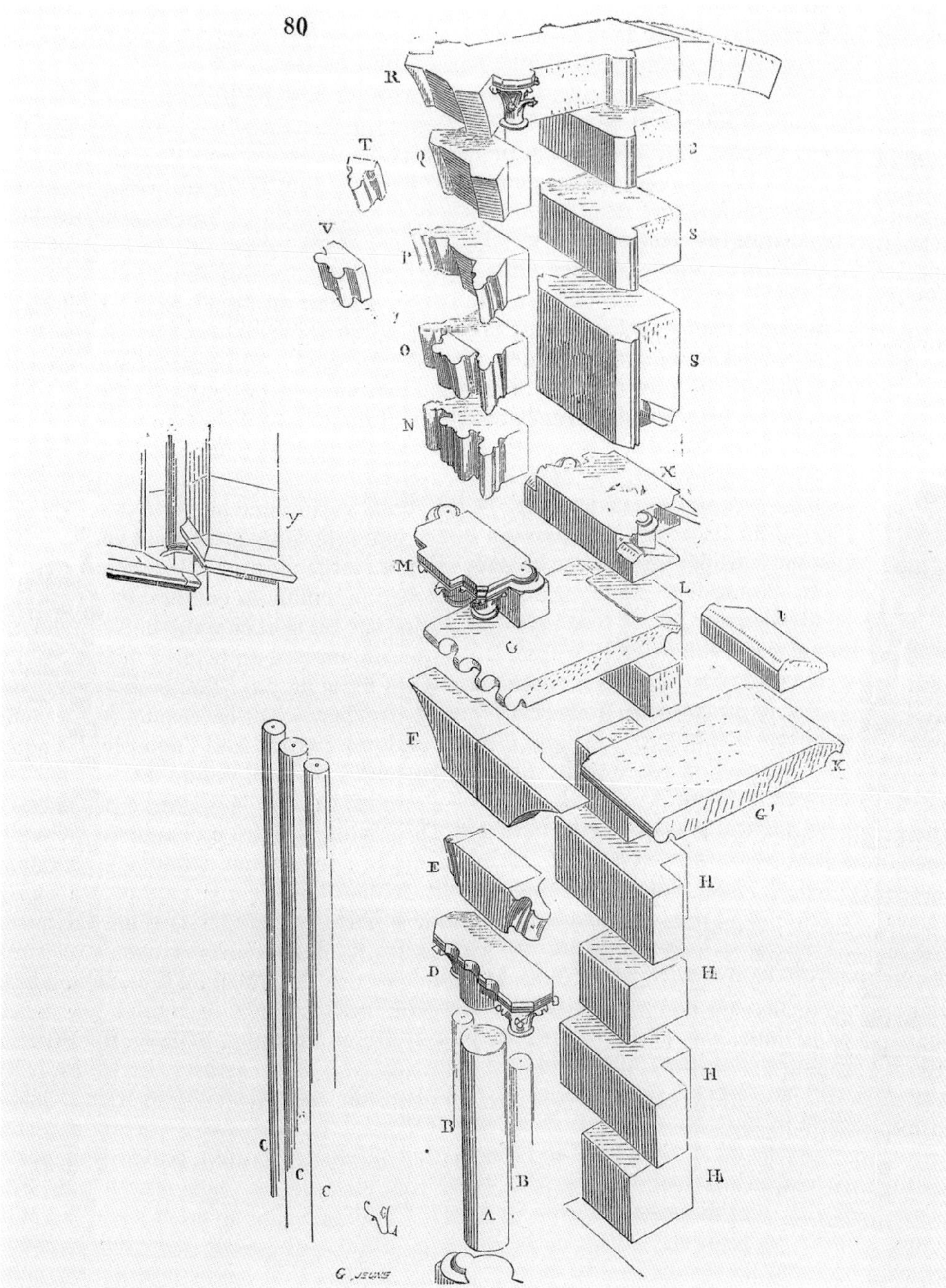

Construcción de la bóveda de Notre-Dame de Dijon
El dibujo pone de manifiesto el «sistema modular» utilizado para los sofisticados arranques de la bóveda. *Tomo IV, p. 141. Grabado sobre madera de G. Jeune*

Sección de la parte oriental del crucero de Saint-Nazaire en Carcasona
La construcción gótica no puede prescindir de un armazón fijado a distintas alturas.
Tomo IV, p. 202. Grabado sobre madera de G. Jeune

112

Detalle de una bóveda de Saint-Nazaire en Carcasona
Tomo IV, p. 203. Grabado sobre madera de G. Jeune

Estructura de madera de la linterna de la catedral de Amiens
La audacia de la construcción gótica no solo se manifiesta en la albañilería sino también en la estructura de madera. *Tomo IV, p. 470. Grabado sobre madera de G. Jeune*

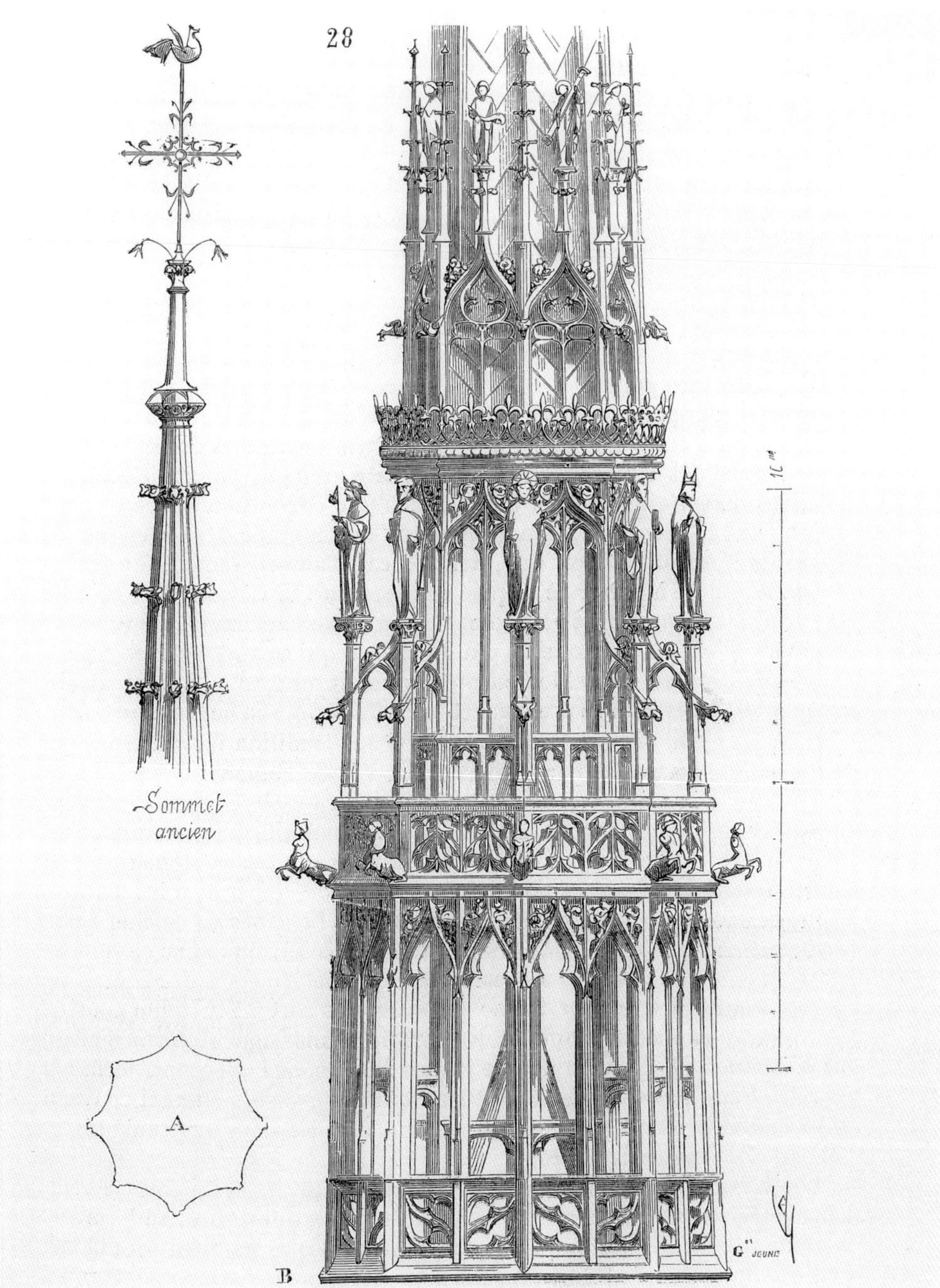

Vista de la linterna de la catedral de Amiens
Tomo IV, p. 471. Grabado sobre madera de G. Jeune

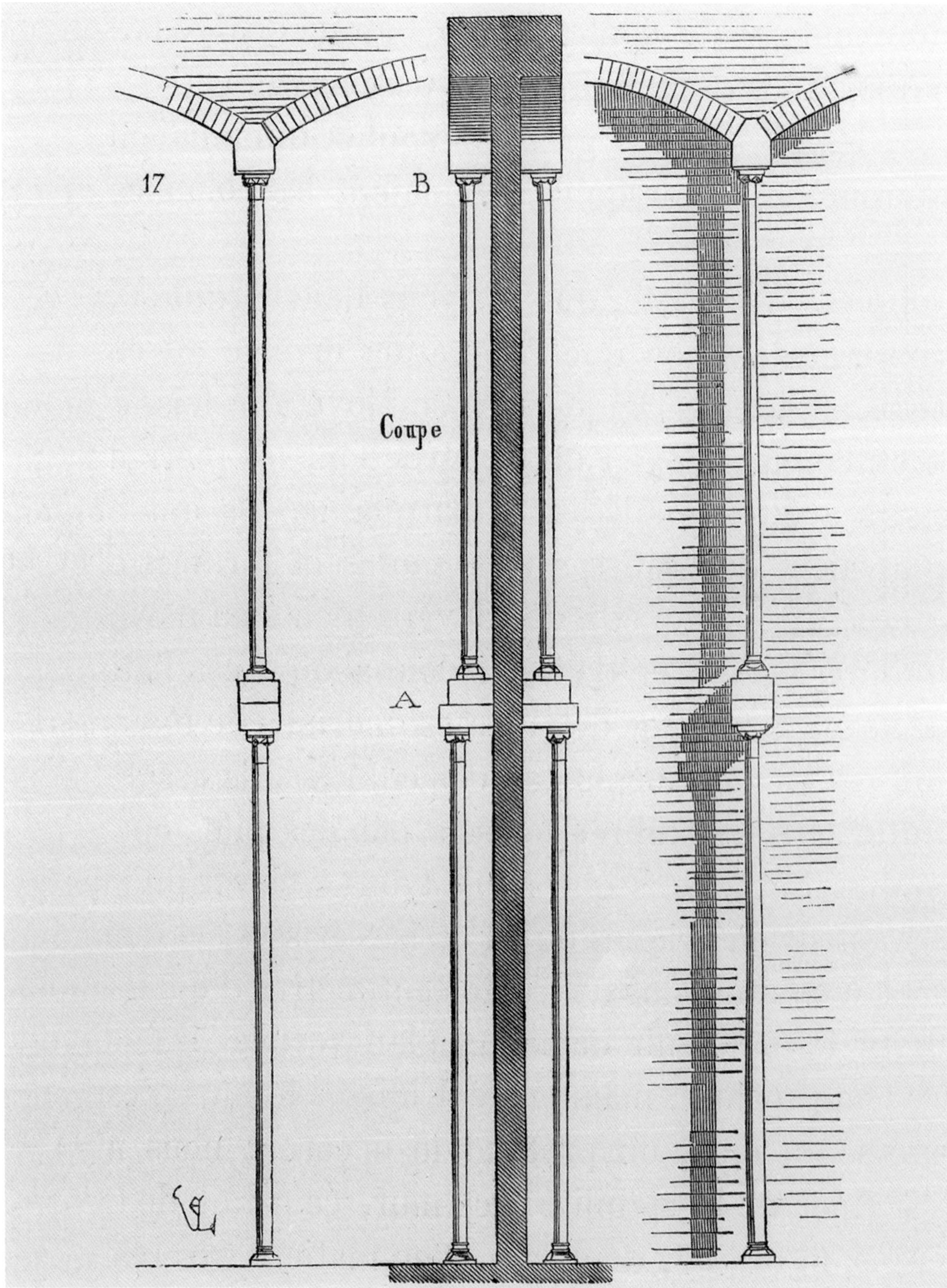

Soportes verticales
La masa de la mampostería puede reducirse mediante soportes verticales de piedra y también de hierro.
P. 298. Grabado sobre acero

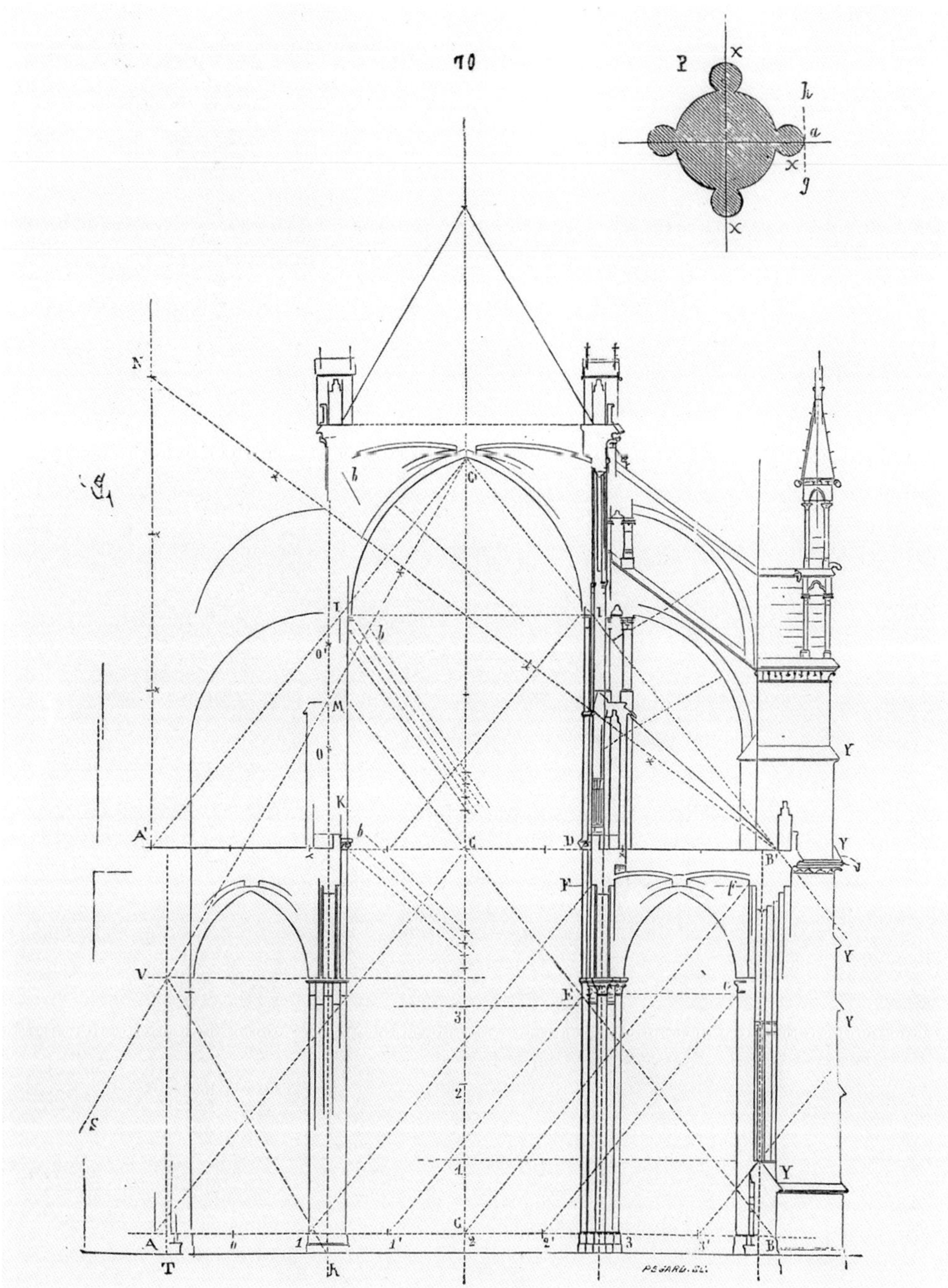

Análisis de proporciones en la sección del coro de Amiens
La estructura interna de la construcción es armoniosa porque sigue las proporciones de un triángulo determinado y siempre idéntico.
P. 406. Grabado sobre acero de Pégard

Mercado cubierto sobre pilares de hierro
El hierro cumple ahora la función de carga y cubierta de la piedra; esta idea surge de los principios de la estructura elástica de la construcción gótica.
Atlas, lám. XXI. Grabado sobre acero de Sauvageot

ECTURE
PL. XXI
Cl. Sauvageot, sc.
RIE
Imp. Lemercier. Paris

John Shute 280
Henry Wotton 288
Colen Campbell 296
Robert Morris 308
Isaac Ware 318
William Chambers 322
Augustus Welby Pugin 334
John Ruskin 346

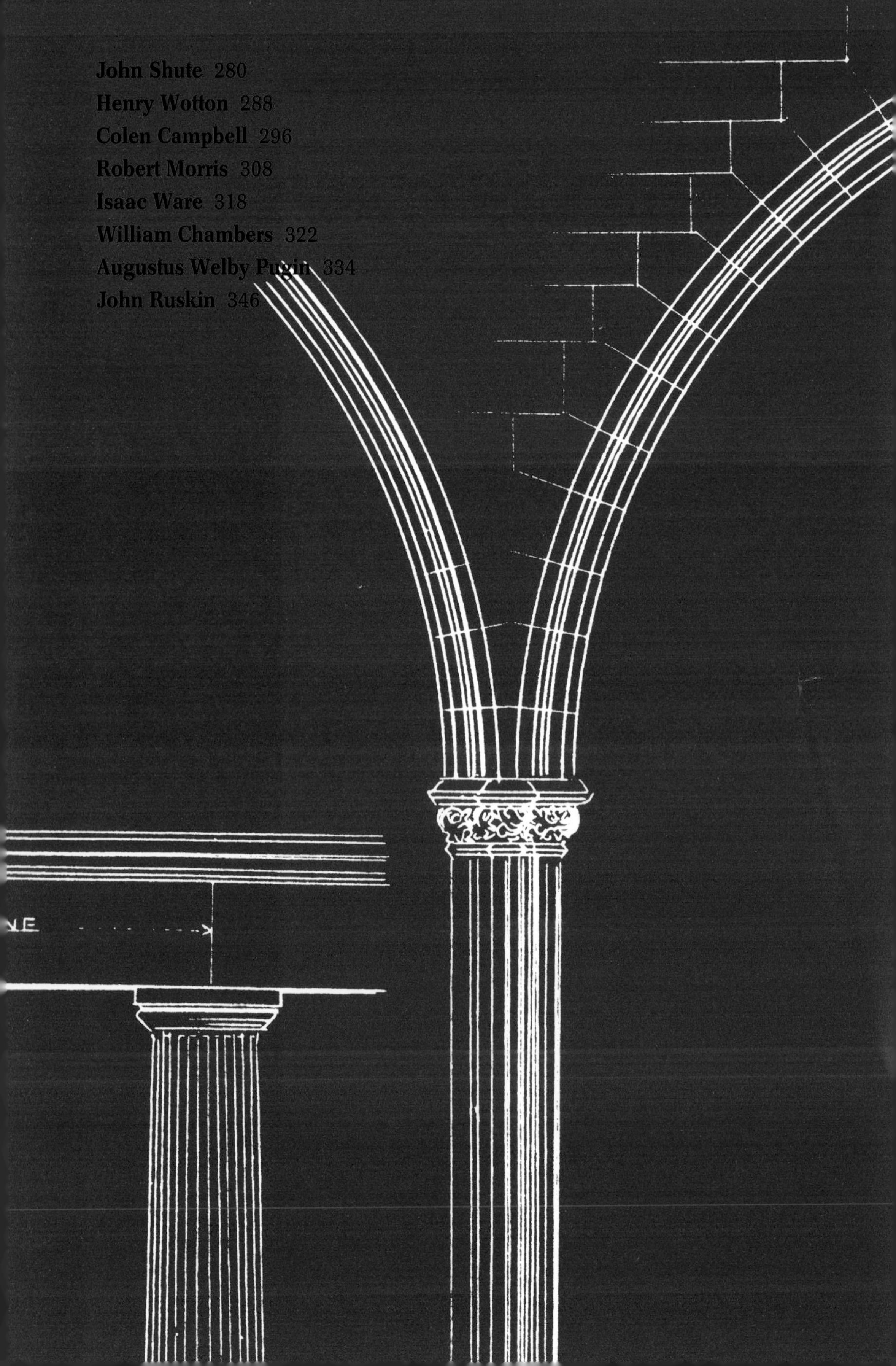

Inglaterra

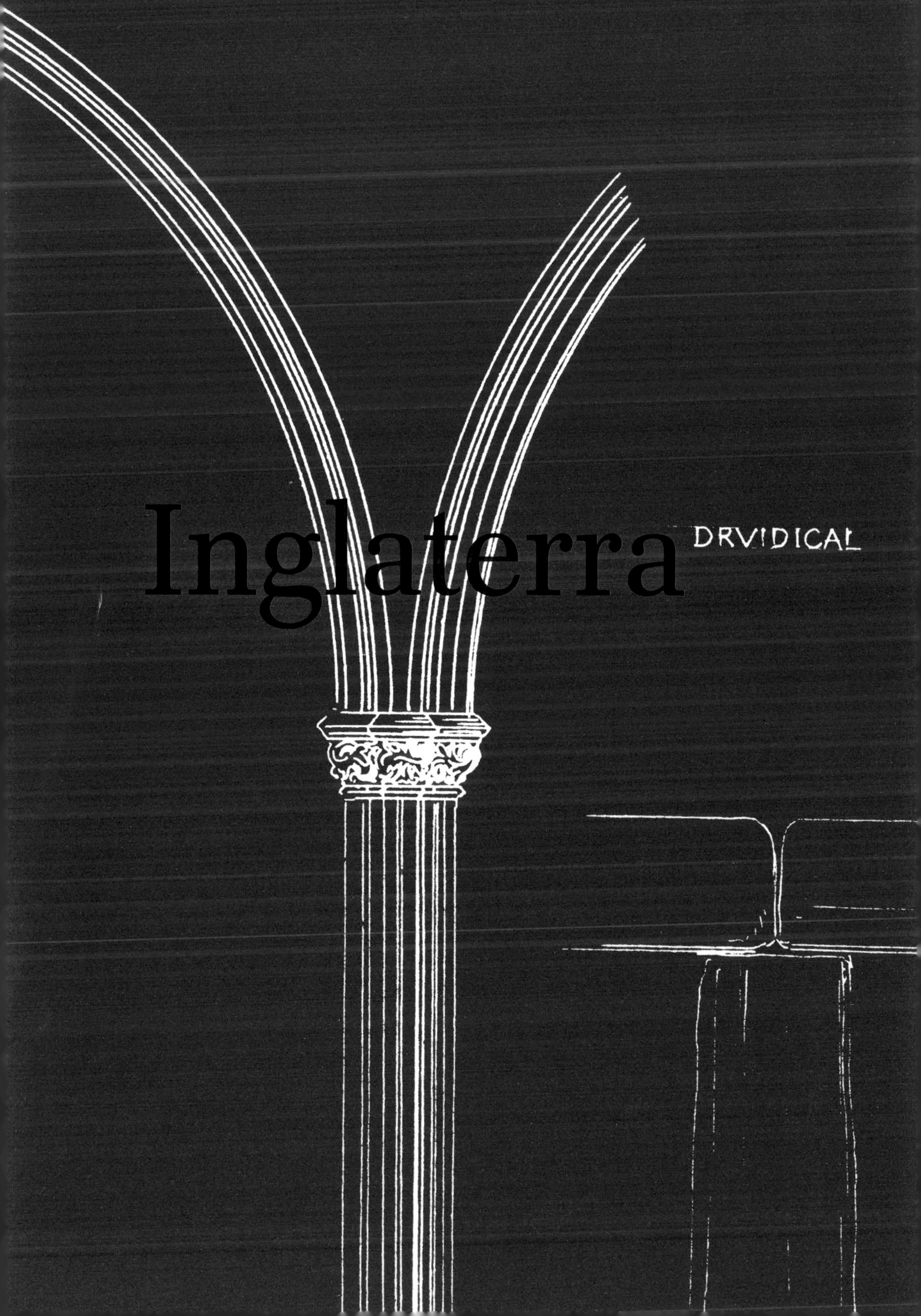

John Shute (muerto en 1563)
The First and Chief Grounds of Architecture

LONDRES, 1563

Los principios de la arquitectura

El libro *The First and Chief Grounds of Architecture* del miniaturista inglés John Shute debe considerarse como el primer testimonio escrito de una confrontación con la arquitectura clásica en Inglaterra. En su dedicatoria a la Reina, Shute subraya con orgullo que su libro es el fruto de una lectura exhaustiva de los grandes teóricos de la arquitectura y de sus propios estudios durante su estancia en Italia en 1550. En realidad, el mérito de Shute no reside tanto en proponer una reflexión independiente sobre la arquitectura como en el hecho de que su libro sobre los órdenes arquitectónicos, que conoció cuatro ediciones (1563, 1579, 1584, 1587), introdujera sencillamente el discurso clásico sobre arquitectura en Inglaterra. Las explicaciones aportadas por Shute consisten esencialmente en una paráfrasis de la teoría arquitectónica de Vitruvio, que conoció gracias al comentario de Vitruvio de Guillaume Philandrier (1544). Este ya pertenece al esbozo de una historia de la arquitectura donde Shute convierte en propias la comprensión vitruviana de la arquitectura concebida como un *initium topos*, una necesidad fundamental del hombre, y la leyenda vitruviana del nacimiento de los tres órdenes arquitectónicos. En cambio, resulta menos manido el planteamiento de Shute que no sitúa el nacimiento de los tres órdenes arquitectónicos en Grecia sino antes del diluvio, en un intento de reconciliar las esferas pagana y cristiana en el contexto de la Contrarreforma. Para Shute, los griegos no dedujeron los principios de su arquitectura de la naturaleza, sino que su modelo fue más bien la arquitectura de la torre babilónica, tal y como fue representada por Bruegel el Viejo (1525/30–1569) el mismo año que Shute publicó el tratado sobre los órdenes arquitectónicos.

La definición de las virtudes y obligaciones del arquitecto también se apoya en los razonamientos de Vitruvio. Así pues, Shute hace hincapié en la importancia de un conocimiento pormenorizado en geometría, óptica, aritmética, música y astronomía en la formación básica del arquitecto. La consiguiente representación de los órdenes arquitectónicos en los grabados sobre madera resulta sumamente esquemática y da la sensación de que Shute no había estudiado *de visu* las obras arquitectónicas que describe. Shute se fundamenta más bien en *Regole generali di architettura sopra le cinque maniere degli edifici* (*Reglas generales de arquitectura sobre los cinco órdenes de los edificios*, 1537) de Serlio, donde los cinco órdenes arquitectónicos son descritos por primera vez de forma sistemática. Aunque una traducción íntegra al inglés de los cinco libros de Serlio no vio la luz hasta 1611 bajo la dirección del pintor Robert Peake (1551–1619), ya circulaba desde mediados del

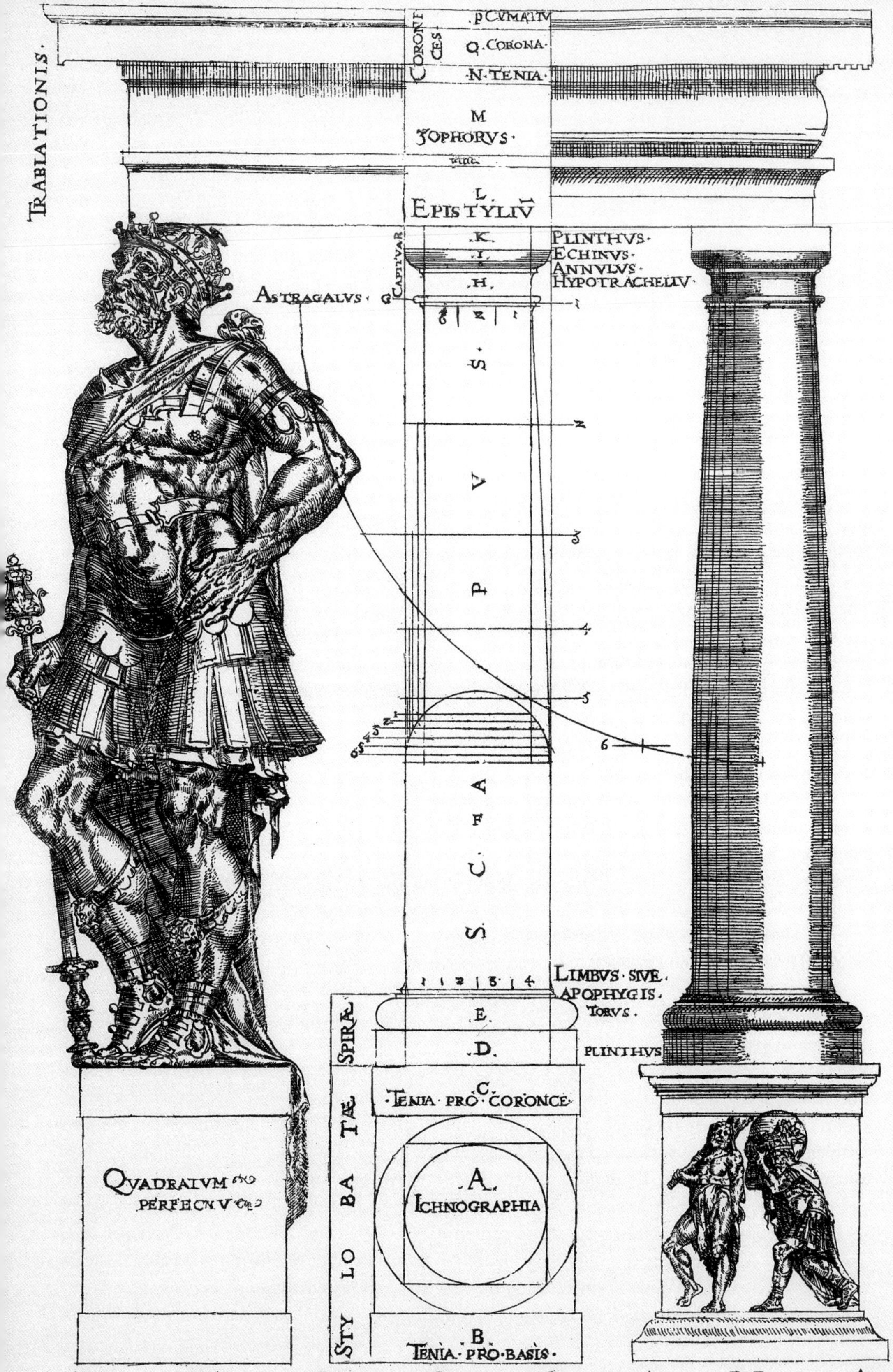

TRABIATIONIS.
P CVMATIV
CORONICES
Q. CORONA.
N. TENIA.
M
ZOPHORVS.
L.
EPISTYLIV
CAPITVAR
K. PLINTHVS.
I. ECHINVS.
ANNVLVS.
H. HYPOTRACHELIV
ASTRAGALVS. G
S. V. P. A. F. C. S. SCAPVS
LIMBVS SIVE APOPHYGIS.
E. TORVS.
D. PLINTHVS
SPIRA
C. TENIA PRO CORONCE.
A. ICHNOGRAPHIA
STYLOBATAE
B. TENIA PRO BASIS.
QVADRATVM PERFECTVM

T H V S C A N A

siglo XVI aproximadamente una copia del quinto libro de Serlio sobre los órdenes arquitectónicos, realizada por el artista flamenco Pieter Coecke van Aelst (1502–1550) y que Shute conoció sin duda en el marco de los abundantes intercambios culturales entre Amberes y Londres, en particular en lo referente a la ornamentación arquitectónica.

Al igual que Serlio, Shute empieza por el orden toscano para terminar en el orden compuesto. Sin embargo, ofrece una definición demasiado antropomórfica de las formas arquitectónicas en uso desde Vitruvio al colocar frente a cada una de las columnas una cariátide relativamente informe. Estas esculturas tienen sin duda el objeto de expresar el carácter singular de la columna, tal y como lo definía Vitruvio. Así, el orden dórico representa el principio masculino bajo la forma de Hércules, mientras que el orden jónico simboliza el principio femenino, tal y como lo definió el propio Vitruvio en el libro cuatro, donde lo califica de «gracia femenina».

Las representaciones más bien superficiales de las columnas no iban dirigidas por lo general a los arquitectos. El autor pretendía más bien proporcionar un compendio de adornos clásicos para todas las artes, como demuestran las explicaciones del libro dedicadas globalmente a los orfebres, grabadores, vidrieros y demás oficios de las artes. Cabe señalar a este respecto que la obra de Shute se publicó en una época en la que aún se consideraba que las artes pertenecían esencialmente al ámbito de la artesanía, en otras palabras a las *artes mechanicae*, capaces de prescindir de todo fundamento teórico y por tanto científico. Esto se refleja de manera clara en la comprensión contemporánea del *design* como mero estudio preliminar en vista de su ejecución práctica, a diferencia del *disegno* italiano, que es la expresión de una idea artística guiada por las reglas del arte. Así pues, Richard Haydocke reduce aún más el sentido de la palabra *disegno* al simple esbozo del contorno (*quantitie delineates*) en su traducción del tratado de Giovanni Paolo Lomazzo *Trattato della pintura, sculptura ed architettura* (*Tratado de pintura, escultura y arquitectura*) de 1584 y habrá que esperar hasta mediados del siglo XVII aproximadamente para que este concepto sea entendido como la expresión gráfica de la *idea* y sea diferenciado claramente del simple dibujo artesanal. En el marco de esta revalorización general del acto artístico, las artes reciben por primera vez en Inglaterra la clasificación de ciencia.

Por consiguiente, no es casual que solo gracias a la aparición de este nuevo contexto evolucione también el discurso inglés sobre arquitectura de la comprensión medieval del arte de construir como *building* hasta una comprensión clásica en términos de *architecture*. En efecto, mucho antes del siglo XVII, la arquitectura inglesa permanecía marcada por las influencias continentales —sobre todo por el gótico tardío— y, por tanto, por la comprensión de la arquitectura reinante en la Edad Media. En la Inglaterra del siglo XVI, el discurso de Shute sobre la arquitectura no resulta nada evidente. Y para no disgustar a los lectores primero describe la arquitectura como «el arte y la manera de construir excelentes edificios».

Partiendo de esta base, el erudito John Dee (1527–1608) consigue describir, en su traducción de la geometría euclidiana (1570), al arquitecto como el coordinador intelectual de los distintos oficios y a la arquitectura como una de las artes liberales (*Artes Mathematicall Derivative*). Habrá que esperar a la arquitectura de Inigo Jones (1573–1652) a principios del siglo XVII para que la arquitectura entendida como ciencia consiga imponerse también en la práctica, aunque la polémica suscitada alrededor de la clasificación de la arquitectura entre Jones y el poeta y dramaturgo Ben Jonson (1572–1637) pone de manifiesto que fue necesaria una larga evolución antes de que se impusiera ese enfoque de la arquitectura. Esto explica que John Evelyn (1620–1706), secretario de la Royal Society, lamente en su obra *Account of Architects and Architecture* (*Descripción de arquitectos y de la arquitectura*), publicada en 1664, que la élite inglesa esté tan poco familiarizada con el discurso clásico de la arquitectura y que escriba una introducción a los conceptos vitruvianos a los que llama *strength* (*firmitas*), *utility* (*utilitas*) y *beauty* (*venustas*). Evelyn aprovecha también la ocasión para llamar la atención una vez más sobre la necesidad de diferenciar entre el mecánico sin cultura y el arquitecto altamente cualificado, al que describe como un *Architectus Ingenio*. Para Evelyn, la ignorancia tan habitual de esta diferencia es la causa de la mala arquitectura, que asimila sobre todo a las obras arquitectónicas deformes debidas a la «acumulación de pesados pilares oscuros, melancólicos y monacales» del barroco contemporáneo. En ese contexto, Evelyn exige por primera vez en Inglaterra la creación de una escuela de arquitectura que permita garantizar unos mínimos niveles de calidad en la formación de los arquitectos. Sin embargo, este deseo de institucionalizar la formación del arquitecto solo se materializa en 1768 con la inauguración de la Royal Academy, casi un siglo después de la fundación de la Académie Royale d'Architecture (1671) en Francia. La reducida obra de Shute sobre los órdenes arquitectónicos constituye a este respecto un tímido impulso para llamar la atención por primera vez sobre la muy alta cualificación del arquitecto, tal y como lo entendía Vitruvio.

CR

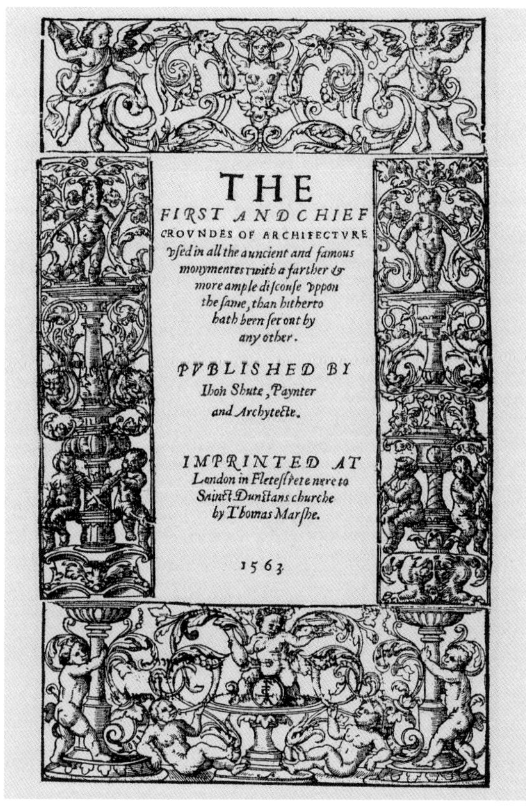
THE
FIRST AND CHIEF
GROVNDES OF ARCHITECTVRE
vsed in all the auncient and famous
monymentes with a farther &
more ample discouse vppon
the same, than hitherto
hath been set out by
any other.
PVBLISHED BY
Iohn Shute, Paynter
and Archytecte.
IMPRINTED AT
London in Fletestrete nere to
Sainct Dunstans churche
by Thomas Marshe.
1563.

Ilust. p. 281
Representación del orden toscano con atlante
Fol. IIII. Grabado sobre madera

Representación del orden dórico con atlante hercúleo
Fol. VI. Grabado sobre madera

Representación del orden jónico con cariátide
Fol. VIII. Grabado sobre madera

Representación del orden corintio con cariátide
Fol. XI. Grabado sobre madera

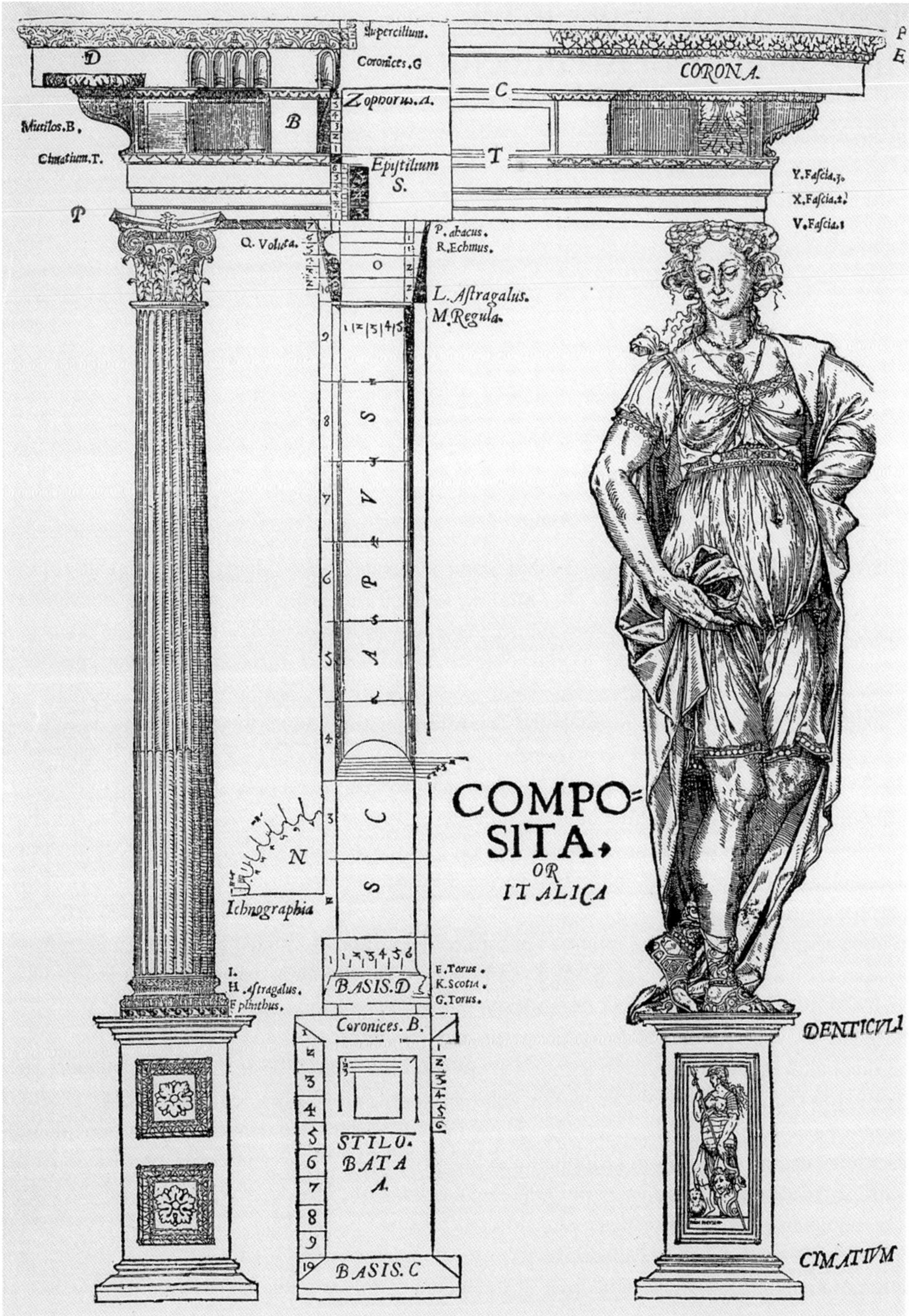

Representación del orden compuesto con cariátide
Fol. XIIII. Grabado sobre madera

Henry Wotton (1568–1639)
The Elements of Architecture

LONDRES, 1624

Los elementos de la arquitectura

El libro *The Elements of Architecture* del diplomático y erudito inglés Henry Wotton puede considerarse en muchos aspectos como la obra literaria sobre arquitectura más importante del siglo XVII inglés. Es el primer trabajo de fondo sobre la teoría arquitectónica de Vitruvio en la historia de las ideas en Inglaterra. En el más amplio contexto de la literatura europea sobre estas cuestiones, se inscribe en una crítica moderna que ya no es obra de arquitectos que practican su oficio sino de diletantes aficionados a la arquitectura. La arquitectura se convierte así en objeto de reflexión intelectual. En ese sentido, Wotton no escribe este breve ensayo como un manual profesional acompañado de ilustraciones explicativas sino como un texto que puede prescindir de toda ilustración. El objeto del mismo es trasmitir el conocimiento de las categorías y los niveles de calidad que considera imprescindibles para permitir que un público profano de eruditos aristócratas pueda contemplar y tener una opinión crítica respecto a la arquitectura. Con esta finalidad se revaloriza al crítico frente al arquitecto, ya que para Wotton «resulta casi más difícil ser un buen crítico que un buen arquitecto. En efecto, mientras el trabajo del arquitecto puede apoyarse en la reflexión, el juicio crítico procede de una actitud espontánea». Wotton debe este enfoque a la formación técnica adquirida de 1604 a 1623 durante sus numerosas estancias en Venecia como embajador de Inglaterra. Wotton fue uno de los primeros ingleses entusiastas de la cultura que viajó a Italia y al que llamó mucho la atención la teoría arquitectónica clásica desde Vitruvio a Palladio. Debe su enfoque esencialmente al Vitruvio de Daniele Barbaro (1565) y a los *Quattro Libri* (1570) de Palladio. Es obvio que Wotton conoce las villas y los palacios del Renacimiento veneciano que pudo descubrir durante sus gestiones diplomáticas ante los altos cargos venecianos. El libro de Wotton contribuyó de manera decisiva, como guía de Venecia, a que los viajeros aficionados a la cultura y los arquitectos ingleses prestasen atención a la arquitectura de Palladio y preparó el terreno en Inglaterra al entusiasmo por Palladio, tal y como se venía anunciando de forma programática poco antes de la publicación de *Elements* en los primeros proyectos palladianos del arquitecto de la corte Inigo Jones (1573–1652).

Wotton hace hincapié ya desde las primeras páginas de su libro en su enorme erudición arquitectónica y asegura incesantemente que su maestro principal siempre fue Vitruvio. La nueva libertad que puede reivindicar el crítico permite ciertamente a Wotton subrayar algunos errores de su modelo. Tras deplorar en el prefacio el pobre estilo literario de Vitruvio, remite constantemente

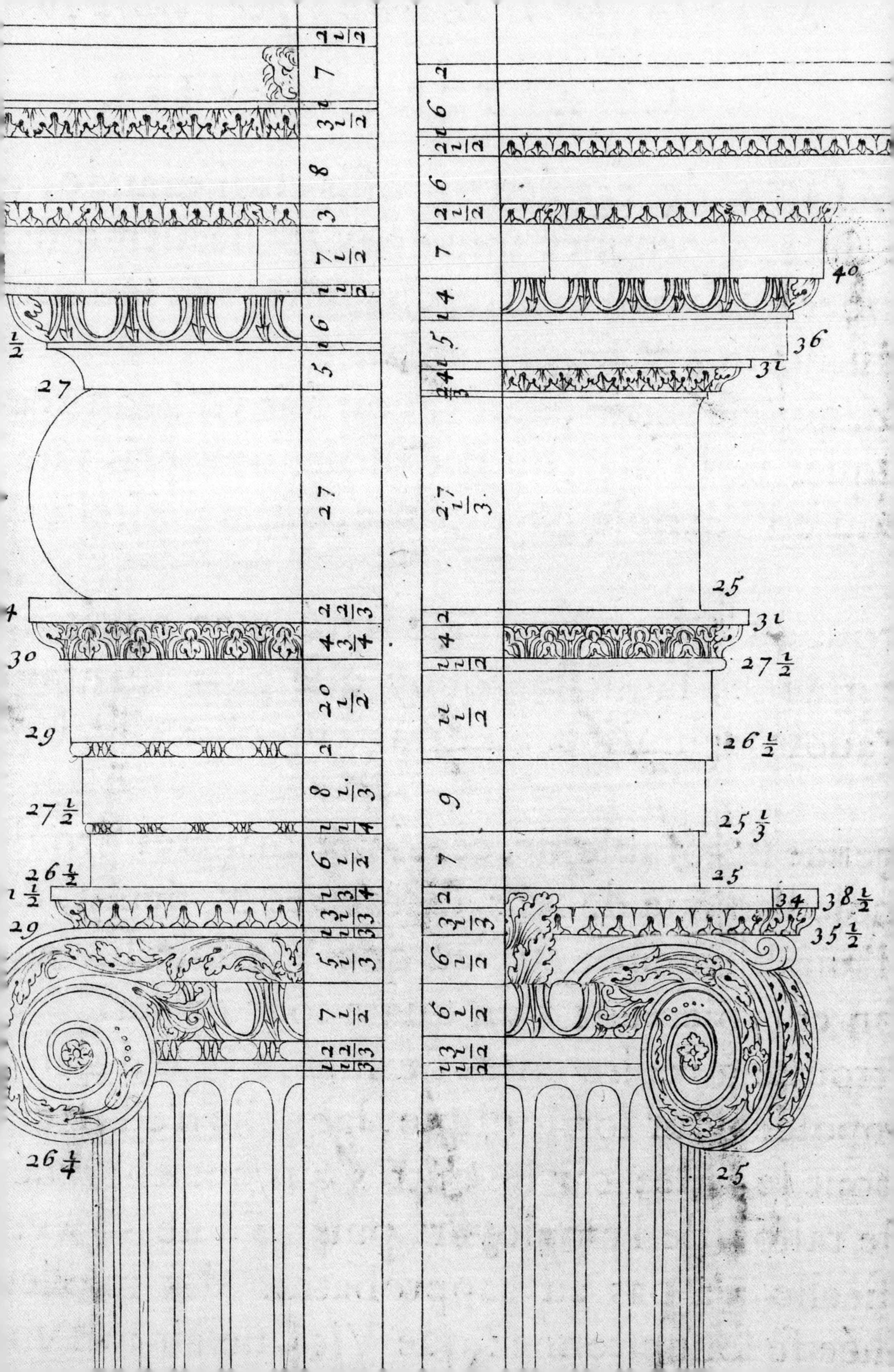

27
4
30
29
27 1/2
26 1/2
1 1/2
29
26 1/4
40
36
31
25
31
27 1/2
26 1/2
25 1/3
25
38 1/2
34
35 1/2
25

al carácter poco sensato de sus recomendaciones. Rechaza así el círculo como forma arquitectónica ideal argumentando que resulta inadecuado en el marco de las construcciones privadas. Asimismo, Wotton considera poco razonable la éntasis dado que no se basa en ningún modelo natural. Finalmente, la recomendación de Vitruvio de recortar en un cuarto la altura de la columna superpuesta en relación con la columna inferior contradice todas las reglas de la óptica. Tras rechazar las columnas estriadas de Vitruvio, Wotton termina por no elogiar la menor idea de su maestro, incluso en el ámbito de la belleza (*venustas*). Para él, Vitruvio se expresó de una manera sumamente confusa y, para concluir, dos de sus principios de composición resultan superfluos. Wotton reprueba así todo *ordinatio* (orden proporcional) y *dispositio* (ordenación adecuada) y afirma sin paliativos que la *eurythmia* (regularidad), la *symmetria* (proporción), el *decor* (ejecución correcta y sin tacha) y la *distributio* (economía del edificio y conveniencia) bastan ampliamente como criterios de juicio en materia arquitectónica. Wotton sigue a Vitruvio con cierto distanciamiento crítico, como lo demuestra ya claramente la presentación general de su libro que antepone los aspectos utilitarios a la importante tríada vitruviana de *firmitas* (solidez), *utilitas* (utilidad) y *venustas* (belleza). Wotton sitúa el origen de toda belleza arquitectónica en la utilidad, que define globalmente como un principio universal: «… resulta un principio de origen divino que el emplazamiento de cada parte sea determinado por su destino».

En el libro *Elements of Architecture*, Wotton suele partir de la experiencia empírica, que considera el eje regulador de los principios teóricos de la arquitectura. Repite así un nuevo modelo científico creado en esencia por su amigo y coetáneo Francis Bacon (1561–1626). En el libro *Novum Organum* (1620), donde pretendía fundar una nueva ciencia, Francis Bacon consideró en efecto una virtud la emancipación de las teorías tradicionales y la capacidad de abordar cualquier asunto sin tener en cuenta los apriorismos. Su enfoque de la arquitectura sigue en definitiva esa misma línea, así como Bacon lo demuestra en el ensayo *Of Building* (*Del arte de construir*, 1625), donde se concentra exclusivamente en la utilidad (*utility*), palabra clave de su crítica arquitectónica. Bacon parte de la experiencia más común y constata que las casas no se construyen de manera prioritaria por su belleza sino por su utilidad. La belleza de la arquitectura no puede deducirse, por tanto, de una visión cosmológica del universo sino que debe justificarse por la *utilitas* de la obra arquitectónica, que cada uno puede experimentar. Así pues, la arquitectura carece de toda magia para Bacon.

Sin embargo, aunque muy influenciado por el empirismo de Bacon, Wotton no prescinde de la tradición de Vitruvio. Al contrario, la somete a un análisis crítico basado en el nuevo enfoque empírico y la modula así en un método de fácil comprensión para el círculo diletante al que va destinada su obra. Desde esa perspectiva, la prioridad que da Wotton al análisis del emplazamiento correcto para la casa de campo y a su decoración artística por la pintura, escultura y el arte de los jardines responde perfectamente al interés de ese grupo social por el proyecto arquitectónico de la aristocracia. También en este ámbito somete las realizaciones tradicionales de la arquitectura de las villas italianas al análisis de la experiencia y la práctica. Una vez tratados los aspectos de la higiene, el clima y la *firmitas*, en esa perspectiva utilitaria, Wotton concluye que las habitaciones en hilera de la villa italiana resultan inadecuadas bajo las latitudes más frías de Inglaterra y, por tanto, deben rechazarse: «Quiero decir que colocan las paredes de tal manera que, cuando se abren todas las puertas, la mirada puede atravesar toda la casa, lo que no es ciertamente una obligación intolerable, salvo para los aposentos más íntimos […] Algo absolutamente insoportable en zonas frías y ventosas…». La enorme importancia que Wotton otorga a la experiencia también se refleja en la valorización singular del sentido de la vista (*Royaltie of Sight*). El jardín de la casa de campo debe satisfacer la exigencia estética de ese sentido y proponer por ello numerosos atractivos estéticos que contrasten con la severa regularidad de la construcción. Así como la arquitectura de jardín debe reforzar el efecto de la obra arquitectónica, la pintura y la escultura quedan subordinadas a la arquitectura al desempeñar una función meramente utilitaria. Asimismo, Wotton apela constantemente al sentido crítico del aristócrata, cuyo juicio artístico no debe dejarse influenciar por la autoridad de los grandes nombres del arte ni por las ideas preconcebidas, trasmitidas por las convenciones artísticas y arquitectónicas. Al contrario, Wotton eleva a categoría de instancia crítica el discernimiento de la razón y anticipa de forma embrionaria el método crítico de Claude Perrault (1633–1688). Su manera de entender el sentido crítico guiado por la razón como un elemento dentro de un edificio pedagógico más amplio queda patente al final del libro cuando Wotton alude a un texto que está por escribir y que abordará precisamente esta arquitectura moral.

El libro *Elements* se convirtió sobre todo en una importante referencia durante buena parte del siglo XVIII por la personal arquitectura moral desarrollada por Wotton en su lectura crítica de la teoría de Vitruvio. Cuando las villas conocen su mayor auge en Inglaterra, se reedita su libro en 1723, a la vez que salen a la luz las traducciones al inglés de *Parallèle de l'architecture antique et de la moderne* (1650) de Fréart de Chambray, *De Statua* de Alberti (1438) y *Account of Architects and Architecture* de John Evelyn. Finalmente, los grandes autores y arquitectos ingleses, de John Harris a Isaac Ware (hacia 1707–1766), dejaron de referirse a Wotton como la primera gran autoridad inglesa en materia arquitectónica.

CR

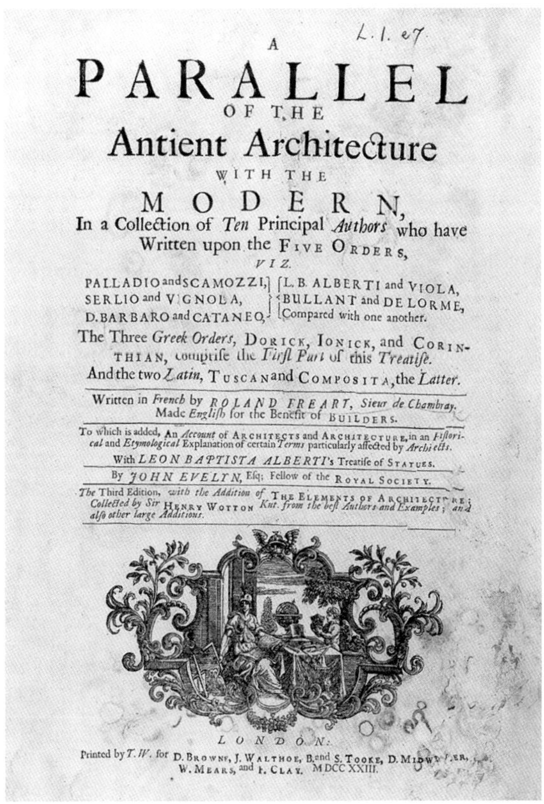

L. I. e7

A
PARALLEL
OF THE
Antient Architecture
WITH THE
MODERN,
In a Collection of *Ten* Principal *Authors* who have Written upon the FIVE ORDERS,
VIZ.
PALLADIO and SCAMOZZI, SERLIO and VIGNOLA, D. BARBARO and CATANEO, L. B. ALBERTI and VIOLA, BULLANT and DE LORME, Compared with one another.
The Three *Greek Orders*, DORICK, IONICK, and CORINTHIAN, comprise the *First Part* of this *Treatise*.
And the two *Latin*, TUSCAN and COMPOSITA, the *Latter*.

Written in *French* by *ROLAND FREART, Sieur de Chambray*.
Made *English* for the Benefit of BUILDERS.

To which is added, An *Account* of ARCHITECTS and ARCHITECTURE, in an *Historical* and *Etymological* Explanation of certain *Terms* particularly affected by *Architects*.
With *LEON BAPTISTA ALBERTI*'s Treatise of STATUES.
By *JOHN EVELYN*, Esq; Fellow of the ROYAL SOCIETY.
The Third Edition, *with the Addition of* THE ELEMENTS OF ARCHITECTURE; *Collected by Sir* HENRY WOTTON *Knt. from the best Authors and Examples; and also other large Additions.*

LONDON:
Printed by *T. W.* for D. BROWNE, J. WALTHOE, B. and S. TOOKE, D. MIDWINTER, W. MEARS, and F. CLAY. MDCC XXIII.

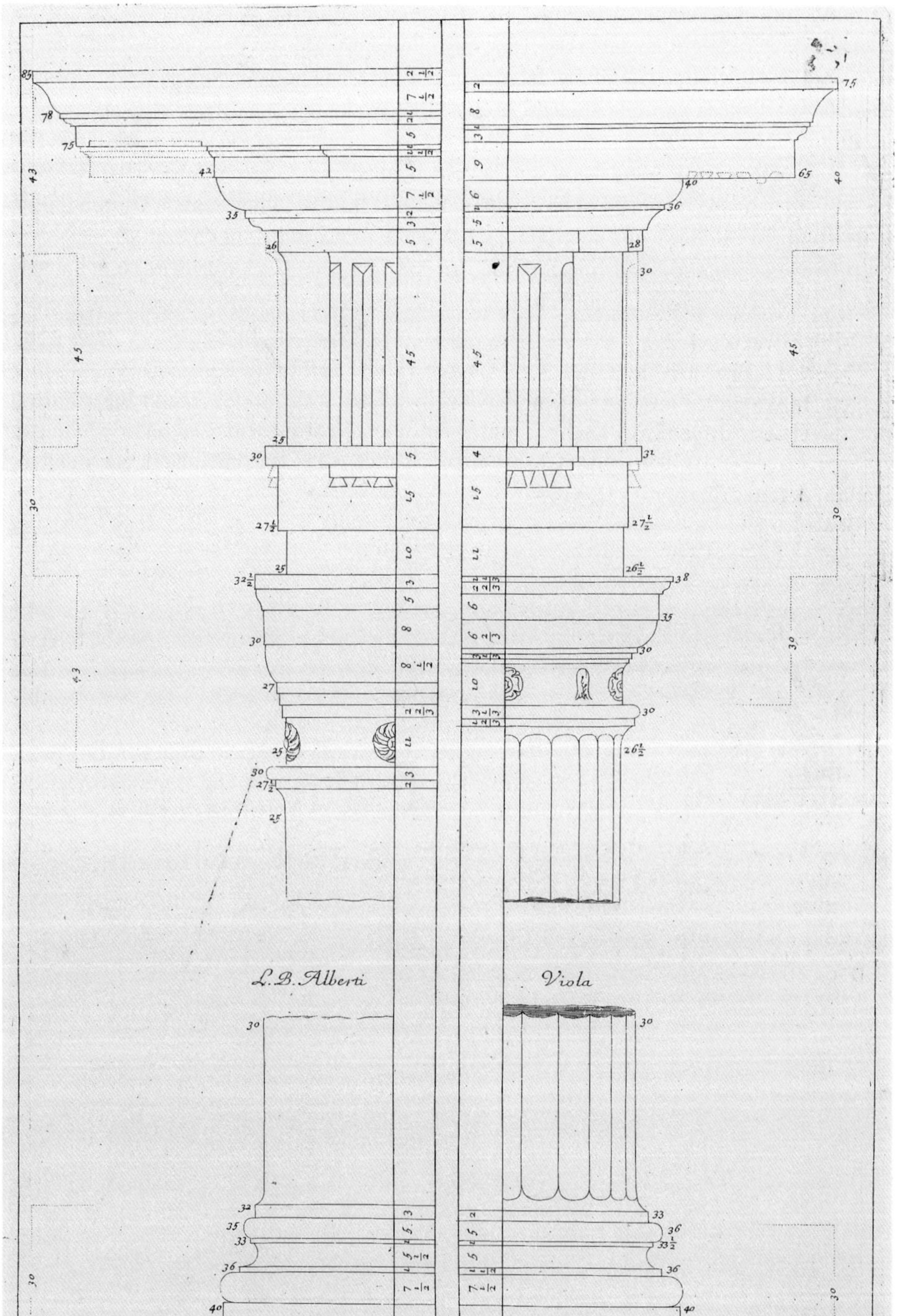

Representación del orden dórico según Leon Battista Alberti y Gioseffe Viola Zanini
Extracto de: R. Fréart de Chambray, Parallèle de l'architecture antique et de la moderne, *París, 1650. Edición inglesa de 1723 con* Elements *de Wotton, p. 29*

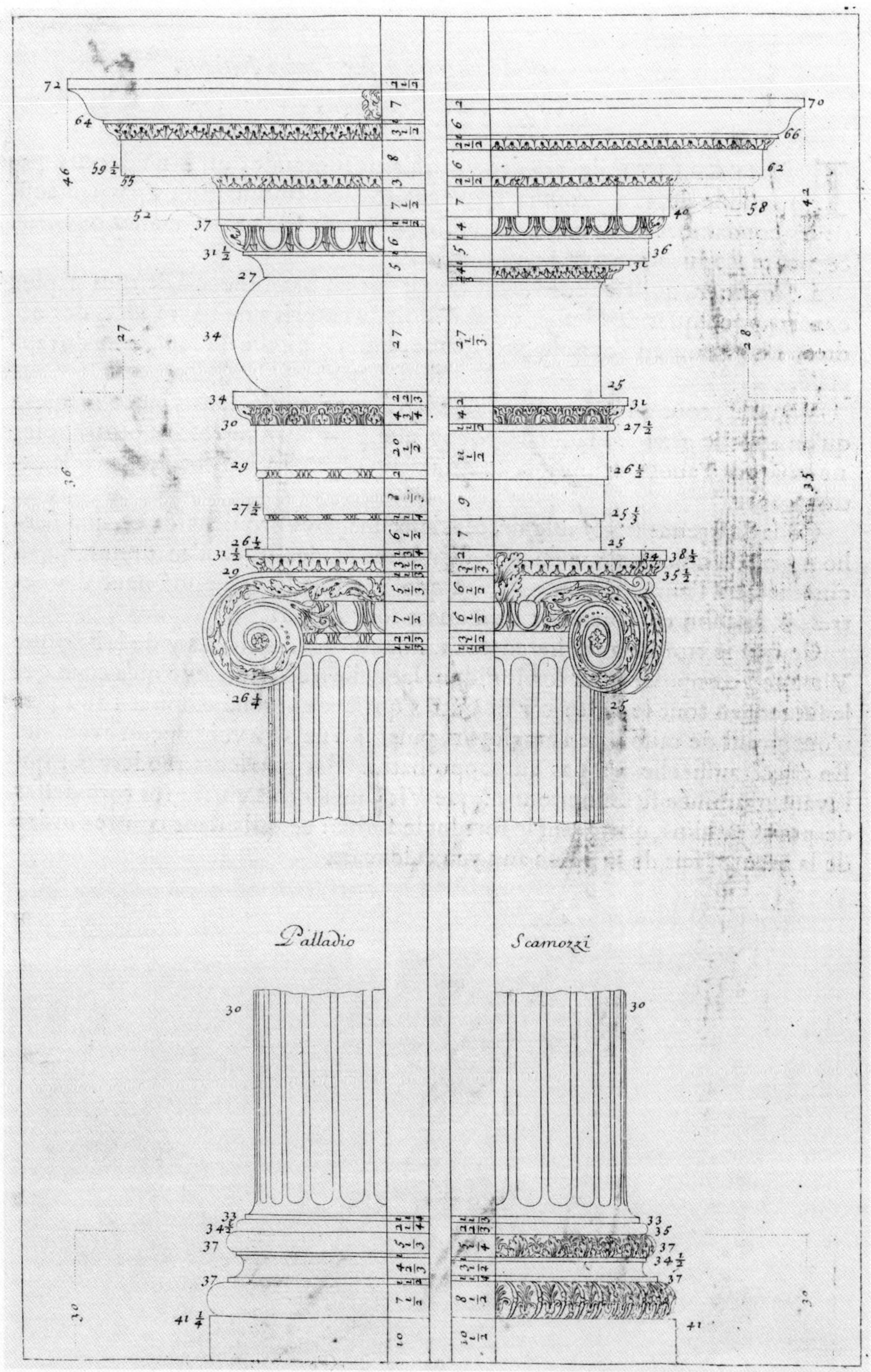

Representación del orden jónico según Andrea Palladio y Vincenzo Scamozzi
Extracto de: R. Fréart de Chambray, Parallèle de l'architecture antique et de la moderne, *París, 1650. Edición inglesa de 1723 con* Elements *de Wotton, p. 43*

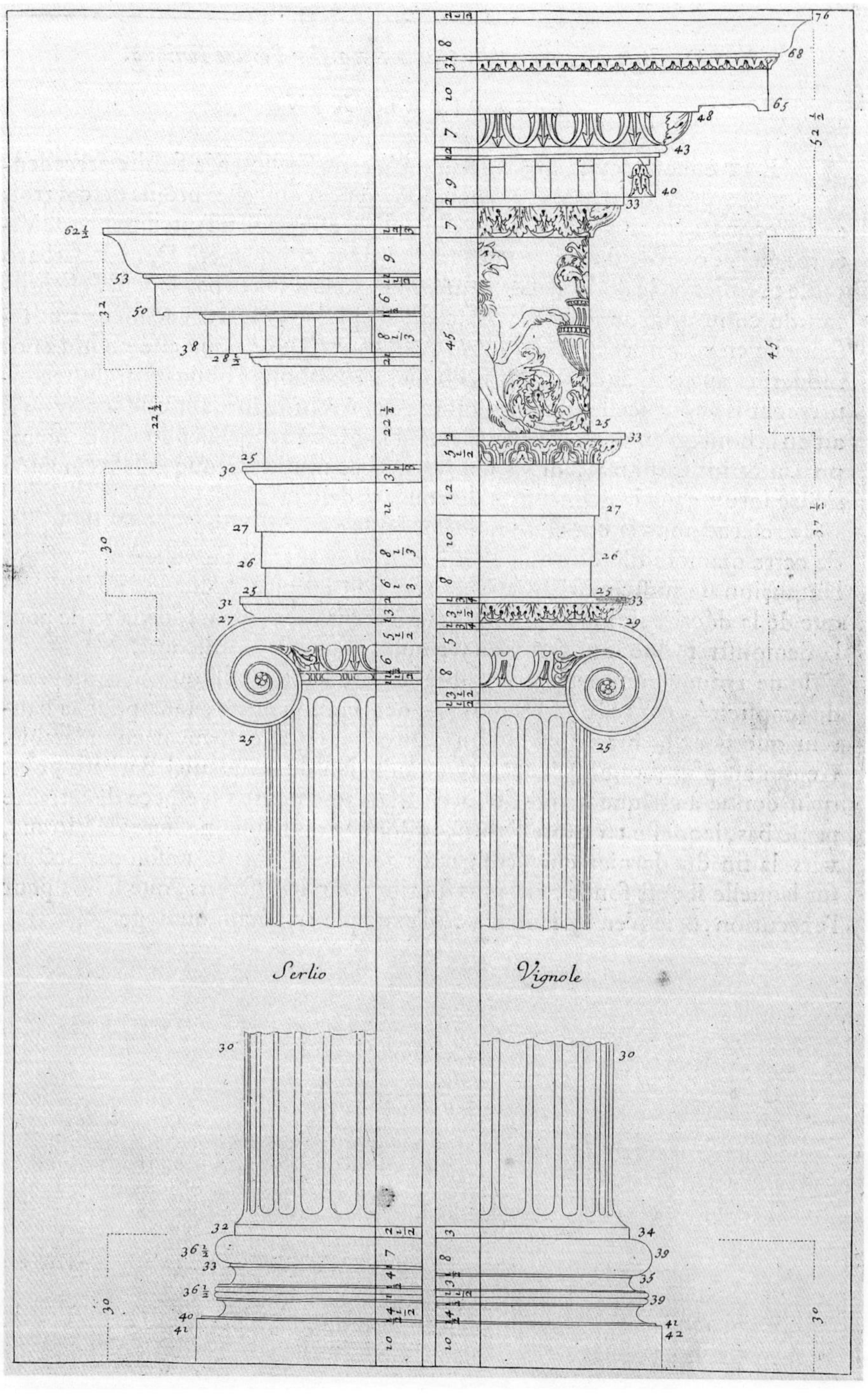

Representación del orden jónico según Sebastiano Serlio y Vignola
Extracto de: R. Fréart de Chambray, Parallèle de l'architecture antique et de la moderne, *París, 1650. Edición inglesa de 1723 con* Elements *de Wotton, p. 45*

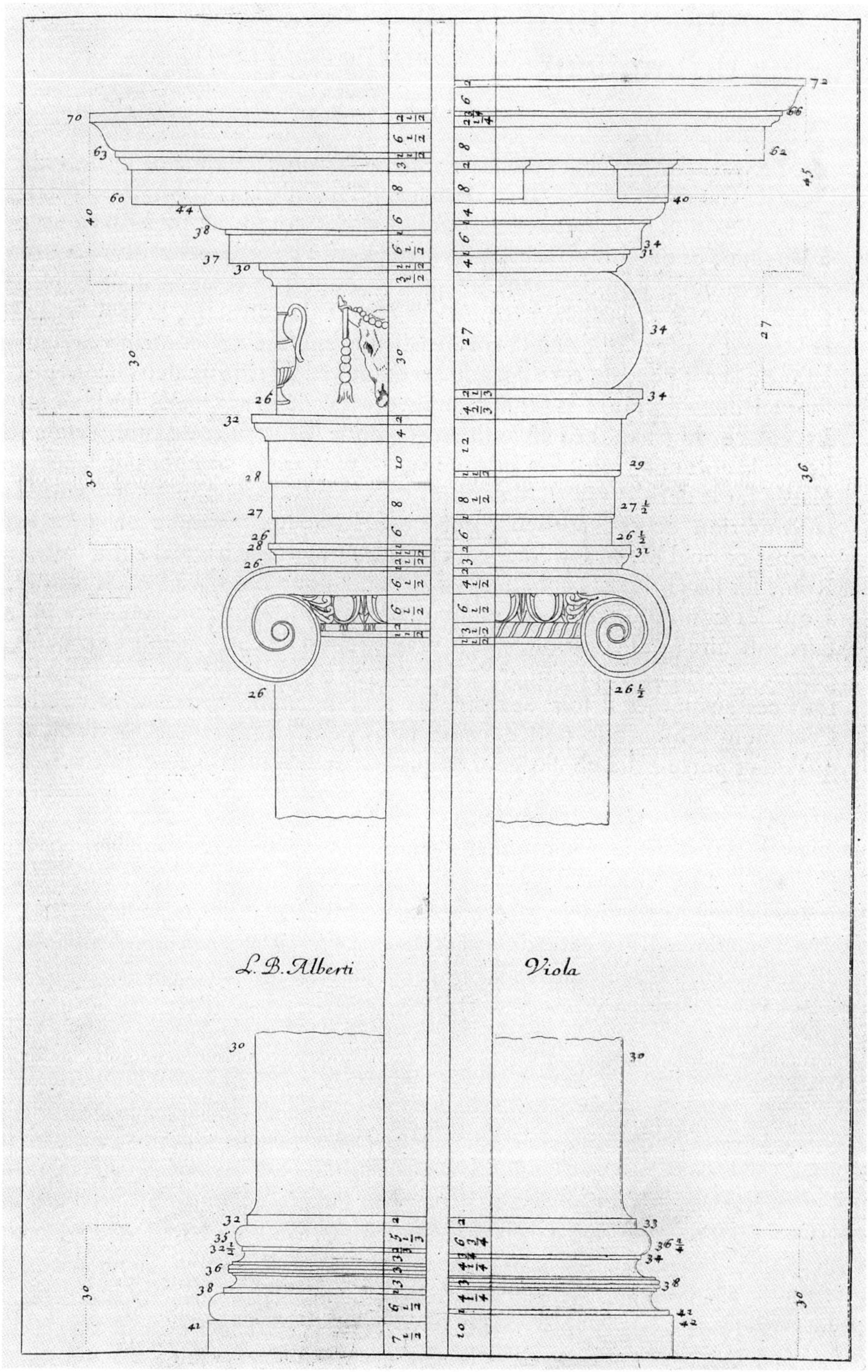

Representación del orden jónico según Leon Battista Alberti y Gioseffe Viola Zanini
Extracto de: R. Fréart de Chambray, Parallèle de l'architecture antique et de la moderne, *París, 1650. Edición inglesa de 1723 con* Elements *de Wotton, p. 49*

Colen Campbell (1676–1729)
Vitruvius Britannicus

3 VOLS., LONDRES, 1715–1725

Vitruvio británico

El tratado en tres volúmenes *Vitruvius Britannicus* del arquitecto inglés Colen Campbell es considerado el manifiesto fundacional del palladianismo inglés. No se trata de una reflexión literaria sino de una obra profusamente ilustrada que incluye un total de 295 grabados referentes a la arquitectura. El texto se limita a un breve prólogo en el primer tomo y a unas descripciones de los proyectos reproducidos. El carácter programático de la obra queda patente ya en el título. Por primera vez en la historia de la arquitectura inglesa, se presta atención a las realizaciones del *Vitrivius Britannicus* del arquitecto inglés.

Con esta perspectiva Campbell presenta en los cien grabados del primer tomo de su libro un panorama de la creación arquitectónica desde principios del siglo XVII. Se refiere a la obra de Andrea Palladio (1508–1580) como al gran modelo de la arquitectura inglesa. Ya sirvió de referente, e incluso fue superado en belleza (*beauty*) por las obras del Palladio inglés, Inigo Jones (1573–1652), como Banquetting House (1619–1622) o Queen's House (1616–1635). En el primer tomo del libro, Campbell muestra estas obras de Inigo Jones, mientras que en el segundo reproduce las propuestas de Jones para Whitehall y la plaza de Covent Garden. El autor reconoce también en su época un amplio número de grandes arquitectos como Christopher Wren (1632–1723), John Vanbrugh (1664–1726), Nicholas Hawksmoor (1661–1736) o John James (1672–1746), «que contribuyeron a adornar nuestra isla con obras maravillosas». De hecho, sorprende que Campbell inicie el primer tomo de *Vitruvius Britannicus* con una representación de San Pedro de Roma. La finalidad de este ejemplo cobra pleno sentido en el marco de un prólogo notablemente polémico, donde Campbell rechaza las obras arquitectónicas barrocas de Bernini (1598–1680), Francesco Borromini (1599–1667) y Carlo Fontana (1638–1714) por su ausencia de reglas. Para Campbell, San Pedro de Roma representa la suma de todos los errores arquitectónicos y sirve de contraejemplo para que las obras específicas de los arquitectos ingleses puedan lucir todavía más. Campbell define su crítica del edificio de forma muy hábil bajo el signo de un consenso de todos los críticos de la arquitectura: «Los críticos condenan de manera unánime la excesiva altura del ático [...] El frontón sobre un tetrástilo resulta demasiado bajo para una fachada tan grande que merece al menos un hexástilo; defrauda la repartición y las partes carecen de toda proporción...». Pero San Pedro no es solo una expresión especialmente destacable de lo perjudicial que resulta la arquitectura en el continente. La iglesia es también representativa del declive cultural de Italia. Campbell hace hincapié en el prólogo en que

la Italia de la época pospalladiana se ha alejado tanto del verdadero *taste of building*, es decir, de la construcción según las reglas del buen gusto, como de los fundamentos de su cultura, o sea, el latín. Bajo ese punto de vista, Italia ya no puede ser el destino de una «gran gira». Campbell considera ese tipo de empresa como un incorregible error educativo. De ahora en adelante, pretende demostrar *Vitruvius Britannicus*, los arquitectos y artistas ingleses deben reemplazar a los italianos como conservadores de la intemporalidad del gusto clásico.

Cabe situar la muy altiva intervención de Campbell a favor de la cultura inglesa en el contexto de la generalizada euforia nacional desatada en Inglaterra tras la estabilización del marco político después de la llegada al poder del partido liberal Whig en 1714. En el documento *Letter concerning the Art, or Science of Design* (*Carta sobre las artes o la ciencia del diseño*) de 1712, William Shaftesbury, un importante miembro del partido, exigía una arquitectura nacional antibarroca basada en un gusto ilustrado. En efecto, por una parte, el barroco no respondía a los objetivos estéticos de Shaftesbury y, por otra parte, ese estilo se consideraba en Inglaterra el símbolo de un absolutismo y catolicismo que se creían ya superados. En este caso, la crítica de Shaftesbury no duda en arremeter contra la arquitectura barroca inglesa, a la que identifica sobre todo con la obra de Christopher Wren. Shaftesbury antepone la sencillez artística y arquitectónica del clasicismo como expresión de la razón ilustrada.

Con *Vitruvius Britannicus*, Campbell hace propia y concreta esa exigencia al definir la arquitectura palladiana como la adecuada expresión de ese ideal. Sin embargo, a diferencia de Shaftesbury, Campbell se esfuerza por representar la evolución de la arquitectura inglesa desde principios del siglo XVII como una evolución nacional continua que engloba a los grandes arquitectos del barroco inglés. Eso explica entre otras cosas que Campbell reprodujera, después de la cúpula de San Pedro, la catedral de San Pablo de Christopher Wren y sobre todo el proyecto de Wren para el hospital de Greenwich (1704). Elogia los proyectos de John Vanbrugh, discípulo de Wren, para Blenheim Palace (1705–1724) y Castle Howard (1699–1712) y los considera de noble factura o nobles residencias de campo. Sin embargo, no puede negar completamente que otras influencias al margen de Palladio hayan jugado un papel importante en el diseño de esas obras. Campbell se presenta, por tanto, como el arquitecto que ha superado el barroco al mostrar, después de la catedral de San Pablo de Wren, su propio proyecto de iglesia ideal que sería «lo más acorde posible con la noble sencillez de la arquitectura antigua». Por consiguiente, los motivos de Campbell no eran del todo desinteresados y su libro supone sobre todo una amplia campaña publicitaria al servicio de su propio partido.

En esa misma época, otro arquitecto intenta conseguir los favores del partido liberal Whig. Se trata del veneciano Giacomo Leoni (1686–1746), cuya traducción de *Quattro Libri* de Palladio (1716) se edita casi al mismo tiempo que el tratado de Campbell. Leoni se había instalado en Inglaterra hacia 1715 para beneficiarse de la nueva afición de los ingleses por la arquitectura palladiana. Sin embargo, sus expectativas solo serán colmadas de manera parcial. En efecto, aunque Leoni pudo realizar algunos proyectos palladianos como Queensbury House (1721) o Argyll House (1723), no alcanzó el gran éxito que esperaba. Su traducción de Palladio fue considerada muy pronto como una ofensa contra el gran modelo y fue sustituida por la traducción más sólida de Isaac Ware (1738).

En cambio, Campbell alcanzó un éxito absoluto con *Vitruvius Britannicus*. Llama aún más la atención porque Campbell no había conseguido casi ninguna notoriedad como arquitecto y solo gracias a su libro obtuvo una serie de encargos de casas de campo de la aristocracia inglesa. Además del proyecto de iglesia antes mencionado, el primer tomo de *Vitruvius Britannicus* incluye el influyente proyecto para la casa de campo de Wanstead que levantó de 1715 a 1720 para Richard Child. Campbell logró la síntesis entre la mansión tradicional inglesa y la villa palladiana y desarrolló así el prototipo de toda una serie de casas de campo posteriores realizadas por miembros del círculo de los arquitectos palladianos, como Wentworth de Henry Flitcroft (1733) o Prior Park de John Wood (1735). Para terminar, Campbell se vale del tercer tomo de *Vitruvius Britannicus* (1725) para ilustrar el éxito de su creación desde la publicación del primer volumen. Al lado de las vistas de Burlington House (1717), Houghton (1722), Stourhead Castle (1721) y Lord Herbert's House (1723–1724), encontramos también una copia de una rotonda para Mereworth Castle (1722) y los primeros proyectos de su protector Lord Burlington (1694–1753).

En general cabe destacar la inestimable influencia de *Vitruvius Britannicus* en la arquitectura inglesa. Esta completa publicación constituye, tanto por el panorama de la arquitectura inglesa como por la representación de los propios proyectos de Campbell, un inagotable fondo de ideas arquitectónicas que, a semejanza de los *pattern books* o libros de muestras, influiría de manera decisiva en la práctica de la arquitectura en Inglaterra. La influencia del palladianismo de Campbell marcó sobre todo y más directamente el pensamiento arquitectónico de su protector Lord Burlington, que se convirtió también en arquitecto tras un viaje a Italia en 1719 y que tomó el relevo de Campbell al final como cabeza pensante del palladianismo. Burlington desarrolló, basándose en el amplio fondo de estudios de obras antiguas y esbozos de proyectos de Palladio obtenido en Italia, un clasicismo de un rigor sin igual en su época.

CR

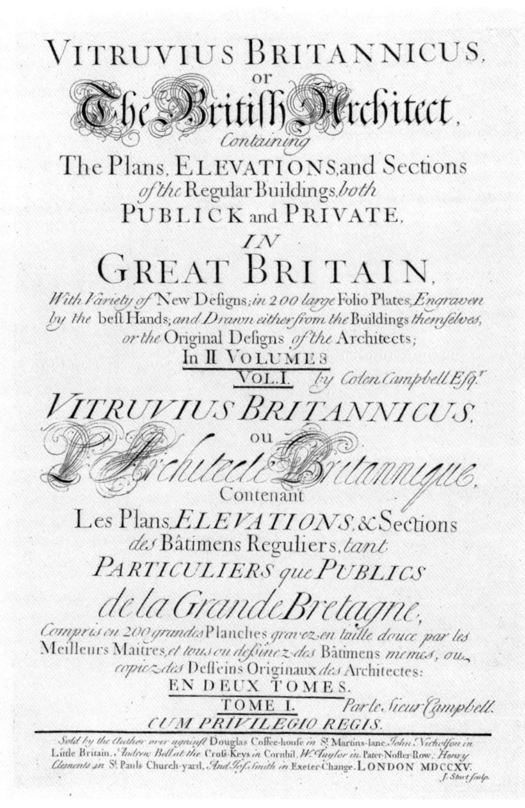
VITRUVIUS BRITANNICUS,
or
The British Architect,
Containing
The Plans, ELEVATIONS, and Sections
of the Regular Buildings, both
PUBLICK and PRIVATE,
IN
GREAT BRITAIN,
With Variety of New Designs; in 200 large Folio Plates, Engraven
by the best Hands; and Drawn either from the Buildings themselves,
or the Original Designs of the Architects;
In II VOLUMES
VOL. I. by Colen Campbell Esq.r
VITRUVIUS BRITANNICUS,
ou
Le Architecte Britannique,
Contenant
Les Plans, ELEVATIONS, & Sections
des Bâtimens Reguliers, tant
PARTICULIERS que PUBLICS
de la Grande Bretagne,
Compris en 200 grandes Planches gravez en taille douce par les
Meilleurs Maitres, et tous ou dessinez des Bâtimens memes, ou
copiez des Desseins Originaux des Architectes:
EN DEUX TOMES.
TOME I. Par le Sieur Campbell.
CUM PRIVILEGIO REGIS.
Sold by the Author over against Douglas Coffee-house in St Martins-lane, John Nicholson in Little Britain, Andrew Bell at the Cross Keys in Cornhil, W. Taylor in Pater-Noster-Row, Henry Clements in St Pauls Church-yard, And. Jos. Smith in Exeter-Change. LONDON MDCCXV.
J. Sturt sculp.

Fachada de la basílica de San Pedro en Roma
Vol. I, lám. 6. Grabado sobre cobre

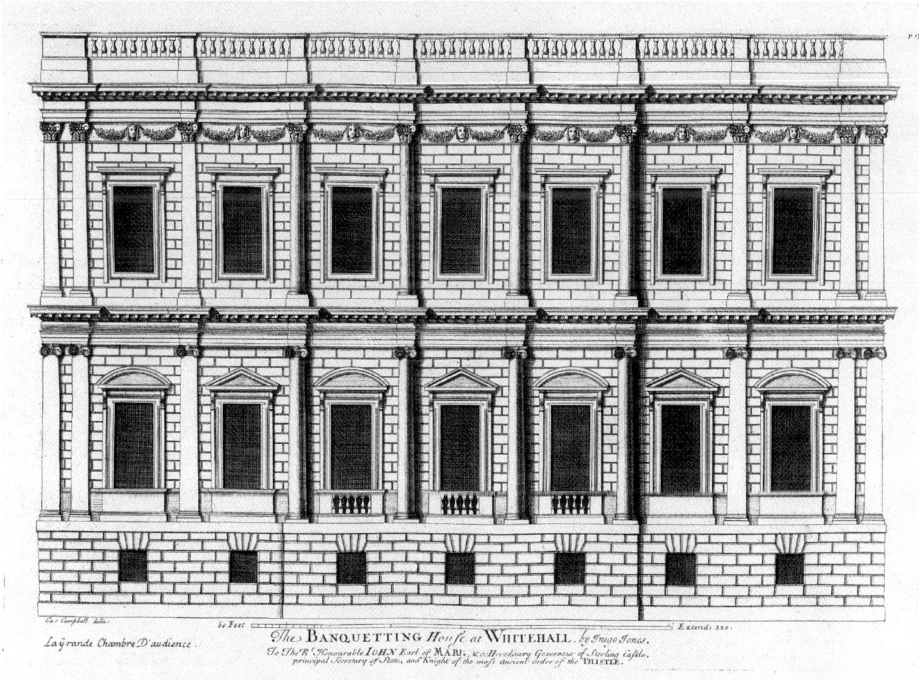

Fachada de Banquetting House de Inigo Jones
Vol. I, lám. 13. Grabado sobre cobre

Variación de la fachada del proyecto de Colen Campbell para Wanstead House
Vol. I, lám. 22. Grabado sobre cobre

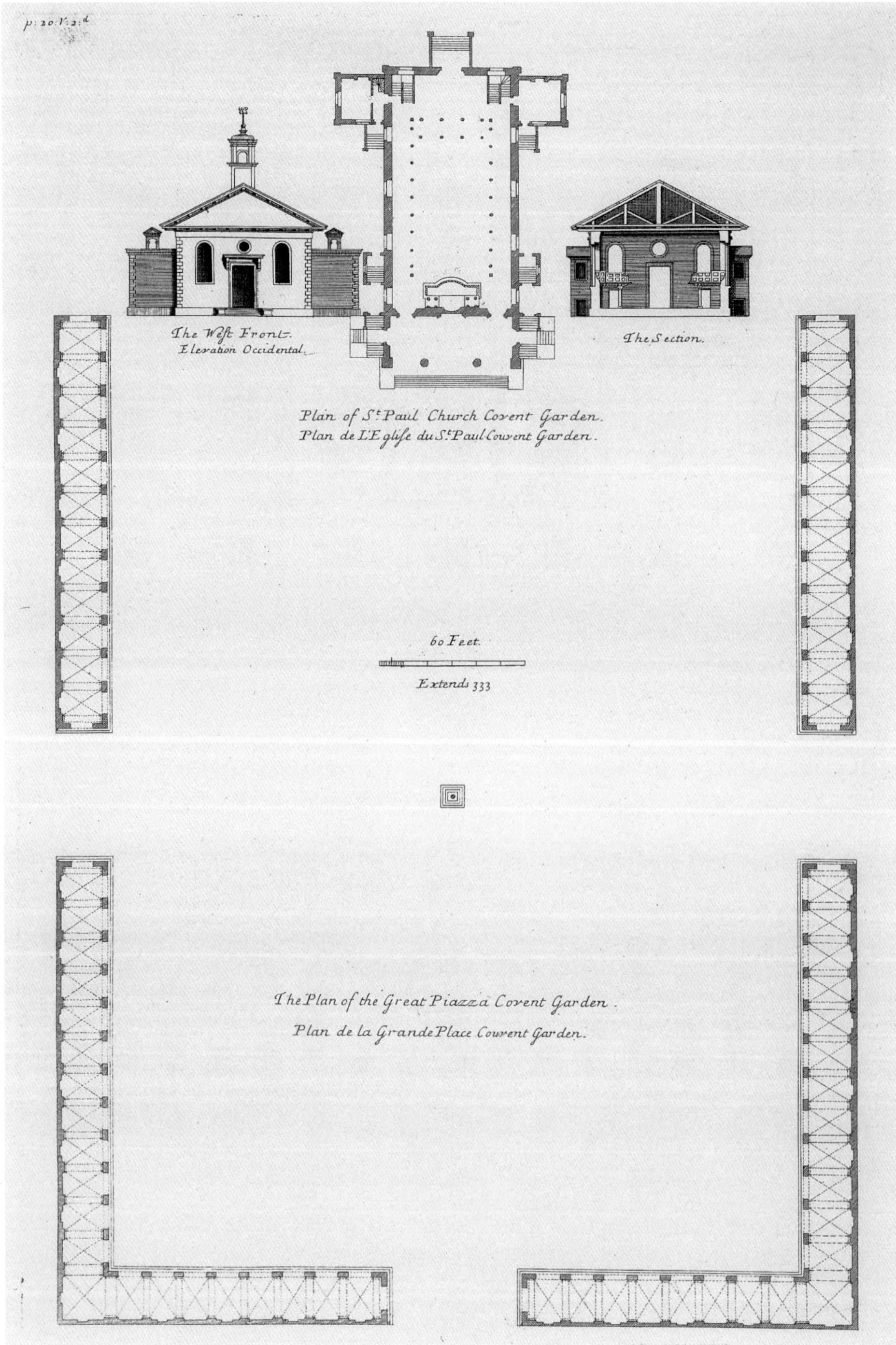

Proyecto y planos de Inigo Jones para la arquitectura de plazas de Covent Garden
Vol. II, lám. 20. Grabado sobre cobre

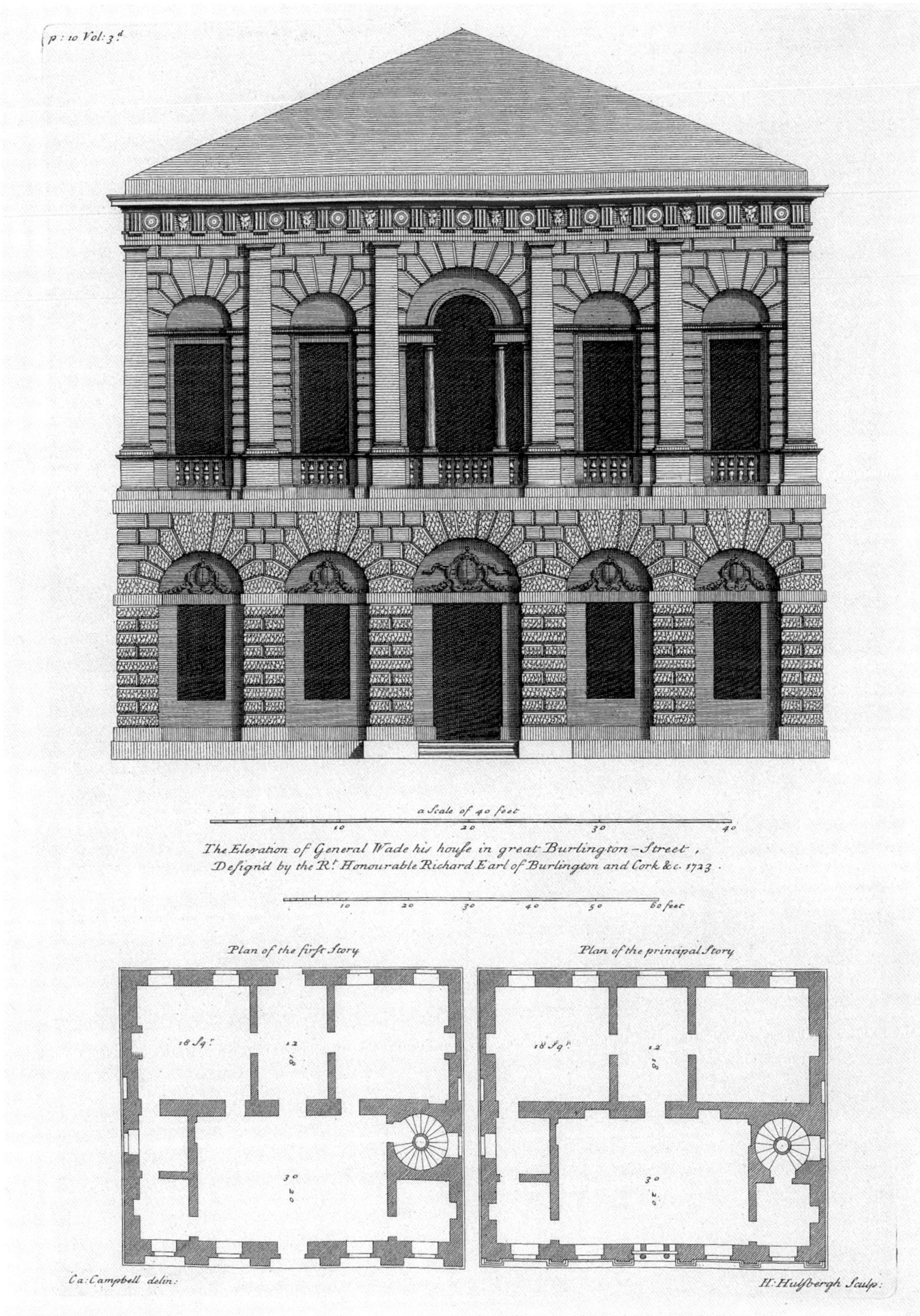

Fachada y planta de General Wade House de Lord Burlington
Vol. III, lám. 10. Grabado sobre cobre

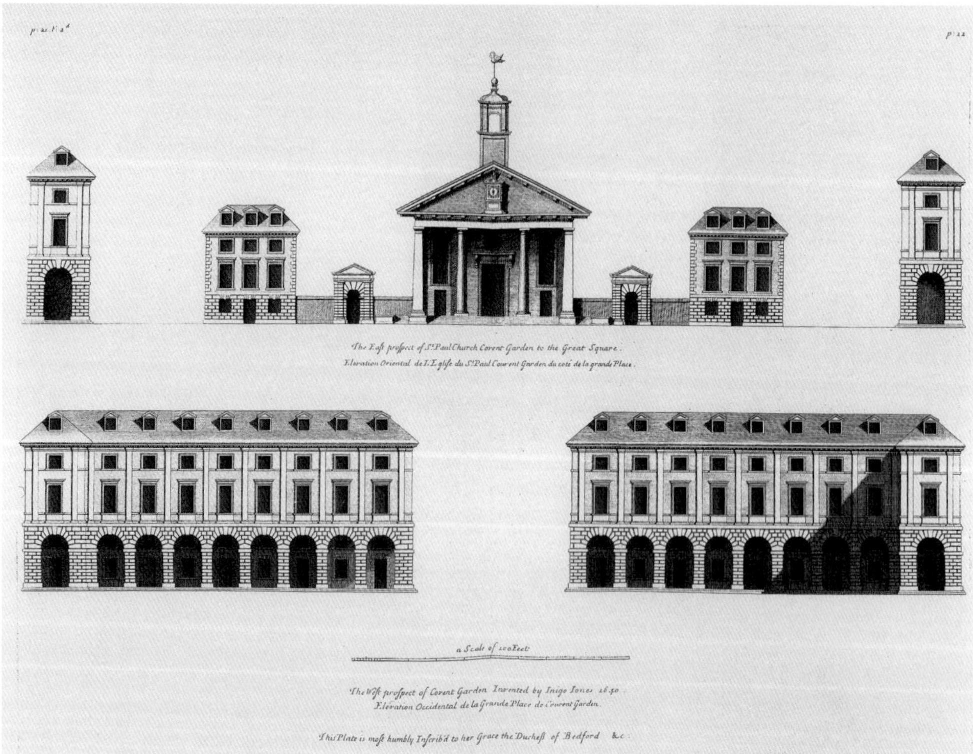

Vistas de Inigo Jones para la arquitectura de plazas de Covent Garden
Vol. II, láms. 21 y 22. Grabado sobre cobre

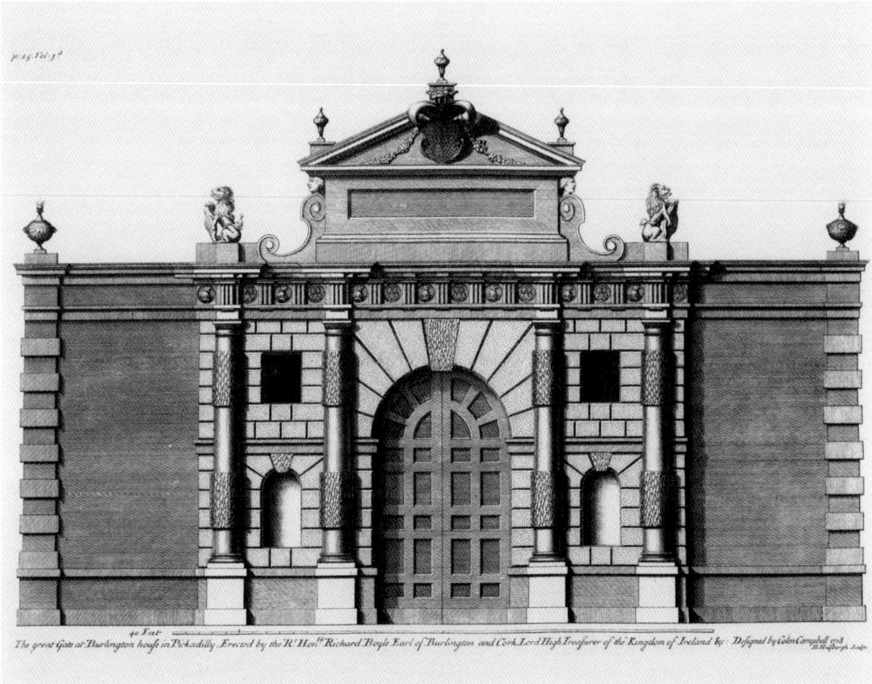

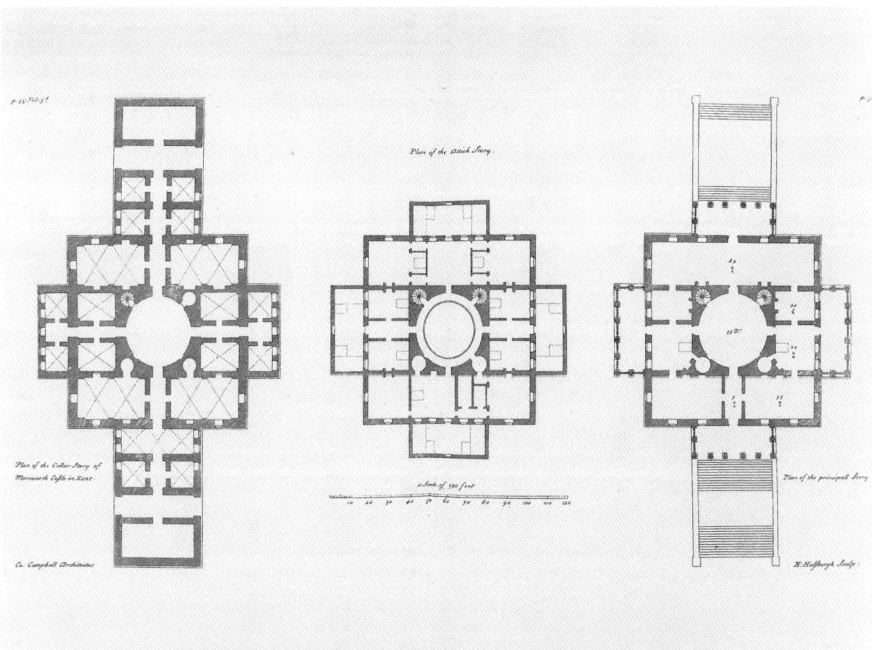

Puerta para el proyecto de Campbell de Burlington House en Piccadilly
Vol. III, lám. 25. Grabado sobre cobre

Plantas de la variación de la rotonda de Campbell para Mereworth Castle
Vol. III, láms. 35 y 36. Grabado sobre cobre

Alzado de la variación de la rotonda de Campbell para Mereworth Castle
Vol. III, lám. 37. Grabado sobre cobre

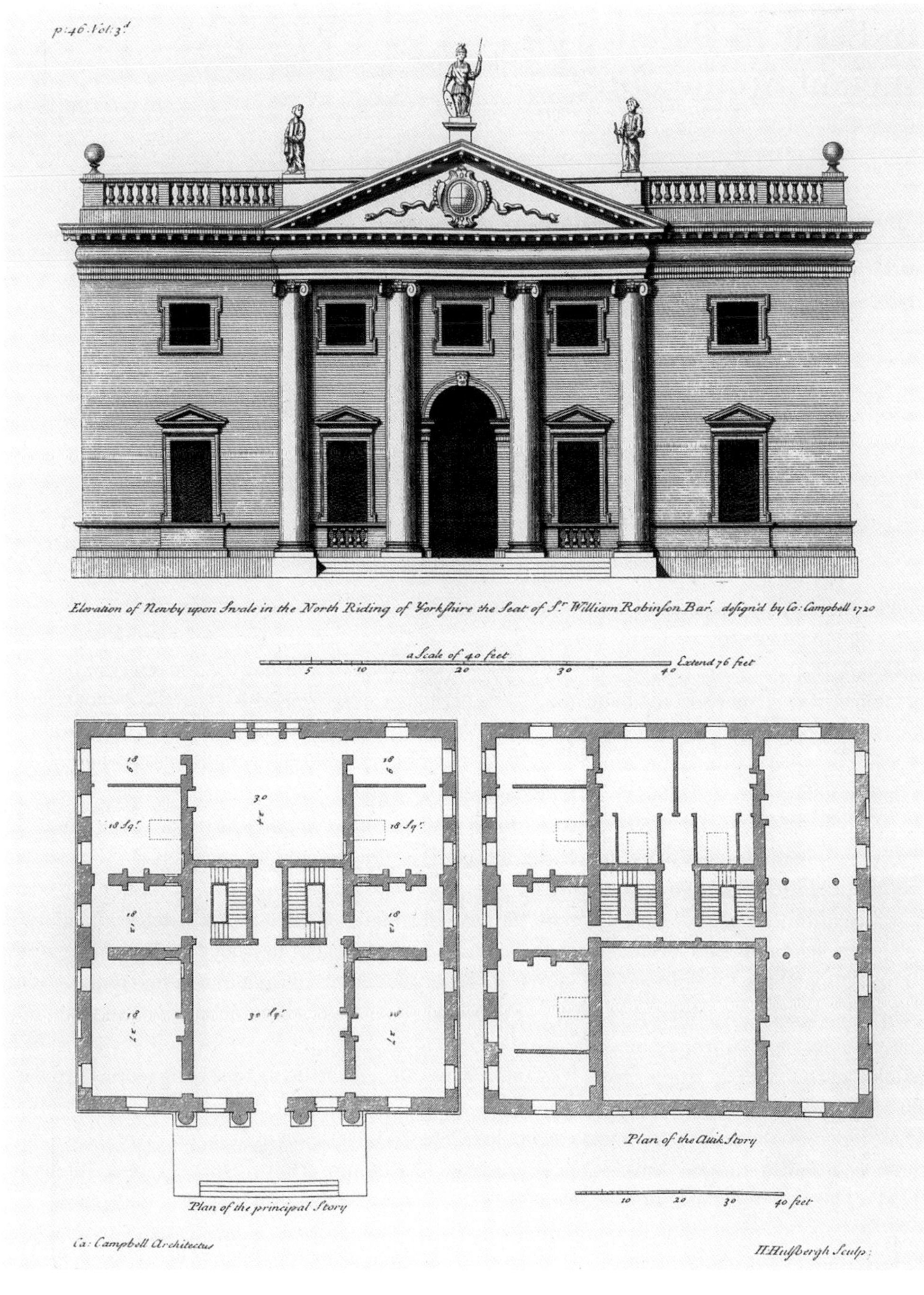

Fachada y planta del proyecto de Campbell para Stourhead Castle
Vol. III, lám. 46. Grabado sobre cobre

Robert Morris (1701–1754)

An Essay in Defence of Ancient Architecture

LONDRES, 1728

Ensayo en defensa de la arquitectura antigua

Lectures on Architecture

LONDRES, 1734–1736

Conferencias sobre arquitectura

El diletante arquitecto inglés Robert Morris fue el autor de la teoría del palladianismo inglés a lo largo de toda una serie de textos como *An Essay in Defence of Ancient Architecture* (*Ensayo en defensa de la arquitectura antigua*, 1739) y el poema *The Art of Architecture* (*El arte de la arquitectura*, 1742). Resulta aún más sorprendente que Morris permaneciera preterido hasta el día de hoy cuando sin duda merece figurar entre los miembros del restringido círculo del palladianismo. Esto se corrobora por la especial estima que sentía Morris por la arquitectura de su ilustre pariente, el arquitecto palladiano Roger Morris (1695–1749), a quien dedica la segunda parte de *Lectures* (1736).

Sin embargo, Morris no se consideraba a sí mismo un arquitecto. Declara en numerosas ocasiones que no siente ningún interés por los aspectos prácticos de la arquitectura. Al contrario, en *The Art of Architecture* se define como un *poetical architect*, un arquitecto poético, que considera la crítica arquitectónica como un género literario destinado en exclusiva a la reflexión sobre la belleza de la arquitectura, desmarcándose así de los contenidos tradicionales del tratado de arquitectura. Dicho esto, los enfoques de Morris no se limitan en absoluto a una definición universal de la belleza. Siempre sirven para justificar el palladianismo contemporáneo como un gusto normativo, con lo que Morris anticipa ya la relación tan singular que mantienen en el siglo XVIII la estética y la teoría de la arquitectura. Por tanto, es muy lógico que no se base en la teoría vitruviana para fundamentar su estética arquitectural. Básicamente, Morris obtiene sus herramientas teóricas de los modelos estéticos de los inicios de la filosofía de la Ilustración inglesa, tal y como los expresaron los filósofos Anthony Ashley Cooper, conde de Shaftesbury (1671–1713), y Francis Hutcheson (1694–1746) o el cronista Joseph Addison (1672–1719) y el poeta Alexander Pope (1688–1744).

Uno de los problemas fundamentales que se le plantean a la nueva estética, respecto al subjetivismo reciente de las cuestiones filosóficas, es conseguir una definición universal del gusto. La clave de ese problema reside en la idea del *man of taste* (hombre de gusto), que aprecia la belleza o la fealdad de los objetos mediante la percepción sensorial únicamente en función de una moralidad innata y no remitiéndose a una idea abstracta, y que manifiesta esta valoración por el *pleasure* (placer) o el *dislike* (desagrado). La idea de un sentido moral basado en los criterios de un orden clásico debía de garantizar que el actor estético solo fuera atraído por objetos de una composición

C
30
12.0
50
B
30
12.0
50
Robertus Morris inv: et delin
Toms sculpt

igual de clásica. La simetría, la proporción y la estereometría de la arquitectura clásica reflejaban por tanto en última instancia los elementos del alma bella, que Shaftesbury establecía como la verdadera obra de arte del *man of taste* ilustrado. Así pues, el valor otorgado a la arquitectura clásica era un hecho natural y no requería por tanto otra justificación.

Conforme a esta convicción obvia por sí sola, Morris también se basa en una relación especial entre la arquitectura mental y la arquitectura artística. Debido a su carácter emocional, esta relación no puede describirse de forma precisa y escapa por ello a la definición concreta de la belleza arquitectónica como la entendía el Renacimiento italiano. Lo bello se deja ver en el acto de la percepción sensorial espontánea y en su efecto sobre el espectador. En la medida en que el sentimiento estético es elevado a la categoría de criterio que permite valorar lo bello, el objeto arquitectónico solo resulta interesante porque debe sugerir de una manera u otra la impresión de un orden arquitectónico: de esta manera, lo bello solo se caracteriza en general como un «orden en la disposición y diversidad de los materiales». Esta teoría de lo bello no debe considerarse sin embargo como un alegato a favor de una licencia arquitectónica. La estetización de los problemas arquitectónicos conduce paradójicamente, al contrario, a la exigencia de una arquitectura clásica que debe basarse en el palladianismo. La estética de la arquitectura debía proceder por tanto de un efecto más severo y racional que la arquitectura contemporánea del barroco, rechazada justamente porque su pretendida uniformidad se entendía como la expresión de una deformación moral encarnada por el absolutismo continental.

Morris repite ese modelo de pensamiento en sus sistemáticas ponencias de *Lectures on Architecture* al observar de forma programática que «una fachada sencilla, ordenada limpiamente, sin decoración ni adornos, y suponiendo que esta guarde unas proporciones perfectas, colma mejor el gusto del aficionado y satisface antes a la vista que todos los adornos y ornamentos de un proyecto mal proporcionado. Existe una especie de placer natural cuando la proporción perfecta se refleja en la ejecución de una construcción». Cabe ver una ilustración de ese ideal arquitectónico en el proyecto de villa presentado por Morris en su duodécima *Lecture*, o conferencia, basada en un sistema de proporciones extremadamente esquemático, compuesto por cubos y elaborado por el mismo Morris. Se trata de una fachada con nueve ejes casi por completo libre de adornos, donde solo sobresalen el pórtico jónico, la cúpula con tambor y gradería y las cubiertas a dos aguas de fuerte pendiente. La sencillez exigida por Morris no debe limitarse sin embargo al ámbito de la arquitectura. Al contrario, sus ponencias en *Lectures* se extienden hasta la casa de campo como obra de arte completa configurada por la arquitectura y jardinería ornamental. Pero mientras que en el ámbito de la arquitectura la sencillez se basa en una forma concreta de clasicismo, en la jardinería ornamental se concibe en el sentido del jardín ornamental inglés como un arte que obra de forma oculta y que, al contrario de la geometría del jardín barroco, busca mejorar la naturaleza con sus propios medios.

Los postulados de Morris sobre la casa de campo parecen apoyarse superficialmente ante todo en la teoría arquitectónica clásica donde se establecen los criterios que han de respetarse a la hora de elegir el emplazamiento adecuado. Pero enseguida queda patente que la manera en que Morris entiende la *situation* no tiene mucho que ver con el sentido tradicional dado al *situ*. A partir de estas consideraciones estéticas, Morris desarrolla más bien una teoría de la casa de campo palladiana cuyo único fin es el efecto estético y no los aspectos de la *convenience*, la comodidad. Esto resulta ya muy llamativo cuando Morris aborda la buena elección del emplazamiento desde un punto de visto pictórico. En efecto, Morris sitúa sus proyectos de villas en un enclave desde donde el espectador disfruta de un paisaje clásico al estilo de Claudio de Lorena, con obras arquitectónicas clásicas, «algunos paisajes a lo lejos, una vista hermosa sobre un valle frondoso u otro elemento destacable». El jardín de la villa se recorre a través de sinuosos caminos que deben proporcionar a su vez unas bonitas vistas sobre templos y otras obras arquitectónicas clásicas.

Morris cita como muestra de ese ambicioso objetivo la arquitectura de Lord Burlington (1694–1753), cuya vida corresponde en todo al ideal estético del *man of taste*. Burlington, como arquitecto diletante de formación palladiana que siempre llevó a cabo sus proyectos con la ayuda de arquitectos de su mismo círculo y renunció a toda manifestación gráfica autónoma de sus ideas, no se aficionó a la arquitectura como a un «bello arte» como hizo Morris. Solo en ese contexto es posible explicar por qué Burlington renunció en Chiswick House (1725–1729) a toda definición funcional de la arquitectura en beneficio de la nueva estética. La arquitectura aparece entonces como un arte autónomo casi disociado por completo de las obligaciones teóricas relacionadas con la construcción. La comparación entre la estética de Morris y los objetivos arquitectónicos de Burlington hace pensar que nos encontramos ante la expresión, mucho menos extrema desde luego, de un concepto de la arquitectura como arte autónomo tal y como se conocerá hacia el final del siglo con las visiones estéticas de Etienne Boullée (1728–1799). La calidad especial de los textos de Morris se debe a que el discurso estético sobre arquitectura en los principios del siglo XVIII se concibe por primera y última vez como una referencia retrospectiva respecto al Renacimiento y la prefiguración de una nueva estética de la arquitectura.

CR

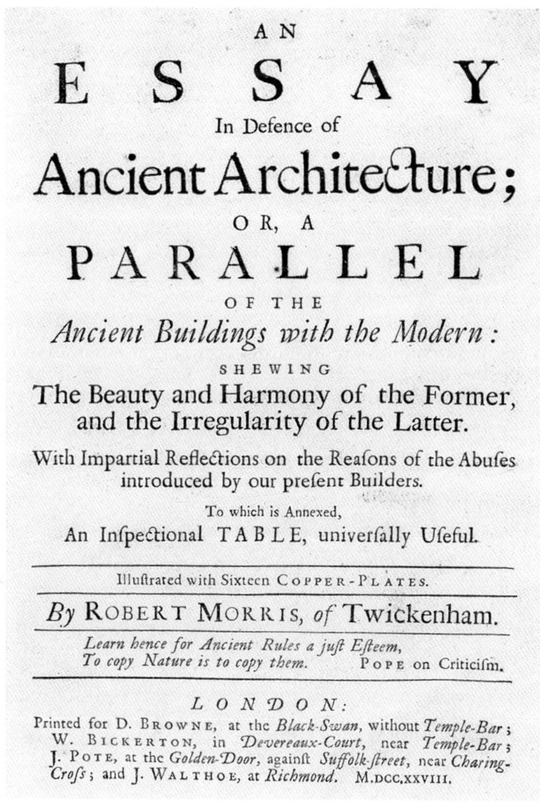
AN

ESSAY

In Defence of

Ancient Architecture;

OR, A

PARALLEL

OF THE

Ancient Buildings with the Modern:

SHEWING

The Beauty and Harmony of the Former, and the Irregularity of the Latter.

With Impartial Reflections on the Reasons of the Abuses introduced by our present Builders.

To which is Annexed,

An Inspectional TABLE, universally Useful.

Illustrated with Sixteen COPPER-PLATES.

By ROBERT MORRIS, *of* Twickenham.

Learn hence for Ancient Rules a just Esteem,
To copy Nature is to copy them. POPE on Criticism.

LONDON:

Printed for D. BROWNE, at the *Black-Swan*, without *Temple-Bar*; W. BICKERTON, in *Devereaux-Court*, near *Temple-Bar*; J. POTE, at the *Golden-Door*, against *Suffolk-street*, near *Charing-Cross*; and J. WALTHOE, at *Richmond*. M.DCC.XXVIII.

Ilust. p. 309
Estudio sobre decoración de fachadas
2ª edición, Londres, 1759, p. 127.
Grabado sobre cobre

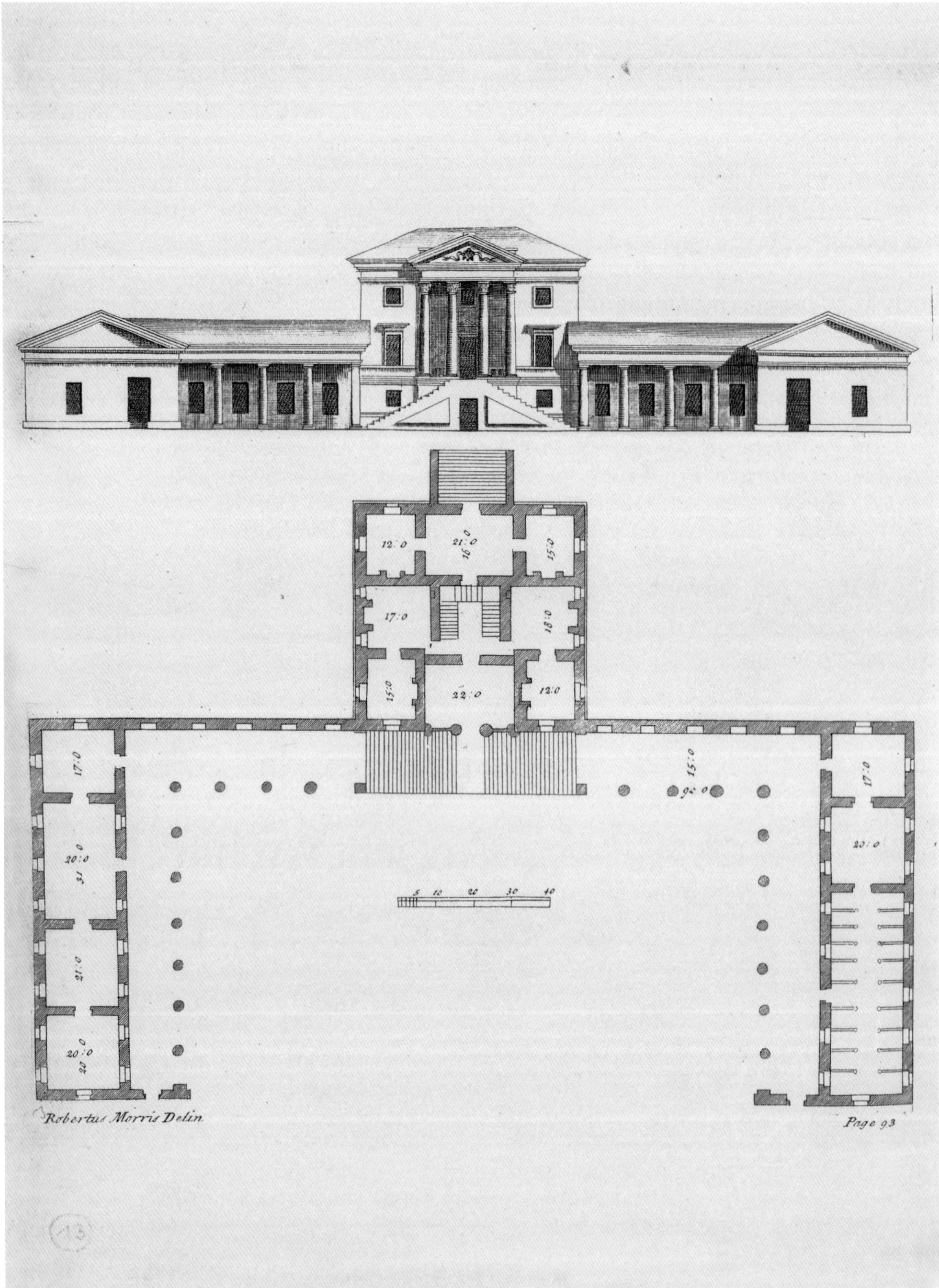

Alzado y planta de una villa
El proyecto se inspira en la villa Ragona de Palladio.
P. 93. Grabado sobre cobre

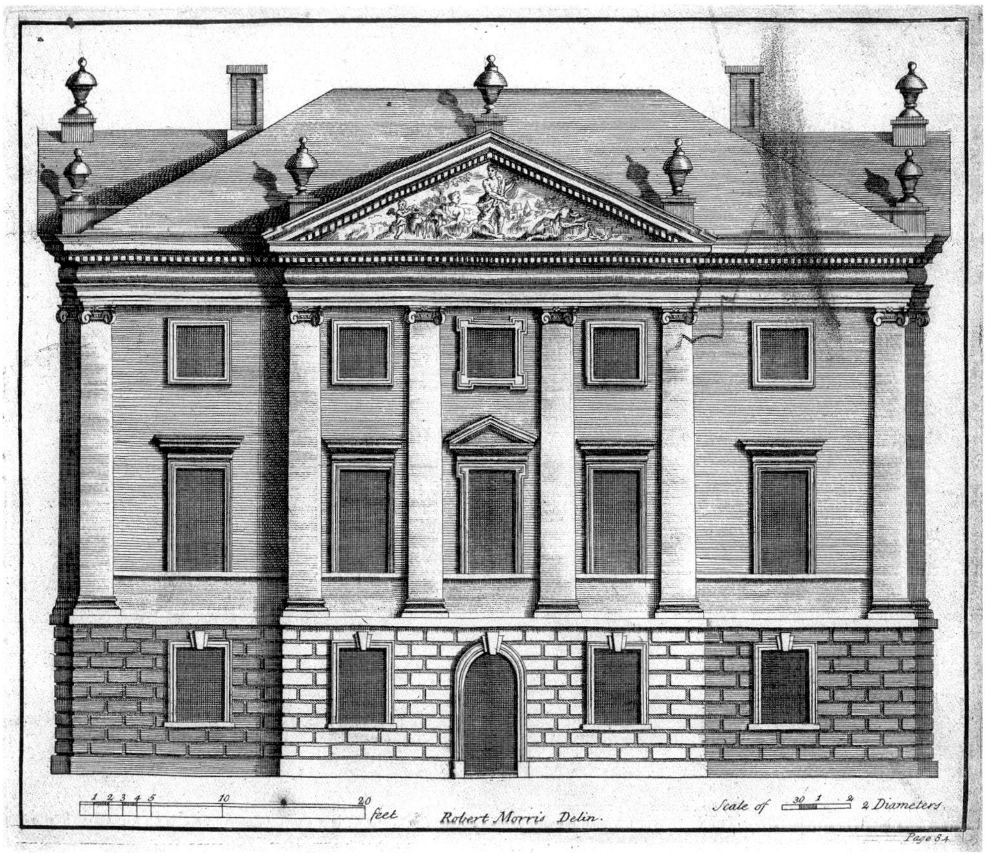

Proyecto de fachada para una villa
El proyeto recuerda la villa Marble Hill de Roger Morris
P. 84. Grabado sobre cobre

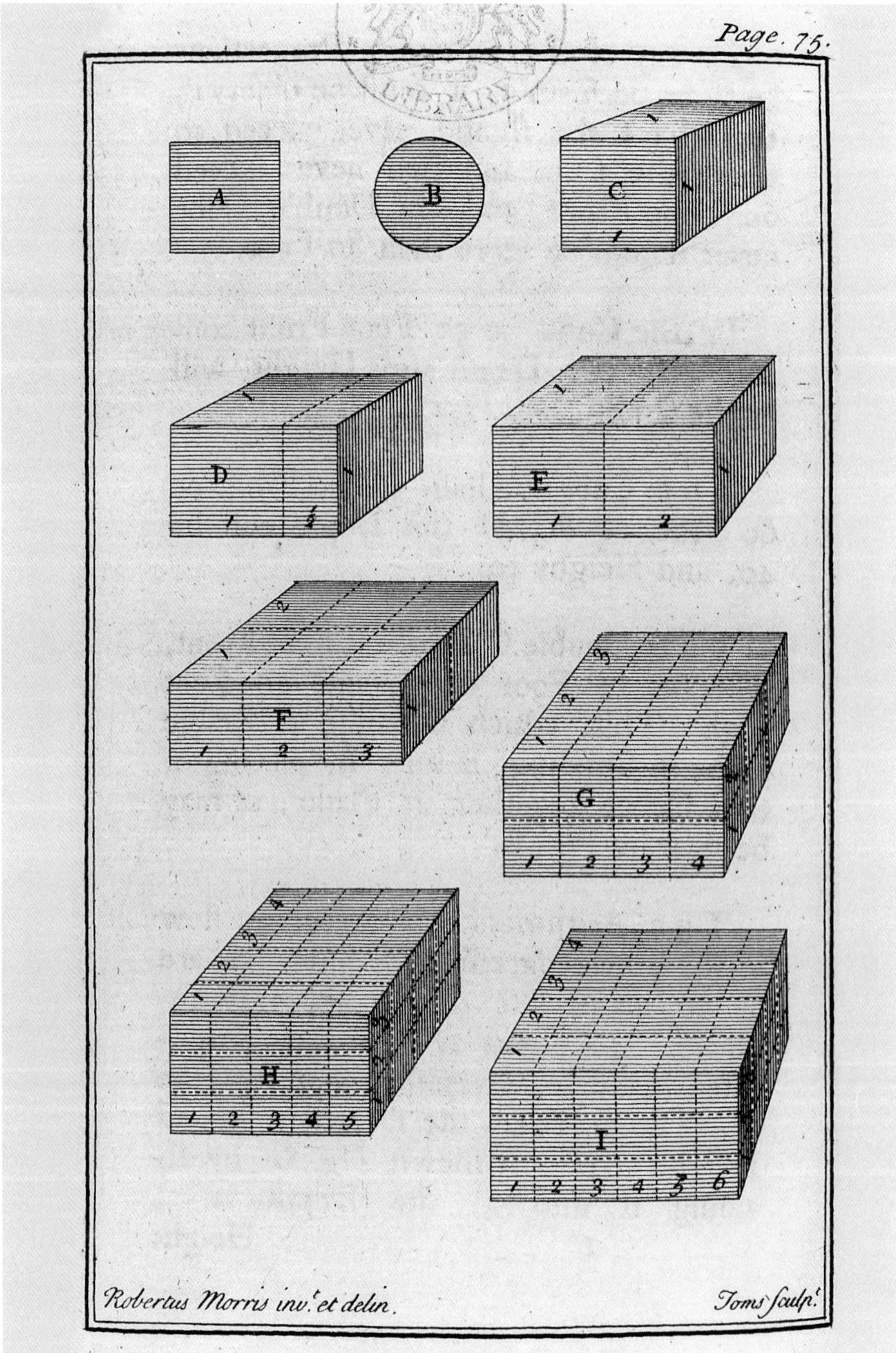

Sistema de cálculo de las medidas de un espacio desarrollado por Morris
2ª edición, Londres, 1759, p. 75. Grabado sobre cobre

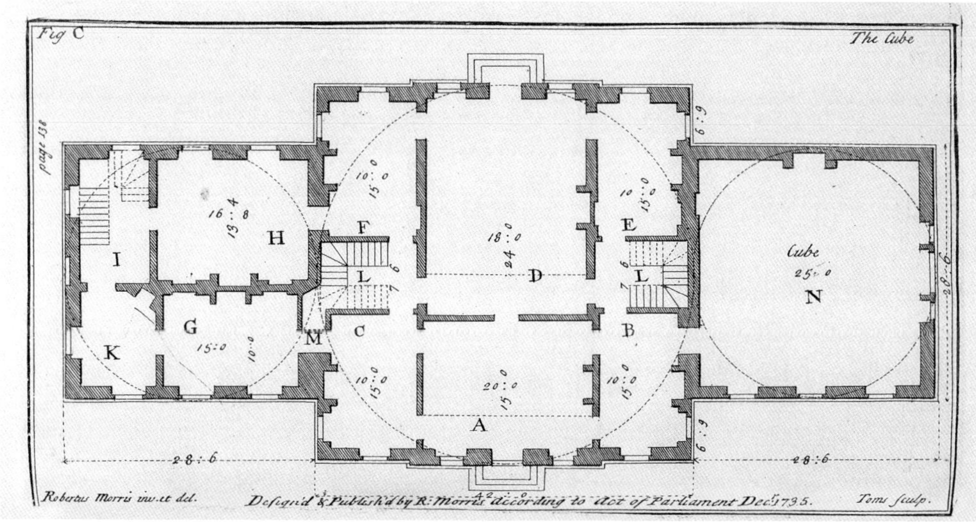

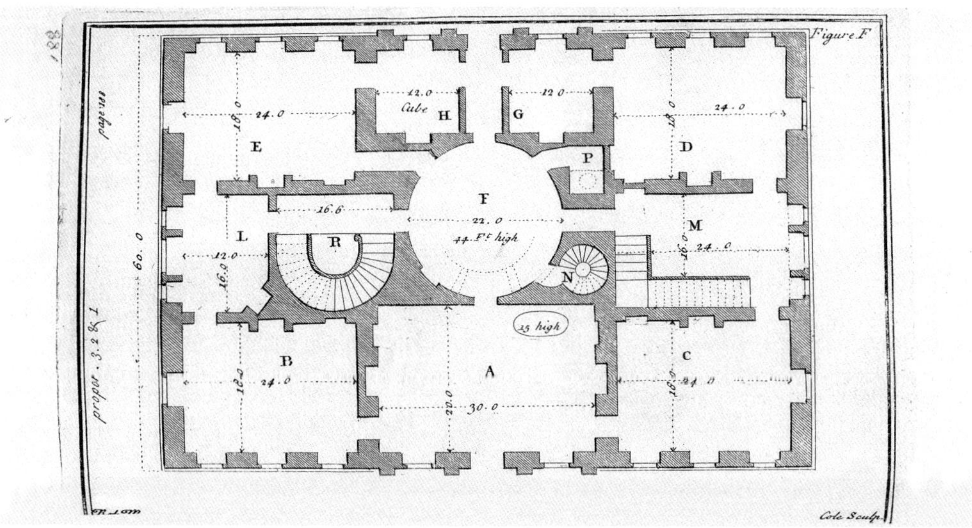

Planta de una villa palladiana ideal con pórtico de orden jónico
2ª edición, Londres, 1759, p. 138. Grabado sobre cobre

Planta de una villa palladiana ideal con una sala coronada por un domo
2ª edición, Londres, 1759, p. 188. Grabado sobre cobre

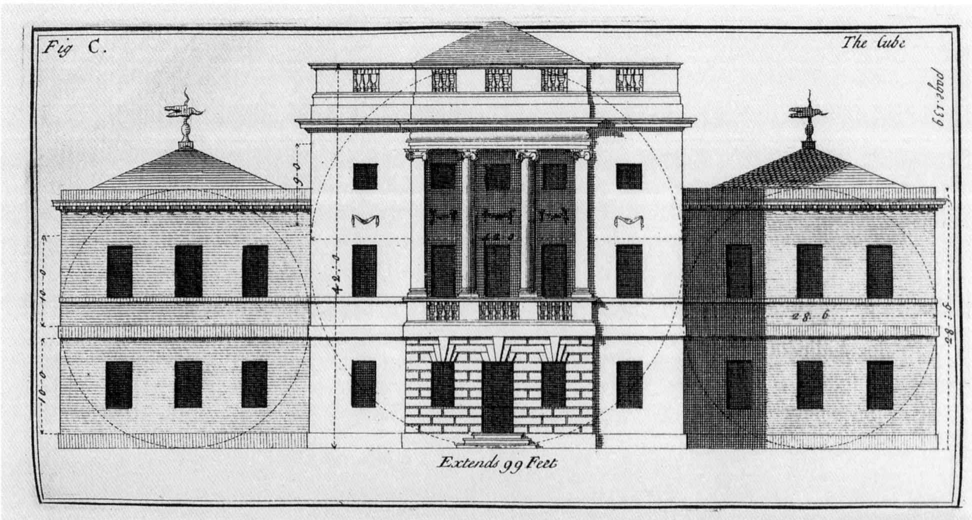

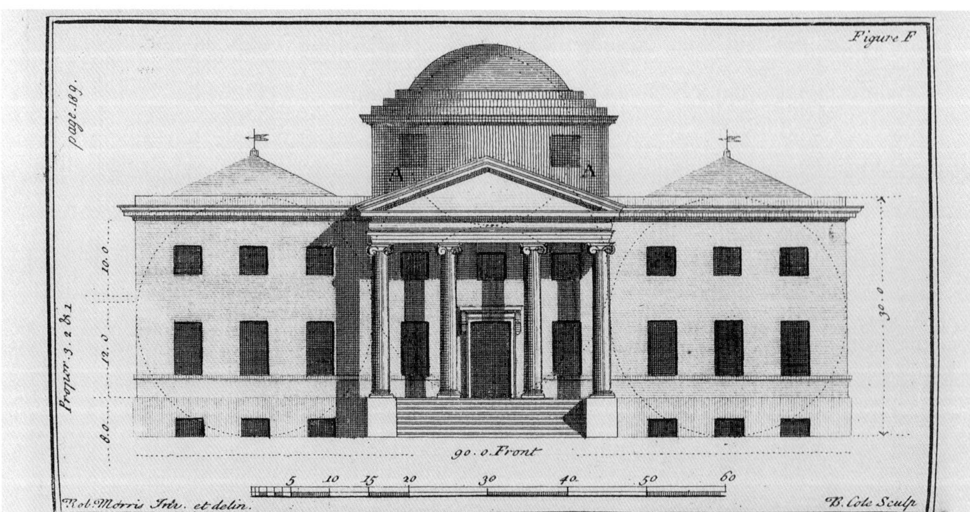

Alzado de una villa palladiana ideal con una sala coronada por un domo
2ª edición, Londres, 1759, p. 139. Grabado sobre cobre

Alzado de una villa palladiana con pórtico de orden jónico
2ª edición, Londres, 1759, p. 189. Grabado sobre cobre

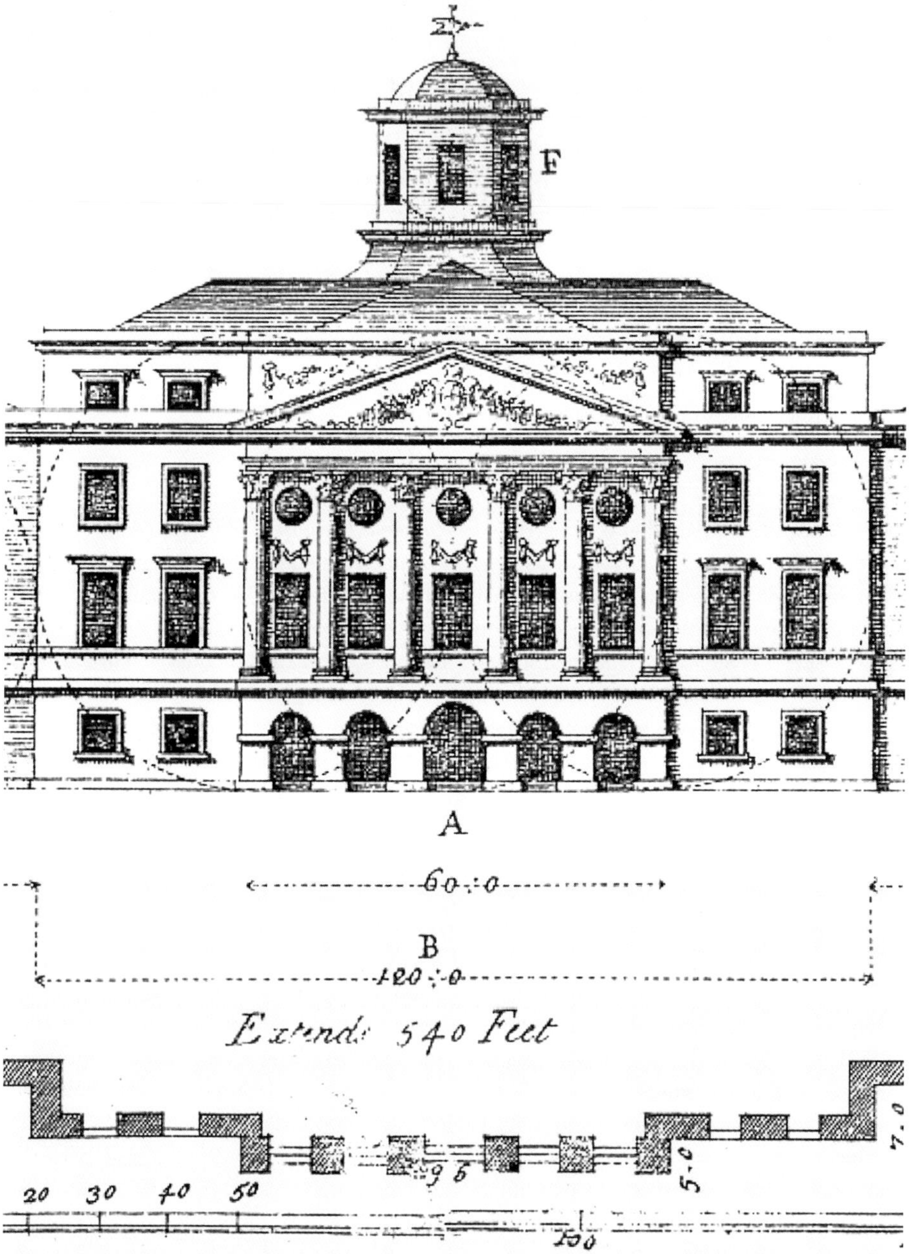

Proyecto de un gran castillo de campo palladiano
2ª edición, Londres, 1759, p. 201. Grabado sobre cobre

Isaac Ware (hacia 1707–1766)
A Complete Body of Architecture

LONDRES, 1756

Tratado completo de arquitectura

La obra del arquitecto palladiano Isaac Ware *A complete Body of Architecture* se presenta como un tratado de dimensiones enciclopédicas. Dirigida tanto a los comanditarios como a los arquitectos, Ware pretende ofrecer un estudio exhaustivo de la arquitectura en todas sus vertientes. Esta ambición ya queda patente en la presentación de la obra, cuya división en diez libros refleja esa voluntad de ser «una biblioteca completa sobre el tema» y se basa en el modelo de Vitruvio y Alberti, al menos en el aspecto formal. En cuanto al contenido, Ware recoge en cambio la problemática de la teoría arquitectónica reciente y contemporánea e intenta conciliarla con su ideal palladiano.

Ware figura entre los mayores arquitectos del círculo palladiano que giran alrededor de Lord Burlington (1694–1753), quien fue también su gran protector. Ware se recomendaba a sí mismo como gran conocedor de la arquitectura palladiana tanto desde un punto de vista práctico como literario en sus proyectos de casas de campo palladianas como Clifton Hill House (1746–1750) y Wrotham Park (1754), así como en diversas publicaciones antiguas sobre arquitectura como *Designs of Inigo Jones and others* (*Proyectos de Inigo Jones y otros*, 1731) o *The Four Books of Andrea Palladio's Architecture* (*Los cuatro libros de arquitectura de Palladio*, 1738), donde presentaba la primera traducción rigurosa al inglés de los *Quattro libri* de Palladio. Así pues, se desmarca lógicamente en el prólogo de *The Four Books* de las anteriores traducciones de Palladio realizadas por Giacomo Leoni (1716) y Edward Hoppus (1735), que parecían más bien una interpretación aproximada e incomprensible del gran maestro. Con el libro *A complete Body of Architecture*, Ware finalmente no pretende otra cosa que dejar sin efecto todas las publicaciones anteriores sobre el tema y explicar la arquitectura «desde sus primeros pasos hasta la última perfección». Ware otorga para ello una especial importancia a la puesta en marcha didáctica de esta compleja empresa. Tras el prólogo, empieza por elaborar un léxico detallado con los términos fundamentales de la arquitectura, desde *Abacus* y *Ancient Manner* hasta *Zoophoros* pasando por *French Order* y *Modern*. Este sistema arquitectónico debe servir de primera instrucción y ofrecer una rápida idea general de las múltiples correspondencias de la arquitectura y, para terminar, introducir las explicaciones del *Complete Body* que siguen a continuación.

Ware se refiere siempre en sus escritos a la utilidad (*utilitas*) como el principio supremo de la arquitectura, por lo que adopta con pleno conocimiento de causa una postura a contracorriente de la estetización absoluta que domina el debate sobre la arquitectura en esa época. Ware

permanece abierto sin embargo a los conceptos estéticos de su tiempo. En el capítulo sobre el emplazamiento, utiliza el concepto estético del jardín ornamental inglés que describe como un cuadro en movimiento. Ciertamente estos aspectos solo tienen valor para Ware si satisfacen las exigencias prácticas de la construcción. Por tanto, resulta lógico que Ware, al igual que su gran maestro Palladio, empiece el tratado por un análisis de los distintos materiales antes de desarrollar los criterios del emplazamiento correcto y de la construcción y de concluir con los órdenes arquitectónicos. Estos representan para Ware el ámbito de la belleza en la arquitectura. A diferencia de los textos de los maestros italianos, Ware no incluye las columnas entre las partes esenciales de la arquitectura sino que, al contrario, las considera partes relativas al ornamento y solo les otorga una función de atributo. Por ello, una obra arquitectónica sin columnas es en principio perfectamente posible: «En el ámbito del ornamento figuran, entre otros, los órdenes arquitectónicos que proporcionan la mayor belleza que pueda darse a un edificio pero que no son partes esenciales ya que pueden construirse excelentes casas y edificios, y muy elegantes, sin columnas».

Así pues, no se puede explicar *Complete Body* con el único telón de fondo de la teoría italiana de arquitectura. Al contrario, Ware amplía el campo de aplicación y desarrolla sobre todo problemáticas abordadas por la teoría francesa desde Claude Perrault, cuyo libro *Ordonnance des cinq espèces de colonnes* (*La ordenación de los cinco tipos de columnas*, 1683) fue traducido al inglés en 1708 por el arquitecto inglés John James (1672–1746). En sustancia, supuso ante todo la crítica de Perrault sobre la percepción de la belleza arquitectural como una determinada proporción de columna que llevó sin duda a Ware a admitir que, al contrario de lo que ocurre con la *firmitas* y la *utilitas*, para la belleza no existen reglas objetivas y definitivas y por tanto las columnas no han de figurar entre las *essencial parts*, las partes esenciales. Al igual que puede calificarse de bello un rostro incluso estando deformado por una mueca, existen en arquitectura «algunos límites dentro de los que el genio queda autorizado a complacerse con variaciones». Ware cita como ejemplo de libertad concedida al arquitecto la arquitectura de los griegos, basada directamente en la naturaleza de la que extrajeron sus ornamentos, a saber, los tres órdenes de columnas, incluido el entablamento. En cambio, la imitación de una obra ya existente no pertenecía al enfoque griego. Ware exige por tanto para su época que los arquitectos regresen al origen de la arquitectura natural para descubrir los principios sobre los que los griegos desarrollaron su arquitectura. Solo a raíz de este fundamento puede nacer una arquitectura tan digna de ser imitada como la griega. Para Ware, la historia de la arquitectura demuestra sin embargo que la mayor influencia siempre es fruto de la imitación irreflexiva y que ya se perdió con los griegos el arte de lograr un equilibrio armonioso entre la imaginación y la razón. Ware desenmascara las proporciones trasmitidas desde entonces y las considera la expresión de una falta de inspiración ordinaria y solo las sitúa, como Perrault, en la categoría de la belleza arbitraria: «Hemos mostrado que las proporciones varían ampliamente según las obras; ya podemos añadir que eran arbitrarias». Pero solo se reconoció esta situación en la era de la razón, por lo que Ware llama la atención sobre lo conseguido en su época. Ware comparte ese orgullo con el teórico de la arquitectura francés Marc-Antoine Laugier (1713–1769), cuyo trabajo *Essai sur l'architecture* (*Ensayo de arquitectura*, 1735), centrado en la razón, fue traducido al inglés en 1755. Ware extrae de ahí las ideas centrales de su libro cuando recupera, por una parte, la tesis de Laugier acerca de la cabaña primitiva y, por otra parte, su opinión acerca de la imitación en arquitectura y la especulación sobre una arquitectura sin columnas. Para Ware también, todos los elementos esenciales de la arquitectura derivan de la cabaña primitiva con sus columnas, viguería y frontones sencillos. En sintonía con Laugier, Ware critica a su vez la utilización de adornos como estrías, medias columnas y cardas y exige la sencillez arquitectónica. Cita como ejemplo de este ideal arquitectónico la arquitectura palladiana de las villas. No por ello deja de criticar la admiración incondicional que despierta Palladio en Inglaterra; la explica así de cara al estudiante:

«Le hemos enseñado [al estudiante] que Palladio podía equivocarse. Esto puede responder a todos aquellos que adulan beatíficamente sus ideas y le respaldan aun en contra de la verdad». La imitación ciega de Palladio es, por tanto, un insulto a la razón. Debido a la extrema importancia que otorga al muro carente de adornos, tal y como aparece en las obras de Kent y Burlington, y al confinamiento del adorno arbitrario desde la columna hasta el pórtico solo, la arquitectura palladiana representa para Ware el prototipo de la arquitectura ilustrada. Ware defiende así un concepto arquitectónico parecido al del teórico palladiano Robert Morris (1701–1754), cuyo puro esteticismo para Ware no siempre resulta una solución de práctica aplicación a los problemas arquitectónicos. Para él, la arquitectura debe considerarse una ciencia, así como unas de las bellas artes si pretende responder a las expectativas de la época. La mayor influencia del ideal racionalista defendido por Ware, con una convergencia de los aspectos utilitarios y estéticos, es sin duda la que ejerció sobre el arquitecto inglés William Chambers (1723–1796) a través de su obra *A treatise on Civil Architecture* (*Un tratado sobre arquitectura civil*, 1759).

CR

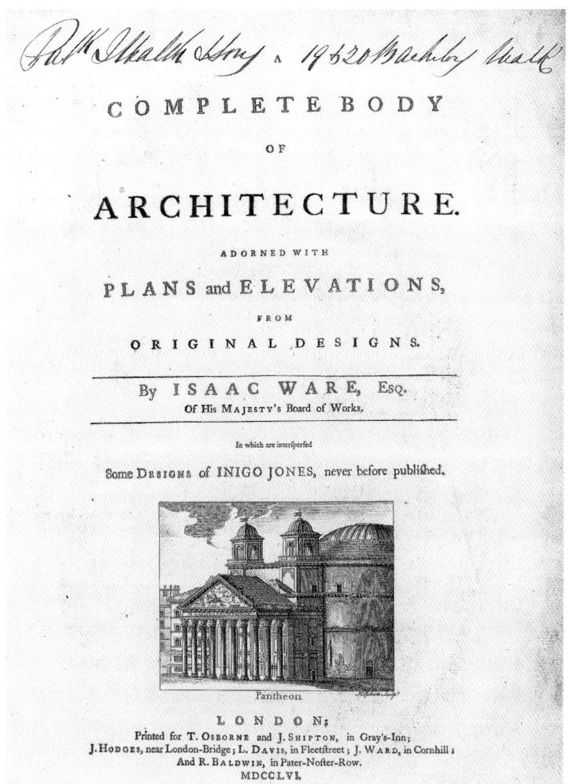

A COMPLETE BODY OF ARCHITECTURE.

ADORNED WITH PLANS and ELEVATIONS, FROM ORIGINAL DESIGNS.

By ISAAC WARE, Esq.
Of His Majesty's Board of Works,

In which are interſperſed
Some Designs of INIGO JONES, never before publiſhed.

Pantheon

LONDON;
Printed for T. Osborne and J. Shipton, in Gray's-Inn;
J. Hodges, near London-Bridge; L. Davis, in Fleetſtreet; J. Ward, in Cornhill;
And R. Baldwin, in Pater-Noſter-Row.
MDCCLVI.

William Chambers (1723–1796)
A Treatise on Civil Architecture

LONDRES, 1759

Un tratado sobre arquitectura civil

La obra *A Treatise on Civil Architecture* del arquitecto de la corte William Chambers es uno de los tratados que mayor influencia ha tenido en la arquitectura inglesa. Esto no solo se debe a las dos reediciones de la obra en vida de Chambers (1768, 1791) y a las cuatro del siglo XIX (1825, 1826, 1836, 1862), sino también a que ofrecía en lengua inglesa la perspectiva de conjunto más detenida y sistemática de los órdenes arquitectónicos y su uso. Chambers privilegió la claridad en el tratado, por lo que se centró únicamente en los elementos decorativos de la arquitectura, entre los que incluía las columnas tal y como lo hizo Ware anteriormente, excluyendo de su libro toda problemática relacionada con la construcción y los materiales. Conforme a esta directriz, Chambers titula la tercera edición escrita por él de una manera más amplia: *A Treatise on the Decoratives Parts of Architecture* (*Un tratado sobre los elementos decorativos de la arquitectura*, 1791). Chambers añade además en esta versión unos fragmentos inéditos descritos como el fruto de más de treinta años de experiencia. Por tanto, en ese sentido sobre todo, la tercera edición del tratado ofrece el enfoque más acertado sobre pensamiento arquitectónico, marcado muy temprano por unos intensivos estudios de arquitectura, primero en París (1749), luego en Italia, y por un amplio abanico de impresiones. Debido a esta extensa formación, Chambers se convirtió poco a poco en uno de los mayores arquitectos de la segunda mitad del siglo XVII junto con Robert Adam (1728–1792), su competidor de toda la vida.

Al poco tiempo de regresar de Italia, Chambers empezó una carrera sin precedentes en Inglaterra, coronada en el ámbito arquitectónico por el encargo de Somerset House (1776–1786) y en el ámbito constitucional por el nombramiento como inspector general de obras reales en 1782. Además, Chambers alcanzó cierto renombre como profesor en la Royal Academy, de la que fue miembro fundador. En 1757 fue nombrado preceptor del Príncipe de Gales. *Treatise* es el fruto directo de su actividad docente. Chambers hace hincapié en el tratado en la importancia de la arquitectura como soporte del Estado en términos de representación y economía. Asimismo, pretende exhibir su inmensa cultura, que además le cualifica para realizar obras públicas como Somerset House. Sin embargo, el tratado no era la primera obra de Chambers. Había publicado ya en 1757 sus observaciones acerca de la arquitectura china con el título *Designs of Chinese Buildings* (*Diseños de la arquitectura china*). No obstante, William Chambers no se considera un defensor del exotismo arquitectónico. Al contrario, insiste en la escasa importancia del gusto chino en el

The Primitive Buildings &c.

The First sort of Huts.

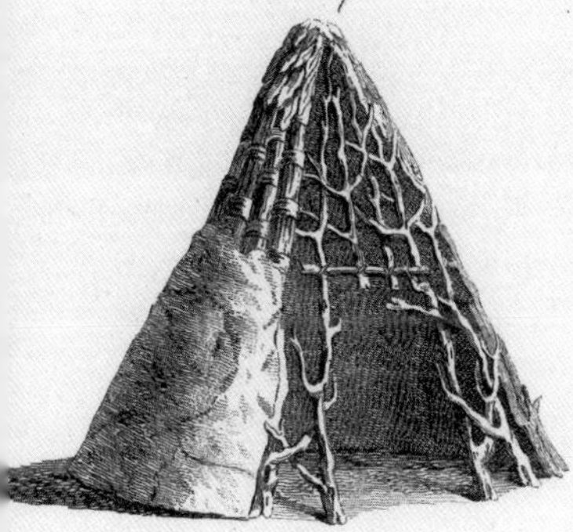

The Second sort of Huts.

The Third sort of Huts which gave birth to the Doric ORDER.

The Doric Order in its Improved State.

[Or]igin of the Corinthian Capital.

The Doric Profile of the Temple of Theseus at Athens one of the most Antient Monuments of that Order now Existing.

A Plinth
B Lower Torus
C Fillet or Square
D Scotia
E Fillet
F Upper Torus
G Fillet or lower Cincture
H Conge
I Shaft of the Column

K Conge
L Fillet or upper Cincture
M Astragal
N Neck or Frise of y.e Capital
O Fillets or Annulets
P Ovolo, or Echinus
Q Abacus
R Inverted Cyma or Ogee
S Fillet

T Fascia of y.e Architrave
U Drops
W Fillet or Tenia
X Triglyphs
Y Capital of the Triglyph
Z Ovolo or Quarter round
1 Mutule or Modillion Band
2 Mutules
3 Ogee

4 Corona or Drip
5 Ogee
6 Cavetto
7 Fillet

contexto europeo, le otorga menos belleza que a la arquitectura clásica y solo estima interesante el uso de la arquitectura china en la arquitectura de jardín.

En coherencia con esta visión, Chambers analiza después en el tratado *Treatise* el gran estilo en arquitectura, es decir, el lenguaje formal de la arquitectura clásica. A diferencia de Ware, Chambers no pretende elaborar una enciclopedia completa de arquitectura. Al contrario, el mérito de su tratado reside tanto en ceñirse a las columnas y las arquitecturas de jardín como en conceder una enorme importancia a la experiencia estética para la valoración arquitectónica y en su afinamiento teórico por la razón. Además de la introducción y una mirada crítica a la historia de la arquitectura, la obra muestra sobre todo un comentario y una reproducción de las columnas basados en las observaciones e ideas personales de Chambers. Como cabe esperar en ese contexto, Chambers se apoya también en Perrault cuando critica en la introducción la glorificación irreflexiva de los arquitectos antiguos y el excesivo estatismo en materia de gusto, y cuando intenta dar un aura de objetividad a su enfoque. Conforme a este planteamiento transparente, Chambers propone unas explicaciones lo más claras posibles. Siguiendo los pasos del empirismo ensayístico en boga desde Bacon, propugna en el tratado un estilo de reproducción basado en la precisión, la pertinencia, la concisión y la sencillez (*precision*, *perspicuity*, *brevity*, *simplicity*). La arquitectura no debe explicarse primero desde el punto de vista abstracto de los principios y las reglas: todas las verdades esenciales deben resultar al contrario de la experiencia entendible universalmente y la inteligible reproducción. Junto con los conocimientos en matemáticas, geometría y perspectiva, Chambers se refiere a este aspecto en la introducción como piedra angular en el edificio de la formación del arquitecto. Los viajes tienen al respecto un papel primordial ya que el conocimiento de otras culturas y arquitecturas contribuye al desarrollo de la fuerza imaginativa e inventiva. Limitarse a remitir a los modelos solo permite un estudio superficial alejado del acceso al gusto verdadero. Basándose en Marc-Antoine Laugier (1713–1769), Chambers subraya así el carácter autónomo de sus explicaciones.

Chambers complementa las cualificaciones tradicionales del arquitecto con la práctica estética del experto en arquitectura que, valiéndose solo de su gusto de hombre de mundo, es decir, de su experiencia estética, juzga los objetos percibidos de forma espontánea. El arquitecto debe dar cuenta de este aspecto considerando la mirada estética del espectador en el momento de la ejecución del proyecto. Las medidas no solo son correctas cuando respetan una cierta relación entre las partes de la obra arquitectónica sino también cuando el arquitecto conoce al mismo tiempo el efecto estético de las formas empleadas. Al ser un arte dirigido de forma específica a la fuerza imaginativa del espectador culto, la arquitectura ya no forma parte de las ciencias, a saber, el ámbito de la razón, sino que pertenece esencialmente a las bellas artes, o sea, al ámbito de la imaginación. Chambers se hace eco así de un concepto de la arquitectura que empezó a desarrollarse dentro del discurso estético inglés con la serie de ensayos de Addison *Taste and the Pleasures of the Imagination* (*El gusto y los placeres de la imaginación*, 1712), ya presente en las primeras publicaciones de Robert Morris. A diferencia de Addison, Chambers otorga sin embargo a la arquitectura la capacidad de comunicar, más allá de sensaciones trasmitidas por los sentidos, representaciones suprasensoriales que no tienen una relación inmediata con la percepción y que por tanto no deben proceder necesariamente de la mera imitación de la naturaleza. Por consiguiente, la arquitectura dispone de un alto grado de referencias y atractivos estéticos que solo sabe apreciar en sus justos términos un público culto e ilustrado.

Esta especial calidad estética no es patrimonio exclusivo de la arquitectura clásica. Aunque Chambers se refiere ciertamente a las grandes obras de la arquitectura romana, sobre todo en el contexto de una virulenta polémica sobre Grecia, también subraya la belleza de la arquitectura gótica y comparte por tanto la opinión de su colega Joshua Reynolds (1723–1792), director de la

Royal Academy. Conforme a su idea de arquitectura concebida como una ciencia y un arte, Chambers elogia tanto la riqueza de invención constructiva como el efecto estético de la arquitectura gótica que supera incluso a veces los modelos antiguos. Considera pues una laguna que ningún autor hubiese estudiado esa arquitectura; y esa tarea le resulta tanto más urgente habida cuenta de que los más bellos ejemplos de la arquitectura gótica aparecen descuidados e incluso destruidos: «Si nuestros aficionados e investigadores del mundo de la Antigüedad quisieran alentar a personas debidamente capacitadas para emprender una sólida publicación sobre nuestras propias catedrales y otros edificios llamados góticos, antes de que estos estén completamente en ruinas, en vez de importar constantemente rebuscas de Grecia o publicar imprecisos e incoherentes grabados al respecto, harían un verdadero favor a las bellas artes». Chambers manifiesta de esta manera ya en el siglo XVII que la conservación y rehabilitación de la arquitectura gótica era una tarea urgente, por lo que se convierte en el precursor del interés arqueológico del siglo XIX por esta arquitectura. En cambio, Chambers fue en la práctica un defensor de un severo clasicismo académico que nacía, a su juicio, del arquetipo de la cabaña primitiva, al igual que propugnaron Laugier y Ware anteriormente.

CR

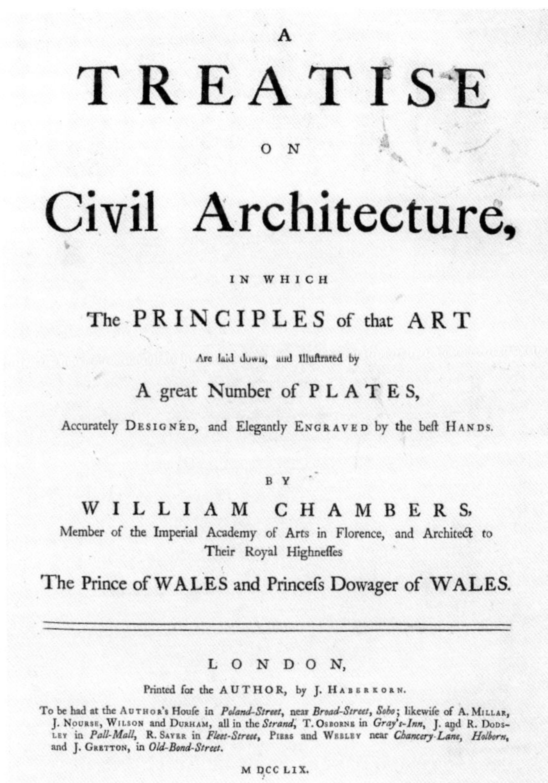

A

TREATISE

ON

Civil Architecture,

IN WHICH

The PRINCIPLES of that ART

Are laid down, and Illuftrated by

A great Number of PLATES,

Accurately DESIGNED, and Elegantly ENGRAVED by the beft HANDS.

BY

WILLIAM CHAMBERS,

Member of the Imperial Academy of Arts in Florence, and Architect to Their Royal Highneffes

The Prince of WALES and Princefs Dowager of WALES.

LONDON,

Printed for the AUTHOR, by J. HABERKORN.

To be had at the AUTHOR's Houfe in *Poland-Street*, near *Broad-Street*, *Soho*; likewife of A. MILLAR, J. NOURSE, WILSON and DURHAM, all in the *Strand*, T. OSBORNE in *Gray's-Inn*, J. and R. DODSLEY in *Pall-Mall*, R. SAYER in *Fleet-Street*, PIERS and WEBLEY near *Chancery-Lane*, *Holborn*, and J. GRETTON, in *Old-Bond-Street*.

M DCC LIX.

Ilust. p. 323
La evolución de la arquitectura, desde la cabaña primitiva hasta la arquitectura antigua
P. 1. Grabado sobre cobre

Proyecto de casino para el conde de Bruce
P. 38. Grabado sobre cobre

ield Hall in Yorkshire is humbly Inscribed
rvant, William Chambers.
25
30
35
40 f.t
F. Patton sculp.

Proyecto de casino para el conde de Charlemont
P. 35. Grabado sobre cobre

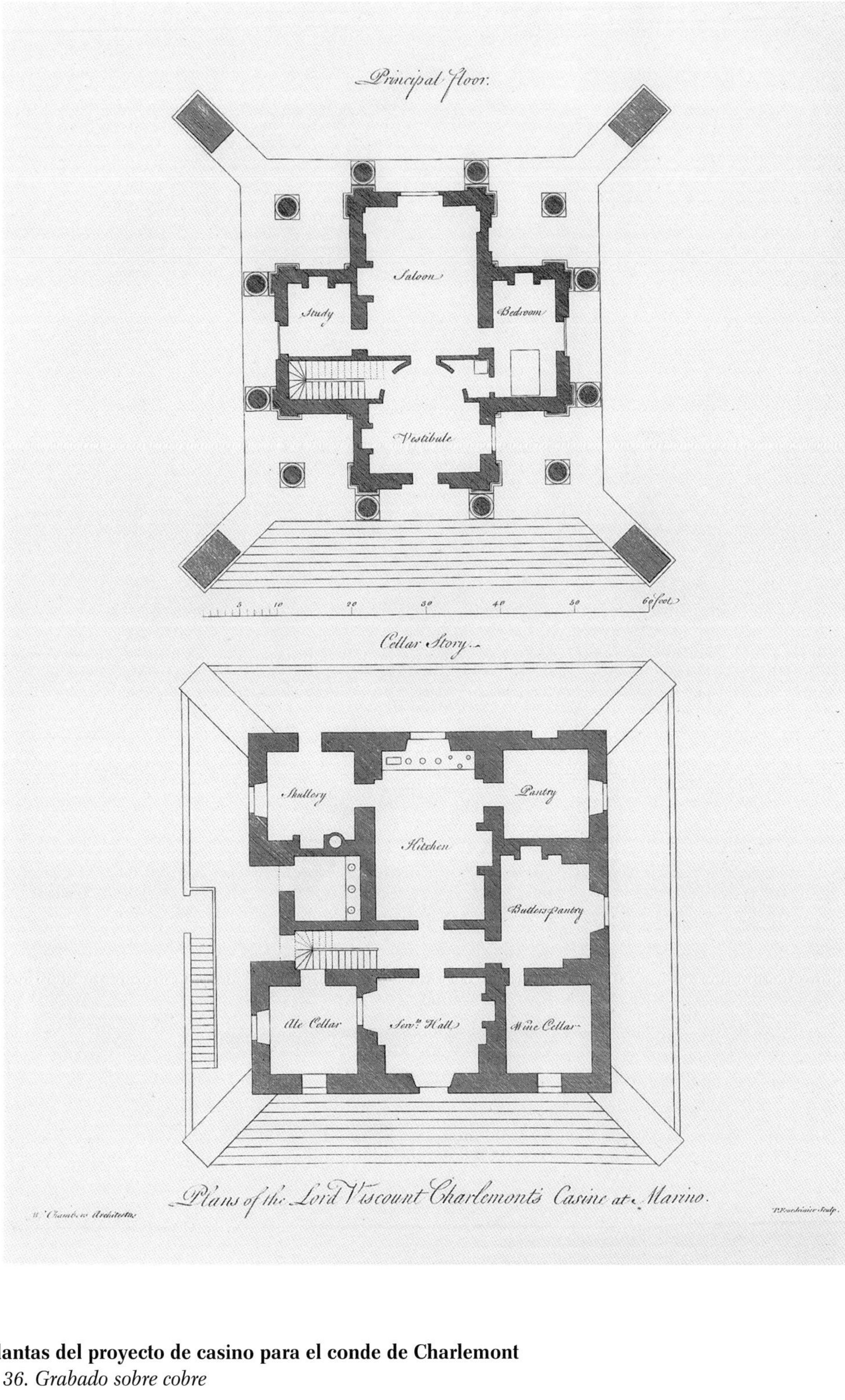

Plantas del proyecto de casino para el conde de Charlemont
P. 36. Grabado sobre cobre

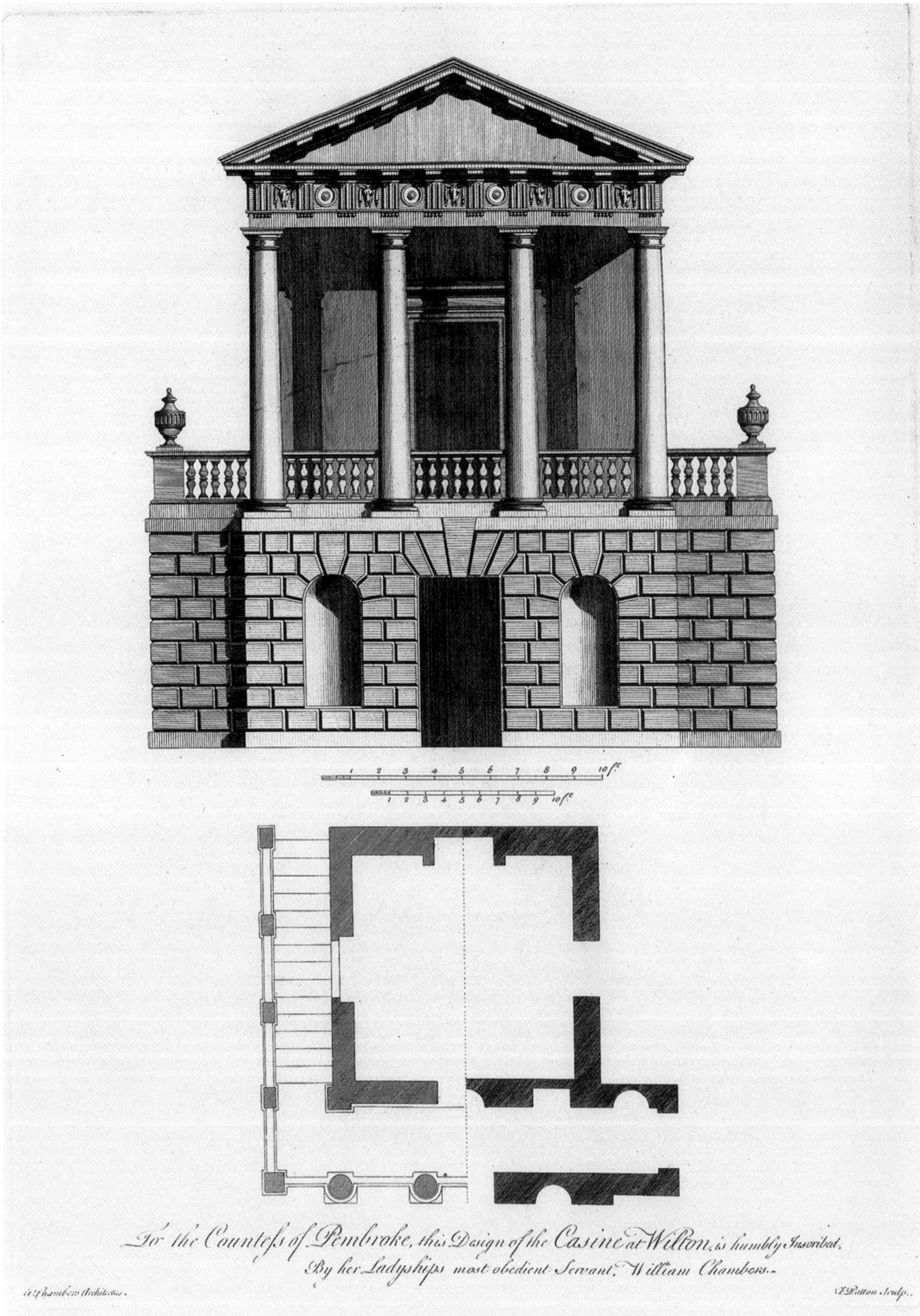

Proyecto de casino para la condesa de Pembroke en Wilton
P. 37. Grabado sobre cobre

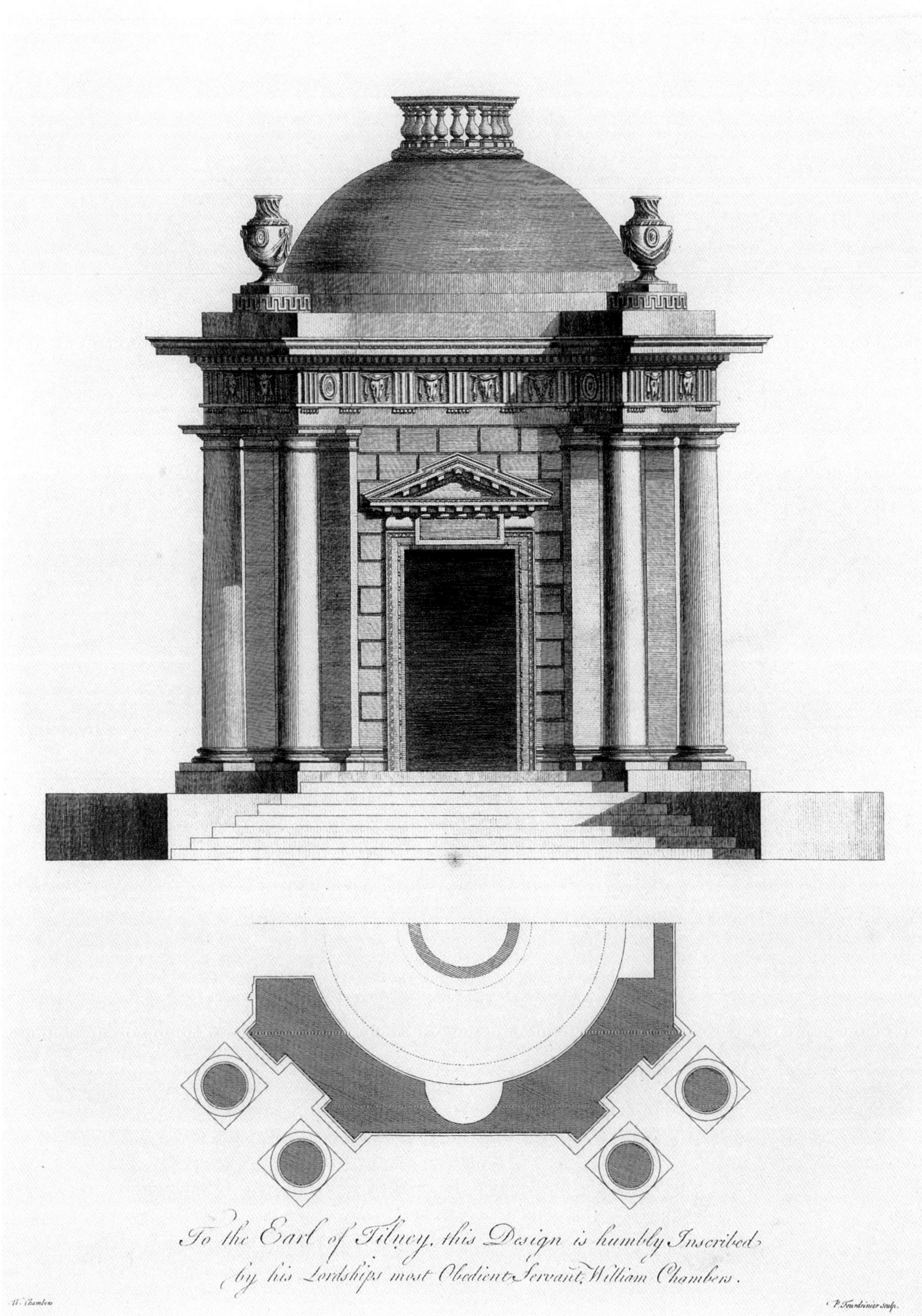

Proyecto de templo octogonal de orden dórico para el conde de Tylney
P. 41. Grabado sobre cobre

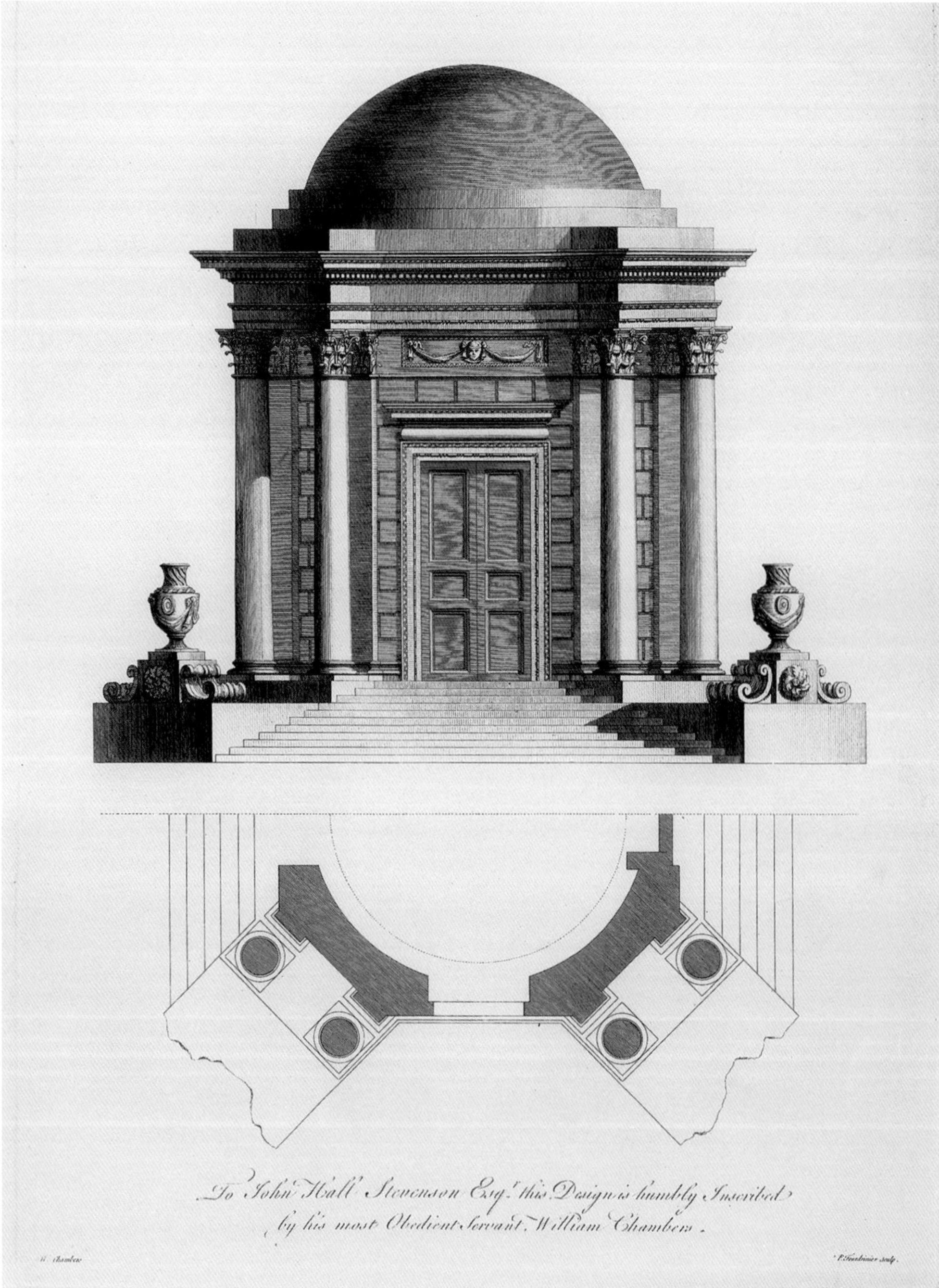

Proyecto de templo octogonal de orden corintio
P. 42. Grabado sobre cobre

Proyecto de templo con próstilo de orden corintio para Kew Gardens
P. 43. Grabado sobre cobre

Augustus Welby Pugin (1812–1852)

Contrasts: Or, A Parallel between the Noble Edifices of the Middle Ages, And Corresponding Buildings of the Present Day

LONDRES, 1836

Contrastes o analogía entre los nobles edificios de la Edad Media y las construcciones equivalentes de nuestra época

The True Principles of Pointed or Christian Architecture

LONDRES, 1841

Los verdaderos principios de la arquitectura ojival o cristiana

El arquitecto y decorador Augustus Welby Pugin rompe en sus escritos, por primera vez en Inglaterra, con la obligada referencia del lenguaje arquitectónico clásico. En su obra *Contrasts: Or, a parallel between the Noble Edifices of the Middle Ages, And Corresponding Buildings of the Present Day*, publicada en 1836 (2ª edición en 1841), así como en *The True Principles of Pointed or Christian Architecture* (1841), Pugin se presenta como el portavoz de una revisión fundamental de la historia de la arquitectura, ya que no interpreta la arquitectura antigua y del Renacimiento como un momento de esplendor sino como el síntoma de un declive: de ahora en adelante será la nueva referencia la arquitectura gótica de la Edad Media, de la que Pugin exige con fervor su rehabilitación en vistas a un *gothic revival*, un renacimiento gótico.

Sin embargo, Pugin no es el primer arquitecto inglés que alimenta esas ambiciones. Ya en el siglo XVIII, la arquitectura gótica fue entendida al menos como una alternativa estética al lenguaje arquitectónico clásico, aunque su uso se ciñera en un principio al jardín ornamental inglés como lo demuestran los ejemplos de Stove o Stourhead. Habrá que esperar a la casa de campo de Horace Walpole (1717–1797) Strawberry Hill (1750–1777) para que el gótico se erija en un contrapeso al clasicismo dominante, tal y como lo defendía un palladiano como Lord Burlington (1694–1753). Aunque la arquitectura de Walpole pretendía ciertamente ofrecer una demostración visual de la monotonía de la arquitectura clasicista, buscaba con su manifiesto de un concepto más amplio del gusto provocar en primer lugar una ampliación del abanico estético de la arquitectura antes que recrear en su globalidad los principios arquitectónicos del gótico.

En cambio, Pugin aboga por un rechazo radical de la arquitectura clásica que abarca ante todo unos contenidos extraarquitectónicos, más allá de aspectos meramente funcionales y arquitectónicos. La pasión de Pugin por la arquitectura gótica surgió sin duda de manera decisiva tras la colaboración con su padre. De origen francés, Augustus Charles Pugin (1769–1832) se instaló en Londres en 1792 y trabajó como arquitecto en el estudio del famoso John Nash (1752–1835). Asimismo el padre de Pugin alcanzó cierta fama sobre todo por sus publicaciones sobre la arquitectura gótica, como *Specimens of Gothic Architecture* (*Ejemplos de arquitectura gótica*, 1821–1828), cuyo segundo tomo ya se editó con la colaboración de Augustus Welby Pugin. Cabe pensar que otros autores de principios del siglo XIX que empezaban a interesarse por el gótico, sobre todo desde un punto de vista arqueológico, reforzaron la convicción de Pugin de que algo extraordinario,

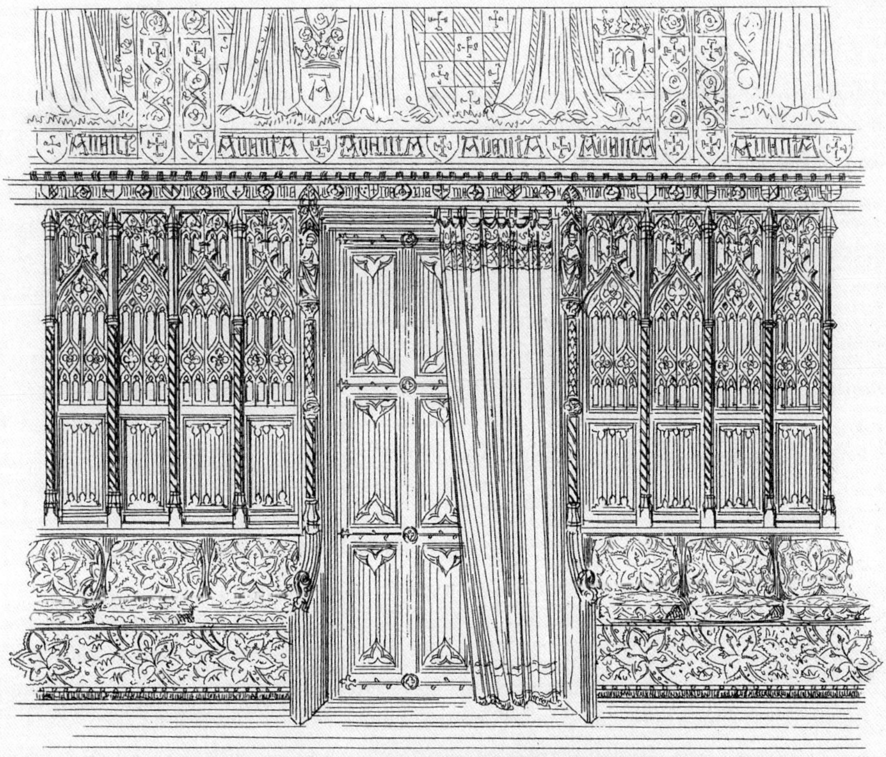

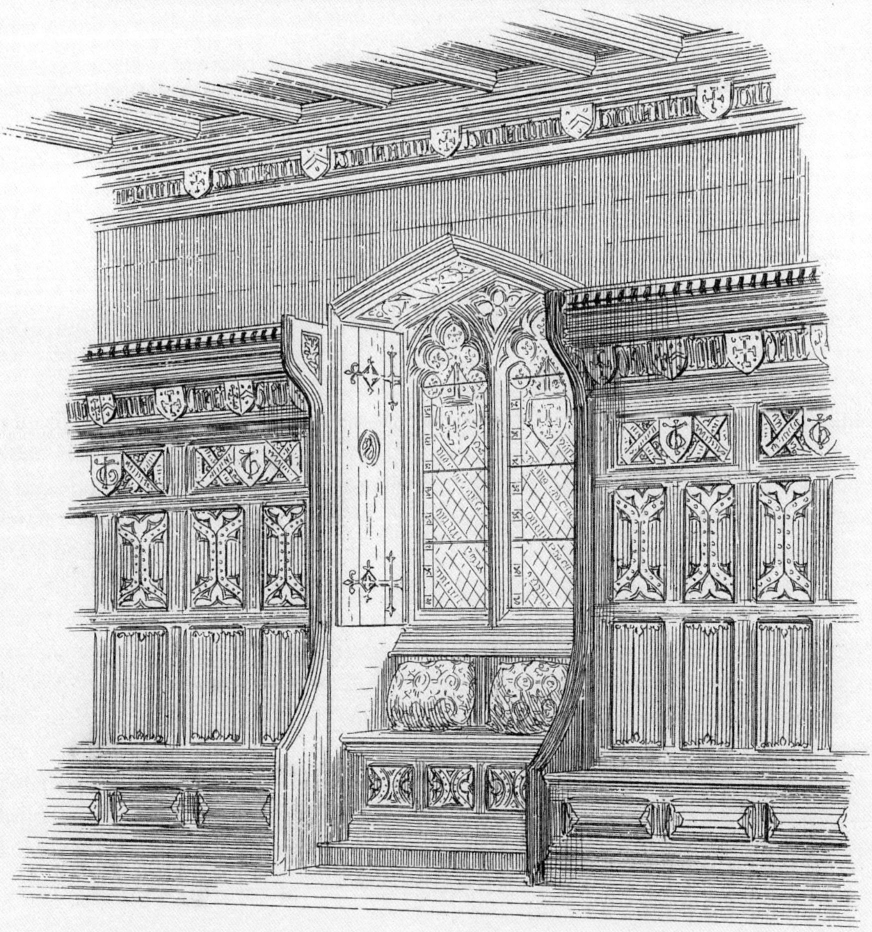

sobre todo desde un punto de vista constructivo, se había conseguido con la arquitectura gótica. Con ese sentimiento define Pugin ya en su obra *Contrasts* un ideal funcionalista al entender lo bello como una «adecuación del proyecto con el objetivo propuesto». En *The True Principles* exige la sencillez de la construcción, a la que deberán someterse todos los ornamentos de la arquitectura. De todas formas, el modelo histórico de ese tipo de arquitectura ya no es el clasicismo, a diferencia de lo que prevalecía en el siglo XVIII, sino la arquitectura gótica con sus arbotantes, columnitas y cruceros de ojivas. El racionalismo de Pugin poco tiene que ver por tanto con los ideales arquitectónicos de Laugier o Ware, similares solo en apariencia. Por la importancia que concede a la lógica constructiva de la arquitectura gótica, se aproxima más a su coetáneo francés Viollet-le-Duc (1814-1879). Esto queda patente en que Pugin considera el modelo de la cabaña primitiva como un falso arquetipo de la arquitectura cristiana. Le parece absolutamente absurdo que los edificios de piedra de los griegos puedan derivarse inicialmente de una cabaña primitiva de madera. Al ofrecer la piedra unas posibilidades constructivas completamente distintas a la madera, la arquitectura de los griegos se habría quedado, a su modo de ver, muy por debajo de sus posibilidades. En cambio, el invento del arbotante y la altura de la bóveda gótica demuestran de manera impresionante cómo los constructores de la Edad Media supieron sacar provecho de la piedra como material de construcción. Esta lógica arquitectónica también rige en la fachada de la catedral gótica, como lo demuestran los arbotantes. Pugin remite como contraejemplo a San Pablo, la catedral barroca construida por Wren cuyos contrafuertes quedan ocultos por una arquitectura ciega que nada justifica desde un punto de vista funcional.

Pero no solo unos motivos de orden constructivo y funcional llevan a Pugin a rechazar las imitaciones de la arquitectura clásica desde la Antigüedad. Pugin invoca también en *Contrasts* sobre todo unas consideraciones de orden religioso para justificar dicho rechazo. Critica el uso de elementos clásicos dado que estos remiten a la arquitectura de los templos griegos y deben abordarse por tanto en un contexto cultural totalmente distinto al marco cristiano. Finalmente, las mayores construcciones de la Antigüedad, como por ejemplo los templos griegos, nacieron por motivos religiosos. Siguiendo esta lógica, la adaptación de la arquitectura pagana dentro de la sociedad cristiana, en especial desde el Renacimiento, se entiende como una falsa idolatría y el síntoma de la impotencia para crear una expresión arquitectónica y cultural singular. Buena prueba de ello es la arquitectura europea desde el siglo XV y su errónea concepción de la arquitectura clásica como fondo de formas libremente disponible a la que remite Pugin. Cree hallar en las obras arquitectónicas contemporáneas de John Nash (1752-1835), John Soane (1752-1837) o Robert Smirke (1781-1867) una actitud igualmente superficial.

Pugin interpreta globalmente la evolución descrita como la expresión de un declive general de valores, cuya causa sitúa en el debilitamiento del catolicismo y «el triunfo de esas nuevas y degeneradas ideas sobre los antiguos sentimientos católicos». Y solo se pudo llegar hasta ahí porque la sociedad inglesa flaqueó en su fe en la época de la Reforma. Pugin, que se convirtió al catolicismo en 1834, vio en la restauración de la Iglesia católica la condición preliminar para una gran arquitectura, tal y como vio la luz en los siglos XIII y XIV, en plena armonía con los ideales religiosos y sociales. En concreto Pugin no se cansa de subrayar en *Contrasts* la perfección de la sociedad medieval y, por consiguiente, de asociarle una utopía social. A diferencia de la sociedad de mediados del siglo XIX, marcada ante todo por la creciente industrialización con unos problemas imprevisibles en todos los aspectos, la Edad Media representa para Pugin una época de armonía social, algo patente cuando interpreta la actitud desinteresada de los creyentes —sea cual sea la jerarquía— como un rasgo esencial de la sociedad medieval. Y solo gracias a esta religiosidad colectiva consiguieron ver la luz las grandes catedrales, al no ser más que piedad convertida en arquitectura. Pugin considera pues obvio que los elementos esenciales se deduzcan del simbolismo cristiano, por ejemplo la cruz como modelo de planta cruciforme o la verticalidad como modelo de la inmensa altura de la nave principal. Asimismo, las formas de la arquitectura clásica inspiradas en la cultura antigua no encuentran ninguna correspondencia en los valores fundamentales de la sociedad cristiana y deben considerarse por tanto como adornos carentes de sentido, sintomáticos de una sociedad sin dirección ni valores. El hecho de que Pugin se refiere aquí a la Inglaterra de la era industrial queda patente en la comparación que establece entre una *catholic town*, una ciudad católica, del año 1444 y la misma ciudad en el año 1840. En lugar del homogéneo tejido arquitectónico de las ciudades góticas, aparece la ciudad de principios de la era industrial, que combina obras arquitectónicas de tendencia clásica con construcciones meramente utilitarias que llevan chimeneas de fábricas. Para terminar, la cárcel moderna en primer plano contrasta con el estado de desolación de la sociedad secularizada en la que se ha convertido la sociedad inglesa. Pugin expresa así una imagen positiva de la Edad Media, en la que se fundamentan las ideas reformadoras de John Ruskin (1819–1900) y William Morris (1834–1896), aunque estos no compartieron desde luego su fanatismo religioso.

CR

Ilust. p. 335
Carpintería
Reproducción de decoración interior de estilo gótico inspirada en Strawberry Hill de Horace Walpole.
Extracto de: The True Principles, *lám. VIII. Grabado sobre madera*

Estudio comparativo de una ciudad católica de la Edad Media y su supuesto estado en el siglo XIX
Extracto de: Contrasts. *Grabado sobre madera*

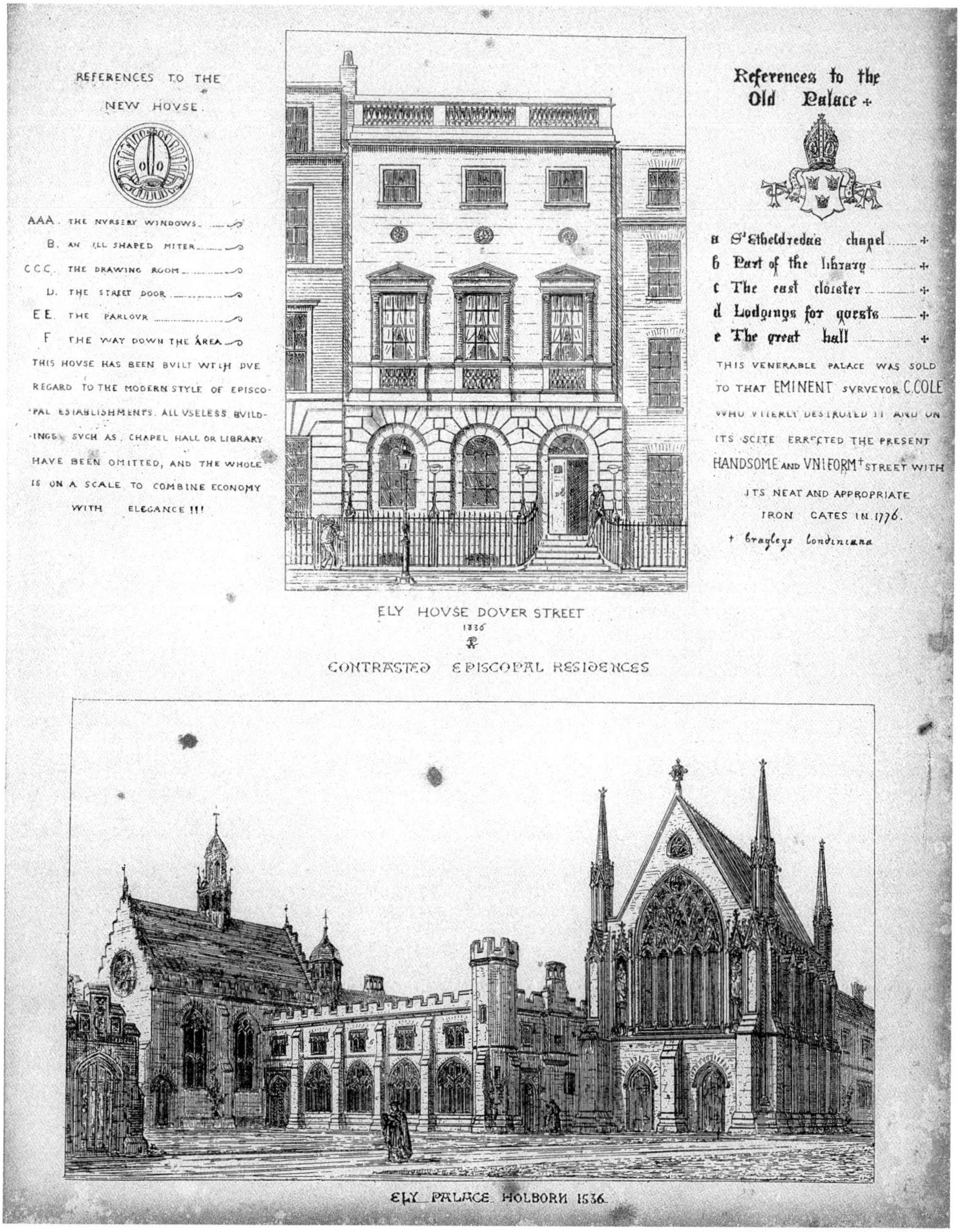

Comparación de dos obispados, uno de 1536 y otro de 1836
Grabado sobre madera

Comparación entre las iglesias All Souls Church de John Nash y Radcliff Church de Bristol
Grabado sobre madera

TED

HURCHES

Comparación de los pórticos de King's College y Christs's College de Oxford
Grabado sobre madera

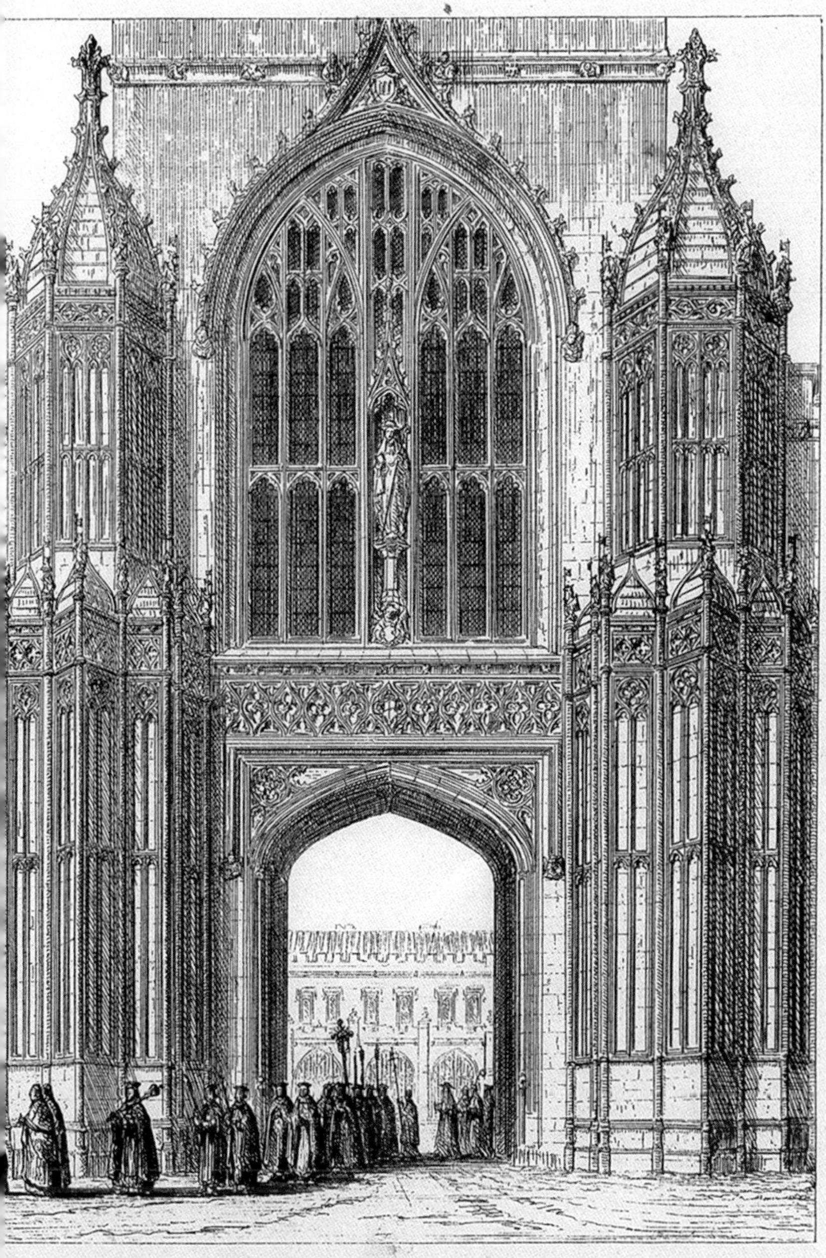

CHRIST'S COLLEGE OXFORD

ATEWAYS

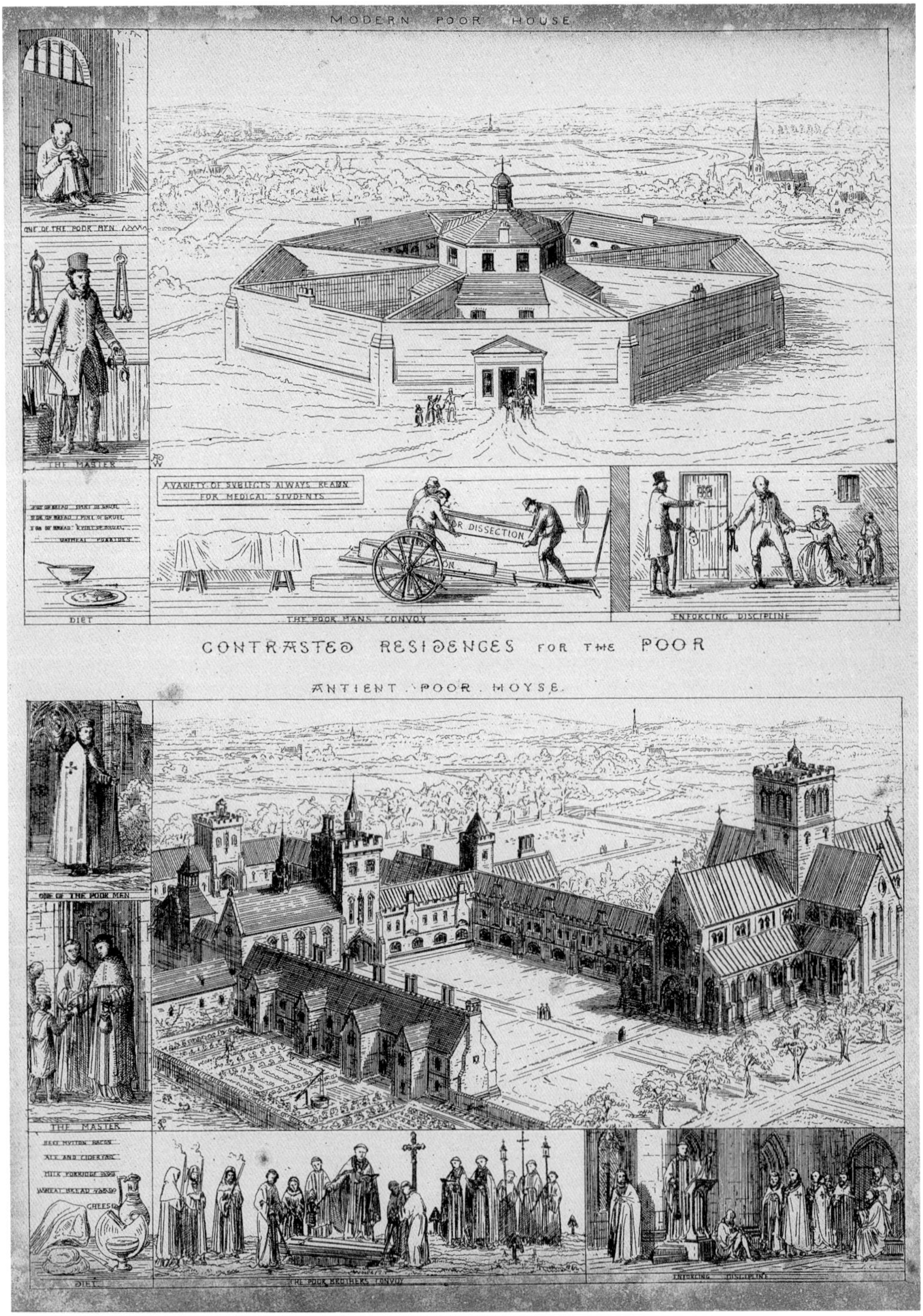

Comparación de dos hospicios, uno de la Edad Media y otro de la época de Pugin
Extracto de: Contrasts. *Grabado sobre madera*

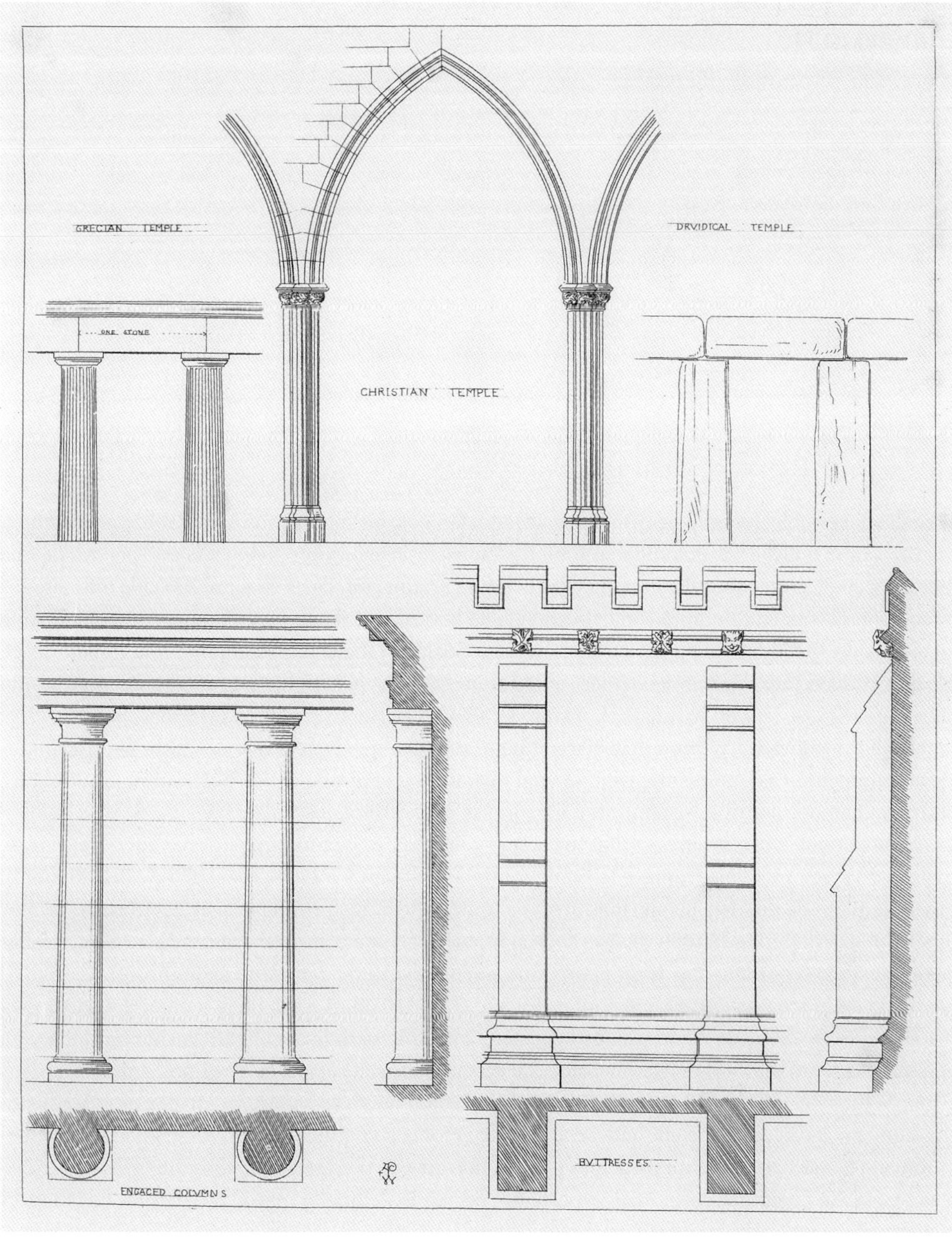

Confrontación de las arquitecturas religiosas griega y cristiana
Extracto de: The True Principles, *lám. 1*

John Ruskin (1819–1900)
The Seven Lamps of Architecture

LONDRES, 1849

Las siete lámparas de la arquitectura

Más allá del establecimiento de principios arquitectónicos, los numerosos textos sobre arquitectura escritos por el polivalente autodidacta John Ruskin se inscriben sobre todo en la perspectiva de una moral social de gran enjundia. Para Ruskin, la teoría arquitectónica es siempre filosofía moral y, por tanto, está relacionada siempre con la búsqueda de la verdad. Esto se pone de relieve especialmente en el caso de *The Seven Lamps of Architecture*, que Ruskin elaboró paralelamente a su trabajo sobre *Modern Painters* (*Los pintores modernos*), su primera gran publicación sobre pintura. Por su división en *sacrifice*, *truth*, *power*, *beauty*, *life*, *memory* y *obedience* (sacrificio, verdad, poder, belleza, vida, memoria y obediencia), el libro deja claro el lugar esencial que ocupan para el autor las cuestiones extraarquitectónicas. Asimismo, esta inusual división en el marco de un libro sobre arquitectura permite entender por qué Ruskin intenta expresar unos principios universales basándose solo en sus impresiones y preferencias subjetivas, que reúne en unos aforismos destinados a servir de reglas en la vida práctica. Con ese telón de fondo, resulta muy lógico el rechazo de Ruskin por el procedimiento de deducir las normas arquitectónicas de la historia de la arquitectura; en primer lugar porque defiende la idea de que toda irrupción de una arquitectura histórica solo resulta posible bajo las coordenadas de su época y no puede restituirse por tanto en su propio tiempo. Al contrario de la idea defendida por Viollet-le-Duc (1814–1879), Ruskin llega a entender incluso la restauración de edificios como una destrucción, y no solo para la arquitectura sino también y en general desde un punto de vista histórico. En efecto, la restauración de vestigios arquitectónicos según la filosofía de aquella época lleva a la destrucción de ideas, valores e ideales morales históricos que nacieron con esos edificios. Ese tipo de errores solo pueden prevenirse en el futuro si el arquitecto construye desde un principio para la eternidad y si erige así un monumento perdurable a su época. En cualquier caso, Ruskin parte del principio de que la mayor proyección de la arquitectura solo ocurre al cabo de cuatro o cinco siglos.

A pesar de sus críticas hacia la restauración de la arquitectura histórica, Ruskin no aboga sin embargo por un renacimiento arquitectónico. Al contrario, insiste en que los estilos arquitectónicos ya existentes bastan ampliamente a las necesidades de la sociedad contemporánea. Por consiguiente, Ruskin concluye de forma dogmática: «No queremos un nuevo estilo arquitectónico». Sin embargo, cada estilo arquitectónico debe someterse a la prueba de la lámpara de la verdad (*Lamp of Truth*) para ser aceptado como estilo universal. En otras palabras, para Ruskin, cada obra

. del.

arquitectónica debe poder deducirse de la naturaleza en su calidad de creación de Dios. Esto ocurre cuando procede de la naturaleza del hombre, por una parte, es decir, de sus facultades artesanales, y de las leyes naturales de los materiales de construcción empleados, por otra parte, es decir, de un uso acorde a la naturaleza del material. Ruskin exige además sinceridad y amor a la verdad en el ámbito de la construcción. Para él, un pilar que no soporta ninguna carga se convierte en un error tan reprobable como un acto inmoral. Ruskin aboga globalmente a favor de la transparencia en las relaciones de la construcción, tal y como se observa en el trabajo artesanal de los materiales. Ruskin exige como una moral artesanal que el proceso de transformación del material se exprese mediante pequeñas irregularidades en el material empleado. En ese contexto, prefiere sobre todo los materiales tradicionales, como la piedra y la madera, a la vez que observa que la elaboración de nuevos materiales puede ampliar las posibilidades de la arquitectura: «No existe ninguna ley ni principio [...] que no puedan abandonarse con la llegada de nuevas condiciones o el invento de nuevos materiales». No obstante, Ruskin solo puede aceptar esos nuevos materiales si son producidos directamente por el hombre o, en otras palabras, de forma artesanal o natural, y no de manera industrial. Por tanto califica el uso de estructuras industriales de hierro como una violación de la naturaleza. Bajo esa perspectiva cabe entender entonces la crítica de Ruskin hacia el palacio de Cristal (1851) de Joseph Paxton (1801–1865), que considera además como un lamentable punto final a la tradición arquitectónica palladiana, de la Dorrick and Palladian Pride. En el marco de una arquitectura meramente utilitaria, Ruskin tolera en cambio el uso de materiales industriales, a los que otorga incluso una dignidad propia, por lo que establece una diferencia entre la arquitectura como expresión de la belleza libre de todo utilitarismo y la arquitectura utilitaria del ingeniero.

Más allá del aspecto moral de la verdad arquitectónica, la crítica de Ruskin hacia la arquitectura industrial y la tradición arquitectónica clásica se fundamenta ante todo en argumentos estéticos. Basándose en la coherencia de los efectos en la pintura, Ruskin defiende un ideal de diversidad arquitectónica que traduce su interés por las cualidades estéticas de la pintura moderna de su época. De esta manera, Ruskin pone el énfasis en el efecto pictórico de las obras arquitectónicas románicas y góticas que muestra en *The Seven Lamps* y las antepone a la monotonía formal y cromática del clasicismo. En los tres volúmenes de *The Stones of Venice* (*Las piedras de Venecia*, 1851–1853), las ideas estéticas de Ruskin quedan patentes cuando considera el paisajismo inglés como una compensación de esa monotonía arquitectural: «Así pues, la escuela del paisajismo inglés que culmina con Turner no es más que el sano intento de colmar el vacío dejado por la destrucción de la arquitectura gótica». Este estado de insatisfacción solo podrá superarse cuando la arquitectura —así como el paisajismo de hecho— se base en la inmensa riqueza de formas dispensadas por la naturaleza. Con esta base, Ruskin desarrolla un abanico de adornos arquitectónicos que van desde lo orgánico hasta formas abstractas.

Sin embargo y a diferencia de Pugin, el modelo debe obtenerse en primer lugar del gótico continental. Ruskin considera, por una parte, que ningún estilo arquitectónico inglés merece renacimiento alguno y, por otra, que el gótico continental resulta estéticamente más rico y ambicioso que el gótico inglés, descrito como «pequeño y limitado, por no decir carente de valor, superfluo e inconsistente». En cambio, debido al uso de un gran número y una gran variedad de materiales como el mármol o el alabastro, el uso del color en las iglesias italianas posee un duradero efecto pictórico. El arquitecto se transformó en pintor de alguna manera, en un pintor que utiliza la superficie de las paredes como lienzo, subraya Ruskin en *The Seven Lamps*. Ruskin ilustra esta idea con 14 dibujos realizados por él donde muestra en especial el Campanile de Giotto, las catedrales de Caen, Rouen, Bayeux y Beauvais, y el palacio Ducal de Venecia. Ruskin solo ofrece en estos dibujos detalles ornamentales que deben dar buena fe de la riqueza formal de la arquitectura que tanto admira.

Así elogia por ejemplo el atractivo contraste entre los muros planos y las elaboradas filigranas de las tracerías de la fachada del Campanile de Giotto. También llama la atención sobre la estética ejemplar conseguida según él en el Domo de Ferrara gracias a la riqueza de las formas orgánicas de las columnas y arcadas. Finalmente, cabe interpretar como un homenaje a la pintura de Turner, al que admira por encima de todo, el énfasis que pone Ruskin en la especial interacción entre el cromatismo de los materiales elegidos cuidadosamente y la luz del sur en la arquitectura italiana.

Además de las cualidades estéticas de *The Stones of Venice*, la concepción del gótico como único estilo arquitectónico no dogmático convirtió a Ruskin en un modelo de primer orden en su época. El gótico no sufrió la influencia de ningún estilo anterior ni de ninguna norma estética. Como «única arquitectura racional», siempre se sometió a las necesidades prácticas, aunque para ello tuviera que alejarse de los principios de simetría y otros dogmas. Ruskin estima que esa flexibilidad convierte al gótico en estilo universal que debe garantizar, ante el desenfrenado progreso de la industrialización, el mayor ámbito posible de conciencia moral y social, tal y como exigirá William Morris (1834–1896) en un marco más ampliamente social y teórico.

CR

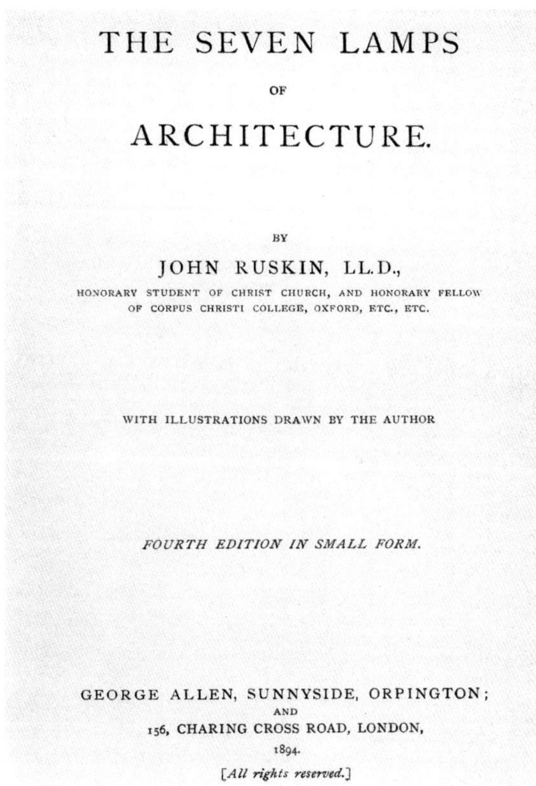
THE SEVEN LAMPS

OF

ARCHITECTURE.

BY

JOHN RUSKIN, LL.D.,

HONORARY STUDENT OF CHRIST CHURCH, AND HONORARY FELLOW OF CORPUS CHRISTI COLLEGE, OXFORD, ETC., ETC.

WITH ILLUSTRATIONS DRAWN BY THE AUTHOR

FOURTH EDITION IN SMALL FORM.

GEORGE ALLEN, SUNNYSIDE, ORPINGTON;
AND
156, CHARING CROSS ROAD, LONDON,
1894.
[*All rights reserved.*]

Estudios de tracería
Ruskin compara la tracería de las catedrales de Caen, Bayeux, Rouen y Beauvais. *4ª edición, Londres, 1894, lám. III*

Plate V.

J. R. del. Goupil & Co. R. P. Cuff, sc.

Esbozo de un capitel
Capitel de las arcadas inferiores del palacio Ducal de Venecia.
4ª edición, Londres, 1894, lám. V

Arco de la fachada de la iglesia de San Michele en Lucca
4ª edición, Londres, 1894, lám. VI

Plate VIII.

J. R. del. Goupil & Co. R. P. Cuff, sc.

Ventana de la Ca' Foscari en Venecia
4ª edición, Londres, 1894, lám. VIII

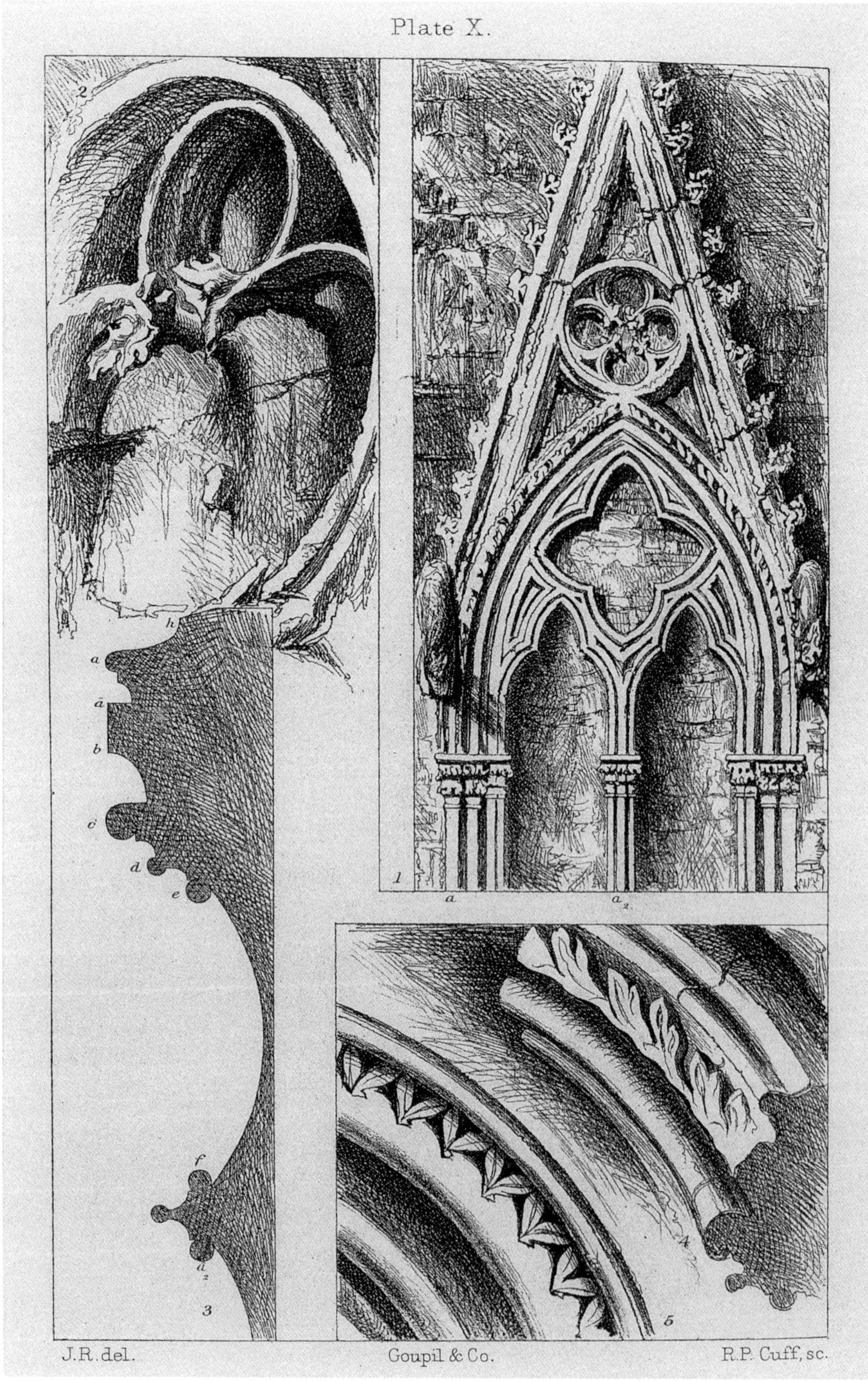

Estudios de tracería
Ruskin compara la tracería y las molduras de las catedrales de Rouen y Salisbury. *4ª edición, Londres, 1894, lám. X*

Columnatas
Columnatas del vía crucis del Domo de Ferrara.
4ª edición, Londres, 1894, lám. XIII

Animales fabulosos, esculturas de la catedral de Rouen
4ª edición, Londres, 1894, lám. XIV

Walther Rivius o Ryff 358
Joseph Furttenbach el Viejo 374
Abraham Leuthner von Grundt 388
Paulus Decker 402
Johann Bernhard Fischer von Erlach 416
Friedrich Weinbrenner 424
Karl Friedrich Schinkel 434
Leo von Klenze 442
Christian Carl Josias Bunsen,
Johann Gottfried Gutensohn y Johann Michael Knapp 454
Heinrich Hübsch 468
Gottfried Semper 474
Friedrich Hoffstadt 484
Carl Alexander Heideloff 494
Georg Gottlob Ungewitter 502

Alemania

Walther Rivius o Ryff (hacia 1500–1548)
Vitruvius Teutsch

NÚREMBERG, 1548

Vitruvio en alemán

Walther Hermann Ryff, Riff o Reiff, que tras latinizar su nombre se denominaba Gualtherus Hermenius Rivius, fue médico y matemático; nació en Estrasburgo hacia 1500. Junto a sus numerosas publicaciones en campos como la anatomía, la medicina, la farmacia y la filosofía, su interés humanístico le llevó a dedicarse también a la teoría de la arquitectura según el espíritu de la Antigüedad clásica: primero editó en latín el texto de Vitruvio, en 1543; después publicó cinco láminas sobre los órdenes de columnas según Serlio y Cesariano y un compendio de arquitectura (los dos, en 1547); y, por último, su obra más importante en este campo, la traducción completa del texto de Vitruvio al alemán: el *Vitruvius Teutsch* (1548). Es seguro que Rivius no se dedicó a la arquitectura práctica, aunque poco se sepa de su vida: prácticamente solo que comenzó a escribir en 1538. Hacia 1539 se encontraba en Maguncia; en 1541 era médico municipal en Estrasburgo, mientras que en 1543 está documentada su estancia en Fráncfort del Meno, desde donde se trasladó a Núremberg en 1547. Murió en 1548 en Würzburg, donde fue enterrado en la iglesia de San Esteban. Llama la atención que las ciudades por las que pasó fueran centros impresores de importancia. Para su edición latina de Vitruvio le bastaron las condiciones que ofrecía Estrasburgo. Sin embargo, en Núremberg encontró las posibilidades técnicas y artísticas que precisaba para imprimir sus grandes publicaciones ilustradas, que se editaron en la ciudad, en la imprenta de Johann Petreius (1497–1550). Al parecer, financió él mismo sus publicaciones en gran parte, pues según se dice murió «después de haber dilapidado todo su capital».

K
H
G

El *Vitruvio en alemán* acercó la «biblia» de la arquitectura de finales de la Edad Media –esta obra originaria de la era imperial romana– también a los arquitectos y constructores de lengua alemana, que por regla general no sabían latín. De este modo prestó una aportación incalculable para consolidar la arquitectura renacentista en los países al norte de los Alpes. En este contexto no tiene importancia que siguiera muy de cerca la edición italiana comentada de Vitruvio, realizada por Cesare Cesariano una generación antes; había surgido del círculo de Bramante y se ceñía a las formas noritalianas. Sin embargo, para Rivius y sus objetivos tenía la ventaja de que no comentaba a Vitruvio desde un punto de vista histórico-académico, desde su lejano pasado, sino desde el presente para el presente. Al rico fondo que representaban las ilustraciones de Cesariano ya había recurrido Rivius en su edición latina de Vitruvio, de 1543. Entre dichas ilustraciones se encontraban las de la catedral de Milán, que sirvieron a Cesariano para ejemplificar los tipos de representación de un edificio –según Vitruvio, *ichnographia*, *orthographia* y *scaenographia*–, haciendo referencia a los *Germanici Architecti*. Siguiendo a Cesariano incluso en ocasiones consigue trasladar los originales ilustrativos desde el mundo lombardo al sur o al norte de Alemania. El hecho de que del origen de los edificios partiendo de construcciones en madera no tenga que derivarse necesariamente un templo dórico, sino también una casa en forma de bloque, de carácter nórdico, ilustra lo que se quiere decir.

En Italia, la comprensión de Vitruvio y la arquitectura misma había progresado más allá de esta interpretación sujeta a un tiempo concreto. Junto a su *Vitruvio*, el erudito Rivius editó otro libro de arquitectura, que trataba ampliamente sobre todo cuestiones de geometría y de balística. Aquí repetía muchas ilustraciones de Serlio, en la medida en que se habían publicado hasta 1546; es decir, sobre todo las de los libros I a III. Otras procedían de Tartaglia (1546), del libro de geometría de Orontius Fineus (1543) y de otras fuentes. En este compendio de arquitectura se expresa claramente su idea del alto rango del arquitecto, en su condición de artista que enseña al constructor, al trabajador manual, en un diálogo que además ha de comprenderse como un homenaje a *Varias lecciones para la fortificación* (1527) de Durero. Al igual que el compendio de arquitectura, también el *Vitruvio en alemán* se dirige a los dos: al arquitecto culto y al trabajador manual, y en mayor medida también al constructor, que con suficiente frecuencia suele ser un cliente «que comprende la construcción». Con su traducción pretende fundamentar, sobre una amplia base, una nueva comprensión de la arquitectura y también de las profesiones relacionadas con la construcción; desea elevar la arquitectura a las esferas de la ciencia comparable con las matemáticas. Si bien en la Edad Media nació el concepto del *sapiens architectus*, en la mayoría de los casos se trataba del constructor, el que daba a la construcción el sentido definido por la sabiduría divina. También existió el concepto del arquitecto en el sentido de Rivio, como el superior de los artesanos, ya en el siglo XIII, por ejemplo en Tomás de Aquino (1224/25–1274). Sin embargo, en la práctica las funciones solían estar muy separadas las unas de las otras. Reconciliarlas era algo especialmente importante para la realización de la arquitectura «según los antiguos», es decir, según los sucesores de Vitruvio. Rivius quería promocionar al *architector doctus*, al arquitecto erudito, docto, quien pudiera concebir autónomamente las obras, de acuerdo con su sentido, y acompañar su construcción de modo competente, lo que naturalmente también exigía propiedades técnico-manuales bien fundadas. A esto venía a añadirse que el nuevo instrumental arquitectónico, como los órdenes de columnas, solo podía utilizarse racional y correctamente por aquel que conociera tanto su sentido como su función. Visto así, siempre habían existido –también en la Edad Media– arquitectos buenos y menos buenos; para esto, los estilos en los que trabajaron son poco importantes. El objetivo de Rivius no es tanto propagar un «nuevo» arquitecto, sino hacer referencia a que este necesita un horizonte más amplio del que suelen tener los artesanos, si es que se quiere alcanzar la calidad de construcción usual en la Antigüedad clásica.

De los 190 grabados que acompañan el *Vitruvio en alemán*, 115 se basan en 102 ilustraciones del *Vitruvio* de Cesariano (hacia 1521); se trata de copias más o menos libres, en parte también simplificadas. Sin embargo, algunas son creaciones nuevas, partiendo del tema únicamente indicado por Cesariano. Catorce xilografías están tomadas de los cuatro primeros libros de Serlio; partes de otras ocho se basan en láminas de la veneciana *Hypnerotomachia Poliphili* de 1499. Otras proceden de las ilustraciones de Hans Brosamer para las obras de Petrus Apianus, el comentario de Vitruvio de París por Philandrier y otras. Tan solo 14 láminas no mencionan sus modelos. Sobre la base del monograma p f se atribuyeron antiguamente a Peter Flötner (hacia 1495–hacia 1546) de Núremberg; desde los estudios realizados por Röttinger en 1914, se consideran trabajos de Virgil Solis; únicamente algunas, pocas, proceden de otros grabadores como Georg Pencz (hacia 1500–1550) o Hans Springinklee (1490/95–hacia 1540). Otras ediciones, apenas modificadas, aparecieron en Basilea, en 1575 y 1614; una reimpresión de la edición de 1548, en 1973 en Hidesheim.

JZ

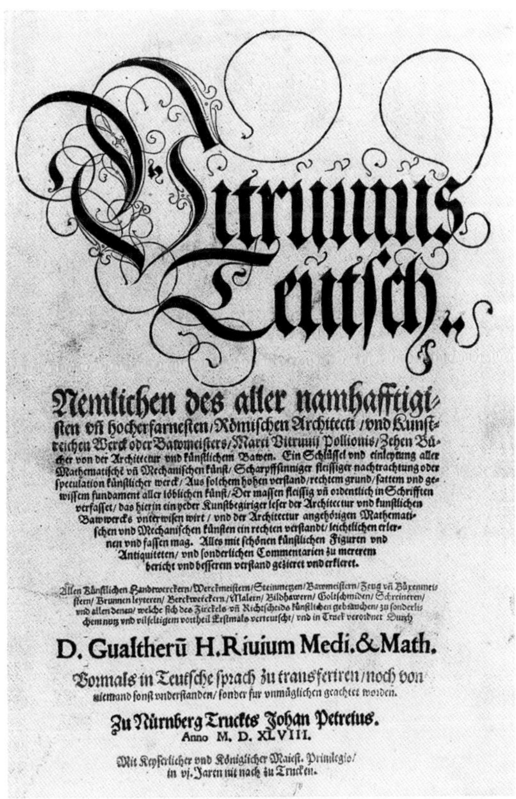
Vitruuius Teutsch.

Nemlichen des aller namhafftigisten vñ hocherfarnesten/ Römischen Architecti/ vnd Kunstreichen Werck oder Bawmeisters/ Marci Vitruuij Pollionis/ Zehen Bücher von der Architectur vnd künstlichem Bawen. Ein Schlüssel vnd einleytung aller Mathematischẽ vñ Mechanischen künst/ Scharpffsinniger fleissiger nachtrachtung oder speculation künstlicher werck/ Aus solchem hohen verstand/ rechtem grund/ sattem vnd gewissem fundament aller löblichen künst/ Der massen fleissig vñ ordentlich in Schrifften verfasset/ das hierin ein yeder Kunstbegiriger leser der Architectur vnd kunstlichen Bawwercks vnterwisen wirt/ vnd der Architectur angehörigen Mathematischen vnd Mechanischen künsten ein rechten verstandt/ leichtlichen erlernen vnd fassen mag. Alles mit schönen künstlichen Figuren vnd Antiquiteten/ vnd sonderlichen Commentarien zu mererem bericht vnd besserem verstand gezieret vnd erkleret.

Allen Künstlichen Handtwerckern/ Werckmeistern/ Steinmetzen/ Bawmeistern/ Zeug vñ Büxenmeistern/ Brunnen leyteren/ Berckwerckern/ Malern/ Bildhawern/ Goltschmiden/ Schreineren/ vnd allen denen/ welche sich des Zirckels vñ Richtscheids künstlichen gebrauchen/ zu sonderlichem nutz vnd vilfeltigem vortheil Erstmals verteutscht/ vnd in Truck verordnet Durch

D. Gualtherũ H. Riuium Medi. & Math.

Vormals in Teutsche sprach zu transferiren/ noch von niemand sonst vnderstanden/ sonder fur vnmüglichen geachtet worden.

Zu Nürnberg Truckts Johan Petreius.
Anno M. D. XLVIII.

Mit Keyserlicher vnd Königlicher Maiest. Priuilegio/ in vj. Jaren nit nach zu Trucken.

Herramientas de los arquitectos
«Compás, cartabón y representación artística de todos los instrumentos geométricos usuales».
Fol. XI. Xilografía, atribuida a Virgil Solis

El Mausoleo de Halicarnaso
Según la edición de Vitruvio por Cesariano.
Fol. LXXXIIII. Xilografía, atribuida a Virgil Solis

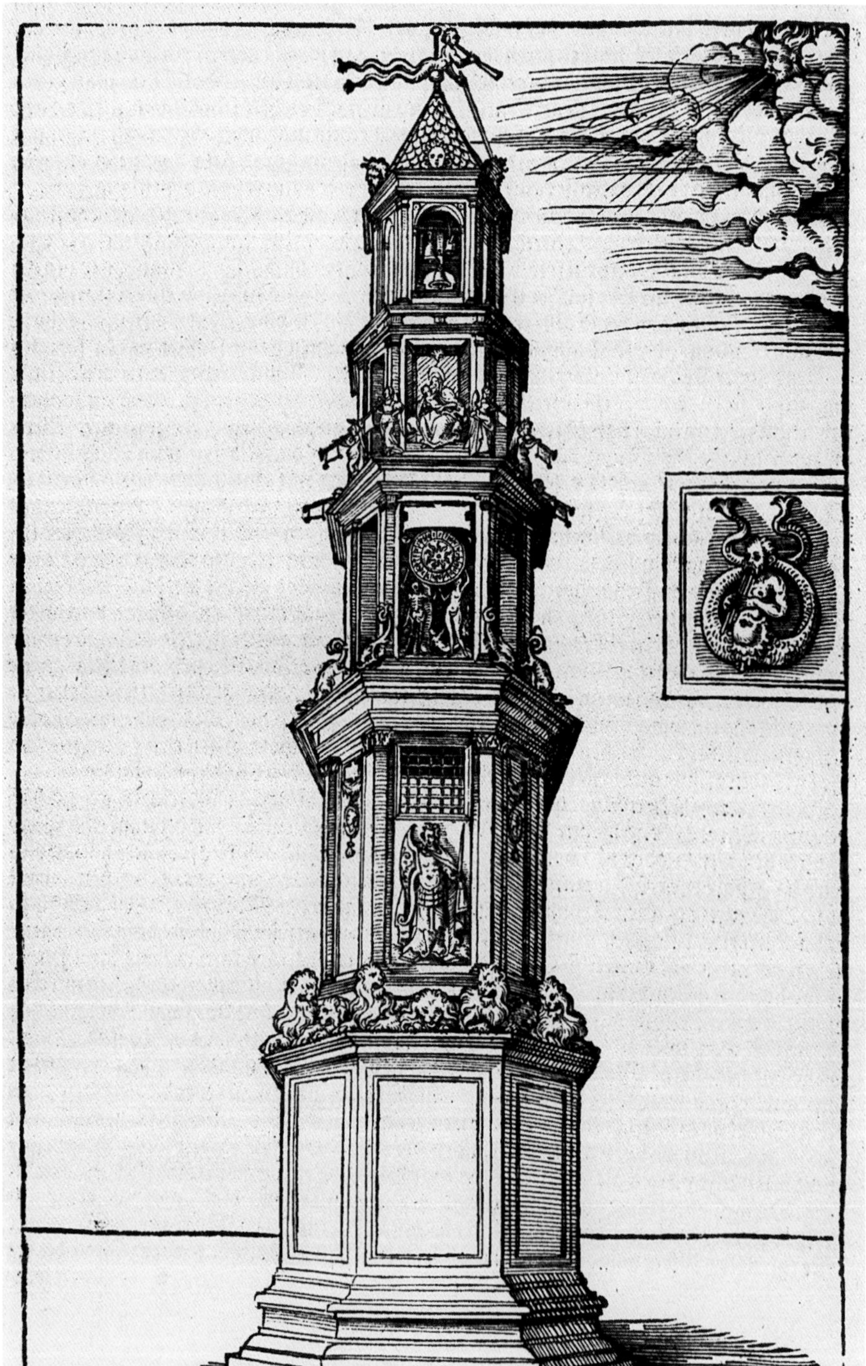

Torre octogonal
Torre de los Vientos en Atenas.
Según la edición de Vitruvio por Cesariano. *Fol. XLVI v. Xilografía, atribuida a Virgil Solis*

Cabaña primitiva
Primeros edificios en madera de los habitantes de las Cólquides.
Según la edición de Vitruvio por Cesariano. *Fol. LXIII. Xilografía, atribuida a Virgil Solis*

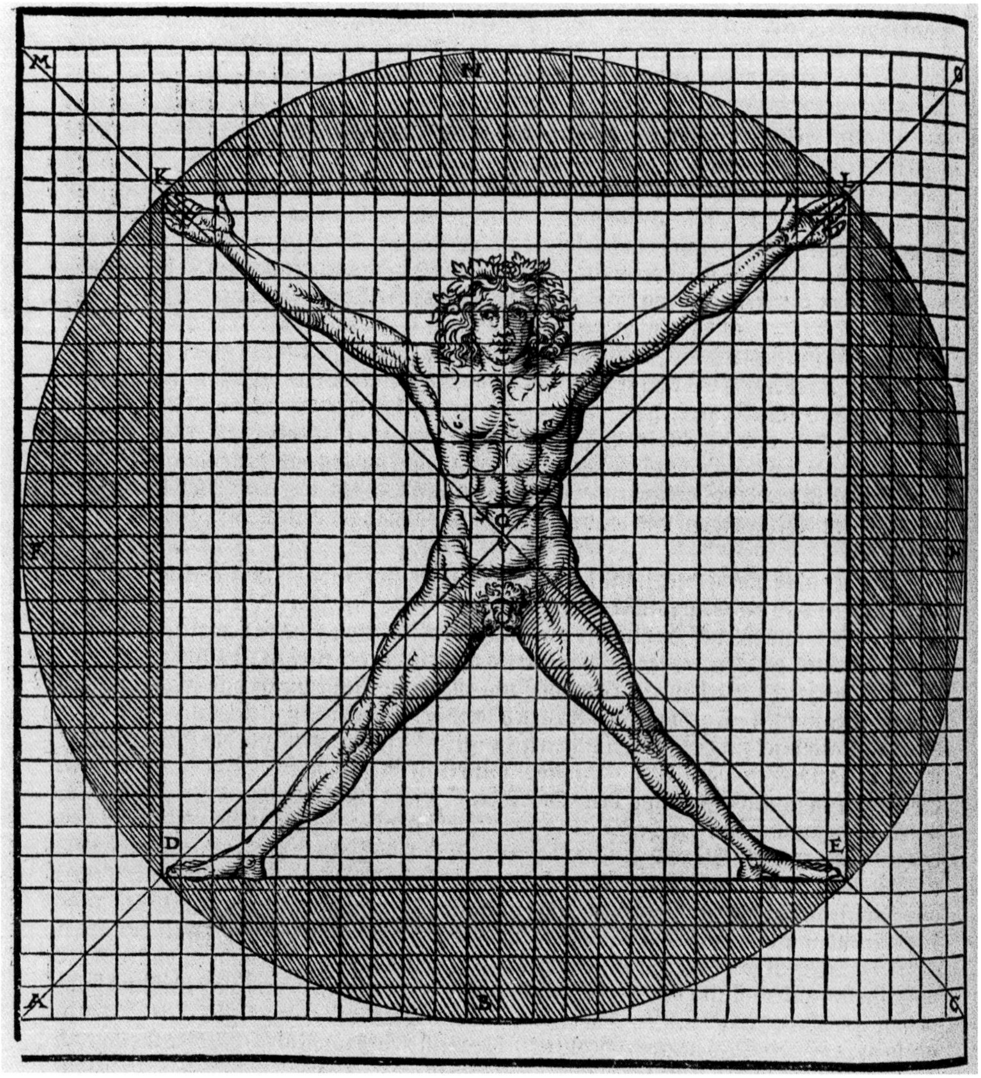

Figura para proporciones
Según la edición de Vitruvio por Cesariano. *Fol. CI v. Xilografía, atribuida a Virgil Solis*

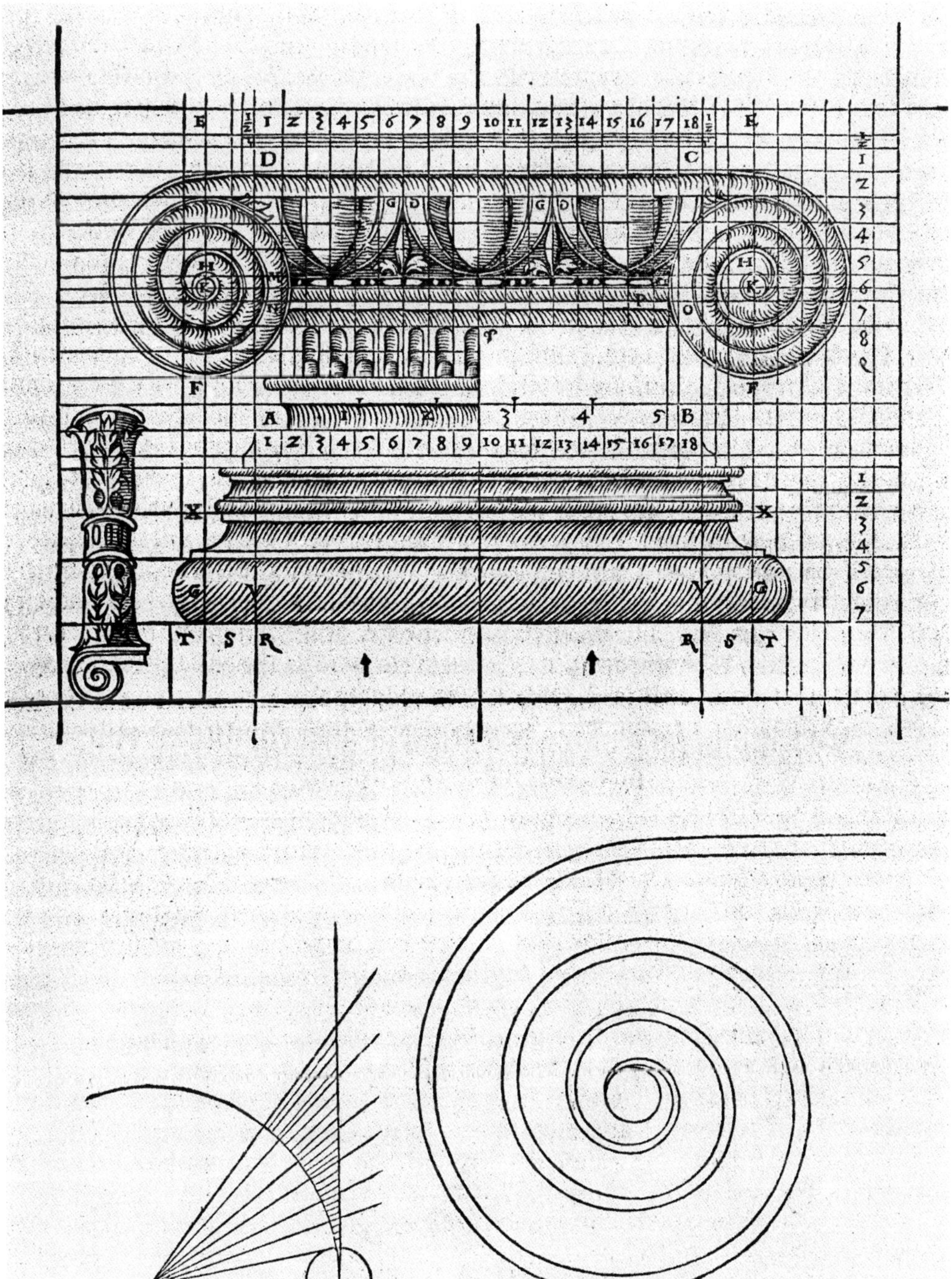

Proporciones de un capitel jónico
Según la edición de Vitruvio por Cesariano. *Fol. CXXVI. Xilografía, atribuida a Virgil Solis*

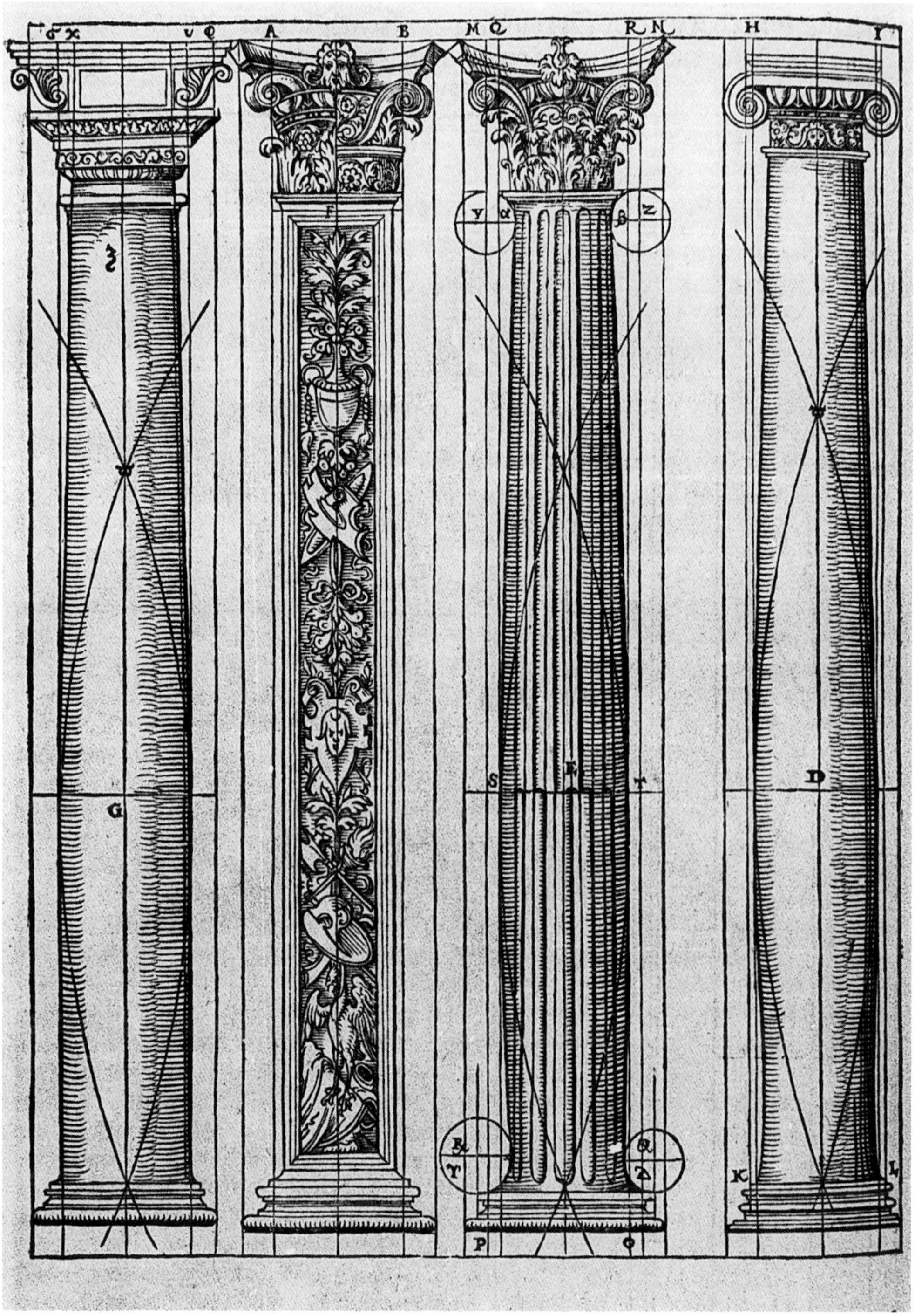

Órdenes de columnas (seis «maneras»)

Según la edición de Vitruvio por Cesariano. *Fol. CXXXIIII r y v. Xilografía, atribuida a Virgil Solis*

Seis capiteles
Según la edición de Vitruvio por Cesariano. *Fol. CXXXIIII v. Xilografía, atribuida a Virgil Solis*

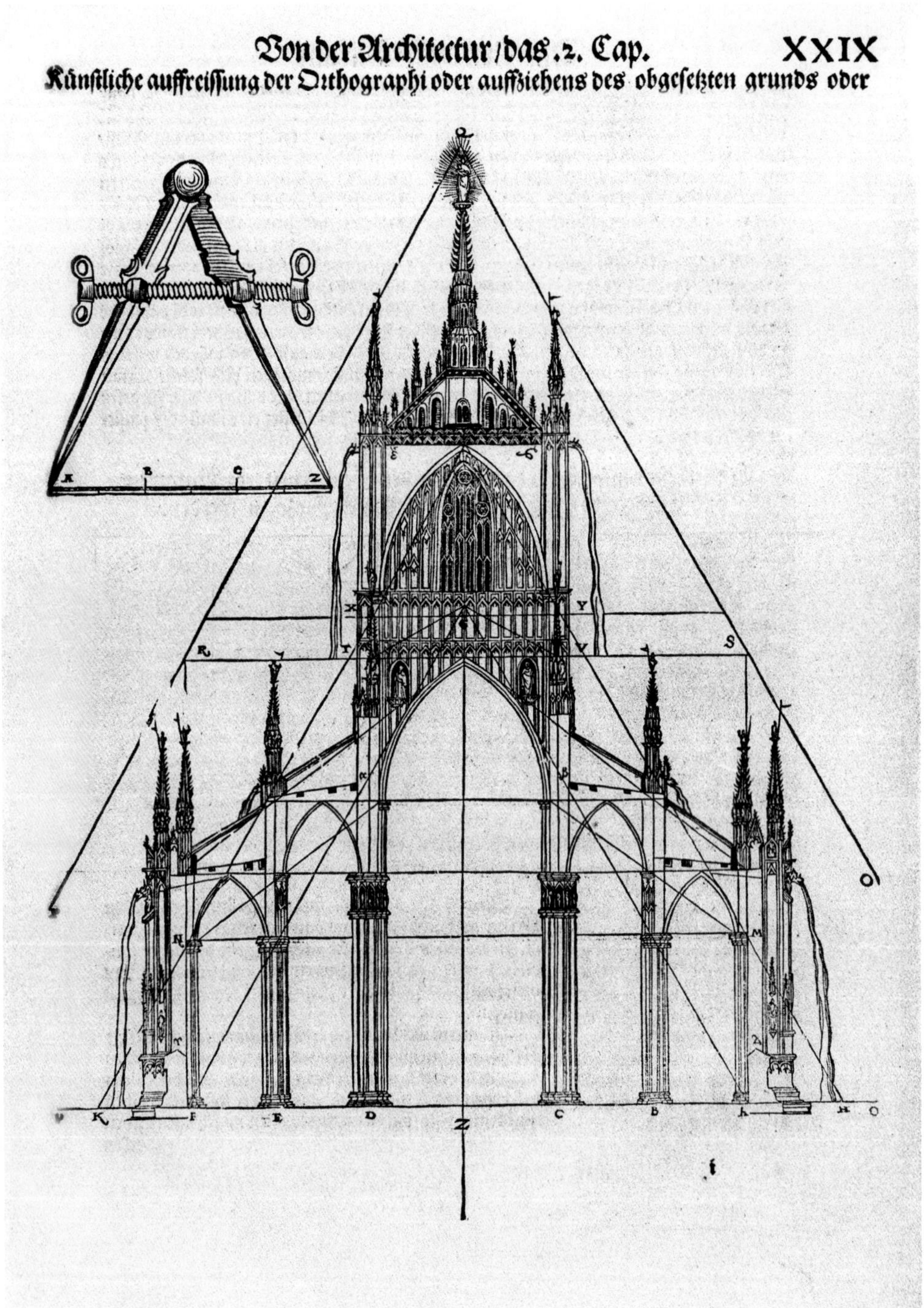

Alzado de la fachada de la catedral de Milán
«Alzado artístico de la ortografía […] o iconografía».
Según la edición de Vitruvio por Cesariano. *Fol. XXIX. Xilografía, atribuida a Virgil Solis*

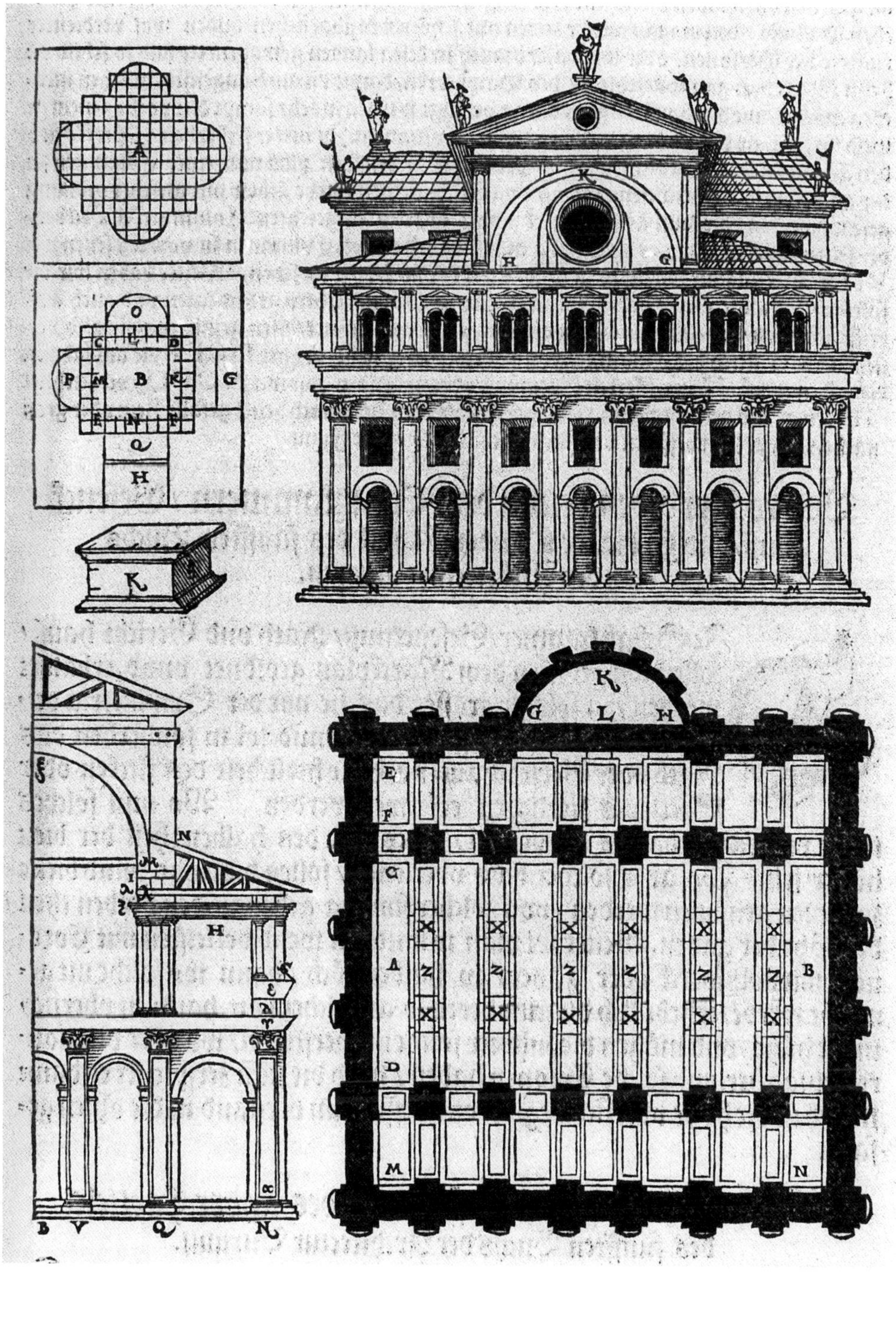

Planta, alzado y sección de la basílica Julia
Palacio («basílica») para Julia, la hija de Augusto, construido por Vitruvio.
Según la edición de Vitruvio por Cesariano. *Fol. CLXIIII. Xilografía, atribuida a Virgil Solis*

Casa romana
Interior de una casa romana con *impluvium*, a la manera corintia.
Según la edición de Vitruvio por Cesariano.
Fol. CC v. Xilografía, atribuida a Virgil Solis

Máquinas elevadoras
Según la edición de Vitruvio por Cesariano.
Fol. CCXCIIII v. Xilografía, atribuida a Virgil Solis

Joseph Furttenbach el Viejo (1591–1667)

Architectura civilis, das ist Eigentliche Beschreibung wie man nach bester form und gerechter Regul, Fürs Erste: Palläst … erbawen soll

ULM, 1628

Arquitectura civil; es decir, la descripción de cómo se debe construir de la mejor manera y según las justas reglas; en primer lugar: el palacio…

El autor de la *Architectura civilis* nació en Leutkirch o en Constanza el 30 de diciembre de 1591 y murió en Ulm, el 12 o el 17 de enero de 1667. Como, al parecer, procedía de una familia bien situada, se decidió que fuera mercader y como tal fue educado. En 1607, es decir, a los 15 años, comenzó un extenso viaje por Italia: a Alemania no volvió hasta 1620 o 1621; solo en Génova pasó siete años. La influencia del arquitecto florentino Giulio Parigi (1571–1635) hizo madurar en su interior la idea de dedicarse a la arquitectura. Después de su regreso, desarrolló para su hermano Hieronymus, alcalde de Leutkirch, un proyecto de grutas. En 1621 ingresó en una casa comercial de Ulm, ciudad en la que –a través de su matrimonio con Anna Katharina Strauß, procedente de una familia patricia– adquirió el derecho de ciudadanía en 1623. Con su *Architectura civilis* demostró su capacidad en el campo de la arquitectura, por lo que en 1631 le fue encomendada la dirección de la Oficina Municipal de Obras de Ulm. En 1636 fue nombrado senador y concejal de dicha ciudad; desde 1639 administró además la Oficina Municipal de Madera. No le sobrevivió ninguno de sus cinco hijos; uno de ellos, Joseph, trabajó para su padre haciendo grabados; en 1649 comenzó a editar una serie de las 15 partes previstas de monografías sobre tipos de edificios. Tras la muerte del hijo, Joseph el Viejo solo las continuó a partir de 1655; no pudo ya concluirlas.

Furttenbach fue un ciudadano con éxito en una ciudad imperial, en pleno florecimiento, durante la Guerra de los Treinta Años. En su casa de Ulm poseía una cámara de arte, famosa y muy visitada, con una colección de maquetas y una biblioteca. De los numerosos edificios de los que se ocupó en su oficina de Ulm y que quizá proyectara, no se ha conservado prácticamente nada. Especialmente famoso se hizo el teatro que construyó en 1641 en un antiguo convento de dominicos; seguramente no solo se ocupó de supervisar las obras. También se hizo cargo de arquitecturas efímeras: estructuras de duelo, arcos de honor y decoraciones para teatro.

Comenzó a trabajar como autor en 1626, con la obra *Newes Itinerarium Italiae* (*Nuevo itinerario italiano*), fruto de su largo viaje a Italia, que los turistas utilizaron durante mucho tiempo como guía. En 1627 le siguió un breve tratado sobre bolas de fuego: el arte de los fuegos artificiales lo había conocido en Génova. La *Architectura civilis* –su primera obra sobre teoría de la arquitectura– se publicó tan solo dos años después de su *Itinerarium*. Aquí presenta, abreviadamente, todo lo que le ocupará más tarde, en la práctica y en otros escritos de teoría arquitectónica más detallados. Fundamentalmente se trata de una tipología de edificios que, siguiendo la jerarquía estamental, comienza con el palacio del príncipe; continúa con una «corte heroica», un palacio para el estamento señorial y otro para personas nobles; les sigue la alternativa «otro palacio de príncipes». La escalera, moderadamente representativa, forma parte de los edificios «necesarios» de las clases altas de la población. Con la reproducción de la *scena comica* según la comedia griega clásica, siguiendo a Vitruvio –aquí resulta algo extraño a primera vista–, comienza la parte de mayor diversión de la arquitectura señorial, con el jardín de recreo y de fieras; Furttenbach dedica a la gruta siete láminas: desde la fachada y la planta hasta la sección y las decoraciones con ornamentos de corales y rosetas de conchas, que se representan individualmente y a gran tamaño. La tipología de edificios continúa con una «casa para una persona privada», presumiblemente de la clase patricia o burguesa; después siguen plantas de casas urbanas, entre ellas una con pérgola. La arquitectura de un edificio sacro, tratada muy someramente, está representada tan solo con el alzado de un ventanal, la planta y la perspectiva interior de una iglesia; de las arquitecturas interiores solo se muestran dos retablos. Sin embargo, presenta un buen número de plantas de tres alternativas para un convento, cada una de ellas de dos plantas. Se trata de construcciones cuadradas y muy simétricas, dispuestas en torno a uno o a varios patios; esta forma define también la planta de un hospital, un lazareto fortificado y un camposanto, con el que termina la *Architectura civilis*. Las láminas fueron grabadas en Ausburgo por Raphael y Jacob Custos; en cada una de ellas se indica, en la parte inferior derecha: «Ioseph Furttenbach. Inventor». El libro se dirige tanto a los maestros de obras como a sus clientes.

La obra está claramente influenciada por las impresiones italianas. Sin embargo, Furttenbach se propuso adaptar la arquitectura que había conocido en Italia a las condiciones climáticas de Alemania. En su condición de pragmático suabo, no desarrolló ningún sistema teórico; remite las cuestiones relativas a los órdenes de columnas y a los *Principia architecturae* –como hará después de él también Paulus Decker (1677-1713)– a las reglas publicadas anteriormente en Italia como las de Vignola (1507-1573). La sucesión de sus posteriores escritos permite reconocer un sistema de las tareas constructivas: *Architectura civilis, navalis, martialis, privata, universalis, recreationis* (Arquitectura civil, naval, bélica, privada, universal, de jardines).

La tipificación de edificios o tareas constructivas se entiende por sí misma: se remite a Vitruvio, y sus intérpretes la continuaron en los siglos XV y XVI; Furttenbach y poco más tarde Goldmann la perfeccionaron. La *Architectura civilis* de Furttenbach se centra en la construcción de palacios con jardín y grutas, y en la de casas burguesas; es el primero en tratar ampliamente este último objeto. Para el palacio de príncipes propuso, además de «cosas necesarias», también «algunas delicias», como compensación de los «graves negocios» del príncipe y para combatir los «pensamientos serios y tristes». Consideró el trabajo y el recreo como dos aspectos complementarios, un planteamiento que siguió al proyectar sus palacios y edificios de vivienda y de recreo. Antes de Furttenbach apenas se reflexionó sobre la residencia noble. Como era de esperar, sus propuestas siguen modelos italianos; es inconfundible el influjo del grabado de Peter Paul Rubens *Palazzi di Genova*, de 1622. Resulta innovador el nombrar la finalidad de las diferentes estancias: capilla, biblioteca, teatro, *antiquarium* y cámara de arte, salas, estancias para la cancillería, para deliberaciones y para banquetes. En su *Architectura recreationis* (1640) continuó el tema palacio y jardines. Furttenbach es asimismo uno de los primeros en tratar edificios públicos; aquí, en primer lugar, solo el hospital, el lazareto y el camposanto. En posteriores publicaciones añadirá iglesias, el ayuntamiento, la escuela y la universidad. Furttenbach es también el único autor sobre teoría arquitectónica que, en su plan urbano, presenta una comunidad «puramente burguesa».

Las obras de Furttenbach desean familiarizar a las personas —durante la Guerra de los Treinta Años— con edificios para el campo y jardines; por este motivo, la *Arquitectura civilis* se ha denominado también como «arquitectura de paz». En Furttenbach no se aprecian los conflictos confesionales por los que, visto superficialmente, se desarrolló esta guerra; sin embargo, es probable que tendiera al lado católico, si es que no formaba parte de él.

JZ

ARCHITECTURA CIVILIS:
Das ist:
Eigentlich Beschreibung/ wie mā nach bester form/ vnd gerechter Regul/ Fürs Erste: Palläst/ mit dero Lust: vnd Thiergarten/ darbey auch Grotten: So dann Gemeine Bewohnungen: Zum Andern/ Kirchen/ Capellen/ Altär/ Gotshäuser: Drittens/ Spitäler/ Lazareten vnd Gotsäcker auffführen vnnd erbawen soll;
Alles auß vielfaltiger Erfahrnuß zusammen getragen/ beschrieben/ vnd mit. 40. Kupfferstucken für Augen gestellt/
Durch
Josephum Furttenbach.
Mit Römischer Kayserlicher Mayestat Freyheit/ in 12. Jahren nicht nachzutrucken.
Getruckt in deß Heil. Römischen Reichs Statt Vlm/ Durch Jonam Saurn/ Bestellten Buchtruckern.
ANNO M. DC. XXVIII.

Ilust. p. 375
Alzado de la fachada de la catedral de Milán
«Alzado artístico de la ortografía [...] o iconografía». Según la edición de Vitruvio por Cesariano. *Fol. XXIX. Xilografía, atribuida a Virgil Solis*

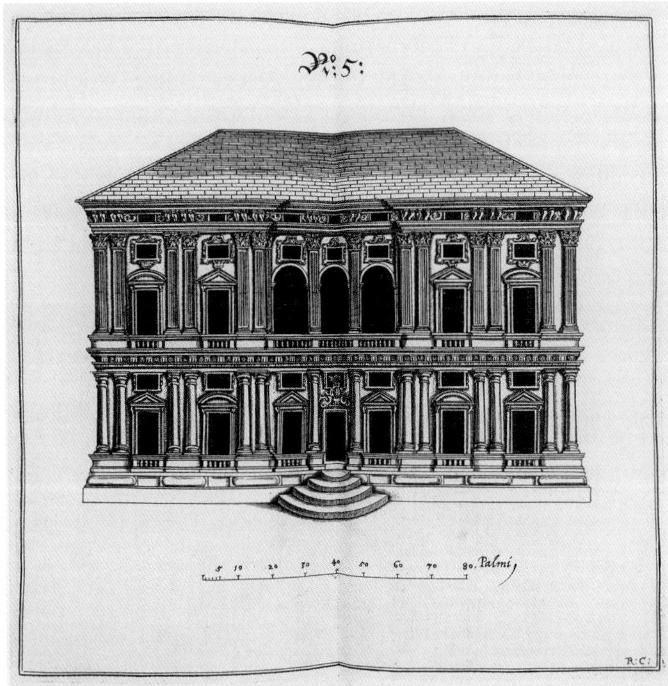

Palacio para el estamento señorial
Lám. 5. Grabado sobre cobre de Raphael Custos

Palacio de príncipe II
Lám. 7. Grabado sobre cobre de Raphael Custos

«Corte heroica»
Lám. 4. Grabado sobre cobre de Raphael Custos

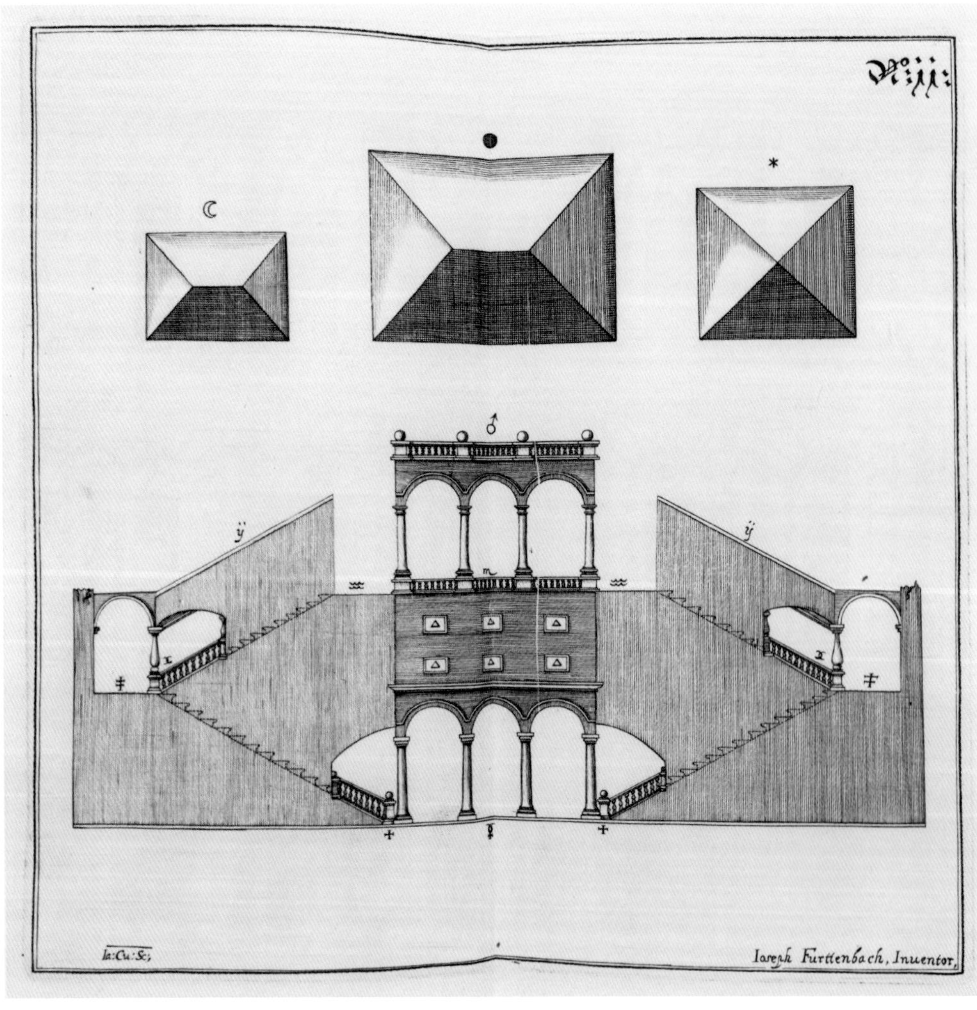

Escaleras
Lám. 11. Grabado sobre cobre de Jacob Custos

Decorado de teatro: *Scaena comica*
Lám. 12. Grabado sobre cobre de Jacob Custos

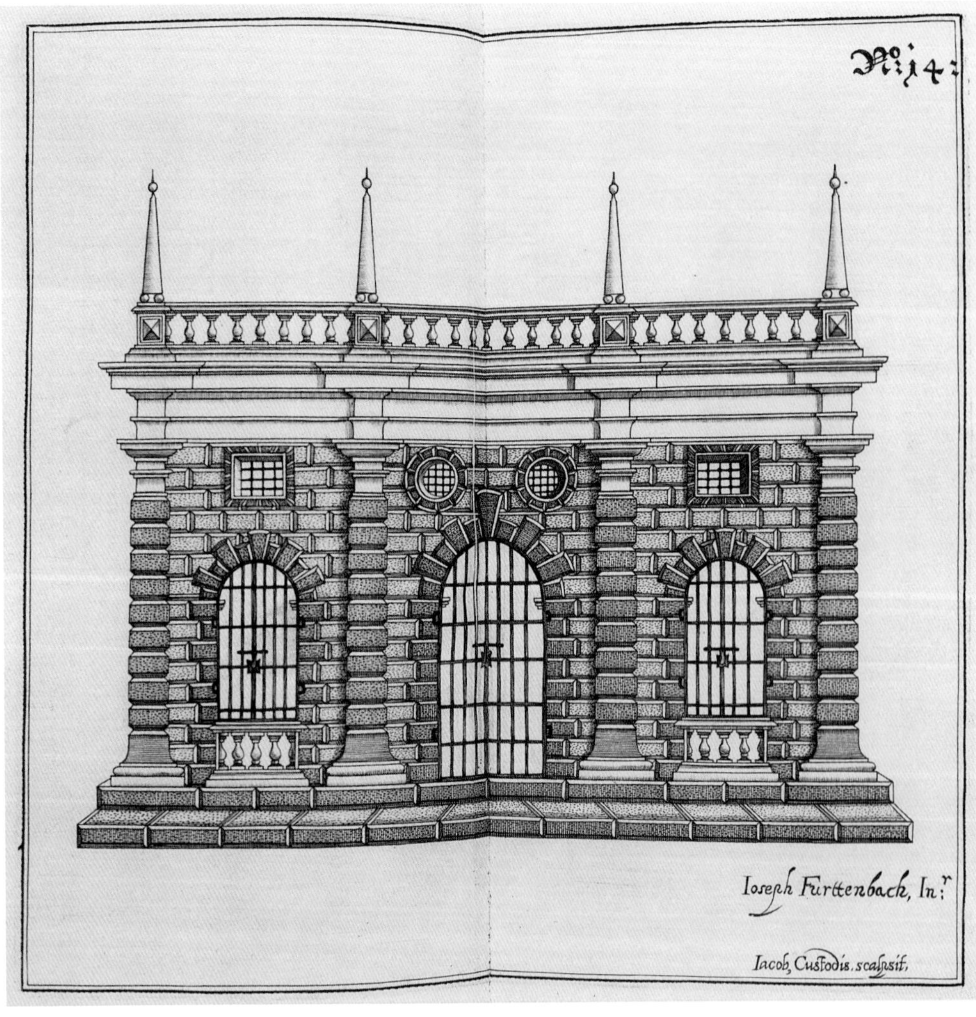

Fassade einer Grotte
Taf. 14. Kupferstich von Jacob Custos

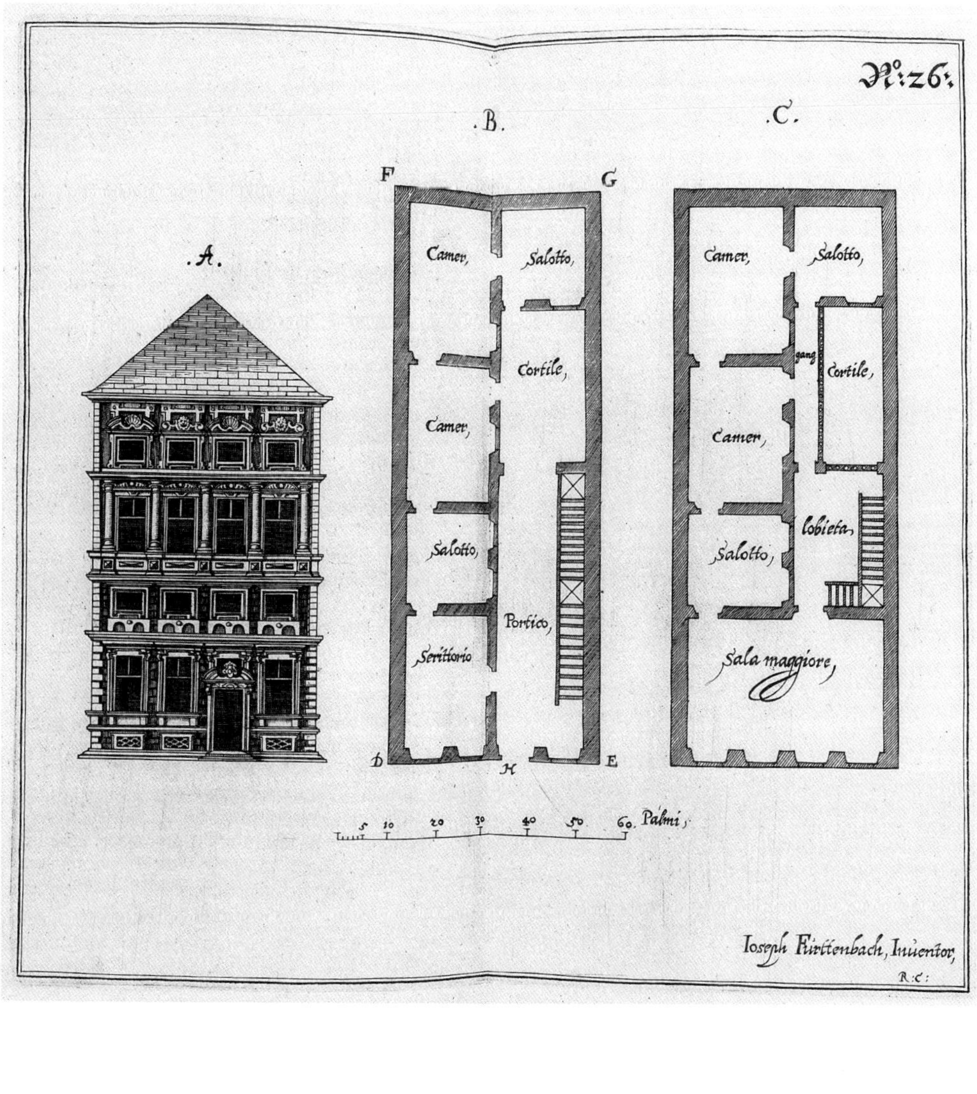

Stadthaus mit Grundrissen
Taf. 26. Kupferstich von Raphael Custos

Jardín de recreo
Lám. 13. Grabado sobre cobre de Jacob Custos

Iacomo Custodi Sagliò d. Acadia

Fachada de una iglesia
Lám. 27. Grabado sobre cobre de Raphael Custos

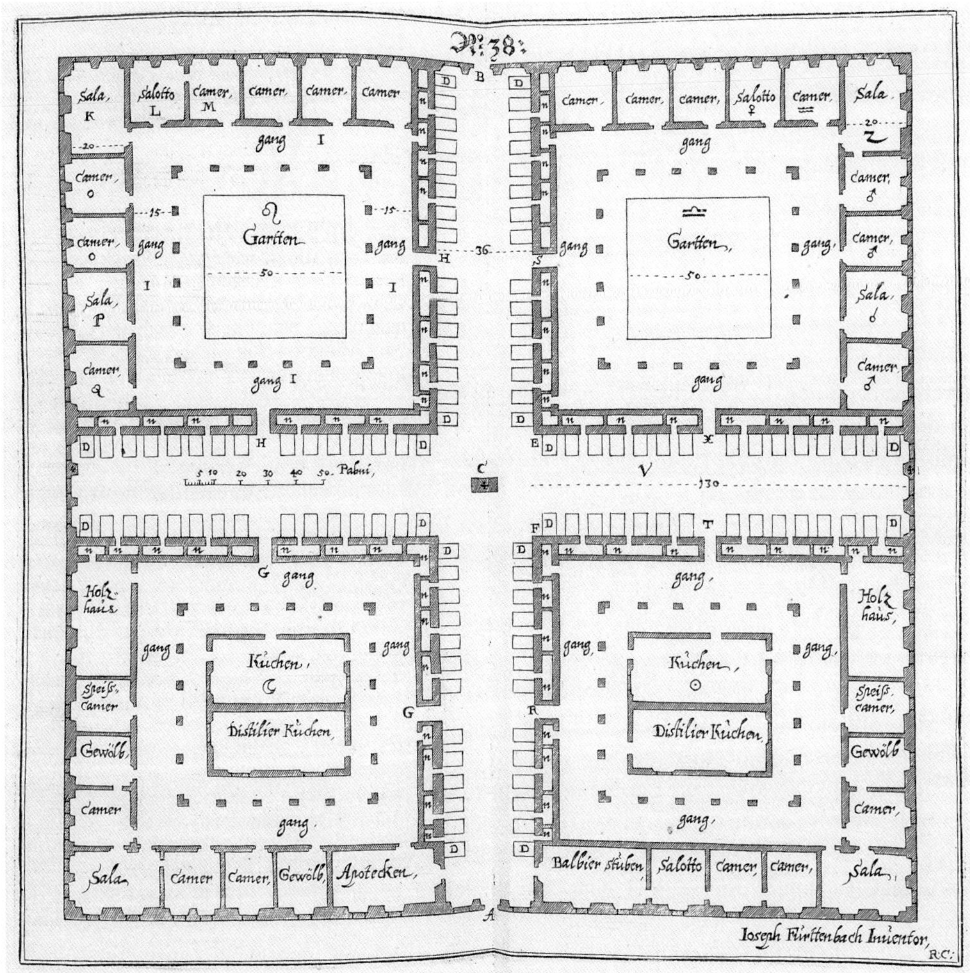

Planta de un hospital
Lám. 31. Grabado sobre cobre de Raphael Custos

Abraham Leuthner von Grundt (1639/40–1701)

Grundtliche Darstellung Der fünff Seüllen wie solche von dem Weitberühmbten Vitruvio Scamozzio vnd andern Vornehmben Baumeistren Zuesamben getragen

PRAGA, 1677

Representación exhaustiva de las cinco columnas tal como las reunieron el célebre Vitruvio Scamozzio y otros famosos maestros de obras

Abraham Leuthner von Grundt nació en Wildstein (la actual Skalná), al norte de Cheb (República Checa), en 1639/40 y murió en Praga-Kleinseite en 1701. En una lámina de su tratado dice que también estuvo –durante su aprendizaje itinerante– en Italia; sin embargo, los investigadores más recientes no tratan esta cuestión, probablemente porque no se encuentra ningún otro indicio. Leuthner fue admitido en el gremio de albañiles en 1661; el 6 de noviembre de 1665 adquirió, en condición de constructor autónomo, el derecho de ciudadanía en Praga; el 26 de junio de 1667 contrajo matrimonio, en la iglesia de Santa María de la Victoria, con Maria (K)Glotz, con la que hasta 1680 tuvo tres hijos y dos hijas. En 1668, y bajo la dirección del arquitecto Francesco Caratti (–1679), trabajó con Johann de Capaoli (–1678) en la construcción del palacio Real Cernin, en la plaza Hradcany de Praga, en 1674 en la construcción de la iglesia de peregrinación en Stará Boleslav (Altbunzlau) y en 1674–1688 en la de la iglesia de los dominicos de Cheb. También se le atribuye una casa burguesa de Cheb, de los años ochenta del siglo XVII. Desde aproximadamente 1674 hasta 1688 fue maestro de obras del duque Julius Franz de Sajonia-Lauenburg, en Ostrov (Schlackenwerth), donde construyó por su encargo un palacete de recreo (1674–1683), según sus propios planos. Su obra principal es posterior a 1682: los planos para el monasterio cisterciense de Waldsassen (Palatinado Superior); la piedra fundacional se puso en 1689. Aquí tomó al servicio de su empresa de construcción a los cinco hermanos Dientzenhofer. El capataz Christoph Dientzenhofer (1655–1722) fue desde 1685 su delegado en Ostrov. En 1682–1687 construyó, con Johann Aischer, el Ayuntamiento de Loket (Elbogen) según sus propios planos y en 1687 Leuthner fue nombrado maestro constructor de las fortificaciones de Cheb, donde seis años antes había comprado una casa al lado de la «Puerta de Kleist». En 1688 adquirió para su hijo Leopold una casa en la Ciudad Nueva de Praga y compró la casa Zum Blauen Hirschen («El ciervo azul») en Praga, a la que al parecer iba unido el título nobiliario de «von Grundt». Hasta entonces se denominaba sencillamente «maestro albañil de la Real Ciudad Nueva de Praga»; a partir de 1691 utilizó el título de «maestro de obras de las obras de fortificación y de atrincheramiento de Eger», así como el de «maestro de construcción de las fortificaciones y atrincheramiento de la ciudad real de Eger». También trabajó en las nuevas fortificaciones de Praga, sucediendo a Carlo Lurago (1615–1684), con el título de «maestro imperial (real) de obras y atrincheramiento en el reino de Bohemia». Murió el 12 de enero de 1701, a los 70 años, en su casa «El ciervo azul» de Praga-Kleinseite.

XXXIII

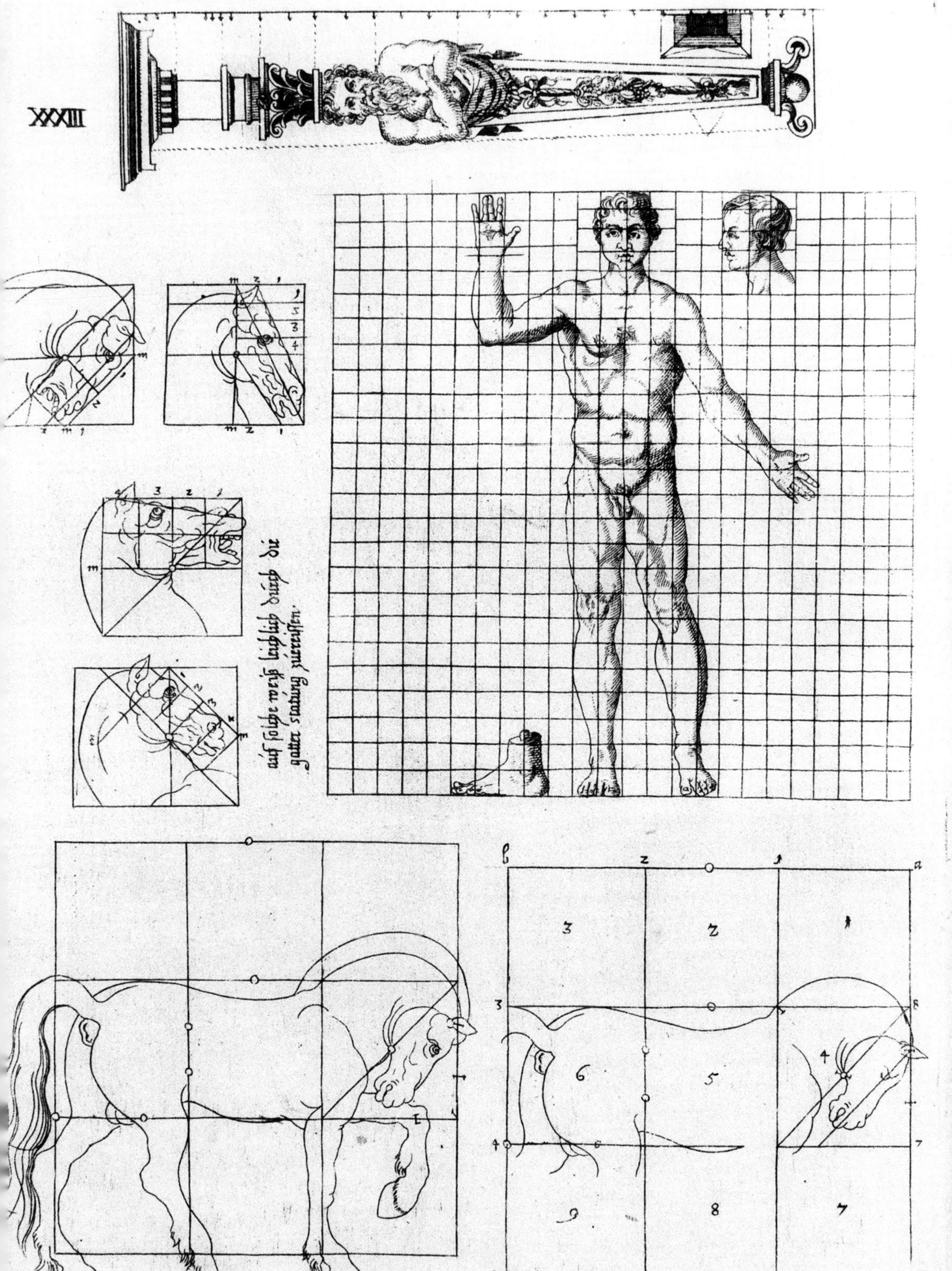

Este resumen de la vida de Leuthner muestra la actividad de un maestro de obras y constructor que tuvo bastante éxito económico durante la segunda mitad del siglo XVII; gracias al esfuerzo de los hermanos Dientzenhofer ejerció una influencia no pequeña sobre la arquitectura barroca posterior de Bohemia y el sur de Alemania. A su fama de artesano y planificador quiso añadir la de un arquitecto erudito, para lo que publicó su libro sobre las columnas; de esto forma parte, como algo natural, la referencia a Vitruvio. Leuthner lo hace con representaciones sobre el origen del arte arquitectónico, la estética y la práctica de la construcción, con talleres de construcción primigenios, figuras de proporciones y máquinas elevadoras. Para esto, sigue las ilustraciones de Giovanni Antonio Rusconi en su obra *Della architettura... secondo i precetti del Vitruvio* (*Sobre la arquitectura, según las instrucciones de Vitruvio*, 1590). El carácter fundamental de este tratado –o, mejor dicho, libro de muestras– recuerda las primeras obras de la denominada «arquitectura de ebanistas», sobre todo al libro *Architektur und Kunstbuch* (*Libro de arquitectura y arte*), de Hans Jacob Ebelmann (1609).

La obra de Leuthner, que se dirige a «todos los amantes del arte arquitectónico y a los que comienzan en él» –y en ningún caso a «arquitectos famosos y con experiencia»–, es realmente una compilación de los libros ya conocidos de arquitectura desde 1550. Su doctrina sobre las columnas es la de Hans Blum (1550); sus cartuchos y fantasías sobre capiteles siguen a Agostino Mitelli (1636); los mascarones, a Cornelis Floris y Frans Huys; sus combinaciones de arquitectura y ornamento se basan en inventos de Georg Caspar Erasmus (1666); de Rutger Kassmann (1630) tomó los ornamentos de conchas; las figuras de soporte («persas») y las pilastras siguen a su vez a Rusconi (1590), Johann Christoph Feinlin (hacia 1670) y Hans Sebald Beham (1528); los ejemplos de arquitectura clásica los tomó de Giovanni Battista Montano (1636) y Sebastiano Serlio (1540). Otros modelos proceden de Jean Barbet (1633), Pierre Le Muet (1647), Hans Vredeman de Vries (hacia 1560), Jacomo Barozzi da Vignola (1562) y sobre todo de los diferentes libros y ediciones de la arquitectura de Sebastiano Serlio, que se publicaron entre 1537 y 1575. Las coincidencias con *Holzbaukunst* (*Arquitectura en madera*) de Johann Wilhelm (1649, 1668) probablemente se basen en las mismas fuentes vitruvianas. En el tratado no existen indicios de un conocimiento inmediato de arquitecturas italianas; con todo, se debe confiar en la nota que aparece en la lámina XXVI: «Vi este altar en Roma, en San Pedro».

El libro de muestras de Leuthner enseña, junto al baldaquino de Bernini y la villa Poggio Reale, cerca de Nápoles, según Serlio, como obras reales dos edificios coetáneos: las fachadas del palacio de Cernin y del colegio jesuita Klementinum. Ocho proyectos propios de Leuthner proporcionan una idea de sus formas ideales. La planta de una iglesia recuerda a S. Jacobus Maior en Jicin; la fachada correspondiente a dicha planta, a pesar de tener otras proporciones, a la de Santa María de la Victoria en Praga-Kleinseite.

En resumen, aunque el libro de Leuthner sobre las columnas no es ninguna síntesis de cien años de historia de formas relativas a la arquitectura, siguiendo el espíritu de la Antigüedad clásica, escoge aquellos elementos del repertorio de formas que se siguieron utilizando hasta comienzos del siglo XVIII. Grabó él mismo las láminas; en la representación plástica demostró una seguridad y libertad inusual para un maestro albañil y constructor. Las planchas las utilizó más tarde el editor de Praga Caspar Wussin (1664–1747) para las siguientes ediciones –si bien la composición de estas difiere de la original en la primera edición–; además añadió nuevas láminas, sobre todo con fuentes de jardín y marcos para ventanas y portales, que nada tienen en común con Leuthner. Si actualmente solo se conocen 15 ejemplares del tratado, esto no debe considerarse como signo de una difusión restringida; los grabados probablemente sufrieron el mismo destino que la mayoría de los libros de muestras: se «consumieron» en los talleres de construcción. En Bohemia y el sur de Alemania, la obra coincidió con una actividad de construcción de nueva planta con una intensidad que nunca más volvió a alcanzarse. No se dispone de ningún facsímil fiable de la edición de 1677.

JZ

Ilust. p. 389
Figuras de proporciones
La figura humana de proporciones, según Rusconi; la pilastra, según Feinlin,
y el retículo de construcción para caballos y cabezas de caballos, según Beham.
Lám. XXXIII. Grabado al aguafuerte

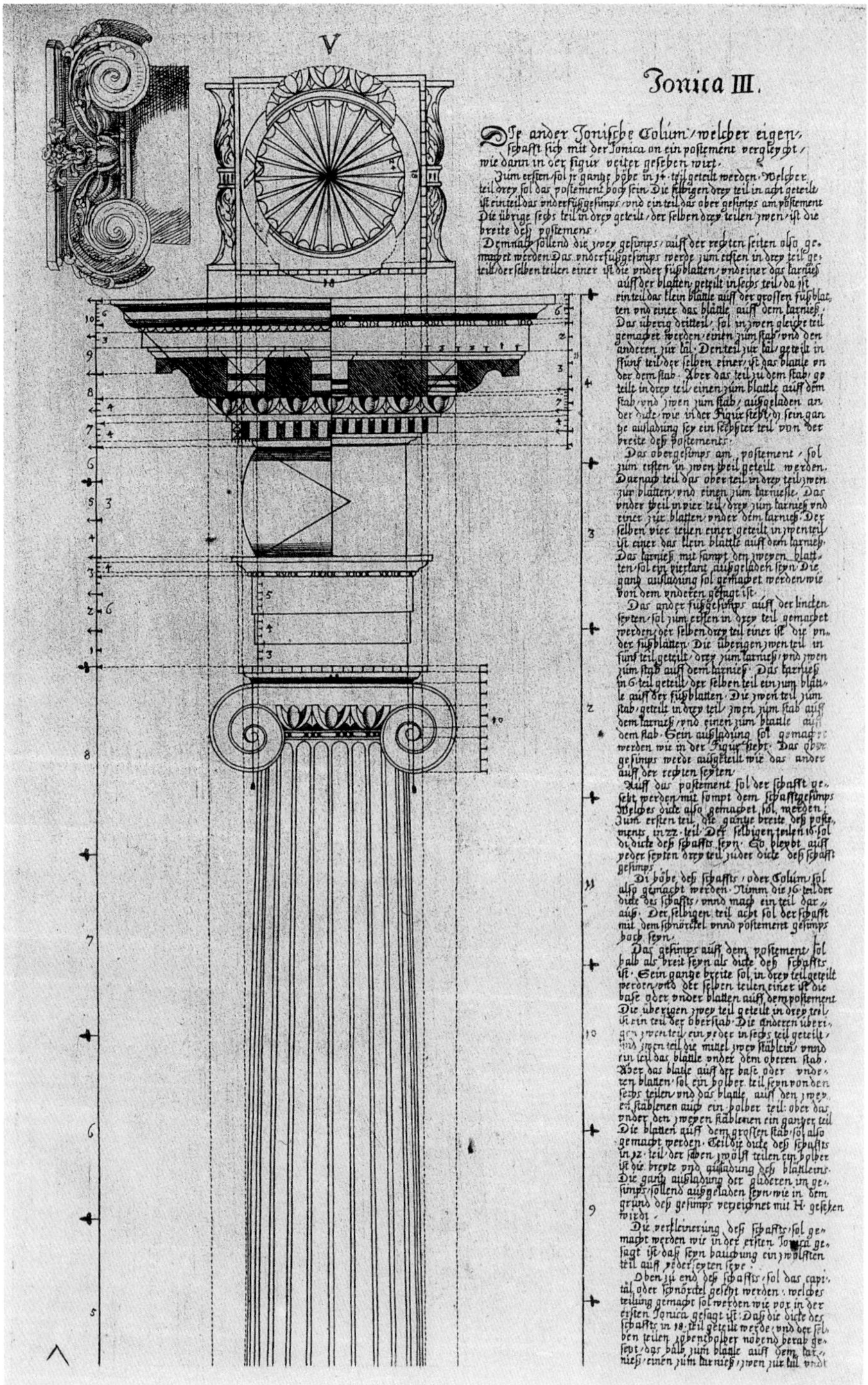

Columna de orden jónico (parte superior) según Blum; capitel según Montano

Lám. V. Grabado al aguafuerte

Portal
Lám. XII. Grabado al aguafuerte

El baldaquino de Bernini en San Pedro de Roma
Y dos capiteles según Montano y sillares tallados según Serlio. *Lám. XXVI. Grabado al aguafuerte*

Columnas compuestas y corintias según Feinlin
Lám. XXVIII. Grabado al aguafuerte

Plantas, alzados, perspectivas y secciones de tres edificios de planta central según Montano
Lám. XXXVIII. Grabado al aguafuerte

Fachada del colegio Klementinum en Praga
Y construcciones de cornisas según Blum. *Lám. XXXX. Grabado al aguafuerte*

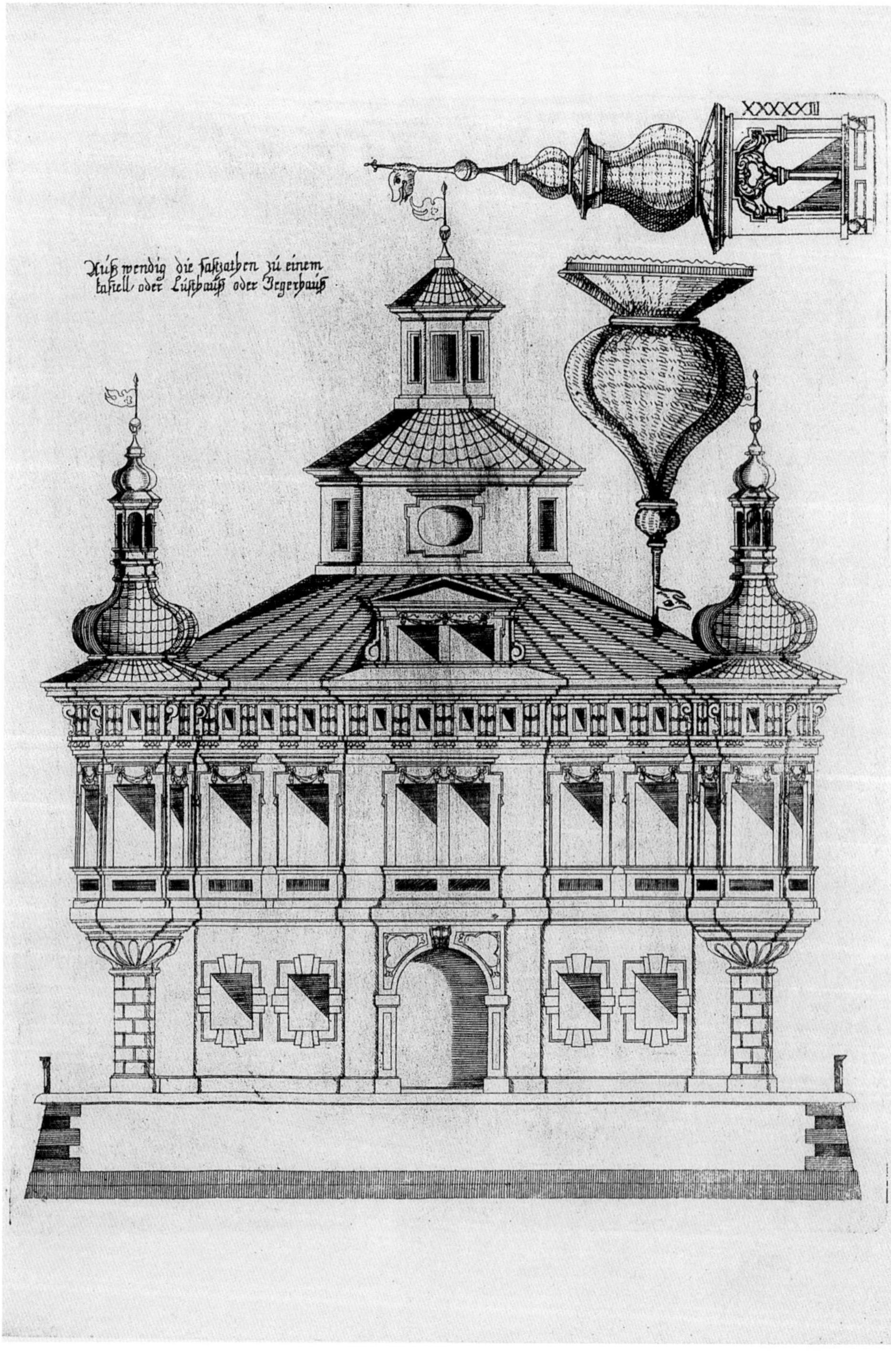

Alzado de una casa de recreo, castillo o palacete de caza
Lám. XXXXXIII. Grabado al aguafuerte

Alzado de la fachada de una iglesia y mascarón según Floris
Lám. XXXXXVII. Grabado al aguafuerte

Plantas según Serio y Leuthner
Y alzado parcial de la Arena de Verona según Serlio y de un retablo según Barbet.
Lám. XXXXXXV. Grabado al aguafuerte

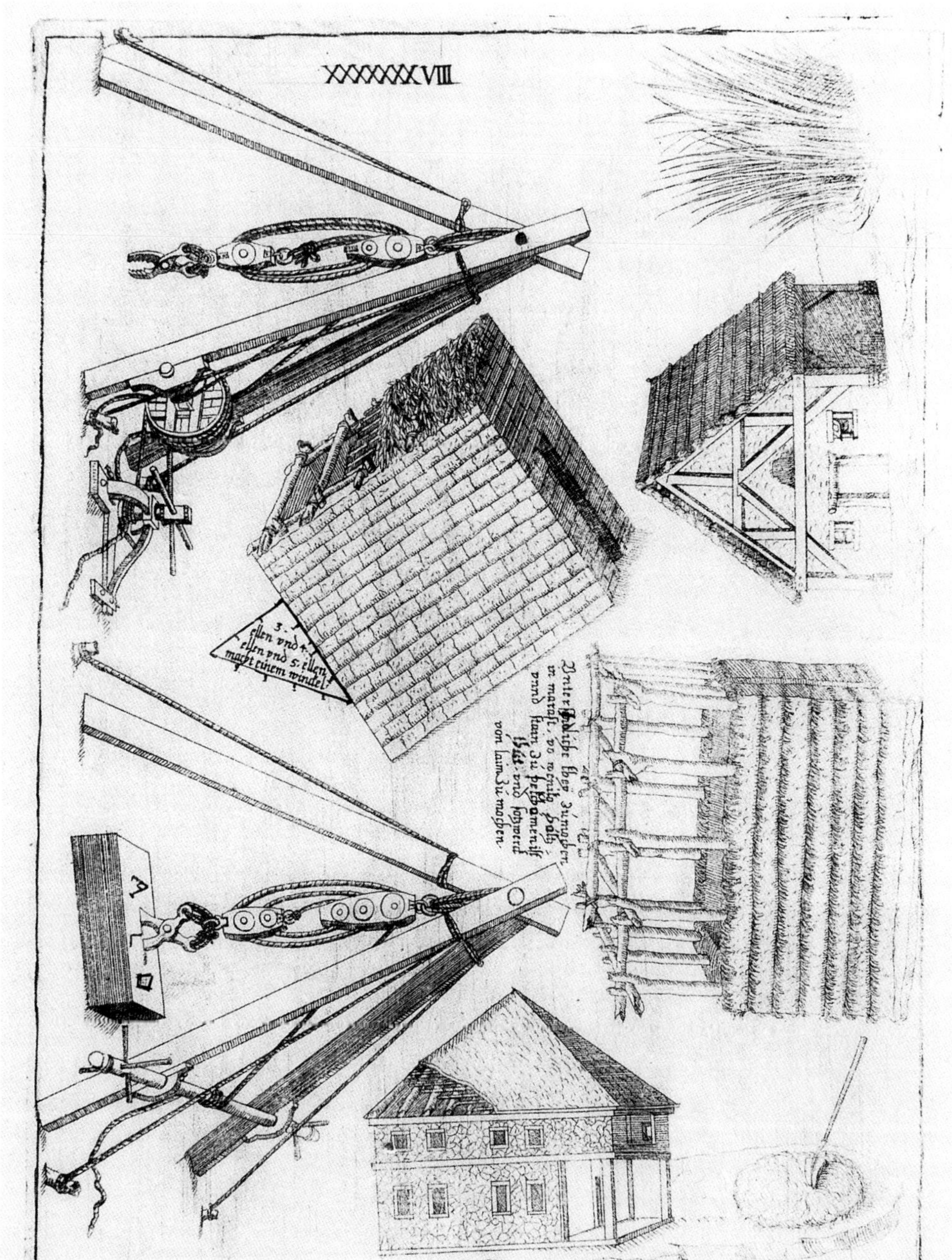

Talleres de construcción y máquinas elevadoras según Rusconi
Lám. XXXXXXXVIII. Grabado al aguafuerte

Paulus Decker (1677–1713)

Fürstlicher Baumeister Oder: Architectura Civilis

2 PARTES, AUSBURGO, 1711–1716

Arquitecto de príncipes o arquitectura civil

Paulus Decker, denominado «el Viejo» para distinguirlo de su hermano ocho años menor, también bautizado con el nombre de Paul y autor de la obra de arquitectura más suntuosamente ilustrada del barroco alemán, murió a los 36 años de edad. Era hijo de una familia especializada en el oficio de trabajar los metales afincada desde antiguo en Núremberg, donde fue bautizado según el rito luterano el 27 de diciembre de 1677. Se formó en la profesión de grabador en cobre, a partir de 1695, con Georg Christoph Eimmart (1638–1705), primer director de la recién fundada Academia de Pintura; una vez finalizado el aprendizaje, en 1699, se trasladó a Berlín, para formarse en el campo de la arquitectura cerca de Andreas Schlüter (hacia 1660–1714). Su primer testimonio documental como grabador data de 1702, en que grabó la portada de la *Preußische Krönungs-Geschichte* (*Historia de las coronaciones prusianas*) de Johann von Besser; en 1703, Schlüter le encargó los grabados de las seis láminas que acompañaban su obra *Das berlinische Schloß* (*El palacio de Berlín*). Hacia 1705/06 Decker regresó a Núremberg, donde se ocupó de pequeñas series de ornamentos y editó *Ausführliche Anleitung zur Civil-Bau-Kunst* (*Amplias instrucciones sobre la arquitectura civil*), que al parecer le hicieron famoso. Así, en 1708 obtuvo el título de Maestro de obras de Palatinado-Sulzbach; en 1710, siendo Inspector de los nuevos edificios del príncipe en Erlangen, fue llamado a la corte del margrave en Bayreuth y en 1712 el margrave Georg Wilhelm le nombró director de obras de la Marca de Brandeburgo-Bayreuth. Solo pudo desempeñar este cargo durante algo menos de un año, pues murió el 3 de octubre de 1713, en Bayreuth, soltero y sin descendencia.

Decker se propuso tratar toda la arquitectura noble de modo sistemático, según los tipos de edificios. Durante su actividad en Bayreuth se publicó en Ausburgo la primera parte del *Fürstlicher Baumeister* (*Arquitecto de príncipes*); un anexo, poco antes de su muerte, en 1713. La segunda parte la recopiló el editor Jeremias Wolff (1663-1724) en Ausburgo y la publicó póstumamente en 1716. Se había previsto una tercera parte para tratar iglesias y capillas, y una cuarta con ayuntamientos, escuelas, hospitales, bolsas y arsenales. La segunda parte solo pudo resumir lo que Decker dejó como proyectos terminados. Diecisiete grabadores, principalmente en Ausburgo, pero también en Núremberg, transformaron este proyecto –que aun en su definitivo estado fragmentario sigue siendo de dimensiones gigantescas– en la obra barroca de 130 láminas de gran formato que el joven arquitecto proyectó con evidente entusiasmo por los príncipes absolutistas y ofreció a los gobernantes. Decker solo pudo reproducir pocas obras realmente construidas; y estas las representó con una forma ideal extremadamente rica y llena de fantasía: el Nuevo Palacio de Erlangen y el palacio de placer Mon-Plaisir, cerca de Erlangen. Sin embargo, la obra no contiene ninguna teoría arquitectónica expresamente formulada. Ya en sus *Amplias instrucciones sobre la arquitectura civil* había expresado la opinión de que sobre esos objetos ya se había escrito suficientemente. Por esto, en aquel entonces solo compiló algunas figuras geométricas y los órdenes de columnas; por lo demás, reunió una colección de modelos con ejemplos históricos y propios, no muy diferente de la de Abraham Leuthner (1639/40-1701), pero basada, de modo rigurosamente sistemático, en sólidos conocimientos teóricos. En *Arquitecto de príncipes* quiso presentar una tipología completa de edificios, desde el genérico punto de vista de las tareas constructivas de un soberano.

En el Imperio romano-germánico existían hacia 1700 innumerables principados y ducados, obispados y abadías, condados y marcas, todos ellos soberanos; estos eran los «grupos destinatarios» de Decker y Wolff. Los territorios soberanos no solo triunfaron sobre el Imperio, en la doctrina del siglo XVII, sino que a lo largo del tiempo los señores territoriales reivindicaron el título de majestad, que tradicionalmente solo se le atribuía al emperador. La idea del derecho superior del cargo de príncipe, según la cual al señor correspondía toda la responsabilidad por su Estado –y a la que había de responder con supervisión, previsión y planificación–, ofrecía la base social para la monumental obra de Decker.

La segunda parte, compilada por el editor Wolff de Ausburgo, pero preparada prácticamente en su totalidad por Decker, ya supone al parecer una reacción al nuevo reino de Prusia, donde Decker –en el estudio de Schlüter– había adquirido sus conocimientos o profundizado en ellos. El comienzo del *Arquitecto de príncipes*, dedicado a la Casa del Príncipe, revela una estrecha familiaridad de la obra con la arquitectura del palacio de Berlín hacia 1700. Además de los modelos franceses, se recogen aquí las ideas del arquitecto sueco Nicodemus Tessin el Joven (1654-1728) para el palacio de Charlottenburg. El proyecto de una torre hace asimismo una clara referencia al proyecto de la torre de la Moneda del palacio berlinés de 1706. El grabado está considerado como proyecto de Decker para esta obra, técnicamente irrealizable sobre el terreno de Berlín, que sigue las formas del proyecto de Bernini para un campanario para San Pedro de Roma. Leonhard Christoph Sturm (1669-1719), en su *Prodomus architecturae Goldmannianae* (*Precursor de la arquitectura de Goldmann*), de 1714 –que escribió en disputa o competencia con Decker–, hizo una clara referencia a esta desafortunada empresa y observó que desgraciadamente no se había seguido su buen y reconocido consejo.

Decker representó modelos para todos los tipos de edificios representativos y proyectos para residencias señoriales, que recomendó a los representantes de los estamentos soberanos. Los reunió en un monumental libro de muestras, que sin embargo es un muestrario *sui generis*: se dedica a palacios, casas de recreo, jardines, *orangeries*, grutas, torres y a estancias individuales en los palacios, y proyecta y propone incluso la decoración del techo para las principales estancias (comedor, sala de audiencias, sala de jardín). Tampoco olvida las galerías con estatuas y pinturas clásicas, la sublimación del soberano mediante la iconografía, la simbología y la iconología históricas, incluyendo alusiones a la arquitectura salomónica, que corresponde al gobernante sabio. En este campo sigue en gran parte los modelos de la corte francesa o de teóricos franceses de la arquitectura como Claude Perrault (1613–1688), François Blondel (1618–1686) y Marot, cuyas ideas llegarían a conocimiento de la Academia de Berlín probablemente a través de emigrantes franceses. El éxito de la obra de Decker se debe también a esas fuentes. Muchos arquitectos y decoradores del siglo XVIII se orientaron por Decker; por ejemplo Donato Giuseppe Frisoni (1683–1735) en sus proyectos para Ludwigsburg. El editor Jeremias Wolff hizo un llamamiento a los potentados, aunque en otro lugar, a «enviarle las ideas para sus obras de construcción» y les prometió que «se elaborarían cuidados proyectos que no dejarían de contentarles». De este modo, el libro de muestras era al mismo tiempo una llamada a los clientes nobles para utilizar una especie de agencia para proyectos de arquitectura, primero principescos y luego reales; la editorial de Ausburgo pretendía funcionar como tal agencia: una idea comercial bastante moderna.

JZ

Vista de la *orangerie*
«Alzado en perspectiva de la *orangerie*».
1ª parte, anexo, lám. 8. Grabado sobre cobre de Johann Christoph Böcklin

Fachada de palacio
«Alzado del edificio que puede representar un palacio de príncipe,
como se ve hacia el mediodía». *1ª parte, lám. 6. Grabado sobre cobre de Georg Conrad Bodenehr*

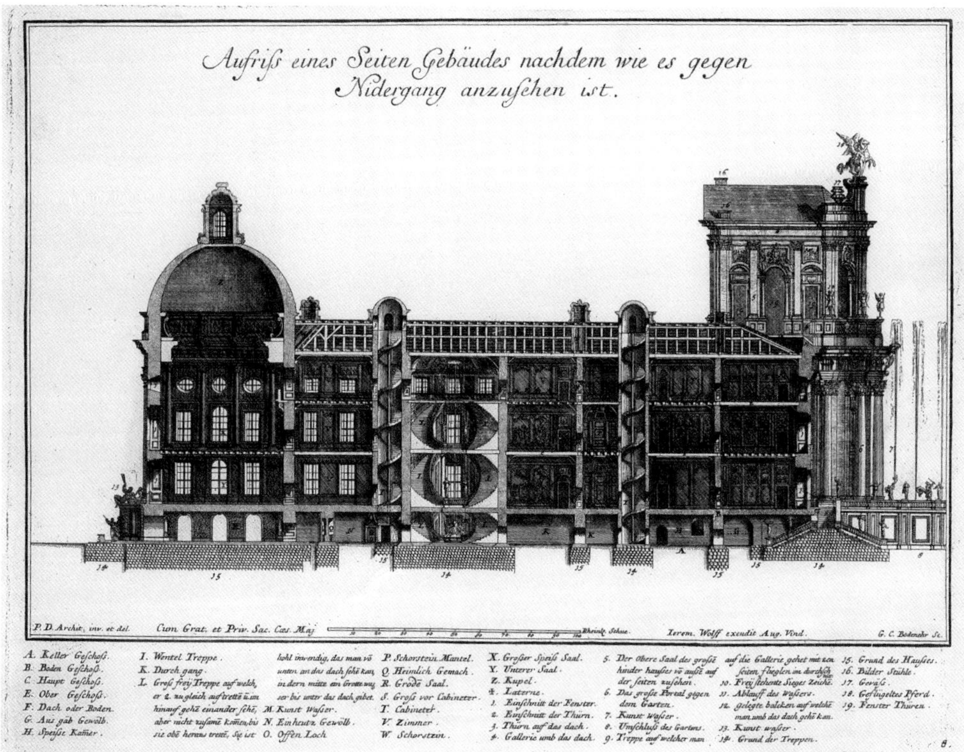

Alzado y sección del ala lateral norte del palacio de príncipe
1ª parte, lám. 8. Grabado sobre cobre de Georg Conrad Bodenehr

Palacio de príncipe, techo del antegabinete con cúpula pintada
1ª parte, lám. 34. Grabado sobre cobre de Heinrich Jonas Ostertag

r Cabinets .

hen ein von Holtz oder Stucco gemachte Krantz gantz verguldet
auch verguldet seÿn. Der iñere grund aber, worauf die Grodesquen
achet werden, als durch welches man sehr dief hinein siehet, wo=
er Inventor gerne den Grundriss unter der Cupola stechen las=
sondern aus dem grund müßen auffgezogen werden, den Krantz
lbsten nach eignem gefallen doch so machen, damit er mit de=
und nicht zu schwer aussihet.

Ier. Wolff excud. Aug. Vind.

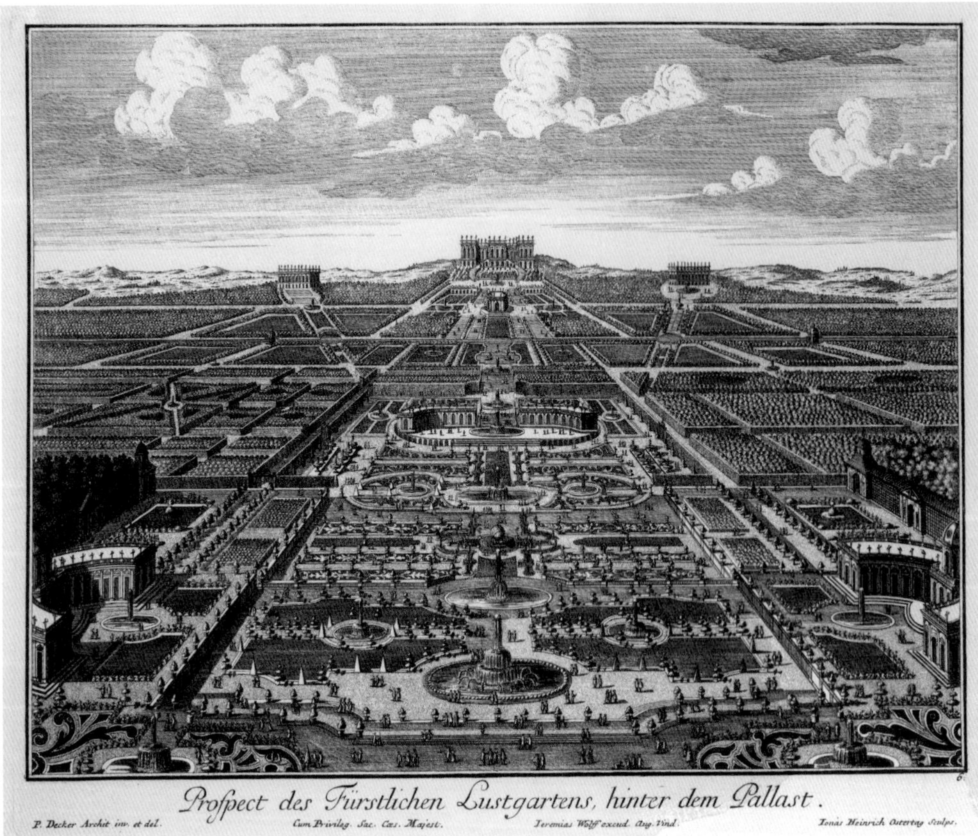

Jardín de placer
«Vista del jardín de placer del príncipe; al fondo, el palacio».
1ª parte, anexo, lám. 6. Grabado sobre cobre de Heinrich Jonas Ostertag

Pabellón de jardín
«Sala de recreo, que puede encontrarse en el canal del jardín de placer del príncipe, al final del laberinto». *1ª parte, anexo, lám. 24. Grabado sobre cobre de Johann August Corvinus*

Proyecto para Mon-Plaisir, cerca de Erlangen
«Vista de la casa de recreo, de Su Majestad, Mon-Plaisir».
1ª parte, anexo, lám. 29. Grabado sobre cobre de Johann August Corvinus

Vista de una casa principesca de recreo
«Alzado en perspectiva de una casa de recreo, como podría construir un señor distinguido en el campo». *1ª parte, anexo, lám. 38. Grabado sobre cobre de Carl Remshardt*

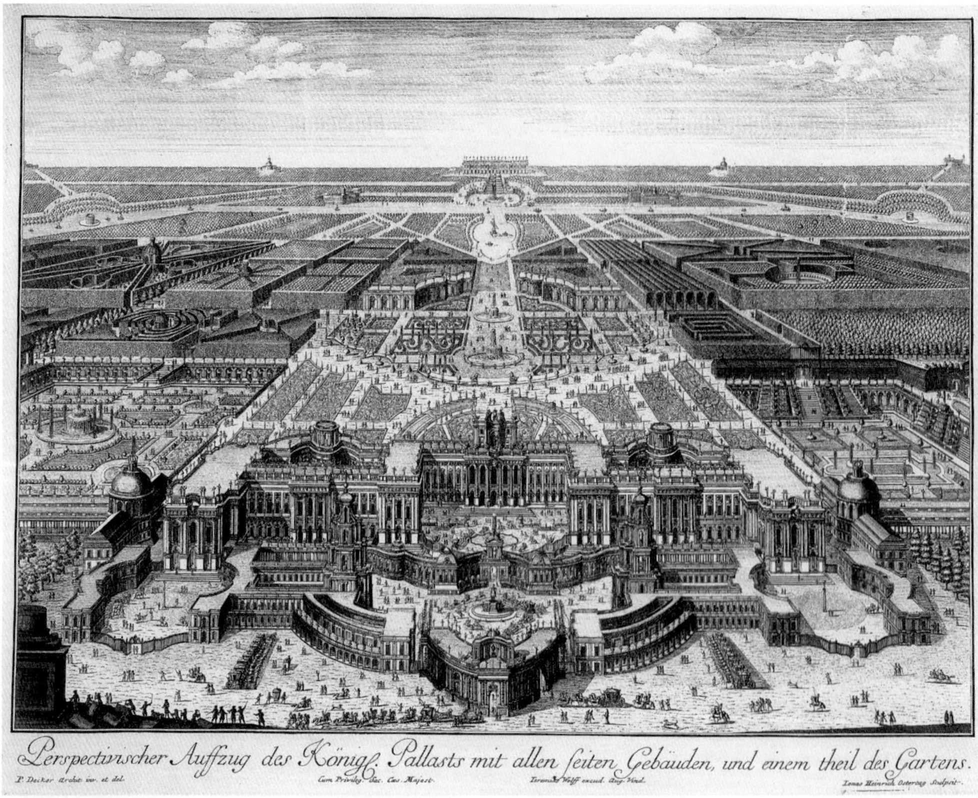

Vista de un palacio
«Vista en perspectiva del palacio real…».
2ª parte, lám. 1. Grabado sobre cobre de Heinrich Jonas Ostertag

«Alzado ortográfico de la torre»
2ª parte, lám. 2. Grabado sobre cobre de Carl Remshardt

Johann Bernhard Fischer von Erlach (1656–1723)

Entwurff Einer Historischen Architectur

VIENA, 1721

Esbozo de una arquitectura histórica

Johann Bernhard Fischer von Erlach procedía de una familia burguesa y artesanal de Graz, donde nació en 1656. Después de su formación como escultor en el taller de su padre, Fischer viajó a Roma, en 1671, con 15 años de edad. En la Ciudad Eterna trabajó primeramente en el estudio del arquitecto y pintor papal Philipp Schor (1646–finales del siglo XVII). Junto a su actividad como escultor y modelador en cera, Fischer se formó también en teoría arquitectónica. Tomó contacto con el círculo de eruditos en torno a la reina Cristina de Suecia (reinado 1632–1654) y aprendió los métodos de la incipiente arqueología científica. Después de su estancia en Nápoles hasta 1685, estuvo al servicio del emperador Leopoldo I (reinado 1658–1705) en Viena como escultor, desde 1687. Ese mismo año comenzó su actividad como arquitecto para el príncipe de Liechtenstein. Después de la muerte del emperador Leopoldo I en 1705 y de la subida al trono de José I (reinado 1705–1711) fue nombrado inspector superior de los edificios de la corte. En 1712, entregó al emperador Carlos VI (reinado 1711–1740) el manuscrito de su *Entwurff Einer Historischen Architectur* (*Esbozo de una arquitectura histórica*). Fischer von Erlach murió el 5 de abril de 1723.

El *Esbozo de una arquitectura histórica*, un libro apaisado de grabados, es una de las creaciones más extraordinarias y originales en la historia de la teoría de la arquitectura. Siguiendo monedas conmemorativas, ruinas, descripciones de viajes y tradiciones de la Antigüedad clásica, Fischer reconstruye templos, palacios, mausoleos y plantas de la Antigüedad grecorromana; además, indaga en la arquitectura de Egipto, de Oriente y de Asia. Después de largos trabajos previos, escribió el texto con rapidez, al parecer para poderlo presentar al nuevo emperador al comenzar su reinado, en 1712. En lo sustancial, el contenido del libro, que no se publicó hasta 1721, se corresponde con el ejemplar manuscrito. Del privilegio imperial para la impresión de la primera edición se desprende que Fischer «trabajó durante 16 años en una tal obra de su profesión». Por tanto, el comienzo de esta obra debe datarse hacia 1705, si bien en ella se integraron numerosas ideas recogidas durante sus años romanos.

Fischer presenta claramente sus intenciones en la portada y en la introducción. Lo que pretende es una «arquitectura histórica, reproduciendo edificios famosos de la Antigüedad y de pueblos extraños», para «deleitar la vista del observador y dar motivo a los artistas para hacer invenciones» y, de este modo, servir al «fomento tanto de las ciencias como de las artes». El primer libro, «sobre algunos edificios de los antiguos judíos, egipcios, sirios, persas y griegos» lo abre Fischer programáticamente con el templo de Salomón. Fischer presenta tanto la interpretación de Ezequiel por el jesuita español Villalpando (1552-1608), que formaba la base para la reconstrucción arquitectónica del templo de Jerusalén, como la extensa descripción, basada en Villalpando, de Nikolaus Goldmann (1611-1665), publicada por Leonhard Christoph Sturm en 1696. Con la obertura del templo de Salomón, Fischer sigue la tradición editorial; sin embargo, con ese modelo arquitectónico no fundamenta su propia arquitectura, sino que a partir de aquí desarrolla el panorama de la arquitectura universal en los diferentes géneros. Al templo salomónico siguen las siete maravillas del mundo, los edificios clásicos persas, egipcios y griegos; la arquitectura no se reproduce aislada, sino inmersa en el paisaje que la circunda.

El segundo libro, «sobre algunos edificios romanos antiguos desconocidos», sorprende por la selección de los edificios que se presentan: faltan los iconos de la arquitectura romana, como el Panteón o el templo de Vesta; en su lugar, Fischer comienza, programáticamente, con las ruinas del anfiteatro de Tarragona. Aquí no está hablando el arqueólogo científico ni el investigador de la arquitectura, sino el cortesano Fischer, quien presenta a su emperador cómo también se alzó arquitectura clásica sobre el suelo de un país que se encuentra bajo su regencia. De este modo se tematiza la continuidad entre el Imperio romano antiguo y el nuevo; lo histórico se pone al servicio de los objetivos de la política del derecho. Después siguen, frecuentemente en una reconstrucción libre, monumentos arquitectónicamente significativos de la Antigüedad romana, cuyo carácter imperial está relacionado con las obras tardías construidas de Fischer. «Por lo que se refiere a la arquitectura, declaramos que el maestro de obras ha de recibir una idea distinguida y ha de formarse un concepto que le sirva como ley y conocimiento, pues sus proyectos se basan en el orden y la distribución, en la medida y la armonía del todo y de sus partes. Por el contrario, en relación con la decoración y los ornamentos de los órdenes de columnas, probablemente se ha consolidado ya la idea, y también se ha confirmado con los modelos de los antiguos, que con su éxito, debido a los largos estudios, definen el tipo y la extensión de este arte»; así se expresó en 1664 Giovanni Pietro Bellori en una conferencia sobre la «idea del artista», en la que exhortaba a reconstruir la arquitectura clásica partiendo de las ruinas heroicas, en su idea fundamental y con su aspecto primigenio. En su época romana, Fischer conoció al conservador general de los monumentos antiguos de Roma, quien probablemente despertó su entusiasmo por la Antigüedad.

El tercer libro, «sobre algunos edificios de los árabes y los turcos, como también de tipo moderno persa, siamés, chino y japonés» –si se sigue el manuscrito–, se había propuesto contener también obras góticas y moras. Para la reconstrucción de las grandes construcciones del Oriente Próximo y Lejano, frecuentemente situadas en un entorno paisajístico, Fischer se valió de modelos conocidos por publicaciones de grabados.

El cuarto libro contiene exclusivamente «algunos edificios inventados y dibujados por el autor»; aquí se presentan las tareas arquitectónicas importantes para su tiempo: iglesia, palacio urbano, palacio con jardín, edificio de recreo, palacio en el campo, monumento funerario y arquitectura de celebración. Para ello, Fischer mezcla proyectos y obras realizadas. Frecuentemente, en lugar de la arquitectura realmente construida reproduce una fase de planificación a la que se renunció, pero que presenta de modo mucho más claro las intenciones del arquitecto que las obras realmente construidas, con las limitaciones impuestas por las circunstancias. La inclusión de las propias obras en un libro sobre arquitectura universal es buena prueba de la seguridad que experimentan los arquitectos en sí mismos, una seguridad formada en el Renacimiento, sobre todo gracias al modelo desempeñado por Palladio (1508–1580), quien también trató sus propias obras en los *Quattro libri*.

El *Esbozo de una arquitectura histórica* de Fischer no tiene como fin presentar objetivamente la historia de la arquitectura, sino que se encuentra al servicio de la idea imperial de los Austrias, en el sentido de legitimación y continuidad. Su historia universal comparada de la arquitectura bebe en las fuentes literarias y plásticas, a las que menciona en cada caso. Al mismo tiempo resulta ser un arquitecto y dibujante genial, que está en condiciones de ilustrar plásticamente el carácter tridimensional de la arquitectura. Fischer supera la tradición académico-vitruviana que había dominado hasta entonces la teoría arquitectónica; su condición de arquitecto y artista presenta la historia y el presente de la arquitectura en un marco impresionante.

BE

Reconstrucción del templo de Zeus en Olimpia
La reconstrucción se basa en la descripción de Pausanias; el orden corintio y la bóveda de cañón con casetas están tomados del palacio de Diocleciano en Spoleto.
1er cuaderno, lám. V. Grabado al aguafuerte

Pórtico
Fischer von Erlach plasma el motivo antiguo del pórtico con exedra en el lenguaje del neoclasicismo francés. Así se remite a la arquitectura de la Antigüedad clásica.
1er cuaderno, hoja 4. Grabado al aguafuerte de Johann Ulrich Krauss

Reconstrucción del templo de Salomón
Como muchos otros teóricos, también Fischer von Erlach sitúa al comienzo de su tratado la construcción «perfecta» del templo salomónico, ilustrando sus inmensas substrucciones.
1er cuaderno, lám. II. Grabado al aguafuerte

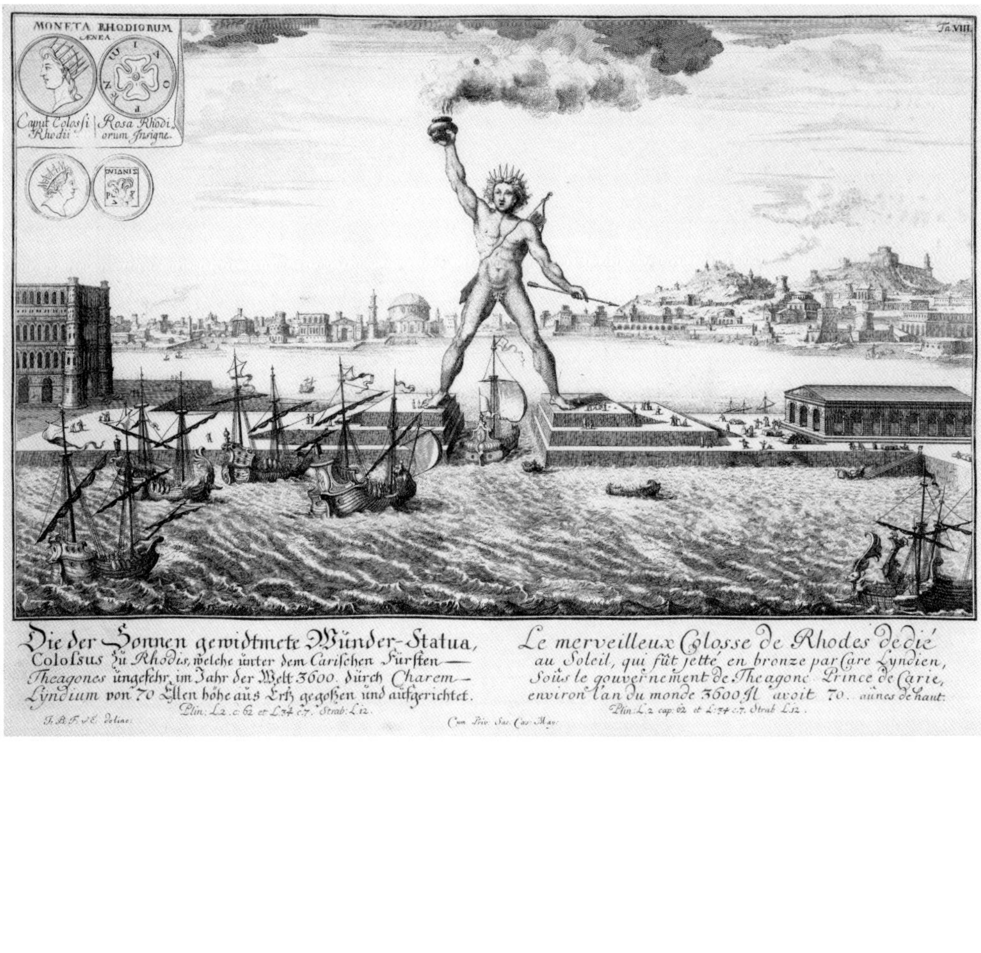

Reconstrucción del Coloso de Rodas
Fischer von Erlach continúa la reconstrucción del Coloso de Rodas, un esquema usual desde el Renacimiento. La colosal estatua de bronce no se encontraba en la entrada del puerto, sino dentro de este.
1er cuaderno, lám. VIII. Grabado al aguafuerte

El Foro de Trajano en Roma
Para el diseño de la plaza, con la columna central, las fuentes y las estatuas ecuestres, Fischer von Erlach varía la *Place royale* del neoclasicismo francés.
2º cuaderno, lám. VII. Grabado al aguafuerte

Stonehenge, en Inglaterra, y el teatro de Roca del palacio de Hellbrunn, cerca de Salzburgo
2º cuaderno, lám. XIV. Grabado al aguafuerte

Reconstrucción de la cisterna de Constantinopla
Al igual que las termas de Diocleciano, el acueducto de Cartago y algunos puentes, «La gran cisterna de Constantinopla» se cuenta entre las construcciones técnicas que recoge Fischer von Erlach en su *Arquitectura histórica.*
3er cuaderno, lám. V. Grabado al aguafuerte

Friedrich Weinbrenner (1766–1826)
Architektonisches Lehrbuch

3 PARTES, TUBINGA, 1810–1819

Manual de arquitectura

La vida y la obra de Friedrich Weinbrenner se desarrollan en tres grandes capítulos: los años de su juventud y de su formación como carpintero en Karlsruhe (1766–1788), el periodo de aprendizaje itinerante en Suiza, Viena, Dresde, Berlín e Italia (1788–1797) y los años en que ejerció la profesión de funcionario de construcciones en Karlsruhe (1797–1826). Para Weinbrenner fue decisiva la estancia de seis años en Italia, donde pudo estudiar tanto los testimonios de la arquitectura clásica como las fuentes literarias. En esa época sentó las bases, asimismo, para su obra arquitectónica, en la que predominan los sobrios elementos grecorromanos. Desde 1800 hasta su muerte en 1826, Weinbrenner trabajó en Karlsruhe, en condición de funcionario de construcciones; como tal desarrolló una ingente labor constructiva y supervisó las construcciones públicas. Se dedicó principalmente a la ampliación del plan de urbanismo en forma de abanico, para lo cual prestó gran atención a la imagen de las diferentes calles. Mostró particular interés por la formación de arquitectos, formación que se desarrolló primeramente en un centro privado por él fundado. Las hojas de ejercicios de sus alumnos proporcionan una imagen ilustrativa de los planes de estudio: dibujo sencillo, geometría descriptiva, teoría de las formas constructivas, proyectos. El *Architektonisches Lehrbuch* (*Manual de arquitectura*) es simultáneamente una guía práctica para sus alumnos y un manifiesto sobre su teoría de la arquitectura.

Los primeros fascículos del *Manual de arquitectura* de Weinbrenner se publicaron en 1810. Su objetivo era presentar, en cuatro partes, todas las aplicaciones de la arquitectura: desde dibujo y proyectos hasta historia y teoría de la arquitectura. Mientras que los tres primeros volúmenes se publicaron hasta la muerte de Weinbrenner, el cuarto –*Die praktische Baukunst* (*El arte constructivo práctico*)– no llegó a editarse; este solo se ha conservado en forma manuscrita. A pesar de quedar incompleto, el *Manual* experimentó una rápida difusión, sobre todo en Alemania, al tratarse del primer compendio práctico y teórico. El volumen de láminas, provistas de breves explicaciones, fundamentó una especie de teoría alemana de la arquitectura, que redujo la dominante influencia de las teorías arquitectónicas francesas e italianas. La publicación de este manual tiene un objetivo más bien práctico: «Formado para el mundo y no para la escuela erudita, doy con la mejor voluntad

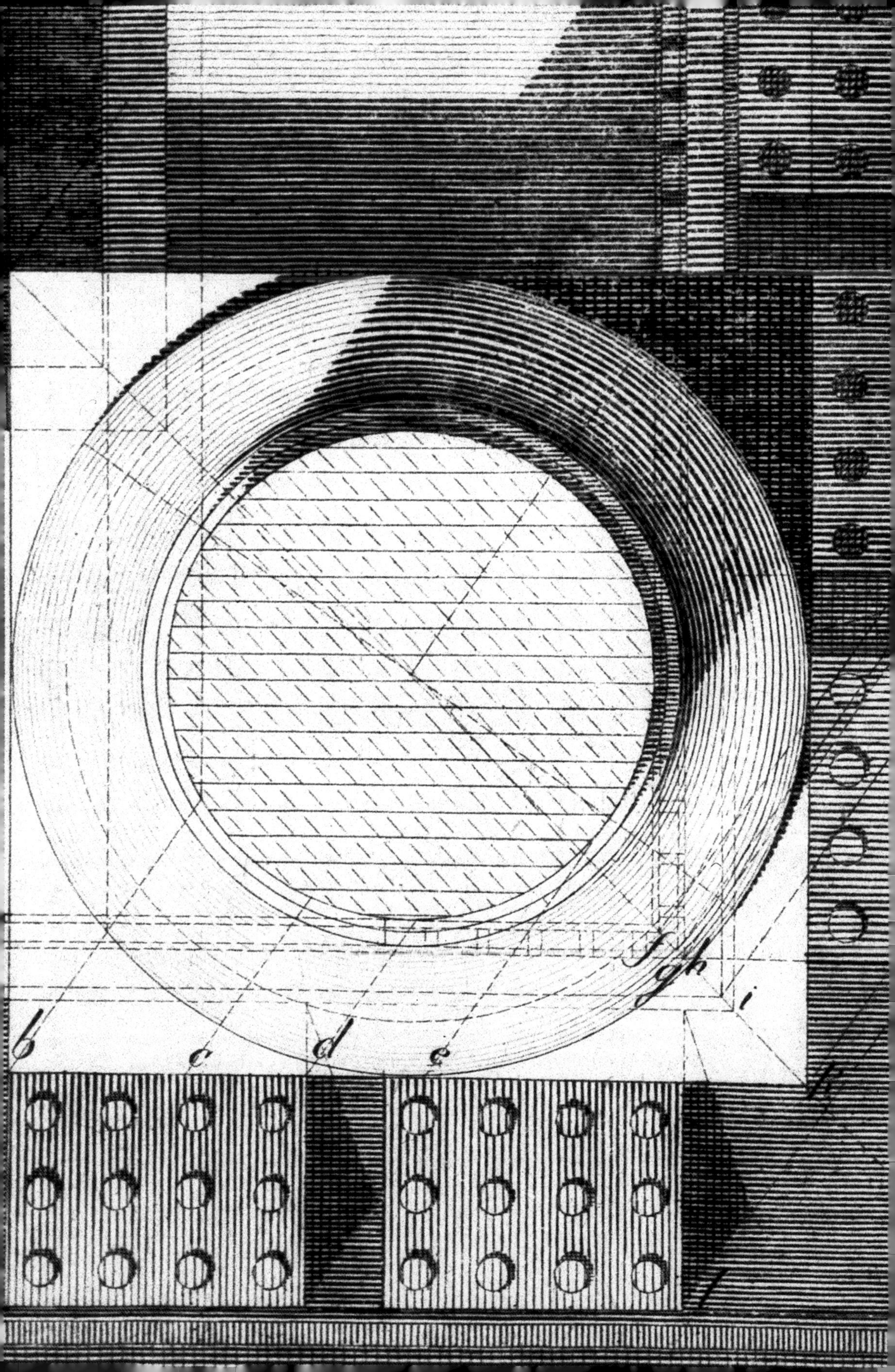
b
c
d
e
f
g
h
i
k
l

lo que, mediante dibujos y breves explicaciones, sin aditamentos eruditos, el artista de mayor edad puede y debe dar al más joven. No quiero actuar especulativamente ni con un vestido filosófico y erudito, es decir, de modo disuasorio para quienes aprenden y para los artistas.

»La erudición no nos sirve de mucho y la idea de una razón arquitectónica solo tiene valor cuando se añade experiencia. Aquí me guió una sensación viva de las carencias de la formación arquitectónica, tanto escrita como oral, que tuve ocasión de observar, en mí y en otros, principalmente durante una estancia de seis años en Italia».

Los dos primeros fascículos tratan el dibujo en perspectiva como ejercicios imprescindibles para el arquitecto en formación, que se ve así enfrentado a cuestiones fundamentales de la representación arquitectónica y constructiva. Solo en el tercer apartado –*Über die Höhere Baukunst* (*Sobre el arte arquitectónico superior*)– se presentan abiertamente las ideas de Weinbrenner presentes en las tres entregas escritas. Aquí se habla de la forma y de la belleza del arte arquitectónico superior y del uso de los órdenes de columnas, de la distribución, división y realización de los edificios, si bien se refieren claramente a cuestiones de aplicación práctica. «Una forma es bella si en ella se aprecia una consumación útil. La utilidad se define a su vez por el concepto de la forma». Según Weinbrenner, lo bello radica en la forma y no en el material. Cómo ha de conseguirse la forma de una obra constructiva lo expone de la siguiente manera: «Si se considera la comodidad como la directora de las formas para proyectar edificios característicos, de modo que estas se deben amoldar a nuestras necesidades, y no somos nosotros –al contrario– los que hemos de adaptarnos a ellas, se puede construir con ellas el edificio de un zapatero, el de un mercader y un fabricante, al igual que el de un rico con algunas y el del príncipe con muchas exigencias de comodidad, de muy diversas formas y como un todo característico». Incluso las decoraciones arquitectónicas deben tener «un significado en sí mismas que armonice con el significado del objeto al que pertenecen y que corresponda a la finalidad de la obra». Para él, los medios arquitectónicos para hacer visibles las jerarquías de significado en la arquitectura son los órdenes de columnas, cuyos diferentes valores expresivos subrayan el carácter del edificio, al mismo tiempo que contribuyen a ennoblecerlo. Sus argumentos estéticos los toma Weinbrenner de la teoría arquitectónica usual hacia 1800, que exige una construcción funcional y centrada en la utilidad.

Para el estudio de las formas arquitectónicas, Weinbrenner ofrece en tres láminas variantes de plantas y alzados esquematizados, que se desprenden de las formas geométricas básicas. De este modo, Weinbrenner fundamenta un sistema de reproducción de las estancias funcionales de un edificio. Con una orientación estrictamente geométrica y dependiendo del volumen y de la finalidad de un edificio, son posibles cuantas combinaciones se deseen de un edificio, sobre la base de un sistema reticular. Los esquemas que se indican en el *Manual* son para Weinbrenner láminas ilustrativas y didácticas, que en la práctica exigen una modificación adecuada, para hacer justicia a las «múltiples» figuras arquitectónicas. Weinbrenner intenta conjugar la estética de Kant con el funcionalismo de Durand.

La cuarta parte, la no publicada, está dedicada a la arquitectura práctica y trata la teoría y realización técnica de las escaleras y las doctrinas teórico-prácticas de la construcción en madera y en piedra. De acuerdo con su distribución, la obra no está escrita cronológicamente. El manuscrito, titulado *Über die technische Anordnung der Schreiner, Glaser, Blechner und Schlossarbeiten bey Gebäuden* (*Sobre la disposición técnica de los trabajos de ebanistería, vidriería, chatarrería y cerrajería en edificios*), para la sexta entrega de la tercera parte, existe en diferentes versiones. Las ideas, presentadas con todo lujo de detalles, sobre la producción y aplicación de puertas, portales, revestimientos de paredes y techos, de marcos de ventanas y sobre el hierro que se utiliza en la construcción, testimonia unos conocimientos artesanales sorprendentes, que Weinbrenner obtuvo durante su formación.

En contraposición al tratado clásico de arquitectura, con el método de la teoría del decoro, Weinbrenner desarrolla un libro de texto que presenta tesis y problemas prácticos de dificultad creciente. Tanto en el sistematismo como en el principio de elevar la finalidad del edificio a la base de la descripción de la arquitectura se muestra un paralelismo con la teoría arquitectónica del francés Jean-Nicolas-Louis Durand (1760–1835), cuyo abstracto sistema reticular introduce el moderno racionalismo en la arquitectura. Como Weinbrenner se muestra deudor del lenguaje formal clásico, su obra construida será ya criticada poco después de su muerte.

BE

ARCHITEKTONISCHES

LEHRBUCH.

VON

FRIEDRICH WEINBRENNER,

GROSHERZOGL. BADISCHEM OBERBAUDIREKTOR.

ERSTER THEIL.

GEOMETRISCHE ZEICHNUNGSLEHRE,

LICHT- UND SCHATTENLEHRE.

MIT KUPFERN.

TÜBINGEN

IN DER JOH. GEORG COTTAISCHEN BUCHHANDLUNG

1810.

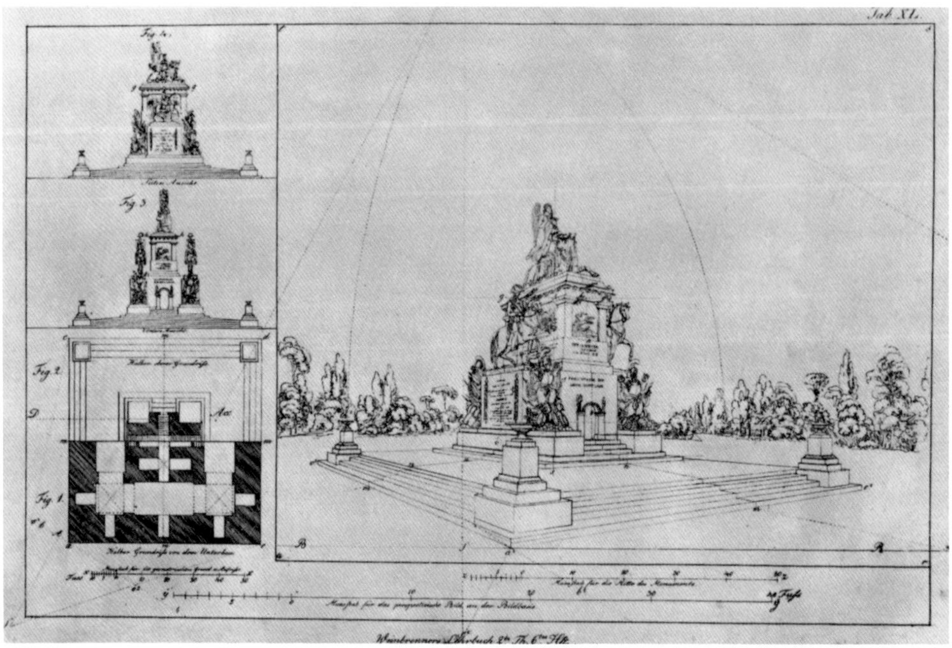

Plaza del Mercado de Karlsruhe
En su sucesión de cuatro plazas de distinta forma, hacia el palacio, la disposición de la plaza del Mercado de Karlsruhe se basa en la idea de una *Via Triumphalis.*
2ª parte, lám. XXXIX. Litografía

Proyecto para un monumento
En 1815, Weinbrenner proyectó un monumento a la batalla de la Belle-Alliance, que interpretó como «monumento a toda Europa».
2ª parte, lám. XL. Litografía

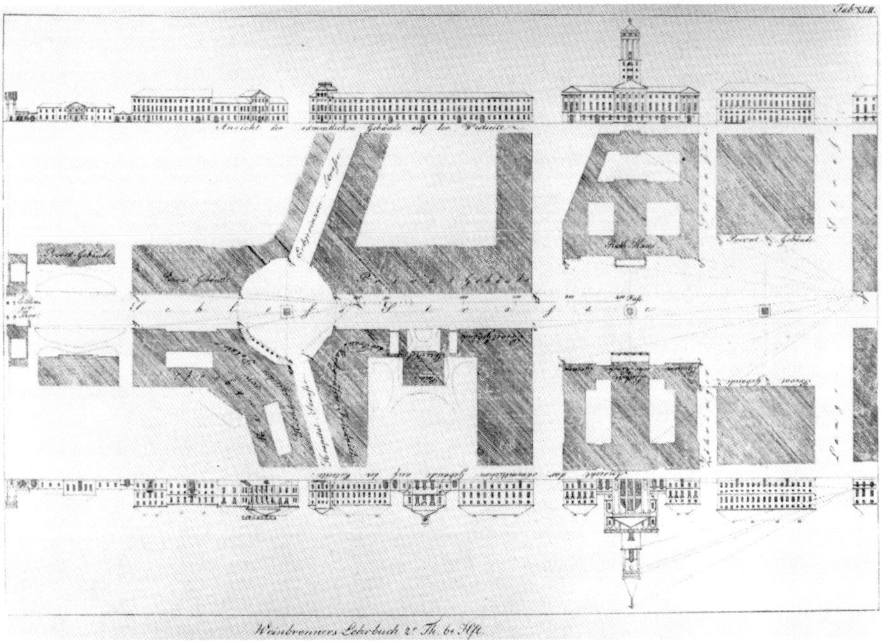

Plano de la antigua calle de Palacio de Karlsruhe
A la plaza de acceso, cuadrada, sigue una glorieta con el obelisco, un rectángulo y por último una plaza cuadrada con la pirámide.
2ª parte, lám. XLII. Litografía

Escaleras
Con la representación de una escalera que lleva a una terraza, el *Manual* plantea la tarea de dibujar la escalera en perspectiva y determinar las formas de las sombras.
3ª parte, lám. XXXI. Litografía

Estudios de detalles
La tarea es definir la iluminación y la sombra de un capitel dórico, dibujado en planta y alzado. *1ª parte, lám. XIII. Grabado al aguafuerte*

Adornos
3ª parte, lám. XVII. Litografía

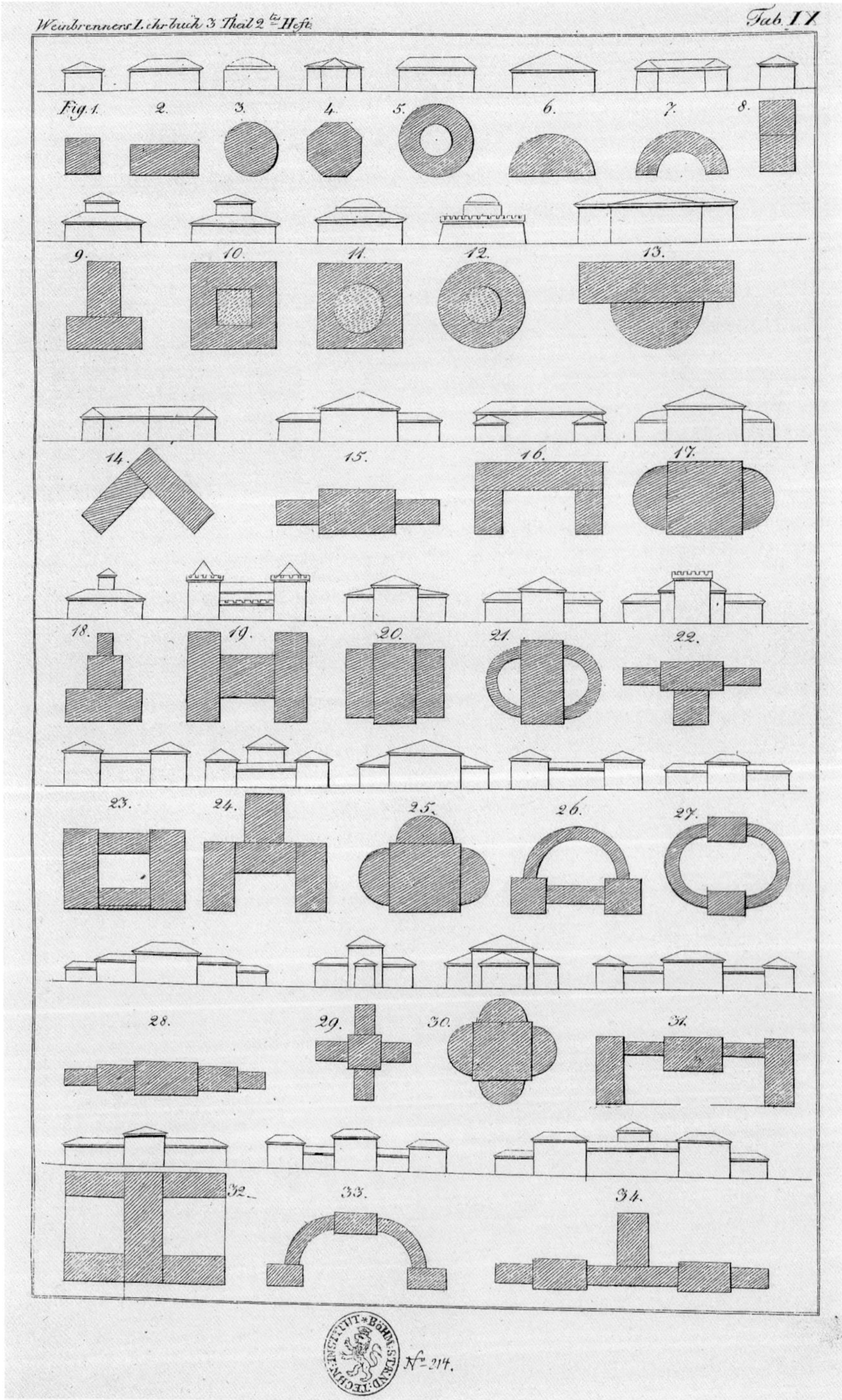

Plantas y alzados de edificios, sobre la base de figuras geométricas
3ª parte, lám. IX. Litografía

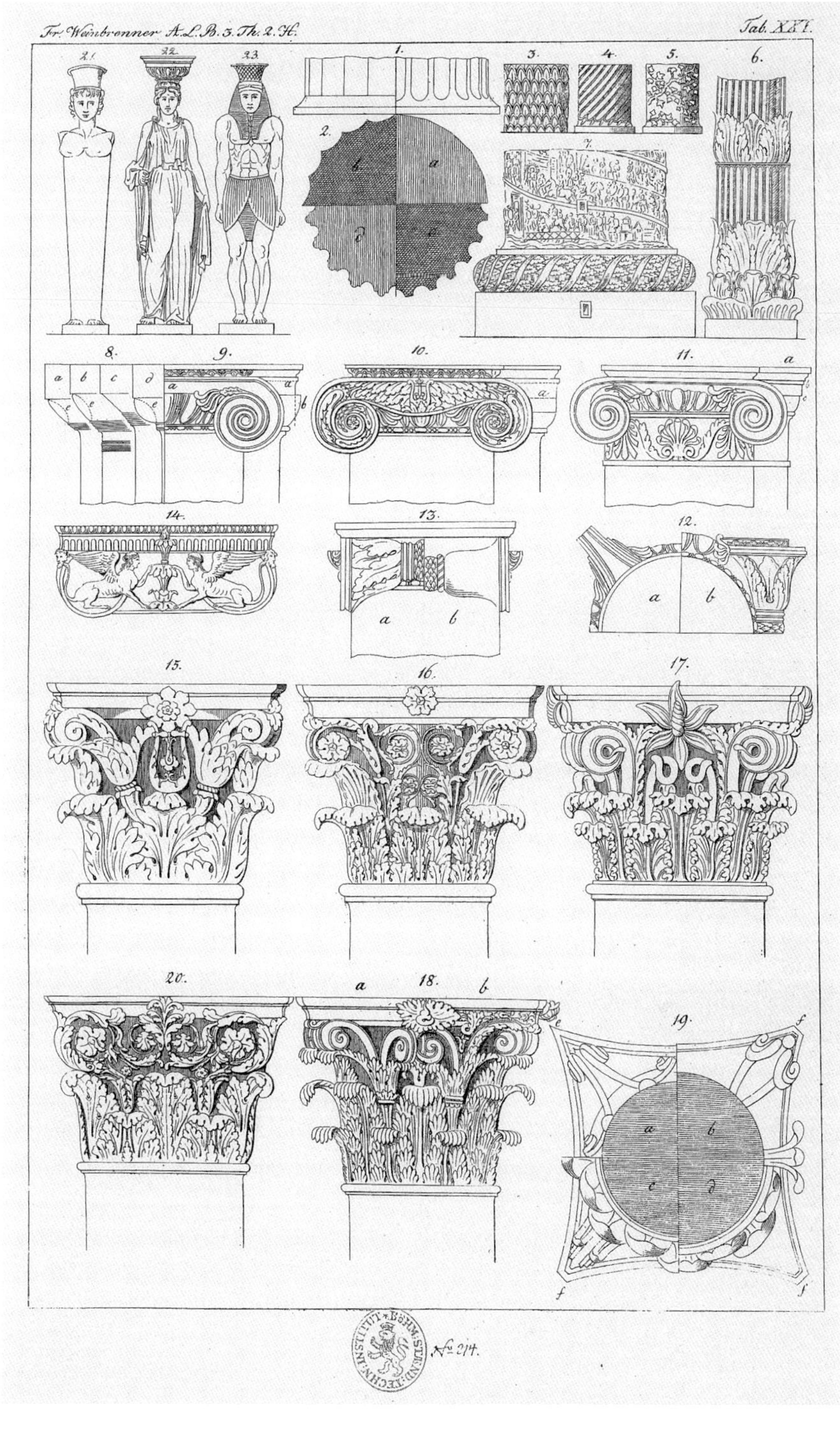

Fustes
Variaciones de fustes, pilastras, cariátides, capiteles jónicos y corintios.
3ª parte, lám. XXL. Litografía

Karl Friedrich Schinkel (1781–1841)

Sammlung architectonischer Entwürfe von Schinkel enthaltend theils Werke welche ausgeführt sind, theils Gegenstände deren Ausführung beabsichtigt wurde

28 FASCÍCULOS, BERLÍN, 1819–1840

Colección de proyectos arquitectónicos de Schinkel, que comprenden en parte obras realizadas, en parte objetos cuya realización estaba prevista

Karl Friedrich Schinkel tenía 16 años de edad cuando, en 1797, acudió a la exposición de la Escuela de Arquitectura de Berlín; al admirar allí el proyecto de Friedrich Gilly para un monumento a Federico el Grande, se decidió espontáneamente a ser arquitecto. Nació en Neuruppin en 1781, hijo del matrimonio formado por el superintendente Johann Cuno Schinkel y Dorothea, apellidada de nacimiento Schinkel. Fue uno de los primeros alumnos de la Escuela de Arquitectura de Berlín. Su afecto a su profesor Friedrich Gilly, fallecido a los 28 años de edad (1772–1800), se revela en la autobiografía que Schinkel escribió en 1825: «Pronto se descubrió en él [Schinkel] una clara inclinación al arte, por lo que aprovechó con gran entusiasmo la oportunidad que se le ofreció de convertirse en alumno del consejero de construcciones Gilly, cuyos méritos por el estudio de la arquitectura son de sobra conocidos por sus escritos, que gozan de la estima general. Sin embargo, para el joven Schinkel poseyeron un atractivo especial los trabajos del inspector de construcciones Gilly, hijo del primero; con estos objetos arquitectónicos ingeniosos y tratados de un modo muy particular, entró por primera vez en contacto con el arte».

Durante su primer viaje a Italia, en 1803–1805, a Schinkel se le quedaron grabadas impresiones tanto de construcciones clásicas como de la arquitectura medieval de ladrillo. Tras su regreso a Berlín en 1805, Schinkel tuvo que contentarse con trabajos decorativos; sin embargo, con dioramas de gran formato, que se exhibieron en público, consiguió despertar la atención. Gracias a la recomendación de Wilhelm von Humboldt fue nombrado funcionario de construcciones en 1810; a este nombramiento seguiría en 1815 el de miembro de la Diputación Técnica de Construcciones. El cargo de funcionario público llevó consigo tareas de supervisión de construcciones y encargos de construcción de ministerios y otras instituciones públicas. Solo a partir de 1816 Schinkel pudo acometer funciones arquitectónicas concretas, como la construcción de la Nueva Guardia y la remodelación de la catedral, junto al parque de recreo; en 1817 le ordenó el rey la reconstrucción del teatro del Gendarmenmarkt, destruido por un incendio. Aunque, debido a su condición de funcionario prusiano, ya no podía realizar viajes largos de formación, hizo algunos viajes oficiales a Francia e Inglaterra (1826), a Italia (1824 y 1830) y sobre todo a las provincias de Prusia. Junto a algunos proyectos y visiones no realizados, entre sus obras construidas en Berlín se encuentran la Nueva Guardia (1816–1818), el Teatro (1818–1821), la iglesia de Friedrich-Werder (1821–1830), el Viejo Museo (1822–1830) y la Academia de Arquitectura (1832–1836). Schinkel murió en su vivienda de la Academia, en octubre de 1841.

«Lo histórico no es aferrarse tan solo a lo antiguo, o repetirlo; de este modo se acabaría la historia. Actuar históricamente es producir algo nuevo, para continuar así la historia». Con palabras tan claras describe Schinkel la idea conductora de su voluntad arquitectónica, que se convirtió en la base de su actividad teórica y práctica. La permanente reflexión intelectual y la continua revisión mental de la actuación práctica caracterizan a Schinkel, frente a sus contemporáneos.

En 1819, y a sus 38 años de edad, Schinkel presentó la primera entrega de sus *Sammlung architectonischer Entwürfe* (*Colección de proyectos arquitectónicos*). La colección contiene sus propias obras, siempre y cuando ya se hubieran construido o se tratara de proyectos para construcciones concretas. La edición en gran formato probablemente se inspire en *Recueil de Décorations Intérieurs* (*Colección de decoraciones interiores*, 1801) de los arquitectos franceses Charles Percier (1764-1838) y Pierre François Fontaine (1762-1853) y posiblemente también en *New Vitruvius Britannicus* (*Nuevo Vitruvio Británico*, 1802-1809) del inglés George Richardson (1736-1817). Resulta sorprendente que Schinkel presentara en un momento tan temprano una visión de conjunto de su obra arquitectónica, aunque la edición completa –prevista como publicación por entregas– no se concluiría hasta 1840, un año antes de su muerte.

El volumen de láminas es un monumental catálogo de obras completas, una especie de biografía hecha imagen. Aquí, Schinkel recogió obras construidas y proyectos, proyectos alternativos, plantas, alzados y secciones, perspectivas de interiores y de vías públicas, detalles arquitectónicos y jardines, proyectos de monumentos, puentes, muebles, ornamentos y objetos de artesanía; muchos de ellos no se llegaron a realizar nunca, o solo fueron realizados en una forma modificada o reducida. De este modo, la obra es al mismo tiempo un libro de muestras y un manual para construir y diseñar de modo ejemplar, que influiría considerablemente sobre las siguientes generaciones de arquitectos.

Cada una de las láminas está acompañada de breves textos. Aunque las exposiciones teóricas no alcancen el nivel de las impresionantes imágenes, se exponen de una forma breve y explicativa argumentos estéticos. Junto a las cuestiones relativas a la adquisición de los terrenos, la remodelación de los edificios ya existentes o el traslado de cursos de agua, se exponen los deseos de los constructores, la colaboración con otros arquitectos y diseñadores de jardines y los cambios de planes por razones económicas.

En la introducción, Schinkel defiende el Teatro, considerado unánimemente como su obra magna, contra las críticas, muchas de ellas de aficionado: «Muchos se creen llamados a modificar detalles, en la obra construida, siguiendo un sentimiento oscuro y unilateral, porque la ignorancia y la falta de capacidad de conseguir una unidad partiendo de aspectos diferentes y variados los hace ciegos contra las destrucciones que esos cambios llevarían consigo. Cuanto más sencillo sea el modo en que se han solucionado los problemas relativos a las formas externas, las primeras que saltan a la vista, en una obra muy intrincada, tanto menos reconoce la mayoría –por regla general– el valor artístico que precisamente aquí se esconde». Se hace hincapié en una idea arquitectónica global descuidando cada elemento constructivo. A pesar de la clara representación de los cuerpos constructivos individuales, también en la reproducción gráfica predomina la impresión de una disposición íntegra.

Los principios arquitectónicos de Schinkel están recogidos en su *Architektonisches Lehrbuch* (*Manual de arquitectura*), que permaneció fragmentario. No se trata de una doctrina que facilita la planificación práctica y la construcción, sino de una teoría arquitectónica, cuyo tema es la penetración artística del proyecto arquitectónico. Esta obra es buena muestra del proceso continuo de Schinkel, en el que se resumen todos los cambios estéticos, técnicos y en el campo de las ideas que se produjeron entre 1800 y 1850. Con las modernas posibilidades técnico-materiales, Schinkel lleva la tríada de Vitruvio: *utilitas*, *firmitas* y *venustas* (funcionalidad, solidez y belleza) a nuevas interpretaciones y aplicaciones. La rápida sucesión con que se publicaron las posteriores ediciones testimonian la gran estima de que gozó la arquitectura de Schinkel. Con su *Colección de proyectos arquitectónicos*, Schinkel fundó un nuevo tipo de publicación: el catálogo de obras propias, que influyó en posteriores publicaciones, incluyendo las de Frank Lloyd Wright (1867–1959) y Le Corbusier (1887–1965).

BE

Vista en perspectiva del Nuevo Teatro de Berlín
2º fascículo, lám. 7. Grabado sobre cobre

Puente del palacio de Berlín
En 1819, Schinkel proyectó el nuevo puente del palacio de Berlín, para sustituir a un puente de madera. Iba sobre el brazo izquierdo del río Spree y constituía el cierre de la calle Unter den Linden, delante del palacio.
3er fascículo, lám. 24. Grabado sobre cobre

El Nuevo Museo de Berlín
En el Nuevo Museo de Berlín, planeado desde 1824, se había previsto albergar las esculturas en la planta principal y las pinturas en la planta superior, mientras que en la planta subterránea se proyectaron salas para «necesidades económicas».
6º fascículo, lám. 37. Grabado sobre cobre

Proyecto para el palacio Krzescowice
El palacio Krzescowice fue planeado por el conde Potócki como residencia familiar. En 1822 se encargaron los planos a Schinkel, pero el proyecto no se llegó a realizar.
7º fascículo, lám. 43. Grabado sobre cobre

Iglesia en el mercado der Werder de Berlín
Vista en perspectiva del exterior de la iglesia.
13er fascículo, lám. 79. Grabado sobre cobre

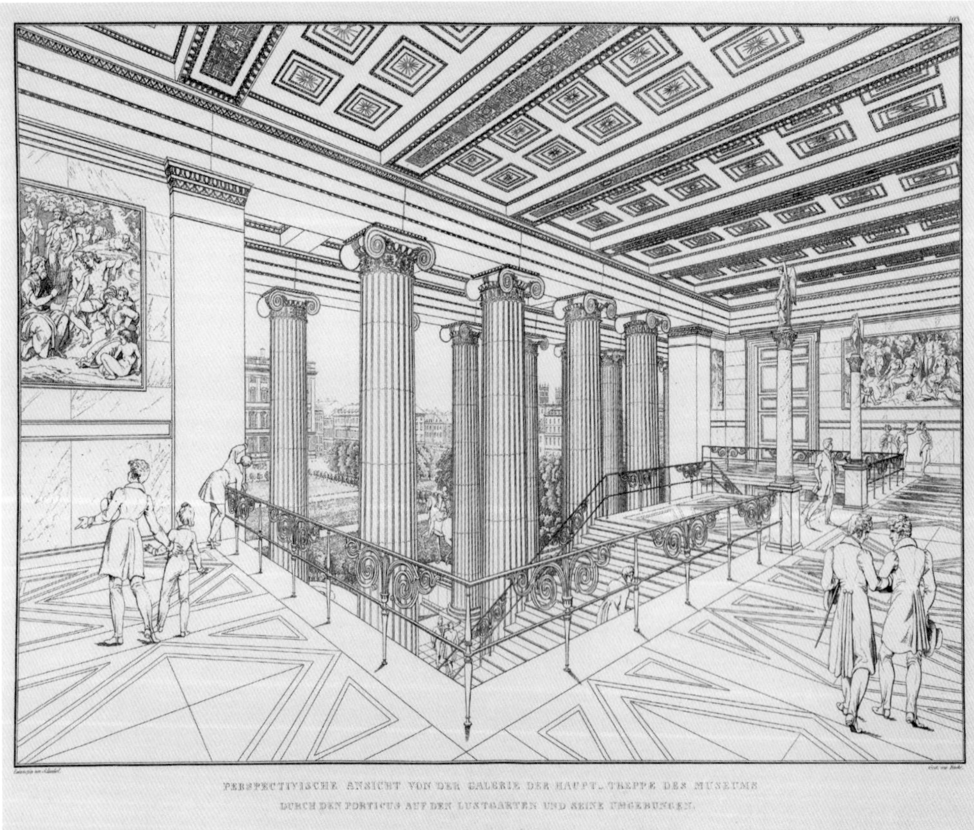

Hall de entrada del Nuevo Museo de Berlín
En esta famosa lámina se puede observar, a través del pórtico, el jardín de recreo, parte del palacio Real y las torres de la iglesia de Werder.
17º fascículo, lám. 103. Grabado sobre cobre

Planta de Charlottenhof
Plano de situación de Charlottenhof, con las plantas de los edificios. Desde la terraza, sobre la que se puede extender una carpa, se mira hacia el Nuevo Palacio de Potsdam.
18° fascículo, lám. 109. Grabado sobre cobre

Leo von Klenze (1784–1864)
Anweisung zur Architectur des christlichen Cultus

MÚNICH, 1822

Los diez libros de arquitectura

Leo von Klenze, intendente de las construcciones de la corte y mayor funcionario de Baviera en el campo de la arquitectura bajo el rey Luis I, está considerado –con Karl Friedrich Schinkel (1781–1841)– como el arquitecto alemán más importante de la primera mitad del siglo XIX. Sus obras principales, como la Gliptoteca, la Vieja Pinacoteca, la Residencia, la plaza del Odeón y la calle Ludwigstrasse, siguen marcando aún hoy la imagen urbana de Múnich. Sus monumentos nacionales gozan de gran fama nacional: el pabellón de la Liberación de Kehlheim y sobre todo la Walhalla (Donaustauf). Gran prestigio internacional le dio, ya en vida, el edificio del Nuevo Hermitage de San Petersburgo.

En 1800, a los 16 años de edad, Klenze comenzó sus estudios para entrar en el servicio superior de Administración de Construcciones en la Escuela de Arquitectura de Berlín, con David Gilly (1748–1808). Durante un viaje de estudios de varios meses de duración a París recibió la inspiración decisiva por parte del teórico de la arquitectura Jean-Nicolas-Louis Durand (1760–1835). En 1808 fue llamado a la corte de Jérôme Bonaparte en Kassel; en 1816 fue nombrado arquitecto de la corte real con sede en Múnich. En sus numerosos viajes por Italia, Grecia, Francia, Inglaterra y Rusia, Klenze adquirió amplios conocimientos de historia del arte, además de realizar estudios arqueológicos en Sicilia y Grecia. Se dedicó tanto a la investigación de la arquitectura contemporánea como a la teoría arquitectónica hasta una edad muy avanzada. A pesar de que Klenze dejó una rica producción de obras de arquitectura, historia e historia de las religiones, no existe ningún tratado explícito con una teoría arquitectónica elaborada.

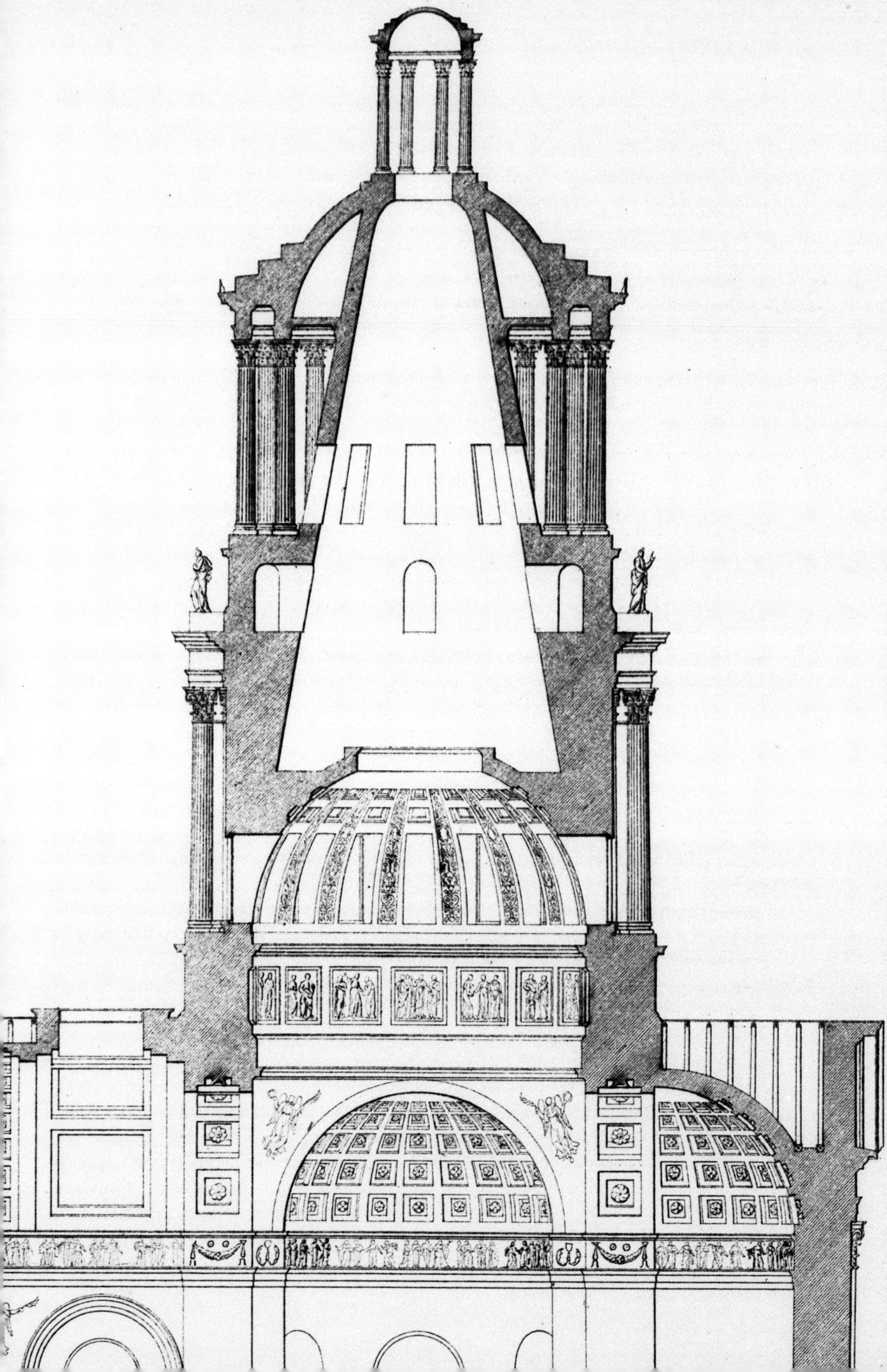

Anweisung zur Architectur des christlichen Cultus (*Instrucciones para la arquitectura del culto cristiano*) puede considerarse como un libro de muestras para la construcción moderna de iglesias sobre la base de un esquema basilical, que Klenze quiso transportar a un nuevo y más elevado grado de desarrollo. En esta obra, y tomando como ejemplo la arquitectura sacra, Klenze expuso los fundamentos estéticos e históricos, extraídos de la historia de las religiones, del arte y de la cultura, para su propia arquitectura neoclásica. En el prólogo, Klenze explica el carácter oficial y público de su obra, de la que se enviaron varios cientos de ejemplares gratuitamente a diferentes organismos eclesiásticos y temporales. Klenze justifica la política centralista y reglamentada por el Estado frente al arte y la arquitectura invocando a modelos históricos, desde Pericles a los «Papas amantes del arte» del Renacimiento, para «difundir el concepto general de las reglas y las formas arquitectónicas». Las instrucciones se dividen en un prólogo, seis capítulos y 38 láminas. Los cuatro primeros capítulos sirven para exponer los fundamentos teóricos de la recepción del tipo de construcción neoclásico; el quinto aporta un catálogo resumen de las «necesidades del edificio litúrgico cristiano», mientras que el capítulo sexto contiene las explicaciones de los proyectos muestra. Las ilustraciones reproducen 11 proyectos modelo para iglesias rurales de cierto tamaño, dos para iglesias de parroquias urbanas, dos para las iglesias principales de grandes ciudades y otra para una iglesia-catedral. Llama la atención que ninguno de estos proyectos presenta la sección típica de las iglesias construidas en la Antigüedad, con su nave central más alta y una galería superior para la entrada de luz. Los capítulos dedicados a la teoría ilustran cómo trata Klenze la cuestión central de una interpretación clásica o romántica de la basílica paleocristiana. Le interesa, sobre todo, refutar las objeciones presentadas por los románticos liderados por Peter Cornelius (hacia 1783–1867), que se oponían al neoclasicismo en la arquitectura sacra.

En el primer capítulo, dedicado a «Religiones primitivas y su relación con el cristianismo», Klenze intenta demostrar la relación interna existente entre la religión pagana-clásica y la cristiana y expone que, en principio, «las necesidades litúrgicas se pueden satisfacer por la misma vía arquitectónica»: de este modo explica la adaptación de la arquitectura antigua en la época paleocristiana; a su vez, la arquitectura de esa «época heroica del cristianismo», y no la de un periodo de ruina medieval, resulta decisiva para el presente. En el tercer apartado, dedicado a la estética de la arquitectura, Klenze se propone demostrar que el principio estético de la arquitectura griega no se contrapone a las verdades de fe cristianas, sino que se encuentra en armonía con estas. Siguiendo a Aloys Hirt (1759–1837) defiende la tesis de que la arquitectura, sobre la base de las leyes de la estática, la construcción y la economía, alcanzó el equilibrio armónico entre el espíritu y la materia, en su más alta perfección, justamente en Grecia. Por su perfección y verdad, la arquitectura griega debe reconocerse «también como la arquitectura del cristianismo verdadero, sustancial y positivo, como un arte auténticamente cristiano». Sin embargo, de esto no se desprende que las obras griegas deban copiarse directamente. Antes al contrario, se debe llevar a cabo «una clara distinción de las formas individuales y su composición, de la analogía y la sintaxis», «pues si las formas que nos trasmitieron los griegos y los romanos deben considerarse como perfectas en sí mismas, aunque no estén concluidas en absoluto, nuestras necesidades –en particular las de la liturgia– son tan diferentes de las de los antiguos que esas formas han de componerse de modo completamente distinto para responder a su objetivo». La lesión de la unidad entre forma y estructura que esto implica, derivada del neoclasicismo francés, despertó la oposición de la crítica coetánea. Con todo, se puede decir que la «clara distinción de las formas individuales en su composición» que hace Klenze es solo una vía abstracta para ilustrar la superioridad de la arquitectura griega. Esta no es solo «la más perfecta, la mejor y más bella», sino también «la única auténtica y sustancial [...], bajo la cual todo lo anterior puede subsumirse como principio y tentativa imperfecta, y todo lo posterior, como local y desviación».

El cuarto capítulo está dedicado a una «visión rápida de los edificios litúrgicos del cristianismo que produjeron el tiempo y las circunstancias en armonía o contraposición con los principios que hemos definido». Gran parte del apartado lo ocupa la crítica del gótico por ser «un estilo cristiano-jerárquico que refleja las desastrosas sutilezas de la escolástica y del dogmatismo». Klenze se opone decididamente a la tesis romántica del origen alemán del gótico, que atribuye a un sistema político despreciable que «a través de medios religiosos y eclesiásticos [...] busca poder y posesiones terrenas y que siempre dirige las miradas de los hombres hacia el cielo para poder dominar mejor en la tierra». Arbitrariedad, mentira y «falta de armonía estática» son las características de la construcción gótica con sus contrafuertes y arbotantes ocultos, una «forma artificial, pero no artística». Según Klenze, el gótico no es apto para un renacimiento sino para el cuidado de monumentos. Solo después de esta introducción teórica, Klenze expone –en principios de carácter más bien general– la arquitectura de los edificios sacros.

BE

Sección transversal de una basílica con columnas
La basílica con columnas, que se ilumina con claraboyas en la bóveda, posee un presbiterio elevado cubierto por una cúpula central. *Lám. XXVI. Grabado sobre cobre*

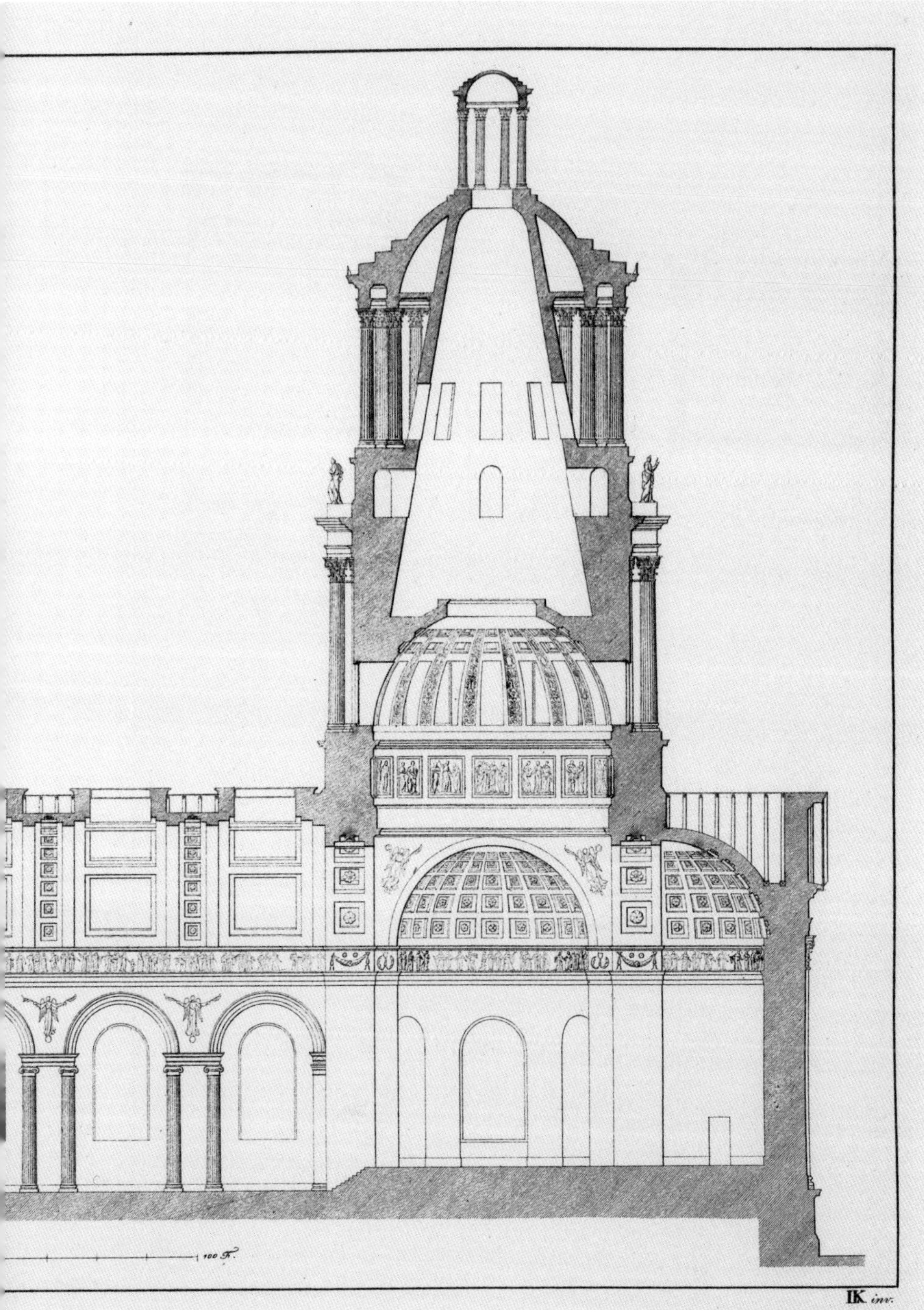
100 F.
IK inv.

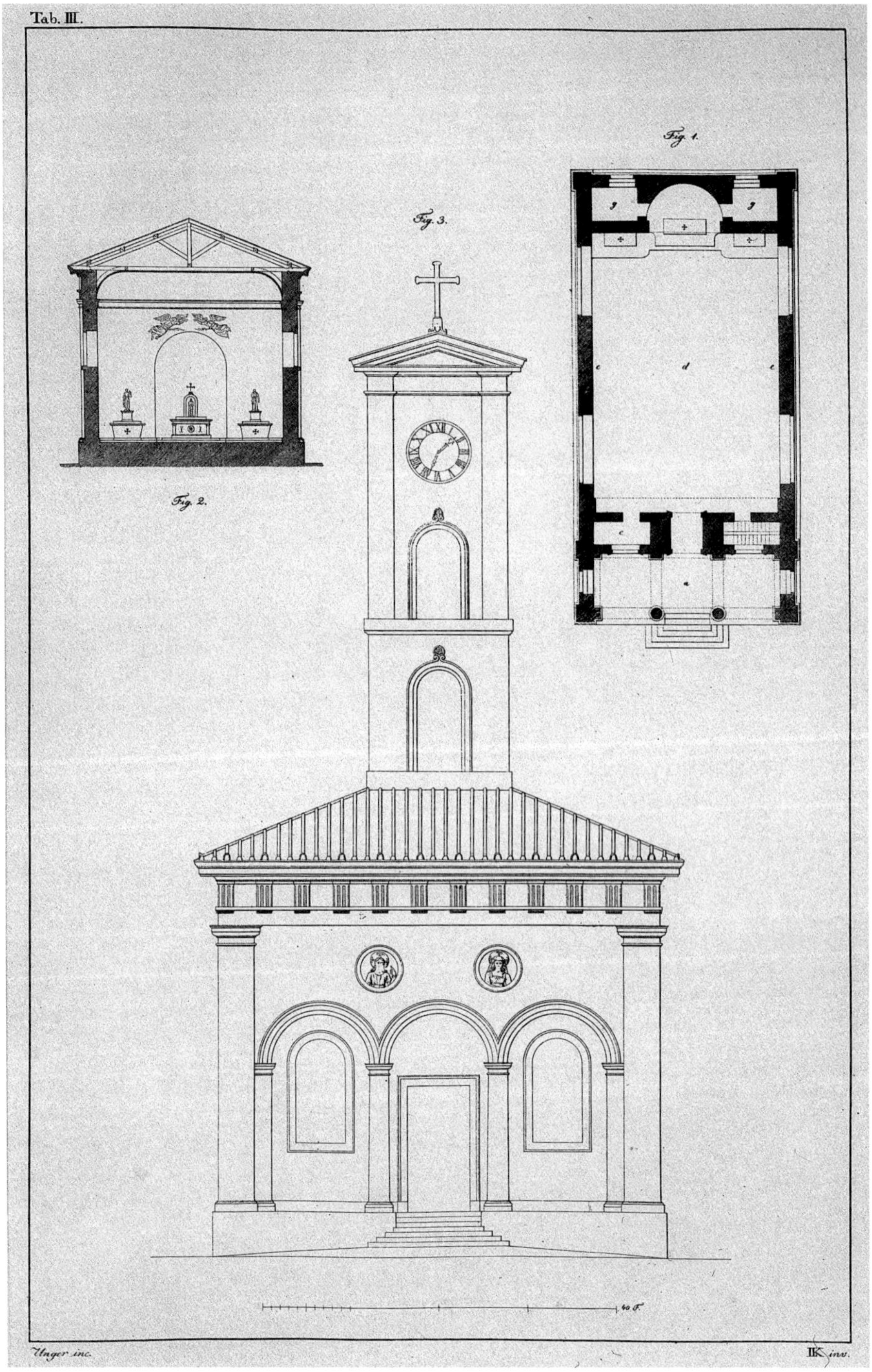

Proyecto para una iglesia rural
El tipo de la sencilla iglesia rural se inspira en los «modelos italianos», sobre todo la torre abierta repite el modelo de muchos campanarios italianos. *Lám. III. Grabado sobre cobre*

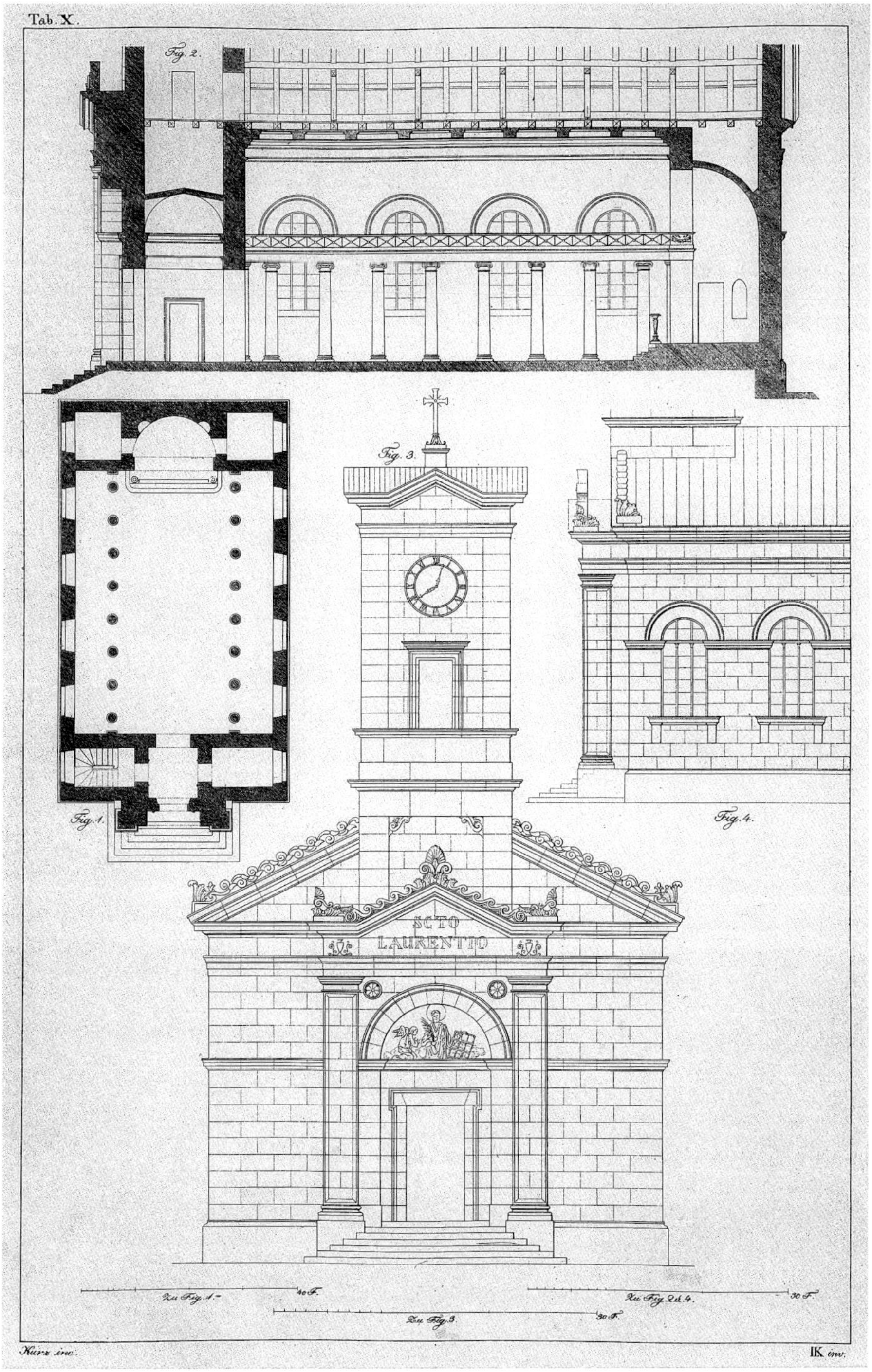

Proyecto para una iglesia
La iglesia con tribuna es un tipo característico de las iglesias protestantes alemanas; Klenze lo propone también para la arquitectura sacra católica. *Lám. XI. Grabado sobre cobre*

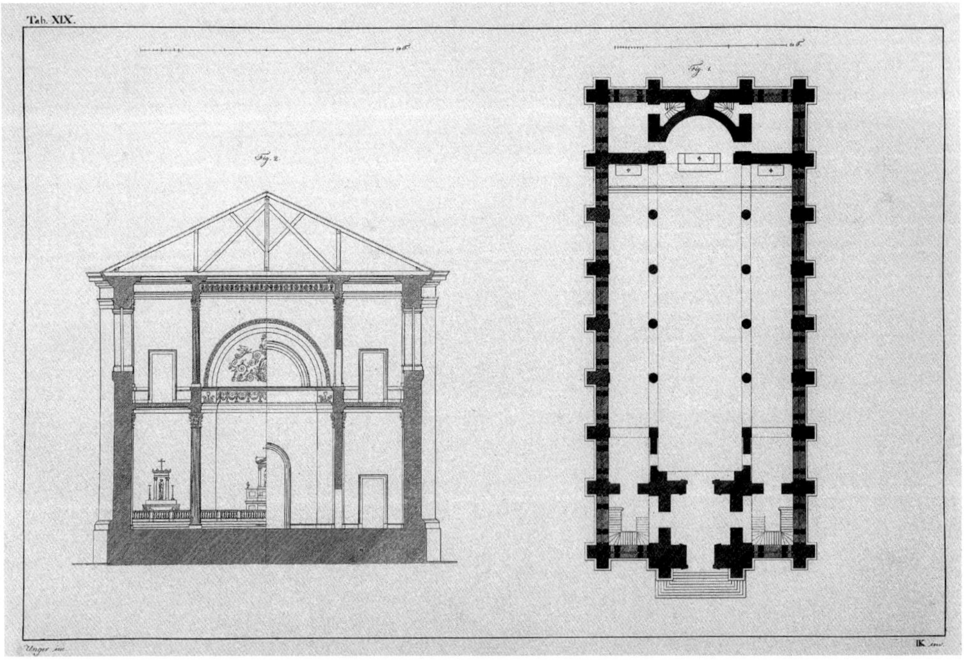

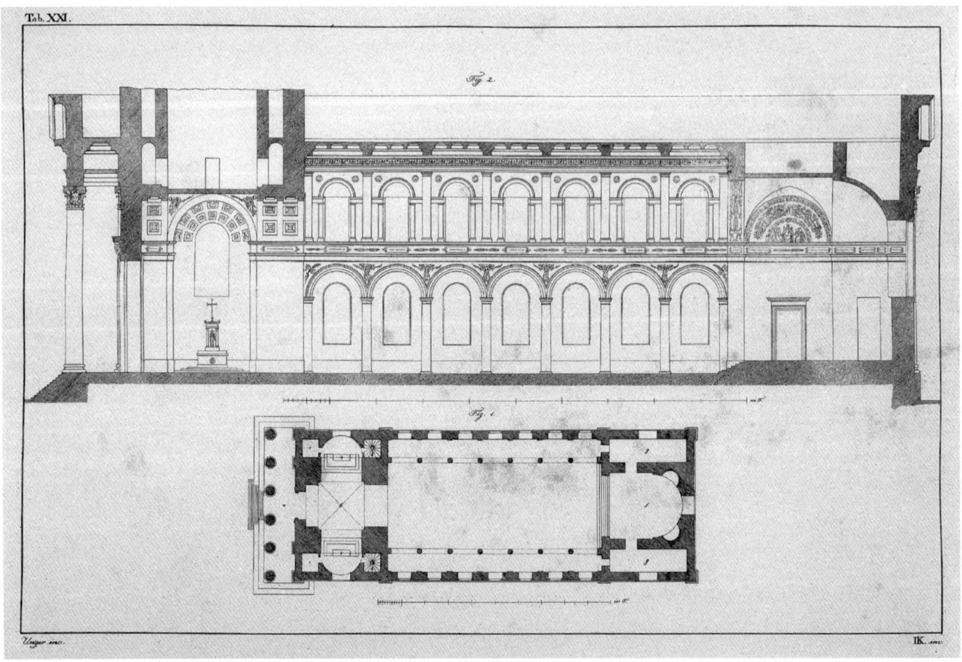

Sección y planta para una iglesia urbana grande
Klenze lo denomina «proyecto modelo que se puede adaptar a las necesidades y circunstancias de cada lugar». *Lám. XIX. Grabado sobre cobre*

Sección transversal y planta para una iglesia urbana grande
En este proyecto, Klenze prevé una torre, un atrio y un presbiterio elevado. *Lám. XXI. Grabado sobre cobre*

Torre de iglesia
La torre, que se acerca a la forma de un *septizonium*, se alza sobre el atrio con seis columnas. La torre se divide en cuatro plantas, alternando abiertas y cerradas.
Lám. XXII. Grabado sobre cobre

Fachada con dos torres
En este proyecto, Klenze se inspira conscientemente en edificios medievales.
Lám. XXIV. Grabado sobre cobre

Fachada y torre del crucero de una basílica
El acceso se define por un pórtico con columnas corintias; la torre de dos tambores está coronada por una linterna. *Lám. XXVII. Grabado sobre cobre*

Christian Carl Josias Bunsen (1791–1860)
Die Basiliken des christlichen Roms

2 VOLS., MÚNICH, 1842–1844

Las basílicas de la Roma cristiana

Johann Gottfried Gutensohn (1792–1851)
Johann Michael Knapp (1791–1861)
Denkmale der christlichen Religion

VOLUMEN DE LÁMINAS, STUTTGART, TUBINGA, ROMA, 1822–1827

Monumentos de la religión cristiana

El diplomático y teólogo Christian Carl Josias von Bunsen nació en Korbach el 25 de agosto de 1791; estudió en Marbach, desde 1808, y en Gotinga, desde 1809, Teología, Filología Clásica e Historia. Hizo extensos viajes para aprender idiomas: a Copenhague (1813), donde se dedicó al islandés, y a París (1816), donde estudió persa y árabe con Antoine Isaac de Sacy. Barthold Georg Niebuhr le reclutó para la legación prusiana cerca de la Santa Sede, donde trabajó entre 1818 y 1838, primero como secretario y encargado, y por último como plenipotenciario. El instituto arqueológico y el hospital evangélico se fundaron por iniciativa suya. El viaje que hizo a Roma el príncipe heredero en 1828 fue el origen de una amistad de por vida con el que más tarde sería rey Federico Guillermo IV (reinado 1840–1861). Durante su estancia en Roma, Bunsen escribió una historia topográfica de la ciudad eterna en cinco volúmenes: *Beschreibung der Stadt Rom* (*Descripción de la ciudad de Roma*, 1830–1842) y un tratado sobre las basílicas romanas de importantes consecuencias para la arquitectura sacra protestante. La obra *Die Basiliken des christlichen Roms* (*Las basílicas de la Roma cristiana*) no estaba ilustrada, sino que se refirió a las láminas realizadas por Gutensohn y Knapp. Como consecuencia de los denominados Desórdenes de Colonia, fue declarado excedente en 1838. Después de pasar un año en Inglaterra, fue nombrado plenipotenciario en Berna, cargo que ejerció entre 1839 y 1841. En 1841 consiguió, gracias a sus hábiles negociaciones, que se creara un obispado anglo-prusiano en Jerusalén. Dirigió sus objetivos político-diplomáticos a una alianza de los Estados protestantes de Inglaterra y Prusia. En 1854 cesó en sus cargos y se retiró a Bonn, donde falleció el 18 de noviembre de 1860. Sus variadas actividades se extendieron al fomento de expediciones a Egipto (Lepsius) y otros países de África (Vogel). Su decidida postura contra la esclavitud fue difundida en Estados Unidos en forma de tratado. Consideraba que la salvación futura de los pueblos radicaba en la libertad legal-constitucional y religiosa, a la que habilita la fe cristiana.

El debate en torno a la arquitectura sacra que se mantuvo a comienzos del siglo XIX se centraba en el tipo de la basílica clásica o bien paleocristiana, que Alberti consideró el modelo primigenio del templo cristiano. Ya Goethe expresó su admiración, en 1787, por la basílica paleocristiana, y en

particular por San Pablo Extramuros. Aloys Hirt, especialista berlinés en la Antigüedad clásica, trató con detalle la reconstrucción de la basílica clásica según Vitruvio. Debido sobre todo a las guerras de liberación, la restauración religiosa y la evolución arquitectónica exigían una normalización de la arquitectura sacra, para lo cual se evocó sobre todo la basílica paleocristiana.

Ese mismo año, el editor Freiherr von Cotta encargó a los jóvenes arquitectos Johann Gottfried Gutensohn y Johann Michael Knapp vistas y dibujos arquitectónicos de las basílicas paleocristianas de Roma. Esta colección de grabados se publicó en cuatro fascículos entre 1822 y 1827. En septiembre de 1822, Gutensohn y Knapp anunciaron que habían previsto distribuir sus «plantas, secciones y vistas» en siete fascículos con siete grabados cada uno. El primero, que vio la luz en la imprenta de Romanis, se dedicaba a las basílicas de San Clemente y San Pablo Extramuros. La empresa se detuvo y solo en 1824 se publicó el segundo fascículo, en la editorial J. G. Cotta'sche de Stuttgart y Tubinga, así como en Scudelari de Roma. El tercer fascículo salió de la imprenta ese mismo año y en 1827 se concluyó la primera edición de los fascículos cuarto y quinto, que se publicaron juntos. La edición definitiva corrió a cargo de la editorial J. G. Cotta'sche en 1843; constaba de 50 láminas. La colección de láminas era toda una novedad, pues hasta entonces no existía ninguna obra extensa de carácter científico-histórico sobre las basílicas paleocristianas de Roma. Los dibujos con las plantas, alzados, secciones y vistas se basan en las mediciones efectuadas por los dos arquitectos en los restos aún existentes entonces; las modificaciones y complementaciones posteriores se reprodujeron mediante sombreados. *Las basílicas de la Roma cristiana* de Bunsen se publicaron posteriormente en forma de texto explicativo a la colección de láminas de Gutensohn y Knapp.

Lo que Klenze quiso realizar para la arquitectura sacra católica con sus *Instrucciones para la arquitectura del culto cristiano* (1822) lo intentó hacer Bunsen, con su obra sobre las basílicas romanas, para las iglesias protestantes, obra que dedicó a su «graciosa majestad y señor Federico Guillermo el Cuarto». La intención principal del tratado de Bunser era tratar la cuestión de si el tipo de la basílica paleocristiana podía ser adecuado para la construcción de iglesias de su tiempo. Cuando Bunsen escribe en el prólogo: «Sí: para una comprensión viva de la arquitectura germánica de la Edad Media y para las posibilidades de su revitalización fructífera tales conocimientos de las antiguas basílicas son de gran importancia, como está reconocido», se revela no solo un interés arqueológico-histórico, sino que se trata la importante cuestión del gótico, que él equipara a la arquitectura germánica.

En la introducción, Bunsen resume las opiniones y los juicios que se habían expresado hasta entonces sobre las basílicas cristianas; pasa después a describir la basílica ateniense y las basílicas de la Roma clásica para volver su atención, en el segundo apartado, a las basílicas cristianas. En el tercer apartado se presentan las basílicas paleocristianas de Roma, que analiza sistemáticamente en el cuarto capítulo. La observación final se dedica a la arquitectura sacra protestante coetánea, cuyas condiciones constructivas, litúrgicas e históricas hace derivar de la basílica cristiana. «Por último, no era posible dejar de lado la cuestión de la relación interna y externa existente entre la construcción de basílicas y el tipo dominante en la época tardomedieval, el estilo germánico. Si se quiere que todo esto sea fructífero para el presente, para terminar no puede faltar una visión de la idea de la arquitectura sacra y las necesidades prácticas de nuestro tiempo». Bunsen considera que los requisitos que plantea la construcción de iglesias evangélicas –que son al mismo tiempo una iglesia de predicación y de altar– se encuentran realizados en la basílica, por presentar esta un espacio único. Como estilo prefiere la construcción abovedada germánica; su ideal culmina en la frase: «Tenemos ante la vista la basílica paleocristiana, como modelo para la construcción germánica, con el objeto de celebrarse en ella la liturgia evangélica. De estos tres elementos se deriva una libertad ilimitada para la construcción con la variedad de lo viejo y lo nuevo».

La idea de Bunsen para la construcción de iglesias protestantes y su preferencia por el estilo gótico tuvieron importantes repercusiones: en su obra *Über den Bau evangelischer Kirchen* (*Sobre la construcción de iglesias evangélicas*) de 1845, Semper se remite expresamente a Bunsen; el gran número de las iglesias que se construyeron en Berlín, o alrededor de esta ciudad, permite hacerse una idea de la influencia que ejerció la obra de Bunsen. Sin su obra sobre las basílicas serían impensables las diversas fases de planificación para una construcción de nueva planta de la catedral de Berlín.

BE

Die Basiliken

des

christlichen Roms.

Kupfertafeln und Erklärung.

München.

Literarisch-artistische Anstalt

der J. G. Cotta'schen Buchhandlung.

Vista interior de San Pablo Extramuros, desde la tribuna
Lám. VI. Grabado sobre cobre

Vista interior de San Pablo Extramuros
Lám. V. Grabado sobre cobre

Vista interior de Santa María la Mayor
Lám. X. Grabado sobre cobre

Vista interior de San Lorenzo
Lám. XIII. Grabado sobre cobre

XIII
Laurent hors des Murs.
Veduta dell'Interno della Basilica di S. Lorenzo fuori delle Mura

Planta y alzado del púlpito de San Lorenzo
Lám. XIV. Grabado sobre cobre

Vista interior de Santa Inés
Lám. XVIII. Grabado sobre cobre

Vista interior de San Esteban Rotondo
Lám. XXI. Grabado sobre cobre

Grundrisse und Durchschnitte der Basilika von Santa Maria in Cosmedin

Plans et Coupes de la Basilique de Sainte Marie in Cosmedin

Piante e Spaccati della Basilica di Santa Maria in Cosmedin

Planta y secciones de Santa María en Cosmedin
Lám. XXII. Grabado sobre cobre

Alzados y secciones de San Vicente de las Tres Fuentes
Lám. XXV. Grabado sobre cobre

XXV.
C
100 pariser Fuß.
100 rhein: Fuß.
ncent aux trois Fontaines.
Facciate e Spaccati della Chiesa di S. Vincenzo alle tre Fontane.

Heinrich Hübsch (1795–1863)
In welchem Style sollen wir bauen?

KARLSRUHE, 1828

¿En qué estilo debemos construir?

Nacido el 9 de febrero de 1795 en Weinheim an der Bergstrasse, Gottfried Heinrich Christian Hübsch comenzó sus estudios de filosofía y matemáticas en Heidelberg en 1813; en 1815 se trasladó, después de conocer a Georg Moller (1784–1852), a Karlsruhe, donde fue discípulo de Friedrich Weinbrenner (1766–1826). Después de sus viajes a Italia y Grecia (1817–1820, 1822–1824), trabajó como profesor de arquitectura en el Instituto Städel de Fráncfort del Meno. En 1827, tras la muerte de Weinbrenner, fue llamado a Karlsruhe, primero como maestro constructor de la Residencia y miembro de la Comisión de Construcción, y después como consejero de construcciones; en 1842 fue nombrado director de construcciones. Desde 1832, Hübsch simultaneó esta actividad con la de director de la Escuela de Arquitectura de la Escuela Politécnica, de la que surgió la actual Universidad. Con objeto de llevar a cabo estudios, en particular de arquitectura paleocristiana, viajó por Italia en 1838, 1847, 1849/50 y 1853/54, además de hacerlo por Francia, el norte de Alemania y sobre todo por el sur de Alemania. En 1858 se publicó la primera entrega de *Altchristliche Kirchen* (*Iglesias paleocristianas*), en la que define la arquitectura como un arte histórico, «pero no como el arqueológico que querrían muchos». Hübsch murió el 3 de abril de 1863, a los 68 años de edad.

La publicación del tratado *In welchem Style sollen wir bauen?* (*¿En qué estilo debemos construir?*) en 1828 supone el centro y al mismo tiempo un viraje en la vida de Hübsch. Con esta obra desencadenó un debate sobre la teoría arquitectónica. Esperaba que tuviera una amplia difusión, como revela la dedicatoria: «A los artistas que se reunieron el 6 de abril de 1828 en Núremberg para celebrar el centenario de Alberto Durero». Ahora, dos años después de la muerte de su maestro Friedrich Weinbrenner y de encontrarse un año al servicio del gran duque de Baden, podía presentar, con libertad e independencia, su llamamiento a liberar a la arquitectura de las «cadenas de la Antigüedad». El escrito polémico contra el neoclasicismo dominante quería ofrecer una nueva orientación, con un buen fundamento teórico.

A
A

Hübsch comienza con una tesis provocadora: «La pintura y la escultura abandonaron hace ya tiempo la imitación inánime de la Antigüedad. Solo la arquitectura no es todavía adulta, sino que continúa imitando el estilo antiguo». En esa imitación falta de vida de los modelos clásicos radica, para Hübsch, la inmadurez de la arquitectura. Continuaba así la crítica dirigida contra el neoclasicismo coetáneo: ya en 1822, al publicar *Über griechische Architektur* (*Sobre la arquitectura griega*) se había granjeado las críticas del clasicismo científico consolidado, principalmente de su portavoz Aloys Hirt (1759-1837). Hübsch adquiere esa postura contraria al neoclasicismo al analizar la historia de la arquitectura. Su estudio de monumentos antiguos en Grecia e Italia tuvo como consecuencia una diferenciación entre la arquitectura griega y la romana, así como una acerba crítica a Vitruvio. «Si queremos crear un estilo que posea las mismas características que tanto nos gustan en los modos de construir –reconocidamente bellos– de otros pueblos, dicho estilo ha de surgir no de una índole pasada, sino de la condición actual de factores naturales: en primer lugar, de nuestros materiales usuales; segundo, del punto de vista actual de la experiencia tecno-estática; en tercer lugar, del tipo de protección que los edificios, en nuestro clima, suponen por sí mismos, en relación con su duración; y cuarto, de la propiedad general de nuestras necesidades, fundadas en el clima y en parte quizá también en la cultura».

De este modo, Hübsch define un sistema de condiciones extraestéticas: el papel central lo desempeñan el material de construcción, la experiencia tecnoestática, el clima en relación con la duración y la propiedad genérica de nuestras necesidades, que se fundamentan a su vez en el clima y en la cultura. A esto hay que añadir el término «verdad», que se encuentra en todo su tratado y que, según Hübsch, es el principio más alto del arte. El criterio de la verdad se cumple cuando tanto la decoración como los elementos constructivos se emplean de acuerdo con su fin. El elemento constructivo posee, al mismo tiempo, un carácter creador de estilo, pues «las formas del soporte y de su cubierta proporcionan, por ser las que más destacan y las constructivamente más importantes, el carácter dominante». El hecho de que Hübsch califique con la categoría de verdad un aspecto central de su idea sobre el estilo como adecuación a la construcción parece remitir al aspecto moral de las pretensiones burguesas. Descalifica la arquitectura tradicional como un «estilo mentiroso» y critica el fenómeno de que los elementos estáticos de la arquitectura «se tratan cada vez más como elementos decorativos, o más bien como medios para hacer de un edificio más de lo que puede ser por su finalidad».

Hübsch atribuye los elementos decorativos a las condiciones naturales en las que surge la arquitectura. Dichas bases son, para él, el material de construcción de que se dispone, la experiencia «tecno-estática» alcanzada en cada caso, las previsiones –exigidas por el clima– para asegurar la duración, así como las necesidades socioculturales. Desde estos puntos de vista somete a la arquitectura neoclásica a una crítica, a la que opone un «estilo de arco de medio punto» derivado de la teoría. Considera este como una reencarnación del estilo románico purificado de las reminiscencias clásicas, «tal como hubiera sido si se hubiera podido desarrollar libre y despreocupadamente sin las negativas influencias del estilo antiguo». Para Hübsch, el estilo del arco de medio punto significa la estructura constructiva, portante. Las ampliaciones en relación con los ornamentos, con cualquier forma de elementos decorativos, las deja en manos de cada artista. «En cualquier caso, aquellos edificios que tengan las decoraciones menos afortunadas, pero que se hayan construido de modo consecuente en relación con los elementos, serán como obras de arte muy superiores a las imitaciones más fieles de la Antigüedad». Esta consecuencia es la característica del estilo que, teniendo en cuenta las bases de la arquitectura, «consigue solucionar con gran flexibilidad las tareas más variadas, siempre por el camino más directo». Sus obras «asumirán un carácter auténticamente natural; y el lego en la materia sentirá lo mismo que el artista bien formado».

En su condición de discípulo de Weinbrenner, Hübsch se encuentra influenciado por la tradición de la arquitectura consecuente a la Revolución francesa. Con esta comparte la sobrevaloración de la forma estereométrica, al mismo tiempo que descuida completamente la forma del detalle, que no se considera un elemento integrante de la arquitectura sino que se deja al arbitrio del uso respectivo. El carácter de obra de arte se debe exclusivamente a la correspondencia de la estructura portante con la finalidad, independientemente de la forma individual. La teoría arquitectónica de Hübsch desarrolla ideas que serán decisivas para el historicismo en la arquitectura, una arquitectura mucho más creativa que una mera imitación de estilo. El mérito de Hübsch radica en haber desarrollado un proyecto de estética arquitectónica que se adelantó a su tiempo.
BE

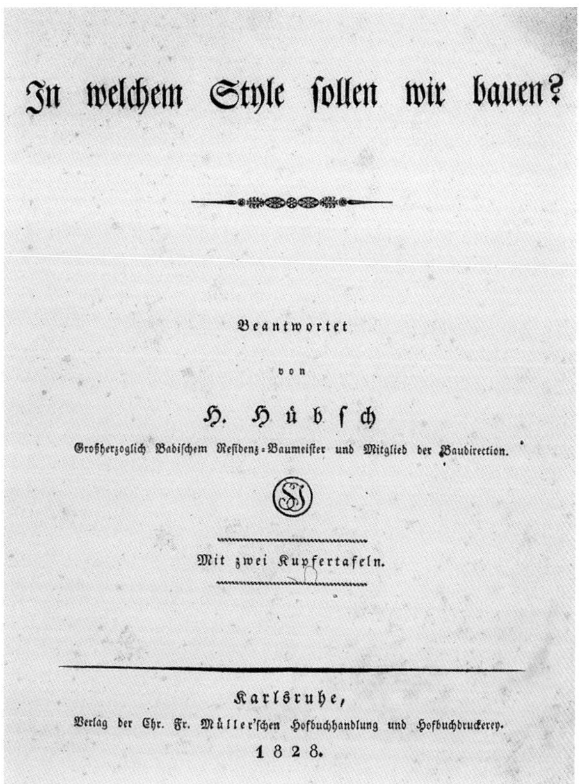

In welchem Style sollen wir bauen?

Beantwortet

von

H. Hübsch

Großherzoglich Badischem Residenz-Baumeister und Mitglied der Baudirection.

Mit zwei Kupfertafeln.

Karlsruhe,

Verlag der Chr. Fr. Müller'schen Hofbuchhandlung und Hofbuchdruckerey.

1828.

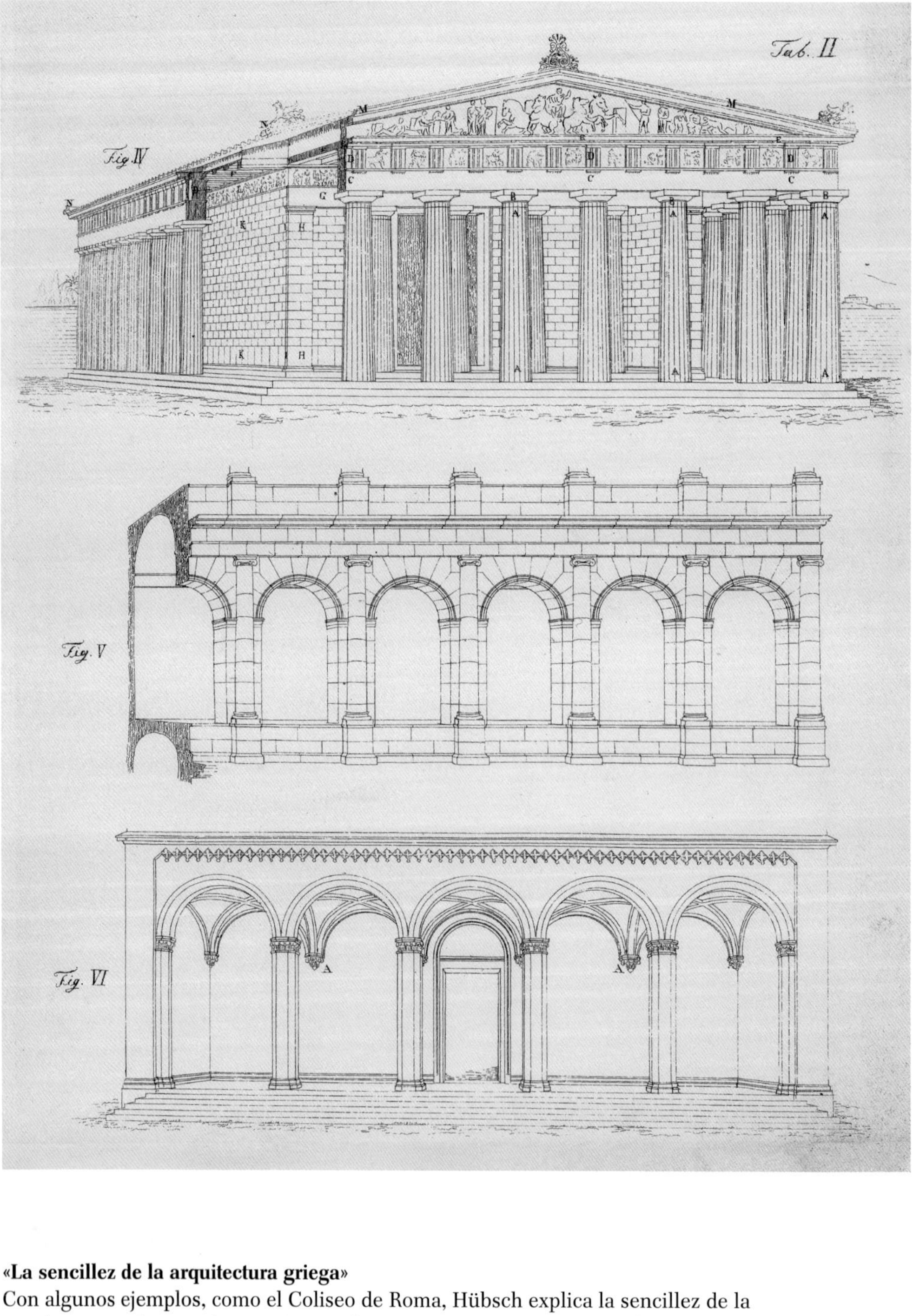

«La sencillez de la arquitectura griega»
Con algunos ejemplos, como el Coliseo de Roma, Hübsch explica la sencillez de la arquitectura griega, en la que ningún elemento arquitectónico se emplea con carácter de «pleonasmo». *Lám. II. Grabado sobre cobre*

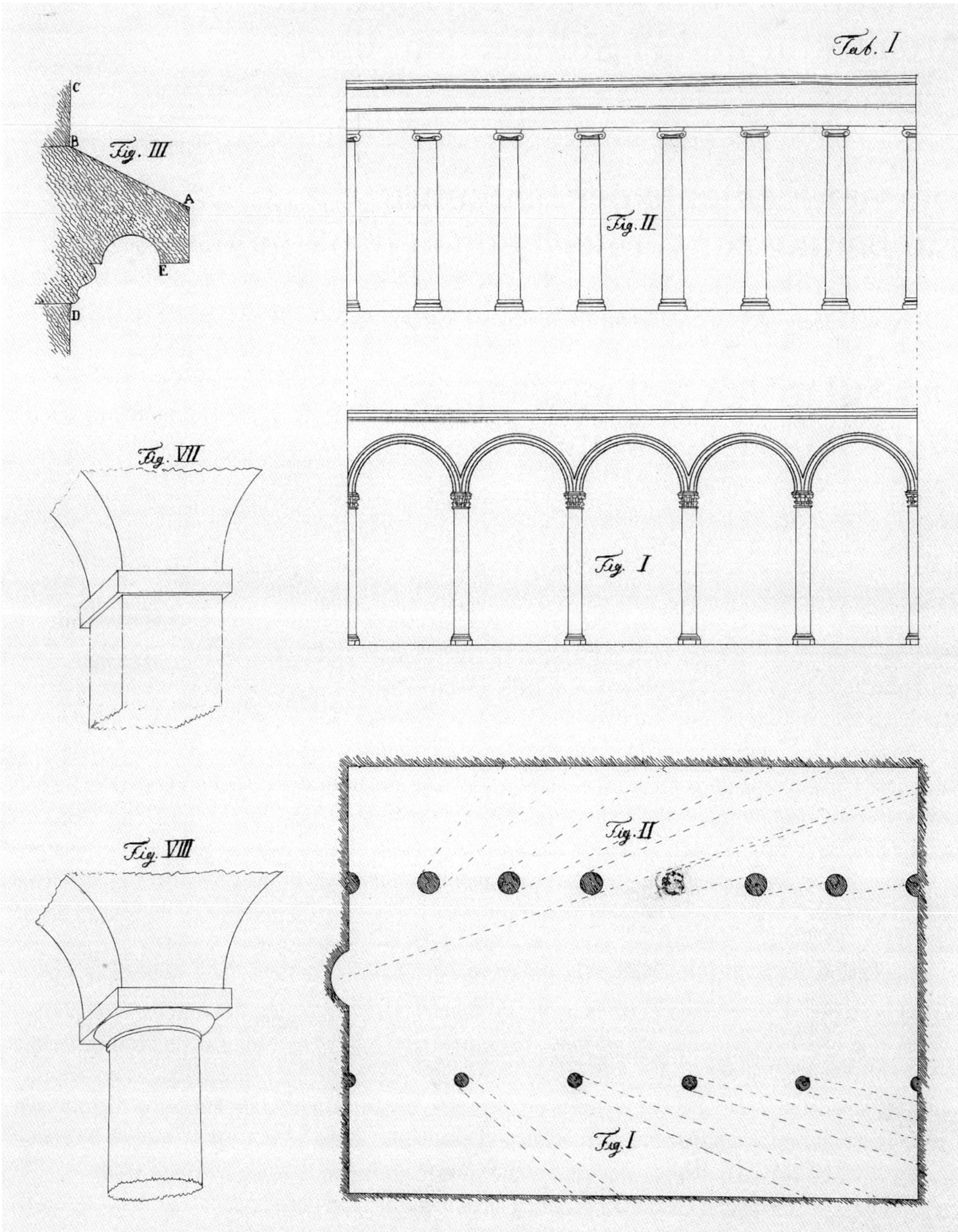

Lámina comparativa de posiciones de columnas
Para las necesidades de una iglesia de tres naves, las columnas no se pueden colocar según las condiciones griegas (fig. II), sino tan lejos unas de otras como en la fig. I.
Lám. I. Grabado sobre cobre

Gottfried Semper (1803–1879)

Vorläufige Bemerkungen über bemalte Architektur und Plastik bei den Alten

ALTONA, 1834

Observaciones provisionales sobre arquitectura y escultura policromada entre los antiguos

Die vier Elemente der Baukunst. Ein Beitrag zur vergleichenden Baukunde

BRUNSWICK, 1851

Los cuatro elementos de la arquitectura. Una aportación a la teoría arquitectónica comparativa

Der Stil in den technischen und tektonischen Künsten

VOL. 2, MÚNICH, 1860–1863

El estilo en las artes técnicas y tectónicas

Gottfried Semper nació en Altona, ciudad de Holstein vecina a Hamburgo, el 30 de noviembre de 1803. En octubre de 1823 se matriculó en la Universidad de Gotinga con el objetivo de estudiar para oficial de artillería o ingeniero de fortificaciones. En 1825 se trasladó a la Universidad de Múnich para estudiar arquitectura con Friedrich von Gärtner (1792–1847) y en 1826 a Ratisbona, para ayudar a las mediciones de la catedral. Tuvo que abandonar Alemania por participar en un duelo; en París consiguió trabajo en el estudio del arquitecto Franz Christian Gau (1790–1853), quien procedía de Colonia. En 1830 hizo un viaje por el Mediterráneo, que le llevó –por Provenza, Italia y Sicilia– a una estancia de cierta duración en Grecia, donde estudió intensamente la policromía de la arquitectura clásica. Gracias a una recomendación de Franz Christian Gau obtuvo en 1834 el cargo de director de la Escuela de Arquitectura de Dresde. En los años de Dresde se dedicó, además de a las grandes tareas de la construcción del teatro y del museo, también a la reorganización del método de estudios en la Academia. Buscó combinar el lado constructivo-técnico con aspectos artísticos, la relación entre la técnica y el arte. Debido a su implicación en el alzamiento contra el gobierno de Sajonia, en mayo de 1848, tuvo que huir al extranjero. Su participación en la Great Exhibition de 1851 en Londres y su actividad docente en las especialidades de arquitectura, construcción y decoración plástica en la recién creada Escuela de Dibujo y Arquitectura de Malboroughhouse agudizaron su mirada a la artesanía. Entre 1855 y 1871 fue catedrático de Arquitectura en el Politécnico de Zúrich. Semper murió en Roma el 15 de mayo de 1879.

El mismo año en que asumió el cargo en Dresde publicó un pequeño libro titulado *Vorläufige Bemerkungen über bemalte Architektur und Plastik bei den Alten* (*Observaciones provisionales sobre arquitectura y escultura policromada entre los antiguos*), en el que se continuaba el debate sobre la Antigüedad clásica que venía manteniéndose desde aproximadamente 1800. Aunque Semper deseaba contribuir a un esclarecimiento sistemático del debate sobre la policromía, en realidad lo que le importaba era mejorar la arquitectura de su tiempo, que consideraba demasiado esquemática e imitativa. Ya en el prólogo exponía que no le interesaba «suministrar un tratado erudito con carácter de anticuario», sino que quería proporcionar informaciones prácticas y «crear provechos

inmediatos». A la arquitectura de su tiempo le faltaba interesarse por las necesidades de la época, mientras que la arquitectura de la Antigüedad se correspondía con las necesidades de aquel entonces. Semper expone que las ciudades de la Antigüedad estaban definidas por el espíritu y el destino de la comunidad. Con una polémica abierta ataca la «arquitectura medio en bancarrota» del presente, critica el esquematismo de Durand y los estilos históricos que solo copian. Su primera obra de 1834 contiene un programa artístico, pero también político, pues se tratan las relaciones entre la arquitectura y las condiciones sociales.

Die vier Elemente der Baukunst (*Los cuatro elementos de la arquitectura*), publicado en el exilio de 1851, recoge la discusión sobre la policromía en la arquitectura; en su núcleo se enfrenta con el historiador del arte berlinés Franz Kugler (1808–1858). En el quinto capítulo, «Los cuatro elementos», Semper desarrolla su estética, que hace derivar de las «condiciones primigenias de la sociedad humana». Describe cuatro elementos fundamentales –el fuego, la cubierta, el muro y el levantamiento de tierra–, con los que se ha creado la arquitectura. Con estos cuatro elementos clasifica las diferentes capacidades técnicas del hombre: «Los trabajos de cerámica y más tarde de metalúrgica y las artes en torno al horno, los trabajos de agua y de albañilería y el levantamiento de tierra, los trabajos de madera y la cubierta y sus accesorios». El muro tiene un origen textil, artesanal, el arte de los artesanos de esteras y de tapices. Para Semper, el arte y la arquitectura tienen su origen en la artesanía. La arquitectura «recoge las ideas, por así decir, de segunda mano».

La prehistoria de la obra *Der Stil in den technischen und tektonischen Künsten* (*El estilo en las artes técnicas y tectónicas*) comienza con las clases sobre los edificios que Semper dio en Dresde en 1840. Los dos volúmenes de su obra principal se publicaron en 1860 y 1863 (volumen 1, *Die textile Kunst* [*El arte textil*], 1860; volumen 2, *Keramik, Stereometrie, Metallotechnik für sich betrachtet* [*Cerámica, esterometría, metalúrgica vistas por sí mismas*], 1863). Tratan el fenómeno de la decoración y su importancia para el desarrollo de civilizaciones. Para Semper, decorar es uno de los principios fundamentales del arte humano; para las expresiones artísticas y culturales, también del presente, «decorar» y «vestir» son siempre necesarias, «allí donde la forma se considera como un símbolo importante, como una creación autónoma del hombre». La forma simbólica se consigue, según Semper, de dos modos: por un lado, se dirige directamente al edificio mismo y a su cualidad constructiva; además, Semper considera la forma arquitectónica de una obra como el producto de una idea superior, que marca el carácter de una época. El elemento portante de la forma simbólica es la fachada, por así decir el envoltorio del edificio, y no la disposición del espacio interior, que depende de las necesidades individuales del cliente. En el envoltorio de todo núcleo interior de un edificio por la fachada, el edificio adquiere su contenido simbólico, legible al exterior. De especial importancia, en relación con el efecto de una obra constructiva, es, según Semper, la propiedad de la superficie del material de piedra empleado. Hace referencia a los grandes maestros del Prerrenacimiento. Poniendo a la vista el muro, en lugar de los órdenes clásicos de columnas, ve la posibilidad de trasmitir un simbolismo análogo a las diferentes estructuras y caracterizar así la construcción. Sin embargo, para Semper el estilo constructivo se caracteriza no solo por su estética tecnológica, sino que es equiparable con la expresión de una sociedad, marcada por la religión, condiciones sociales y circunstancias políticas. Esta idea, basada en la arquitectura del Renacimiento, la denomina Semper como síntesis de dos momentos culturales: el principio de la integración del individuo en una comunidad y la posibilidad de que cada uno pueda «verse representado de modo fuerte y brillante». En la arquitectura del Renacimiento, Semper vio un modelo para la arquitectura presente, pues el Renacimiento se liberó –mediante «objetividad y libertad en el uso simbólico»– de las cadenas impuestas en el trato con los tres modos de los órdenes de columnas y encontró la expresión individual, que es lo característico.

El principio, fundado en la era imperial romana y que llega a su momento culminante en el Renacimiento, de sustituir lo típico por lo característico debía continuarse y llevar a la perfección en la arquitectura coetánea, resume Semper.

Para Semper lo que impone la normas para el presente, lo que debe imitarse, no es la Antigüedad, sino el Renacimiento, su legítimo sucesor. Sus amplias obras, que hablan de sus ideas sobre el arte, no son meros estudios de teoría arquitectónica, sino expresiones artísticas desarrolladas de acuerdo con las condiciones histórico-sociales. La importancia de Semper para la teoría y la práctica de la arquitectura radica en el papel socio-político que atribuye a la arquitectura y a su enfrentamiento con las formas históricas, que ha de servir para obtener nuevas posibilidades de expresión para la arquitectura contemporánea.

BE

Vorläufige Bemerkungen

über

bemalte

Architectur und Plastik

bei den Alten

von

G. Semper.

Grau, theurer Freund, ist alle Theorie,
Und grün des Lebens goldner Baum.
Faust.

ALTONA,

bei Johann Friedrich Hammerich.

1834.

Ilustración de la cubierta

Ilustración de la cubierta
«Amigo: toda la teoría es gris, y el árbol de la vida es verde». Goethe, *Fausto*

Un campo del techo del templo de Teseo en Atenas
Lám. V. Cromotipia

Pinturas del techo en la capilla de Santa Catalina en Asís
Lám. VII. Cromotipia

Detalle de un arquitrabe
Elementos de coronación del arquitrabe en el opistodomo del templo de Teseo en Atenas
Lám. IX. Cromotipia

Templo toscano según Vitruvio
Lám. XIII. Cromotipia

Friedrich Hoffstadt (1802–1846)
Gotisches A-B-C Buch, das ist: Grundregeln des gothischen Styls für Künstler und Werkleute

FRÁNCFORT DEL MENO, 1840–1845

Abecedario gótico; es decir, reglas fundamentales del estilo gótico para artistas y edificadores

La arquitectura europea coetánea –según analiza el arquitecto berlinés Gustav Stier (1807–1880) en la Convención de Arquitectos de 1843– se presenta «en un vestido de los colores más vivos; sin embargo, en ningún otro país como en el nuestro se reflexiona actualmente por tan diversas vías sobre el espíritu y el objetivo final de la arquitectura en general y sobre el espíritu y el objetivo final de la arquitectura de estos tiempos en particular [...] En ningún otro lugar están las opiniones tan divididas en grupos pequeños y mayores».

Friedrich Hoffstadt, coleccionista de arte y jurista de profesión, hizo incursiones de aficionado en la pintura, las artes gráficas y la escultura. Había nacido en la población francona de Amorbach en 1802; tras sus estudios de derecho en Erlangen, Múnich y Landshut, ejerció la profesión en Ansbach, pero se dedicó al mismo tiempo al arte medieval. Fue autor de ilustraciones para libros, proyectó vitrales según los modelos de Peter Cornelius (hacia 1783–1867) y un retablo tallado para la iglesia católica de Nördlingen. Con su traslado al Juzgado Municipal de Múnich comenzó una amplia colección de obras de arte medievales. En 1833 fundó la Sociedad de Arqueología Alemana de los Tres Escudos, que formaba una especie de taller medieval de construcción. Durante los años en que trabajó en el Juzgado Municipal de Fráncfort publicó su *Gotisches A-B-C-Buch* (*Abecedario gótico*), que ilustró con dibujos realizados por él mismo y por Karl Ballenberger (1801–1860). Hoffstadt murió, después de otras etapas profesionales en Múnich y Aschaffenburg, en 1846; su deseo de construir una catedral gótica quedó sin cumplir.

La obra más amplia y cronológicamente estructurada sobre el gótico no la escribió ningún arquitecto, sino el jurista Friedrich Hoffstadt. Sus láminas con el título de *Gotisches A-B-C Buch, das ist: Grundregeln des gotischen Styls für Künstler und Werkleute* (*Abecedario gótico; es decir, reglas fundamentales del estilo gótico para artistas y edificadores*) se publicaron en Fráncfort, por entregas, entre 1840 y 1845. Se trata de una geometría de arquitectura dirigida a artesanos; la obra, inconclusa, explica el estilo gótico en 270 páginas con 40 láminas y describe la evolución histórica de la arquitectura cristiana; aunque el elemento nacional pasa a un segundo plano, se hace claro hincapié en el gótico como estilo alemán universal.

Tav: XLIII.

Hoffstadt se queja de que el gótico no forma parte de los planes de estudios de las academias y escuelas de arquitectura. Intenta subsanar ese defecto con un tratado en el que expone las reglas de la arquitectura gótica a los artistas y constructores. Un autor de su época elogia a Hoffstadt, a quien llama «Vitruvio del estilo alemán», pues revela un considerable conocimiento de planos y libros de canteros góticos. Hoffstadt proporciona instrucciones precisas para realizar diversas figuras de acuerdo con las leyes de la geometría, para lo cual elige como punto de partida el cuadrado. Según la opinión de Hoffstadt, una verdadera obra de arte no puede surgir mientras solo se copien detalles góticos y no se tengan en cuenta los principios. En las láminas reproduce sus propios proyectos, inspirados en libros antiguos de maestros canteros, en planos medievales y otras fuentes. Para Hoffstadt, la mera decoración tiene una importancia secundaria; en su lugar se ha de comenzar con las formas geométricas de los elementos góticos. Intenta explicar el gótico desde su núcleo interior, buscando lo principal. En sus análisis se centra en la catedral cristiana, en la iglesia cristiana, a la que considera punto de cristalización de todos los géneros artísticos, que en la apropiación y asimilación de formas góticas en la arquitectura sacra deberían unificarse para formar una obra de arte integral. Con la unidad de catedral, bosque y poesía, Hoffstadt repite las metáforas habituales de los autores neogóticos, quienes estaban convencidos de ese simbolismo elemental.

Las «leyes eternas e inmutables de la geometría» son, para Hoffstadt, la raíz de todas las formas; el triángulo equilátero y el cuadrado suponen la «clave» para el estilo gótico. Su método, consistente en formar –partiendo de las figuras góticas– formas fundamentales que se trasladan de la planta al alzado, se consideraba ya entonces como rígido y demasiado reglamentado; debido a él se le achacó manía numérica. Con la ayuda de los cristales reduce también las formas naturales a la geometría: «Como las formas naturales se basan en leyes geométricas y las mismas leyes geométricas son las que sirven de base para las creaciones del estilo gótico, así se explica la similitud en los resultados de ambos». Para Hoffstadt, el gótico es la cumbre y la meta de toda arquitectura.

El enfoque didáctico de Hoffstadt, con el modelo explicativo vinculado a la geometría, es un importante eslabón entre las obras de los años 1830 y el tratado posterior de Georg Ungewitter (1820–1864), al intentar convertir en leyes generales las formas y los principios constructivos medievales. Además, el libro de Hoffstadt intenta armonizar dos objetivos: por un lado, quiere ofrecer las bases arqueológicas e histórico-artísticas para el estudio teórico de la arquitectura medieval; por otro, desea aportar material didáctico de fácil comprensión para clases teóricas.

BE

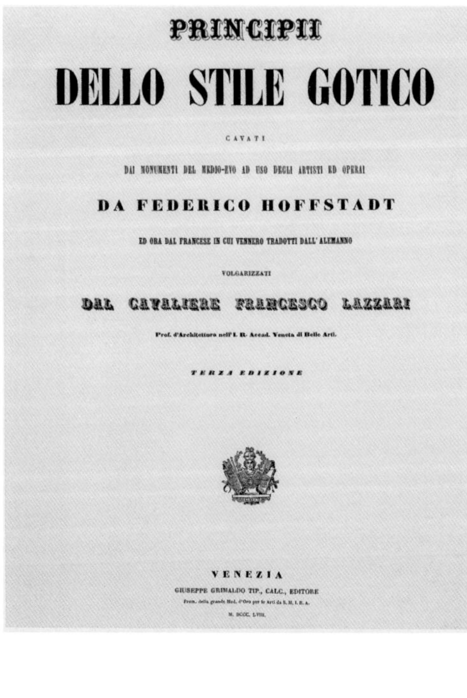

PRINCIPII

DELLO STILE GOTICO

CAVATI

DAI MONUMENTI DEL MEDIO-EVO AD USO DEGLI ARTISTI ED OPERAI

DA FEDERICO HOFFSTADT

ED ORA DAL FRANCESE IN CUI VENNERO TRADOTTI DALL' ALEMANNO

VOLGARIZZATI

DAL CAVALIERE FRANCESCO LAZZARI

Prof. d'Architettura nell' I. R. Accad. Veneta di Belle Arti.

TERZA EDIZIONE

VENEZIA

GIUSEPPE GRIMALDO TIP., CALC., EDITORE

Prem. della grande Med. d'Oro per le Arti da S. M. I. R. A.

M. DCCC. LVIII.

Ilust. p. 485
Planta de un monumento gótico
Edición italiana de 1885,
lám. XLIII. Aguafuerte

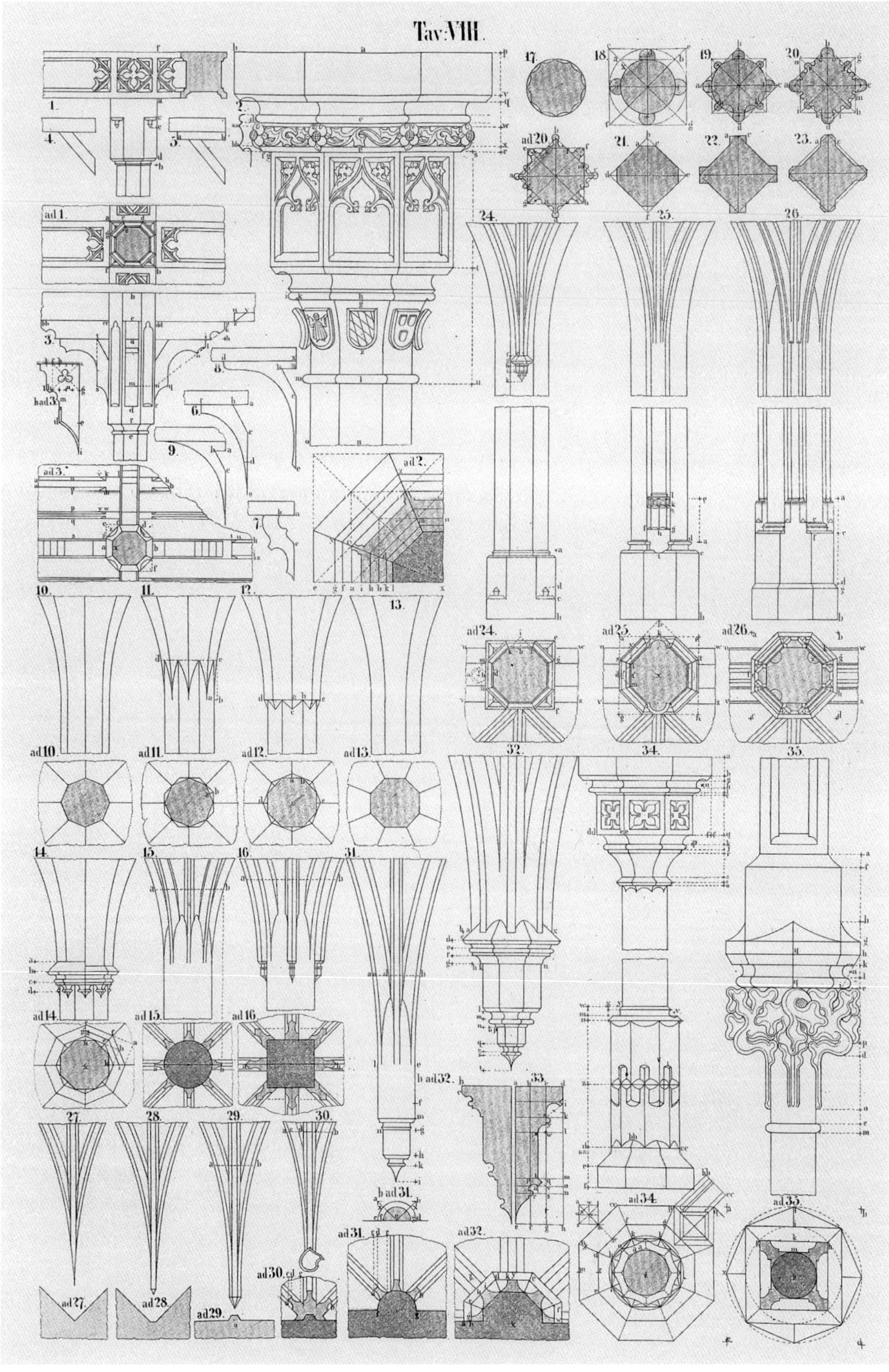

Proyectos de pilastras y pilares
Edición italiana de 1885, lám. VIII. Aguafuerte

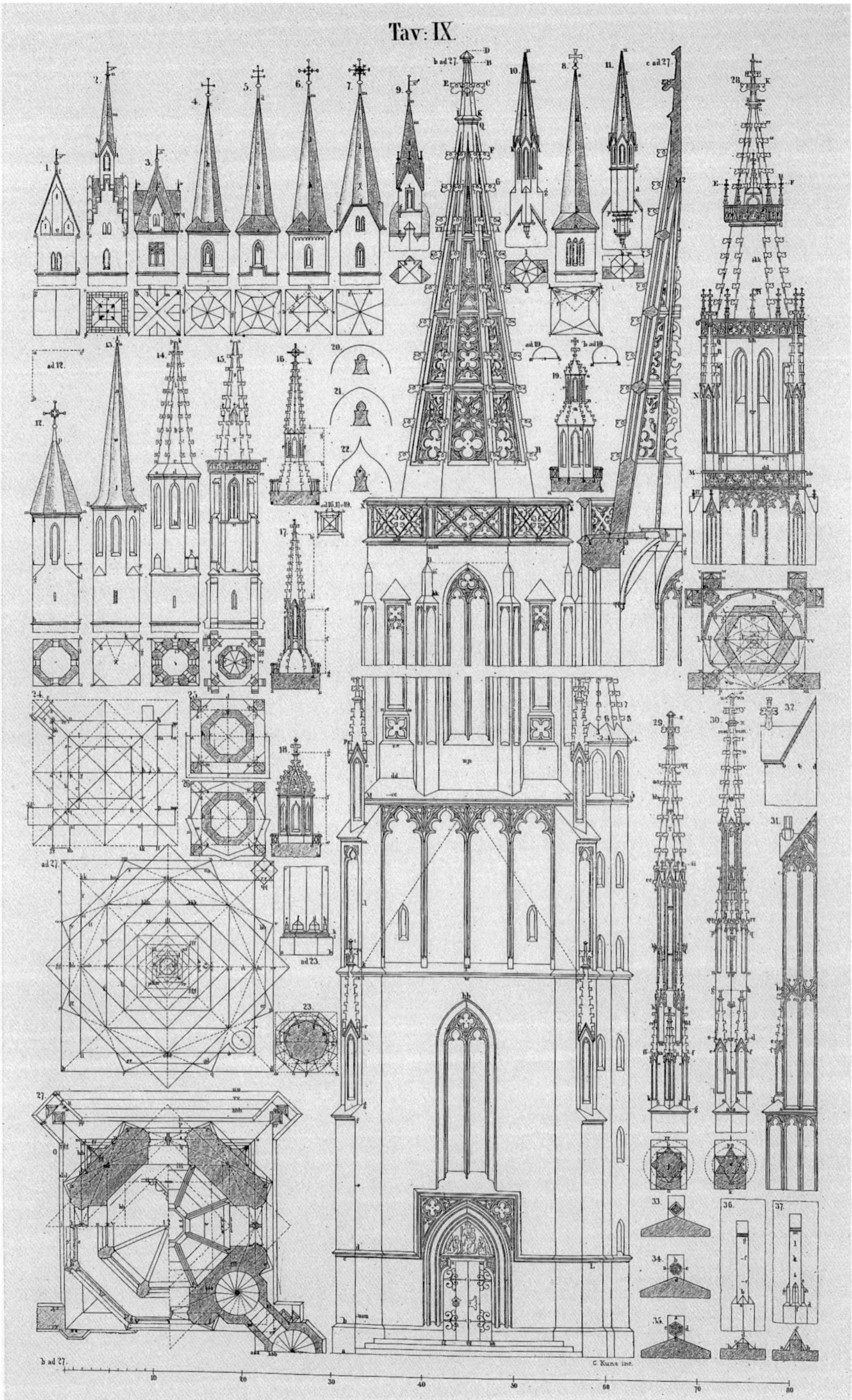

Proyectos de torres
Derivados de la aplicación de triángulos o cuadrados.
Edición italiana de 1885, lám. IX. Aguafuerte

Diversas puertas y proyectos de perfiles
Derivados de la aplicación de triángulos o cuadrados.
Edición italiana de 1885, lám. X. Aguafuerte

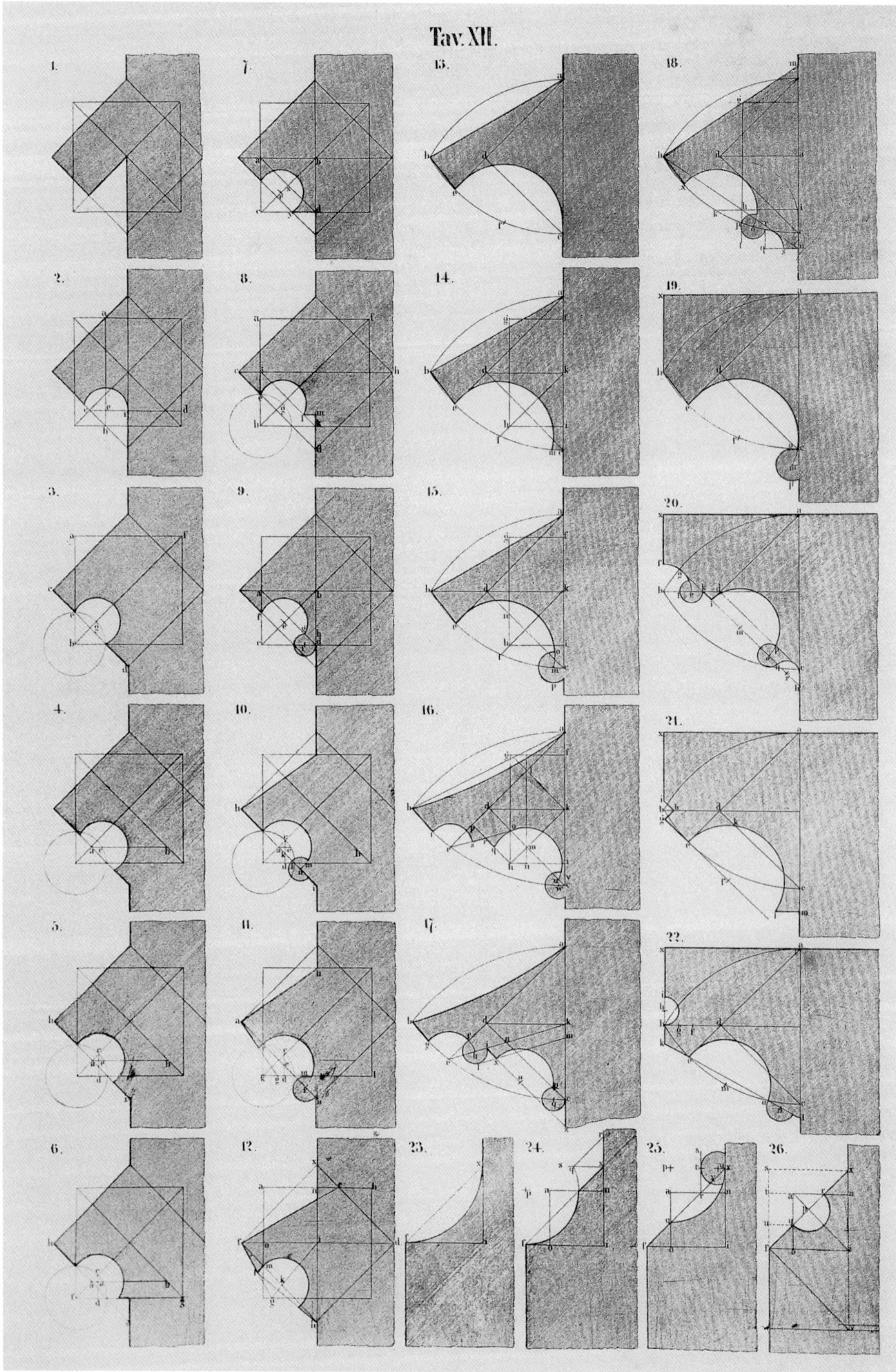

Plantas de los perfiles de las impostas
Edición italiana de 1885, lám. XII. Aguafuerte

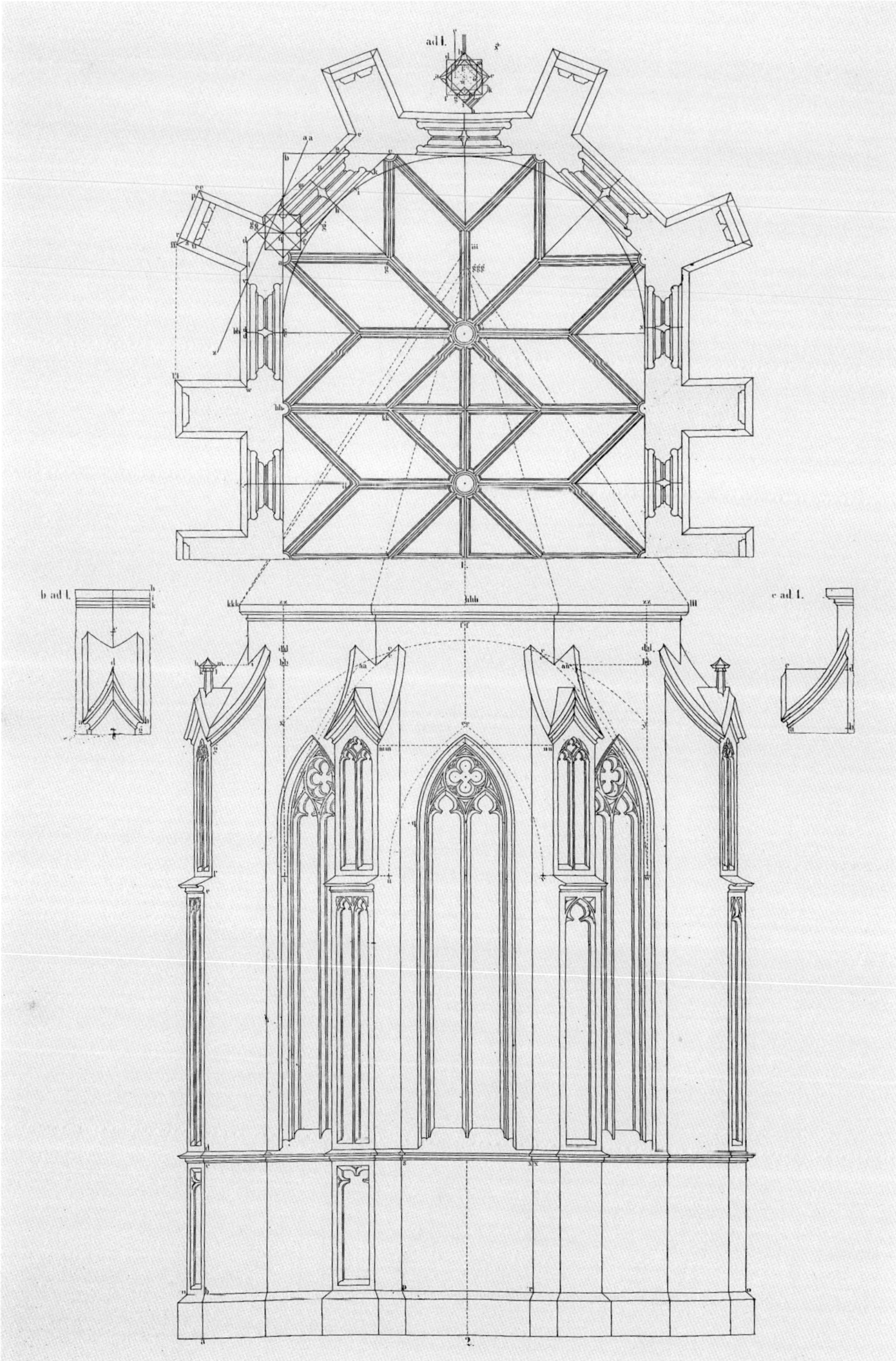

Planta del coro y alzado de muro
Derivados de la aplicación de triángulos o cuadrados.
Edición italiana de 1885, lám. XIII. Aguafuerte

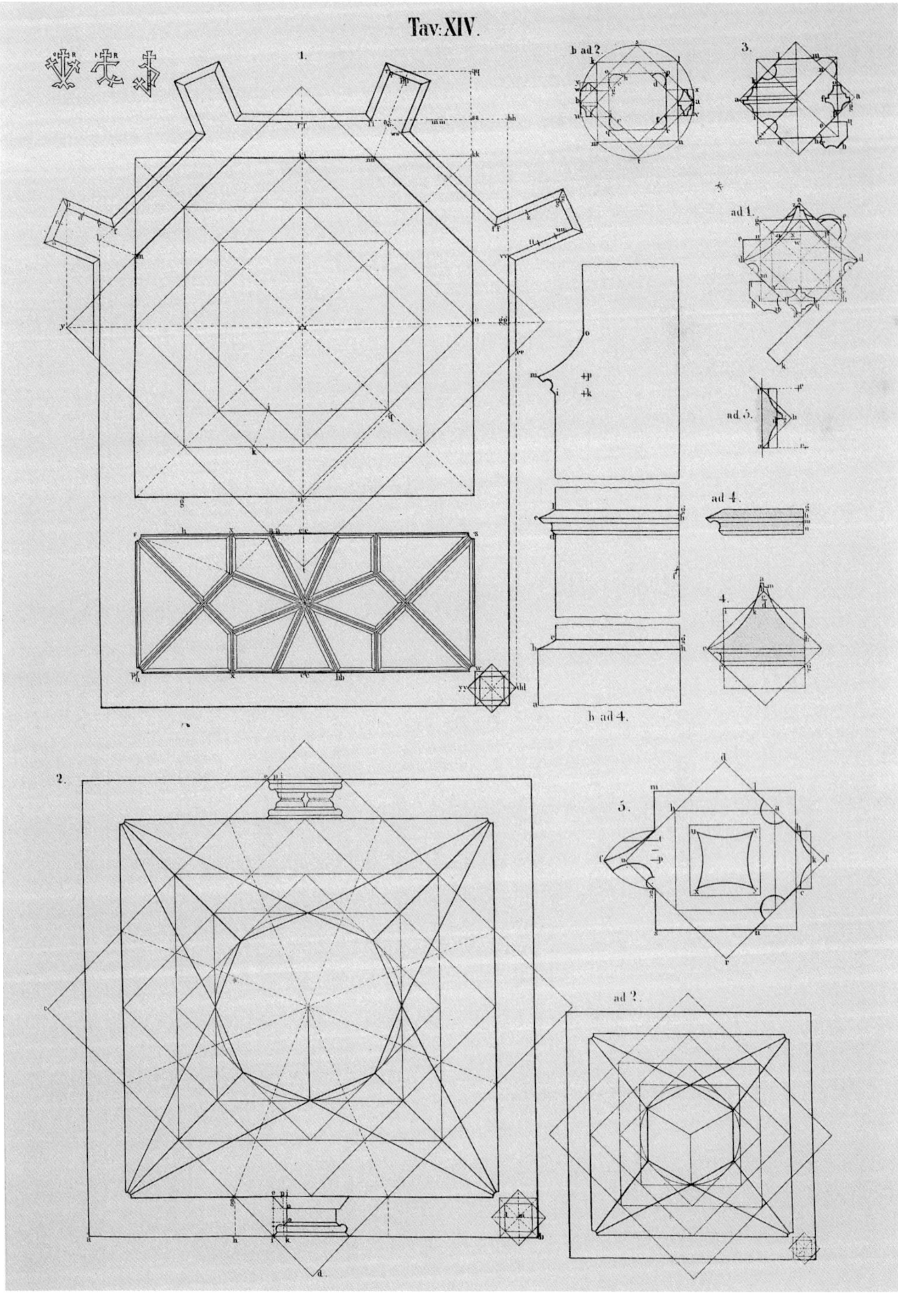

Plantas del coro
Derivadas de la aplicación de triángulos o cuadrados.
Edición italiana de 1885, lám. XIV. Aguafuerte

Alzado de un monumento gótico
Edición italiana de 1885, lám. XLIV. Aguafuerte

Carl Alexander Heideloff (1789–1865)

Der kleine Altdeutsche (Gothe) oder Grundzüge des altdeutschen Baustyles. Zum Handgebrauch für Architekten und Steinmetzen, besonders für technische Lehranstalten

NÚREMBERG, 1849–1852

Breviario sobre el primitivo alemán (gótico) o principios del estilo arquitectónico primitivo alemán. Manual de uso para arquitectos y maestros canteros, en particular para centros docentes técnicos

«Un genio creador, un artista fuera de lo corriente, de un polifacetismo que no se había visto en Núremberg desde los días de Alberto Durero»: así describió en 1823 Friedrich Campe a Carl Alexander Heideloff. Sin embargo, después de su muerte se extinguió rápidamente la fama de quien había sido tan elogiado en vida. Carl Alexander Heideloff procedía de una familia de artistas muy ramificada y nació en Stuttgart el 2 de febrero de 1789. Formado en la Academia de Arte, la antigua Escuela Superior, en su formación tuvo un papel decisivo la influencia de los arquitectos Johann Jacob Atzel (2ª mitad del siglo XVIII) y Friedrich Thouret (1767–1845). En sus viajes por el suroeste de Alemania conoció los testimonios del arte medieval que emplearía más tarde en su obra *Ornamentik des Mittelalters* (*Ornamentación medieval*), que se publicó por entregas a partir de 1843. Profundizó en sus conocimientos de la arquitectura medieval del Rin medio durante una estancia en Wiesbaden, hasta que en 1816 fue llamado a Coburg. En 1820 se le encargó la dirección de las construcciones municipales de Núremberg. Además de desplegar una actividad restauradora, también actuó como arquitecto y escultor. En 1823 fue el primer director de la Escuela Politécnica municipal; después de su transformación en instituto estatal (1833), desempeñó allí el cargo de catedrático hasta una edad muy avanzada. Los amplios trabajos de restauración en la catedral de Bamberg (1831–1834) le valieron el título de conservador real (1837); se le considera uno de los fundadores de la conservación de monumentos. Su actividad de escritor se reflejó en numerosas obras, en particular manuales para diversos ramos: sobre los órdenes griegos de columnas, el estilo románico y los talleres medievales de construcción. Heideloff murió en Hassfurt, la última población en la que trabajó, en 1865.

Der kleine Altdeutsche (Gothe) (*Breviario sobre el primitivo alemán [gótico]*) es un extracto de la obra, prevista pero inacabada, titulada *Lehre der gesamten altdeutschen Baukunst und ihrer Verzierungen* (*Teoría sobre toda la arquitectura primitiva alemana y sus decoraciones*). Heideloff venía recopilando desde 1808 testimonios sobre construcciones medievales como los «manuscritos» de los talleres de las catedrales de Estrasburgo y Basilea. Estudió los ricos fondos de planos de Viena y la obra *Von altdeutscher Baukunst* (*Sobre la arquitectura primitiva alemana*) (1820) de Christian Ludwig Stieglitz (1756–1836), a la que el autor adjuntó un extracto de un librito para canteros. Heideloff intentó penetrar las leyes de la arquitectura gótica, para resumirlas sistemáticamente en un método que pudiera exponerse fácilmente.

a
a

Para su manual sobre la construcción gótica –dividido en tres «cursos»–, Heideloff suministró un breve índice. Según este, el primer curso desarrolla las bases de la arquitectura primitiva alemana; el segundo, el trazado de la bóveda de lima tesa, los pilares, las columnas, los nervios de las bóvedas, perfiles, ventanales y portales, así como los correspondientes detalles y las posiciones de los pináculos. «El tercer curso muestra la composición y demás aplicación de la triangulatura y la cuadratura en la planta o el plano de las catedrales, colegiatas, iglesias parroquiales y capillas, y explica detalladamente sus cuatro grados».

El primer curso comprende la doctrina sobre triangulatura y cuadratura, la geometría de las tracerías, el proyecto del pináculo y del frontón, según las indicaciones de Matthäus Roritzer, maestro de obras de la catedral de Ratisbona en el siglo xv, la configuración de cruceros y frondas, basamentos y cornisas. El segundo curso explica el proyecto de la bóveda, la planta y el alzado de coros y torres partiendo de la triangulatura y la cuadratura. Siguen ejemplos sobre bóvedas nervadas y muchos detalles sobre la formación de contrafuertes. En el tercer curso, Heideloff lleva a cabo una clasificación de las plantas de las iglesias góticas, al mismo tiempo que define los alzados con la teoría de la cuadratura y la triangulatura propias del estilo neogótico. Deduce su método de un grabado de la catedral de Milán, sobre el que Cesare Cesariano (1476/78–1543) basó su comentario de Vitruvio de 1521. Como es sabido, este sigue las propuestas de Stornalocco, matemático de Piacenza, para el alzado de la catedral, del año 1392, un ejemplo modélico para el desarrollo de planos *ad triangulum*. Esos conocimientos se habían trasmitido a través de las obras de arquitectura de Walther Rivius (hacia 1500–1548), que se encontraban en la biblioteca de Heideloff. Otra intención de este fue informar sobre la vida y la (supuesta) actividad constructiva del «gran maestro» del gótico, Alberto Magno. Sus análisis le llevaron a la opinión de que «el estilo alemán debe su origen exclusivamente al alma alemana y a su fuerza creadora».

En su obra, Heideloff se muestra partidario de un renacimiento de la arquitectura gótica. Su obra teórica sirve para la formación de artistas y artesanos, pues sin los conocimientos de las leyes de un estilo no es posible su renovación. El estado fragmentario de su obra, la falta de tratamiento de ciertos problemas, le lleva a hacer la siguiente afirmación resignada: «Quise crear una obra que no hubiera tenido nada que envidiar a ninguna otra, en probidad y capacidad técnica en relación con los principios de los viejos canteros. Pero actualmente solo existe un público reducido para lo bello; por este motivo, no llegaré a ver la publicación de mi amplia obra sobre la arquitectura primitiva alemana en la amplitud que deseaba».

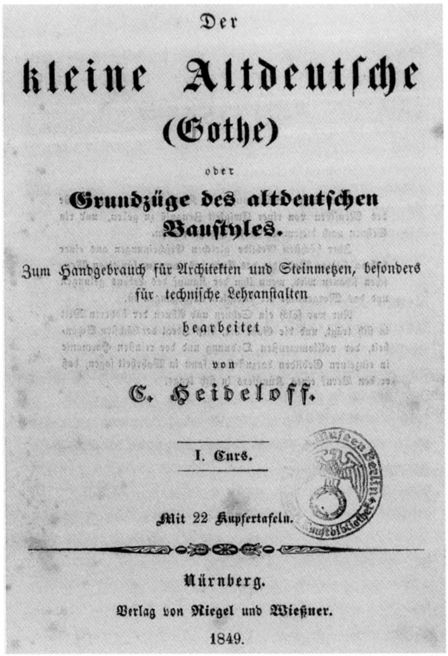
Der
kleine Altdeutsche
(Gothe)
oder
Grundzüge des altdeutschen
Baustyles.
Zum Handgebrauch für Architekten und Steinmetzen, besonders
für technische Lehranstalten
bearbeitet
von
C. Heideloff.

I. Curs.

Mit 22 Kupfertafeln.

Nürnberg.
Verlag von Riegel und Wießner.
1849.

Heideloff reprobó la teoría arquitectónica de Heinrich Hübsch (1795–1863); al estilo del arco de medio punto opuso la arquitectura gótica, «primitiva alemana», como una arquitectura técnicamente perfecta. Para Heideloff –en contraposición a Hübsch– los ornamentos son un elemento arquitectónico sustancial, pues entre la forma completa y las individuales debe haber una relación equilibrada. La aplicación teórica y práctica la encontró en las leyes medievales sobre las proporciones. Además, para Heideloff el gótico era un estilo profundamente religioso y patriótico, que, tras la apropiación de las leyes, ofrecía posibilidades creativas. Heideloff era partidario de la pureza de estilo, que se refleja en su definición del «pseudogótico», cuyo «estilo apenas está relacionado con el estilo auténticamente alemán, pero sin embargo se considera una obra de arte constructiva alemana solo por aplicar arbitrariamente algunas decoraciones». Según Heideloff, el pseudogótico carece –en contraposición al gótico auténtico– de la base constructiva, que se extiende tanto a la forma global como a la individual. Su *Breviario sobre el primitivo alemán (gótico)* puede considerarse como un hito entre las obras sobre el gótico escritas para la docencia en escuelas politécnicas.

BE

Ilustración para la portada
Representación de Alberto Magno. *Grabado sobre cobre de P. Kadeder*

Ilustración para la portada
Representación de Erwin von Steinbach. *Grabado sobre cobre*

Símbolos cristianos
Idea básica del triángulo en un cuadrado, símbolo de la Santísima Trinidad en la unidad y de los cuatro evangelios, según un librito suizo para canteros, del antiguo taller de construcción de Zúrich. *Lám. II. Grabado sobre cobre*

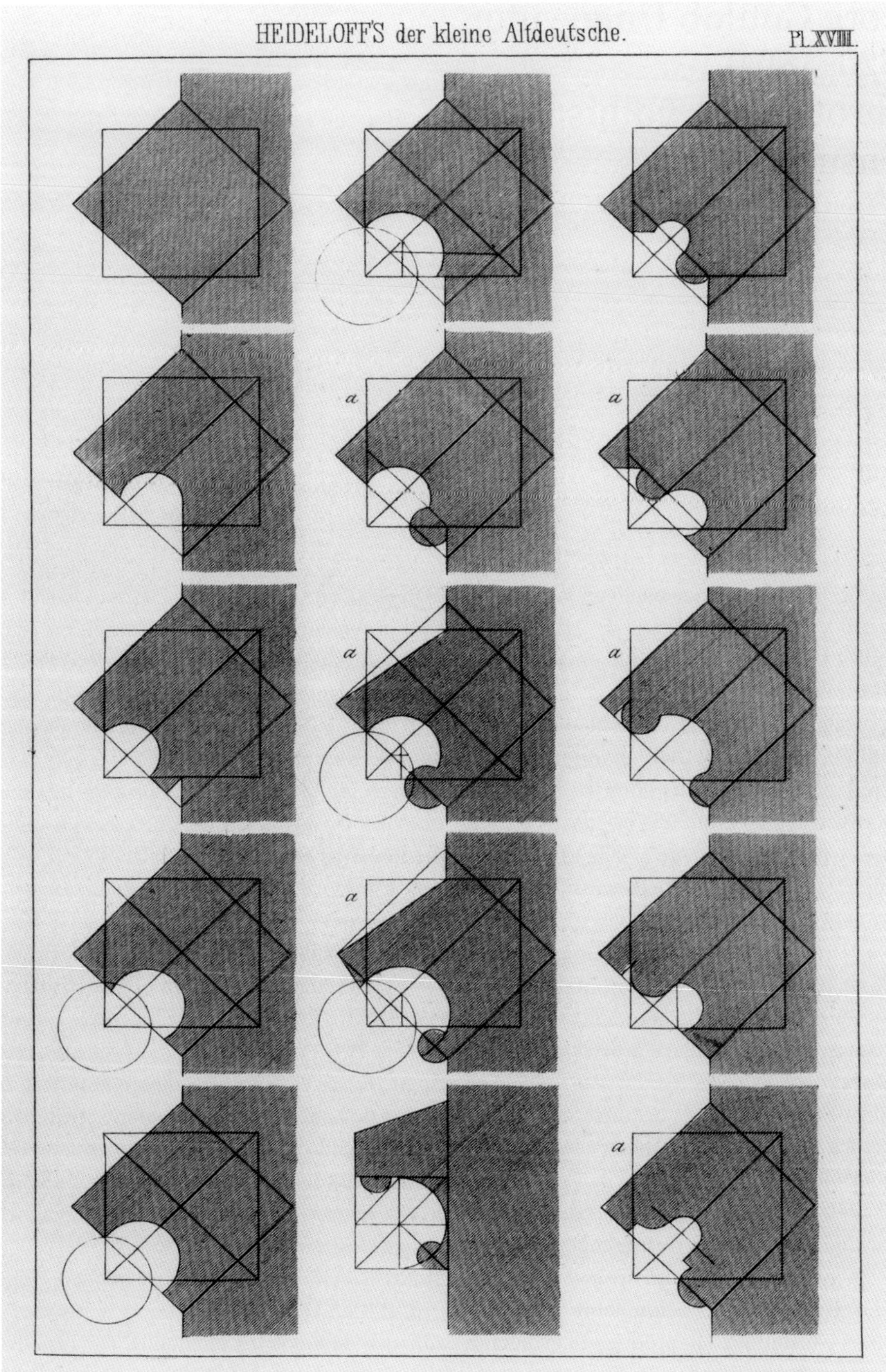

Perfiles de cornisas protectoras
Según monumentos construidos y antiguos planos.
Lám. XVIII. Grabado sobre cobre

Georg Gottlob Ungewitter (1820–1864)
Lehrbuch der gothischen Konstruktionen

LEIPZIG, 1859–1864

Manual de proyectos góticos

Georg Gottlob Ungewitter nació en Wanfried (Hesse) el 15 de septiembre de 1820. A los 14 años comenzó a asistir a la Escuela de Artes y Oficios y a la Academia de Arte de Kassel; en 1837 se trasladó a Múnich, donde estudió durante dos años en la Academia de Artes Plásticas con Friedrich von Gärtner (1792–1847). Después de los años de Múnich, Ungewitter hizo el examen de ingreso en la Academia de Kassel, en 1840, destacando sobre todo en la proyección y el dibujo de planos. Fue admitido, pero en 1842 abandonó la Academia de Kassel para continuar sus estudios en Berlín. Los siguientes seis años los pasó en Hamburgo, donde –según sus propias afirmaciones– construyó 24 edificios, de mayor o menor tamaño. En los dos años que pasó en Lübeck, 1848 y 1849, impresionado por la arquitectura medieval de esta ciudad e influido por la obra de August Reichensperger, *Die christlich-germanische Baukunst und ihr Verhältnis zur Gegenwart* (*La arquitectura cristiano-germana y su relación con el presente*, 1845), se interesó por el gótico. De 1849 a 1851 ejerció como arquitecto privado en Leipzig; apenas recibió encargos, pero aprovechó la estancia para estudiar antiguos monumentos. Con un escrito de solicitud en el que abogaba por la introducción de la arquitectura gótica en el plan de estudios de los centros educativos, escuelas y academias, obtuvo una plaza provisional en la Escuela de Artes y Oficios de Kassel, que en 1856 se transformó en una plaza fija. En esta escuela enseñó proyectos y materiales, dibujo arquitectónico, perspectiva, historia de la arquitectura, los comienzos de la arquitectura cristiana, arquitectura germánica o bien gótica en Alemania y el renacimiento del estilo cristiano-germánico, que se reflejó en la terminación de la catedral de Colonia. Sus intentos de cambios profesionales, por ejemplo a las Escuelas Politécnicas de Karlsruhe o Hannover, fracasaron. Ungewitter falleció en octubre de 1864 como consecuencia de una tuberculosis pulmonar.

En su extenso *Lehrbuch der gothischen Konstruktionen* (*Manual de proyectos góticos*), Ungewitter desarrolla su concepción sobre la arquitectura, si bien se limita al gótico y a sus modelos romanos y bizantinos. Reproduce la evolución estilística de todos los elementos constructivos y decorativos de significado para la arquitectura gótica, desde el primer gótico al estilo tardogótico; para ello se apoya en obras construidas de la Edad Media, que le sirven de base para su recopilación enciclopédica. Se esfuerza por una objetividad y sistematización rigurosas. Tomando como modelo el estilo gótico intenta explicar la geometría, la metodología de los proyectos y las formas detalladas. El manual está dividido en nueve capítulos. Después de exponer algunos elementos como perfiles,

Lith. Anst. v Leopold Kraatz in Berlin.

tracería, bóvedas, pilares, columnas y estructuras en voladizo, Ungewitter dedica un capítulo principal al dibujo de las plantas en la arquitectura medieval. Reserva apartados más breves para torres y portales, la policromía del interior y la tribuna del coro. A pesar de que este tratado está pensado como manual pragmático para la arquitectura, constituido por instrucciones para la concepción de plantas, alzados y secciones, en muchos lugares se mezcla la descripción con el análisis y la interpretación. Ungewitter desarrolla su sistema arquitectónico con la imagen de la catedral gótica: «La catedral encierra en sí misma la evolución de las formas de todas las demás obras, al igual que el espíritu que vive bajo sus bóvedas llena todas las estancias [...] El palacio y el ayuntamiento se distinguen de la iglesia, pero en todos se reza, pues todos esos edificios sirven a fines sancionados por la religión; por tanto su forma exterior se contrapondría al núcleo más íntimo, si su plano no revelara su origen de la forma de la iglesia». Con esta afirmación, Ungewitter vincula directamente el gótico con la religión; de modo similar a Hoffstadt, eleva el gótico a un principio que puede aplicarse a las más diversas tareas constructivas. Al debate del siglo XIX sobre el estilo Ungewitter responde inequívocamente en favor del gótico. Para apoyar sus preferencias por el estilo gótico aporta argumentos tanto estéticos como funcionales; para ello se puede remitir a sus intensos estudios sobre la arquitectura gótica.

Cuando Ungewitter escribe que «la presentación abierta de todos los detalles del proyecto es el principio vital de la arquitectura gótica», la construcción se transforma de término técnico en categoría estética. Uno de los argumentos centrales de los partidarios del neogótico en favor de la aplicación universal del gótico es la correspondencia con el proyecto. En la teoría de Ungewitter desempeña un papel fundamental asimismo el concepto de verdad, con el que se introduce un aspecto ético en la arquitectura. «La concepción más rigurosa de las condiciones que han de cumplirse, de la situación dominante y de las características de los materiales, el intento de conseguir fines cada vez más grandes con medios cada vez menores, pero sobre todo la aversión más concienzuda frente a toda mentira en la evolución de las formas y la evitación, debida a esta, de todos los sucedáneos, son propiedades características de los proyectos góticos». El concepto de verdad tiene muchas facetas: desde el efecto de los materiales hasta la evolución de las formas, y se aplica a la arquitectura por analogía con la doctrina cristiana. La exposición de Ungewitter parece lógica y racional, sobre todo en relación con la combinación entre forma, función, material y proyecto. Al poderse deducir lógicamente las unas de las otras –se condicionan recíprocamente– surge un sistema coherente. Al plano estético se refiere con los términos «efecto», «expresión» y «carácter». El proyecto se considera como el elemento de unión entre el lado técnico y el estético.

En las figuras de proporciones propagadas por los teóricos del neogótico alemán se trata sobre todo de triangulaturas y cuadraturas. Las numerosas publicaciones de Ungewitter abordan diversos aspectos de la teoría de la arquitectura; en las obras tempranas se aprecia una visión del gótico, influida por el romanticismo, como unidad entre religión, patria y arte. Sin embargo, Ungewitter no se anquilosa en una nostalgia por un mundo unificado, sino que intenta conformar su mundo con proyectos, edificios y obras escritas. Estas últimas se caracterizan por una crítica expresa al neoclasicismo, al que Joachim Winckelmann (1717–1768) acusa de haberse apartado de la construcción autóctona, y que tacha a Friedrich Weinbrenner (1766–1826) de purista. Sus escritos evolucionan hacia un nuevo tipo de libro de muestras, en el que reúne proyectos de la práctica con exposiciones teórico-sistemáticas. El *Manual de proyectos góticos*, publicado entre 1859 y 1864, tuvo una segunda edición, sin modificar, ya en 1875. Solo la tercera edición, a cargo de Karl Mohrmann, presenta cambios en el orden de los capítulos y suplementos en los dibujos y explicaciones sobre la estática, desconocidas en vida de Ungewitter. Una cuarta edición, de 1901–1903, es buena prueba de la larga influencia que tuvo esta obra estándar sobre el gótico.

BE

Ilust. p. 503
Estudios de capiteles
2ª edición de 1875, lám. 15. Litografía

Lámina de tracerías
Representación de rosetones y rosetas, así como tracería para galerías.
2ª edición de 1875, lám. 6. Litografía

Características de las bóvedas reticuladas
2ª edición de 1875, lám. 11. Litografía

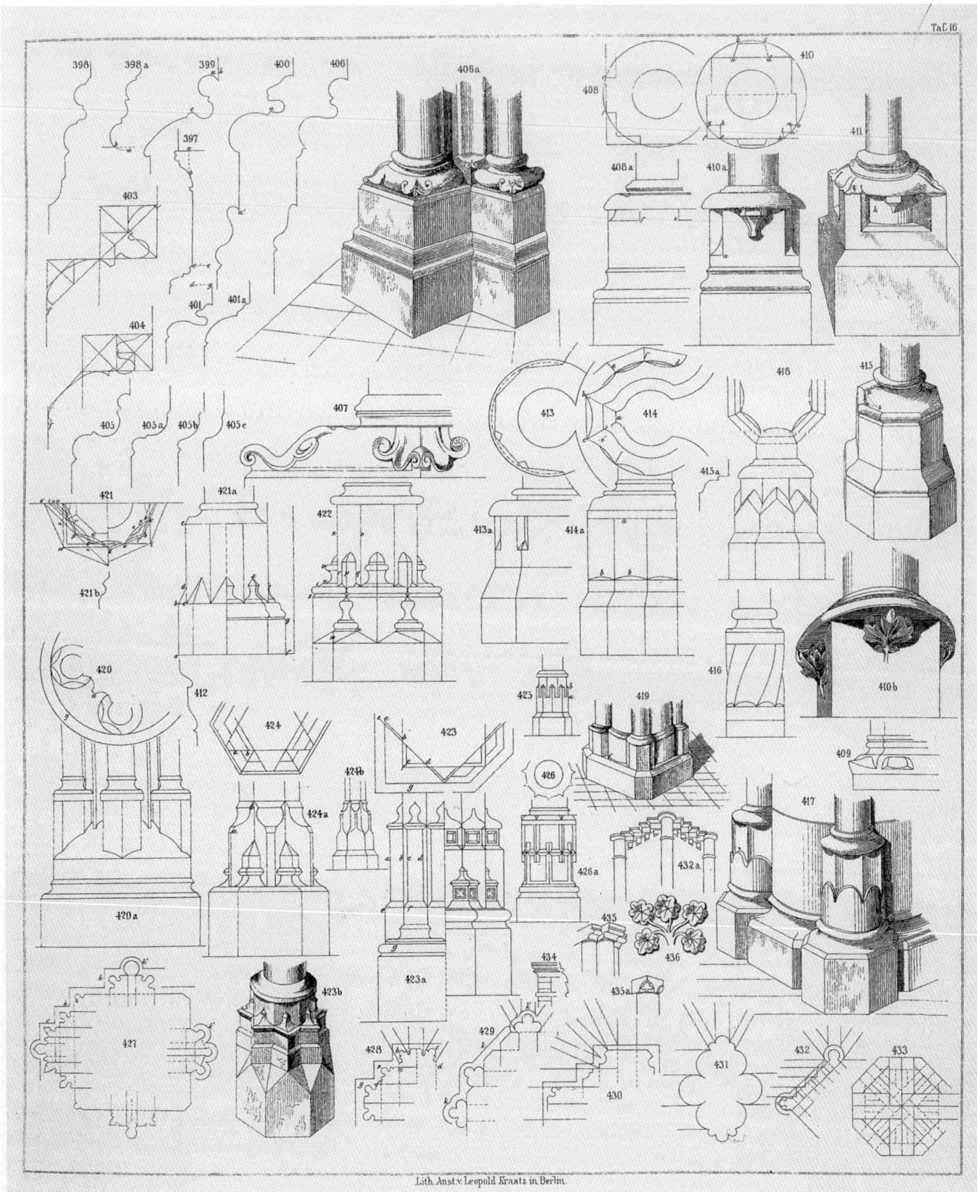

Basa de pilar y perfil de las basas
2ª edición de 1875, lám. 16. Litografía

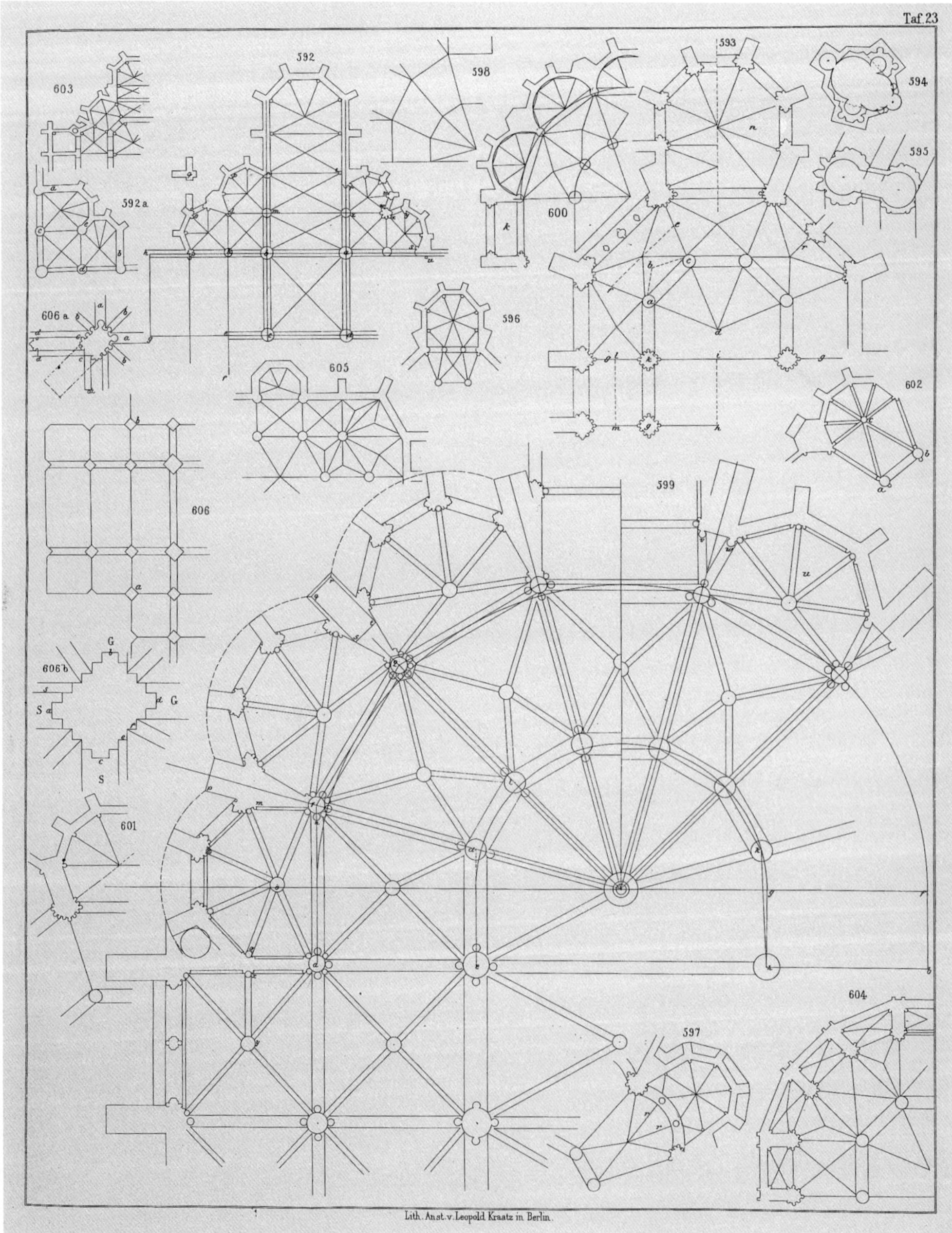

Coros con deambulatorio y girola
2ª edición de 1875, lám. 23. Litografía

Proyecto para piñones y frontones
2ª edición de 1875, lám. 30. Litografía

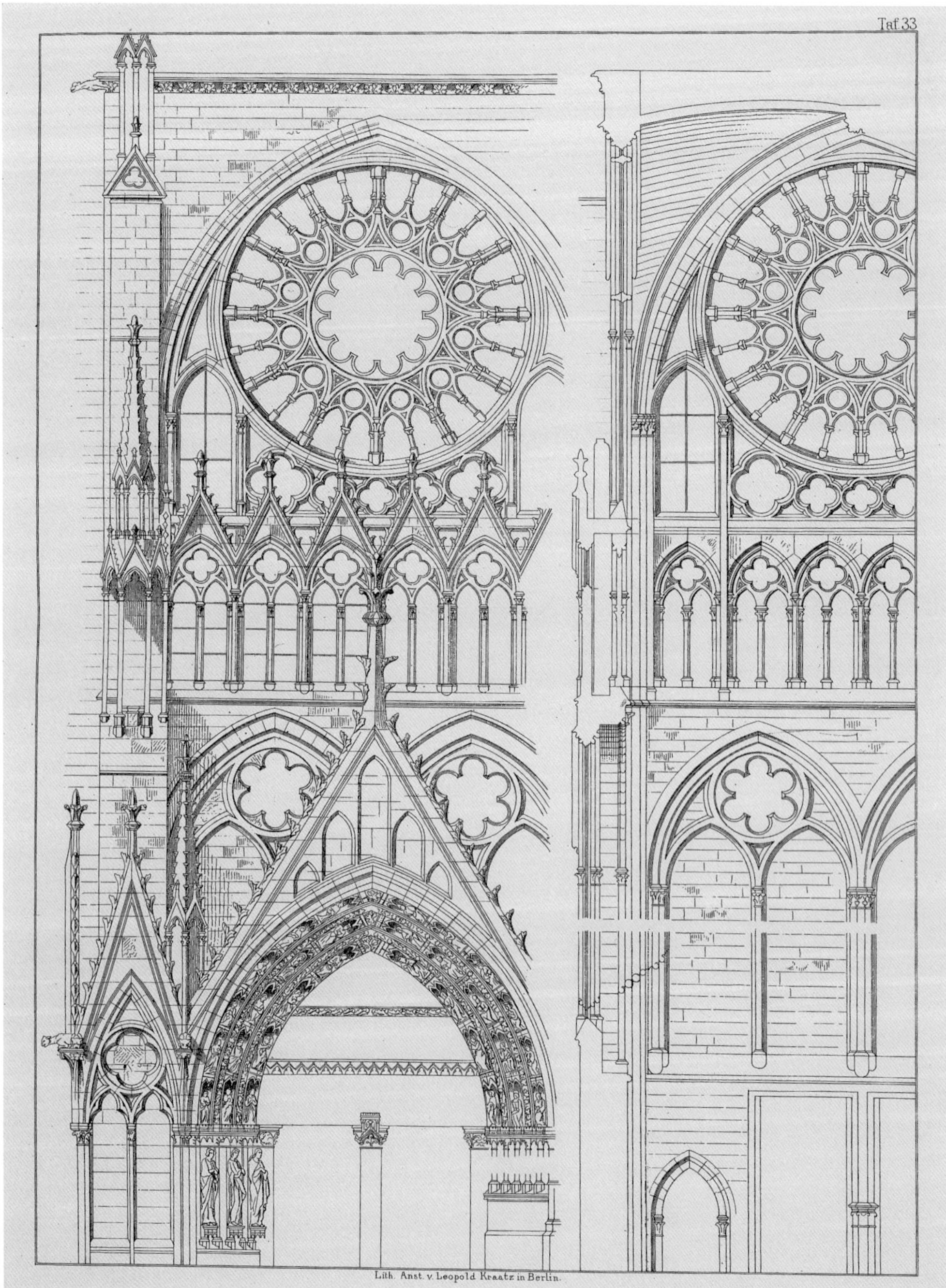

Alzado de fachada

Representación de los contrafuertes en partes individuales y desarrollo de los trifolios.

2ª edición de 1875, lám. 33. Litografía

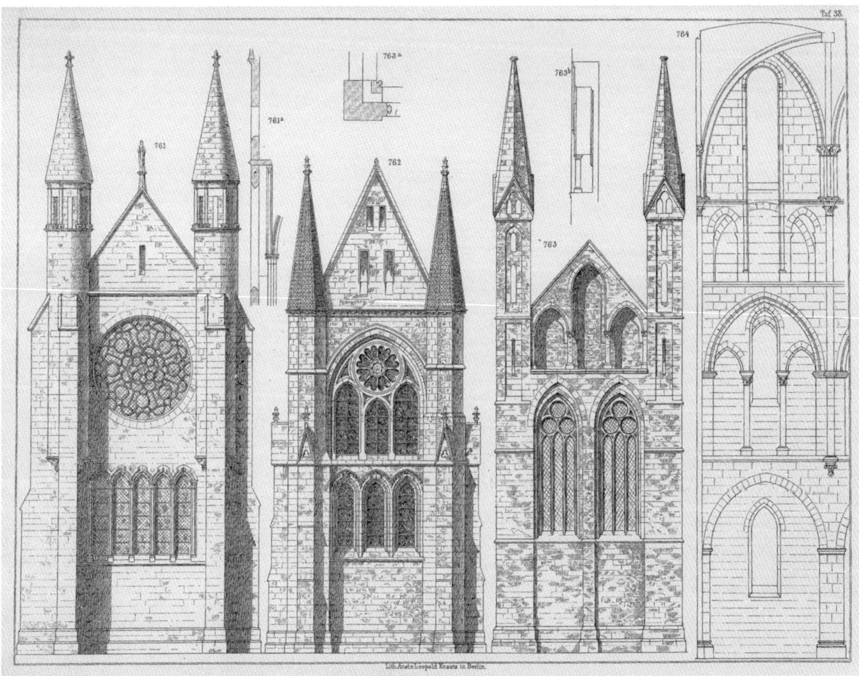

Situación de frontones sobre las partes de las torres
2ª edición de 1875, lám. 44. Litografía

Alzados de fachadas
Situación de rosetones en los muros de los frontones y situación de tribunas.
2ª edición de 1875, lám. 38. Litografía

Ebenezer Howard 514
Adolf Loos 520
Tony Garnier 528
Bruno Taut 540
Le Corbusier 552
Henry-Russell Hitchcock y Philip Johnson 562
Walter Gropius 570
Frank Lloyd Wright 580
Paul Schmitthenner 588
Consejo de Ministros de la RDA 602
Archigram 610
Kisho Kurokawa 614
Aldo Rossi 620
Robert Venturi, Denise Scott Brown y Steven Izenour 632
Charles A. Jencks 646
Rem Koolhaas 654

El siglo xx

Ebenezer Howard (1850–1928)
To-morrow: a Peaceful Path to Real Reform

LONDRES, 1898

Mañana: una vía pacífica hacia la forma real

Este libro breve de Ebenezer Howard forma parte de las obras programáticas modernas más importantes para el urbanismo. Es el intento más temprano de oponer a las anomalías surgidas de la creciente gran ciudad industrial el modelo reformador de una estructura urbana capaz de abolir la contraposición entre la ciudad y el campo.

De profesión, Howard era oficinista y estenógrafo en Londres. En su juventud estuvo en América entre 1872 y 1876; allí le impresionaron las muchas nuevas poblaciones, pero también vio el peligro de especulación del suelo. Animado por el reformador social Edward Gibbon Wakefield y sus planes de colonización de Australia y Nueva Zelanda, *View of the Art of Colonization* (*Vista del arte de la colonización*, 1849), por las ideas comunistas del príncipe ruso, radicado en Londres, Peter Kropotkin y del economista norteamericano Henry George, autor de *Progress and Poverty* (*Progreso y pobreza*, 1880), y sus reivindicaciones de abolición de la propiedad privada del suelo, así como de la novela utópica *Looking Backward* (*Mirando hacia atrás*, 1888) de Edward Bellamy y el plan de una sociedad industrial justa y sin clases, diseñado por este, Howard escribió su libro durante los años ochenta del siglo XIX.

Con la metáfora del imán, Howard sopesa las ventajas y los inconvenientes de las condiciones de vida en la ciudad y en el campo, para –en un tercer imán «Town-Country»– confrontarlos con las ventajas combinadas de ambos, como programa futuro. Dicho programa se lleva a la práctica en el modelo de la ciudad-jardín. Sus principios fundamentales son: un tamaño limitado –aproximadamente 2.400 hectáreas y menos de 32.000 habitantes–, el orden planificado y la separación de funciones. Para ello, Howard diseña el esquema de una estructura radial con áreas distribuidas concéntricamente. En el centro se encuentra un jardín redondo, alrededor del cual se alzan los edificios públicos y los centros de la cultura. Alrededor de todo ello se extiende un amplio parque central limitado por un palacio de cristal de forma anular, en el que se encuentran los grandes almacenes y demás comercios. Sobre las franjas concéntricas siguientes se extiende el área destinada a vivienda, que consta de pequeñas casas unifamiliares con jardines en terrenos delgados de 6 × 30–40 metros de superficie. El área residencial está dividida por una amplia «gran avenida» para pasear, enmarcada a su vez por casas adosadas. En el anillo exterior de la ciudad-jardín se encuentran las fábricas y los almacenes y mercados, a los que se accede por una línea de ferrocarril tangencial. Alrededor de la ciudad-jardín se extiende un cinturón libre de construcciones

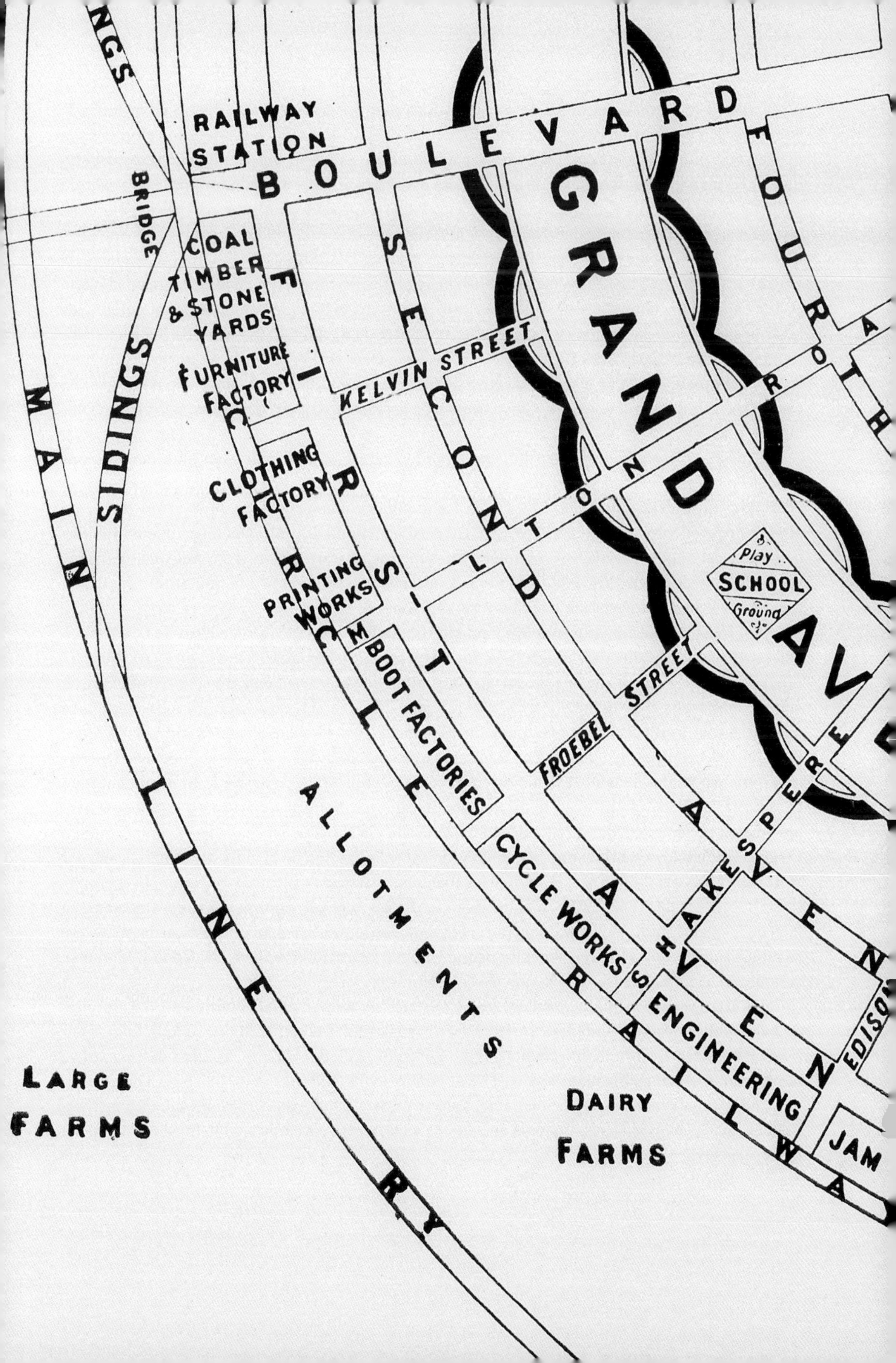
RAILWAY STATION
BOULEVARD
BRIDGE
COAL TIMBER & STONE YARDS
FURNITURE FACTORY
KELVIN STREET
CLOTHING FACTORY
PRINTING WORKS
BOOT FACTORIES
FROEBEL STREET
Play SCHOOL Ground
SIDINGS
MAIN LINE RY
ALLOTMENTS
CYCLE WORKS
ENGINEERING
AVENUE
LARGE FARMS
DAIRY FARMS

de carácter rural, con superficies de usos agrícolas para garantizar el suministro autárquico de alimentos a la población. Howard concibió su modelo de ciudad-jardín en el contexto de un sistema urbano más amplio: varias ciudades-jardín y una «ciudad central» –que, sin embargo, no debería tener más de 58.000 habitantes– formarían una aglomeración urbana con un límite superior de 250.000 habitantes.

En su estructura, el modelo de ciudad-jardín de Howard está influido tanto por las ciudades ideales del Renacimiento como por la tradición de parques y jardines de Inglaterra. No obstante, la ciudad-jardín debería tener una densidad urbana y una concentración de población relativamente compactas; de lo contrario, sería un área rural. A Howard le interesaban fundamentalmente las reformas funcionales, sociales y demográficas; en este campo siguió las ideas de los socialistas utópicos, como Robert Owen (1771-1858) y Charles Fourier (1772-1837). El requisito previo para su modelo urbano era la propiedad colectiva del suelo. Como forma de organización proponía una explotación cooperativa, colectiva. No se trataba de excluir la propiedad privada, pero sí de evitar la especulación.

Con su sistema de ciudad-jardín, en el que los impulsos económicos y culturales y demás ventajas de la gran ciudad se distribuyeran homogéneamente, Howard pretendía contrarrestar la creciente concentración de la población en las grandes ciudades y la depauperación, así como el empobrecimiento cultural en el campo. Howard consiguió difundir sus ideas dando muchas conferencias; también convenció a comerciantes de que su proyecto era económicamente viable y socialmente deseable. En 1899 se fundó la Garden City Association, a la que pronto siguieron asociaciones de ciudades-jardín en la mayoría de los países europeos.

En Inglaterra se construyeron dos ciudades-jardín, las dos en los alrededores de Londres: en 1903, Letchworth, planeada y proyectada por Barry Parker y Raymond Unwin; en 1919, Welwyn, según los planos de Louis de Soissons. Las dos remiten a Howard; sin embargo, no se convirtieron en ciudades según el programa de este, ni desde el punto de vista estructural y arquitectónico, ni desde el social, sino más bien en ciudades de clase media, con habitantes interesados por las reformas. En 1909 se construyó también en Alemania una ciudad-jardín, en Hellerau, cerca de Dresde.

Aunque la idea de ciudad-jardín de Howard no se impusiera realmente, tuvo mucha influencia sobre la política urbanística y el urbanismo del siglo XX. El mérito de Howard es haber sido el primero en reconocer como problema conexo la evolución urbanística de ciudad y campo. Si bien las grandes ciudades continuaron creciendo y la descentralización de la industria, reivindicada por Howard, se desarrolló por sí sola, muchos urbanistas asumieron ideas de Howard; por ejemplo, Frank Lloyd Wright (1867-1959) en su modelo de «Broad Acre City» o Ernst May, en Alemania. La idea de la ciudad-jardín de Howard inspiró el tipo de barrio periférico moderno característico, que se reflejó sobre todo en el urbanismo industrial y público, particularmente en Holanda y Alemania, aunque sin la animada vida urbana que deseaba Howard.

Howard residió primero en Letchworth y después en Welwyn, donde murió en 1928, después de haber sido elevado a la nobleza en 1927. Su obra fue reeditada en 1946 por su antiguo colaborador Frederic J. Osborn, con comentarios actualizados. Después de que las ideas de Howard se hubieran integrado en los planes para el Gran Londres y Mánchester en 1944, se convirtieron en una importante fuente de inspiración para los «New Towns» de las aglomeraciones urbanas de Gran Bretaña, que comenzaron a construirse después de 1946, y para las ciudades-satélite en la Alemania de la posguerra.

JP

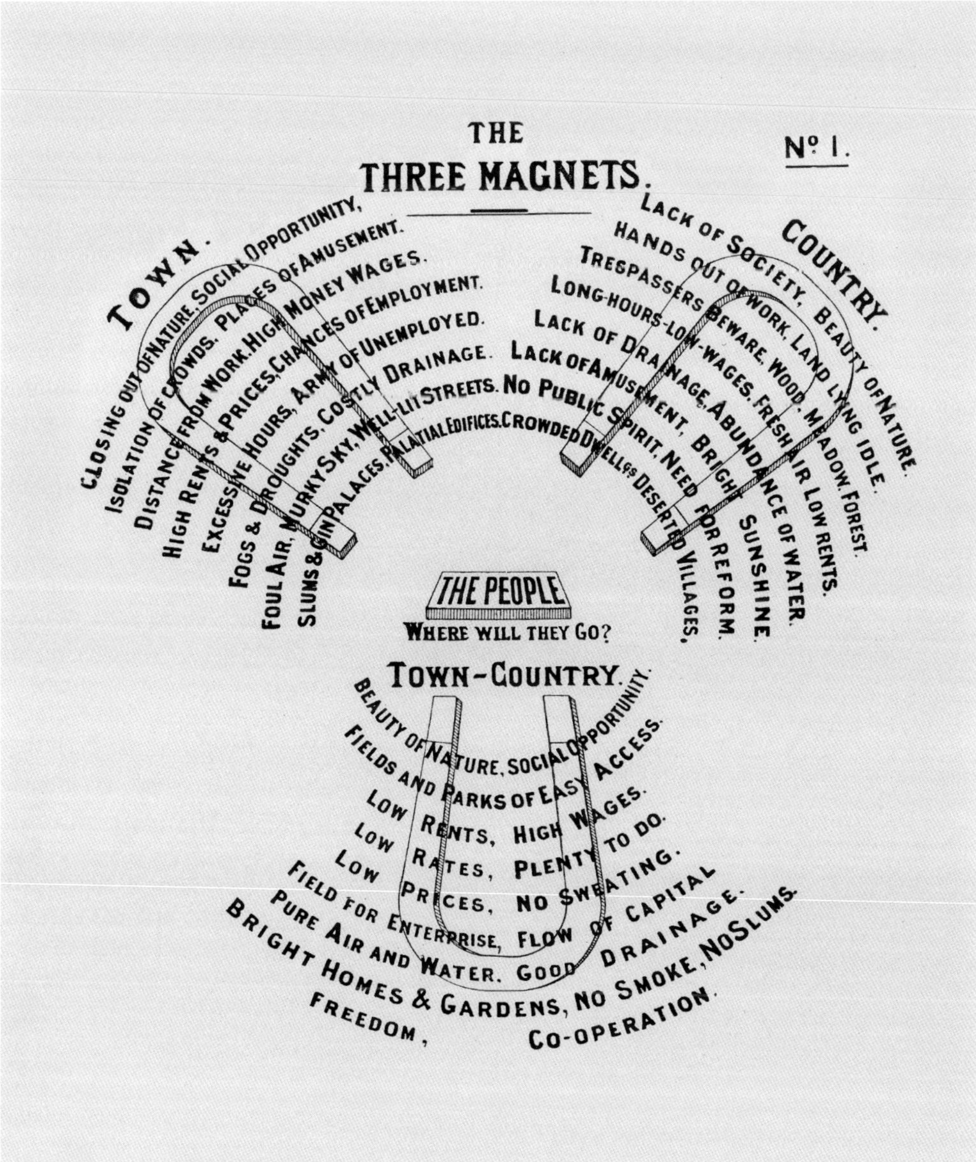

Esquema de los tres imanes
Ventajas e inconvenientes de la vida en la gran ciudad y de la vida en el campo y las condiciones de vida mejoradas al combinarse ambas; modelo de reforma para la ciudad-jardín. *Núm. 1*

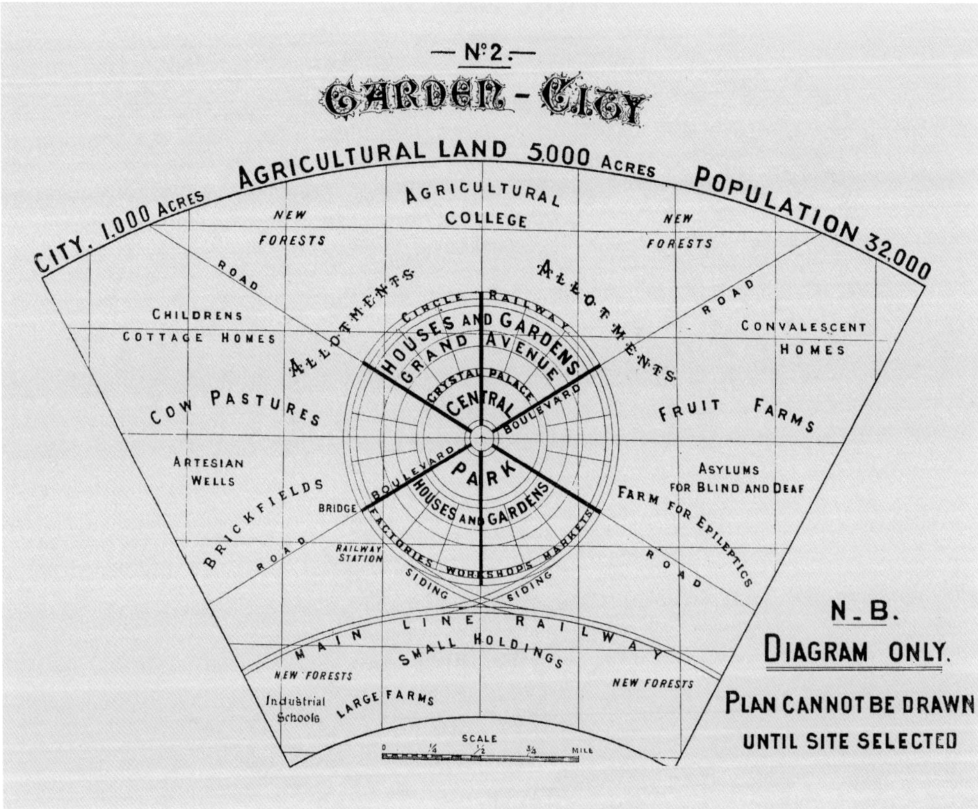

Diagrama esquemático
Representación de la distribución funcional y estructural de la ciudad-jardín y de su entorno con pequeños jardines, superficies agrícolas, centros sociales y líneas de ferrocarril. *Núm. 2*

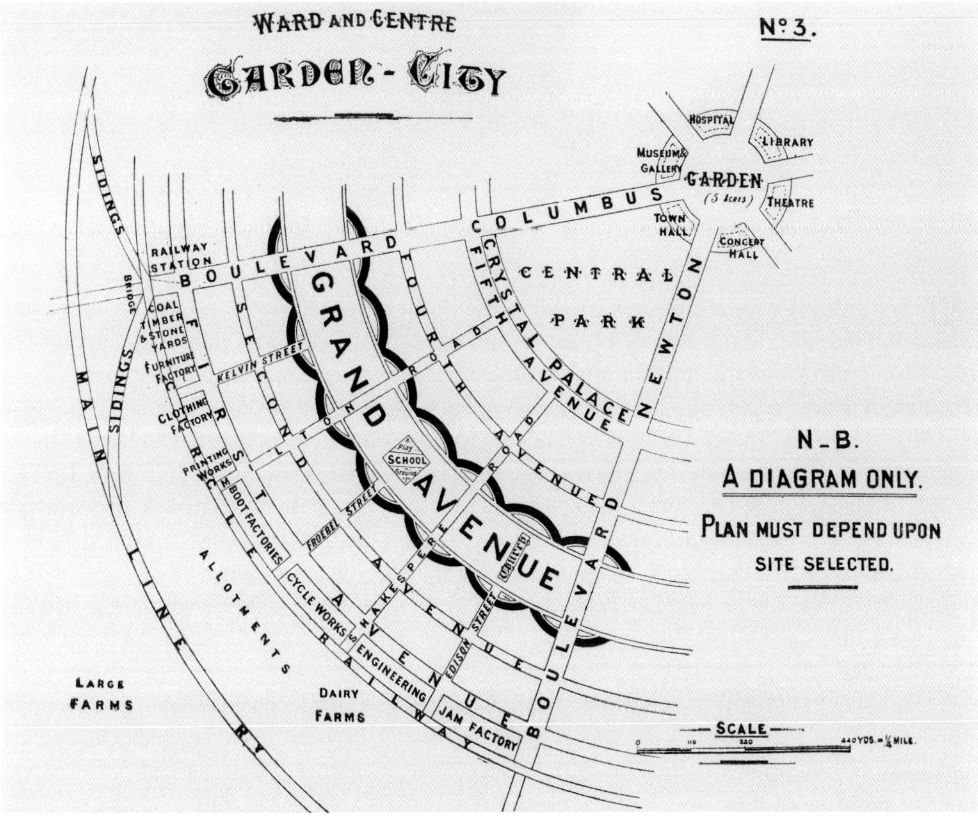

Distribución funcional y estructural de la ciudad-jardín
Jardín redondo en el centro con centros públicos; palacio de cristal con comercios, áreas de vivienda, fábricas y empresas artesanales, ferrocarril circular. *Núm. 3*

Adolf Loos (1870–1933)
Ornament und Verbrechen

VIENA, 1908

Ornamento y delito y otros escritos. Barcelona, 1980

Adolf Loos es uno de los arquitectos cuya obra escrita alcanza el mismo nivel que su obra construida. Aun después de ser conocido como arquitecto siguió escribiendo, pues tenía un objetivo que consideraba como una misión: una arquitectura y un diseño modernos, funcionales y sin ornamentos ni arte. A sus colegas «deformados» oponía el artesano sencillo y natural.

Loos nació en Brno en 1870 y era hijo de un cantero; ese origen le marcó. Después de hacer prácticas como albañil estudió Arquitectura entre 1890 y 1893 en la Universidad Técnica de Dresde, carrera que no finalizó. La visita a la Exposición Universal de 1893 en Chicago se amplió hasta una estancia de tres años en Estados Unidos, que le dejó huellas profundas. Loos conoció los desarrollos más recientes como la construcción en esqueleto y la arquitectura de rascacielos de la Escuela de Chicago. Sin embargo, su verdadero descubrimiento fue el estilo de vida vital de Estados Unidos. En 1896, Loos se estableció en Viena, donde comenzó proyectando interiores de vivienda y de comercios.

En 1909–1911, Adolf Loos construyó una casa para la sastrería Goldman & Salatsch. Su emplazamiento en la Michaelerplatz, enfrente del Hofburg (Palacio), la convirtió en un escándalo. La zona comercial, recubierta de mármol, produce un efecto representativo y abstracto a la vez y revela modelos norteamericanos, pero también una postura clasicista. De dicha zona se distingue claramente el área de vivienda, con una fachada de revoco sin ornamentación y ventanas fuertemente incisas. La casa de la Michaelerplatz es un manifiesto en piedra, que ilustra el rechazo de todo ornamento, ya proceda del historicismo o del modernismo; en su lugar apuesta por los materiales y las proporciones. El escandaloso exterior empujó la exquisita decoración y la estructura espacial a un segundo plano. Aquí se aprecian los primeros pasos hacia el denominado «plan espacial», que Loos desarrolló partiendo de modelos anglosajones. Plan espacial significa que no se trata tan solo de proyectar una planta, en la superficie, sino que también hay que tener en cuenta la tercera dimensión. Cada espacio necesita la altura adecuada a su función; de este modo surge un conjunto complejo e intrincado.

Junto a la arquitectura para la burguesía, después de 1918 Loos se dedicó a la construcción de viviendas para obreros. Para ello, desarrolló modelos para el urbanismo en los barrios periféricos; siguiendo la necesidad como consecuencia de la posguerra, dichos modelos se basaban en el principio del autoabastecimiento. «Toda población parte del jardín. El jardín es lo primario,

la vivienda, lo secundario»: así lo expone Loos en sus *Regeln für die Siedlung* (*Reglas para el poblamiento*, 1920). Fue, durante un año, el director de la Oficina de Urbanismo, pero los obstáculos burocráticos le hicieron abandonar. Se trasladó por un año a París; sin embargo, aquí no tuvo apenas encargos, con excepción de una casa para el poeta Tristan Tzara, amigo suyo. Entre las últimas obras construidas de Loos, poco antes de su muerte en 1933, se encuentra una casa doble en la Exposición de la Werkbund austriaca, signo de un acercamiento tardío, pues Loos no participó en la fundación de la Werkbund, a la que dedicó comentarios sarcásticos, con títulos como «Los superfluos», dirigidos a los artistas modernistas Josef Hoffmann (1890–1956), Henry van de Velde (1863–1957) y Richard Riemerschmid (1868–1957): «Lo que necesitamos es una cultura de ebanistas. Si los artistas aplicados volvieran a pintar cuadros o a barrer calles, la tendríamos».

Si se consideran en un contexto su obra construida y la publicada, el equivalente del manifiesto en piedra, en la casa de la Michaelerplatz, sería *Ornament und Verbrechen* (*Ornamento y delito*, 1908), un escrito polémico muy difundido, como sugirió el propio autor. En 1910, Loos propuso al galerista berlinés Herwarth Walden, como texto para el anuncio de una conferencia: «Adolf Loos, arquitecto de Viena conocido por sus ideas radicales, cuya primera construcción monumental fue detenida por el Ayuntamiento de Viena, dará una conferencia. El arquitecto Loos es conocido por la conferencia del pasado año: *Ornamento y delito*, que despertó tanta polémica». Cuando Loos escribió *Ornamento y delito* tenía una experiencia de diez años dedicados a escribir. Se había dado a conocer al gran público en 1898 con una serie en *Freie Presse*. Sus artículos solían tratar de arquitectura; sin embargo, también expresaba su opinión sobre la confección y el calzado. Una y otra vez intentaba liberar los objetos de la vida corriente de su sobrecarga artística y representativa y devolverles una sencillez adecuada estética, funcional y social.

En *Ver sacrum*, la revista de la Secesión vienesa, se publicó en 1898 *Die Potemkin'sche Stadt* (*La ciudad de Potemkin*), un ataque a la arquitectura histórica de la Ringstrasse. «Cuando paseo por la circunvalación, es como si un Potemkin moderno hubiera querido convencer a alguien de que se había trasladado a una ciudad de puros nobles». A la «plebe», a los arribistas, les reprochaba vivir por encima de sus posibilidades, en casas de alquiler que querían ser palacios renacentistas. También atacaba a los arquitectos que accedían a estos deseos, pues —decía— no construían palacios, sino casas banales, a las que colgaban ornamentos. «Sus detalles ornamentales, consolas, coronas de frutos y trozos de diente son pegotes de cemento». Para un esteta del material como Loos, esa farsa era insoportable, no solo en el sentido moral, sino también en el económico, por el derroche de mano de obra, tiempo y dinero que suponía.

En su estancia en Estados Unidos, Loos se confesó entusiasta partidario del progreso: «Sí, nuestro tiempo es bello, tan bello que no querría vivir en ninguna otra época». Buscaba la forma moderna. Sin embargo, ver en Loos únicamente un antitradicionalista sería injusto. Encontró su ideal, en los comienzos del siglo XIX, en la sencilla arquitectura burguesa y en el neoclasicismo de Karl Friedrich Schinkel.

El historicismo de la Ringstrasse no era su único enemigo hacia 1900; Loos se volvió también contra los contemporáneos que se regodeaban en las formas modernistas. Atacaba a los diseñadores que se portaban como si fueran artistas y que, a sus ojos, cometían crímenes estéticos. Los paralelismos con la crítica de su amigo Karl Kraus de la «modernidad de la decadencia de cafetería» y la decadencia del lenguaje son evidentes. En la sátira *Vom armen reichen Manne* (*El pobre hombre rico*), Loos ponía en evidencia al tipo del arquitecto-artista déspota y ridiculizaba a sus clientes. El «pobre hombre rico» se dirige a un famoso arquitecto y le dice: «Consígame arte. Lo que cueste, no importa». Y este hace de la casa una obra de arte integral, en la que nada —ni siquiera un guante— se escapa al diseño, con el resultado de que el «pobre hombre rico» ya no es el señor estético en su propia casa. Moral implícita de esta historia: el arte es el arte y el objeto de uso diario es un objeto de uso diario, que debe estar libre del arte.

Esta moral se repite y un elevado número de artículos se puede reducir a unas pocas tesis y tópicos, tratados ya en *Ornamento y delito*. Loos comienza, con una generosa simplificación, pasando rápidamente por la evolución individual y social incluyendo la aparición del arte como origen erótico; como prueba de una ornamentación ingenua e inocente presenta los tatuajes de Papúa. «El hombre moderno que se tatúa es un criminal o un degenerado». Después pasa a tratar sus propias ideas: «Yo he llegado al siguiente convencimiento, que me ha regalado el mundo: la evolución de la cultura es sinónimo de desaparición del ornamento de los objetos de uso diario». La falta de ornamentos es lo adecuado a los tiempos modernos. «La ausencia de ornamentos es signo de fuerza espiritual». El gusto por el ornamento, ya sea tallado, cortado o fundido, no es solo un problema estético, sino también «un crimen contra la economía nacional», pues esclaviza a los trabajadores a realizar un trabajo inútil y mal pagado.

Es evidente que con todo esto Loos se ganó enemigos; su actuación fue una lucha continua. Los artículos escritos entre 1897 y 1900 los publicó en 1921 con el título resignado *Ins Leere gesprochen* (*Hablando en el vacío*). Sin embargo, el siguiente volumen (1931) se llamó *Trotzdem* (*A pesar de todo*), tomado de una cita de Nietzsche: «Lo decisivo se produce a pesar de todo». En su prólogo, Loos hizo satisfecho balance, en el momento culminante de la Nueva Arquitectura, de la que era adalid excéntrico: «De las luchas de 30 años he salido victorioso: he liberado a la humanidad del ornamento superfluo».

Ornamento y delito se publicó sin ilustraciones; la selección de fotografías muestra ejemplos de la obra construida de Adolf Loos.

GL

Ilust. p. 521
Villa Moller en Viena
Esta villa (1927/28) forma parte de la obra tardía de Loos. El exterior cubista con los muros lisos hace referencia a la Nueva Arquitectura, de la que fue pionero Loos.

Café Museum en Viena
En 1899, Loos diseñó el Café Museum. El espacio sin ornamentación confundió a los contemporáneos, por no tener el ambiente propio de café, sino que se orientaba por las ideas estéticas de 1830.

Sede de Goldman & Salatsch en Viena
Esta casa para la sastrería Goldman & Salatsch, en la Michaelerplatz de Viena (1909–1911), causó un escándalo arquitectónico. En su austeridad y carencia de ornamentación, la fachada expresa las ideas de Loos.

Espacio dedicado a la venta en Goldman & Salatsch
Adolf Loos tuvo éxito como arquitecto interiorista. El espacio dedicado a la venta de Goldman & Salatsch, en la Michaelerplatz, es buena muestra de su capacidad de diseñar espacios elegantes sin ornamentos.

Casa Tristan Tzara
Durante su estancia en París, Loos proyectó en 1925 una villa en el Montmartre para su amigo, el poeta dadaísta Tristan Tzara. La organización interna con planos desplazados refleja el plan espacial. *Fotografía y dibujo*

Proyecto de la casa editorial del *Chicago Tribune* (1922)
Este proyecto no realizado de Loos en forma de una columna sobredimensionada no fue comprendido; se explica desde su postura clasicista. *Dibujo a la tinta china*

Tony Garnier (1869–1948)
Une Cité industrielle: Étude pour la construction des villes

PARÍS, 1917

Una ciudad industrial: Estudio de urbanismo

La *Cité industrielle* (*Ciudad industrial*) de Tony Garnier es el proyecto ideal, meditado y concebido en todos sus detalles, de una moderna ciudad industrial, un modelo de reforma frente a la anarquía sin plan del crecimiento urbano industrial.

Tras finalizar sus estudios en la Escuela de Bellas Artes (1886–1889) y fuertemente influido por la doctrina funcionalista-racional de Julian Guadet, Garnier elaboró el proyecto de una ciudad industrial en Roma, en el periodo que pasó en la Ciudad Eterna becado por la Académie des Beaux-Arts (1899–1904). En 1901 envió los dos planos, con la planta y la visión general de su ciudad, a la Academia; esta los rechazó de manera contundente. No obstante, no se dejó disuadir y siguió trabajando en el proyecto; en 1904 volvió a presentarlo, esta vez con el título de «Une Cité industrielle». La Academia reconoció entonces su calidad, pero declaró que no estaba interesada. De regreso a su ciudad natal, Lyon, donde abrió estudio propio en 1905 y donde enseñó, entre 1909 y 1939, como catedrático de la Escuela Regional de Arquitectura, amplió su proyecto hasta los 164 planos, que publicó en París en 1917, acompañados de un texto explicativo.

Garnier quería presentar el modelo para una ciudad industrial del siglo XX. Su proyecto es una ciudad ficticia, si bien su ubicación a orillas de un río y en la desembocadura de un afluente, con sus grandes diferencias de altitud, está inspirada en Lyon. También se incluye un poblamiento histórico ficticio; pero, a diferencia de Lyon, el modelo de Garnier es anti gran ciudad: su ciudad industrial está prevista para tan solo 35.000 habitantes, aproximadamente el mismo número de los pobladores del modelo de ciudad-jardín ideado por Ebenezer Howard. El principio más importante es la división de espacios por funciones: trabajo, vida social, vivienda.

La zona industrial se encuentra situada en el llano; sus principales centros son una acería, los altos hornos y el puerto; además existe una presa. La ciudad en sí se extiende por un altiplano, desde donde se ve todo el valle; con el área industrial está unida por el ferrocarril. En el centro están ubicados los edificios de la administración pública (ayuntamiento, registro civil, tribunal arbitral) y de la vida pública: un gran edificio de reuniones, con toda una serie de salas de diferentes tamaños para actividades, conferencias y reuniones, una gran sala para al menos 3.000 personas, equipada con megafonía, para trasmitir sesiones del parlamento o actuaciones musicales; además, teatro, museos, archivos, bibliotecas e instalaciones deportivas; también había previsto una bolsa de trabajo. Delante de la estación del ferrocarril se encuentran los edificios destinados a servicios:

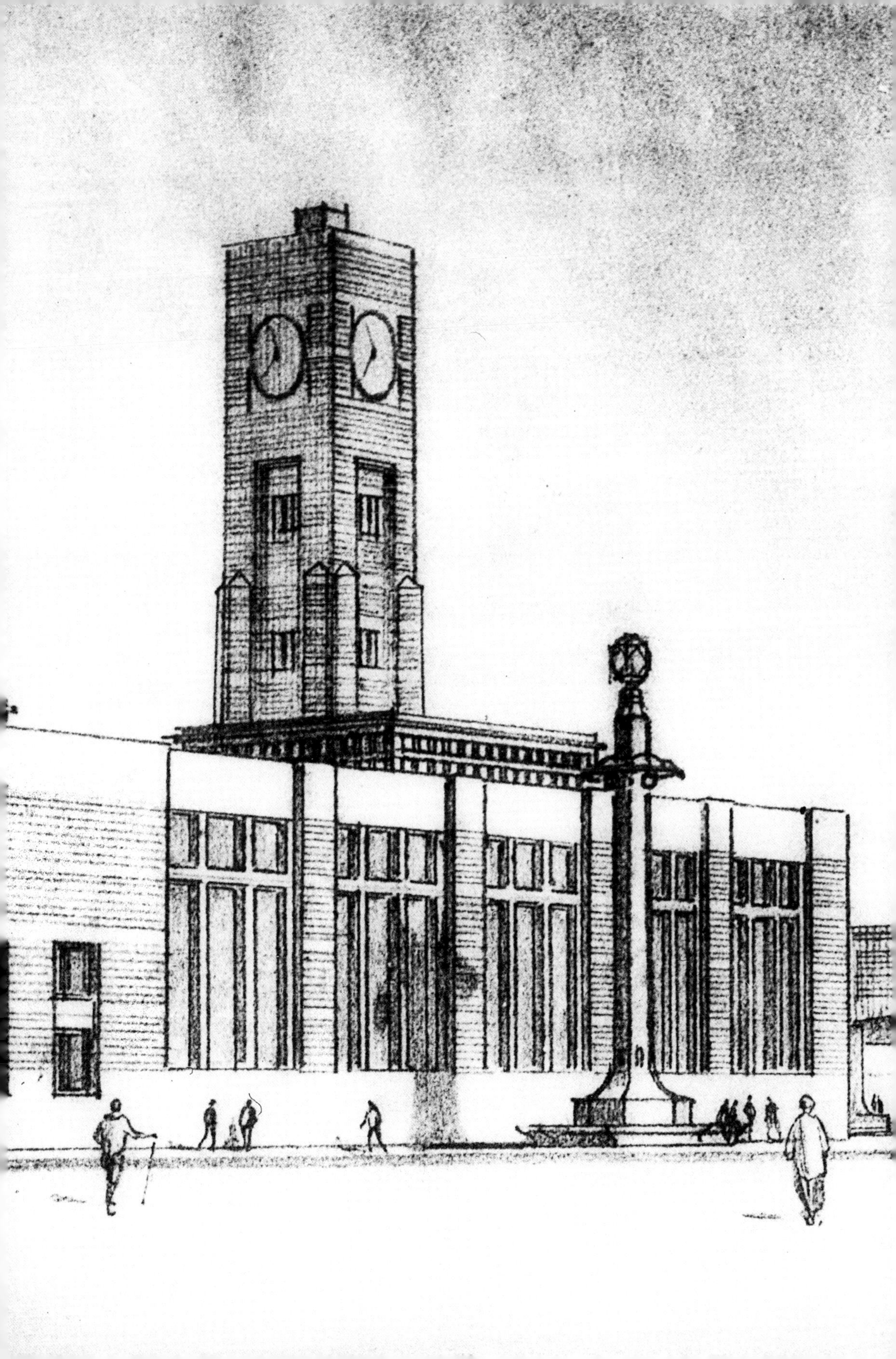

hoteles, grandes almacenes y mercados. En la estación, las vías son totalmente rectas, para permitir la circulación de trenes de alta velocidad.

Los edificios son bajos, de tres a cuatro plantas como máximo; solo el edificio administrativo central cuenta con una torre con reloj. Las zonas destinadas a vivienda están ordenadas por una red de calles ortogonales, que delimitan bloques de tamaño regular. Entre ellas se encuentran los centros de infraestructura social como las escuelas. El tráfico rodado está separado del de a pie. Los edificios de vivienda en sí se alzan exentos sobre islas con vegetación similar a la de un parque, de 30 × 150 metros, divididas a su vez en parcelas de 15 × 15 metros. La superficie construida debería suponer menos de la mitad de la parcela; el resto es espacio público para los peatones. La «ciudad industrial» es una ciudad abierta y con muchos espacios verdes sin espacios urbanos cerrados. El número de casas unifamiliares es superior al de edificios de apartamentos. Tienen forma de pabellón de una, dos o como máximo tres plantas. Mientras que el primer proyecto preveía cubiertas inclinadas, en la versión publicada ya solo existen cubiertas planas, en forma de terrazas. Para Garnier tenían especial importancia los estándares higiénicos: cada dormitorio debía contar con al menos una ventana hacia el sur; toda estancia, por muy pequeña que fuera, con una ventana al exterior. Los muros y los suelos interiores constan de material liso con esquinas redondeadas. La distancia entre las casas debía ser al menos igual a su altura. La arquitectura se caracteriza por un diseño uniforme: volúmenes cúbicos, la superficie formada por muros lisos, una racionalidad de provocadora escasez, entonces al uso en Francia. No obstante, algunos elementos como molduras de cierre, pilares en forma de pilastras y ventanales dan a los edificios rasgos clasicistas, que recuerdan a la arquitectura de Auguste Perret (1874-1954). En la «ciudad industrial», todo debía estar construido en hormigón armado, una técnica con la que se tenía aún poca experiencia.

La «ciudad industrial» de Garnier no solo quería ser un modelo técnico, sino también social; sigue la tradición de los modelos social-arquitectónicos de los socialistas utópicos como Charles Fourier (1772-1837) o Robert Owen (1771-1858), si bien estaba directamente inspirada en los ideales socialistas de Jean Jaurès y en la ciudad ideal que Émile Zola plasma en su novela utópico-socialista *Travail* (1900). Sobre el proyecto para la sala de reuniones reproduce una cita de dicha novela. Para su ciudad modelo, Garnier no había previsto ni policía ni fuerzas militares, prisión ni iglesias. El enfoque urbanístico es claramente deudor de la ciudad-jardín de Ebenezer Howard.

El proyecto de «ciudad industrial» tuvo un cierto reconocimiento cuando se presentó en 1904, pero su publicación (1917) no despertó apenas eco. No obstante, Le Corbusier publicó algunas partes en 1920, en la revista *L'Esprit nouveau*, e hizo referencia a Garnier en su escrito programático *Vers une architecture* (*Hacia una arquitectura*, 1923). En 1924 se repitió la exposición de los planos de la «ciudad industrial» y despertó un mayor interés. La *Ciudad industrial* de Tony Garnier proporcionó una importante inspiración para la *Carta de Atenas* del urbanismo moderno, aprobada en 1933 en el ciam (Congreso Internacional de Arquitectura Moderna).

Ya en 1906, Tony Garnier aceptó un encargo para construir edificios públicos en Lyon, del alcalde socialista Édouard Herriot, posterior ministro-presidente y ministro de Asuntos Exteriores. Como consecuencia de esa actividad, construyó en 1920-1924 y 1929-1935 el «Quartier des États Unis», en el que sin embargo solo aplicó sus principios imperfectamente.

JP

Salas de reuniones
Nave cubierta en forma de un amplio pórtico; construcción de hormigón armado.
P. 17. Dibujo a lápiz

Edificio administrativo y de reuniones
Representación del ayuntamiento y del tribunal arbitral con citas tomadas de la novela *Travail*, de Émile Zola. *P. 19. Dibujo a tinta china*

Teatro
Edificio para las representaciones y sala de ensayos. La cúpula está probablemente inspirada en la Ópera de París, de Charles Garnier. *P. 28. Dibujo a tinta china*

Centro de salud
El centro de salud se alza sobre una colina, al norte de la ciudad, protegida por un monte contra el viento frío. Consta de un hospital, un centro de helioterapia y un centro para inválidos.
P. 52. Dibujo a tinta china

Barrio residencial
En el primer plano y el plano medio, casas unifamiliares de una y dos plantas. El espacio entre las casas de vivienda es público. *P. 72. Dibujo a tinta china*

Casas de vivienda de dos plantas
La rígida forma cúbica y la radical falta de ornamentación anuncian la arquitectura de los años veinte. *P. 75. Dibujo a tinta china*

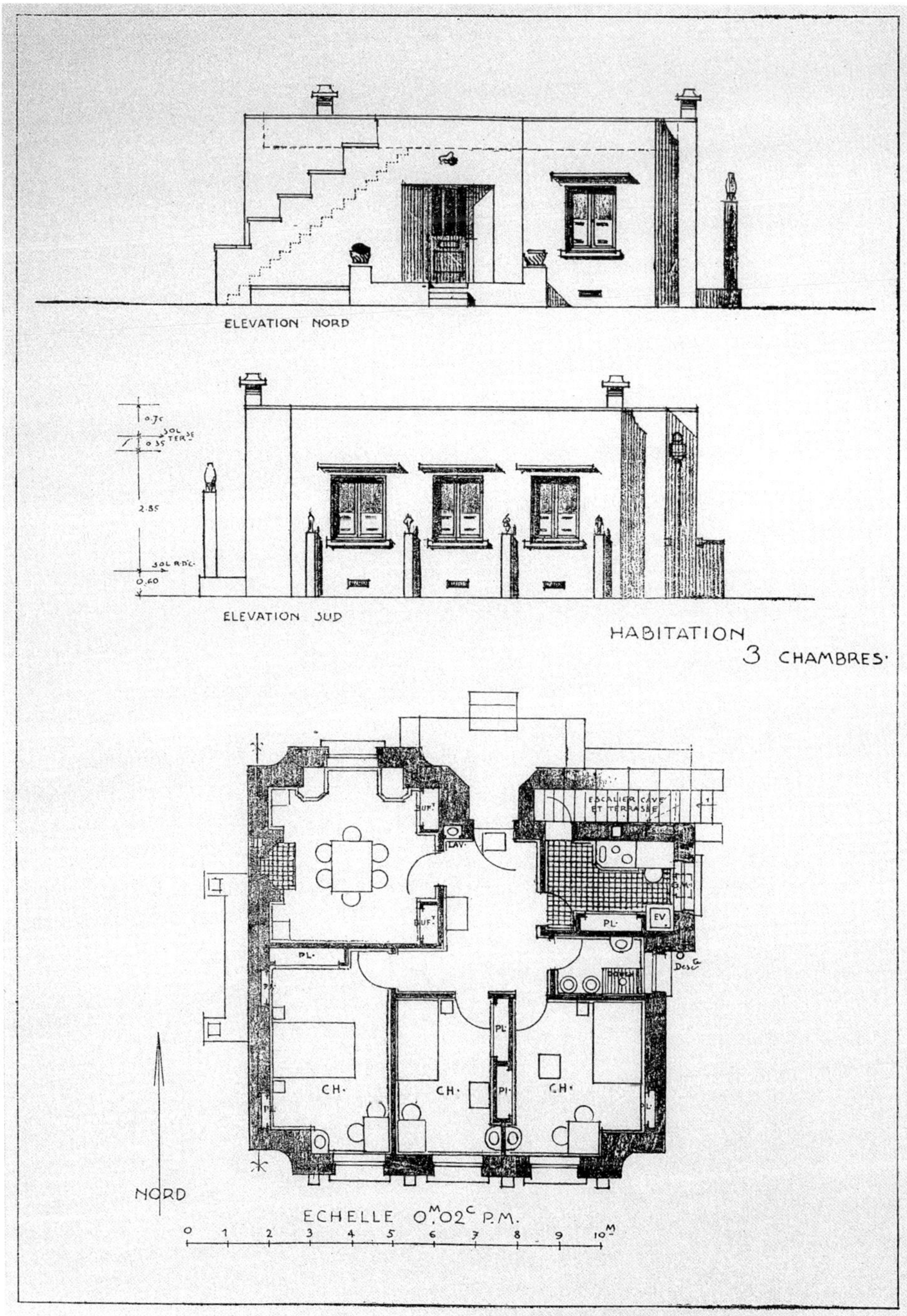

Casa de vivienda de una planta. Alzados y planta
Distribución de una superficie de aproximadamente 80 m^2; la entrada y las columnas del lado posterior dan un ambiente de nobleza clásica a esta forma sencilla.
P. 103. Dibujo a lápiz

Vista general de las fábricas con siderurgia, puerto y astillero
P. 163. Dibujo a tinta china, coloreado

P. 163

VUE DES USINES

Vista de los altos hornos y de la presa con la central eléctrica
P. 164. Dibujo a tinta china, coloreado

P. 164
LES HAUTS-FOURNEAUX

Bruno Taut (1880–1938)

Die Stadtkrone

JENA, 1919

La corona de la ciudad

Alpine Architektur

HAGEN, 1919

Arquitectura alpina

«El vidrio de color destruye el odio». Este aforismo críptico podía leerse, junto a algunos otros, en un pabellón de vidrio en la Exposición de la Werkbund celebrada en Colonia en 1914. Dicho pabellón había sido proyectado por Bruno Taut en forma de tambor poligonal de pilares de hormigón, recubierto de ladrillos de vidrio y cubierto por una cúpula de cristal: un edificio de exposición para la industria del vidrio. El edificio del joven arquitecto llamó la atención; pronto fue considerado como símbolo de una nueva tendencia expresionista en la arquitectura alemana. Los aforismos mencionados procedían del escritor Paul Scheerbart (1863–1915), autor de novelas y poesías fantásticas, a quien Taut tenía mucha estima y consideraba «único poeta-arquitecto». Ese mismo año de 1914 se publicó en la editorial berlinesa Der Sturm, relacionada con el expresionismo, *Glasarchitektur* (*Arquitectura en vidrio*) de Scheerbart, un libro sin el que no se comprendería la actividad de escritor de Taut. En él, Scheerbart exponía en forma de tesis la idea –que venía persiguiendo desde hacía tiempo– de que la sustitución de la arquitectura de sillería por la de cristal cambiaría profundamente la faz de la tierra y elevaría la cultura humana a un nivel más alto.

Volvamos, sin embargo, a Bruno Taut. Nacido en Koenigsberg en 1880, se formó en la Escuela de Construcción de su ciudad natal. Después de realizar prácticas en diversas ciudades, Taut trabajó de 1904 a 1908 en Stuttgart, con Theodor Fischer, antes de establecerse en Berlín. Allí colaboró con su hermano menor Max, sin que no obstante formaran formalmente una empresa común. A partir de 1912, Taut colaboró con el movimiento de la ciudad-jardín y planeó las ciudades periféricas de Falkenberg en Berlín-Grünau y «Reforma» en Magdeburgo. La idea de la ciudad-jardín, con todas sus implicaciones de reforma social, se convertiría en una importante fuente de inspiración para las visiones de Taut.

La Primera Guerra Mundial paralizó la actividad práctica de Taut. Convertido pronto en pacifista, consiguió eludir el servicio de armas. Comenzó a escribir y dibujar, no solo para evadirse de la cruel realidad, sino también para oponerle una utopía positiva. Por este motivo, la actividad de escritor y dibujante que desarrolló entre 1916 y 1920 no se debe ver tan solo como terapia ocupacional de un arquitecto en el paro. Se trata, más bien, de una obra artística densa e impresionante, entre utopía social y urbanismo, entre esoterismo y estética, entre obra integral de arte y crítica de la civilización, entre metáfora y abstracción.

DOMSTERN

Die Stadtkrone (*La corona de la ciudad*), obra que escribió en 1916/17, permite reconocer una cierta relación con los proyectos de los socialistas utópicos como Charles Fourier (1772-1837), que combinaban los planes arquitectónicos con un milenarismo profano. «El socialismo, en un sentido no político sino suprapolítico, alejado de toda forma de dominación, como la relación más sencilla entre los hombres, supera el abismo existente entre los estamentos y naciones enemistados y une al hombre con el hombre», expone Taut. Proyectó una ciudad-jardín de forma circular, con un radio de aproximadamente siete kilómetros para una amplísima población de tres millones de habitantes. En su centro se encontraba, «potente e inalcanzable», la «corona de la ciudad», un centro cultural y comunitario que culminaba en una «casa de cristal», semejante a un rascacielos y sin función. «Esta casa no tiene más que una estancia muy hermosa, a la que se accede por escaleras situadas a derecha e izquierda del teatro y de la pequeña casa del pueblo. Pero ¡cómo describir aunque solo sea genéricamente lo que solo se puede construir!». En las ilustraciones acompañantes, Taut mostraba modelos históricos y puntos de referencia. En primer lugar –como correspondía al espíritu de su tiempo y a los estudios, entonces muy actuales, del historiador del arte Wilhelm Worringer– se remitía a la ciudad medieval: «La catedral, con su nave realmente sin función y la torre con aún menos función, es la verdadera corona de la ciudad». Sin embargo, la prevalencia de la idea y del espíritu sobre la finalidad profana y la combinación orgánica de lo profano y lo sacro Taut la veía realizada aún mejor en el templo hindú.

En comparación con *La corona de la ciudad*, que aún guardaba una cierta referencia con la realidad, Taut dio pronto un paso adelante más en dirección hacia la utopía. Resultado de esto fue su obra, esbozada en 1918 y publicada en 1920, *Auflösung der Städte oder: Die Erde eine gute Wohnung oder auch: Der Weg zur Alpinen Architektur* (*La desintegración de las ciudades o: La Tierra, un buen lugar para vivir, o también: El camino hacia la arquitectura alpina*), que en la portada el mismo Taut denominaba «solo una utopía y un pequeño entretenimiento». En 30 dibujos muy artísticos, fantástico-visionarios, de ensueño y frecuentemente biomorfos, exponía un modelo social y de población que de nuevo se alejaba de las dimensiones de la gran ciudad. La sociedad humana se distribuye en comunas pequeñas; también los «individualistas» tendrían allí espacio. Una postura contraria a la técnica y el rechazo de los principios funcionales se combinaban con fantasías futuristas. Así, Taut esbozaba un «lugar sacro para absorber la energía solar con planchas de vidrio y lentes y espejos focales. Se recogerán en torres de luz». Todo esto apenas puede tomarse literalmente, sino más bien como un símbolo, no solo de una nueva sociedad, sino también de una nueva naturaleza humana, tras superar todas las ligaduras terrenas. El modelo de la «corona de la ciudad» reaparecía aquí, más etéreo y liberado de todas las finalidades profanas. En el «gran templo solar», que por supuesto estará construido en vidrio, la fusión del hombre y la arquitectura formaría una obra de arte cósmica en escenificaciones teatral-religiosas: «El arte, como algo en sí mismo, ha dejado de existir: todo está bañado por él».

Como anexo a las láminas con imágenes y textos de alto nivel artístico, y como fundamento teórico y protección, Taut incluía pasajes –en parte arbitrariamente aislados– de obras de diferentes autores, por ejemplo de Friedrich Hölderlin, Friedrich Engels o Friedrich Nietzsche, que le interesaban por sus tendencias críticas con el Estado y el capitalismo. Sin embargo, Taut dedicaba aún más espacio a Peter Kropotkin, anarco-comunista ruso que abogaba por una comunidad sin Estado, libre de poder y de propiedad privada. En esa época, Taut se acercó a las ideas de Kropotkin y a las de Gustav Landauer, seguidor alemán de este, aunque eso no signifique que se le pueda calificar de anarquista y comunista en el sentido político (de partido). En 1919, un año antes de publicarse *La desintegración de las ciudades*, había aparecido la *Arquitectura alpina*, un conjunto de dibujos comentados que imaginaba un ascenso alpino a zonas cada vez más transcendentes y utópicas. Aunque esté relacionada con estructuras arquitectónicas concretas y situaciones topográficas reales, la *Arquitectura alpina* parece la obra culminante de las fantasías de Taut. Se trataba nada menos que de construir edificios de vidrio, que taparan en parte los Alpes y sus estribaciones, hasta el Mediterráneo. «Sí, ¡poco práctico y sin finalidad alguna!», así denominaba Taut su edificio imaginado, para añadir con un deje de rebeldía: «Ya solo merece la pena trabajar al servicio de la belleza, sometiéndose a lo más alto».

Durante los dos años posteriores a la Primera Guerra Mundial, cuando publicó esta obra y otras similares, tituladas *Der Weltbaumeister* (*El arquitecto del mundo*) o *Haus des Himmels* (*Casa del cielo*), Taut desarrolló además una actividad febril para organizar a artistas y arquitectos revolucionarios. Como algunos de sus compañeros, estaba convencido de que los arquitectos y los artistas gozaban de un papel fundamental para construir una nueva sociedad. A finales de 1918, Taut se encontraba entre los fundadores y activistas del Consejo de Trabajadores para el Arte y del Grupo de Noviembre, asociaciones de breve vida creadas por un espíritu utópico-revolucionario y expresionista. Entre sus correligionarios se encontraban Walter Gropius, Erich Mendelsohn, Paul Klee y Lyonel Feininger. Estos grupos, absolutamente idealistas, fracasaron pronto en el campo de la política real. A finales de 1919, Taut tuvo una nueva idea de organización, más privada. Creó una sociedad de carácter casi secreto de arquitectos y artistas para intercambiar por correo proyectos y utopías. La sociedad postal, a la que pertenecían –entre otros– los hermanos Luckhardt, Hans Scharoun y Hermann Finsterlin, se dio el característico nombre de «Cadena de Cristal». Taut publicó las ideas y los proyectos procedentes de dicha correspondencia en su revista *Frühlicht* (*Luz matinal*). A finales de 1920 le llegó el final a este movimiento. La exaltación expresionista, la falta de seriedad dadaísta, el fantasear sin freno no se pudieron imponer frente al nuevo racionalismo, y sobre todo frente a la tentación de asumir tareas concretas de construcción.

Bruno Taut fue designado primero (1921–1923) consejero de arquitectura en Magdeburgo, a la que intentó dar una imagen más atractiva pintando las fachadas de colores más expresivos. En 1924 regresó a Berlín, donde –en calidad de arquitecto asesor de sociedades constructoras sin ánimo de lucro– construyó varias urbanizaciones (por ejemplo, Berlín-Britz, una colonia en forma de herradura), con los métodos técnicamente más modernos; forman estas parte de los logros arquitectónicos más importantes de la República de Weimar. Estos proyectos no deben considerarse como una traición a los antiguos ideales y como una expresión de aburguesamiento, sino como un intento de llevar a cabo una transformación en nuevas circunstancias.

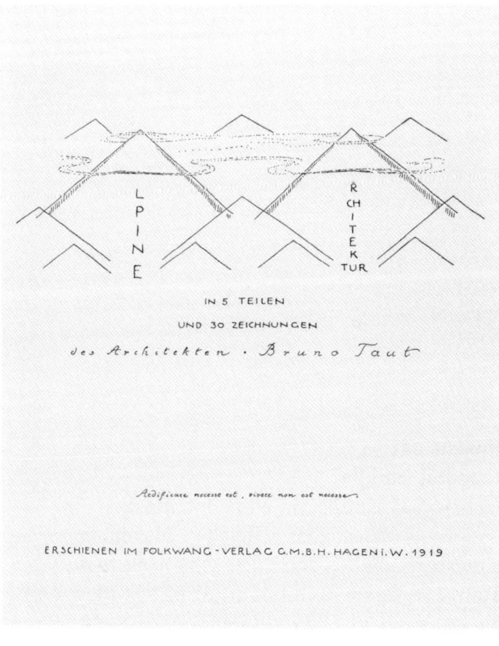

En 1933 Bruno Taut tuvo que emigrar; se dirigió primero a Japón, donde se dedicó a estudiar intensamente el arte y la arquitectura japoneses; desde 1936 fue profesor en la Academia de Arte de Estambul. En esta ciudad construyó diversas escuelas y edificios universitarios y, en último lugar, su propia casa, en el barrio de Ortaköy. Bruno Taut murió, antes de concluirse la construcción, el 24 de diciembre de 1938.

GL

Ilust. p. 541
Catedral-estrella
La catedral-estrella, un edificio fantástico de formas abovedadas reflejadas, plasma la síntesis romántica entre arte y naturaleza de Taut. *De:* Alpine Architektur (Arquitectura alpina), *lám. 26. Dibujo a pluma y acuarela*

Casa de cristal
A diferencia de la casa de cristal de la corona de la ciudad, a la casa de cristal –construida en los montes con cristal de colores– Taut no le atribuyó ninguna función centralizadora, social. *Lám. 3. Dibujo a pluma y acuarela*

Casa de cristal
La casa de cristal –en los montes suizos– debía convertirse en un «templo del silencio», que desarrollaría su efecto solo «con la sublime arquitectura y el gran silencio». *Lám. 4. Dibujo a pluma y acuarela*

Proyectos de construcción
Las visiones de Taut para una arquitectura alpina supranacional se referían en parte a lugares como las estribaciones de los Alpes, en la región de lagos del norte de Italia. Llaman la atención las terrazas, poco expresivas. *Lám. 14. Dibujo a pluma y acuarela*

Nieve, glaciar, cristal
La construcción de cristal en los Alpes se la imaginaba Taut como una armonía de nieve, glaciar y cristal; su realización práctica sería «extraordinariamente difícil y llena de sacrificio, pero no imposible». *Lám. 10. Dibujo a pluma y acuarela*

Palacio de cuento de hadas
Taut se imaginó una arquitectura de ensueño para la costa mediterránea, al sureste de Génova, que consideró generosamente como parte de las estribaciones alpinas. *Lám. 15. Dibujo a pluma y acuarela*

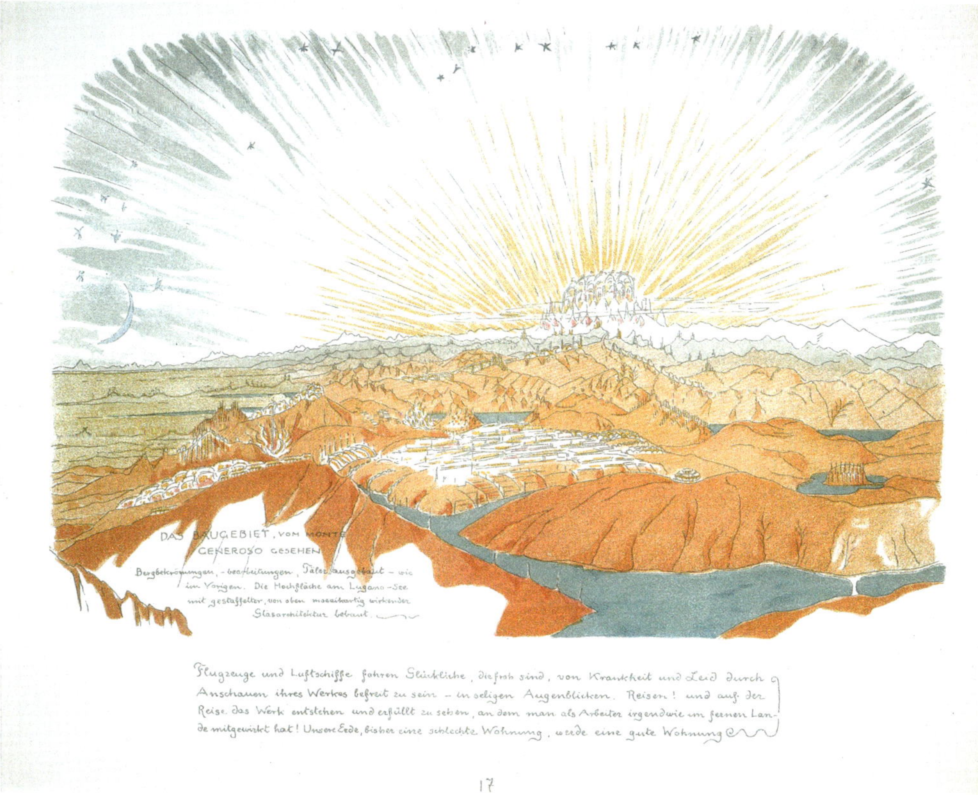

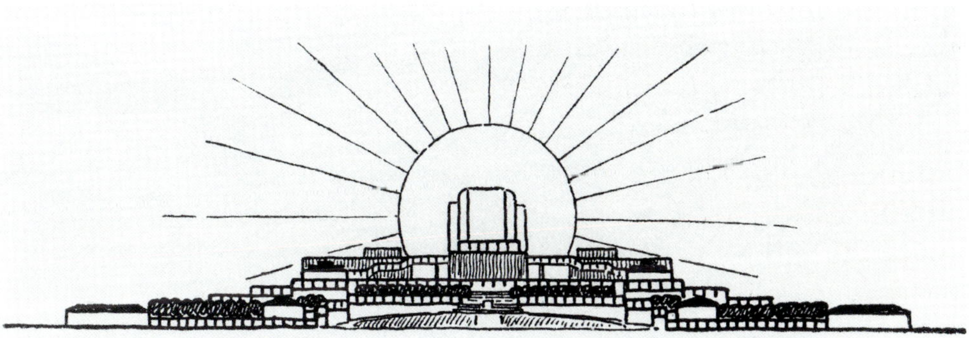

Vista de ciudad
Este boceto permite reconocer cómo las ciudades medievales, dominadas por la catedral, formaban parte de los modelos de Taut.
Lám. 17. Dibujo a pluma y acuarela

La corona de la ciudad
En el centro de la ciudad ideal de Taut se encuentra la corona de la ciudad; en su centro se alza, a su vez, un edificio sacro, sin función concreta, la casa de cristal.
Lám. 42. Dibujo a pluma

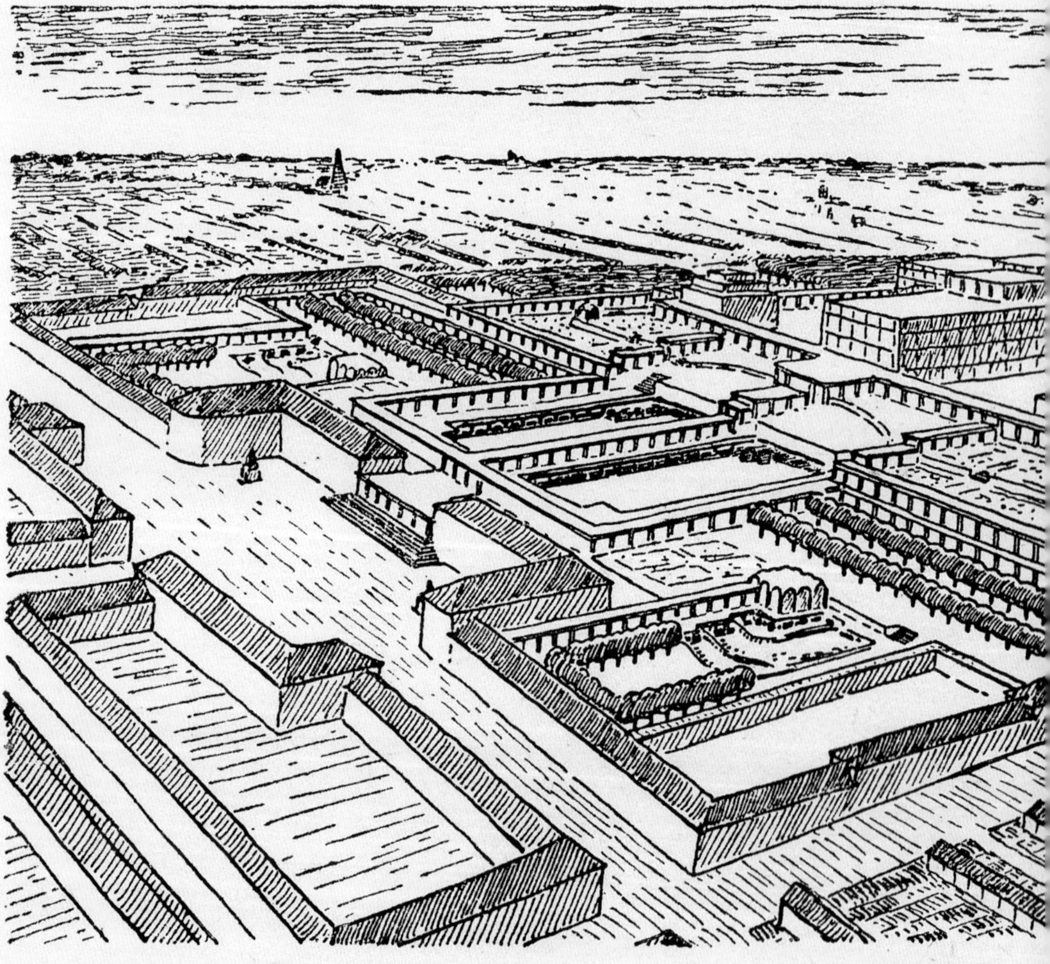

Vista general de la ciudad
Esta vista en perspectiva permite reconocer el escalonamiento de alturas, desde las bajas casas de vivienda hasta la casa de cristal, pasando por los edificios comunes.
Lám. 49. Dibujo a pluma

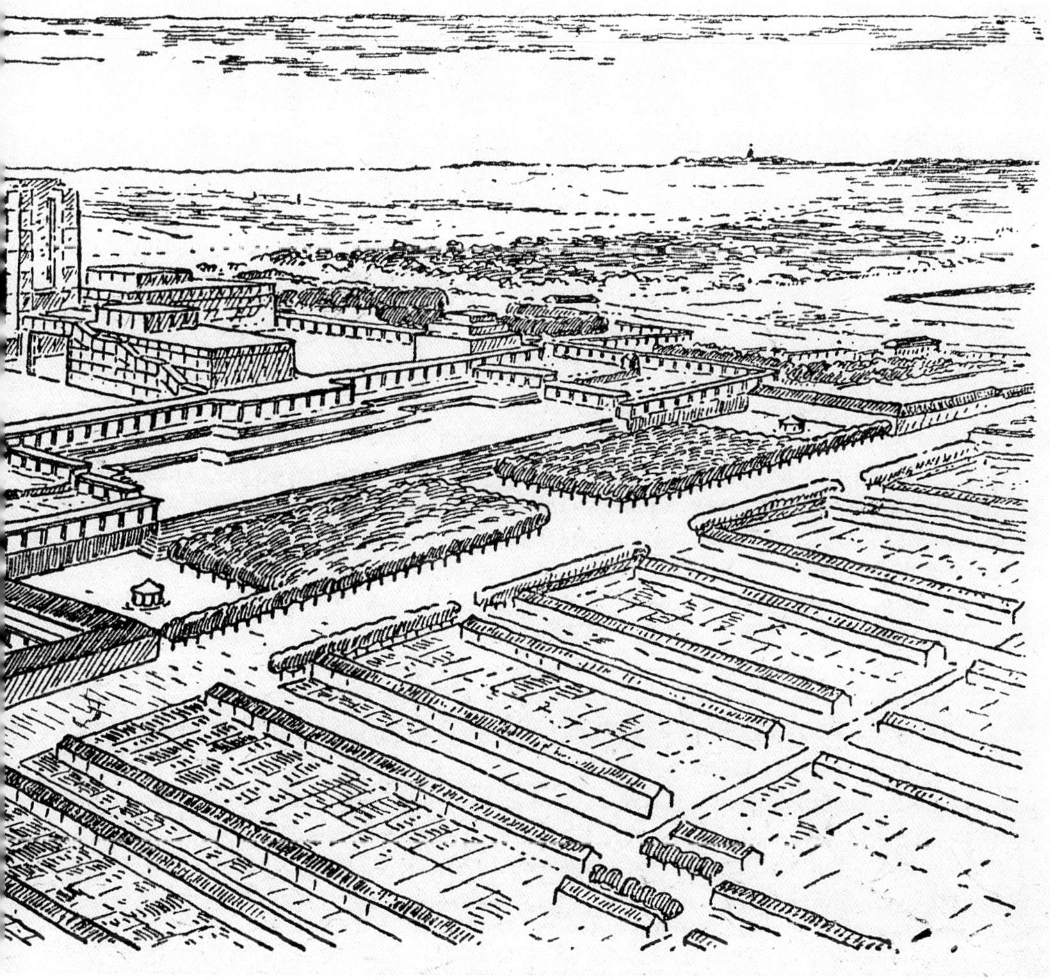

Le Corbusier (1887–1965)

Vers une Architecture

PARÍS, 1923
Hacia una arquitectura

Urbanisme

PARÍS, 1925
A propósito del urbanismo

La Charte d'Athènes

PARÍS, 1943
La Carta de Atenas

La influencia de Le Corbusier sobre la teoría y la práctica de la arquitectura y el urbanismo del siglo XX tiene una importancia que no se puede estimar suficientemente. No existe prácticamente ningún otro arquitecto que haya conseguido intervenir –tanto con su obra construida y sus proyectos como con su amplia obra teórica– de un modo tan provocador, sentando nuevos parámetros, en el discurso sobre la arquitectura moderna. Quería, según una de sus frases famosas, abrir «ojos que no ven» para la belleza de la moderna ingeniería; sus trabajos teóricos los consideraba como «advertencias a los arquitectos», que habían de servir como ayuda para el conocimiento hacia una arquitectura moderna, un «juego consciente, exacto y maravilloso de las obras construidas bajo el sol».

Charles-Edouard Jeanneret, quien a partir de 1923 –en su condición de arquitecto y teórico– comenzó a denominarse «Le Corbusier», nombre derivado del apellido materno Lecorbésier, nació en La Chaux-de-Fonds (Suiza occidental) en 1887. Tras su traslado a París en 1917, comenzó a publicar en 1920, con el pintor Amédé Ozenfant, la revista *L'Esprit Nouveau*; en el total de 28 números aparecidos hasta 1925 desarrolló una plataforma propia con el objetivo de fundar y propagar una estética de la era de la maquinaria.

Muchas de las tesis que se habían ido publicando en *L'Esprit Nouveau* se recogieron en 1923 en la primera obra sobre teoría de la arquitectura de Le Corbusier: *Vers une architecture* (*Hacia una arquitectura*), obra que vertió sus principios teóricos en una colección de textos tanto provocadores como de interesante presentación. Este libro dio a conocer a su autor a nivel internacional; todavía hoy sigue siendo una referencia extraordinaria para el gesto y el contenido de la moderna propaganda arquitectónica. Aunque, por su tipografía, el libro parece más bien convencional, el lector se ve atraído por la creación de lemas y sus numerosas repeticiones, y sobre todo por montajes de textos e imágenes fuera de lo común. La polémica alterna con frases que no admiten contestación; la estética subjetiva de la arquitectura se interpreta como la suma de constantes antropológicas.

El libro consta de diferentes capítulos, precedidos por axiomas. Sus afirmaciones se ven subrayadas por el uso de frases muy sencillas y en parte muy breves, por lo que pueden retenerse fácilmente, y por el uso de símiles poéticos. Sorprenden las ilustraciones que incluye, que en muchos casos no se refieren a sus propios proyectos, sino que están tomadas tanto de la historia clásica de la arquitectura como del ámbito de la ingeniería. Resulta sintomática la comparación

Notre-Dame in Paris.

entre el Partenón de Atenas y un automóvil deportivo, de efecto calculado para sorprender. En su argumentación, Le Corbusier emplea los ejemplos de la arquitectura clásica como modelos, cuya lógica racional sienta un parámetro que busca su réplica adecuada en la era industrial. Por esto, el ingeniero fue el primero que, sin el lastre de la tradición académica, desarrolló la solución precisa para problemas mecánicos. Sin embargo, según Le Corbusier: ¿qué otra cosa es una casa que una «máquina para vivir»?

La nueva estética resulta de un claro análisis de funciones, con lo que continúa el debate en torno a una reforma de la estética de la arquitectura que estaba desarrollándose desde la segunda mitad del siglo XIX. La forma sigue a la función y su configuración ha de medirse con la capacidad de convicción del diseño industrial; cubiertas de transatlánticos con sus bordas y escaleras de caracol, sus ojos de buey y el blanco funcional proporcionan el material ilustrativo para una belleza arquitectónica, que no solo se caracteriza por su adecuación, sino que también posee cualidades higiénicas y casi morales. Así, sobre un trasatlántico, Le Corbusier escribe: «una arquitectura pura, limpia, clara, pulcra y sana». Por el contrario, los «estilos» son «una mentira». Al mismo tiempo, Le Corbusier rehabilita la arquitectura como forma artística, cuando atribuye al arquitecto la tarea de configurar, más allá de la mera función racional. Solo con la mano ordenadora del artista se crea el efecto estético satisfactorio que atribuye a la nueva arquitectura. Llama la atención que Le Corbusier no formula su tratado en el contexto de una utopía social revolucionaria; todo lo contrario: el capítulo final titulado «Arquitectura o revolución» manifiesta que al autor no le interesa integrar su estética en un contexto de utopía social. Al contrario: para él existe un déficit en la creación de circunstancias adecuadas de trabajo, de vida y sobre todo de vivienda, para una sociedad industrial progresista.

Por tanto, la construcción de viviendas y sobre todo los problemas fundamentales del urbanismo moderno constituyen los temas de las posteriores publicaciones de Le Corbusier. El tratado *Urbanisme* (*A propósito del urbanismo*), aparecido en 1925, supone un comienzo de principios. Análogamente a sus provocadores teoremas sobre la arquitectura moderna, el urbanismo se define en primer lugar desde un punto de vista funcional y la ciudad, como un instrumento de trabajo. Orden y linealidad, análisis funcional y formas rígidas se derivan, al parecer necesariamente, de esa argumentación. Sin embargo, y a pesar de toda la sobriedad del gesto argumentativo, no se puede dejar de lado el acceso a las cuestiones de la configuración urbana. Se trata de las «eternas formas de la geometría pura», que no solo se desprenden lógicamente de la función, sino que también aparecen «llenas de poesía». El proyecto, procedente de 1922, de una «Ville contemporaine pour trois millions d'habitants» ilustra las consecuencias de esas reflexiones sobre principios de urbanismo: 24 rascacielos de oficinas, alineados regularmente en torno a un nudo de comunicaciones, forman una especie de corona urbana dentro de un paisaje urbano cruzado por espacios verdes y calles jerárquicamente ordenadas. Las diferentes funciones urbanas como el tráfico, el trabajo, la vivienda y el ocio están claramente definidas y relacionadas con determinados lugares. Con el «Plan Voisin», que comienza a desarrollar en 1922 y continúa hasta 1929, Le Corbusier aplica a París los principios desarrollados en «Ville contemporaine». Con una polémica directa confronta los antiguos barrios de la ciudad con su visión de una nueva ciudad.

Con la edición de la *Charte d'Athènes* (*Principios de Urbanismo: La Carta de Atenas*) en 1943, Le Corbusier publica el libro que mayores consecuencias tendría para el urbanismo contemporáneo. El texto se basa en las deliberaciones del IV Congreso Internacional de Arquitectura Moderna, que se desarrolló en 1933 durante un crucero de Marsella a Atenas y que se vio influenciado decisivamente por Le Corbusier. Este mismo elaboró en 1941 las tesis, que editó en 1943, empleando en parte planos de su obra *La Ville Radieuse*, aparecida en 1935. De central importancia es la precisa diferenciación de las funciones urbanas, cuya separación ordenadora se considera como el núcleo de una planificación urbana racional. Con su tenor imperativo, *La Carta* aparece como un análisis preciso y como el instrumental que puede y debe emplearse en todo momento para solucionar problemas de urbanismo. Adquiere un tono casi dirigista cuando el autor exige que la Carta ha de obtener validez en los órganos administrativos. Es función de la arquitectura «crear o mejorar la ciudad; a ella corresponde la elección y la distribución de los diferentes elementos, cuyas proporciones logradas fundamentarán una obra armónica y duradera. El arquitecto tiene en sus manos la clave de todo ello».

Aún hoy, Le Corbusier sigue polarizando la crítica arquitectónica. Sus posturas y su reivindicación, y también la influencia que ejercen sus teorías, le predestinan para ser la diana de la crítica de la ciudad moderna, tal y como ha sucedido en muchos lugares dentro de la recepción de las tesis de Le Corbusier. Para sus críticos, la ruptura con la tradición, la separación de funciones y el dictado de la lógica funcional parecen ser los aspectos decisivos de un urbanismo equivocado. Al mismo tiempo no se discute que ningún otro haya reivindicado tan claramente como él el primado de la arquitectura en la era de la modernidad industrial. Junto a la historicidad de su programa, la aspiración de calidad artística es el principio por el que se ha de medir la realización de sus visiones urbanísticas.

PS

Ilust. p. 553
Notre-Dame con «reglas para el alzado»
Edición alemana, 1926, p. 59

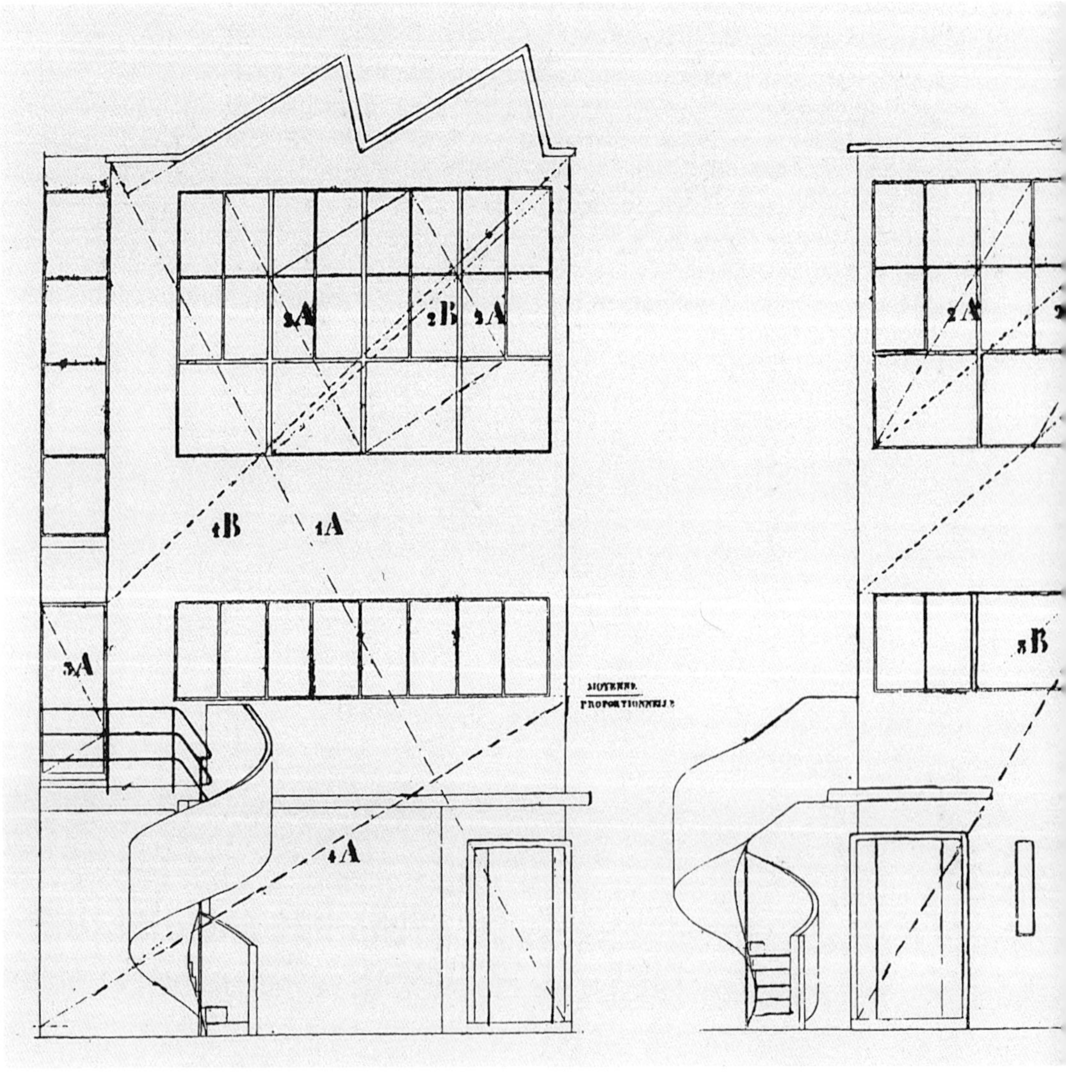

Casa Ozenfant
Vista y boceto de la fachada, con reglas para el alzado.
Edición alemana, 1926, p. 63. Fotografía y dibujo a rayas

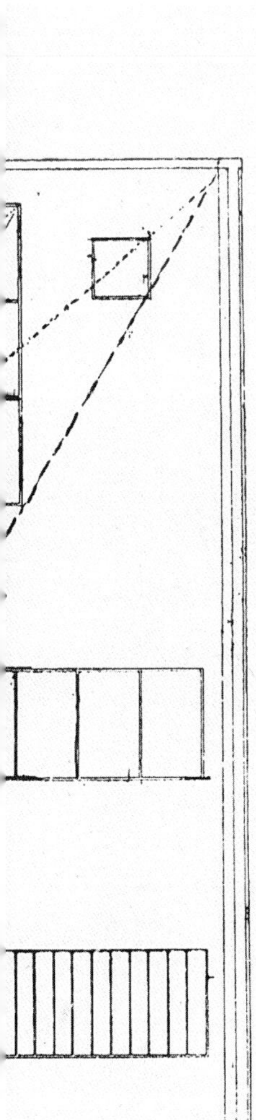

108 KOMMENDE BAUKUNST

AUGEN, DIE NICHT SEHEN 109

Arquitectura griega clásica, confrontada con automóviles
Edición alemana, 1926, pp. 108/109

Cubierta del Aquitania
Edición alemana, 1926, p. 79

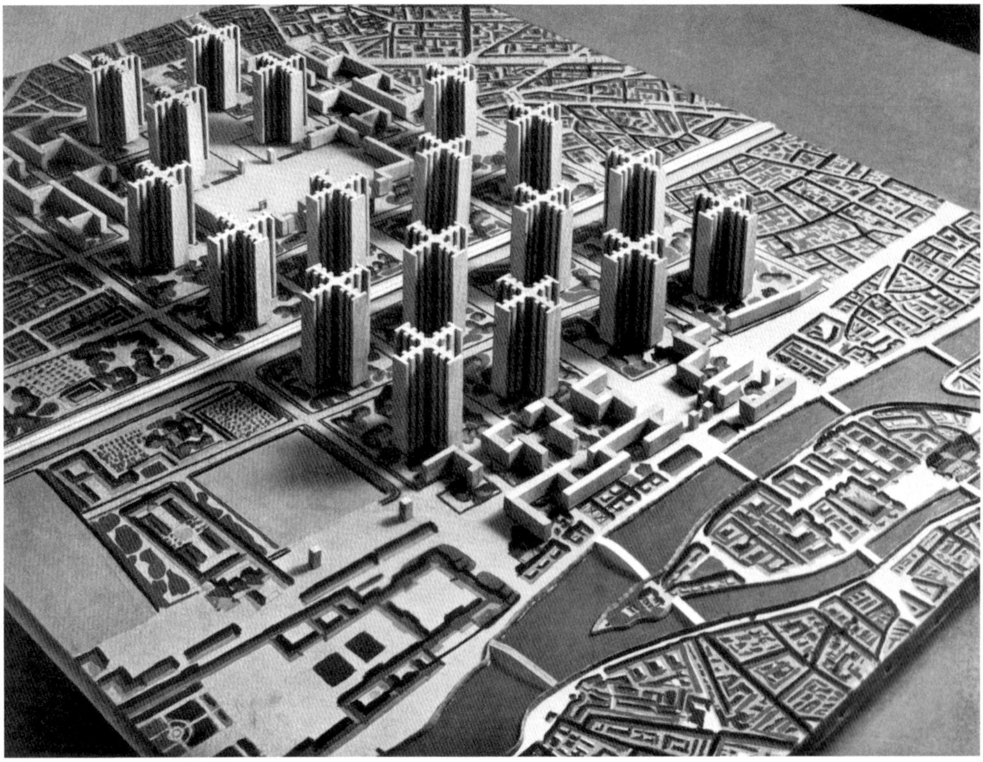

Plan Voisin para París
Ilustración complementaria de: Oeuvre Complète 1929-1934, *p. 93. Vista de la maqueta*

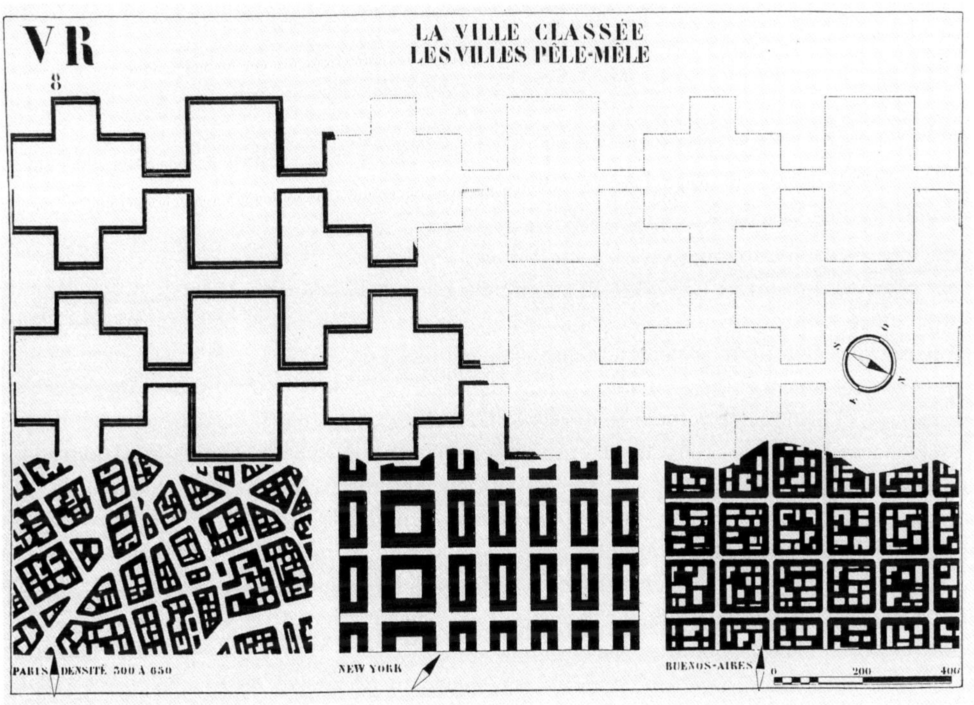

La Ville Radieuse (1935)
Estudio para la planta en comparación con las plantas típicas de París, Nueva York y Buenos Aires.
Ilustración complementaria de: Oeuvre Complète 1934–1938, *p. 30. Dibujo al trazo*

Henry-Russell Hitchcock (1903–1987)
Philip Johnson (1906–2005)
The International Style: Architecture Since 1922

NUEVA YORK, 1932

El estilo internacional: arquitectura desde 1922. Murcia, 1984

Este libro, el manifiesto arquitectónico norteamericano más importante anterior a *Complexity and Contraction in Architecture* (*Complejidad y contradicción en la arquitectura*, 1926) de Robert Venturi, surgió en el contexto de una exposición organizada por el Museum of Modern Art en 1932, la primera exposición sobre arquitectura que se desarrollaba en ese museo de Nueva York, inaugurado dos años antes. Philip Johnson, primer comisario de la sección de arquitectura del museo hasta 1934, el historiador del arte Henry-Russell Hitchcock y Alfred H. Barr, director del museo, desarrollaron la idea en otoño de 1930. La preparación corrió a cargo sobre todo de Johnson, a quien ya años antes Hitchcock había llamado la atención sobre la arquitectura moderna, durante sus viajes por Europa, en una visita a la Exposición Alemana de Arquitectura (1931) en Berlín y durante sus conversaciones con arquitectos como Ludwig Mies van der Rohe, Walter Gropius, Erich Mendelsohn, Jacobus Johannes Pieter Oud y Le Corbusier. La exposición, titulada «Modern Architecture: International Exhibition», fue inaugurada el 10 de febrero de 1932. Su objeto eran las obras construidas, entre otros, por Mies van der Rohe, Walter Gropius, Hans Scharoun, Otto Haesler, Le Corbusier y Alvar Aalto, así como por otros arquitectos procedentes de Austria, Bélgica, Alemania, Inglaterra, Francia, Holanda, Italia, Japón, España, Suecia, Suiza y la Unión Soviética, pero también por norteamericanos como Raymond Hood, Frank Lloyd Wright, Howe & Lescaze y Richard Neutra. Solo se presentaron obras realmente construidas, ningún proyecto visionario, tampoco los de los constructivistas rusos. La exposición se centró en cuatro obras: villa Savoye de Le Corbusier (1930), casa Tugend de Mies van der Rohe (1930), que Johnson consideraba la obra más importante de la arquitectura moderna, la «Casa de la Mesa» de Frank Lloyd Wright en Denver (1931) y la casa que el holandés J. J. P. Oud acababa de construir para la madre de Johnson en Pinehurst. Además había una sección sobre construcción de viviendas de la que se ocupó el crítico Lewis Mumford. La exposición fue reconstruida en 1992 por Terence Riley en la Universidad de Columbia.

El libro *The International Style: Architecture Since 1922* (*El estilo internacional: arquitectura desde 1922*) fue escrito durante los preparativos para la exposición. Contiene 138 ilustraciones, vistas fotográficas de exteriores e interiores, así como plantas por orden alfabético de los arquitectos, para evitar cualquier diferenciación nacional. El texto, relativamente breve, acompañado de una introducción de Alfred Barr, procede de la pluma de Hitchcock; Johnson solo lo corrigió. El texto no solo trata las diferentes obras, sino que intenta deducir una definición de estilo de las

propiedades comunes de la nueva arquitectura, siguiendo el análisis de formas propio de la historia del arte. La idea fundamental es la siguiente: las nuevas obras que aquí se exponen representan el estilo arquitectónico vigente en el presente, y este estilo es universal y único, como sucedía con los estilos en las diferentes épocas de la historia del arte, como el gótico o el barroco. Hitchcock diferencia este nuevo estilo no solo del historicismo del siglo XIX, ya superado, sino también de la nueva arquitectura anterior a la Primera Guerra Mundial, como la de Peter Behrens, Otto Wagner, Auguste Perret y también Frank Lloyd Wright, que denomina «semimoderna». Para él, los pioneros y primeras filas de este estilo eran Walter Gropius, J. J. P. Oud, Le Corbusier y Mies van der Rohe, así como –en un segundo plano– Gerrit Rietveld y Erich Mendelsohn. Hitchcock rechaza de plano la tesis funcionalista de muchos arquitectos, para quienes el elemento estético no tiene importancia en la arquitectura de la era industrial, pues la forma surge por sí misma de la lógica del cumplimiento de una función y de la adecuación técnica; opone a esta tesis la diferencia esencial entre arquitectura y construcción y subraya el carácter artístico, también de la arquitectura moderna. Hitchcock define como propiedades constitutivas de la estética del nuevo estilo tres principios fundamentales: en primer lugar, la arquitectura no se considera ya como masa, sino como volumen. En lugar de un muro macizo de mampostería, el espacio se compone de superficies y planos; en la claridad geométrica de sus superficies lisas, el volumen parece inmaterial e ingrávido. El segundo principio es la regularidad, que sustituye a la simetría axial; ahora bien, no se trata de la monotonía de una regularidad absoluta, sino de la composición rítmica de formas regulares. El tercer principio es la renuncia a toda decoración; su lugar lo ocupan la elegancia del material, la perfección técnica de los detalles y las proporciones adecuadas como cualidades estéticas. Estos tres principios definen una estética de la forma matemática abstracta que se corresponde con la pintura abstracta. Hitchcock explica la aplicación de estos principios con ejemplos tomados de las ilustraciones del libro y proporciona recetas a los arquitectos para evitar errores.

En el prólogo de una reedición de 1965, Hitchcock expuso que, cuando se publicó, lo más llamativo de su libro no era tanto lo que en él se decía como el momento en el que se hacían esas afirmaciones. Cuando salió a la luz en 1932, era la primera vez que se trataba la arquitectura moderna aplicando el método de análisis de formas y el concepto científico de estilo propio de la historia del arte. El objetivo era mostrar a los arquitectos norteamericanos que existía un estilo contemporáneo de validez universal, aunque en Estados Unidos no se hubiera dado aún a conocer. El concepto de «estilo internacional» propugnado por Hitchcock y Johnson se inspira en la obra de Walter Gropius *Internationale Architektur* (*Arquitectura internacional*, Libros de la Bauhaus I, 1925) y en el concepto del «estilo internacional hacia 1400». Objeto de crítica fue que el libro sigue casi exclusivamente un punto de vista estético, mientras que el aspecto social de la nueva arquitectura, que Lewis Mumford había subrayado en el catálogo de la exposición, solo se trata en un breve capítulo final, que lleva el título con la palabra alemana *The Siedlung* (*La urbanización*).

THE INTERNATIONAL STYLE:

ARCHITECTURE SINCE 1922

HENRY-RUSSELL HITCHCOCK, JR., AND
PHILIP JOHNSON

W·W·NORTON & COMPANY·INC·NEW YORK

En 1951, Henry-Russell Hitchcock relativizó bastantes de las tesis defendidas en su libro de 1932, en un artículo titulado «The International Style Twenty Years After» (El estilo internacional, veinte años después), que se publicó en *Architectural Record*. Ahora veía que el estilo internacional estaba llegando a su fin y pensaba que esa validez absoluta del carácter racionalista de la arquitectura, propugnada en aquel entonces, había resultado un error histórico, pues esa misma validez histórica la poseían otras corrientes existentes en los años veinte. Así lo subrayaba ahora, sobre todo frente a Frank Lloyd Wright, quien en 1932 había protestado contra la exposición, a la que acusó de propaganda, amenazando con retirarse. En su libro, Hitchcock ni siquiera mencionaba a Wright.

La exposición de 1932, que, después del Museum of Modern Art, se expuso en otras 13 ciudades de Estados Unidos, y el libro despertaron un gran eco. Prepararon el camino para la llamada de Gropius a la Universidad de Harvard (1937) y la de Mies van der Rohe a la de Chicago (1938) y, en general, para el cambio de dirección en la arquitectura norteamericana después de la Segunda Guerra Mundial.

JP

Johannes Andreas Brinkman y Leendert Cornelis van der Vlugt,
fábrica Van Nelle de tabaco, té y café en Róterdam (1928–1930)
«Un edificio industrial, admirable en su composición en tres secciones, cada una para una función distinta, pero con la misma regularidad estructural». *P. 109*

Le Corbusier y Pierre Jeanneret, villa Savoye, Poissy-sur-Seine (1930)
«La planta superior, blanca, causa un efecto de ingravidez sobre los apoyos redondos. Su rígida simetría constituye el fondo para el brillante estudio de forma abstracta [...] de las estructuras superiores, azules y de color rosa». *P. 119*

Walter Gropius, escuela de la Bauhaus, Dessau (1926)
«Los talleres tienen paredes completamente transparentes. Un buen ejemplo de cristal como material de superficie. El hecho de que la cubierta sobresalga no le favorece». *P. 141*

Erich Mendelsohn, grandes almacenes Schocken, Chemnitz (1928-1930)
«Las vertiginosas franjas de ventanas son posibles gracias a la construcción portante exenta». *P. 177*

Mies van der Rohe, pabellón alemán en la Exposición Universal de Barcelona (1929)
«Los muros son superficies independientes unas de otras, bajo una gran cubierta en forma de franja, sujeta por apoyos de metal». *P. 183*

Lilly Reich, dormitorio en la Exposición de Arquitectura de Berlín (1931)
«Un carácter femenino de lujo, que se consigue con la combinación de material blanco en diferentes tejidos». *P. 204*

J. J. P. Oud, casas de trabajadores, Hook van Holland (1924–1927)
«El balcón a lo largo de las tiendas curvadas subraya el sencillo ritmo de las ventanas». *P. 195*

Walter Gropius (1883–1969)
Internationale Architektur

MÚNICH, 1925

Arquitectura internacional

Walter Gropius fue uno de los arquitectos más influyentes del siglo xx. En 1910 se estableció por cuenta propia, con su colaborador Adolf Meyer (1881–1929). Como Gropius, según él mismo, era incapaz «de poner por escrito las ideas más sencillas», lo necesitaba para que sus ideas tomaran forma. Ya con su primer gran encargo, Gropius y Meyer hicieron historia de la arquitectura. La fábrica Fagus, en Alfeld an der Leine, permite reconocer a Peter Behrens (1868–1940) como modelo, pero en su radicalismo constructivo y estético van más allá de este.

En 1919, Gropius fue nombrado director de la Bauhaus, de reciente construcción. Esta escuela estatal proporcionaba una formación integral artístico-artesanal, la «fundición de todas las actividades artísticas en una unidad, la reunificación de todas las disciplinas artístico-constructivas en un nuevo arte constructivo». Las fuerzas conservadoras consiguieron que el instituto abandonara Weimar; los maestros de la Bauhaus eligieron Dessau como nuevo lugar de establecimiento. El edificio de la Bauhaus, las casas de los maestros, la Oficina de Empleo y la urbanización Törten fueron las obras más destacadas que realizaron en esta ciudad. Gropius abandonó la Bauhaus en 1928, para abrir un estudio en Berlín. En su condición de antiguo director de la Bauhaus, a partir de 1933 se le cerró el horizonte en Alemania, por lo que emigró a Estados Unidos a través de Inglaterra. En América comenzó una segunda carrera, como profesor en Harvard. Gropius siempre había sido partidario del trabajo en equipo, también por su limitada capacidad de dibujo, y había empleado a personas muy cualificadas. En 1945 fundó, con antiguos estudiantes de Harvard, The Architects Collaborative (TAC), que pronto se convertiría en uno de los estudios de arquitectos más importantes de Estados Unidos. La escritura personal, también la de Gropius, se sometía al trabajo en equipo. Gropius falleció en Boston en 1969.

La obra publicada no se puede comparar, en volumen e importancia, con su obra como arquitecto y profesor universitario; sin embargo, algunos artículos y libros tuvieron mucha influencia. En 1923, Gropius escribió *Idee und Aufbau des Staatlichen Bauhauses* (*Idea y estructura de la Bauhaus estatal*), un programa de principios, plan de estudios y rendición de cuentas al mismo tiempo.

La expulsión de la Bauhaus de Weimar pareció ser un duro golpe, pero el traslado liberó nuevas fuerzas. La Bauhaus tomó un rumbo más pragmático y racionalista. Para evitar errores en sus relaciones con el exterior, Gropius inició actividades que bien se podrían calificar de estrategia publicitaria multimedia. De esta formaba parte la edición de los *Libros de la Bauhaus*, cuyo director

artístico era el maestro de la Bauhaus László Moholy-Nagy (1895–1946). El número uno fue, en 1925, el libro de Gropius *Internationale Architektur* (*Arquitectura internacional*).

«Esta obra es un libro de imágenes de la moderna arquitectura. Con una forma breve desea presentar una visión de conjunto sobre las actividades de los principales arquitectos modernos y familiarizar con las evoluciones actuales en arquitectura»: así comienza el prólogo. En unas cien páginas se presentan fotos, isometrías y vistas de maquetas. También se tuvieron en cuenta unos noventa ejemplos de media docena de países, de los cuales más de la mitad eran obras construidas, mientras que el resto lo formaban proyectos y estudios. El amplio espacio que se dedica a estos da al libro el carácter de un informe de taller. La mayoría de los ejemplos procede de la posguerra, en su mayoría de después de 1922. Solo 14 se construyeron antes de 1914.

Comienza con un homenaje a tres fábricas, que Behrens construyó para AEG en 1910–1912; por mucho carácter moderno que posean muestran el clasicismo de Behrens, que Gropius no compartía. Siguen el teatro que presentó Henry van de Velde en la Exposición de la Werkbund celebrada en Colonia en 1914 y la Bolsa de Ámsterdam, de Petrus Berlage. Después, Gropius presentaba sus primeros trabajos, la fábrica modelo de la Exposición de la Werkbund y la fábrica de Fagus. Sorprenden las fotos de unos inmensos graneros, que Gropius ya mostró en 1911, en un conferencia sobre «Arte monumental y construcción industrial». En el artículo «Bases para la nueva arquitectura» (en *Bau- und Werkkunst*, 1925/26) describe la ambivalente fascinación que ejercen esos silos, en «cuya forma de repulsa se aprecia algo de la fuerza bruta del capitalismo». Lo potente, lo monumental de estos cubos, que podría transformarse en cualidad estética, fascinó también a otros arquitectos, que descubrieron en ellos arquetipos de la era industrial. Al final del libro de imágenes se encuentra una fotografía aérea de Manhattan. Excepcionalmente, Gropius la acompañó de un comentario breve, que por un lado era una crítica de la falta de plan, la densidad y las «formas no objetivas», pero por otro manifestaba asentimiento a la «forma del rascacielos». Si se pasa una hoja hacia atrás se aprecia el ideal totalitario: la visión de Le Corbusier de una ciudad formada por rascacielos, de 1922.

Entre las construcciones industriales de Behrens y los sueños de rascacielos se encuentran edificios funcionales, casas de vivienda, urbanizaciones. El centro lo forman ejemplos del entorno de la Bauhaus, del propio Gropius (diez objetos), de su colaborador Karl Fieger, Marcel Breuer, Ludwig Hilberseimer, Georg Muche y Richard Paulick (como la casa de ensayos de cristal en Dessau), así como del posterior director Hannes Meyer. Una foto muestra maquetas de casas en serie, que se presentaron en la muestra de la Bauhaus de 1923 en Weimar, la «unión de la máxima tipificación posible con la máxima variabilidad posible».

La revista de imágenes no permite reconocer ningún orden. La elección de edificios y de imágenes parece arbitraria y no se dan sus razones. Faltan interiores y plantas, previstos para una posterior publicación (que no llegaría a aparecer). No se puede hablar de un inventario sistemático, sino que se trataba de preparar a un «público amplio no especializado» para la arquitectura futura: darles una idea de la claridad y objetividad de la Nueva Arquitectura, de la preferencia por superficies de cristal o la combinación de los cuerpos cúbicos. Gropius apostaba por el efecto óptico y la fuerza de las imágenes.

El prólogo es un manifiesto de la Nueva Arquitectura. En primer lugar, y al igual que Adolf Loos (1870–1933), Gropius se distanciaba del historicismo con su «uso de motivos, ornamentos y perfiles de culturas en su mayoría pretéritas», que ha degradado la arquitectura a ser portadora de «formas decorativas muertas». Frente al «esteticismo académico», que se cierra al progreso técnico, opone una «nueva concepción de la arquitectura» que se desarrolla más allá de las fronteras nacionales. Lo característico de dicha concepción es deducir la forma de una obra arquitectónica a partir de su «sustancia» y su función. No obstante, Gropius no propugna ningún funcionalismo barato, sino que integra la «proporción» como «cuestión del mundo espiritual». Si bien se mantiene unida a la función y a la construcción, eleva un edificio más allá de su mera utilidad. Para conseguir una síntesis de función y forma se precisa un artista; Gropius no teme emplear ese concepto.

La Nueva Arquitectura se caracteriza por una «forma exacta, sencillez en la variedad, división por funciones, limitación a formas básicas típicas y su alineación y repetición». Gropius recurre a continuación a un modo de decir poético, que revela el exaltado espíritu de los tiempos. Exige «configurar los edificios a partir de una ley interna, sin mentiras ni caprichos y rechazando todo lo superfluo que vela su forma absoluta». Gropius termina con una clara defensa del progreso y sueña con «superar flotando la gravidez de la tierra, en su efecto y su figura». Esta frase final se corresponde con las imágenes finales. En el prólogo a la segunda edición, Gropius puede resumir satisfecho que el «nuevo espíritu de la arquitectura», basándose en los logros de la técnica, está conquistando «el mundo civilizado». Se espera que utilice un concepto, que Gropius evita con todo cuidado: el «estilo internacional». A él le interesaba algo más grande, más absoluto que el estilo: «construir como modo de configurar fenómenos de la vida».

Arquitectura internacional contribuyó a crear un nuevo tipo de literatura arquitectónica: el tratado en forma de volumen de fotografías. Sin embargo, existían fuentes. En 1923, Adolf Behne –historiador del arte ligado a la Nueva Arquitectura– concluyó un texto titulado *Der moderne Zweckbau* (*El moderno edificio útil*), que analiza la evolución de la arquitectura y presenta testimonios sobre ella. Behne no encontró ningún editor, por lo que su libro no se publicó hasta 1926, un año después de *Arquitectura internacional*; despertó menos interés, aunque estaba mejor fundamentado. Los dos autores se conocían y sabían de sus proyectos. Behne se quejó amargamente a Gropius, diciéndole que se había aprovechado de él. A su vez, el libro de Gropius también fue copiado: en 1927, y por encargo de la Werkbund, Ludwig Hilberseimer publicó el libro *Internationale neue Baukunst* (*Nueva arquitectura internacional*). La publicación más importante que se basa en Gropius y Behne se publicó en 1932 en Estados Unidos: *The International Style: Architecture since 1922* (*El estilo internacional: arquitectura desde 1922*), de Henry-Russell Hitchcock y Philip Johnson. Lo que Gropius evitó decir lo hicieron los historiadores norteamericanos: declararon la arquitectura moderna como estilo.

GL

Ilust. p. 571
Peter Behrens, fábrica de pequeños motores en Berlín
El comienzo de *Arquitectura internacional* está formado por algunos edificios anteriores a la Primera Guerra Mundial, como esta fábrica de Behrens. Gropius trabajó en el estudio de Behrens de 1908 a 1910. *Edición de 1981, p. 11*

Vista de Manhattan hacia 1926/27
Al final se presenta una vista de Manhattan: «A pesar de haberse construido sin plan y de estar sobrecargada de estilos inadecuados, con la marcada forma de los rascacielos, se produce una estructura de ciudad moderna». *Edición de 1981, p. 106*

La Bauhaus en Dessau (1925/26)
Después del traslado a Dessau, la Bauhaus tuvo un complejo propio de edificios, proyectado en el estudio particular de Gropius; se convirtió en uno de los incunables de la arquitectura moderna. *Edición de 1981, p. 22*

Documento fílmico
En la obra para la urbanización Dessau-Törten (1926–1928) se empleó una moderna grúa giratoria. Gropius reprodujo secuencias del documento fílmico en su libro *Bauhausbauten Dessau* (*Construcciones de la Bauhaus en Dessau*, 1930). *Cinta cinematográfica. Ilustración complementaria, no comprendida en el tratado*

Urbanización Weissenhof
Esta urbanización, que formaba parte de la Exposición de la Werkbund, celebrada en Stuttgart en 1927, fue la manifestación más importante de la Nueva Arquitectura. Gropius contribuyó con dos casas unifamiliares.
Ilustración complementaria, no comprendida en el tratado

Frank Lloyd Wright (1867–1959)
Ausgeführte Bauten und Entwürfe von Frank Lloyd Wright

BERLÍN, 1910

Obra construida y proyectos de Frank Lloyd Wright

La «Carpeta Wasmuth» es una de las publicaciones más bellas y de mayor influencia de la arquitectura moderna.

En 1909, en un momento de grave crisis en su vida personal y profesional, Frank Lloyd Wright viajó a Europa después de que el editor berlinés Ernst Wasmuth le hubiera ofrecido sacar a la luz una opulenta publicación de sus proyectos arquitectónicos. Wasmuth había conocido la obra de Wright a través de Charles Robert Ashbee (1863–1942), arquitecto inglés del movimiento Arts and Crafts y uno de los primeros admiradores europeos de Wright, y de Kuno Francke (1855–1930), historiador alemán de la literatura, profesor de la Universidad de Harvard y fundador del Museo Busch-Reisiger; este último incluso quiso convencer a Wright de que se trasladase definitivamente a Alemania. Después de que Wright firmara el contrato en Berlín, se retiró por un año a Fiesole, cerca de Florencia, donde reunió los originales de las ilustraciones, sobre la base de los dibujos que había traído de Estados Unidos, en colaboración con su hijo Lloyd Wright y el delineante Taylor Wooley. Solo pocos dibujos proceden de la mano de Wright; la mayoría –algunas de las perspectivas según fotografías de las obras construidas– son de sus colaboradores Marion Mahony, Birch Burdette Long y William E. Drummond.

La obra consta de dos carpetas encuadernadas tamaño folio, con 78 láminas y 28 planos apaisados, de 65 × 41 centímetros; están impresos con exquisito cuidado en tinta blanca, gris, marrón y dorada sobre papel gris y blanco; los planos, sobre papel seda translúcido; varios grabados sobre diferente papel y con diferentes tintas. Además, y para repartir entre los amigos de Wright, se tiró una pequeña edición de lujo en papel Japón.

La «Carpeta Wasmuth» comprende todos los proyectos, realizados o no, que había hecho hasta entonces Wright: las casas de vivienda, incluyendo las casas de la pradera como Robie House en Chicago (1909) y Coonley House en Riverside (Illinois) (1908), proyectos comerciales como los edificios para la Larkin Company en Buffalo (1904) y para el City National Bank en Mason City (Iowa) (1909), así como el Unity Temple en Oak Park (Illinois) (1907/08). Para la carpeta, Wright escribió una introducción que se tradujo al alemán. La versión original inglesa se imprimió en Chicago, para adjuntarla a los ejemplares comercializados en Estados Unidos.

En su introducción, Wright desarrolló su programa de una arquitectura orgánica para la sociedad democrática. Comienza con un himno a la arquitectura tradicional italiana y a su sencilla

GEDRUCKT UND VERLEGT VON ERNST WASMUTH A.-G. BERLIN

TAFEL XXXIII VERWALTUNGSGEBÄUDE FÜR THE LARKIN COMPANY GRUNDRISS UND PERSPEKTIVE

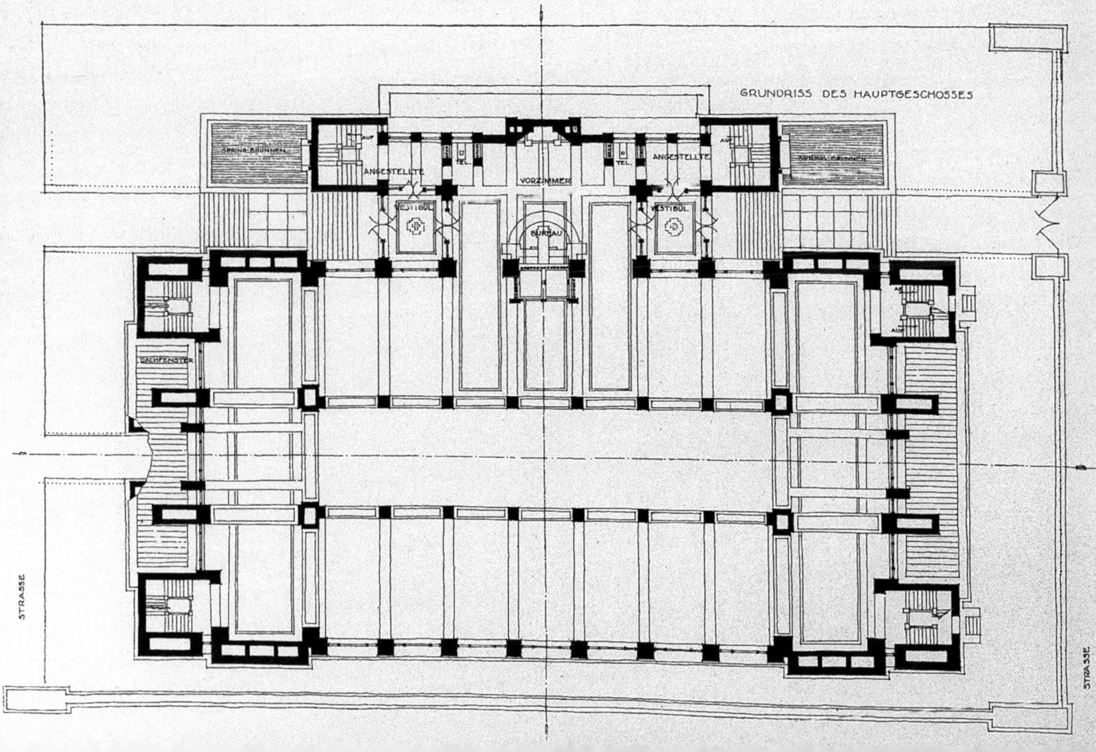

y natural belleza. Por el contrario, censura la arquitectura posterior al Renacimiento, a la que considera corrompida e inorgánica. Estos edificios solo reflejan cómo la civilización se aleja de la naturaleza; en ellos se confunde lo «artificioso» (*the curious*) con lo bello. La historia de los estilos desde el Renacimiento no representa una evolución, sino que es expresión de una enfermedad. El concepto clave de Wright es lo «gótico»; siguiendo la interpretación del gótico por parte del prerromanticismo inglés, equipara «gótico» con «orgánico» y «natural» y reivindica, para el arte y la arquitectura de la vida moderna, una vuelta al «espíritu gótico». Además, añade, Estados Unidos debería plantearse más que cualquier otra nación la tarea de crear una arquitectura de espíritu democrático, una arquitectura de la individualidad, pero al mismo tiempo una arquitectura con ideales industriales. En Estados Unidos, todo el mundo tiene el derecho inalienable a vivir, entre sus cuatro paredes, de acuerdo con sus propias ideas. Sin embargo, trata con ironía la falta de criterio al elegir estilo en la arquitectura estadounidense, por lo que postula un nuevo estilo, desarrollado a partir del espíritu norteamericano. Ahora bien, el auténtico espíritu norteamericano no se encuentra en Nueva York, sino en el Oeste y en el Medio Oeste. El verdadero estilo orgánico, en sentido gótico, es tan natural como el estilo de una flor; ha de desarrollarse a partir de las necesidades de los habitantes, de la naturaleza de los materiales y de las propiedades naturales del paisaje. Si esto viene dado, el estilo surge por sí solo. La condición previa necesaria es la simpatía entre los constructores y los arquitectos. El arquitecto ha de dominar sus medios como el músico sus instrumentos. Wright consideraba que había una especial sensibilidad, tradicional, por la belleza natural del material en Japón, pero también en la nueva arquitectura de Alemania y Austria.

A continuación, Wright explica los principios de sus casas de vivienda y de la pradera: la casa, el interior y el entorno han de considerarse como una unidad. Todo ha de responder a un programa único: ninguna decoración, ningún cuadro en las paredes; los techos más bien bajos y por el contrario las ventanas muy seguidas. Las salas de estar, la cocina y los dormitorios han de formar una unidad. La horizontal es la línea hogareña y también la línea de la pradera del Medio Oeste. Se ha de evitar toda altura innecesaria, pues la línea horizontal une la casa con el suelo. La casa debe ser de una pieza, y no algo compuesto. Solo entonces es una verdadera obra de arte.

Al final, Wright explica que los dibujos que presenta no quieren mostrar más que la composición y la forma de los edificios en sus contornos y también deben proporcionar una sensación del ambiente en su entorno. Subraya su dependencia artística frente al arte de la xilografía japonesa.

Un año más tarde, en 1911, cuando Wright ya había regresado a Estados Unidos, Wasmuth publicó un libro de fotografías de menor formato y más económico, titulado *Ausgeführte Bauten* (*Obra construida*). Por deseo de Wright, Ashbee escribió una introducción. Con

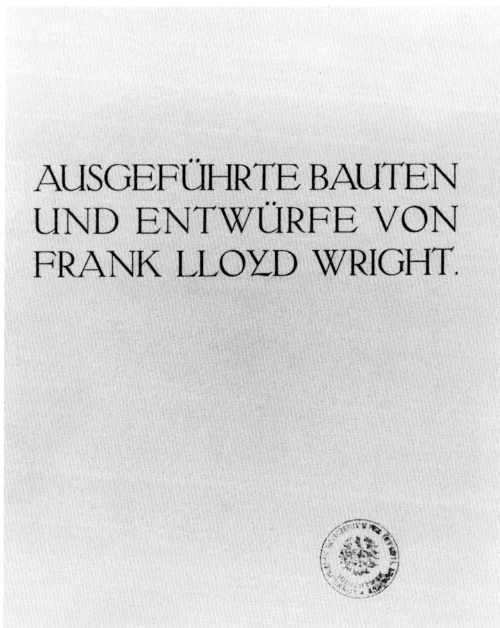

esa obra, Wright ejerció una inmensa influencia sobre jóvenes arquitectos como Peter Behrens, Erich Mendelsohn y Walter Gropius en Alemania, Le Corbusier en Francia y los arquitectos del movimiento De Stijl en Holanda. Sin embargo, y para decepción de Wright, las publicaciones de Wasmuth no ejercieron mucha influencia en Estados Unidos; los ejemplares que él mismo se llevó quedaron destruidos en un incendio sufrido en su casa Taliesin en 1912 y una parte de los dibujos originales los perdió más tarde en Japón. La editorial Wasmuth hizo una segunda edición en 1924; desde los años sesenta se hicieron varias reediciones en Estados Unidos.

JP

Ilust. p. 581
Edificio de oficinas para la Larkin Company en Buffalo (1902–1906, derribado en 1950)
Vista y plano del edificio de oficinas de la Larkin Company. Desde el exterior, el edificio se ve como un cubo cerrado y monumental.
Lám. XXXIIIb. Dibujo a pluma

Edificio de oficinas para la Larkin Company en Buffalo
En el edificio de oficinas, las funciones se orientan hacia el interior, en una caja cubierta por cristal y rodeada por galerías de cuatro plantas. *Lám. XXXIII a. Dibujo a pluma*

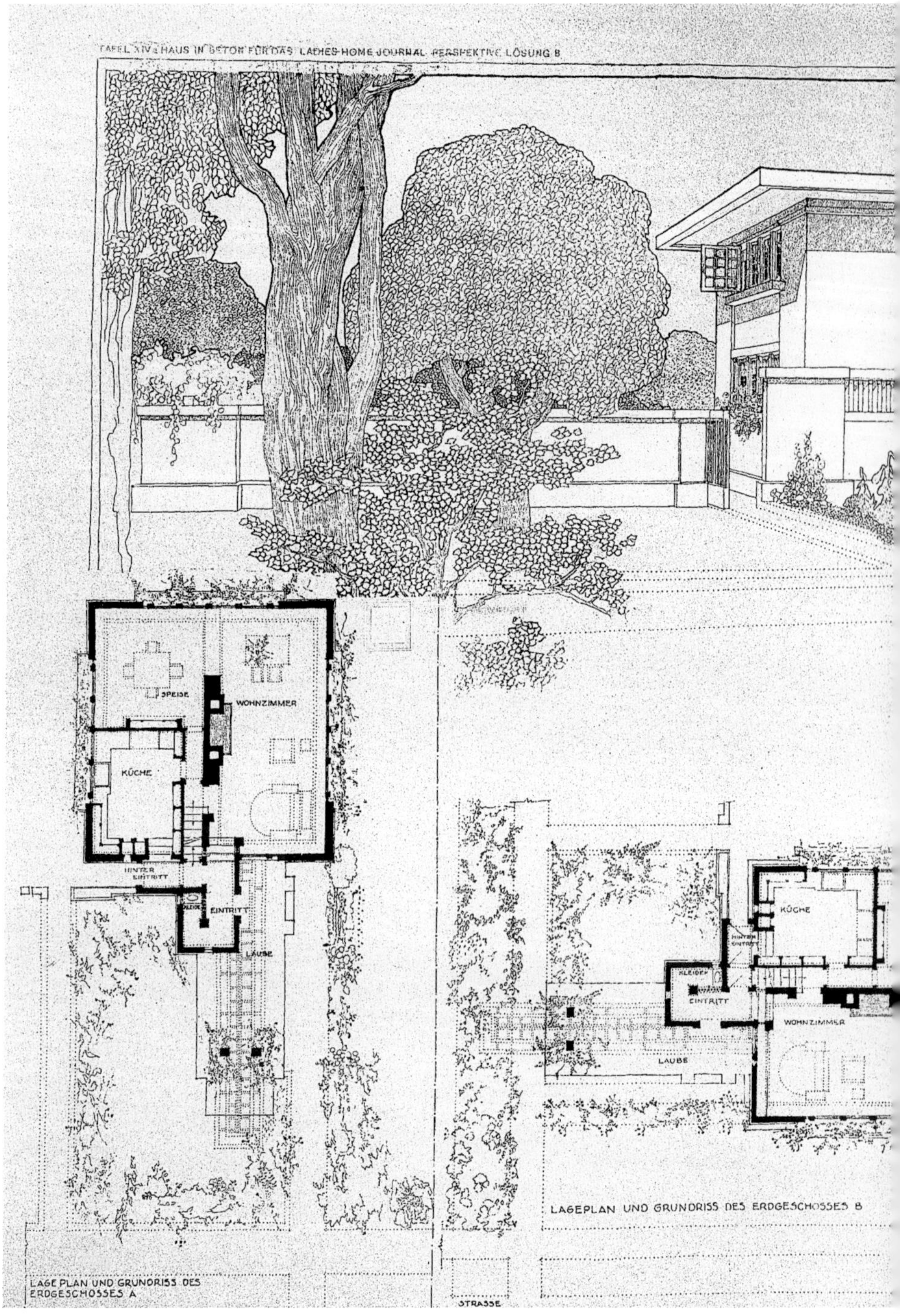

Casa maciza en hormigón
Esta casa la publicó Wright en 1907 en la revista *Ladies' Home Journal* como «A Fireproof House for $ 5000». Se trata de una pequeña versión, condensada en un cubo, de su tipo de casas de la pradera. *Lám. XIVa. Dibujo de Marion Mahony*

SCHLAFZIMMER
BAD
SCHLAFZIMMER
SCHLAFZIMMER
SCHLAFZIMMER
TERRASSE
GRUNDRISS DES SCHLAFZIMMERS

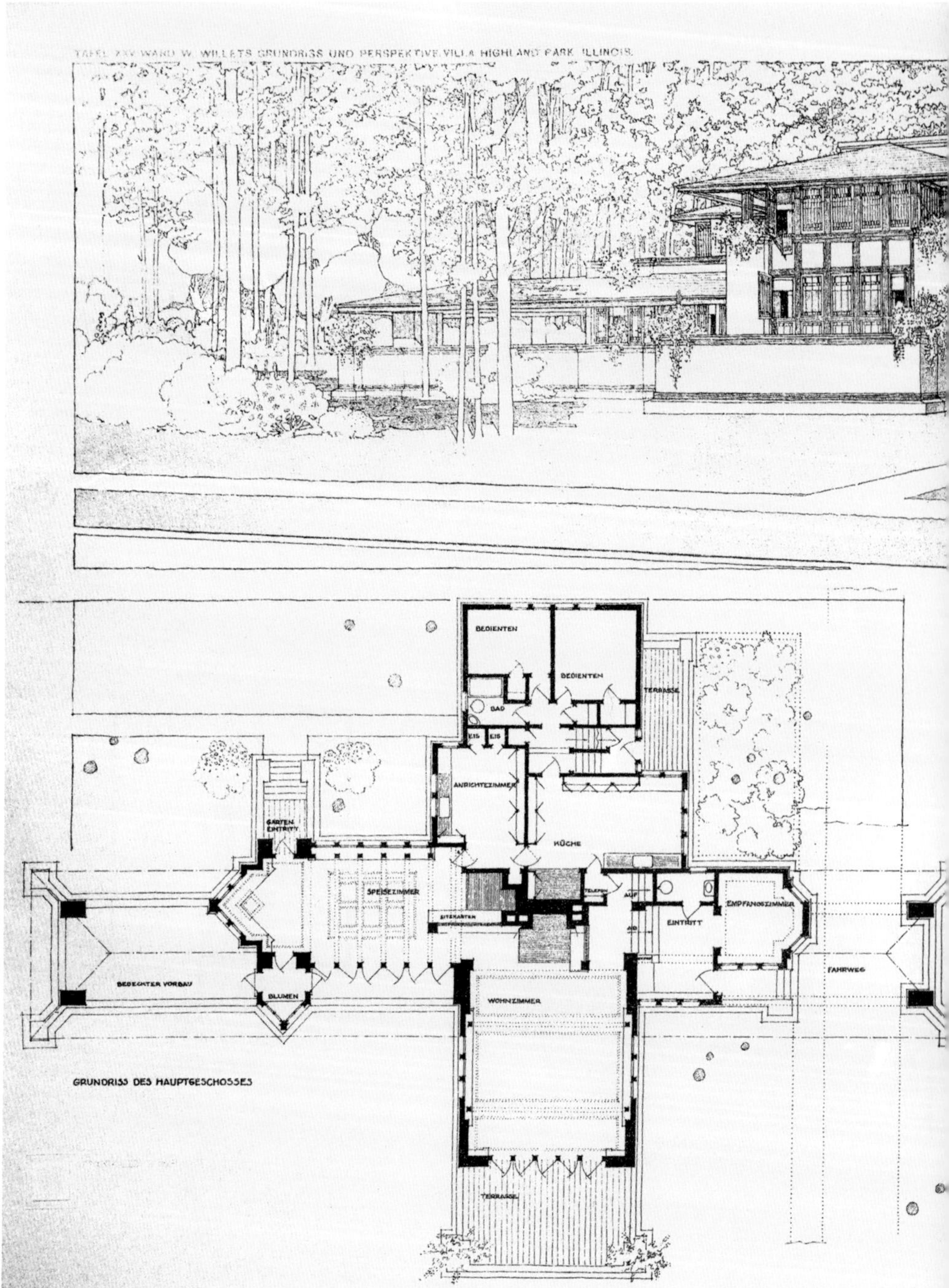

Willits House (1902/03)
Con la Willits House comienza la serie de las casas de la pradera. Elementos típicos son su composición horizontal, la planta en forma de cruz a partir de la chimenea y las salas que se suceden confluyendo una en la otra. *Lám. XXV. Lápiz, aguada, tinta china*

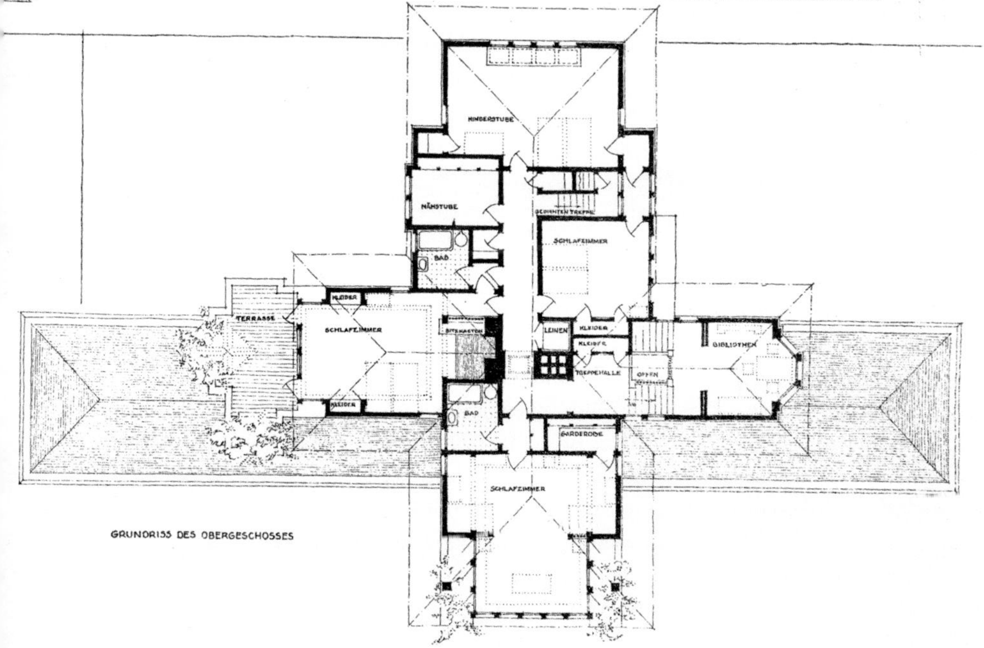

GRUNDRISS DES OBERGESCHOSSES

Paul Schmitthenner (1884–1972)
Das deutsche Wohnhaus

STUTTGART, 1932

La casa de vivienda alemana

No existe prácticamente ningún otro tratado de arquitectura que se haya enfrentado de un modo tan abierto a las diferentes concepciones estéticas y políticas como *Das deutsche Wohnhaus* (*La casa de vivienda alemana*) de Paul Schmitthenner, publicado en su primera edición en 1932 y en la segunda en 1940. Esto se debe solo en parte al contenido y en, al menos, tanta o mayor parte a la persona del autor y al papel que este desempeñó en vísperas y en los primeros años del nacionalsocialismo.

Schmitthenner nació en 1884 en Lauterburg (Alsacia). Después de estudiar Arquitectura en Karlsruhe y Múnich, en 1909 entró en el estudio de Richard Riemerschmid. En 1918 ocupó una cátedra en la Escuela Universitaria de Stuttgart; esta, en los años veinte, se convirtió en uno de los centros más importantes para la formación de arquitectos, con la «marca» Escuela de Stuttgart. Con Paul Bonatz (1877–1956), Schmitthenner se convirtió en la cabeza de esta Escuela, que en su orientación tradicional y regional se remitía a Theodor Fischer (1862–1938).

En los preparativos de la Exposición de la Werkbund en Stuttgart denominada «La vivienda» (1927), los arquitectos regionales no fueron tenidos en cuenta por los representantes de la Nueva Arquitectura, liderados por Ludwig Mies van der Rohe (1886–1969), lo cual produjo una polarización de los arquitectos. Schmitthenner asumió posiciones cada vez más conservadoras, a pesar de que era un racionalista y abogaba por una normalización (propagó un tipo normalizado de casa burguesa). En los años veinte, Schmitthenner construyó sólidas casas para personas acaudaladas de Stuttgart, que hicieron de la «casa de Schmitthenner» un concepto conocido. A comienzos de los años treinta, no solo se presentó como un arquitecto tradicionalista, contra la Nueva Arquitectura (en la llamada «polémica de las cubiertas»), sino que también actuó como orador en los mítines de la Unión de Combate por la Cultura Alemana, afecta al partido nacionalsocialista. En 1932 fue firmante del grupo denominado «Intelectuales Alemanes por el Nacionalsocialismo». Pero la esperanza de Schmitthenner de instrumentalizar a los nacionalsocialistas para sus ideas no se cumplió; no obtuvo ni encargos dignos de consideración ni puestos de influencia. Su «ideología arquitectónica» tradicionalista-romántica y su postura burguesa no coincidían con el régimen: el individualista y defensor de la calidad artesanal no tenía nada en común con la élite tecnócrata de Albert Speer.

Schmitthenner había previsto su libro como primero de una serie (que no llegó a realizarse), a la que dio el título de *Baugestaltung* (creación arquitectónica). Con este concepto, que empleó en lugar de *Baukonstruktion* (construcción arquitectónica), manifestaba que no bastaba con que

una casa estuviera bien construida para cumplir sus exigencias arquitectónicas. El arquitecto, en la tradición de la Werkbund, ha de «comprender muy bien su oficio», sobre todo en relación con los materiales de construcción; sin embargo, su tarea primordial es «crear orden». Schmitthenner escribió sobre todo para sus alumnos, por lo que el libro tiene una carácter personal y didáctico. Los ejemplos, documentados con fotografías, plantas y vistas, son los edificios que Schmitthenner construyó en los años veinte en Stuttgart, Berlín, Baden y Alsacia. Este resumen se complementa con ejemplos de lo que Schmitthenner entendía como casa típicamente alemana: «ya se encuentre en Schleswig-Holstein, en Westfalia, Suabia, Alsacia, Silesia o la Marca del Este la casa alemana tiene siempre los rasgos del rostro alemán. Este rostro no está marcado por lo material, sino que siempre es lo intelectual lo que genera afinidades».

Partiendo de ejemplos históricos anónimos, Schmitthenner trazó una imagen ideal a la que, a continuación, se aproximó analíticamente. La planta debía ser clara, sencilla, legible sin necesidad de explicaciones; el cuerpo de construcción es un cubo cerrado distribuido por unas pocas ventanas. La forma de la cubierta ocupa bastante espacio; Schmitthenner hizo de ella la piedra de toque para la idea sobre la arquitectura, al tiempo que subrayaba que la forma de la cubierta no es una cuestión estética, sino práctica. Schmitthenner exigía emplear siempre la forma más sencilla; para Alemania, esta era la cubierta inclinada. La casa ideal debía integrarse, sin llamar la atención, pero segura de sí misma. A pesar de que estas ideas procedían de un movimiento en favor de la patria chica, típica de comienzos del siglo xx, causan una impresión moderna.

El interés de Schmitthenner no se centraba en el exterior, sino en la disposición y configuración del interior. Una casa, independientemente de que fuera grande o pequeña, debía ser amplia. A pesar de que las plantas diseñadas por Schmitthenner definen con precisión las funciones de los espacios, en esta cuestión lanzó indirectas contra la Nueva Arquitectura y la Exposición de la Werkbund de 1927: «El problema de la cocina vagón-comedor lo dejamos mejor en manos de los amantes de la teoría; y el cálculo de los kilómetros que tiene que recorrer una cocinera normal en un decenio [...], bueno, para esto hay suficientes especialistas en estadística». Schmitthenner no proyectaba sus casas para personas que deseaban organizar la vida doméstica de un modo totalmente racional. Así se aprecia, por ejemplo, cuando describe el complicado acceso a una casa situada en una colina de Stuttgart: «La puerta de la calle no tiene pérdida; solo que el mozo, el vendedor ambulante, el panadero y el carnicero no llegan hasta la puerta, pues ya les ha atendido –en la ventana de la cocina– la cocinera, cuyo despierto ojo manda aquí». Como sus clientes, Schmitthenner defendía un anticuado estilo altoburgués. Al final de su libro se encuentra su propia casa, encarnación de sus ideales románticos y trasnochados. A su paisano de la Alsacia, René Schickele, encargó un elogio de esta «Arca sobre Stuttgart».

La primera edición de *La casa de vivienda alemana* despertó mucho interés y también fue muy criticada, más por motivos políticos que arquitectónicos. Pese a todas sus limitaciones, este libro fue la primera reacción tradicionalista fundada después del «choque» producido por la urbanización de Weissenhof. Pero no era especialmente innovador. La introducción era un ajuste de cuentas con la Nueva Arquitectura y su «aséptica pureza mecánica»; para Schmitthenner, se trataba de una «sobrevaloración desmedida de la técnica y la economía». Atacaba sobre todo las «máquinas para vivir», no solo como problema estético y funcional, sino también como expresión de una crisis espiritual y moral. A la expresiva villa de Hans Scharoun en Weissenhof opuso un modelo convertido en un icono: la casa del jardín de Goethe en el parque del Ilm, en Weimar, a la que se trasladó Johann Wolfgang von Goethe en 1776. Su idealización no fue un invento de Schmitthenner, sino que se remontaba al movimiento de reforma de hacia 1900. Paul Mebes la había tratado en su obra *Um 1800* (*Hacia 1800*, 1908) y Heinrich Tessenow se inspiró en ella para su famosa casa unifamiliar en Hellerau.

En 1934, Schmitthenner publicó *Baukunst im neuen Reich* (*El arte constructivo en el nuevo Reich*), basándose en la introducción de *La casa de vivienda alemana*. Para la segunda edición, aparecida en 1940, la sustituyó por un texto relativamente autónomo titulado *Vom Unscheinbaren in der Baukunst* (*Sobre lo que no llama la atención en el arte constructivo*), en el que elogiaba lo sencillo, lo modesto, lo que no llama la atención; lo ilustraba con el ejemplo de la catedral de Estrasburgo. Para ese elogio de lo sencillo había modelos literarios de mediados del siglo XIX: la narración corta *Piedras de colores* de Adalbert Stifter y su novela educativa *Finales de verano*, en la que se describe una «casa de rosas» que pudo servir de modelo para el proyecto de Schmitthenner. En 1940 se podía interpretar como una sutil crítica a la arquitectura de su tiempo, máxime cuando decía que se seguían construyendo «pocas cosas buenas y demasiadas defectuosas». Y subrayaba que también las «magníficas construcciones de nuestro tiempo» solo destacaban ante el trasfondo de lo que no llama la atención. Este reproche fue escuchado. Friedrich Tamm, un colaborador de Albert Speer, escribió una réplica con un capítulo final titulado «La dura ley en el arte».

El prólogo a la tercera edición, publicada sin cambios en 1950, hacía un resumen amargo. Schmitthenner reconocía que, teniendo en cuenta la carencia de viviendas «en unas dimensiones horribles», el tamaño de sus casas no era «acorde a los tiempos». Sin embargo, defendía la importancia de los materiales de construcción, de su trabajo y colocación cuidadosos.

GL

Ilust. p. 589
Casa del jardín de Goethe en el parque del Ilm, en Weimar
La casa del jardín de Goethe se construyó en el siglo XVIII; para Schmitthenner era la casa ideal.
4ª edición, 1994, p. 10

Paul Schultze-Naumburg, *Castillo de Plaue*, hacia 1900
Paul Schultze-Naumburg, pintor, arquitecto y escritor, fue uno de los fundadores de la Werkbund, representante del movimiento de protección de la patria chica y un modelo para Schmitthenner.
Óleo sobre lienzo, 43 × 60 cm, colección privada de Hannover. Ilustración complementaria, no reproducida en el tratado

La catedral de Estrasburgo
Schmitthenner, en 1941: «La catedral de Estrasburgo [...] se alza del ritmo y de la armonía del modesto mundo a sus pies, que hace brillar su grandeza».
4ª edición, 1984, p. 11

Ciudad-jardín de Staaken
En 1914–1917, Schmitthenner construyó para los trabajadores de las empresas de armamento situadas en Spandau (Berlín) la ciudad-jardín de Staaken, que recordaba pequeñas ciudades de Holanda o del norte de Alemania. *Ilustración complementaria, no reproducida en el tratado*

Villa para la familia de fabricantes Roser (1925/26)
Schmitthenner presentó este hotelito de Stuttgart como «gran casa para vivienda en una altura»; se trata de una «casa de Schmitthenner» típica altoburguesa. Vista del sureste. *4ª edición, 1984, p. 68*

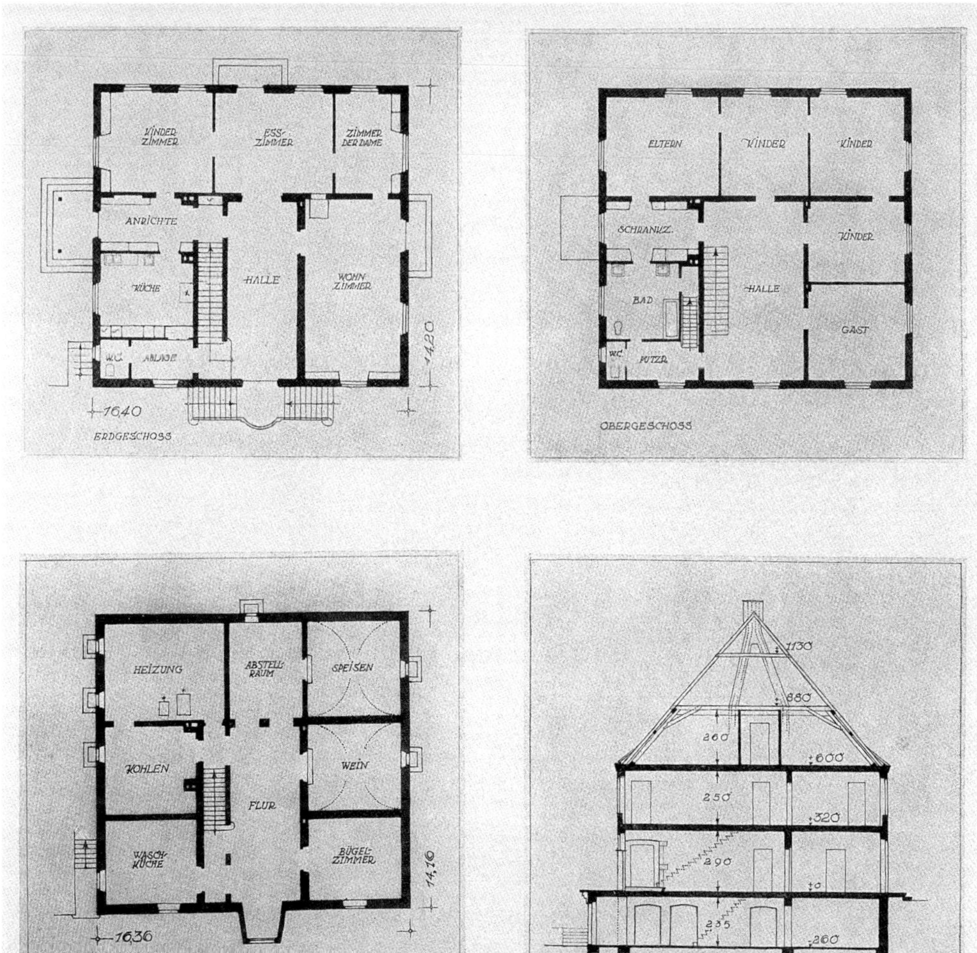

Villa para la familia de fabricantes Roser. Plantas y secciones
La planta posee la forma cerrada característica de Schmitthenner.
4ª edición, 1984, p. 71. Dibujo al trazo

Casa Schmitthenner. Escalera (hacia 1930)
La vista del vano de la escalera en la casa de Schmitthenner en Stuttgart (destruida en 1944) permite reconocer sus ideas tradicionalistas sobre la vivienda y la vida en familia.
4ª edición, 1984, p. 185

Urbanización de Kochenhof en Stuttgart
Esta urbanización, originariamente un experimento para construcción de viviendas en masas, la transformó Schmitthenner en una idílica colonia burguesa tras la llegada al poder de los nacionalsocialistas. *Ilustración complementaria, no reproducida en el tratado*

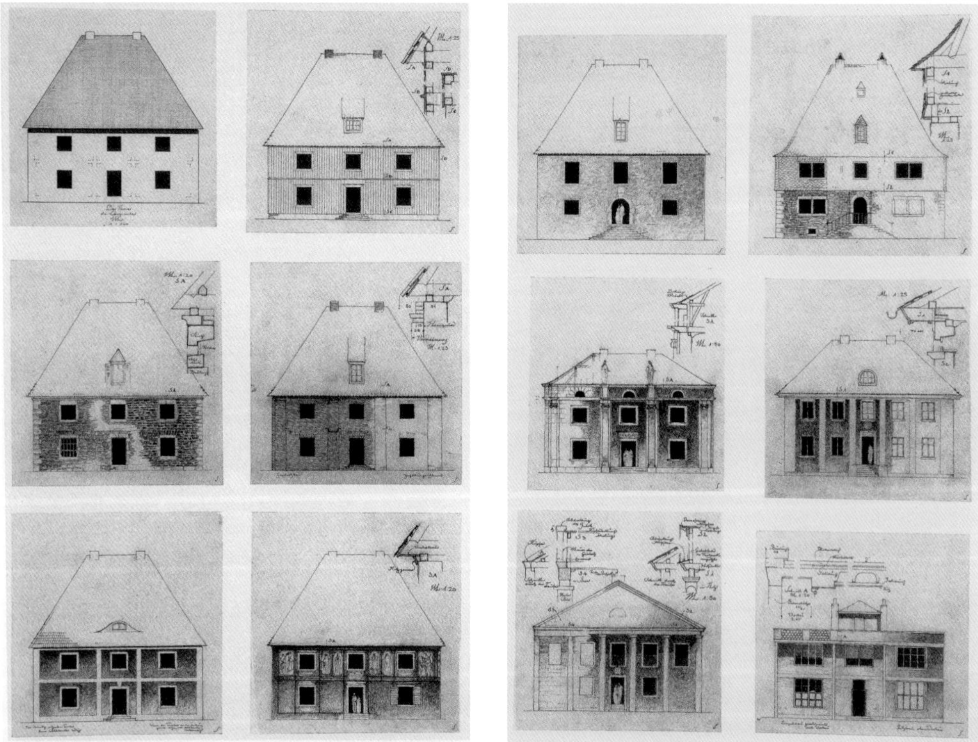

Fachadas
En *Variationen über ein Thema: Gebaute Form* (*Variaciones sobre un tema: la forma construida*), Schmitthenner variaba fachadas con diferentes materiales y decoraciones.
Ilustración complementaria, no reproducida en el tratado

Edificio Olga, en la plaza de Palacio de Stuttgart (1950–1954)
Una obra tardía de Schmitthenner, extrañamente anacrónica, de carácter híbrido: el edificio Olga, construido para sede de banco, en la plaza de Palacio de Stuttgart.
Ilustración complementaria, no reproducida en el tratado

Consejo de Ministros de la RDA
Grundsätze des Städtebaus

BERLÍN, 1950

Principios de urbanismo

Los *Grundsätze des Städtebaus* (*Principios de urbanismo*), publicados en 1950, no solo constituyen la base legal para el urbanismo de carácter socialista en la República Democrática Alemana durante la primera mitad de los años cincuenta, sino que también son el resultado de una búsqueda, llena de tensiones y de conflictos, de la arquitectura adecuada al socialismo. Constituyen la síntesis de las confrontaciones entre los protagonistas de un modernismo avanzado y una orientación por los prototipos tradicionales. Sus testimonios siguen contándose aún hoy entre los resultados más controvertidos, pero también más ambiciosos, de la arquitectura de los años cincuenta. Al mismo tiempo, las condiciones previas para el cambio en la arquitectura y el urbanismo de la RDA se pueden considerar como ejemplo de la estrecha relación existente entre política y urbanismo en los estados socialistas.

Una vez aprobados por el Consejo de Ministros el 27 de julio de 1950, los principios fueron publicados en el *Diario Ministerial* de la República Democrática Alemana el 16 de septiembre de ese mismo año. Ya en su preámbulo se daba una definición del encargo para una construcción, que no solo había de ser expresión de un nuevo orden social de corte socialista, sino que también debía ilustrar la pretensión de reproducir el Estado completo. En su § 6, el manifiesto subraya claramente la necesidad de un centro, no solo de carácter administrativo y cultural, sino sobre todo político. La estructura urbana queda marcada por ejes de vías urbanas, plazas y signos arquitectónicos dominantes; su expresión arquitectónica –como se refleja en el § 14– debía ser «en el contenido, democrática; en la forma, nacional». Debe llevar a la práctica «la experiencia del pueblo, forjada en las tradiciones progresistas del pasado». Sin embargo, en este texto no se definen cómo deben entenderse «contenido democrático», «forma nacional» o «tradición progresista». No obstante, se aprecia claramente el distanciamiento de aspectos fundamentales de la *Carta de Atenas*, al hacer referencia a la necesaria adaptación de modelos históricos y al rechazo, recogido en el § 12, de un paisaje urbano con zonas verdes. La ciudad socialista debía convertirse en una alternativa claramente reconocible a la ciudad occidental-formalista de la arquitectura moderna internacional. La publicación de estos 16 *Principios* estuvo acompañada por la ley de reconstrucción de la RDA, publicada el 14 de septiembre de 1950. Además de mencionar algunas ciudades en las que la reconstrucción tenía carácter ejemplar –se mencionan Berlín, Dresde, Leipzig, Magdeburgo, Chemnitz, Dessau, Rostock, Wismar y Nordhausen–, se aprobaba la introducción de un nuevo

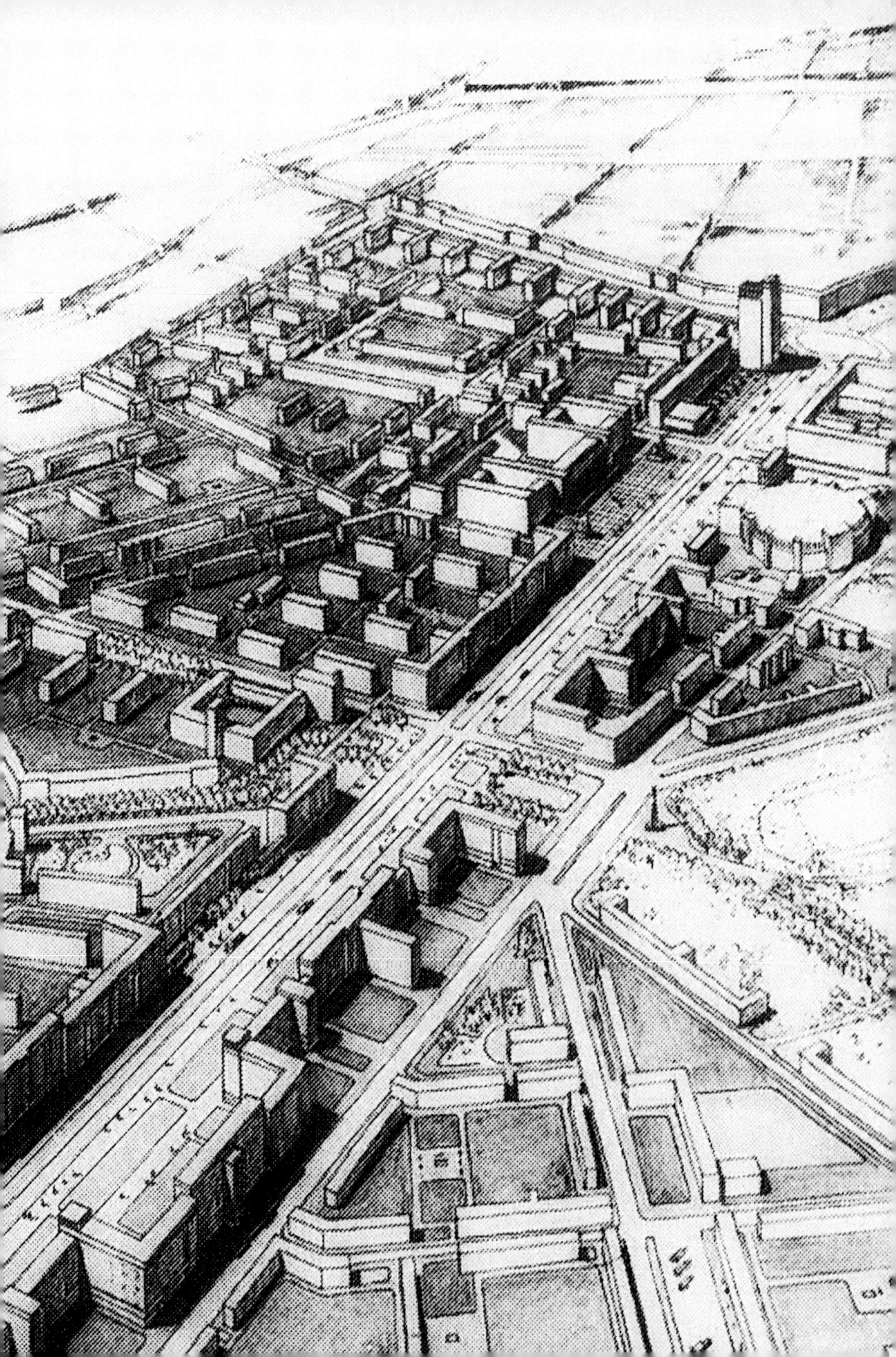

derecho del suelo, que hacía fácticamente posible expropiaciones de terrenos, con lo que sentaba las bases para la puesta en marcha de esos planes.

Los 16 *Principios* se desarrollaron con ocasión del famoso «Viaje a Moscú» de 1950, un viaje de estudios con motivos políticos, que se llevó a cabo del 12 de abril al 25 de mayo bajo la dirección del ministro de Reconstrucción, Lothar Bolz. En dicho viaje participaron, además de Kurt Liebknecht, director del Instituto de Urbanismo en el Ministerio de Reconstrucción, Walter Pisternik, de dicho Ministerio, Edmund Collein, director de la Oficina de Construcción de Berlín, Kurt Leucht, director de la Oficina de Urbanismo de Dresde, y Waldemar Adler, como representante del Ministerio de Industria. Este viaje había estado precedido de un largo periodo de tiempo de críticas por parte de importantes políticos de la RDA frente a los planes decididamente modernistas de reconstrucción de la capital, desarrollados desde 1946 en el seno del plan colectivo bajo la dirección de Hans Scharoun. El reproche del «cosmopolitismo» se encuentra claramente relacionado con las discusiones de política cultural de carácter fundamental en la joven RDA. Frente al «formalismo» occidental se pretendía oponer un «realismo socialista». En lugar de una modernidad formal universal, las nuevas ciudades presentarían una imagen históricamente familiar, compacta, jerárquicamente organizada, regionalmente integrada y monumental. El debate que se estaba manteniendo en la RDA reflejaba el esfuerzo por asumir el discurso urbanístico que se venía manteniendo en la Unión Soviética desde los años treinta, para perfeccionar los prototipos ya existentes.

De acuerdo con los modelos soviéticos, los delegados esbozaron durante el viaje un programa de principios para el urbanismo de la RDA que, en cuanto a contenidos, significaba la apropiación de las ideas soviéticas. Al mismo tiempo intervino en el proceso de orientación la cúpula del partido, concretamente el secretario general del partido único SED, Walter Ulbricht. Con ocasión del III Congreso del SED, celebrado en julio de 1950, Ulbricht recomendó aplicar, para distinguirse de las «cajas de zapatos americanas», los «principios de una arquitectura realista sobre la base de la arquitectura soviética». No obstante, los primeros proyectos para el objeto más prestigioso de la reconstrucción, la Stalinallee de Berlín, seguían mostrando en 1951 numerosos enfoques de carácter modernista. También Hermann Henselmann, quien más tarde se convertiría en uno de los principales planificadores de la Stalinallee, destacó primero con proyectos que seguían la tradición de la modernidad. Sin embargo, con su proyecto para una casa de vivienda de muchas plantas, en la berlinesa Weberwiese, Henselmann llevó a cabo en 1951/52 un cambio de paradigma de graves consecuencias: este edificio fundía elementos del clasicismo propio de Schinkel con el tipo moderno de edificio alto puntual. De este modo se había conseguido un prototipo que presentaba integración regional, carácter histórico y cierta monumentalidad, al mismo tiempo que permitía un alto estándar de la instalación de vivienda. Kurt Liebknecht calificó el proyecto de expresión del «progreso de la arquitectura nacional». De este modo, Henselmann consiguió convertirse en uno de los planificadores decisivos de la suntuosa avenida berlinesa. Esta se veía dominada, además de por esos edificios altos que se alzaban en las plazas de entrada, por líneas delgadas que acompañaban el trazado viario; una alineación aditiva objetiva se unió a elementos clasicistas de decoración; las citas arquitectónicas como la adaptación de las dos cúpulas del Gendarmenmarkt de Berlín, para la decoración de la puerta de Fráncfort, respondían a la integración regional exigida.

Una de las razones por las que los extensos proyectos desarrollados para numerosas ciudades de la RDA solo se llevaron a cabo fragmentariamente fue con seguridad el nuevo y radical cambio de paradigma en la arquitectura y el urbanismo posteriores a 1954. Kruschev introdujo, después de la muerte de Stalin en 1953, un cambio –de origen fundamentalmente económico– en el campo de la construcción soviética y de este modo, con un cierto retraso, también en los otros Estados socialistas. Con ocasión de la Conferencia de Construcción de la Unión, celebrada en Moscú en 1954, hizo una fuerte crítica de la arquitectura realizada hasta entonces, pues el esfuerzo estético no era justificable desde el punto de vista económico. Consecuentemente se hizo hincapié en la creación de una moderna industria de la construcción y en el desarrollo de tipos de construcción. La estandarización fomentó necesariamente tendencias arquitectónicas funcionalistas, que pocos años antes habían sido rechazadas por formalistas. Especialmente en la RDA, el nuevo cambio de paradigma indicado por Moscú produjo, como muy tarde a finales de los años cincuenta, un distanciamiento de la «arquitectura de la tradición nacional»; se abandonaron proyectos en marcha –como la segunda parte de la Stalinallee–, o se corrigieron con enfoques demostrativamente nuevos. El cambio de nombre de la avenida, en Karl-Marx-Allee, expresaba un distanciamiento de la política estalinista, cambio unido a un creciente rechazo de sus manifestaciones arquitectónicas. Solo la mirada a la problemática de un urbanismo de fundamentos puramente racionales y económicos, con sus barrios estéticamente monótonos y monofuncionales, permite ver, tanto en el Este como en el Oeste, la arquitectura de la RDA en los años cincuenta con nuevos ojos. Al calificativo de «estilo pastelero» estalinista se opusieron argumentos posmodernos como la referencia a las cualidades semánticas, la mezcla de funciones, la formación de un centro y la calidad artesanal; sus manifestaciones se consideran hoy en día no solo como ejemplos históricos de una unión sustancial de arquitectura y política, sino que hacen referencia al debate de principios sobre la relación entre tradición e innovación en la arquitectura del siglo xx. Los *Principios de urbanismo* se publicaron sin ilustraciones. La selección de fotografías que ofrecemos a continuación muestra algunos ejemplos del urbanismo de la RDA.

PS

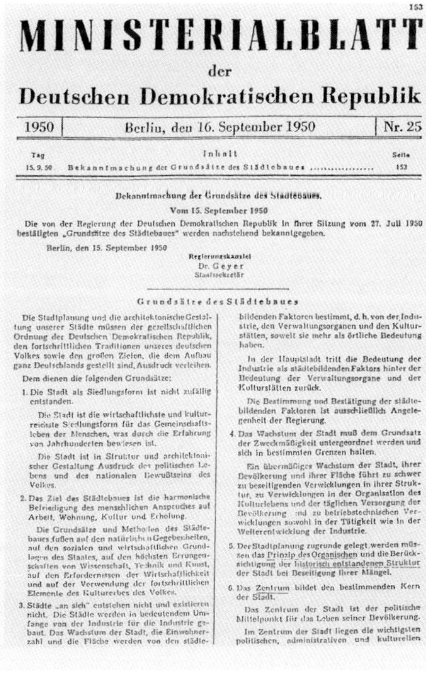

153

MINISTERIALBLATT
der
Deutschen Demokratischen Republik

1950	Berlin, den 16. September 1950	Nr. 25

Tag	Inhalt	Seite
15. 9. 50	Bekanntmachung der Grundsätze des Städtebaues	153

Bekanntmachung der Grundsätze des Städtebaues.

Vom 15. September 1950

Die von der Regierung der Deutschen Demokratischen Republik in ihrer Sitzung vom 27. Juli 1950 bestätigten „Grundsätze des Städtebaues" werden nachstehend bekanntgegeben.

Berlin, den 15. September 1950

Regierungskanzlei
Dr. Geyer
Staatssekretär

Grundsätze des Städtebaues

Die Stadtplanung und die architektonische Gestaltung unserer Städte müssen der gesellschaftlichen Ordnung der Deutschen Demokratischen Republik, den fortschrittlichen Traditionen unseres deutschen Volkes sowie den großen Zielen, die dem Aufbau ganz Deutschlands gestellt sind, Ausdruck verleihen.

Dem dienen die folgenden Grundsätze:

1. Die Stadt als Siedlungsform ist nicht zufällig entstanden.

Die Stadt ist die wirtschaftlichste und kulturreichste Siedlungsform für das Gemeinschaftsleben der Menschen, was durch die Erfahrung von Jahrhunderten bewiesen ist.

Die Stadt ist in Struktur und architektonischer Gestaltung Ausdruck des politischen Lebens und des nationalen Bewußtseins des Volkes.

2. Das Ziel des Städtebaues ist die harmonische Befriedigung des menschlichen Anspruches auf Arbeit, Wohnung, Kultur und Erholung.

Die Grundsätze und Methoden des Städtebaues fußen auf den natürlichen Gegebenheiten, auf den sozialen und wirtschaftlichen Grundlagen des Staates, auf den höchsten Errungenschaften von Wissenschaft, Technik und Kunst, auf den Erfordernissen der Wirtschaftlichkeit und auf der Verwendung der fortschrittlichen Elemente des Kulturerbes des Volkes.

3. Städte „an sich" entstehen nicht und existieren nicht. Die Städte werden in bedeutendem Umfange von der Industrie für die Industrie gebaut. Das Wachstum der Stadt, die Einwohnerzahl und die Fläche werden von den städtebildenden Faktoren bestimmt, d. h. von der Industrie, den Verwaltungsorganen und den Kulturstätten, soweit sie mehr als örtliche Bedeutung haben.

In der Hauptstadt tritt die Bedeutung der Industrie als städtebildenden Faktors hinter der Bedeutung der Verwaltungsorgane und der Kulturstätten zurück.

Die Bestimmung und Bestätigung der städtebildenden Faktoren ist ausschließlich Angelegenheit der Regierung.

4. Das Wachstum der Stadt muß dem Grundsatz der Zweckmäßigkeit untergeordnet werden und sich in bestimmten Grenzen halten.

Ein übermäßiges Wachstum der Stadt, ihrer Bevölkerung und ihrer Fläche führt zu schwer zu beseitigenden Verwicklungen in ihrer Struktur, zu Verwicklungen in der Organisation des Kulturlebens und der täglichen Versorgung der Bevölkerung und zu betriebstechnischen Verwicklungen sowohl in der Tätigkeit wie in der Weiterentwicklung der Industrie.

5. Der Stadtplanung zugrunde gelegt werden müssen das Prinzip des Organischen und die Berücksichtigung der historisch entstandenen Struktur der Stadt bei Beseitigung ihrer Mängel.

6. Das Zentrum bildet den bestimmenden Kern der Stadt.

Das Zentrum der Stadt ist der politische Mittelpunkt für das Leben seiner Bevölkerung.

Im Zentrum der Stadt liegen die wichtigsten politischen, administrativen und kulturellen

Fotografía documental
Walter Ulbricht con Alexander Wlassow, arquitecto-jefe de Moscú, así como con Edmund Collein (2º izda.) y Kurt Liebknecht (dcha.), delante de la maqueta del edificio alto de Weberwiese (Berlín), en diciembre de 1951.

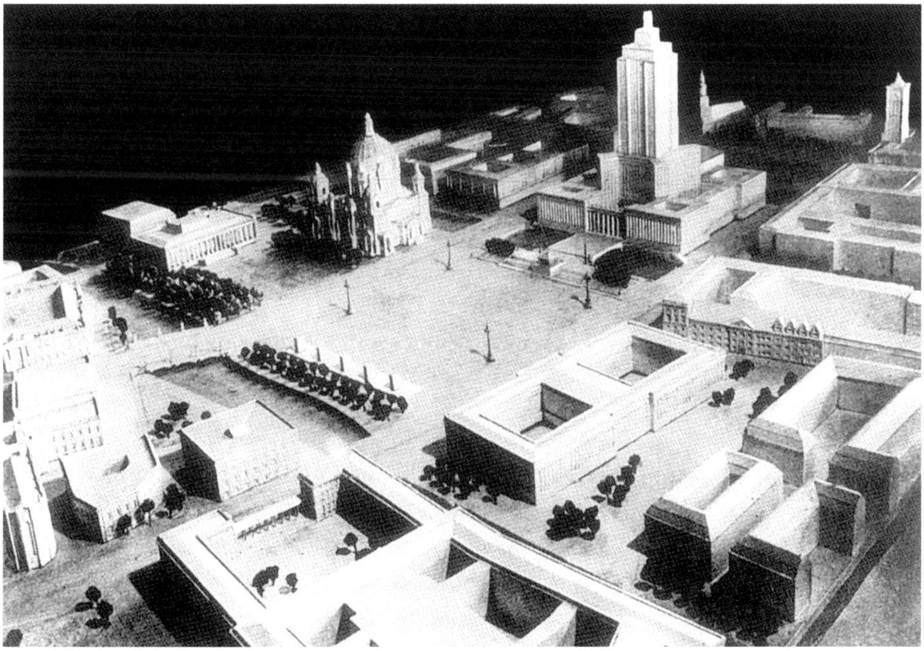

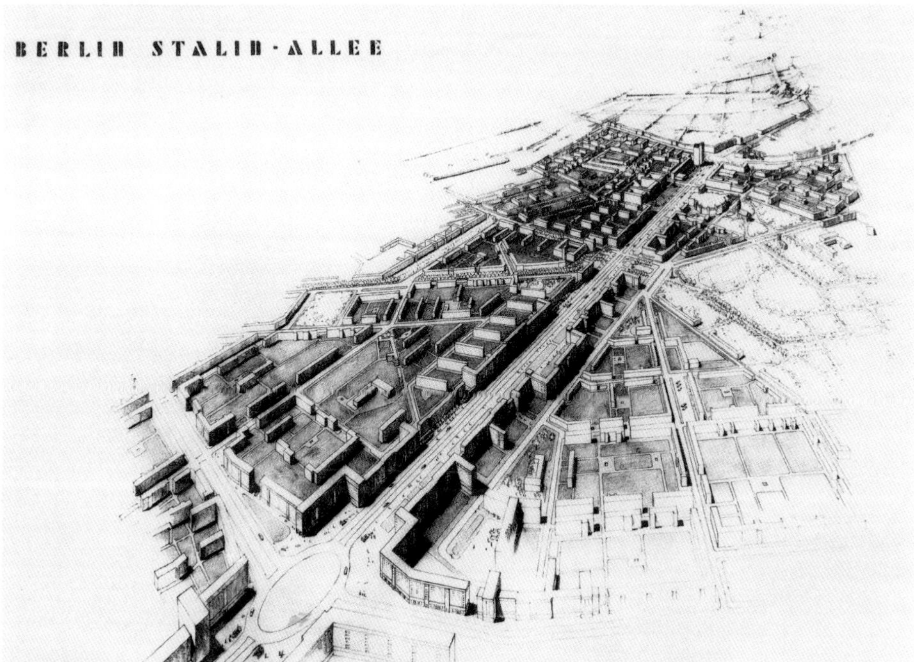

Hanns Hopp, maqueta del «edificio central» en el centro de Berlín (1951)
Maqueta de arquitecto

Egon Hartmann, proyecto para la urbanización de la Stalinallee de Berlín (1951)
Dibujo a pluma

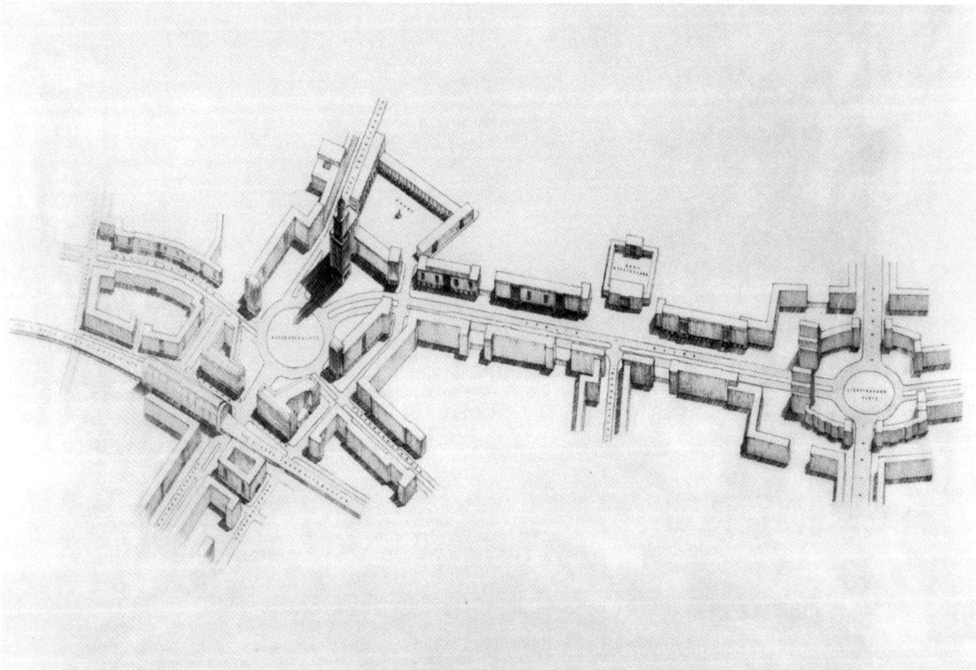

Hermann Henselmann, proyecto para la segunda etapa de la Stalinallee de Berlín y Alexanderplatz (1953)
Dibujo a pluma

Hermann Henselmann, proyecto para la urbanización de Alexanderplatz de Berlín (1953)
Dibujo a pluma

Archigram (fundado en 1960)
Archigram
LONDRES, DESDE 1961

High Tech y cultura pop dan su impronta al discurso internacional sobre la teoría arquitectónica de los años sesenta. Grupos de arquitectos se destacan con manifiestos que despiertan admiración, proyectos urbanísticos espectaculares y utópicos y observaciones subversivo-irónicas de la sociedad tardomoderna. Movilidad, internacionalidad y un optimismo prácticamente ilimitado en relación con los potenciales de una tecnología que avanza cada vez más son las características de un espíritu de los tiempos marcado tanto por el entusiasmo por la navegación espacial como por los submarinos amarillos de los Beatles. En los cómics arquitectónicos, plagados de fantasía, del grupo inglés Archigram se presentaron modelos de ciudades tanto serios como desenfadadamente divertidos y utópicos, concebidos para una civilización globalizada y altamente tecnificada. La estética de Cabo Cañaveral se unía con el *happening* y la cultura popular de la vida diaria.

Archigram surgió en 1960 como grupo formado por arquitectos británicos jóvenes y abiertos a la experimentación; hasta 1974 cooperaron con regularidad, formando un equipo con personalidades artísticas independientes. Warren Clarck, Peter Cook, Dennis Crompton, David Greene, Ron Herron y Michael Webb inventaron un nombre, «Archigram», que sugería mensajes breves, concisos y fáciles de retener, en relación con la arquitectura. Su medio principal era una especie de revista *underground*, que comenzó a publicarse en lapsos irregulares de tiempo a partir de 1961. Mientras que la revista al principio solo circulaba entre grupos de iniciados, si bien entre ellos pronto se convirtió en toda una institución, el grupo se dio a conocer a una amplia opinión pública internacional con la primera exposición conjunta, «Living City», celebrada en el Instituto de Arte Contemporáneo de Londres en 1963. Acompañado por numerosos artículos de Reyner Banham, crítico y teórico de la arquitectura, Archigram se convirtió en el protagonista de una nueva filosofía urbana, que sintetizaba el pop art contemporáneo con la estética de la ciencia-ficción. Con utopías tan llamativas como la «Walking City» nómada de Ron Herron (1964), la «Plug-in-City» que podía reinstalarse en todo momento de Peter Cook, Warren Chalk y Dennis Crompton (1964–1966) o la «Inflatable-Suit-House» hinchable de David Greene (1968), entraron en la historia de las ideas arquitectónicas de los años sesenta. Sus proyectos continuaban las tendencias tardomodernas integrando aspectos de la cultura diaria y pop. En *Archigram 4*, por ejemplo, Warren Chalk hacía una parodia del género de los cómics de ciencia-ficción e integraba en las tiras afirmaciones fundamentales que conducían al lector a las posturas fundamentales de los

THE BRAIN RUNS WILD!
THE ZETATRON!... PROBABLY THE MOST ADVANCED PIECE OF MOLECULAR MACHINERY IN THE UNIVERSE!
ONE FLIP OF A SWITCH AND THEY WILL BE MINE!
...AND STILL, BEFORE ONE TOTAL SECOND HAS PASSED, A DECISION IS REACHED...
Only those imbued with respect and enthusiasm for todays wish-dreams can adequately interpret them into built environment. Recurrent theme in SPACE COMIC universe is mobile computer "BRAIN" and flexing tentacles
MONTHS PASS... AND AS THE DYING SUN CAUSES THE EARTH TO FREEZE, MANKIND DIGS DEEPER AND DEEPER BENEATH THE SURFACE...
WE ARE DOWN FAR ENOUGH! THERE IS SUFFICIENT WARMTH HERE TO KEEP OUR PEOPLE ALIVE FOR GENERATIONS!
I SUCCEEDED IN SCRAMELING UP THE "BRAIN", ALL RIGHT! NOW IT'S TURNED THAT MACHINE AGAINST ITS OWN MASTERS! GOT TO TRY AND SAVE THEM!
DESTROY-MAN! KILL-ALL-HUMANS!
KKLLIKK

autores: «Solo quienes están llenos de respeto y entusiasmo por sueños y deseos actuales, los pueden traducir adecuadamente en un entorno construido. El tema recurrente del universo del *space comic* es el cerebro móvil del ordenador y los tentáculos móviles». Sus visiones de una distribución del espacio flexible y crecientemente efímera sobre la base de una avanzada infraestructura técnica fundían las «máquinas para vivir» de Dymaxion, de Buckminster Fuller, de finales de los años veinte o los planos de un Frei Otto, de los años sesenta, con los mundos gráficos de los filmes de James Bond, las portadas contemporáneas del *flower power* y los *performance* de multimedia. Entre los pocos proyectos construidos se encuentra la Cápsula Archigram, realizada para la Expo 70 de Osaka, que se colgó en la estructura de cubierta del pabellón temático central, obra de Kenzo Tange, durante la exposición. Especialmente en este proyecto se manifiesta la cercanía de Archigram con los enfoques de trabajo del grupo de los metabolistas japoneses, pero también con los proyectos coetáneos de Yona Friedman, de Francia, o de Hans Hollein, de Austria. Sus publicaciones, que para el lector de aquel tiempo tenían un carácter subversivo por la mezcla de géneros populares y «triviales» con afirmaciones de teoría arquitectónica, impusieron estándares que influirían incluso en la mezcla de géneros literarios que caracteriza las publicaciones de Rem Koolhaas a mediados de los años noventa.

PS

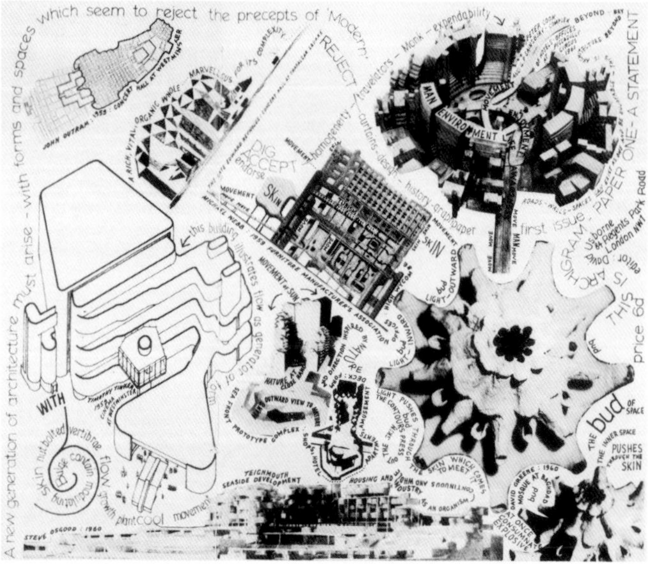

Ilust. p. 611
Warren Chalk,
cómic *Sonda espacial*
De: Archigram 4, *1964*

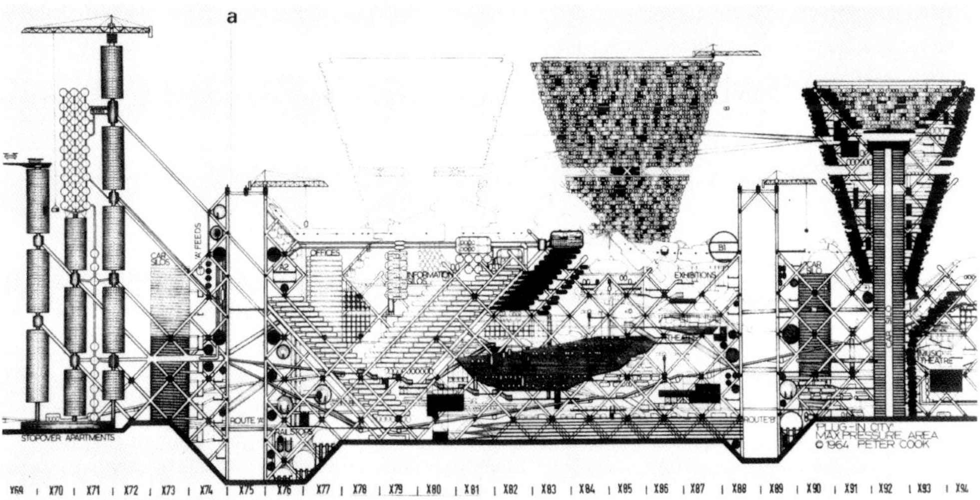

Ron Herron, Walking City, 1964
La ciudad itinerante pasa por Nueva York…
De: Archigram 4, *1964*

Peter Cook, Plug-In-City
De: Archigram 4, *1964*

Kisho Kurokawa (1934–2007)
Metabolism in Architecture

LONDRES, 1977

Metabolismo en arquitectura

El planteamiento filosófico-arquitectónico del metabolismo se remonta al año 1960, cuando –con ocasión de la Conferencia Mundial de Diseño en Tokio– un grupo de arquitectos japoneses llamó la atención con sus textos de carácter de manifiesto y proyectos espectaculares. Kenzo Tange y Kisho Kurokawa, así como Kiyonori Kikutake y el crítico de arquitectura Noburu Kawazoe, fueron los más destacados a comienzos del movimiento metabolista. Su enfoque arquitectónico unía el gesto tecnicista tardomoderno del *New Brutalism* con la idea de la arquitectura como concepto análogo a la biología. Sus proyectos urbanísticos utópicos empleaban una forma similar a la hélice del ADN para ilustrar sus proyectos urbanísticos, en muchos casos de carácter utópico, que combinaban megaestructuras primarias y elementos singulares periódicamente intercambiables. Muchos proyectos metabolistas estaban caracterizados sobre todo por la idea de la cápsula como microestructura mínima adaptable. Así, la Marine-City de Kikutake (1960), la Helix Structure de Kurokawa (1961) o el Tokyo Bay Plan de Kenzo Tange (1960) se corresponden, con sus estructuras celulares ampliables o intercambiables, con la imagen de una síntesis de arquitectura espacial ficticia en organismos biológicos. Entre los pocos proyectos construidos del movimiento metabolista se cuentan la Nagakin Capsule Tower de Kurokawa en Tokio (1970–1972) y algunos de los edificios efímeros de la Expo 70 en Osaka como la megaestructura del pabellón temático central, obra de Tange, o el Takara Beautillion de Kurokawa.

Los proyectos estuvieron acompañados de numerosas publicaciones, de las cuales sobre todo la obra de Kisho Kurokawa trataba la filosofía del metabolismo. Con ocasión de la Conferencia Mundial de Diseño celebrada en Tokio en 1960 Kurokawa publicó, con Kikutake, Fumihiko Maki, Masato Otaka y Kiyoshi Awazu, la obra *Metabolism 1960 –A proposal for a New Urbanism* (*Metabolismo 1960. Una propuesta para un nuevo urbanismo*), que explicaba las posturas fundamentales del movimiento: «Consideramos la sociedad humana como un proceso vivo [...] No creemos que el metabolismo haga referencia tan solo a la aceptación de procesos de historia natural, sino que intentamos reforzar la evolución metabólica de nuestra sociedad con nuestras propuestas».

En el libro *Metabolism in Architecture* (*Metabolismo en arquitectura*), publicado en 1977, Kurokawa explicaba *ex post* la concepción de una teoría arquitectónica al mismo tiempo específicamente japonesa e internacionalmente relevante. Partiendo de la progresiva tecnologización de la civilización global, se trata de «producir un sistema que ayude a las personas a conservar el

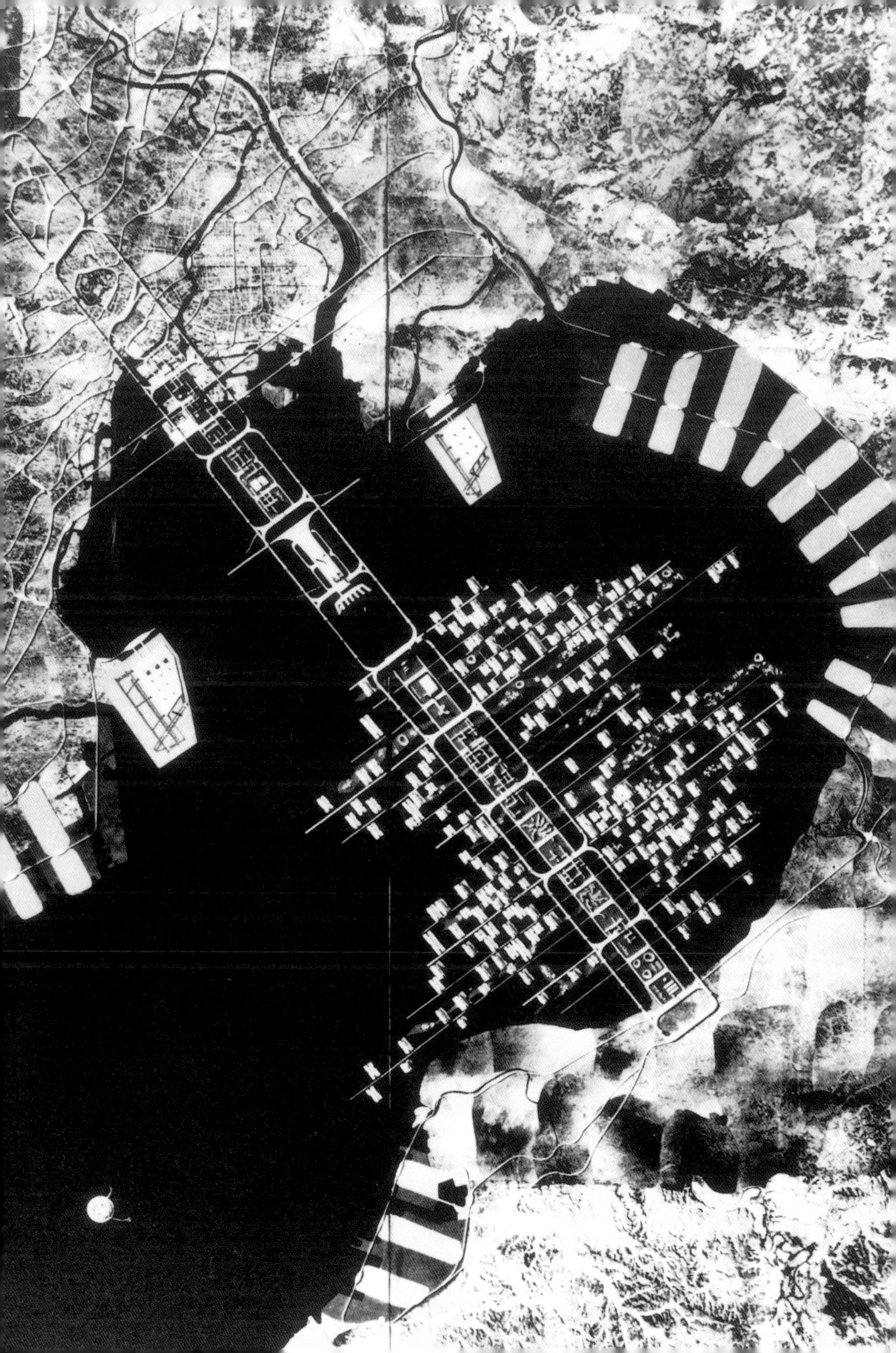

control sobre la tecnología». Si se vinculan las nuevas tecnologías en un sistema análogo a la naturaleza de regeneración y metabolismo, no solo se producen soluciones lógicas para los problemas civilizatorios y urbanísticos, sino también modelos para dominar una técnica que se emancipa cada vez más y una cultura de la transformación acelerada. Este enfoque susceptible de tener una recepción global se hace, al mismo tiempo, fructífero para una tradición cultural típicamente japonesa, que considera la arquitectura no tanto como monumento duradero, sino como variaciones y prototipos renovables. Kurokawa remite a la tradición de los cofres Shinto, cuya forma se trasmitió durante siglos como prototipo, pero cuya «originalidad» y autenticidad son completamente independientes de su materialidad. Una capacidad de adaptación flexible de los sistemas estructurales parecía la trascripción adecuada de esta línea de tradición de fundamento cultural-filosófico ante el trasfondo de la disolución acelerada de las estructuras urbanas tradicionales. En este sentido, en *Metabolismo en arquitectura*, Kurokawa fundamentaba la necesidad de estrategias de planificación completamente nuevas: «En las ciudades modernas, el crecimiento y la transformación tienen una velocidad cada vez mayor. Entre la revolución industrial y mediados del siglo XX, el crecimiento de una ciudad significaba la ampliación de sus áreas periféricas, hasta que se convertía en un coloso; sin embargo, ahora las ciudades experimentan una metamorfosis que se diferencia completamente de este modelo. Independientemente de que la ciudad limite su expansión o no, crece la movilidad de las personas, de los bienes y de la información a una gran velocidad...».

Los metabolistas japoneses desarrollaron una teoría consistente y exigente, que presentaba numerosos paralelismos a nivel internacional, además de que con las afirmaciones de Archigram sobre la teoría y el pop se pueden relacionar las megaestructuras utópicas de Yona Friedman, de Francia, a Moshe Safdie –arquitecto de origen israelí que se dio a conocer con su proyecto de hábitat para Montreal– y también los proyectos del austriaco Hans Hollein. Consecuentemente, las correspondientes aportaciones a la exposición se integraron en los pabellones temáticos de Expo 70. Sin embargo, ya durante la Exposición Universal, numerosos protagonistas del movimiento metabolista se distanciaron de las tendencias concretas del desarrollo arquitectónico que habían puesto en marcha. Paulatinamente, las obras metabolistas, con su carácter de juguete de alta tecnología, dejaron de comprenderse principalmente como prototipos de nuevos planteamientos para la planificación y se convirtieron cada vez más en imágenes de moda de una sociedad tecnocrática. Sus complejas imágenes arquitectónicas se habían emancipado, sin dar prueba de una capacidad real. Sin embargo, al margen de tratarse de una arquitectura específicamente tardomoderna, de comienzos de los años setenta, conserva su fascinación aún hoy en día. Muchos de los análisis y de los pensamientos de los metabolistas parecen tremendamente actuales, y no solo ante el trasfondo del *revival* sentimental del espíritu de los tiempos de los *Swinging Sixties*. *High Tech*, la concepción –también ecológicamente relevante– de las arquitecturas inteligentes y la actualidad de la megaestructura, desde el Centro Pompidou de París, de Renzo Piano y Richard Roger hasta el plan general para Euralille de Rem Koolhaas, y también la síntesis arquitectónica de *high* y *low*, de teoría y cultura pop, son testimonios de su importancia sostenible.

PS

Ilust. p. 615
Kenzo Tange, Tokio Bay Plan (1960)
Ilustración complementaria, no reproducida en el tratado

Kiyonori Kikutake, Marine City (1960)
P. 42. Maqueta

Arata Isozaki, City in the Air (1960–1963)
Maqueta. Ilustración complementaria, no reproducida en el tratado

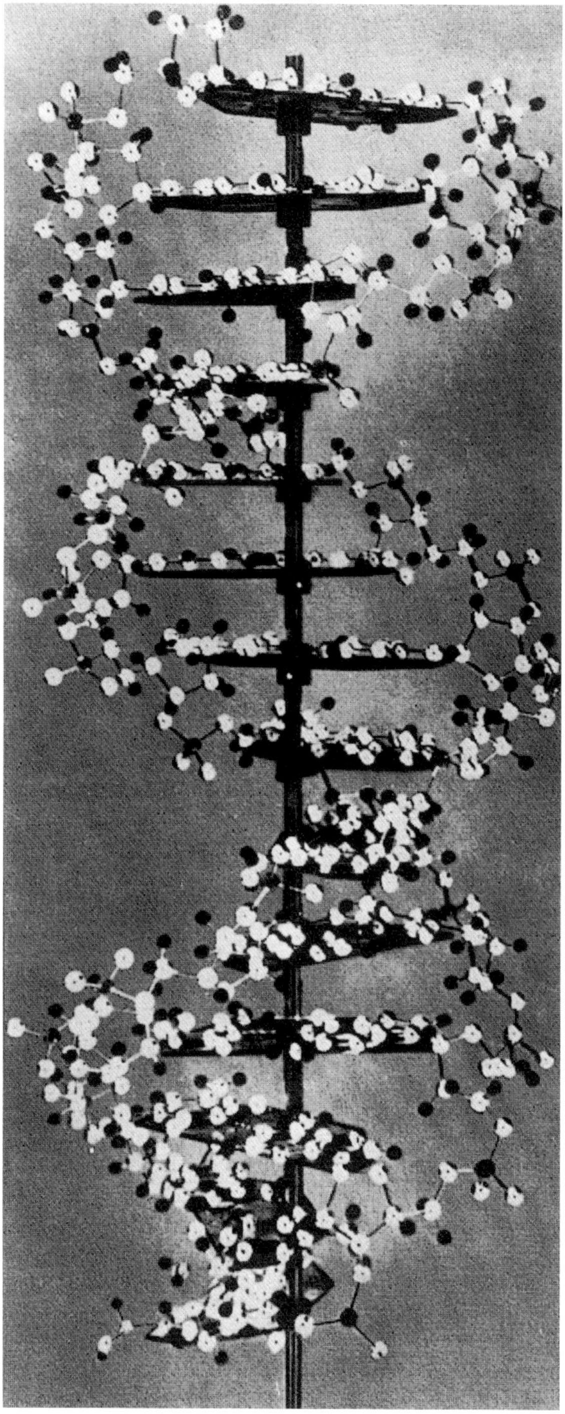

Estructura de hélice (1961)
P. 56

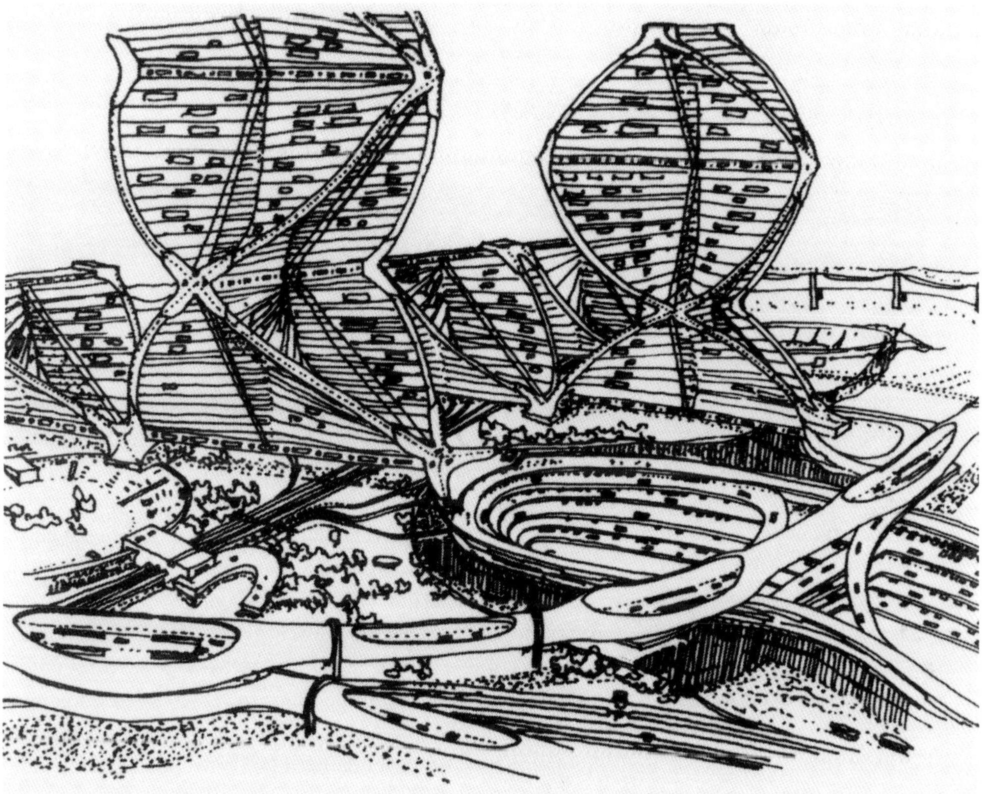

Doble hélice de una molécula de ADN
Ilustración complementaria, no reproducida en el tratado

Aldo Rossi (1931–1997)
L'Architettura della Città

PADUA, 1966

La arquitectura de la ciudad. Barcelona, 1992

«En principio literaria»: así califica su formación Aldo Rossi, arquitecto milanés nacido en 1931. Cuando escribió su obra teórica principal, *L'Archittetura della Città* (*La arquitectura de la ciudad*), la arquitectura se encontraba, en su opinión, en una «situación tan desastrosa» que sintió la necesidad de buscar las bases históricas con un método científico-sistemático, para distanciarse de la producción arquitectónica, carente de nivel y de teoría, del funcionalismo ingenuo, más bien investigando y escribiendo que planificando y construyendo.

Rossi despertó admiración con su primera construcción de grandes dimensiones, que se oponía sutilmente a los dogmas funcionalistas. El edificio con arcadas Gallaratese 2, situado en un barrio periférico de Milán (1969–1973), es una especie de lienzo de muro alzado con un lenguaje formal minimalista, severo, patético y concentrado en lo típico. La búsqueda del tipo, el trabajo con formas sencillas, la tendencia a la monumentalidad y el establecimiento de referencias históricas caracterizan también las obras de los años posteriores, ya se trate de una escuela, de un cementerio, de un centro comercial o de un teatro flotante para la Bienal de Venecia (1979/80). En los años ochenta Rossi se convirtió en el arquitecto italiano de mayor éxito internacional. Su campo de actividad se extendía de París a Berlín (con edificios de vivienda para la Exposición Internacional de Arquitectura IBA), de Orlando en Florida (un complejo de oficinas para Walt Disney) a Japón. Las obras de Rossi fueron tomando más colorido, se volvieron más vivas, menos abstractas en su ubicación histórica, lo cual produjo en parte un malentendido, que le consideraba uno de los principales representantes de la arquitectura posmoderna. Sin embargo, Rossi se mantuvo fiel al racionalismo que había formulado, muy lejos de los juegos historicistas e irónicos. La búsqueda del tipo fundamental, la ocupación científica y seria con la historia del lugar y con la tarea constructiva, la síntesis de una forma arquitectónica partiendo de numerosas referencias hizo que se mantuvieran los rasgos más destacados hasta el final de la carrera de Aldo Rossi, fallecido en 1997.

Rossi poseía una cultura muy variada y publicó mucho. Su obra principal, *La arquitectura de la ciudad*, se publicó por primera vez en Padua en 1966, el mismo año en que veía la luz *Complexity and Contradiction in Architecture* (*Complejidad y contradicción en la arquitectura*) de Robert Venturi. Estos dos libros son los tratados arquitectónicos más influyentes e importantes de los años sesenta; son equiparables en su planteamiento, en la motivación y en sus objetivos, aunque –dicho sea de paso– el libro de Venturi es más brillante, más fácil de leer y más convincente

㈱平助筆復古堂
HEISUKE FUDE FUKKODO

en la combinación de textos e imágenes. Los dos pretendían refutar el funcionalismo en su versión vulgarizada y comercializada de los años sesenta (lo cual no debe confundirse con la arquitectura moderna en general), mediante pruebas procedentes de una amplia historia.

En su libro, Rossi analiza la ciudad como arquitectura; sin embargo, no comprende la ciudad solo como una colección de edificios singulares, sino como el resultado de un largo y abierto proceso de formación y de desaparición. Esta premisa, a primera vista tan simple, significaba una ruptura radical con muchas concepciones urbanísticas del siglo xx que parten de la ciudad ideal, por ejemplo las de Le Corbusier (1887–1965) o Ludwig Hilberseimer (1885–1967).

El tratado de Rossi permite dos lecturas, si bien las dos producen el mismo resultado. Se trata de un escrito combativo, discreto pero innegable, contra la idea entonces tan extendida de que de la definición y planificación de funciones surge automáticamente una forma arquitectónica o urbanística relevante. Rossi lo denominaba «crítica del funcionalismo ingenuo», que sustraía a la forma y al tipo su complejidad formada a lo largo del tiempo, sin rellenar la laguna que dejaba. Rossi integraba esta tesis fundamental en una argumentación científica sólida. Así, *La arquitectura de la ciudad* es, en su segunda lectura, un análisis seco y en ocasiones áspero, basado en la evaluación crítica de obras de bibliografía. Rossi presenta diversos planteamientos para investigar la historia, la evolución, la forma y la estructura social y arquitectónica de la ciudad. Para ello trabaja con diversos métodos y, tratando diferentes disciplinas, tiene en cuenta tanto la tesis de la memoria colectiva de Maurice Halbwachs como la teoría urbanística de Camillo Sitte, los estudios de Jean Tricart sobre la estructura social como la crítica de Hans Bernoulli contra la propiedad privada del suelo, la historia de la evolución de París como los análisis de Fritz Schumacher desde el punto de vista del planificador urbanista… y aspectos de muchos más autores. El logro científico de Rossi fue relacionar esos análisis con diversos «objetos urbanos»: desde la Atenas y la Roma de la Antigüedad clásica hasta su ciudad natal Milán, pasando por la Viena tardomedieval y el Berlín de las «colmenas de alquiler».

Del análisis literario de Rossi se derivan sus propias ideas arquitectónicas. Parte de la base de que todas las materias urbanísticas son de naturaleza compleja, que no se pueden ni explicar monocausalmente ni solucionar sencillamente. El sistema complejo que es la ciudad exige respuestas e intervenciones complejas. Con la categoría de la permanencia, que se puede vincular a determinados monumentos o líneas de vías urbanas, Rossi describe la capacidad de desempeñar una función y de cambiar a lo largo de los siglos, tomando como ejemplo –entre otros– el Palazzo della Ragione de Padua. Este edificio de los siglos xiii y xiv –ayuntamiento, tribunal, mercado– demuestra que las funciones cambiantes se pueden adaptar al envoltorio arquitectónico. El Palazzo della Ragione es un «monumento» cuyas funciones no necesariamente se pueden adivinar en el exterior. Los monumentos de estas características son imprescindibles para cada ciudad, en su condición de puntos culminantes. Su presencia, su importancia para constituir la imagen de la ciudad y para proporcionar identificación no se desprenden principalmente de la función sino de la forma. Abogando así por el monumento tradicional, que Rossi corrobora con la imagen de la catedral de Colonia en medio de la ciudad destruida en 1945, el arquitecto europeo y amante de la tradición se distingue del norteamericano Robert Venturi, que vuelve su atención sin planteamiento alguno a la vida diaria, a sus símbolos y formas.

Rossi quería devolver a la obra arquitectónica lo que le había sustraído el funcionalismo: una forma importante, un mensaje de peso, la reivindicación de ser una obra de arte y la fuerza ficticia. Sin embargo, la ciudad resulta ser más que la suma de obras arquitectónicas importantes. Para Rossi, la historia de una ciudad era también la historia de su arquitectura; sin embargo, la ecuación no puede invertirse.

Un instrumento central para el análisis científico de Rossi y para sus proyectos era la búsqueda del tipo arquitectónico, la forma básica que no puede reducirse más. También en este punto se vuelve explícitamente contra las ideas funcionalistas que querían hacer derivar el tipo de la función. El tipo de Rossi integra más bien las huellas de vida y del uso de generaciones; lo que se desarrolla a lo largo de los siglos es, al mismo tiempo, duradero y cambiable. El tipo es algo natural y eso es lo que interesa a Rossi, al igual que le interesa por qué se come la sopa con cuchara. Aldo Rossi no fue un enemigo apasionado y dogmático de la arquitectura moderna como muchos de sus contemporáneos posmodernos, pero combatió la idea idealista de que la forma sigue a la función, combatió la bienintencionada carga moral de la arquitectura, luchó contra la idea de un estado final casi paradisíaco. La ciudad es siempre algo dinámico, el antagonismo entre los intereses individuales y colectivos, entre la esfera privada y la pública.

«La ciudad de Split, que surgió dentro del palacio (tardoantiguo) de Diocleciano y que encontró así un nuevo uso y un nuevo significado para formas que no habían cambiado, posee una importancia emblemática para la arquitectura y su relación con la ciudad. Pues una forma muy marcada se corresponde aquí con una altísima capacidad de adaptación a las diferentes funciones»; así escribe Rossi en el epílogo a la edición alemana de su libro (1973). Con su descubrimiento de la ciudad histórica Rossi proporcionó importantes impulsos también al debate sobre el urbanismo y la protección de monumentos, al igual que dio nuevos e inconfundibles acentos con sus edificios rigurosos y disciplinados, narrativos y patéticos. Más que en el caso de cualquier otro arquitecto-escritor, la obra construida y los proyectos de Aldo Rossi son un auténtico comentario a su tratado.

GL

Ilust. p. 621
Hotel Il Palazzo en Fukuoka (1987–1998)
El hotel Il Palazzo combina elementos occidentales y orientales e intenta ordenar el caos urbano, en su condición de monumento.

Edificio con arcadas Gallaratese 2 en Milán (1969–1973)
Se trata del primer encargo de grandes dimensiones realizado por Rossi. Son inconfundibles las referencias formales tomadas de la Modernidad clásica, pero Rossi fue más lejos aún.

Ampliación del cementerio de San Cataldo en Módena (1971–1984)
Rossi intentó relacionar las formas monumentales del cementerio con los monumentos industriales de la ciudad (al fondo). *Dibujo*

Capilla funeraria
Interior de la capilla funeraria para la familia Molteni, fabricantes de muebles, en Giussano (1988). El fondo de madera, con formas palladianas, contrasta con el envoltorio, que recuerda edificios industriales. *Maqueta arquitectónica*

Escuela Media de Broni, en la provincia de Pavía (1979–1982)
Aldo Rossi construyó la ciudad con Gianni Braghieri. Se trata de un conjunto cerrado en sí mismo, en forma de pequeña ciudad.

Viviendas en Berlín, Friedrichstadt-Sur
Estas viviendas fueron construidas en 1981–1988 en el marco de la Exposición Internacional de Arquitectura (IBA). Aquí aparece por primera vez el motivo característico de la columna monumental en la esquina.

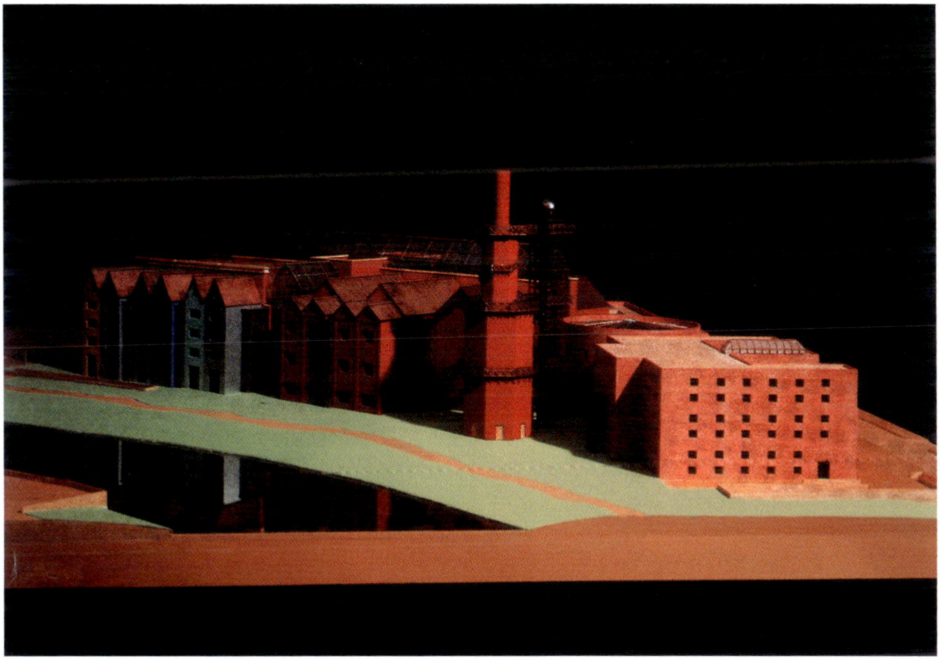

Maqueta para el Museo Histórico de Berlín
En 1988, Rossi ganó el concurso para el Museo Histórico Alemán de Berlín. Sin embargo, la imprevisible evolución que tomó la historia alemana hizo obsoleto el proyecto.
Maqueta arquitectónica

Giorgio Grassi, proyecto de un pueblo de estudiantes en Chieti (1979)
El proyecto construido permite reconocer, en su severidad y reducción, el modelo de Heinrich Tessenow. *Dibujo*

Proyecto de un pueblo de estudiantes en Chieti (1979)
Rossi buscaba las formas básicas arquetípicas; aquí creó el pueblo partiendo de casas individuales y una casa común. *Dibujo*

Aldo Rossi
1977
Casa dello studente a Chieti

Robert Venturi (1925–2018)
Complexity and Contradiction in Architecture

NUEVA YORK, 1966

Complejidad y contradicción en la arquitectura. Barcelona, 1972

Robert Venturi, Denise Scott Brown (1931–), Steven Izenour (1940–2001)
Learning from Las Vegas

CAMBRIDGE, 1972

Aprendiendo de Las Vegas: El simbolismo olvidado de la forma arquitectónica. Barcelona, 1978

Complexity and Contradiction in Architecture (*Complejidad y contradicción en la arquitectura*), el estudio de Robert Venturi publicado en 1966 por el Museum of Modern Art de Nueva York, contribuyó a dar paso a una nueva época, pues influyó más que cualquier otro tratado sobre la evolución de la arquitectura en el último tercio del siglo xx. De una importancia similar es también el segundo libro, que escribió con Denise Scott Brown y Steven Izenour: *Learning from Las Vegas* (*Aprendiendo de Las Vegas: El simbolismo olvidado de la forma arquitectónica*), editado por el Massachusetts Institute of Technologie de Cambridge.

La obra de Venturi es muy variada: comprende tanto proyectos de desarrollo urbano como casas unifamiliares, museos como supermercados, casas de playa como institutos de investigación. Casi al comienzo de su actividad constructiva se encuentra la residencia para personas de la tercera edad Guild House, en Filadelfia (1960–1963), a la que Venturi gusta de referirse para ilustrar sus tesis sobre lo feo, lo banal y lo simbólico en la arquitectura. Aproximadamente al mismo tiempo construyó para su madre una pequeña casa en Chestnut Hill, que refleja sus ideas sobre la variedad y la contradicción, rompe con todas las convenciones funcionalistas y no teme producir perplejidades, por ejemplo con una escalera que lleva hasta un muro. En los comercios para las cadenas de supermercados BEST y BASCO, que construyó a mediados de los años setenta y que no son otra cosa que «cajas decoradas», se descubren elementos tomados del pop art. La obra construida por Venturi se caracteriza en la mayoría de los casos, desde los años ochenta, por el juego con elementos clásicos de la arquitectura, que con Robert Stern podría caracterizarse de «clasicismo irónico».

En el prólogo de *Complejidad y contradicción en la arquitectura* Venturi se muestra partidario de un intento de crítica arquitectónica y aporta una justificación de su propio trabajo: su premisa no es la objetividad, sino la libertad artística; estudia lo que le interesa en la arquitectura; es decir, la complejidad y la contradicción. Invirtiendo el dicho de Ludwig Mies van der Rohe («menos es más»), Venturi postula: «más es no menos». Este más de comunicación explícita, de simbolismo y decoración no se encontraba en la arquitectura de la Modernidad clásica, por ejemplo en Mies van der Rohe o en Adolf Loos. Según Venturi podía alcanzar y cultivar su pureza y hermetismo ignorando muchos aspectos y cerrándose a las necesidades de la sociedad. Ese demostrativo «menos», la renuncia a la ambigüedad en la arquitectura moderna, es para Venturi sencillamente aburrido.

PHILADELPHIA
BIRTHPLACE

Venturi encuentra lo ambiguo, lo contradictorio y lo opuesto en sus digresiones históricas, sobre todo en la arquitectura del manierismo, del barroco y del rococó. También en Le Corbusier (1887-1965) –uno de los pocos arquitectos modernos, con Alvar Aalto (1898-1976), que goza de sus simpatías– ve un principio de contradicción, como en villa Savoie, sencillo en el exterior, pero complejo en el interior. Según Venturi, Le Corbusier es un maestro en transgredir reglas, de modo sutil pero muy efectivo.

Una y otra vez, Venturi se remite a la literatura y el arte, en los que la complejidad y la contradicción son imprescindibles. Como ejemplo incluye el pop art, que trabaja con paradojas, cambia el contexto o la escala y quiere aprovechar todos los potenciales de la percepción. Aunque sería inadecuado y fragmentario calificar a Venturi de arquitecto del pop art, se manifiesta su cercanía a esta corriente. Como los artistas del pop art, desde Robert Rauschenberg (1925-2008) hasta Andy Warhol (1928-1987), también Venturi intenta superar los límites entre lo cotidiano y el arte; como ellos, también saca de su contexto cosas que nos son familiares y abre así nuevos significados.

Muchas de las cosas que Venturi presenta, como cuando hace hincapié en la complejidad de la ciudad histórica o cuando rechaza el credo funcionalista, aparecen también en Aldo Rossi (1931-1997). Sin embargo, a Venturi no le interesan principalmente –como a su colega italiano– las cuestiones de tipología. Centra su atención en lo narrativo y simbólico, categorías mal vistas en la arquitectura moderna desde los años veinte.

Descubrir de nuevo la arquitectura como portadora de símbolos se convirtió en la idea central de Venturi, tanto en su condición de teórico como de arquitecto. Sus modelos los encontró no solo en la historia, sino sobre todo en su entorno, en las construcciones triviales de Norteamérica. El pop art le marcó el camino, pues abrió los ojos para lo cotidiano como fuente de vitalidad, variedad y colorido. Con un pragmatismo y un positivismo típicamente norteamericanos, Venturi declara que su pura existencia justifica lo ordinario y lo banal, y lo reduce a la fórmula: «La vía principal casi está en orden». Pero, por ser un intelectual, Venturi no se queda ahí, sino que desarrolla estrategias para una apropiación y una transformación artísticas.

Al análisis de la «vía principal» (*mainstreet*) dedica Venturi su segundo libro, escrito con Denise Scott Brown y Steven Izenour: *Aprendiendo de Las Vegas*. La idea le vino en un seminario organizado en 1968 en la Universidad de Yale, que se dedicó a estudiar la vía principal (*Strip*) que cruza Las Vegas. En el centro de la atención se encontraba no tanto la forma arquitectónica individual como la cuestión de qué es la comunicación trasmitida arquitectónicamente. La primera parte del libro amplía los resultados del seminario; con fotos, mapas y diagramas demuestra cómo funciona la arquitectura de la seducción, típica de Las Vegas, cómo están configurados los estacionamientos, los carteles publicitarios, la iluminación viaria y las entradas a los casinos. Se aprecian así numerosas relaciones, por ejemplo referencias históricas en la forma externa del casino Caesar's Palace. Los signos no son la arquitectura –según uno de los resultados del análisis–, sino que dominan el espacio con su forma escultórica, su silueta, sus efectos luminosos. A pesar de lo caótico y lo feo, que los autores no niegan, encuentran referencias para la configuración de una ciudad viva, compleja y contradictoria, que se opone a todos los ideales modernos.

En el centro de la segunda parte de *Aprendiendo de Las Vegas*, de carácter más bien teórico, se encuentran dos figuras emblemáticas: el «pato» y la «caja decorada». La foto del pato la extrajo del inventario crítico de Peter Blake titulado *God's Own Junkyard. The Planned Deterioration of America's Landscape* (*El depósito de chatarra de Dios. El deterioro planificado del paisaje norteamericano*). Muestra un quiosco de comidas rápidas especializado en aves, en forma de un pato gigantesco. La casa, o el quiosco, se ha convertido en una escultura; la forma simbólica se ha apropiado completamente de la arquitectura. Al pato, Venturi opone antitéticamente la «caja decorada», una caja funcional, decorada de acuerdo con su función y casi independientemente de la arquitectura, con un cartel publicitario sobre la cubierta o bien en el terreno o como segunda fachada. Venturi acepta en principio el pato y la caja: en la historia de la arquitectura ambas cosas tienen su justificación. Poco respetuosamente añade que la catedral de Amiens es un muro publicitario gigantesco delante de una caja que, por su forma simbólica, es a su vez un pato.

En la arquitectura moderna, el pato desempeña un papel excesivo. Esta tesis quiere provocar y no supera una revisión. No obstante, Venturi demuestra lo que quiere decir comparando su obra temprana Guild House con la casa de apartamentos Crawford Manor del entonces famoso Paul Rudolph, que también se encuentra en Filadelfia: Guild House es, exagerando, una caja orientada a una función, con algunos ornamentos y signos (como la antena de televisión irónicamente dorada). Por el contrario, Crawford Manor es un pato, no directamente como un quiosco, sino por el significado de una expresividad tan solo fingida, por un diseño que quiere ser heroico y artístico y por la forma por amor a la forma.

La posmodernidad, que comenzó a tener éxito en los años sesenta con su complejidad y contradicción, con su ironía y su carácter lúdico, con su relación positiva y sin complejos con la historia y con la cultura cotidiana, resultaría inconcebible sin los trabajos –teóricos y en proyectos– de Robert Venturi.

GL

Robert Venturi, Guild House, Filadelfia (1960–1963)
Esta residencia se convirtió en un paradigma de la arquitectura posmoderna. En *Aprendiendo de Las Vegas*, Venturi analizó detalladamente los medios y las formas estilísticas. *Edición alemana, 1978, p. 185*

Vanna Venturi, casa en Chestnut Hill (1962–1964)
Venturi construyó esta casa para su madre. La fachada anterior corresponde a la imagen tradicional de una casa de vivienda; sin embargo, no está exenta de contradicciones.
Edición alemana, 1979, p. 188

Monumento conmemorativo a Benjamin Franklin en Filadelfia (1972–1976)
En este monumento, Venturi situó las salas de exposición en el subsuelo; por encima diseñó los contornos de la casa de Franklin con una estructura de acero.
Ilustración complementaria, no reproducida en el tratado

Casa de campo en Northern Delaware (1978–1983)
La fachada falsa, de madera contrachapeada, produce una relación irónicamente desfigurada entre las formas regionales y la representación clásica.
Ilustración complementaria, no reproducida en el tratado

Estudios de carteles publicitarios
El estudio *Aprendiendo de Las Vegas* se centra en el análisis de los anuncios publicitarios que dominan el espacio público en la ciudad del juego.
Edición alemana, 1979, pp. 76/77

City Edges Planning Study
En 1973, Denise Scott Brown y Venturi elaboraron un estudio para anuncios publicitarios de los monumentos de Filadelfia, para colocar en las vías de entrada a la ciudad. Utilizaron los medios y la estética de la publicidad comercial. *Edición alemana, 1979, fotomontaje*

Proyectos de fachadas eléctricas
Las fachadas que Venturi diseñó en 1977 son toda una explosión de eclecticismo, un viaje por la historia de la arquitectura, que se emplea como depósito de símbolos.
De: A Garden Party of Styles, *1977. Dibujo a lápiz*

94

95

96

97

98

99

100

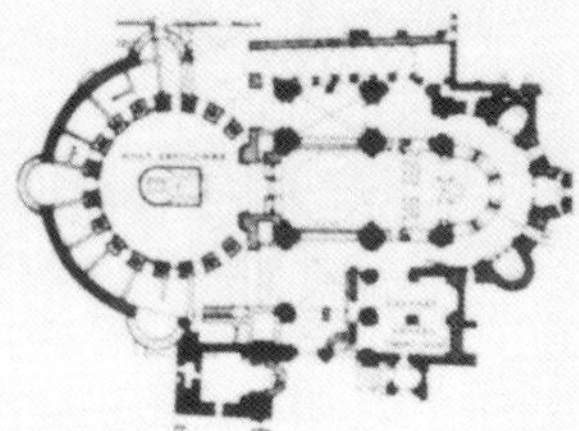

101

102

Estudio comparativo

Esta página de *Complejidad y contradicción en la arquitectura* muestra, con ejemplos de la Universidad de Virginia de Thomas Jefferson (abajo izquierda), cómo se puede conseguir tensión con alineaciones y superposiciones. *De:* Complejidad y contradicción en la arquitectura, *edición en inglés, capítulo VIII, láms. 94–102*

«I am a Monument»
La propuesta de Venturi en *Aprendiendo de Las Vegas* sobre cómo configurar un monumento: ninguna gran forma simbólica, sino una caja que, con un signo publicitario, llama la atención sobre sí misma. *Edición alemana, 1979, p. 194. Boceto*

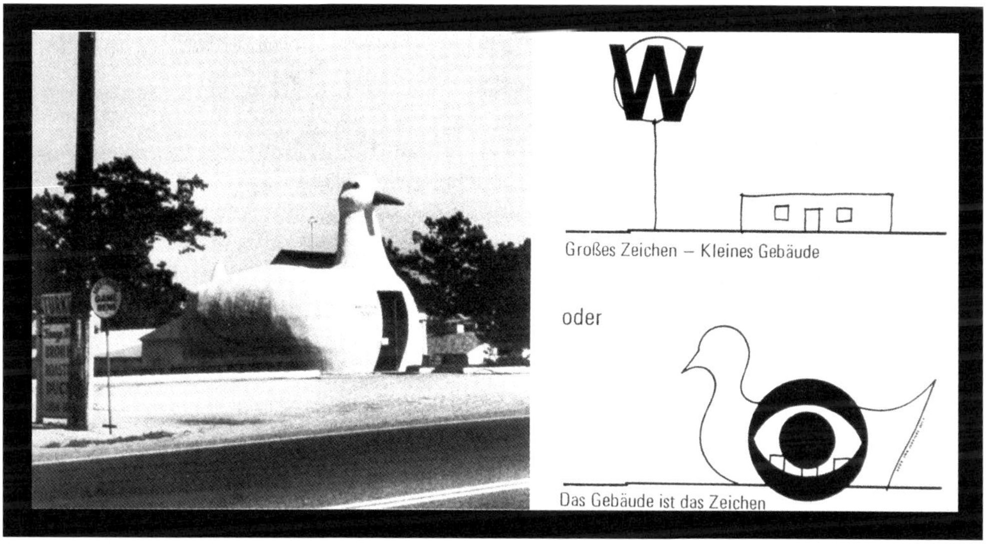

«The Long Island Duckling»
«The Long Island Duckling», un quiosco de comidas rápidas en forma de pato, sirvió a Venturi para ilustrar su tesis sobre la forma simbólica que domina el edificio y que opuso a la «caja decorada».
Edición alemana, 1979, p. 29. Fotografía y boceto

Charles A. Jencks (1939–2019)
The Language of Post-Modern Architecture

NUEVA YORK, 1977

El lenguaje de la arquitectura posmoderna. Barcelona, 1980

Este libro es una de las obras teóricas sobre arquitectura de mayor éxito después de la guerra; hasta 1991 se publicaron seis ediciones y se tradujo a diez idiomas. Charles Jencks, nacido en Baltimore (Estados Unidos) en 1939, estudió en la Universidad de Harvard, primero Literatura Inglesa y después Arquitectura; en 1970 se doctoró en Historia de la Arquitectura en la Universidad de Londres. Jencks practica como arquitecto. En su obra *Modern Movements in Architecture*, aparecida en 1972, empleó un modo de observación orientado por el estilo inglés de ensayo literario y por el tono provocador del pop art, cuyas observaciones y conclusiones pueden ser tan perspicaces como inconsistentes.

Jencks fue uno de los primeros en transponer el concepto de la posmodernidad, procedente de la crítica literaria, a la arquitectura (en 1975). Aunque *The Language of Post-Modern Architecture* (*El lenguaje de la arquitectura posmoderna*) tenga más bien el carácter de un diagnóstico empírico-reflexivo y descriptivo, condimentado con mucha ironía, que el de un escrito programático y sistemático, aunque muchas de las tesis se puedan refutar desde el punto de vista de la historia de la arquitectura y algunas observaciones parezcan de aficionado e incluso objetivamente incorrectas, el libro tuvo mucho éxito y se convirtió en el fundamento teórico de la arquitectura posmoderna.

El apartado I, titulado «La muerte de la arquitectura moderna», comienza con las siguientes palabras: «Afortunadamente, la muerte de la arquitectura moderna se puede fechar con toda exactitud: se extinguió completa y definitivamente en 1972», al ser derribado, debido a problemas sociales, el amplio conjunto de viviendas Pruitt-Igoe de St. Louis (Missouri), construido por Minoru Yamasaki –quien más tarde proyectaría el World Trade Center de Nueva York– en 1952–1955. Según Jencks, se debió a la contradicción entre la arquitectura y los códigos arquitectónicos de los habitantes, pertenecientes a la capa baja de la sociedad.

A Jencks le importan exclusivamente las cuestiones estéticas. Emplea el concepto semiológico de «códigos» –que el estructuralismo francés había puesto muy de moda en los años setenta– para criticar la «univalencia» y el «reduccionalismo elitista» de la arquitectura moderna y para postular una «ampliación del lenguaje arquitectónico en diferentes direcciones: hacia lo castizo, lo tradicional y hacia la comercial "jerga de la calle"». En la arquitectura posmoderna, Jencks ve un «eclecticismo radical» en el que diferentes lenguajes formales arquitectónicos se comentan unos a otros, un «doble código […] que se dirige tanto a la élite como al hombre de la calle». Critica la

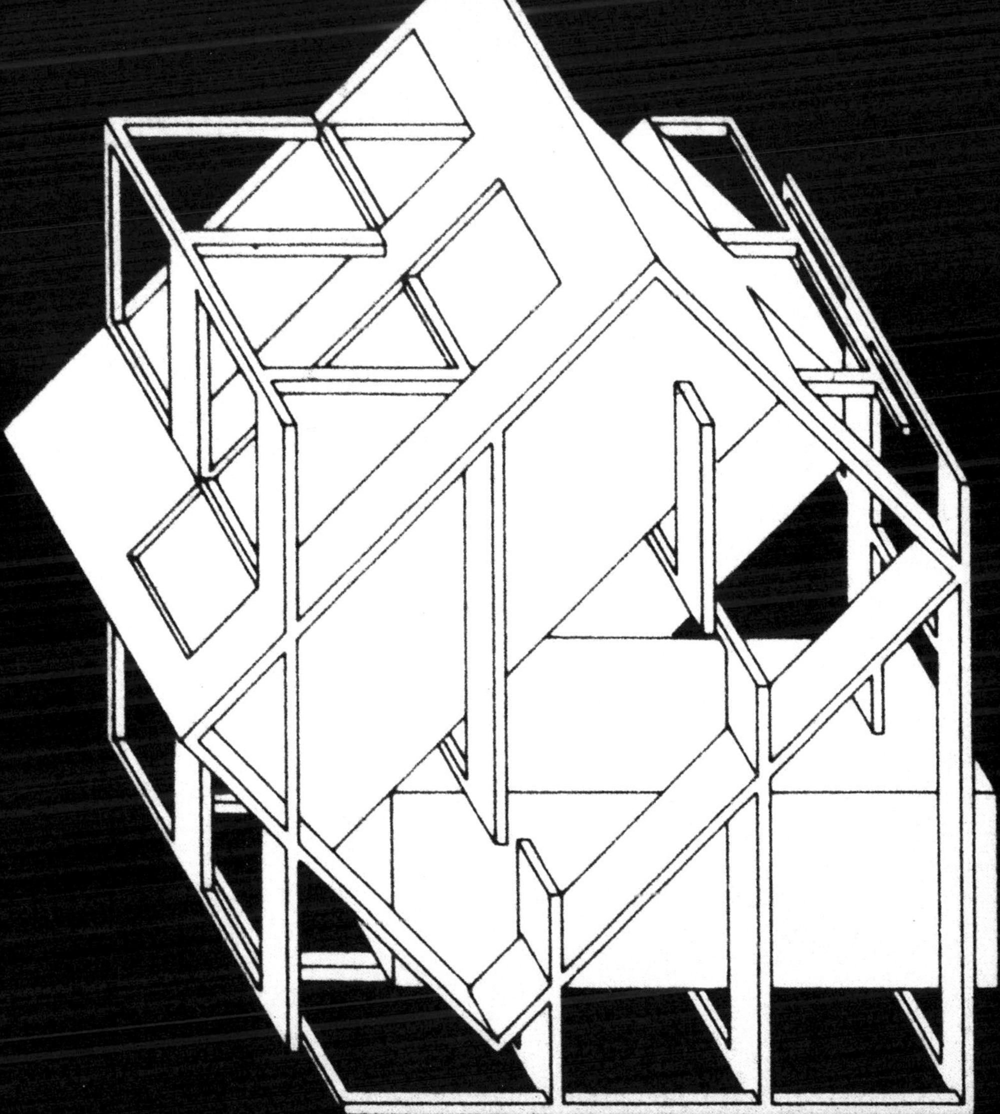

«forma univalente» de los edificios de Mies van der Rohe, cuya «gramática universal» significa un «desprecio universal por el lugar y la función», en la que todo es intercambiable. Del mismo modo critica la estética mecanicista de la arquitectura de los años sesenta y la creencia en un espíritu de los tiempos definido por máquinas y tecnología.

Jencks considera que la arquitectura moderna surgió de los intereses de los grandes grupos económicos y del progreso técnico en la construcción. La estética de las fábricas y los edificios de ingeniería se traspasó después a los edificios de vivienda. Tomando como ejemplo la urbanización de Weissenhof (Stuttgart, 1927), Jencks da la razón a la crítica de los nazis. Según él, la arquitectura de la posguerra refleja solo el triunfo económico de la sociedad consumista en el occidente y el capitalismo estatal burocrático en el este.

En el apartado II, Jencks analiza «las especies de la comunicación arquitectónica» y dice: «Mientras que antes hubo las reglas de la gramática arquitectónica [...], ahora solo reinan la confusión y la disputa». Jencks intenta analizar la arquitectura como un sistema semántico: en primer lugar, la forma arquitectónica aparece como una metáfora. El hombre considera un edificio siempre como una metáfora, que relaciona con sus experiencias. Las metáforas para los edificios construidos por la arquitectura moderna son la caja de cartón o el papel cuadriculado. La observación metafórica es siempre ambivalente. Después, Jencks analiza la dirección de la arquitectura tardomoderna, que emplea esa ambivalencia como modo de configuración. Remite a la diferenciación de Robert Venturi entre lo gráfico (el «pato») y la forma gráfica del edificio (la «caja decorada»): define lo primero como «signo iconográfico» y lo segundo como «signo simbólico»: cuanto más metáforas despierte una arquitectura, tanto mayor será el dramatismo; sin embargo, cuanto más sean esas metáforas meras insinuaciones, tanto mayor será la incertidumbre semiótica. Lo ejemplifica críticamente con la Ópera de Sídney (1957-1974) y el terminal de TWA de Saarinen (1962). Considera como aplicación más lograda de la metáfora insinuante Ronchamp de Le Corbusier (1955). En segundo lugar, el lenguaje formal arquitectónico consta de palabras. Como tales, Jencks entiende motivos y elementos fijos como la columna o la cubierta inclinada. La arquitectura moderna ha abolido las palabras, formas que son familiares por su tradición, con su fe fundamentalista en el progreso. La elección de estilo para la fachada en la construcción comercial de vivienda en Estados Unidos, que se deja al criterio de sus propios habitantes, satisface las necesidades de identificación; por el contrario, la casa consecuentemente moderna es solo expresión de una postura elitista. La arquitectura moderna se ocupó hasta la pasión de la sintaxis del lenguaje arquitectónico; es decir, con las reglas y los métodos de la forma integral. Por último, como semántica, Jencks entiende el estilo en el sentido en que se emplea ese concepto en la historia del arte. Un estilo nunca es algo eternamente vigente; por tanto, la pretensión de la arquitectura moderna de haber creado el estilo del siglo XX se ha convertido en un superficial producto de consumo. Jencks reivindica de los arquitectos que apliquen de nuevo un sistema de orden semántico y postula una mezcla de estilos.

En el apartado III de su libro, Jencks trata la nueva «arquitectura posmoderna»; encuentra sus pioneros en los movimientos que se vienen desarrollando desde los años cincuenta: la paráfrasis barroca de Paolo Portoghesi en Italia, los «semihistoricistas» –como los llama– en Estados Unidos (Minoru Yamasaki, Eero Saarinen); para él, el de mayor talento y el más inteligente es Philip Johnson. A este, como a los japoneses Kenzo Tange, Kikutake y Kurokawa, los clasifica entre los «semiposmodernos». Contempla de modo distanciado y crítico las obras tempranas de Robert Venturi y Charles Moore. Ve puntos de referencia para un nuevo historicismo en la arquitectura estatal del fascismo en Italia y Alemania, así como en la arquitectura estalinista, en la reconstrucción histórica de Varsovia y en los inventos históricos de la arquitectura de vacaciones como Port Grimaud (1965-1969).

Para Jencks, un fenómeno importante de la posmodernidad es la «reanimación de la arquitectura autóctona», que encuentra en formas decorativas y materiales de construcción, en la arquitectura de casas de vivienda de pequeña escala, más o menos historicista, de Ralph Erskine en Inglaterra, de Theo Bosch en Holanda y de Martorell en España. En relación con su «pseudotradicionalismo» dice: «Lo que pierden en autenticidad, lo ganan en alegría», un comentario típico de Jencks.

Con la ecuación «adhocista + urbano = contextual», Jencks se entusiasma por el «magnífico pluralismo» de «Byker Wall» (1974) de Erskine en Newcastle (Inglaterra) y por los edificios de Lucien Kroll en Bélgica (1969–1974), que irradian una improvisación caótica. Según él, la arquitectura moderna es responsable de la decadencia de nuestras ciudades. En urbanismo, la posmodernidad se orienta de nuevo por el programa de espacio urbano cerrado de Camillo Sitte. Jencks hace referencia a Colin Rowe («Collage City») y a los principios de la composición «contextual» entre ciudad y grandes edificios, que constan de unidades completas en sí: aunque se encuentran en un contexto entre sí, no constituyen un gran orden completo (Oswald Mathias Ungers). En la arquitectura posmoderna, Jencks elogia que, en lugar de la metáfora implícita, recurre de nuevo a la explícita, gráfica. Jencks dedica el último capítulo al «espacio posmoderno»; trata aquí ampliamente las estructuras matemáticas de Peter Eisenman y el «desenmascaramiento irónico del espacio público» en el Kresge College de Charles Moore.

En las conclusiones de su libro, Jencks constata en la arquitectura posmoderna una tendencia «hacia lo misterioso, lo equívoco y lo sensual» y hacia un «eclecticismo radical» como el «resultado naturalmente desarrollado de una cultura de posibilidades de elección» de los «diferentes códigos». Observa la dialéctica entre dos códigos, «uno popular, tradicional, que se transforma lentamente como una lengua viva, lleno de clichés y que hunde sus raíces en la vida familiar, y otro moderno, lleno de neologismos y cambios rápidos en la tecnología, el arte y la moda». La arquitectura posmoderna une los dos en un «código doble»; como ejemplo más logrado y creativo menciona la Piazza d'Italia de Charles Moore en Nueva Orleans (1979).

JP

Minoru Yamasaki, Pruitt-Igoe Housing, St. Louis (1952–1955)
Esta casa fue derribada el 15 de julio de 1972. Para Jencks se trata de la fecha simbólica que marca el final de la arquitectura moderna.

Jørn Utzon, Ópera de Sídney
Ejemplo de arquitectura metafórica con simbolismo ambivalente. *P. 43*

Caricatura de la Ópera de Sídney
Esta caricatura fue entregada por estudiantes australianos de arquitectura cuando la reina Isabel II inauguró oficialmente la Ópera. *P. 43. Dibujo*

Rem Koolhaas (nacido en 1944)

Delirious New York: A Retroactive Manifesto for Manhattan

NUEVA YORK, 1978

Delirante Nueva York: un manifiesto retroactivo para Manhattan

S, M, L, XL

RÓTERDAM, 1995

El estudio de Rem Koolhaas, Office for Metropolitan Architecture (OMA), es –como su propio nombre sugiere– sinónimo de una búsqueda de estrategias de solución para una arquitectura moderna de recepción global, que redefinan la forma y la función de las metrópolis contemporáneas. Sus modelos de formación de estructuras metropolitanas se basan en un nuevo enfoque de los análisis tardomodernos de funciones para una sociedad contemporánea del consumo en masa y de la comunicación acelerada. Rem Koolhaas fundó el estudio en 1975, con Zoe y Elia Zenghelis y con Madeleine Vriesendorp. Es una de las figuras más carismáticas, pero que también levantan más polémicas, de la arquitectura actual; se dio a conocer no solo con sus proyectos, sino en gran medida también con sus numerosas publicaciones. *Delirious New York* (*Delirante Nueva York*) de 1978 y el volumen recopilador *S, M, L, XL*, publicado en 1995 –que contiene diversos artículos–, son auténticos *bestsellers*; con ellos, Koolhaas ha tomado parte en el actual discurso arquitectónico en condición de uno de los teóricos más influyentes de la nueva Modernidad crítica.

Koolhaas nació en 1944 en Róterdam; después de trabajar como periodista, estudió entre 1968 y 1972 en la Architectural Association de Londres. Con los otros fundadores de OMA presentó en 1972 el proyecto *Exodus, or the Voluntary Prisoners of Architecture* (*Éxodo o los prisioneros voluntarios de la arquitectura*), que con ironía, citas, ficción y una mirada tan polémica como fascinada sobre la ciudad funcionalista moderna anticipaba los rasgos característicos de sus temas posteriores y, a pesar de su estructura retrospectiva posmoderna, se distanciaba de una posmodernidad formalmente retrospectiva. Después de varios años de trabajo fundamentalmente teórico en Londres y Nueva York, OMA se trasladó en 1984 a Róterdam. También a mediados de los años ochenta, el grupo destacó con espectaculares proyectos como el Teatro Neerlandés de Danza (La Haya, 1981–1987), el Centro de Arte de Róterdam (1987–1992) o el Plan General y la realización de edificios individuales de Euralille (Lille, 1988–1995), que se cuentan entre los ejemplos más sobresalientes de una modernidad nueva y radical.

Delirante Nueva York: un manifiesto retroactivo para Manhattan, el primer libro de Rem Koolhaas, como indica el título, se concibió como un manifiesto *ex post* en favor de una cultura específicamente urbana, que Koolhaas trata tomando como ejemplo la estructura de Manhattan. La superposición de diversas formas de vida, ideologías y funciones en un espacio muy reducido, específico del carácter significante del paisaje urbano, la resume con el concepto «cultura de la

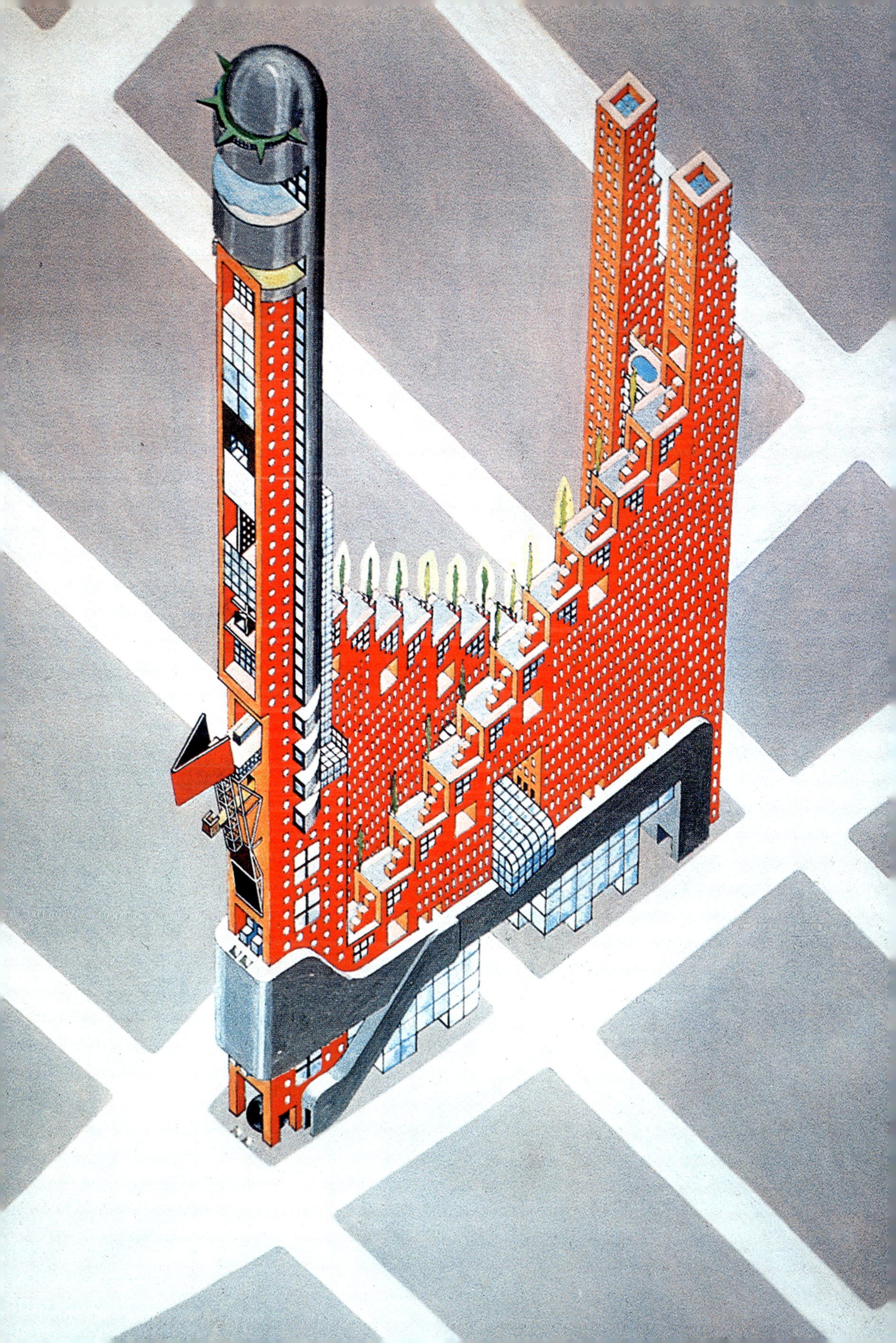

densidad», que se convierte en el tema principal de sus reflexiones. En cinco capítulos, ilustrados con reproducciones, cómics y presentaciones de proyectos propios, en parte anteriormente concebidos como textos autónomos –por ejemplo, el apartado «The City of the Captive Globe» (La ciudad del globo cautivo)–, Koolhaas narra una historia de la ciudad de Nueva York partiendo de sus observaciones en el parque de atracciones de Coney Island, de las observaciones genéricas del tipo constructivo que posee el rascacielos de Nueva York, de su análisis del Rockefeller Center y sobre todo de los análisis de la «mirada europea a Nueva York». Las observaciones históricas desembocan, en el capítulo final, en una serie de proyectos de OMA –aunque ficticios–, que transforman los conocimientos obtenidos en estudios ejemplares. Según Koolhaas, la densidad se consigue sobre la base del plano reticular neutro que caracteriza en general a Manhattan y que constituye la base para un urbanismo intemporal y flexible. La neutralidad proporciona, por un lado, un cierto desprendimiento de las vinculaciones históricas; por otro lado, crea la condición previa para distinguirse y para la individualidad. Como innumerables islas en la ciudad, los bloques de Manhattan forman un archipiélago de posibilidades sometidas a un cambio permanente. La capacidad de adaptación de la construcción en bloques se basa según Koolhaas en diferentes condiciones: la autorreferencialidad monumental de la construcción en bloques, la independencia de la configuración externa en relación con la estructura interna y la superposición vertical de diferentes usos dentro de una gran estructura. El «automonumento» que es el bloque se ilustra del modo más impresionante –según Koolhaas– con el rascacielos, cuya forma exterior subraya la propiedad escultural del objeto. Con la separación de esta forma de la función interior, sujeta a cambio, y que Koolhaas califica de «cisma», el autor se distancia del dogma fundamental de la correspondencia entre la forma y la función, al mismo tiempo que suministra una teoría que se despide de todo formalismo funcionalista. De este exacto modo cree que puede crear las bases para la planificación, que se corresponden con una civilización moderna caracterizada por velocidad, flexibilidad y cambio. Koolhaas ve prefigurado ese planteamiento de la densidad y de la capacidad de cambio, que sirve de base para su «manifiesto retroactivo», en el plano reticular de Manhattan y en la colección de monumentos autónomos en forma de rascacielos. Cada bloque se puede convertir en un mundo propio, cerrado en sí mismo y al mismo tiempo altamente flexible; la ciudad se convierte en una «ciudad del globo cautivo», en un «proyecto de ciudad dedicada al proyecto artístico y a la formación acelerada de teorías, interpretaciones, construcciones teóricas, propuestas y sus interrelaciones [...] Los cambios de esa línea urbana ideológica se producirán rápidos y continuados, un rico espectáculo de alegrías éticas, de fiebre moral o de masturbación intelectual». La estrategia narrativa de Koolhaas resulta ser una combinación entretenida de observaciones históricas, reflexiones teóricas y capítulos ficticios, en parte irónicos. El tono del libro pasa de exposiciones objetivas a pasajes líricos y expresivos, en parte hímnicos, que subrayan el carácter de manifiesto y la ambición literaria del texto.

A diferencia de *Delirante Nueva York*, el libro –publicado en 1995– *S, M, L, XL* no posee una unidad de texto, sino que se compone de numerosos artículos individuales, clasificados por apartados que llevan los nombres de tallas: «S» (*small*), «M» (*medium*), «L» (*large*) y «XL» (*extra-large*). De este modo, los autores, Koolhaas y Bruce Mau, estructuran el libro con la ayuda de una semántica que ordena los textos por su contenido, en relación con las dimensiones de los objetos tratados; al mismo tiempo llevan al capítulo «XL», en el que Koolhaas trata uno de sus temas centrales: la planificación en formato megaestructural. En primer lugar llama la atención la extravagante presentación de este suntuoso libro que, con transiciones graduales de imágenes y numerosos *collages* de textos e imágenes, ganó en 1997 el Book Award del American Institute of Architecture. Tan compleja como el diseño es también la secuencia de diferentes tipos de textos: desde pasajes con un carácter altamente abstracto y teórico hasta ensayos de narración subjetiva, pasando por secuencias epigramáticas y tiras de cómics realizados ex profeso para el libro. Así se encuentra un texto titulado *Less is more*, que continúa una ficticia historia del pabellón de Mies van der Rohe para la Expo 1929 de Barcelona, después de su derribo, que termina con la supuesta «reconstrucción» de este incunable de la Modernidad clásica por parte de OMA en la Trienal de Milán de 1986, el mismo año en que realmente se reconstruyó el pabellón en el terreno original barcelonés. Otros textos tratan numerosos proyectos de planificación y construcción del estudio, por ejemplo principios de planificación del espacio en Holanda en el texto denominado *Puntstad – Zuidstadt* (*Ciudad-punto – ciudad-sur*) o estudios para la Biblioteca Nacional de París o para el Centro de Arte y Tecnología de los Medios de Karlsruhe. Uno de los textos centrales del libro es el formado por las ideas sobre «The Generic City», la ciudad genérica sin propiedades específicas. Aquí, Koolhaas resume sus observaciones mencionadas ya antes en otros textos sobre el urbanismo en la era de la globalización y la urbanización global. Una de las preguntas centrales de este texto es: ¿qué forma de urbanismo y de identidad urbana puede haber en vista de fenómenos, análogos en todo el mundo, de utilización tardocapitalista del suelo, de *corporate identity* de los *global players*, del turismo global y de la pérdida de identidad histórica? Los análisis de Koolhaas son críticos y polémicos; su oferta de estrategias de solución es conscientemente reservada. Rechaza afirmaciones dirigistas de estructuras histórico-urbanas por considerarlas oprimentes y en último término ahistóricas. Por el contrario, la ciudad sin propiedades resulta de la liberación de modelos históricos de identidad; es arbitraria, pero también disponible y abierta. La periferia, libre de implicaciones históricas, con sus estructuras siempre iguales de poblamiento disperso, se convierte en la seña de identidad de la ciudad global. Polemizando, Koolhaas remite a los nudos infraestructurales de la civilización contemporánea, a los megaproyectos como grandes aeropuertos y estaciones para trenes de alta velocidad, en los que se manifiesta la identidad de la sociedad global y que son las únicas tareas de configuración que les queda a planificadores y arquitectos. Por muy provocador que sea el texto, por mucha réplica que despierte, también revela que la postura del autor no ha de comprenderse como un manifiesto en pro del «antiurbanismo», sino que se basa en análisis sobrios de fenómenos urbanos contemporáneos. Tras una polémica radical e incluso cínica está la pregunta por los potenciales y los límites del urbanismo contemporáneo.

PS

Ilust. p. 655
Office for Metropolitan Architecture, proyecto del hotel Sphnix en Times Square.
P. 298

Office for Metropolitan Architecture, The City of the Captive Globe (1972)
P. 295

Office for Metropolitan Architecture, estudio para el proyecto «New Welfare Island», axonometría
P. 302

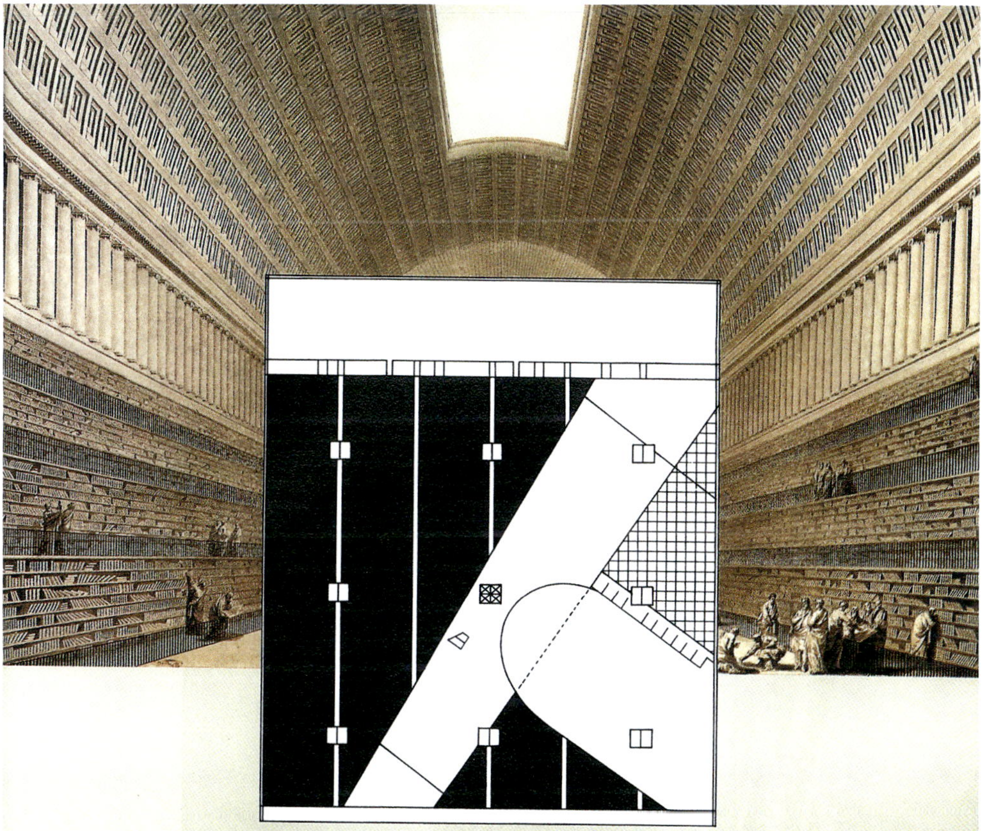

Office for Metropolitan Architecture/Rem Koolhaas:
proyecto para la Biblioteca Nacional de París. Planta del nivel 4
P. 623

Apéndice

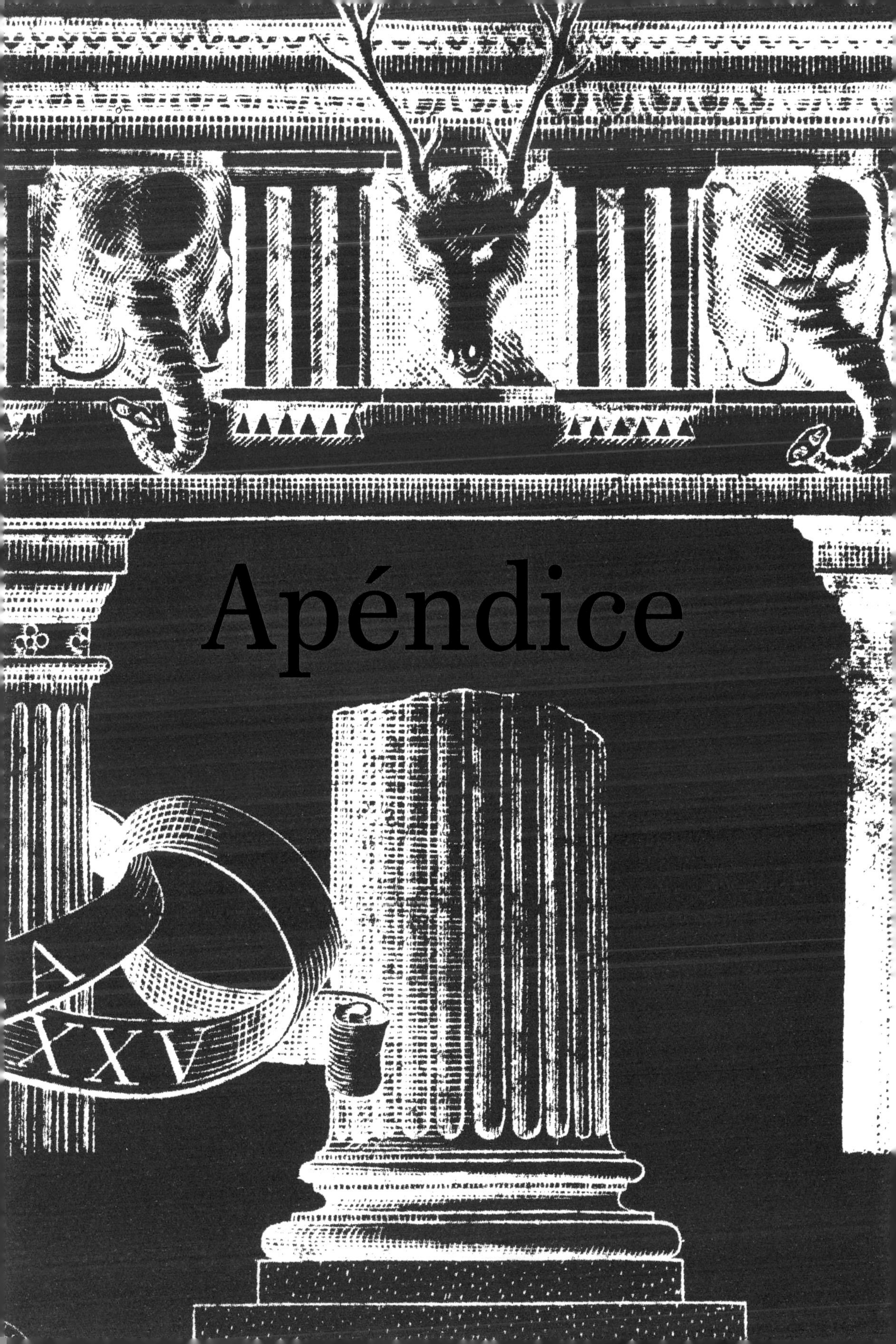

Bibliografía

Leon Battista Alberti

BIERMANN, VERONICA, *Ornamentum. Studien zum Traktat De re aedificatoria des Leon Battista Alberti*, Hildesheim, Zúrich, Nueva York, 1997

RYKWERT, JOSEPH, «Theory as Rhetoric. Leon Battista Alberti in Theory and Practice», en: *Paper Palaces. The Rise of the Renaissance Architectural Treatise*, ed. de Vaughan Hart y Peter Hicks, New Haven, Londres, 1998

TAVERNOR, ROBERT, *On Alberti and the Art of Building*, New Haven, Londres, 1998

Archigram

FRIEDMAN, YONA, *L'Architecture mobile*, Bruselas, 1968

COOK, PETER ET AL. (ED.), *Archigram*, Londres, Nueva York, 1972

François Blondel

HERNANDEZ, ANTONIO, *Grundzüge einer Ideengeschichte der französischen Architekturtheorie von 1560–1800*, Basilea, 1972

Jacques-François Blondel

PICON, ANTOINE, *Architectes et ingénieurs au siècle des lumières*, Marsella, 1988

Christian Carl Josias Bunsen

GELDBACH, ERICH (ED.), *Der perfekte Diplomat. Zum Wirken C. C. J. v. Bunsen*, Leiden, 1980

WEGNER, EWALD, *Forschung zu Leben und Werk des Architekten Johann Gottfried Gutensohn*, Fráncfort del Meno, Berna, Nueva York, 1984

Colen Campbell

STUTCHBURY, HOWARD E., *The Architecture of Colen Campbell*, Mánchester, 1967

HARRIS, JOHN, *Catalogue of the Drawings Collection of the R. I. B. A.: Colen Campbell*, Farnborough, 1973

William Chambers

HARRIS, JOHN, *Sir William Chambers. Knight of the Polar Star*, Londres, 1970

Paulus Decker

SCHNEIDER, ERNST, *Paul Decker der Ältere. Beiträge zu seinem Werk*, Düren, 1937

KUTSCHER, BARBARA, *Paul Deckers «Fürstlicher Baumeister» (1711/1716). Untersuchungen zu Bedingungen und Quellen eines Stichwerks. Mit einem Werkverzeichnis*, Fráncfort del Meno, 1995

Philibert de l'Orme

BLUNT, ANTHONY, *Philibert de l'Orme*, Londres, 1958

PÉROUSE DE MONTCLOS, JEAN-MARIE, *Philibert de l'Orme. Architecte du Roi*, París, 2000

Jean-Nicolas-Louis Durand

HERNANDEZ, ANTONIO, «Jean-Nicolas-Louis Durand und die Anfänge der rationalistischen Architekturtheorie», en: *Architekturtheorie. Internationaler Kongress an der TH Berlin*, Berlín, 1967

SZAMBIEN, WERNER, *Jean-Nicolas-Louis Durand. 1760–1834. De l'imitation à la norme*, París, 1984

Antonio Averlino, llamado Filarete

TIGLER, PETER, *Die Architekturtheorie des Filarete*, Berlín, 1963

GIORDANO, LUISA, «On Filarete's Libro architettonico», en: *Paper Palaces. The Rise of the Renaissance Architectural Treatise*, ed. de Vaughan Hart y Peter Hicks, New Haven, Londres, 1998

BONFINI, ANTONIO, *La latinizzazione del trattato di architettura di Filerete (1488–1489)*, Pisa, 2000

Johann Bernhard Fischer von Erlach
AURENHAMMER, HANS, *Johann Bernhard Fischer von Erlach*, cat. exp., Múnich, Stuttgart, Zúrich 1957/58, pp. 205–235
LORENZ, HELLMUT, *Johann Bernhard Fischer von Erlach*, Zúrich, Múnich, Londres, 1992

Joseph Furttenbach el Viejo
BERTHOLD, MARGOT, *Joseph Furttenbach (1591–1667). Architektur-Theoretiker und Stadtbaumeister in Ulm*, Múnich, 1952
KARG, DETLEF, *Nachwort zum Reprint der Architectura recreationis (1640)*, Berlín, 1988

Tony Garnier
JULLIAN, RENÉ, *Tony Garnier. Constructeur et utopiste*, París, 1989
PAWLOWSKI, C. KRZYSZTOF, *Tony Garnier. Pionnier de l'urbanisme du XXème siècle*, Montpellier, 1993

Walter Gropius
GIEDION, SIGFRIED, *Walter Gropius. Work and Teamwork*, Londres, 1954
NERDINGER, WINFRIED (ED.), *Walter Gropius*, Berlín, 1996

Grundsätze des Städtebaus
DURTH, WERNER, DÜWEL, JÖRN Y GUTSCHOW, NIELS, *Architektur und Städtebau der DDR*, Fráncfort del Meno, 1998
INSTITUT FÜR REGIONALENTWICKLUNG UND STRUKTURPLANUNG (ED.), *Warum zum Beispiel die Stalinallee? Beiträge zu einer Transformationsgeschichte des modernen Planens und Bauens*, Erkner (cerca de Berlín), 1999

Guarino Guarini
MÜLLER, W., «The Authenticity of Guarini's Stereotomy in his Architettura Civile», en: *Journal of the Society of Architectural Historians*, 27, 1968, pp. 202–208
ROBINSON, E. C., «Optics and Mathematics in the Domed Churches of Guarino Guarini», en: *Journal of the Society of Architectural Historians*, 50, 1991, pp. 384–401

Carl Alexander Heideloff
BOECK, URS, «Karl Alexander Heideloff», en: *Mitteilungen des Vereins für Geschichte der Stadt Nürnberg*, 48, 1958, pp. 314–390

Henry-Russell Hitchcock y Philip Johnson
RILEY, TERENCE, *The International Style, Exhibition 15 and the Museum of Modern Art*, Nueva York, 1992

Ebenezer Howard
POSENER, JULIUS, *Ebenezer Howard, Gartenstädte von morgen. Das Buch und seine Geschichte.* Berlín, Fráncfort del Meno, Viena, 1968
BEEVERS, ROBERT, *The Garden City Utopia. A Critical Biography of Ebenezer Howard*, Londres, 1988

Heinrich Hübsch
WASKÖNIG, DAGMAR, «Konstruktionen eines zeitgemäßen Stils zu Beginn der Industrialisierung in Deutschland. Historisches Denken in H. Hübschs Theorie des Rundbogenstils», en: *«Geschichte allein ist zeitgemäß», Historismus in Deutschland*, ed. de Michael Brix y Monika Steinhauser, Giessen, 1978, pp. 93–106
Heinrich Hübsch 1795–1863. Der große badische Baumeister der Romantik, cat. exp., Karlsruhe, 1983

Hypnerotomachia Poliphili
STEWERING, ROSWITHA, «Architectural Representations in the Hypnerotomachia Poliphili (Aldus Manutius 1499)», en: *Journal of the Society of Architectural Historians*, 59, 2000, pp. 6–26

Charles Jencks

KLOTZ, HEINRICH, *Moderne und Post-Moderne. Architektur der Gegenwart 1960–1980*, Wiesbaden, 1984

Leo von Klenze

SCZESNY, MARTINA, *Leo von Klenzes «Anweisung zur Architektur des christlichen Cultus»*, Hamburgo, 1974

NERDINGER, WINFRIED (ED.), *Leo von Klenze, Architekt zwischen Kunst und Hof. 1784–1864*, cat. exp., Múnich, 2000

Rem Koolhaas

LUCAN, JACQUES, *OMA. Rem Koolhaas*, Zúrich, 1991

PUGLISI, LUIGI PRESTINENZA, *Rem Koolhaas. Trasparenze metropolitane*, Turín, 1997

SINNING, HEIKE, *More is more. OMA/Rem Koolhaas*, Tübingen, Berlín, 2000

Kisho Kurokawa

KUROKAWA, KISHO, *From Metabolism to Symbiosis*, Londres, 1992

Le Corbusier

MOOS, STANISLAUS VON, *Le Corbusier. Elemente einer Synthese*, Frauenfeld, Stuttgart, 1968

CURTIS, WILLIAM, *Le Corbusier. Ideen und Formen*, Stuttgart, 1987

Claude-Nicolas Ledoux

GALLET, MICHEL, *Claude-Nicolas Ledoux 1736–1806*, París, 1980

VIDLER, ANTHONY, *Claude-Nicolas Ledoux. Architecture and Social Reform at the End of the Ancien Régime*, Cambridge (Mass.), 1990

Pierre Le Muet

MIGNOT, CLAUDE, *Nachwort zur Neuausgabe der Maniere de bastir*, Aix-en-Provence, 1981

MIGNOT, CLAUDE, *De Val-de-Grâce, l'ermitage d'une reine*, París, 1994

Abraham Leuthner von Grundt

WENZEL, CAROLA, *«... von wegen den Kupfer zu sparen». Der böhmische Baumeister Abraham Leuthner und die Traktatliteratur im 17. Jahrhundert*, Marburg/Lahn, 1998, pp. 63–67

FRANZ, HEINRICH GERHARD, *Barocke Architektur in Böhmen. Einführung zu Grundtliche Darstellung. Der fünff Seüllen wie solche von dem Weitberühmbten Vitruvio Scamozzio und andern Vornehmben Baumeistren zuesamben getragen un in gewiße Außtheillung verfasset worden von Abraham Leüthner*, Graz, 1998

Adolf Loos

GRAVAGNUOLO, BENEDETTO, *Adolf Loos. Theory and works*, Milán, 1982

LUSTENBERGER, KURT, *Adolf Loos*, Zúrich, 1994

Francesco Milizia

BRÜES, EVA, «Die Schriften des Francesco Milizia», en: *Jahrbuch für Ästhetik und allgemeine Kunstwissenschaft*, VI, 1961, pp. 69–113

POZZILLO, ITALO, *Francesco Milizia: teorico e storico dell'architettura*, Nápoles, 1971

Robert Morris

RUHL, CARSTEN, *Palladio bears away the Palm. Zur Ästhetisierung palladianischer Architektur in England*, Hildesheim, 2003

Andrea Palladio

FORSSMAN, ERIK, *Palladios Lehrgebäude*, Estocolmo, 1965

HOLBERTON, PAUL, *Palladio's Villas. Life in the Renaissance Countryside*, Londres, 1990

TAVERNOR, ROBERT, *Palladio and Palldianism*, Londres, 1991

BOUCHER, BRUCE, *Andrea Palladio. Der Architekt in seiner Zeit*, Múnich, 1994

Claude Perrault

HERNANDEZ, ANTONIO, *Grundzüge einer Ideengeschichte der französischen Architekturtheorie von 1560–1800*, Basilea, 1972

RYKWERT, JOSEPH, *The First Moderns. The Architects of the Eighteenth Century*, Cambridge (Mass.), Londres, 1980

Marie-Joseph Peyre

Piranèse et les Français 1740–1790, Roma, 1976

BRAHAM, ALLAN, *The architecture of the French enlightenment*, Londres, 1980

Giovanni Battista Piranesi

MESSINA, MARIA GRAZIA, «Teoria dell'architettura in Giovanbattista Piranesi», en: *Controspazio*, 3, 1970, núm. 6–7, pp. 6–13

WITTKOWER, RUDOLF, «Piranesi's Architectural Creed», en: Rudolf Wittkower, *Studies in the Italian Baroque*, Londres, 1975, pp. 235–246

Andrea Pozzo

DE FEO, V., «La Perspectiva Pictorum et Architettorum di Andrea Pozzo», en: *Il disegno di architettura*, 4, 1990, pp. 26–31

BATTISTI, A. (ED.), *Andrea Pozzo*, Milán, 1996

DE FEO, V. Y MARTINELLI, V., *Andrea Pozzo*, Milán, 1996

Augustus Welby Pugin

STANTON, PHOEBE B., *A. W. N. Pugin*, Londres, 1971

PEVSNER, NIKOLAUS, *Some Architectural Writers of the Nineteenth Century*, Oxford, 1972

Walther Rivius o Ryff

RÖTTINGER, HEINRICH, *Die Holzschnitte zur Architektur und zum Vitruvius Teutsch des Walther Rivius*, Estrasburgo, 1914 (Studies on German history of art 167)

BENZING, JOSEF, *Walther H. Ryff und sein literarisches Werk*, Hamburgo, 1959

Jean-Baptiste Rondelet

EGBERT, DONALD DREW, *The Beaux-Arts Tradition in French Architecture. Illustrated by the Grand Prix de Rome*, Princeton, 1980

MARTHUSEK-BAUDOUIN, MARIE-NOËLLE, «Biographie de Jean Rondelet», en: *Soufflot et son temps, 1780–1980*, ed. de Michel Gallet, París, 1980, pp. 155–157

Aldo Rossi

BRAGHIERI, GIANNI, *Aldo Rossi*, Bolonia, 1981

BERLINISCHE GALERIE (ED.), *Aldo Rossi Architekt*, Berlín, 1993

John Ruskin

KEMP, WOLFGANG, *John Ruskin: 1819–1900. Leben und Werk*, Fráncfort del Meno, 1987

BROOKS, MICHAEL W., *John Ruskin and Victorian Architecture*, Londres, 1990

Vincenzo Scamozzi

OECHSLIN, WERNER, «Premesse a una nuova lettura dell'Idea della Architettura Universale di Scamozzi», en: *L'Idea della architettura universale di Vincenzo Scamozzi Architetto veneto*, Verona, 1997, pp. XI–XXXVII

FRANZ, RAINALD, *Vincenzo Scamozzi (1548–1616). Nachfolger und Vollender Palladios*, Petersberg, 1999

Karl Friedrich Schinkel

PESCHKEN, GOERD, *Das Architektonische Lehrbuch*, Múnich, Berlín, 1979

HAUS, ANDREAS, *Karl Friedrich Schinkel als Künstler. Annäherung und Kommentar*, Múnich, Berlín, 2001

Paul Schmitthenner

VOIGT, WOLFGANG, «Vom Ur-Haus zum Typ. Paul Schmitthenners 'deutsches Wohnhaus' und seine Vorbilder», en: *Moderne Architektur in Deutschland 1900–1950.*

Reform und Tradition, ed. de Vittorio Magnago Lampugnani y Romana Schneider, Stuttgart, 1992

Gottfried Semper

STOCKMEYER, ERNST, *Gottfried Sempers Kunsttheorie*, Zúrich, Leipzig, 1939

STAATLICHE KUNSTSAMMLUNGEN DRESDEN (ED.), *Gottfried Semper. Zum 100. Geburtstag*, Dresde, 1979

Sebastiano Serlio

THOENES, CHRISTOF (ED.), *Sebastiano Serlio.* Sesto Seminario Internazionale di Storia dell'Architettura, Vicenza, 31 agosto–4 septiembre 1987, Milán, 1989

FROMMEL, SABINE, *Sebastiano Serlio architetto*, Milán, 1998

John Shute

GIROUARD, M., *Robert Smythson and the Architecture of the Elizabethan Era*, Londres, 1966

SUMMERSON, JOHN, *Architecture in Britain, 1530 to 1830*, Edimburgo, 1983

Bruno Taut

WHYTE, JAIN BOYD, *Bruno Taut. Baumeister einer neuen Welt. Architektur und Aktivismus 1914–1920*, Stuttgart, 1981

PRANGE, REGINE, *Das Kristalline als Kunstsymbol. Bruno Taut und Paul Klee*, Hildesheim, 1991

Georg Gottlob Ungewitter

REICHENSPERGER, AUGUST, *G. G. Ungewitter und sein Wirken als Baumeister*, Leipzig, 1866

DAVID-SIROCKO, KAREN, *Georg Gottlob Ungewitter und die malerische Neugotik in Hessen, Hamburg, Hannover und Leipzig*, Petersberg, 1997

Robert Venturi

MOOS, STANISLAUS VON, *Venturi, Rauch & Scott Brown*, Múnich, 1987

Iacomo Barozzi da Vignola

THOENES, CHRISTOF (ED.), *Iacomo Barozzi da Vignola, Regola delli cinque ordini d'architettura*, Bolonia, 1974

THOENES, CHRISTOF, «La regola delli cinque ordini del Vignola», en: *Römisches Jahrbuch*, 20, 1983, pp. 345–376

Villard de Honnecourt

HAHNLOSER, HANS R., *Villard de Honnecourt*, Graz, 1972

ERLANDE-BRANDENBURG, ALAIN ET AL., *Carnet de Villard de Honnecourt*, París, 1986

BARNES, CARL F. Y SHELBY, LON R., «The Codicology of the portfolio of Villard de Honnecourt», en: *Scriptorium*, 42, 1988, pp. 20–48

Eugène Emmanuel Viollet-le-Duc

MIDDELTON, ROBIN, «Viollet-le-Duc's Academic Ventures and the Entretiens sur l'Architecture», en: *Gottfried Semper und die Mitte des 19. Jahrhunderts*, Basle, Stuttgart, 1976, pp. 239–254

LENIAUD, JEAN-MICHEL, *Viollet-le-Duc ou les délires du système*, París, 1994

Isaac Ware

WOLSDORFF, CHRISTIAN, «Englische Publikationen des 18. Jahrhunderts zu 'Architecture' und 'Building'», en: *Kunst und Kunsttheorie des XVIII. Jahrhunderts in England*, ed. de Gerhard Charles Rump, Hildesheim, 1979, pp. 24–118

SUMMERSON, JOHN, *Architecture in Britain, 1530 to 1830*, Edimburgo, 1983

Friedrich Weinbrenner
LANKHEIT, KLAUS, «Friedrich Weinbrenner. Beiträge zu seinem Werk», en: *Fridericiana,* 19, 1976, pp. 5–50
INSTITUT FÜR BAUGESCHICHTE AN DER UNIVERSITÄT KARLSRUHE (ED.), *Friedrich Weinbrenner 1766–1826*, Karlsruhe, 1977

Henry Wotton
DOBAI, JOHANNES, *Die Kunstliteratur des Klassizismus und der Romantik in England*, Berna, 1974

Frank Lloyd Wright
KIEF-NIEDERWÖHRMEIER, HEIDI, *Frank Lloyd Wright und Europa: Architekturelemente, Naturverhältnis, Publikationen, Einflüsse*, Stuttgart, 1978, ed. rev., Stuttgart, 1983
ALOFSIN, ANTHONY, *Frank Lloyd Wright: The Lost Years, 1910–1922*, Chicago, Londres, 1993
BROOKSS, H. ALLEN, «Frank Lloyd Wright and the Wasmuth Drawings», en: *The Art Bulletin*, 48, 1966, pp. 193–201

Índice

A

Academia de Arte de Estambul 543

Aalto, Alvar 562, 634

Academia de Arte de Kassel 502

Academia de Arte de Stuttgart 494

Academia de Artes Plásticas, Múnich 502

Academia de Pintura de Núremberg 402

Academia de Bellas Artes, París 254

Academia de San Lucas 122, 220

Académie Royale d'Architecture, de París 180, 190, 196, 283

Adam, Robert 322

Addison, Joseph 308, 324
- *Taste and the Pleasures of the Imagination* 324

Adler, Waldemar 604

Aischer, Johann 388

Alberti, Leon Battista 6, 8, 9, *10*, 11–14, 16–18, 20–22, 24, 25, 28, 30–32, *32*, *33*, 34, 36, 37, 60, 70, 72, 86, 94, 96, 291, *292*, 295, 318, 454
- *De re aedificatoria libri decem* 16, 28, 30, 31, 34, 36
- *De pictura* 8, 28
- *De statua* 8, 28, 291

Ana de Austria 166

Androuet du Cerceau, Jacques 17, 159, 166, 168
- *Livres d'architecture 17*

Antolini, Giovanni 134
- *Osservazioni ed aggiunte ai Principj di architettura civile di F. Milizia* 134

Apianus, Petrus 361

Aquino, Tomás de 360

Archigram 610, 612, 616
- *Archigram* 610, *612*, *613*

Aretino, Pietro 12, 14

Aristóteles 22, 84

Arquitectura civil: *véase* Arquitectura profana

Arquitectura con estructura *255*, 264, *265*, *276*, 520, *637*

Arquitectura de jardín 22, 31, *261*, 290, 310, 320, 324, 334, 376, *384*, 391, *403*, 404, *410*, *411*, *440*, 514

Arquitectura efímera 106, *107*, *112*, *113*, *116*, *117*, 120, *381*, 418, *419*

Arquitectura industrual 514, 528, 530, *536*, *538*, *565*, 570, *571*, 572, 582, 646

Arquitectura profana 30, 31, 94, 134, 402
- *Acueducto 33*, 136, 242, *422*
- *Arco de triunfo 15*, 21, 180, *205*, 256
- *Biblioteca* 31, 374, 528, 657, *661*
- *Bolsa* 528, 572
- *Casa de campo* 290, 291, *297*, 298, *301*, *303*, *306*, 310, 311, 322, 334, *638*
- *Casa de comercio 452*, *526*, *527*, 552, 580, *601*
- *Casa y villa de vivienda* 48, 72, *74*, *76*, *77*, 96, 97, *163*, 166, 168, 169, 190, *214*, *229*, 264, *339*, *372*, 376, 388, 514, 520, 522, 523, 528, 530, *534*, *535*, 542, 543, *556*, 562, *569*, 616, 580, 582, *584*, *586*, 588, *589*, 590, 591, *600*, 620, *624*, *628*, 635, *636–638*, *642*, 646, *646*, 648, 649, *650*
- *Casas adosadas* 166, *167*, 168, 169, *171*, *174*, *178*, 196, 192, 193, 376, *383*, 388, 418, 622, 623
- *Centros educativos* 31, 222, *223*, 230, 256, 376, 402, 434, 530, *566*, 620, *628*, 657
- *Edificio administrativo* 84, 136, 376, 388, *412*, 504, 528, *532*, *571*, 580, *583*, 622, 623
- *Escuelas:* véase *Centros educativos*
- *Estación 259*, 528, 530, 657
- *Hospital* 31, 34, *43*, 136, 376, *387*, 402, 454, *533*
- *Hotel* 528, 620, *624*, *655*
- *Mercado/grandes almacenes 261*, *263*, *265*, *276*, 528, *567*, 620, 622, 623, 632
- *Museo* 180, *184*, *206*, *208*, *210*, 222, 434, *435*, *438*, *440*, 442, 474, *524*, 528, 616, 618, *629*, 632, 648, 649, 654
- *Obras públicas* 36, *429*, 634
- *Palacio real* 22, 48, 156, 166, 168, 169, *176*, 220, 222, 299, *305*, *315*, 376, *398*, 402, 404, *412–414*, 418, *548*
- *Palacio* 28, 58, 60, 61, *74*, 86, 166, 196, 256, 374, 376, *378*, 388, 390, 391, *406*, *407*, 416, 504, 522, 622
- *Palais:* véase *Palacio*
- *Palazzo:* véase *Palacio*
- *Plaza* 31, 256, *302*, *304*, 416, *422*, *428*, 442, 514, *601*, 602, *608*, *609*, 648
- *Puente* 72, 254, 256, *423*, *438*
- *Rascacielos* 520, 572, *574*, *579*, 604, 605, *606*, *607*, 646, 656
- *Teatro 44*, 48, *52*, *53*, 86, 106, 220, *237*, *238*, 242, 256,

374, 376, 418, 434, 437, 528, *532*, 616, 620, 648, 654
– *Termas* 220, 222
– *Villa* 48, 49, *57*, 72, *78*, *79*, 156, 299, 310, 311, *312*, *313*, *315*, *316*, 390, 522, *523*, *527*, 562, *566*, 590, *596*, *597*, 632, 634
– *Vivienda obrera* 230, 231
Arquitectura sacra 30, 31, 72, 84, 262, *345*, 442, 484, *485*
– *Altar* 106, 108, 109, *119*, 484
– *Basílica* 72, 73, *80–82*, 444, *446*, *453*, 454, 456
– *Capilla* 30, 148, *152*, *153*, *221*, 223, *225*, 230, 376, 402, 496, *508*, *627*
– *Cementerio* 228, *236*, 620, *626*
– *Iglesia* 9, 13, 17, 18, 28, 30, 31, 48, 60, 70, 84, 94, *95*, 96, 97, *104*, *105*, 106, 108, *114–119*, *142*, 146, *147*, *149–155*, 166, *200*, *212*, *217*, *218*, 220, 222, *223*, *226*, *241*, *246*, *248*, 254, 262, 264, *267–273*, 298, 299, *300*, 336, *340*, *359*, 376, *386*, 388, 390, *396*, *398*, *399*, 402, 404, 418, 434, 442, *443*, 444, *446–453*, 454, *455*, 456, 457, *458–467*, 468, *481*, *483*, 484, *492*, *493*, 494, 496, 502, 504, 505, *508–511*, 530, 542, *552*, 590, *594*, 634
– *Mausoleo* 223, *363*, 416
– *Monasterio/convento* 72, 166, 264, 374, 376, 388
– *Monumento funerario* 31, 106, 418
– *Templo* 6, 12, 20, 28, 31, 72, 76, *129*, *185*, 192, 222, 242, *243*, 256, *258*, 311, *331–333*, 336, 360, 416, 418, *419*, *420*, *469*, *475*, *480*, *483*, 542
– *Templo redondo* 48, *50*, *71*, 72, *83*, *121*, *130*, *191*, 222, *244*
Artes liberales 28, 86
Ashbee, Charles Robert 580, 582
Atzel, Johann Jacob 494
Augusto, emperador 6, 16, 182
Averlino, Antonio (llamado Filarete) 12, 13, 17, 22, 32, 34, 36, 37
– *Libro architettonico* 36
– *Codex Magliabechianus II, I, 140* 34, 36
– *Codex Valencianus* 36
– *Codex Trivulzianus* 36
– *Codex Palatinus* 36
Awazu, Kiyoshi 614
Azara, José Nicolás de 134, 137

B
Bacon, Francis 290, 324
– *Novum Organum* 290
– *Of Building* *290*
Ballenberger, Karl 484
Banham, Reyner 610
Barbaro, Daniele 6, 11, 17, 70, 72, 86, 288
Barbaro, Marcantonio 84
Barbet, Jean 390
Barr, Alfred H. 562
Bartoli, Cosimo 32
Barzizza, Gasparino 28
Bauhaus 564, *566*, 570, *571*, 572, *576*
Beauvais, Vincent de 149
Beham, Hans Sebald 390
Behne, Adolf 573
– *Der moderne Zweckbau* *573*
Behrens, Peter 564, 570, 572, 583
Bellamy, Edward 514
Bellori, Giovanni Pietro 136, 418
Benito XIV, papa 120
Berlage, Petrus 572
Bernini, Gian Lorenzo *210*, 220, 296, 390, *394*, 404
Bernoulli, Hans 622
Besser, Johann von 402
– *Preußische Krönungs-Geschichte* 402
Blake, Peter 634
– *God's Own Junkyard* 634
Blondel, François 87, 182, 183, 190, 192, 193, 405
– *Cours d'architecture* 182, 190
Blondel, Jean-François 196, 198, 199, *200*, *202*, *206*, 220, 228, 240, 254
– *Architecture françoise* 196, 198
– *Cours d'architecture* 196, 198
Blum, Hans 20, 390, *392*, *397*
Böckler, Georg Andreas 7
– *Baumeisterin Palla* 7
Böcklin, Johann Christoph *405*
Bolz, Lothar 604
Bonfini, Antonio 36
Borromini, Francesco 21, 109, 296
Bosch, Theo 649
Boullée, Etienne-Louis 220, 228, 240, 254, 311
Bramante, Donato 18, 24, 36, 46, 48, 49, *51*, 72, *83*, 84, *248*, 360
Breuer, Marcel 572
Brosamer, Hans 361
Brosse, Salomon de 166
Bruegel, Peter (el Viejo) 280
Brunelleschi, Filippo 9, 11, 12, 14, 24, 25, 28
Bullant, Jean 156

Bunsen, Christian Carl Josias 454, 456, 457
- *Die Basiliken des christlichen Roms* 454
- *Beschreibung der Stadt Rom* 454

Burckhardt, Jakob 13
- *Geschichte der Renaissance 13*

Burlington, Lord 299, *303*, *305*, 311, 318, 321, 334

C

Cabaña primitiva 37, *39*, *140*, 192, *194*, 231, 320, 321, *323*, 325, 336, *365*
Calímaco 21
Campbell, Colen 296, 298, 299
- *Vitruvius Britannicus* 296, 298, 299

Campe, Friedrich 494
Capaoli, Johann de 388
Caporali 17
Caramuel de Lobkowitz 20, 21
Caratti, Francesco 388
Carlos VI, emperador 416
Castiglione, Giuseppe 109
Cesariano, Cesare 11, 17, 46, 358, 360, 496
Chalk, Warren 610, *612*
Chambers, William 321, 322, 324, 325
- *A Treatise on Civil Architecture* 321, 322
- *Designs of Chinese Buildings* 322

Chambray, Roland Fréart de 190, 291, *292–295*
- *Parallèle de l'architecture antique et de la moderne* 291, *292–295*

Cicerón, Marco Tulio 12, 28, 30, 84, 122
Ciudad ideal 22, 36, 37, *40*, 86, 230, 516, 528, 530, *549*, *550*, 622
Ciudad-jardín 514, *515*, 516, *517–519*, 528, 530, 540, 542, *595*
Clavius, Christoph 108
- *Euclidis elementorum libri XV* 108

Clemente XIII, papa 122, 134
Coecke van Aelst, Pieter 282
Colbert, Jean Baptiste 21, 190, 192
Collein, Edmund 604
Consejo de Ministros de la RDA 602, 604, 605
- *Grundsätze des Städtebaus* 602, 605

Contarini, Alvise 84
Cook, Peter 610, *613*
Cooper, Anthony Ashley 308
- *Letter concerning the Art, or Science of Design* 298

Corbie, Pierre de 148
Cornaro, Alvise 70
Cornelius, Peter 444, 484
Corvino, Matías, rey de Hungría 32, 36
Cotta, Freiherr von 456
Cristina, reina de Suecia 416
Crompton, Dennis 610
Custos, Raphael y Jacob 376

D

Decker, Paulus 8, 376, 402, 404
- *Fürstlicher Baumeister* 402
- *Ausführliche Anleitung zur Civil-Bau-Kunst* 402, 404

Dee, John 282
De l'Orme, Philibert 17, 20, 21, 156, 158, 159, 166, 168
- *Nouvelles inventions* 156, 158
- *Le premier tome de l'architecture* 156, 158, 159

Descartes, René 94
Desgodets, Antoine 21, 183, 190
Diderot, Denis y D'Alembert, Jean le Rond 134, 196
- *Encyclopédie* 134, 196

Dientzenhofer, Christoph 96, 388, 390
Durand, Jean-Nicolas-Louis 220, 240, 242, 256, 426, 427, 442, 476
- *Recueil et parallèle des édifices* 240, 242
- *Précis des leçons d'architecture* 240, 242

Durantino, Francesco Lucio 17
Durero, Alberto 360, 468, 494
- *Etliche underricht, zu befestigung der Stett, Schloß, und flecken* 360

E

Ebelmann, Hans Jacob 390
- *Architektur und Kunstbuch* 390

Eimmart, Georg Christoph 402
Eisenman, Peter 649
Elementos de arquitectura
- *arco* 46, *135*, *142*, 158, 264, *352*, 445, 470, 496
- *bóveda* *142*, *157*, 158, *160*, 220, 254, 256, *258*, 336, 456, 494
- *cúpula* *114*, *115*, 220, *241*, *246*, 254, *408*
- *escalera* 108, 158, *380*, 426, *429*, 554, *598*
- *portal/pórtico* 60, *342*, 390, *393*, 496, 504
- *puerta* 34, 158, 426, 476, *489*

– *ventana* 148, *353*, 390, 426, 484, 496, *505, 510, 511*
Engels, Friedrich 542
Enrique II, emperador 156
Enrique IV, emperador 166
Erasmus, Georg Caspar 390
Erskine, Ralph 649
Escuela de Arquitectura de Berlín 434, 442
Escuela de Arquitectura de Dresde 474
Escuela de las Artes de París 196
Escuela de Bellas Artes de París 220, 264, 528
Escuela de Chicago 520
Escuela de Construcción de Koenigsberg 540
Escuela Imperial y Especial de Bellas Artes de París 254
Escuela Politécnica de Hannover 502
Escuela Politécnica de Karlsruhe 468, 502
Escuela Politécnica de Núremberg 494
Escuela Politécnica de París 240, 254
Escuela Universitaria de Stuttgart 588
Este, Lionello d' 30
Euclides 84, 108, 282
Eugenio IV, papa 34
Evelyn, John 21, 282, 283, 291
– *Account of Architects and Architecture* 282, 291

F

Farnesio, Alejandro 58
Federico el Grande 434
Federico Guillermo IV, rey de Prusia 454, 456
Feininger, Lyonel 543
Feinlin, Johann Christoph 390
Ferrabosco, Martino 20
Fieger, Karl 572
Fineus, Orontius 360
Finsterlin, Hermann 543
Firmitas 6, 30, 96, 136, 282, 290, 320, 437
Fischer, Theodor 540, 588
Fischer von Erlach, Johann Bernhard 96, 416, 418, 419
Flitcroft, Henry 299
Floris, Cornelis 390, *399*
Flötner, Peter 361
Fontaine, Pierre François 436
Fontana, Carlo 109, 296
Formalismo 604, 656
Fortificaciones 31, *35*, 36, 37, *40*, 262, 388
Fourier, Charles 516, 530, 542
Franceschi, Domenico de 70
Francisco I, rey de Francia 48, 192
Francke, Kuno 580
Frémin, Michele de 21
Friedman, Yona 612, 616
Frisoni, Donato Giuseppe 405
Fuller, Buckminster 612
Funcionalismo 426, 572, 620, 622, 632
Furttenbach, Hieronymus 374
Furttenbach, Joseph (el Joven) 374
Furttenbach, Joseph (el Viejo) 374, 376, 377
– *Architectura civilis* 374, 376, 377
– *Newes Itinerarium Italiae* 374
– *Architectura navalis* 376
– *Architectura martialis* 376
– *Architectura privata* 376
– *Architectura universalis* 376
– *Architectura recreationis* 376

G

Galeno, Claudius 17
Galli Bibiena, familia 120
Galli Bibiena, Ferdinando 108
Garnier, Tony 528, 530
– *Une Cité industrielle* 528, 530
Gärtner, Friedrich von 474, 502
Gau, Franz Christian 474
Georg Wilhelm, margrave de Bayreuth 402
George, Henry 514
– *Progress and Poverty* 514
Ghiberti, Lorenzo 34
Gilly, David 442
Gilly, Friedrich 434
Giocondo da Verona, Fra Giovanni 17
Giorgio Martini, Francesco di 12, 13, 17, 24, 32
Goethe, Johann Wolfgang von 24, 454, 590
– *Von deutscher Baukunst* 24
Goldmann, Nikolaus 193, 376, 418
Gonzaga, margraves de 30
Gori, Antonio Francesco 122
Gothic revival 334
Greene, David 610
Gropius, Walter 9, 543, 562, 564, 565, 570, 572, 573, 583
– *Internationale Architektur* 564, 570, 573
– *Idee und Aufbau des Staatlichen Bauhauses* 570
– *Grundlagen für Neues Bauen* 572
Gruta 374, 376, *382*, 404
Guadet, Julien 528
Guarini, Guarino 20, 21, 94, 96, 97
– *Disegni di architettura civile ed ecclesiastica* 94, 96
– *Architettura civile* 94, 96

Guarnacci, Mario 122
Gutenberg, Johannes 14, 16
Gutensohn, Johann Gottfried 454, 456
- *Basiliken der christlichen Religion* 456

H
Halbwachs, Maurice 622
Harris, John 291
Hawksmoor, Nicholas 296
Haydocke, Richard 282
Heideloff, Carl Alexander 494, 496, 497
- *Der kleine altdeutsche (Gothe)* 494, 496, 497
- *Ornamentik des Mittelalters* 494
Henselmann, Hermann 604, *608*, *609*
Herriot, Édouard 530
Herron, Ron 610
Hilberseimer, Ludwig 572, 573, 622
- *Internationale neue Baukunst* 573
Hirt, Aloys 444, 456, 470
Hitchcock, Henry-Russell 562, 564, 565, 573
- *The International Style: Architecture since 1922* 562, 573
- *The International Style Twenty Years later* 565
Hoffmann, Josef 522
Hoffstadt, Friedrich 484, 486, 504
- *Gotisches A-B-C Buch* 484
Hölderlin, Friedrich 542
Hollein, Hans 612, 616
Hoppus, Edward 318
Howard, Ebenezer 514, 516, 528, 530
- *To-morrow: A Peaceful Path to Realm Reform* 514
Howard, Thomas 87
Hübsch, Heinrich 13, 468, 470, 471, *472*, 496
- *In welchem Style sollen wir bauen?* 13, 468
Humboldt, Wilhelm von 434
Hutcheson, Francis 308
Huys, Frans 390
Hypnerotomachia Poliphili 17, 361

I
Ingeniería civil 228, 262, 552, 648
Izenour, Steven 632, 634

J
James, John 296, 320
Jardín: *véase* Arquitectura de jardín
Jaurès, Jean 530
Jeanneret, Charles-Édouard 552
Jencks, Charles 646, 648, 649
- *The Language of Post-Modern Architecture* 646
- *Modern Movements in Architecture* 646
Johnson, Philip 562, 564, 573, 648
Jones, Inigo 87, 282, 288, 296, *301*, *302*, *304*, 318
Jonson, Ben 282
José I, emperador 106, 416
Julius Franz, duque de Sajonia-Lauenburg 388

K
Kassmann, Rutger 390
Kawazoe, Noboru 614
Kikutake, Kiyonori 614, *617*, 648
Klee, Paul 543
Klenze, Leo von 442, 444, 445, 456
- *Anweisung zur Architektur* 442, 456
Knapp, Johann Michael 454, 456
- *Denkmale der christlichen Religion* 454
Koolhaas, Rem 612, 616, 654, 656, *661*
- *Delirious New York* 654, 656
- *S, M, L, XL* 654, 656, 657
Kraus, Karl 522
Kroll, Lucien 649
Kropotkin, Peter 514, 542
Kruschev, Nikita S. 604
Kurokawa, Kisho 614, 616, 648
- *Metabolism in Architecture* 614, 616

L
Labacco, Antonio 16, 17, 18, 24
- *Libro appartenente all'architettura* *18*
Landauer, Gustav 542
Laugier, Marc-Antoine 137, 320, 324, 325, 336
- *Essai sur l'architecture* 137, 320
Le Clerc, Sebastien 182
Le Corbusier 24, 231, 437, 530, 552, 554, 555, 562, 564, *566*, 572, 583, 622, 632, 634, 648
- *Vers une architecture* 530, 552
- *Urbanisme* 552, 554
- *La Charte d'Athènes* 552, 554
- *L'Esprit Nouveau* 530, 552
Le Muet, Pierre 166–169, 390
- *Maniere de bien bastir* 166, 168

– *Augmentation de nouveaux bastiments faits en France* 166, 168
Le Roy, Julien-David 122
– *Ruines des plus beaux monuments de la Grèce* 122
Ledoux, Claude-Nicolas 24, 228, 230
– *L'Architecture* 228
Leonardo da Vinci 36
Leoni, Giacomo 298, 318
Leopoldo I, emperador 106, 416
Lescot, Pierre 156
Leucht, Kurt 604
Leuthner von Grundt, Abraham 388, 390, 392, *400*, 404
– *Grundtliche Darstellung Der fünff Seüllen* 388
Libeskind, Daniel 9
Libro de muestras 60, 146, 148, 299, 390, 391, 404, 405, 442, 505
Liebknecht, Kurt 604, *606*
Liechtenstein, príncipe de 416
Lloyd Wright, Frank 9, 22, 437, 516, 562, 564, 565, 580
– *Ausgeführte Bauten und Entwürfe* 580
Lodoli, Carlo 12, 120, 123, 137
Lomazzo, Giovanni Paolo 282
– *Trattato della pittura, scultura ed architettura* 282
Loos, Adolf 520, 522, 523, 572, 632
– *Ornament und Verbrechen* 520, 522, 523
– *Regeln für die Siedlung* 522
– *Die Potemkin'sche Stadt* 522
– *Ins Leere gesprochen* 523
– *Trotzdem* 523
Lorena, Claudio de 310
Louis Le Vau 169, 223
Loyola, San Ignacio de 106
Lucchesi, Matteo 120
Luckhardt, Hans 543
Luckhardt, Wassily 543
Luis I, rey de Francia 442
Luis XIII, rey de Francia 166
Luis XIV, rey de Francia 21, 180, 192
Lurago, Carlo 388

M

Magno, San Alberto 496, *498*
Maki, Fumihiko 614
Manetti, Antonio di Tuccio 25
Manutius, Aldus 17
Mariette, Pierre-Jean 123, 196
– *Architecture française* 196
Mariotti, Vincenzo 106
Marot, Jean 168, 405
Mau, Bruce 656
May, Ernst 516
Mebes, Paul *590*
– *Um 1800* 590
Médicis, Catalina de 156
Médicis, familia 36
Médicis, María de 166
Médicis, Pedro de 13, 34, 36
Mendelsohn, Erich 543, 562, 564, *567*, 583
Metabolismo 614, 616
Meyer, Adolf 570
Meyer, Hannes 572
Miguel Ángel 18, 21, 24
Milizia, Francesco 134, 136, 137
– *Principj di architettura civile 134, 136, 137*
– *Le vita de' più celebri Architetti* 134
– *Dizionario delle belle arti* 134
– *Indice delle figure relative ai Principi di architettura civile* 134
Mitelli, Agostino 390
Moholy-Nagy, László 572
Mohrmann, Karl 505
Moller, Georg 468
Montano, Giovanni Battista 390
Montefeltro, Federico da 31
Moore, Charles 648, 649
Morris, Robert 308, 310, 311
– *An Essay in Defence of Ancient Architecture* 308
– *Lectures on Architecture* 308, 310, 311
– *Essay upon Harmony* 308
– *The Art of Architecture* 308
Morris, William 337, 349
Muche, Georg 572
Mumford, Lewis 562, 564

N

Nash, John 334, 336, *340*
Neumann, Balthasar 96
Nibbiano, marqués de 134
Niccoli, Niccolò 14
Nicolás V, papa 13, 28, 30
Niebuhr, Barthold Georg 454
Nietzsche, Friedrich 523, 542
Nueva Arquitectura 523, 572, 573

O

Orden de columnas 6, 12, 13, 20, 21, 24, 37, *41*, 46, 48, *54–56*, 58, *59*, 60, *62–69*, 84, *85*, 86, *90–93*, 97, *99*, *100*, 109, *110*, 136, 156, 158, 159, *161*, *166*, 168, 169, *173*, 180, 182, 183, *184–189*, 190, 192, *194*, 220, 230, 242, 280, *281*, 282, *284–287*, *289*, *292–295*, 320, 321, 322, 358, 360, *367*, *368*, 376, 390, *392*, *395*, 402, 404, 418, 426, *473*, 476, 477, 494
Ornamento 7, 20, 30, 31, 96, 122, 159, *309*, 310, 320, 321,

336, 348, 349, 376, 390, 402, 418, 436, 470, 471, 494, 496, 497, 520, 522, 523, 635
Osborn, Frederic J. 516
Otaka, Masato 614
Otto, Frei 612
Oud, J. J. P. 562, 564, *569*
Owen, Robert 516, 530
Ozenfant, Amédée 552
– *L'Esprit Nouveau* 552

P

Palladianismo 70, 86, 120, 288, 296, 298, 299, 308, *309*, 310, 311, *315–317*, 318, 320, 321, 334, 348
Palladio, Andrea 6, 8, 18, 24, 48, 49, 70, 72, 73, 84, 86, 136, 168, 198, 288, 296, 298, 299, 318, 320, 321, 419
– *I Quattro libri dell'architettura* 48, 70, 72, 73, 168, 288, 298, 318, 418
Parigi, Giulio 374
Parker, Barry 516
Passeri, Giovanni Battista 122
Patte, Pierre 196
Paulick, Richard 572
Paxton, Joseph 348
Peake, Robert 280
Pedro el Grande 20
Pencz, Georg 361
Percier, Charles 436
– *Recueil de Décorations Intérieures* 436
Perotus, Nicolaus 16
Perrault, Charles 180
Perrault, Claude *15*, 21, 180, 182, 183, 190, *205*, *206*, 291, 320, 324, 405
– *Les dix Livres d'architecture* 180
– *Ordonnance des cinq espèces de colonnes* 180, 182, 320
Perret, Auguste 199, 530, 564
Perspectiva 18, 20, 22, 46, 48, 49, 60, 61, 72, *102*, 106, 108, 109, *110–115*, 120, 148, 149, 158, 324, *417*, 426, 502
Peruzzi, Baldassare 14, 46, 48
Petreius, Johann 358
Peyre, Marie-Joseph 220, 222
– *Œuvres d'architecture* 220
Philandrier, Guillaume 11, 280, 361
Piano, Renzo 616
Pío IV, papa 60
Piranesi, Giovanni Battista 24, 120, 122, 123, 220
– *Della magnificenza ed architettura de' Romani* 120, 122, 123
– *Invenzioni caprici di carceri* 120
– *Antichità Romane* 122
– *Vedute di Roma* 122
– *Osservazioni sopra la lettre de M. Mariette* 122, 123
– *Le Antichità di Roma* 123
Pisani, familia 84
Pisternik, Walter 604
Platón 22, 84
Plinio el Joven 84
Plinio el Viejo 17, 20
Poblamiento 520, 522, 528, 543, 564, 570, 572, *578, 579*, 590, *599,* 648
Poitiers, Diane de 156
Policromía 474, 476
Politécnico de Zúrich 474
Pope, Alexander 308
Portoghesi, Paolo 648
Possevino, Antonio 11, 21
– *Bibliotheca selecta 11*
Pozzo, Andrea *18*, 20, 26, 106, 108, 109
– *Perspectiva pictorum et architectorum* 106, 108
Primaticcio, Francesco 156
Proporciones *88, 366, 389*, 390, 505
Puertos 37, 256, *421*, 528, *536,* 614, *615*
Pugin, Augustus Charles 334
– *Specimens of Gothic Architecture* 334
Pugin, Augustus Welby 334, 336, 337
– *Contrasts* 334, 336, 337
– *The True Principles of Pointed or Christian Architecture* 334

Q

Querella de los antiguos y los modernos 180, 190

R

Rafael 21, 46, 48
Rainaldi, Carlo 109
Ramsay, Allan 122
Rauschenberg, Robert 634
Reichensperger, August 502
– *Die christlich-germanische Baukunst* 502
Reynolds, Joshua 324
Richardson, George 436
– *New Vitruvius Britannicus* 436
Riemerschmid, Richard 522, 588
Rietveld, Gerrit 564
Rivius, Walther o Ryff 17, 358, 360, 496
– *Vitruvius Teutsch* 358, 360
Roger, Richard 616
Rondelet, Jean-Baptiste 228, 254, 256

– *Traité théorique et pratique de l'art de bâtir* 254, 256
Rossi, Aldo 620, 622, 623, 634
– *L'Architettura della Città* 620, 622
Rousseau, Jean-Jacques 228, 230
Rowe, Colin 649
Royal Academy, Londres 283, 322, 325
Rubens, Peter Paul 376
Rucellai, familia 30
Rusconi, Giovanni Antonio 390
– *Della architettura … secondo i precetti del Vitruvio* 390
Ruskin, John 337, 346, 348, 349
– *The Seven Lamps of Architecture* 346, 348
– *The Stones of Venice* 348, 349

S
Saarinen, Eero 648
Sacy, Antoine Isaac de 454
Safdie, Moshe 616
Sagredo, Diego de 21
Sangallo, Antonio da (el Joven) 16, 18, 48
Sant'Elia 24
Scalfurotto, Giovanni Antonio 120
Scamozzi, Vincenzo 17, 18, 36, 84, 86, 87, 136, 198
– *L'idea della architettura universale* 18, 84, 86
Scharoun, Hans 543, 562, 590, 604
Schedel, Hartmann 18
– *Weltchronik* *18*
Scheerbart, Paul 540
– *Glasarchitektur* 540
Schinkel, Karl Friedrich 434, 436, 437, 442, 522, 604
– *Sammlung architectonischer Entwürfe* 434, 436
Schlüter, Andreas 402, 404
Schmitthenner, Paul 588, 590, 591
– *Das deutsche Wohnhaus* 588, 590, 591
– *Baukunst im neuen Reich (2. Aufl.: Vom Unscheinbaren in der Baukunst)* 591
Schor, Philipp 416
Schumacher, Fritz 622
Scott Brown, Denise 632, 634
Semper, Gottfried 457, 474, 476, 477
– *Über den Bau evangelischer Kirchen* 457
– *Vorläufige Bemerkungen über bemalte Architektur und Plastik bei den Alten* 474
– *Die vier Elemente der Baukunst* 474, 476
– *Der Stil in den technischen und tektonischen Künsten* 474, 476, 477
Serlio, Sebastiano 6, 8, 11, 12, 14, 16, 17, 18, 20, 24, 46, 48, 49, 58, 60, 72, 84, 86, 159, 166, 168, 280, 282, 358, 360, 361, 390
– *Tutte l'opere d'architettura et prospettiva* 46
– *Extraordinario libro* 46
– *Livre extraordinaire d'architecture* *17*
– *Regole generali* 11, 46, 60, 280
Sevilla, San Isidoro de 20
Sforza, Francisco 13, 34, 36
Sforza, Galeazzo 36, 37
Shute, John 280, 282, 283
– *The First and Chief Grounds of Architecture* 280
Sitte, Camillo 622, 649
Smirke, Robert 336
Soane, John 336
Soissons, Louis de 516
Solis, Virgil 361
Speer, Albert 588, 591
Springinklee, Hans 361
Stalin 604
Stern, Robert 632
Stieglitz, Christian Ludwig 494
– *Von altdeutscher Baukunst* 494
Stier, Gustav 484
Stifter, Adalbert 591
Stornalocco 496
Strada, Jacopo 46
Sturm, Leonhard Christoph 21, 193, 404, 418
– *Prodromus architecturae Goldmannianae* 404

T
Tácito 122
Tamm, Friedrich 591
Tange, Kenzo 612, 614, *615*, 648
Taut, Bruno 24, 540, 542, 543
– *Die Stadtkrone* 540, 542
– *Alpine Architektur* 540, 542
– *Der Weltbaumeister* 543
– *Haus des Himmels* 543
– *Frühlicht* 543
Taut, Max 540
Temanza, Tommaso 120
– *Delle antiquità di Rimini* 120
Templo salomónico 21, 24, 418, *420*
Tessin, Nicodemus 404
Thouret, Friedrich 494
Tito Livio 122
Tricart, Jean 622
Trissino, Giangiorgio 70, 86
Turner, William 348, 349
Tzara, Tristan 522

U

Ulbricht, Walter 604, 606
Ungers, Oswald Mathias 649
Ungewitter, Georg Gottlob 13, 486, 502, 504, 505
- *Lehrbuch der gotischen Konstruktionen* 13, 502, 504, 505
Universidad Técnica de Dresde 520
Unwin, Raymond 516
Urbanismo/urbanística 22, 46, 136, 137, 232, 234, 236, 514, 516, 528, 530, 540, 543, *549*, 552, *553*, 554, 555, *560*, *561*, *618*, 602, *603*, 604, *607*, *608*, *613*, 614, *615*, 616, *617*, 620, 622, 623, 634, 648, 654, 656, 657, *658*, *660*, *661*
Utilitas 6, 30, 136, 282, 290, 318, 320, 436

V

van de Velde, Henry 522, 572
van der Rohe, Ludwig Mies 562, 564, 565, 588, 632, 648, 657
Vanbrugh, John 296, 298
Varrón, Marco Terencio 122
Vasari, Giorgio 16, 36
Vasi, Giuseppe 120
Venturi, Robert 562, 620, 622, 632, 634, 635, 648
- *Complexity and Contradiction* 562, 620, 632
- *Learning from Las Vegas* 632, 634, 635
Venustas 6, 30, 96, 137, 283, 290, 437
Vignola, Iacomo Barozzi da 6, 8, 14, 16–18, 20, 21, *23*, 24, 58, 60, 61, 84, 108, 109, 168, 198, 376, 390
- *Regola delli cinque ordini d'architettura* 14, 16, 18, 20, 58, 60, 168
- *Le due regole della prospettiva prattica* 61
Villalpando, Juan Bautista 21, 24, 418
Villard de Honnecourt 146, 148, 149
- *Codex, ms. Fr. 19093* 146, 148, 149
Viollet-le-Duc, Eugène Emmanuel 13, 262, 264, 265, 336, 346
- *Dictionnaire raisonné de l'architecture française* 262
- *Entretiens sur l'architecture* 264
- *Histoire d'une maison* 264
- *Histoire d'une ville et d'une cathédrale* 264
Virgilio 12
Vitruvio 6, 8, 9, 11, 12, 16, 17, 18, 20, 21, 24, 30, 34, 36, 37, 46, 48, 61, 70, 72, 84, 86, 94, 96, 109, 123, 136, 148, 149, 158, 166, 180, 182, 190, 192, *243*, 280, 282, 283, 288, 290, 291, 296, 308, 318, 358, 360, 376, 390, 419, 437, 456, 470, *483*, 486, 496
Vittone, Bernardo Antonio 96
Vries, Hans Vredeman de 390
Vriesendorp, Madeleine 654

W

Wagner, Otto 564
Wailly, Charles De 220
Wakefield, Edward Gibbon 514
- *View of the Art of Colonization* 514
Walden, Herwarth 522
Walpole, Horace 334
Ware, Isaac 21, 291, 298, 318, 320, 321, 322, 324, 325, 336
- *A Complete Body of Architecture* 318
- *Designs of Inigo Jones and others* 318
- *The Four Books of Andrea Palladio's Architecture* 318
Warhol, Andy 634
Wasmuth, Ernst 580, 582, 583
Webb, Michael 610
Weinbrenner, Friedrich 424, 426, 427, 468, 471, 505
- *Architektonisches Lehrbuch* 424
Werkbund 522, 540, 572, 573, 588, 590
Wilhelm, Johann 390
- *Holzbaukunst* 390
Winckelmann, Joachim 122, 137, 505
Wolff, Jeremias 404, 405
Wood, John 299
Wooley, Taylor 580
Worringer, Wilhelm 542
Wotton, Henry 288, 290, 291
- *The Elements of Architecture* 288, 290, 291
Wren, Christopher 296, 298, 336
Wussin, Caspar 391

Y

Yamasaki, Minoru 646, 648

Z

Zenghelis, Zoe y Elia 654
Zola, Emile 530
Zucchi, Carlo 120

Agradecimientos/Créditos de las fotografías

La editorial desea expresar su agradecimiento al director de la Biblioteca de Arte de Berlín, Bernd Evers, sin el cual esta obra no habría visto la luz, así como a todos los colaboradores de dicha biblioteca por el apoyo prestado.

© para todas las fotografías:
Bildarchiv Preußischer Kulturbesitz (Berlín), con excepción de:

Biblioteca Nazionale Centrale (Florencia), pp. 35, 38–45
Bibliotheca Hertziana (Roma), pp. 31, 49, 52, 57, 109, 110, 115–119, 159
Bibliothèque nationale de France (París), pp. 147, 149–155, 255–261
British Library (Londres), pp. 291, 314–317
© F.L.C./VG Bild-Kunst, Bonn 2025: pp. 553, 555 561
Herzog August Bibliothek (Wolfenbüttel), pp. 359, 361–373, 389–390, 392–401
Yasuhiro Ishimoto, p. 617 derecha
Akio Kawasumi, p. 615
Kiyonori Kikutake: p. 617 izquierda
Kisho Kurokawa Architect & Associates: pp. 618–619
Niedersächsische Staats- und Universitätsbibliothek (Gotinga), pp. 95, 97–105, 138–143
OMA/Rem Koolhaas: pp. 655, 657–661
© VG Bild-Kunst, Bonn 2025: pp. 581, 583–587, 613 arriba, 655, 658–661

Pie de imprenta

CADA LIBRO DE TASCHEN SIEMBRA UNA SEMILLA
Cada año compensamos nuestras emisiones de carbono con créditos de carbono del Instituto Terra, un programa de reforestación de Minas Gerais (Brasil) fundado por Lélia y Sebastião Salgado. Para saber más sobre esta colaboración para la protección del medio ambiente, consulte www.taschen.com/institutoterra.
Inspiración: infinita.
Huella de carbono: (casi) cero.

¿Quiere ver más? Visite taschen.com para consultar nuestro actual catálogo, hojear el último número de nuestra revista o suscribirse a nuestra newsletter.

Hohenzollernring 53, D-50672 Köln
taschen.com

Los autores: Veronica Biermann, Barbara Borngässer Klein, Bernd Evers, Christian Freigang, Alexander Grönert, Christoph Jobst, Jarl Kremeier, Gilbert Lupfer, Jürgen Paul, Carsten Ruhl, Paul Sigel, Christof Thoenes, Jürgen Zimmer

Traducción al español:
P. L. Green, Aquisgrán/Madrid

Printed in Bosnia-Herzegovina
ISBN 978-3-8365-9960-3